新しい日本料理

# 小宴会の料理と献立

志の島忠

縮刷版

旭屋出版

# 小宴会の料理と献《こん》立《だて》 縮刷版 目次

■料理制作助手――〈志の島忠日本料理研究所〉
志の島小美
斉藤明彦
間宮弥生
伊藤重任
藤田浩人
吉川　勝
坪島完次

■料理撮影――吉田和行

■デザイン・レイアウト――飯沼　豊

■制作――旭屋出版書籍編集部

■取材・編集――〈みえ企画〉稲川美枝子
仲澤千秋

## 巻頭概説

# 伝統を踏まえた料理と献立

料理屋の〝春〟は元旦からはじまります。それ以前一カ月ほどの冬の料理は、おしなべて深く沈んで地味な作りにされ、色彩の派手やかな料理は出されません。古くは魚の盛りつけに青菜をさえ敷かず、形も色も目を惹く柚子《ゆ》釜《がま》なども控えられたものでした。それが、大晦日《おおみそか》から一夜明けると待ちに待った正月であり、市中も新春一色。息をひそめていた料理は、一時に花開くほどの美しさを見せます。

伊勢海老も出せば、筍《たけのこ》も使います。この時分の筍は、秋筍から冬筍の季節にあたるごく小さいもの。筍はこのように秋、冬、そして春と、それぞれの時季のものがありますが、春以外は脇役的な使い方の筍料理を出します。また、筍につきものの木の芽は本来、桜の咲く前後にだけ使うのが約束事のひとつですが、一方で正月の十五日間に限っては、使うことが許されています。ほかに、青菜の類で小松菜の若菜の鶯菜《うぐいすな》や、まだ花の咲いていない菜の花など、いかにも正月らしい材料として昔から使われてきました。

そうしてこの季の料理は、お造り以外は〝熱いもの〟を組むのが原則です。ただここでひとつ、京都などでは冬の料理の代名詞のようになっている蕪蒸《かぶらむ》しを控える、ということをしました。これなど十二月のうちに顔を出しすぎているためで、正月、すなわち春の新味をひと際色濃く打ち出すための、演出方法の一端でもあります。また、色彩を美しくとはいえ、あまりに細々《こまごま》とした作りの料理は控えます。これも、各家庭でのお節料理で見飽きているに違いないという配慮からです。

このようにして正月十五日も過ぎると、三月のはじめ頃までは再び、落ち着いた〝冬〟の料理に戻ります。季節は、なによりも温かいものがおもてなしという時候です。気のおけないお客さま同士でしたら、鴨《かも》鍋や魚ちり、近年の例で饂飩《うどん》すきなどの鍋ものも喜ばれましょう。本来なら鍋は専門店の料理であるという考えから、料理屋は表立っては鍋は出さないものですが、ひとつには、大鍋を客前に出すには給仕人をひとり座敷に取られるという事情にもよります。そこで近年流行をみているのが〝小鍋立て〟であり、銘々に献立の一品として組み込める万事小作りの鍋仕立てです。むろん、これとて正式の献立に加わる料理ではありませんが、あくまでも寒い季節の温かい趣向の逸品として、作り映えのするものです。さて、やがて山野に木々の緑の芽吹く頃ともなると、料理の品目は急激にその数を増しはじめます。

## 春の料理は自然の息吹きをそのままに

鯛はこの時季〝桜鯛〟と呼ばれ、旬《しゅん》を迎えます。ここで気をつけなければならないことは、鯛に限らず旬ともてはやされる時季の魚介類は、器に盛り上がるほどに多くを出しすぎないことです。〝もう少し欲しい〟と

江戸後期、文政三年(1820)刊
『精進料理 素人庖丁』三篇より
精進酒菜拵様《さかなこしらえよう》と題した品書に続いては
市中の人々の物日の集まりの席の様子が…

いう頃合いが、旬の材料の扱い方と心得るべきでしょう。その一方で、鯛という魚に限っては――近年はこれに鱧《はも》、蟹《かに》も加わってきましたが――一献立に二品、三品と出せることも特徴的です。お造り(刺身)ともう一品は骨蒸《こつむ》しでもよし、また鯛頭《たいがしら》なら木の芽焼きもよいでしょう。この鯛頭にはまた、桜の花が終わると潮汁《うしおじる》などの脇役的な料理にしか使わないという習《なら》いもあります。春の魚はこのほかに、真魚鰹《まながつお》、鰆《さわら》をはじめ、名残《なご》りの甘鯛に代わって、鮎魚女《あいなめ》(関西ではあぶらめと通称)の旬も近づきます。吸いものの椀種などには、眼張《めばる》などもよいものです。

春の吸いものは、秋よりも吸《す》い地《じ》を多く入れるのがきまりです。なぜなら、秋の料理はまったくのお酒のための献立であり、汁気が多すぎてはお酒の味を損ねてしまうからです。これに対して春は、季候的にもやや多めが喜ばれます。そして、煮えばなの吸い地には吸い口の木の芽が浮かびます。ただ、いくら香りがよいからといって、吸いものにも小吸いものにもというのではかえって逆効果です。吸い口には春は花柚子《はなゆ》、夏は実柚子《みゆず》、青柚子。冬は黄柚子、そして胡椒、細々《こまごま》の芹、蕗のとう、三つ葉、独活《うど》、蓼《たで》、茗荷《みょうが》と茗荷の花、山葵《わさび》、生姜《しょうが》など、一年中事欠くことはありません。木の芽はやはり、早春と正月のものです。

このほか春は、落ち小芋と呼ぶ里芋料理をはじめ、筍や山菜が出揃います。中で山菜の蕨《わらび》はこの時季のものを早蕨《さわらび》、正月に使う短い鍵形のものは特に鍵蕨《かぎわらび》と呼んで、季節感と自然の造型の妙を料理に活かします。

## 夏の料理は涼しきように……

日本料理には、今から百年ほど前までは〝つめたい料理〟というものはありませんでした。平安時代、吸いものを冷やして〝寒汁《ひやじる》〟という名で出し、またご飯に水をかけて〝水雑炊《みぞうすい》〟といって貴族が食べていたと伝えられていますが、これはいわば茶の間の食べものであり、けっしてもてなしの席に顔を出す類《たぐい》ではありません。夏、氷が一般の目にも触れるようになるのは明治に入ってからのこと。飲みものに氷が浮かびはじめ、やがて料理に使われだしたのは明治も末期のことなのです。近年は氷を様々に使うことが流行のようになっていますが、これもひと献立に二カ所も三カ所もとあっては、かえって興醒《きょうざ》めです。

料理屋は六月一日を迎えると、更衣《ころもがえ》と同様、玄関のしつらえ、部屋の調度、使っている器、そして料理の献立内容に至るまで違ってきます。器ひとつをとっても、できるだけ目に涼し気な器を多く使うよう心がけます。ここは上物《じょうもの》であっても志野《しの》や織部《おりべ》系のものよりも、呉須染付《ごすそめつけ》などの涼味が冴えるところであり、ガラス器(義山《ぎやまん》といいます)、また先の氷の清涼感も大いに有効です。当然、そこに盛りつける料理の量も、春などから見るとやや控えめであり、色彩的に見ても緑や白の占める割合が多くなるとともに、水前寺海苔や岩

海苔、岩茸などの黒があしらわれてコントラストが強まり、全体の締めの役割を果たします。ただ、料理の量を控えるとはいえ、献立の品々のすべてを少なくするのではなく、酢のものや和えもの、お造りなどの目にも舌にも涼やかな料理はむしろ多く、また焼きものなどはひと切れで盛りつけるよりも、二切れに切り分けたものを、笹の葉などを敷いた器に立体感よろしく重ね盛りにするなど、量以上に見た目の変化で満足感を演出することも、おろそかにできない技倆《ぎりょう》です。

夏の器の代表であり、涼の代名詞である義山。これも氷と同様、一献立に三種類も出てきては台無しです。義山で大切なことは、特別によいものを一器出すところに値打ちがあり、二度目のお客さまには前とは別のものをお出しするくらいの配慮があってこそ、いうところの『器持ち《うつわもち》』という料理屋の格のひとつが生まれるということにもなりましょう。

## 秋の料理は錦繍《きんしゅう》を写してあでやかに

秋の料理は、春よりもさらに派手めにしても気になりません。山野に呼応して色鮮やかな紅葉を器に敷く。それもこの季節ならでですが、むずかしいのはここでも散らしすぎ、使いすぎに陥《おちい》りやすいことで、目の利《き》くお客さまには、その日の料理によほど自信がないと見られてしまいます。派手とは、同じ献立の中にしっとりと落ち着いた粋さがひそんでいてこそ、鮮やかに引き立つのですから。

ひと昔前までは、料理で紅葉といえば柿の照《て》り葉《は》だけというのがきまりで、楓《かえで》の類の紅葉が多用されるようになったのは近年のことです。これらのほかにも、秋は萩や芒《すすき》などいわゆる"草もの"がたくさんあります。ただし、どう使おうとも主になるものではなく、膳の上のポイントを締める役どころとして使ってください。

秋に限らず、梅、桜、青楓《あおかえで》など、枝ものや葉ものを料理にあしらう場合、ことに器にも折敷盆《おしきぼん》上にも使うというような時はよほど計算をした上でないと、かえってまとまりを悪くしかねません。

秋は材料も、それに伴う調理法も一年中でもっとも多彩な季節です。必要以上に手をかけすぎるのではなく、季節の持ち味をたっぷりと折り込んだ料理で献立をまとめることが先決です。

## 冬の料理はしっとりと深い味わいに

旧暦の十、十一、十二月。新暦でいえば十二月から二月、すなわち冬。さらにこれを料理の暦にあてはめると一月は(新)春であり、冬は十二月と一月終わりから二月に顔を出して、前述のとおり落ち着いた雰囲気を旨《むね》とした料理が出されます。

『精進料理　素人庖丁』は
季節の材料とその料理法にくわしい
そのうちのひとつ、筍料理の黒酢味噌の項

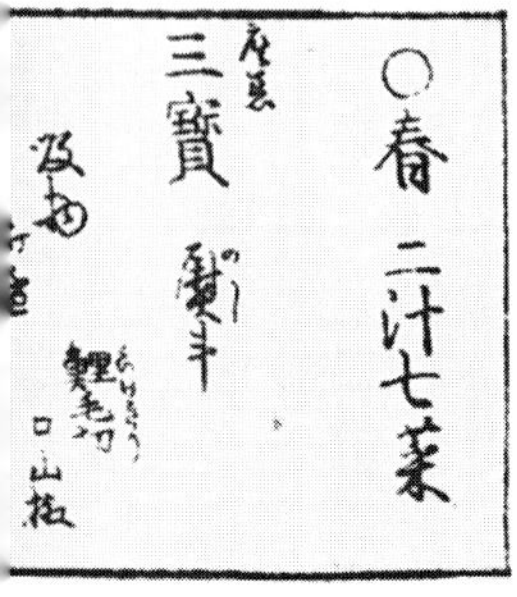


江戸後期、享和三年(1803)刊
『即席料理　素人庖丁』初篇より
春の二汁七菜献立の紹介
干し鮎、松露《しょうろ》、鯛などの文字が並んで…

近年は日本中の料理屋に、地方性が薄れてきたとはよく耳にすることばです。特別冬に限ったことではありませんが一例として、今から二十年前の東京では、鰆《さわら》の西京漬けも甘鯛の蕪蒸《かぶらむ》しも、現在のように売れ品ではなく、それだけにこれらの品々の地方色は鮮明でした。考えてみれば居ながらにして、各地の名産品を使うことができる楽な世の中にはなったのですが、こうした都会と違って地方には、別の特有の悩みがあります。限られた区域で、料理屋に足を運ぶ限定された人々を対象としているだけに、店によっては同じ顔ぶれが毎日のように続くことになります。いきおい日替わりの献立をたてざるを得ず、その上趣向の勝った料理を作るとなると、これは大変な苦労です。高級料理店であっても事情は同じで、旅館や温泉ホテルでいえば、逗留《とうりゅう》客に対する〝別注〟扱いと同様の配慮が必要になってきます。こうした〝別献立〟は昔からあるもので、中ではそれなりに材料の豊富な冬の客が比較的扱いよいとされてきました。いずれにせよ、一定期間をひと献立で通す方式はよりけりであり、多くは日頃から幾通りかの献立を考え、用意しなければなりません。

春夏秋冬を通して、料理はその材料も盛りつける器も、それぞれの店によっての使い格があり、どのように気張ってもこの枠からは出られないことが、前提です。すし店が大振りの器を使いたいと考えても、つけ台の幅、テーブルの大きさに見合ってこそのものであり、鯛の姿造りを銘々に出すことは無理、というようにです。ただしかし、こうした制約の中であっても、季節らしさを表わす手法はふんだんに残されています。要はまず、その季節だけがもつ旨みを引き出し、食べよく調えるべき正しい調理法を身につけることこそ大切であり、その上で、四季の多彩な表情を背景にした〝季題〟をもった料理を作っていかなければなりません。

## 材料の季節感と季題、そして趣向《しゅこう》

料理屋が献立をたてる時、ひとつのよりどころとなっているのが〝暦《こよみ》の節季《せっき》〟です。日本の暦には、一年を二十四節季七十二候に区切る古代中国の天文学が基調にあります。節季は、節分、立春から八十八夜、冬至…と、一年を二十四に分ける節目をいい、お馴染《なじ》みの五節句をはじめとして節目節目に行事があり、料理屋にとっても大切なものでした。現代では節季を祝う習慣が、日常生活の中から薄れはじめているところから、喜びの心情を献立に込めることも限られてきました。しかし一方で雪、月、桜(花)、紅葉といった自然の風趣を、料理の中に趣向《しゅこう》として取り入れることが多くなっています。この、料理に季節の趣を折り込む〝趣向献立〟は、旧来はあくまで遊びのものであり、よほど気のおけない集まりの席か、お客さまからの要望が

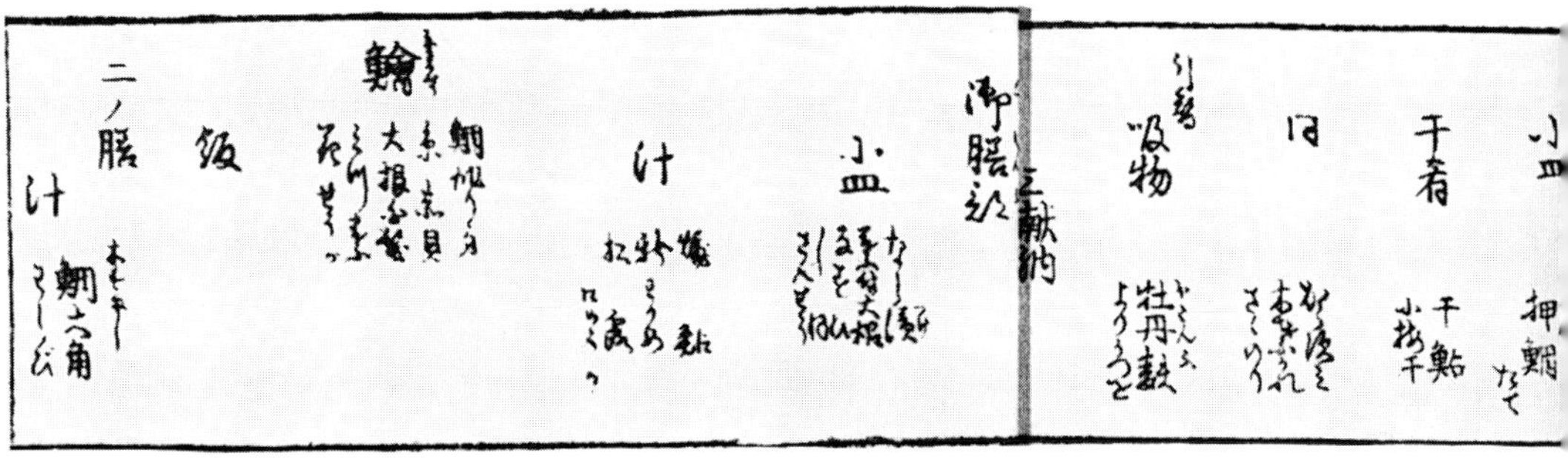


あってはじめて出されていました。今日では料理屋の多くが、たとえば〝花見月《はなみづき》の献立〟〝青嵐《せいらん》の献立〟などと銘《めい》打って献立をたてています。それは俳句の季語などに通じる言葉の美しさ、イメージのよさを料理に託したものです。現代生活に探梅《たんばい》、観桜、紅葉狩りなどの言葉の実態は消え、まさに〝趣向〟なのですから。

また、料理屋の季節は魚介や野菜をはじめ〝材料の旬〟と切り離してあるものではありません。前述のように三月から五月を春、六月から八月を夏、九月から十一月を秋、十二月から翌二月までを冬という区切りで考えるのが今日一般的で、この間の季節の移り変わりの一時期は、晩春、初夏、…初冬といって感じられる細やかな風趣を、膳に盛り込むことをします。

古くからの節季(行事)献立にはなんらかの型や約束事があり、そこに創意が入る余地はなかったものですが、季題をつける趣向献立では、それらしい雰囲気を演出することが歓迎されます。たとえば暦には節季のほかに一日から三十日までの月の名があり、秋の月では十五日を望月《もちづき》、芋名月、今日の月というようにです。それも曇っていれば無月、雨ならば雨月であり、過ぎて十六日は十六夜《いざよい》、十七日は立待月、十八日は居待月、十九日が臥待《ふしまち》月、二十日は更待《ふけまち》月…と、情緒のある名で呼ばれてきました。ここで〝十六夜の献立〟をとなれば、黒の丸盆を月に見立てて前菜をのせ、芒の穂の出かかったものをやや長めに配して箸置き替わりにするなどからはじまります。ただし、十六夜の献立は様《さま》になりますが、更待月の献立は銘としては少々響きが気になります。そこで私は、お品書きに〝御献立〟と書いて行を改め、次行に「更待月」とします。これなら応用もきき、〝野分《のわき》の献立〟では少し味気ないところも〝御献立「野分」〟なら悪くない趣です。

ここでもっとも注意しなければならないのは、趣向とはいえ、一献立のすべてに演出を加えるのではなく、客が着座した幕開きに出し、あとは中ほどの盛り上がりの置きどころにもう一度、それらしいしつらえの料理をといった程度がよく、どこもかしこもでは大切な材料の季節感、味わいが薄れてしまうということです。よく吟味された材料と調理があり、それを引き立てて趣のある器に盛られるならば、そこにはおのずとよい風情が醸し出されるはずだからです。

## 〝小宴会〟の利点は、肌理《きめ》細やかなおもてなしのできること

さて、ここまで私は〝料理屋〟という呼び名を、ごく広義にとらえてお話を進めてきました。現実的には、現代の料理屋には実に多くの形があり、中には時代の要請からか、いくつかの要素を兼ね備えたスタイルの店も少なくありません。これらの料理屋の基調となっている形式を大別してみると、そのひとつは即興(席)性の強い一品料理を商う〝小料理屋〟、あるいは料理をひと流れの献立に組んで食べさせる〝料亭〟。また、茶道

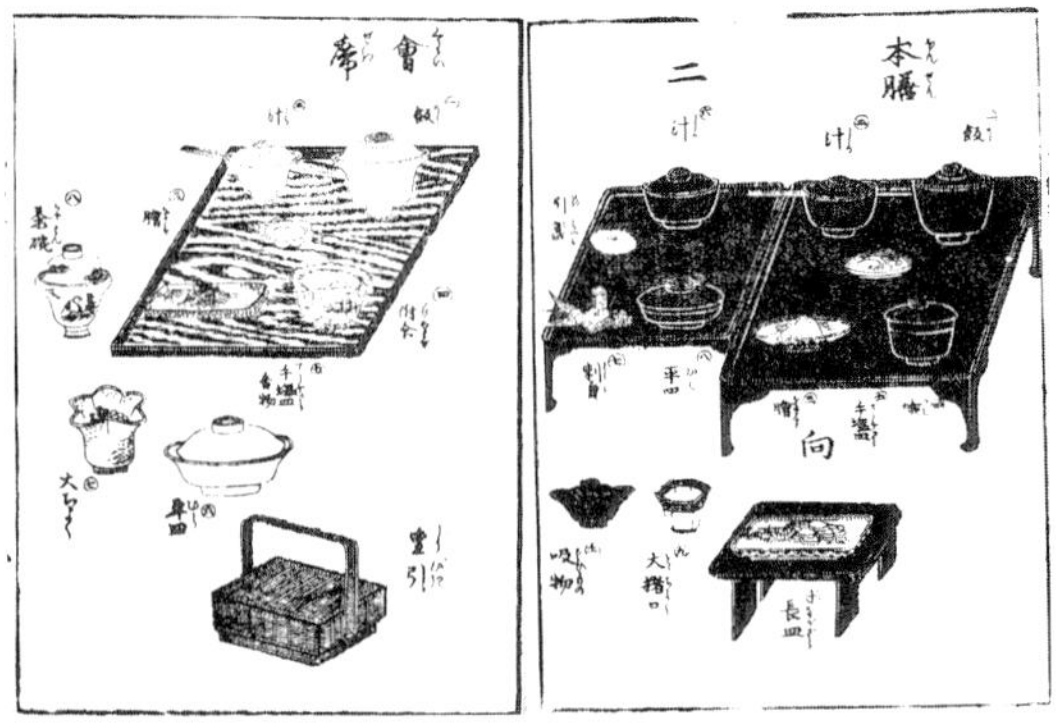

江戸後期、享和元年(1800)刊
『料理早指南』より〝本膳会席とも
全く調うる次第は〟とあり
まずはじめに膳組みが紹介される

各流派の流儀に従って茶事料理(懐石)を作る〝料理茶屋〟、そしてさらに限定された材料や料理を専門的に商う鰻屋、すし屋など各種〝専門料理店〟などが、まず挙げられます。

今回、本書ではこれらの店の形式にとらわれず、規模によらず『献立を商う店』を対照においています。そこでの献立の基本は、あくまでも『一汁三菜』です。この品数こそ、料理の味わいや趣を出すために多からず、少なからず。酒の席の流れを作る上にも、もっともほどのよい数であるのです。この一汁三菜のあとに味噌汁とご飯、香のものの〝ご飯台〟がついて一場の献立となることもあれば、前後により酒の肴的な幾品かが加わって、一段と酒席の趣を強める場合もあります。伝統的なこの一汁三菜の料理構成は、すなわち一汁の〝吸いもの〟、三菜の〝お造り(刺身)、煮もの、焼きもの〟の四品で、なかでも関東では三菜のうちの二品が焼きもの、煮ものの順に出されるという地方性はあるものの、これが基本です。

そしてまた、献立も主に〝小宴〟のための料理構成をテーマにしています。もともと〝宴〟ということばは、戦前には料理の世界ではそれほど耳慣れたものではなく、ただ〝会〟であるのが一般でした。いずれにせよ、宴は多くの場合〝祝宴〟であり、そこには必ず寄り、集《つど》う方々にははっきりとした趣旨があるものでした。酒席一般を宴(会)というのは近年の風潮です。中でも特に、人数の少ない宴会を〝小あがり〟の席というい方をします。これも旧来の〝小あがり〟は、人数によるのではなく予約なしの、突然のお客さまを指していました。本書でいう『小宴会』は、ごく今日的な解釈をもとに予約のあるなしによらず〝小人数の宴席〟全般であり、この小宴会の料理でもっとも大切なことは、料理はもちろん、それにともなってのもてなしのすべてが肌理《きめ》細やかで、心配りの行き届いたものでなければならないことです。さらに、この本の表題の〝小宴会の料理〟に事改めて〝献立〟と並記したのは、献立は単に一品料理(ア・ラ・カルト)の羅列ではなく、ほどよい幾品かが味についても、色彩についても〝つながりの変化〟をもち、酒をおいしく飲んでいただけるよき〝肴《さかな》〟であってこそ、価値のある献立であり、様々なスタイルの小宴会の要請に応えることのできる料理であるからです。

## 日本料理の基調にある〝京料理〟

今日の日本料理は、良かれ悪しかれ〝京料理〟の影響のもとに成り立っているものです。ところがこの京料理の型はといえば、実は大変に漠然《ばくぜん》としたもので、多くは京都といってだれしもが描く日本的な情緒をもった料理、という域で作られています。その遠因は、日本が諸外国と違って王や王城の権威を食文化に込めるということの、かつてなかった国であるからです。京都はいうまでもなく、その昔の都であり御所のあっ

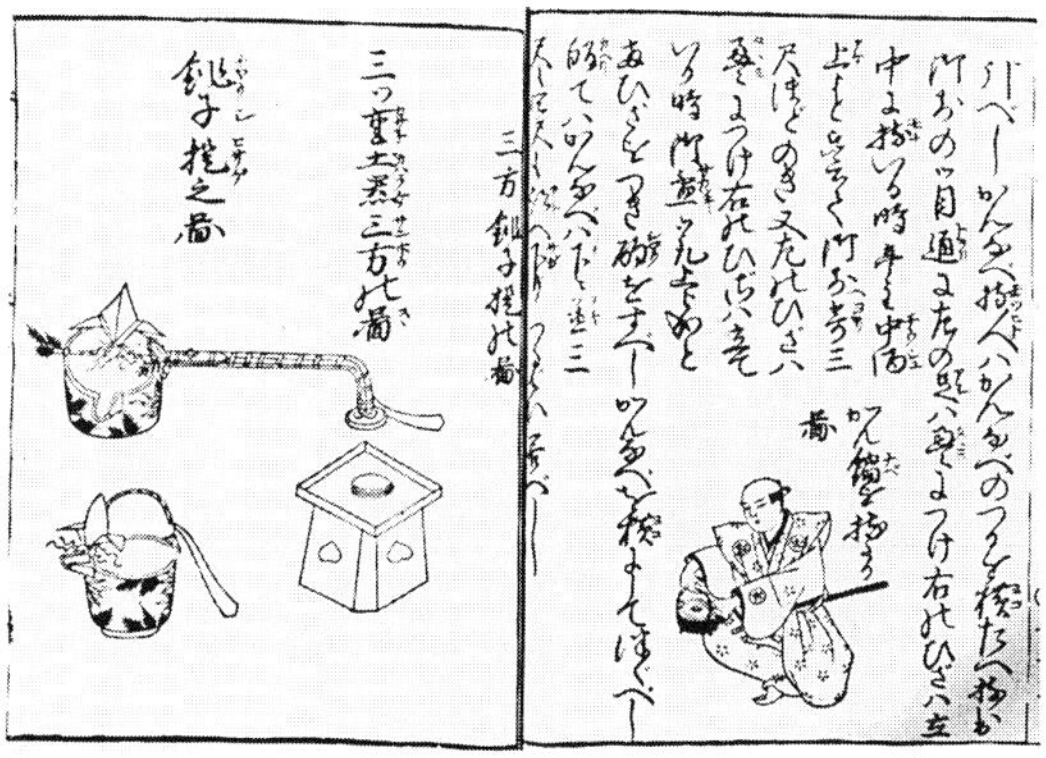

江戸前期、元禄９年(1696)刊
『當流茶之湯献立指南』三より
町人文化台頭の波にのって
茶の湯も市中に舞台を広げはじめる
茶事料理の酒器とその扱いの図

た土地でありながら、こと食に関する限り、それは天皇家の家庭料理であり、公家の家の食事にとどまって〝質素〟そのものといってよいものです。ひと晩の食卓に国の財力を傾け、料理人の生命を懸けるということのない場所に、絢爛《けんらん》と輝くような食は生まれようがなかったのです。

この京料理が、今私たちに何かを語るとしたら、それはまず料理材料に関してです。一例に〝有職《ゆうそく》〟という御所万事《ばんじ》のきめ事によれば、材料は干し魚、干し鳥、干し貝があり、これに今日の鮨《すし》の原始の姿である酢漬けの魚がある程度です。庶民は漬けものや野菜を主に食べています。これら一連の保存食は、この都が当時からすれば海から遠く離れた盆地にあるという、立地条件を物語っています。北に山があり、南が開け、東に川、西に往路が位置するというこの条件は、食文化にとっては逆境であっても、主都には最上のものでした。この土地に千年の居を構える都の台所は、四、五百年もすると近在で収穫される産物では賄《まかな》いきれなくなり、やがて地方からの材料の導入を許りますが、すでに固まっている京の食生活は、他の地方とはまったく別種の趣を呈していました。顕著《けんちょ》な例では、茄子や胡瓜、南瓜をはじめ、成りものは総じてまだ若い、未成熟ものを尊び、葉葱や水菜、葉胡椒《はごしょう》(葉唐辛子)など、葉ものはすべて緑のものしか食べない、などです。のちの京都の料理屋が、大蕪《おおかぶら》は京蕪(聖護院蕪)一辺倒であって近江産は使わず、加茂茄子も大阪や静岡産では、京の白味噌の西京味噌やさくら味噌とは合わないと、敬遠することにもつながります。こうした材料に対する細やかなこだわりのあるところが、京都の真に郷土的な〝京料理〟の姿であり、ほかの土地で〝京(風)〟を冠《かぶ》せている料理とは大きく異なるところです。

さて、室町から織豊時代の京都で特筆しておきたいことは、この地に〝茶の湯〟が生まれたことです。これとて、仏教宗派の中でも簡素で通る禅宗が源ですから、ここに生まれる御馳走《ごちそう》といって驚くほどのものはありません。ただ京料理の土台にはこの茶の湯が厳然とあり、とりわけて〝菓子〟の影響は大きいものです。京料理の色彩の美しさ、季節感の細やかな表現、献立の品々がけっして他を押しのけて目立ちすぎることがない京言葉でいう『はんなり』とした味わいも、茶菓子に学んで身につけたものです。利休の時代には、菓子といえば干し柿や干し棗《なつめ》のいわゆる木《き》菓子であり、続いて砂糖漬け蓮根、茄子。葛《くず》菓子や小豆《あづき》、白隠元《いんげん》を用いる菓子は、さらに五十年も先のことです。いずれにせよ、新しい菓子は一度茶席に出されるとまたたくまに京都中の茶事の席の花形になり、茶家では次々に自流の菓子舗に好みの菓子を創らせてゆきます。

## 京料理の伝統と茶の湯、懐石の精神に学ぶ

〝懐石〟といえば今日では、さして珍しい言葉ではなくなっていますが、戦前は京都の料理人でも知らない

江戸中期、明和年間(1764～71)刊
『普茶料理抄』上より
茶席に入る前、待合でのひとときの様子

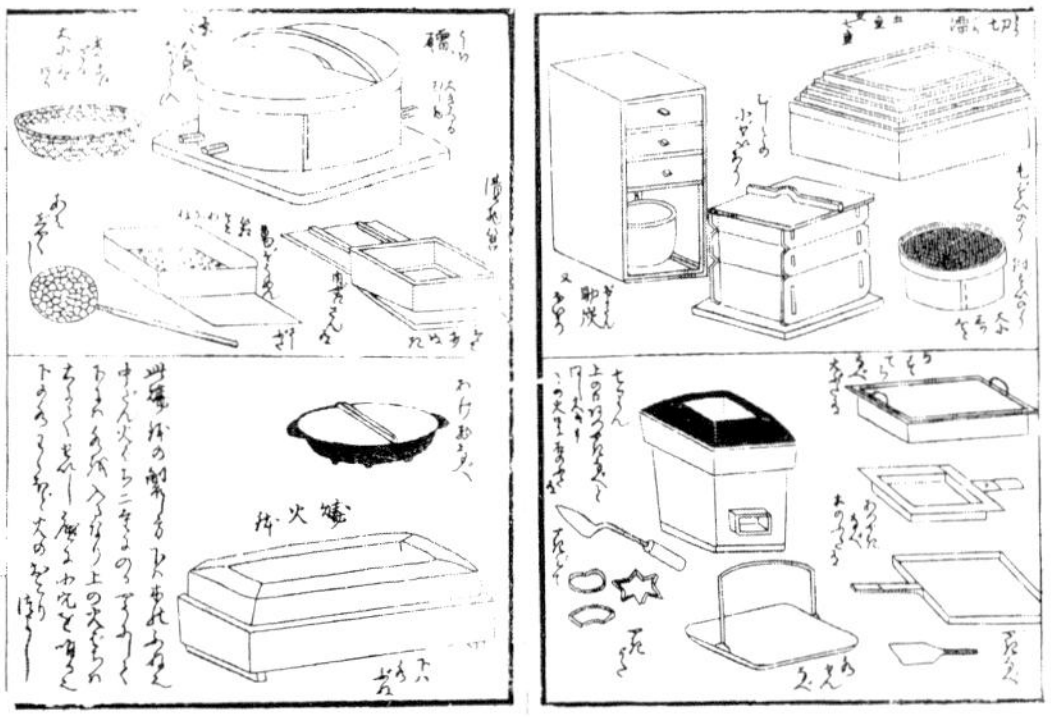

江戸後期、文政五年(1822)刊
『料理早指南』四篇〝料理談合集〟より
料理入用の道具類ならびに器…
蒸籠の前身〝甑《こしき》〟も見える
次頁は『當流茶之湯献立指南』八による
茶事料理の道具のいろいろより吸物椀

人が大勢いました。その料理内容からいって〝茶事料理、茶料理〟は〝会席料理〟でもあったのです。茶事であれ、酒席であれ、二人以上の人が寄って食事なりをすれば〝会席〟です。茶祖といわれる利休も〝懐石〟の文字は使っていません。この言葉は、利休の高弟・南方宗啓《なんぼうそうけい》が利休から習得した茶の湯の心得を詳述した『南方録《なんぼうろく》』という、茶道の聖書といわれている書物の中にはじめて登場します。ただこの本は、近年の研究で薩摩《さつま》の国の茶人・立花実山が著わしたという説が有力視されています。ともあれ『南方録』に見られる懐石は〝温石《おんじゃく》〟のこと。僧などが、石を温めて懐《ふところ》に入れることで腹を暖ため、空腹を一時凌《しの》ぐというものです。このことは、茶事の料理は空腹を押さえる程度の簡素なものでよい、という利休の侘茶《わびちゃ》に対する宗啓(実山か)の思い入れが生み出した言葉、あるいは他の説ではあまりに手垢のついた〝会席〟の文字を避けて、音だけを移し替えて〝懐石〟としたのではないか、ともいわれています。

いずれにせよ『南方録』の〝懐石之《の》法〟には、懐石は一汁二菜か三菜で酒も軽く飲むが、簡素であってもけっして粗末に取り扱ってはならないという意味のくだりがあります。懐石料理が今日のように賑《にぎ》わしく大形になったのは、都が東京に移った明治以降のことです。茶の湯といえども時代の波にさらされ、〝侘《わび》と寂《さび》〟は東京流に薄められて残るものの、懐石の底流にある〝陰陽〟の思想はすっぱりと捨て去られたかのようです。この陰陽思想は、世の中の節理はすべて陰と陽によって成り立っているという中国を起源とする哲理であり、たとえば月が陰で太陽が陽、同様に夜と昼、そして野菜が陰で魚を陽とするなどの考え方です。

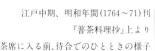

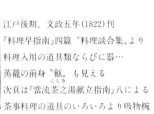

茶懐石ではまず最初に、折敷《おしき》盆に飯と汁、向付《むこうづけ》を置き合わせて出します。この時、飯《はん》がきまりで、これだけは陰陽からは除外されています。白飯は神からの賜《たまわ》りもの。炊き込みなどご飯をよごすと正式献立には使えません。汁は味噌仕立て。陰の料理で実《み》に生臭もの(魚)は入りません。次の向付は魚の生《なま》造りで陽。この器には本来けん(野菜)も入りません。二菜めの煮ものは陰。野菜を主とした炊き合わせで、盛りつけも椀の正面中央が野菜で、添えの魚はあくまで手前右脇です。続く三菜めの魚の焼きものは陽。このあとの小吸いものは梅干しの種の核(天神さま)を入れたり、そば米を実にするもので陰、です。このように、ひと流れの献立、ひとつの器の中での取り合わせのすべてが、陰・陽に従って展開し、茶懐石ではことさら厳格に守られ、これはそのまま京料理にも波及していきました。これが前述のごとく忘れられることとなり、料理も総じて当時の東京好みに華美に流れ出します。

茶事の懐石は以上のように陰陽を土台にして侘寂の教えを守り、表千家、裏千家、武者小路千家の三千家

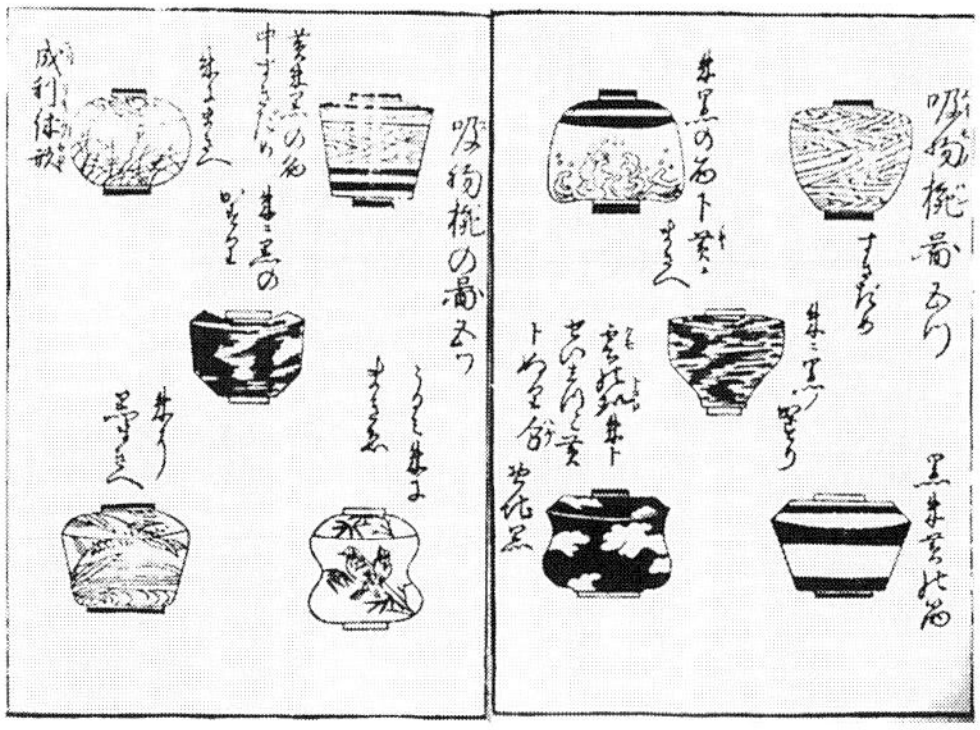

を中心に多くの流派がそれぞれに個性を打ち出して新しい手を加え、時代とともに変化してきました。その料理は調理、盛りつけの技法はあくまで基調におき、茶の湯の精神をこそよりどころとしているものです。

今回本書でも、時代の要請に合わせて懐石に略・小の手を加えた〝小懐石《こがいせき》献立〟をはじめ、〝三点献立〟など新しい趣向の献立を試みています。料理を商う店で出す献立である以上、底に流れる精神だけではお客さま不在の料理とまず心得るべきです。ただ、日本料理は形式によらず日本食文化の結晶であり、ここには郷土料理から神仏への信仰食までの細々《こまごま》が盛り込まれています。どんなに新しい料理であっても、理に叶《かな》い、よく伝統を踏まえたものは、必ず受け継がれてゆくのではないでしょうか。


■著者略歴

## 志の島忠

昭和三年生まれ。家系は代々京都御所、水戸徳川家の料理方。維新後、五代目にあたる著者の祖父が水戸で料理茶屋を創業し、後に京都に移る。幼時より祖父、および父から料理の手ほどきを受ける。父の早世、祖父没後は料亭を廃業。東京芸大で日本画を学び、在学中の一時志の島忠（しのじまちゅう）の号で歌舞伎の舞台美術に携わるが、昭和四十年頃より再び料理の道に戻り、東京中野において〝志の島忠懐石料亭料理研究所〟を主宰し、研究および後進の指導にあたる。その一方、各種出版活動にも意欲的に取り組む。平成十三年七月逝去。

主な著書に、『割烹選書（全十二巻）』『会席料理（全七巻）』婦人画報社刊
『日本料理惣菜事典』講談社刊
『原色日本料理（全八巻）』『魚譜』グラフ社刊
『志の島忠の料理の口伝』世界文化社刊
『四季の献立・料理屋の会席料理』『四季の献立・料理屋の茶懐石料理』
『新しい日本料理（全五巻）』『新しい日本料理酒肴事典・魚介編』小社刊、などがある。

# 本巻の構成について

一　本巻の題名『小宴会《しょうえんかい》の料理と献立《こんだて》』にいう〝小宴会〟とは、今日様々の形態で営業される料理屋一般の対象として、最も多いと思われる二、三名から十二、三名までの〝小人数《こにんずう》〟でもたれる会、あるいは宴(宴席)を広範に指しています。そしてそれら、趣旨、規模、予算ともに多様な宴席に適応する料理と、その膳立てである〝献立〟を多面的にとらえ、多彩な時代の要請に応《こた》えられる実例を数多く試作することを目指したものです。とりわけ、昨今の切実な現実のひとつである給仕人の手不足を踏まえ、ひと組の献立、またはそのうちの数品ずつをまとめて客前に持ち出せる形で、しかも料理屋が調える〝献立〟として相応の起伏に富み、料理の内容、趣《おもむき》を過不足なく備えたものであることを最重要の課題とし、本巻全編を七部六章に大別して構成しています。

●巻頭第一部「少人数《しょうにんずう》の宴席料理」では〝小宴の献立ごよみ〟の章題のもとに、宴席とその献立の主題を、古来の節季行事に因《ちな》んだ膳、季節の風趣そのままを配した膳、より鮮明に酒の肴の色合いを表立てた膳、昼食・あるいは時間を限らないおしのぎに向く軽食仕立ての点心膳、加えてちょっとした祝い事の席にもよい佳《か》(嘉)肴《こう》の膳立てなど、十四種の趣向を例に、初春から晩冬までの膳立ての移ろいを暦《こよみ》を繰るように展開しています。

●第二部は「料理屋献立の構成の基調」と題し、本巻の主題―小人数、および小規模の宴席の献立を調える―上で鍵となる献立の小型化、略・小化の勘所《かんどころ》を探ります。すなわち章題〝料亭懐石と茶懐石〟が示すように、最も基本的かつ簡明な献立の手本として〝(茶)懐石〟をベースにおき、この、茶事の食事形態である懐石を各料亭流に独自にアレンジした姿の典型である『料亭懐石』、そしてこれらの趣向的懐石の基調にあり、今日の料理屋料理全般に影響を及ぼしてきた『茶懐石』そのものの、二系列を献立の展開順に追って構成の成り立ちを学び、同時に両者の共通点、相違点をも見る試みです。なおここでの茶懐石は、表千家の構成を手本に著者流の解釈で調えたものです。

●第三部は「新しい献立の提案」として、〝現代の日本料理〟を探求し、独自の研究を重ねる著者の創案による〝略・小献立〟の、いわば実例集です。ひとつは、懐石の今日の流行がその雰囲気―器・道具立てにはじまって席の静謐《せいひつ》な佇《たたず》まい、料理のしつらえとその持ち出し方が醸し出す―にあることに着目。こうした懐石独特の趣を借りながら、そのエッセンスをコンパクトにまとめた『小懐石《こがいせき》』。さらにひとつは、献立といってただ品数に走りがちな傾向に対し、日本料理が本来持つ豊饒《ほうじょう》な素材(材料)をより深く味わうことのできる形を、汁とご飯・プラス三点の料理、の少点数に凝縮。小型でありながら内容のあるひと膳とした『三点献立』。またさらに、この二種の瀟洒《しょうしゃ》な趣と充実感を合わせ持った略・小献立の一スタイルとして軽食仕立ての点心に広げ、その色合いを強めた〝小懐石点心〟および、点心に備わるご飯のバラエティーに焦点をあてた〝変わりご飯の小懐石点心〟を合わせ、著者の命名による〝小懐石献立と三点献立〟を章題にし、まとめました。

●続く第四部は「小宴の献立を構成する料理」。ここまでの部・章で総合的に検証を加えた献立を、ここからはその骨格ともいえる〝個々の料理〟に視点を移して展開します。まずはじめは〝先付けからデザートまで〟の章題のとおり、献立の基本順序に沿って頁を進め、それぞれの役割と特質に触れながら、献立を組み立てる上で大切な流れの起伏のつけ方、アクセントのおきどころをつかんでいただく意図です。中でも、小型・少品数の膳の充実感に大いに力を発揮する〝ご飯(台)〟の項目を拡大し、章の特集的扱いにしています。

●第五部「材料・調理別に見る献立の品々」は前章を受けて、さらに個々の料理の核である材料と、その調理調味の二つの視点で展開しています。そのひとつ〝料理材料で見る献立の品々〟の項では、伝統に裏打ちされた材料の活かし方を軸に、味・見映えのよさを兼ね備えた材料を貝・甲殻、野菜類から選び、また近年の客層の若返りに伴って素材価値の上がっている肉類と、かたや古典的かつ普遍的地位の、魚介類の白眉〝鯛〟の部位とそれに伴う料理を特集的に取り上げました。ついで〝調理法で見る献立の品々〟の項では、伝統手法・新趣向のものを合わせ、その調理の基本と応用を手の内とすることで、より自在な献立構成、演出が可能となるものと思われる料理を調理手法別に構成。ことに、地味で見落とされがちな〝献立の脇を固める料理〟を念頭に、プロらしい味わいをもつ調理に焦点をあてています。ここでの特集項目は、これまた料理屋らしい調理であり、古典手法の粋《すい》でもある〝魚素麺《うおぞうめん》〟です。加えてこの部の末尾には、献立に加えやすく、材料・調理手法から見て特徴の際立つ料理を、ア・ラ・カルト的構成で二十四品ご紹介。特に使用する器を二種に限定し、盛りつけの基本がおのずと表立つ形となっています。

●第六部は料理と献立の総仕上げの意味から「小宴献立の盛りつけと器」、です。まず総合的に、盛りつけの華である趣向・演出を前面に出した器づかいの例を十二趣。続く頁では半月、割山椒《わりざんしょう》ほか、基本的でしかも個性的な器五種を選び、盛りつけの約束事とコツを手順写真とともに詳述、さらに〝秋の献立〟ひと膳を例に挙げ、盛りつけの視点から選んだ五品に手順写真を付し、盛りつけの仕上がり、ひいては一品の完成までを追っています。この部の末尾には、ひと組の献立に料理屋らしい香りを添え、格づけにもつながる小物類―箸置きから徳利、椀、多機能の平皿―などを、著者のコレクションから選んでご紹介しています。ご購入の折の参考になさってください。

●第七部は「献立の品々の料理」〝作り方と基礎知識〟、いわば実践編です。本巻では総料理数八八〇品(献立五一種、単品料理四三五品)を掲載。このうち手順写真つきの盛りつけ例十品を除き、全品の作り方を詳述しています。また章頭には『だし』についての項目を設け、料理の味の決め手となる〝昆布と鰹節〟の種類と特長をはじめ、基本の合わせだし〝一番だしと二番だし〟のとり方を、手順写真とともに説明を加えました。なお、作り方頁の詳細は別途〝作り方頁の内容・構成について〟の項(二七六頁)に記載。調理に際してはあらかじめご参照いただくものとし、本欄では説明を割愛いたしました。

二　本巻では材料名、特に魚名は漢字表記を多用し、ふり仮名を付しています。ただ大半の魚介は二種以上の漢字表記をもつため、それぞれ一表記例としてご参照ください。

三　本巻に掲げた料理・器例には、ごく一部を除いて個々の器に器名・並びにその呼称を、漢字とふり仮名により明記しています。日本料理にあって器は陰の主役であり、本書では料理と同等の力を器選びに注ぎ、脇の小器に至るまで簡潔な器名を食器独特の表現法で名付けています。これは美術工芸品、陶芸作品としての命名法とは別種のものです。

四　本巻巻頭の目次は、カラー写真の展開頁順に料理を列記した本目次と、〝作り方と基礎知識〟の章の作り方掲載頁を並記し、実用的構成を心がけています。

五　本巻巻末には総合索引を掲載。本書のより立体的・実用性を考慮し、各料理を主材料別に分類し、各項目別に料理名の五十音順に列記しました。また補助索引として〝作り方と基礎知識〟の章で各料理の作り方の最後に特記した『調理覚え書』と、該当頁に関連基礎知識として掲げた〝基本調味料メモ〟〝料理一般のひと口メモ〟の各事項を、〈調理調味に関する知識〉〈材料に関する知識〉の二つの項目に分けて、調理覚え書に関してはひと目でわかるタイトルを付し、そのほかは当該タイトルにより、いずれも五十音順に整理列記しています。合わせてお役立てください。

# 少人数の宴席料理

## 小宴の献立ごよみ

# 春《しゅん》宵《しょう》

## 雛の膳

●作り方二七七頁

花の春を間近に、雛祭は子供ならずとも心弾む行事です。料理献立では、雛の趣向はその三日前から当夜まで、翌日からは桃を主題とするのが習いです。

ここは、過剰に雛飾りを表立てて作りものめくことを避け、膳に並べられた時の、優しい華やかさをこそ趣向とします。

趣向肴五種盛り

甘海老の酢のもの三宝柑釜

糸よりのかくしわさび蛤盛り

筍と鰻の鮃《ひらめ》巻き蒸し

鮎魚女《あいなめ》の照り焼き

蟹真蒸《しんじょ》

うどのきんぴら、けし散らし

杵生姜、桃の花、白酒

小吸いもの

鯛と菜の花

ご飯

刺身ずし

器／潤半月会席盆《うるみはんげつかいせきぼん》
緑南京龍文小判形豆皿《みどりなんきんりゅうもんこばんがたまめざら》
色絵《いろえ》花形豆皿《はながたまめざら》
南蛮金彩蒸茶碗《なんばんきんさいむしちゃわん》
木賊手《とくさで》小吸物椀《こずいものわん》
義山銚釐《ぎやまんちろり》
色絵《いろえ》松絵盃《まつのえさかずき》
色絵《いろえ》角形箸置《つのがたはしおき》
白杉利久箸《しろすぎりきゅうばし》、箸袋付《はしぶくろつき》

# 桜花《おうか》 酒肴膳

●作り方二七八頁

花の扱いの口伝《くでん》は〝桃は料理の色合いを引き立て、桜は料理が花を際立てるもの〟と教えます。地味な器使いに緑と赤、黄色を利《き》かせた点心（弁当）風仕立てのこの膳も、桜の持つ﨟《ろう》たけた趣が背景です。

器／黒鉋目撫四方会席盆《くろかんなめなでよほうかいせきぼん》
焼締折曲向鉢《やきしめおりまげむこうばち》
色絵縁四方平鉢《いろえぶちよほうひらばち》
黒蠟色薇文煮物椀《くろろいろぜんまいもんにものわん》
義山切子洋盃《ぎやまんきりこようはい》
桜花箸《さくらはなばし》

酒肴点心十一種盛り

**味噌松風**
**花蓮根の海老詰め蒸し**
**海老とたこの二色串**
**牛タンの塩茹で、わさび添え**
**椎茸双身《ふたみ》**
**筍とそら豆の雲丹衣揚げ**
**ばい貝の含め煮**
**黄身マヨネーズ、イクラのせ**
**鰆《さわら》の西京焼き**
**茹で枝豆**
**杵生姜、サラダ菜**
**半月物相つくしご飯**
**柚子大根**

生替わり

**生雲丹の家盛り**

煮もの椀

**葱鮪《ねぎま》椀**

焼きもの

**焼き蛤**

# 春《しゅん》麗《れい》
## 集い膳

●作り方二八〇頁

〃地獄焼き〃の異名をもつ筍《たけのこ》料理をメインに、膳組みを鄙《ひな》びた味わいでまとめて、春の野趣を食べ尽くしていただきます。〃旬の先取り〃時季を終えた材料は調理法で新鮮味を出す。これもプロの仕事です。

器／伊賀尺皿《いがしゃくざら》
青織部半月皿《あおおりべはんげつざら》
呉須色絵小紋鉢《ごすいろえこもんばち》
呉須染付網絵壺々《ごすそめつけあみのえつぼつぼ》
黒蠟色松文浅鉢《くろろいろまつもんあさばち》
青竹中節取箸《あおだけなかぶしとりばし》

主肴《おもざかな》
筍の姿焼き
生替わり
牛のたたき
煮もの
信田《しのだ》鳴門と南瓜の煮合わせ
小鉢
蕗のとうのきゃら煮
ご飯
蟹おこわ

# 端《たん》午《ご》 祝い膳

●作り方二八一頁

雛と違って外遊びが主体の端午の節句は、料理屋料理に定形が伝えられていません。ただ春も闌《た》けて、旬を迎える材料の豊富なこの時季は、粽《ちまき》ずしや菖蒲の皆敷《かいしき》(敷葉)など、皐月《さつき》の風趣を膳に配して男性的な爽やかさを打ち出します。

祝い肴七種盛り

太刀魚と鮭の幽庵焼き
鮑の照り焼き
車海老の花車
黄身巻き蒸し
たこの柔らか煮
里芋の白煮
鮃《ひらめ》のわさび錦
杵生姜

吸いもの
鯉蒲鉾《こいかまぼこ》の吸いもの椀

ご飯
粽《ちまき》ずし

煮もの
冬瓜とむつの子の椀盛り

器／黒春秋文高台盛器《くろしゅんじゅうもんこうだいもりき》
黒真塗高台盛器《くろしんぬりこうだいもりき》
黒蠟色柏文吸物椀《くろろいろかしわもんすいものわん》
黒蠟色鯉蒔絵煮物椀《くろろいろこいまきえにものわん》

# 薄《はく》暑《しょ》

## 佳肴膳

●作り方二八三頁

五月も終わり頃から、料理は夏の趣向の片鱗《へんりん》をのぞかせ、ガラス器も登場しはじめます。

高台付きの塗り器に、主肴《おもざかな》を盛り込みにしたこの膳組みは、見るからに風格のある伊勢海老の扱いがポイントです。まず盛りつけでは、〝赤〟の周囲には緑の葉ものを。ここは初夏そのものの板谷楓《いたやかえで》を配して、色彩、趣ともに器との調和をはかります。つぎに、盛り合わせる品々は、この赤と相殺し合うほどの強い色合いのものは控え、また、生《なま》造りには揚げものを取り合わせないことも約束事です。

そして、派手やかな主役を取り巻く他の料理は、総じて地味に、この季節であれば涼やかさを表立てることで、かえってそれ自体も引き立つものです。

佳肴五種盛り

**伊勢海老の姿盛り**
**黄身大納言**
**小串鶏真蒸《しんじょ》**
**飛竜頭《ひりょうず》の煮もの**
**室胡瓜、もろみ味噌添え**
**蛇籠《じゃかご》蓮根の南蛮酢**

お造り

**間八の引き造り、鮪の色紙造り**

煮もの

**冬瓜と高野豆腐の煮合わせ**

器／黒真塗縁朱高台盛器《くろしんぬりふちしゅこうだいもりき》
義山木賊手小判形向鉢《ぎやまんとくさでこばんがたむこうばち》
呉須染付網文四方猪口《ごすそめつけあみもんよほうちょこ》
青磁菊割深鉢《せいじきくわりふかばち》

# 花《はな》影《かげ》

## 点心膳

●作り方二八四頁

あくまでも略式の膳組みですが、木地の点心箱を黒の会席盆に重ねるなど、器使いでそれなりの格を調えています。藤は、花の時季に限って蓋ものにのせて使うきまりで、乱れやすい形状のため直接料理には添えません。

器／杉木地七寸点心箱《すぎきじななすんてんしんばこ》
黒蠟色糸巻会席盆《くろろいろいとまきかいせきぼん》
真塗塗分吸物椀《しんぬりぬりわけすいものわん》
白釉金彩四方小鉢《はくゆうきんさいよほうこばち》
黄南京金彩四方小鉢《きなんきんきんさいよほうこばち》

義山瑠璃金彩鎬小鉢《ぎやまんるりきんさいしのぎこばち》
白杉利久箸《しろすぎりきゅうばし》、箸袋付《はしぶくろつき》

点心箱五種盛り
鱸《すずき》の塩焼き
海老と大納言の真蒸《しんじょ》
鴨真蒸
車海老の宿借り揚げ
茗荷の子の含み揚げ
うどのもろみ味噌添え
杵生姜
中吸いもの
蟹真蒸と水玉麩の吸いもの椀
ご飯
三色細巻きずし
水菓子
洋梨のシロップ煮

# 清《せい》流《りゅう》

## 酒肴膳

●作り方二八六頁

遊び感覚にあふれた、一度に客前に持ち出せる"酒の肴揃い"です。初夏の趣向で、冷んやりとした口あたりの料理を多用しましたが、汁だけは、あくまでも熱くしてお出しすることが、ここでも忘れてはならない基本です。

器／黒《くろ》蠟《ろ》色《いろ》金《きん》筋《すじ》褄《つま》折《おれ》盆《ぼん》
黄《き》交《こう》趾《ち》龍《りゅう》文《もん》小《こ》判《ばん》形《がた》豆《まめ》皿《ざら》
青《あお》竹《だけ》筒《つつ》形《がた》小《こ》鉢《ばち》
箔《はく》絵《え》橘《たちばな》文《もん》平《ひら》椀《わん》
色《いろ》絵《え》蝶《ちょう》文《もん》平《ひら》鉢《ばち》
呉《ご》須《す》染《そめ》付《つけ》楓《かえで》皿《ざら》
義山《ぎやまん》縁《ふち》金《きん》筒《つつ》形《がた》洋《よう》盃《はい》
渋《しぶ》紙《がみ》手《で》金《きん》彩《さい》昆《こん》布《ぶ》巻《まき》箸《はし》置《おき》
白《しろ》杉《すぎ》箸《ばし》

小鉢肴前菜三種盛り
嶺岡豆腐
川海老の素揚げ
蓴菜《じゅんさい》、わさび添え

吸いもの
鯛と桜花の清まし汁椀

煮もの
鱸《すずき》と小茄子の揚げあんかけ

焼きもの三種盛り
五色蒸し
鮎魚女《あいなめ》の塩焼き
焼きそら豆
杵生姜

# 緑《りょく》陰《いん》

## 点心膳

●作り方二八七頁

主器に菓子鉢を使い、ご飯も含めて〝肴〟の色合いの濃い仕立てです。深鉢の料理はおおらかに。細々とした作りは全体を貧弱に見せます。

塗り鉢点心七種盛り

**小巻き卵**

**魴鮄《ほうぼう》の唐揚げ**

**鯛の若狭焼き**

**車海老の酒蒸し結び串**

**鮃《ひらめ》と鱒《ます》の二色巻き**

**ほうれん草の胡麻和え**

**茹でアスパラ**

**半月物相五目ご飯**

小吸いもの

**蓴菜《じゅんさい》の冷やし吸いもの碗**

煮もの椀

**鰆《さわら》のけんちん煮椀**

寄せもの

**胡麻豆腐**

水菓子

**オレンジゼリー**

器／朱塗《しゅぬり》錫縁《すずぶち》唐草文《からくさもん》兜鉢《かぶとばち》
黒蠟色《くろろいろ》鉄線《てっせん》蒔絵《まきえ》煮物椀《にものわん》
義山《ぎやまん》瑠璃《るり》水玉《みずたま》透《すかし》文《もん》小鉢《こばち》
色絵《いろえ》唐草文《からくさもん》欧風皿《おうふうざら》、銀洋匙添《ぎんようさじぞえ》
義山《ぎやまん》淡雪文《あわゆきもん》吸茶碗《すいちゃわん》、木蓋付《きぶたつき》
信楽《しがらき》鳥形箸置《とりがたはしおき》
白杉《しろすぎ》利久箸《りきゅうばし》

# 花《はな》氷《ごおり》

## 点心膳

●作り方二八九頁

ただ一種、焼きものの熱さが氷の冷めたさを際立てる、盛夏の趣向。氷鉢の盛り込みでは必ず、ご飯の下に形に切った葉蘭《はらん》を忍ばせます。

氷鉢点心七種盛り

**鰻の小袖蒸し**
**車海老の八方煮**
**鶏五目焼き**
**茗荷の含み揚げ**
**焼き蛤**
**絹さや**
**すだち**
**亀甲物相鰻ご飯**

お造り

**鮃《ひらめ》そぎ造り、温燻《おんくん》の引き造りの万寿菊《まんじゅぎく》盛り**

焼きもの

**鮑の黄身焼き家盛り**

器／万暦《ばんれき》赤絵《あかえ》草魚文《そうぎょもん》縁付鉢《ふちつきばち》
黄《き》南京《なんきん》菊形《きくがた》平鉢《ひらばち》
義山《ぎやまん》切子《きりこ》八方割《はっぽうわれ》平鉢《ひらばち》
義山《ぎやまん》縁金《ふちきん》瓢形《ひさごがた》徳利《とっくり》
白磁《はくじ》盃《さかずき》

# 忘《わす》れ扇《おおぎ》

## 小膳

●作り方二九〇頁

前菜三種盛り

さざえの酒塩焼き家盛り

こはだ、車海老の結び串

穴子の八幡蒸し

吸いもの

鯛と車海老の吸いもの椀

お造り

鯛引き造り、縞鯵《しまあじ》引き造り

煮もの椀

里芋の鶏そぼろ煮椀

焼きもの替わり

ポロねぎの柚子味噌田楽

ご飯

蟹ご飯俵むすび

奈良漬

お酒の味が一段と増す晩夏から初秋の料理は、総じて地味に、相性のよいものを衒《てら》いなく出すのが最上です。青葉と紅葉の端境《はざかい》のこの頃は、癖《くせ》のない小葉を隠れがくれに添える。そんな季節が背景です。

器／杉木《すぎき》地《じ》筏形《いかだがた》盛器《もりき》
黄南京《きなんきん》菱形《ひしがた》小鉢《こばち》
黒蠟色《くろろいろ》萩蒔絵《はぎまきえ》吸物椀《すいものわん》
白《しろ》マット釉色絵《ゆういろえ》金彩扇面鉢《きんさいせんめんばち》
呉須《ごす》染付《そめつけ》網目《あみめ》四方《よほう》猪口《ちょく》
黒釉金彩蒸茶碗《こくゆうきんさいむしちゃわん》
金彩筋目編笠鉢《きんさいすじめあみがさばち》
玉子手菊形平鉢《たまごできくがたひらばち》

# 秋《あき》野《の》

## 佳肴膳

●作り方二九一頁

秋もたけなわの頃から、山野の錦に染まるように料理は派手やかさを取り戻します。お酒の季節の料理は汁気を押えた作りが第一です。

大鉢点心五種盛り

伊勢海老のたれ焼き

帆立と海老の黄身焼き真蒸《しんじょ》串

鮃《ひらめ》の松茸しのび焼き

海老芋の禿菊《かむろぎく》、鶏そぼろかけ

すだち、筆生姜、菊の葉

イクラと小柱、白魚の軍艦巻き

珍味

ほやの塩辛

小吸いもの

松茸と車海老の吸いもの碗

焼きもの三種盛り

かますの両褄《りょうづま》折り焼き

車海老の酒醤油焼き

焼き栗

器／白磁《はくじ》透《すかし》入《いり》伏籠《ふせかご》、黒塗《くろぬり》台付《だいつき》

青磁《せいじ》刻文《こくもん》波形《なみがた》盛器《もりき》

染付《そめつけ》蓮華形《れんげがた》蒸茶碗《むしぢゃわん》

瑠璃《るり》金彩《きんさい》高台《こうだい》小鉢《こばち》

# 草《くさ》紅葉《もみじ》

## 点心膳

●作り方二九三頁

矢羽根の器は先端を左下に向けた祝儀の趣向。この時、矢の中心線と盆の対角線を重ねないことが、粋に美しく見せるコツです。

器重ね点心五種盛り

生雲丹のわさび醤油

茹で海老のあけび釜

鮭の幽庵焼き

大納言と銀杏の卵真蒸《しんじょ》

杵生姜、菊の葉

笹鰈ご飯俵むすび

吸いもの

海老真蒸と菊の葉の吸いもの椀

煮もの

胡麻豆腐の柿まんじゅう

器／黒蠟色《くろろいろ》手斧《ちょうな》四方盆《よほうぼん》

白木地《しろきじ》矢羽根《やばね》青竹《あおだけ》埋込《うめこみ》盛器《もりき》

吹瑠璃《ふきるり》金彩《きんさい》折上《おりあげ》小鉢《こばち》

黒轆轤《くろろくろ》解目《はつりめ》秋草文《あきくさもん》吸物椀《すいものわん》

色絵《いろえ》金彩《きんさい》青海波文《せいがいはもん》着蓋《きせぶた》蒸茶碗《むしちゃわん》

義山《ぎやまん》切子《きりこ》洋盃《ようはい》

白磁《はくじ》紫釉《むらさきゆう》杵《きね》箸置《はしおき》

白杉《しろすぎ》利久箸《りきゅうばし》

# 小《こ》正《しょう》月《がつ》

## 祝い膳

●作り方二九四頁

新年会の二次会などで、予約のないお客さまには取り分け最適の、ごく軽い酒肴仕立ての点心です。形変わりの高台盆に天紅《てんべに》も鮮やかな地紙を重ねて、お節料理に食傷気味のこの時期には、どこか目新らしさのある作りを心がけます。

祝い肴点心七種盛り
鶏と鮭の三色蒸し
ムール貝のコキール風
蟹棒の欧風焼き
鶏挽き肉の磯辺茶巾
花南瓜
焼き鶏串
鍵わらび
菊の葉
白胡麻ご飯山形菜巻き
奈良漬
小吸いもの
牡蠣《かき》とうこぎの清まし汁椀

器／朝鮮《ちょうせん》紅殻《べんがら》高台付《こうだいつき》花盆《はなぼん》、天紅《てんべに》地紙《じがみ》重ね
黒《くろ》蠟色《ろいろ》土筆《つくし》蒔絵《まきえ》小吸物椀《こずいものわん》
新様祝箸《しんよういわいばし》

# 春《はる》待《まち》

## 点心膳

●作り方二九五頁

料理屋の献立のベースには、常に一汁三菜が置かれています。出し方こそ略式のこの例も、内容は献立を踏まえた〝軽食〟仕立てです。

大安好日点心箱九種盛り
鯛の皮霜造り
茹で車海老
う巻き卵
鶏もも肉のもろみ焼き
鱧《はも》の松皮焼き
高野豆腐の鶏巻き蒸し
四《よ》方砧《ほうきぬた》巻き
茹でオクラ
杵生姜
しば漬け
花弁《はなびら》物相筍ご飯

吸いもの
茗荷の卵とじ椀

器／黒真塗杉蓋焼印《くろしんぬりすぎぶたやきいん》
大安好日長手点心箱《たいあんこうじつながててんしんばこ》
朱轆轤目松葉文吸物椀《しゅろくろめまつばもんすいものわん》

# 料理屋献立の構成の基調

## 料亭懐石と茶懐石

# "おもてなしの心"を懐石の構成に学ぶ

"献立"とは本来、酒を汲みかわす時に出す「肴《さかな》」をいう言葉です。平安時代から鎌倉、室町に至るあいだ、人の集まる宴には汁気のない肴が幾種か組まれて、膳で出されました。酒を一献《いっこん》飲むと肴をひとつつまみ、また酒を飲んでは肴をつまみ、二回くり返して"二献"、三回で"三献"といい、この時の酒と肴の組み合わせを、献立と呼んだものです。そしてこの肴は、後に一器一品に盛り分けられ、今日のようにコースに組んで出される形となっても"献立"の名で受け継がれていきます。

また一方では、この武家食法を端緒に、室町時代には日本料理の膳立てが整い、"本膳料理"が生まれます。この本膳料理はもてなしの正餐《せいさん》とされ、式正《しきしょう》料理とも呼ばれたものです。これは御《ご》本膳・御二《おんに》の膳・御三、御与《よ》、御五の膳まで出される形と、二の膳までにまとめる形とがあり、例えば享和元年(一八〇一年)上梓の『料理談合集』に見られる二の膳までの献立では、本膳が飯・本汁・膾《なます》・壺・御手塩《おてしお》。二の膳が二の汁・刺身。御平《おんひら》・大猪口・長皿・吸物、となっています。

やがてこの本膳から、壷と手塩皿が省かれ、飯と本汁・膾を折敷盆に置き合わせて出されるようになったものが、安土桃山時代に生まれた茶事へ

っている点が大きな特徴です。

現代の料理界において、本膳料理は一部の精進料理の献立や供し方に、その名残りをとどめる程度となり、また茶懐石は、旧来の侘《わ》びた趣からすると派手やかな色合いを見せてはいるものの、一汁三菜をもてなしの基調とする献立として、本膳・懐石・会席の三つの膳立てでは、ひとつの大きな流れの中にあるということができます。

## 理に叶い、過不足なく……

"懐石"本来の姿は、あくまでも茶人が同好の人人を招き、催す茶事に先立って出される軽い食事であり、その主役は抹茶です。この意味からも、懐石は茶人の手元から離れるものではなく、一般の料理人が、一流儀を習得したというほどでは、懐石を膳にのせることは、まず至難であるのです。

茶道の流派は多く、例えば派手やかさでは大名茶の異名をもつ遠州流、また対照的に地味な流派といえば、千利休直系の表千家が挙げられ、二例をとってみても、その隔《へだ》たりは小さくありません。流派はそれぞれに独自の研鑽《けんさん》によって生み出した「型」をもち、その制約を離れては、懐石は存在し得ないものであることを、忘れてはなりません。

↙の〝懐石〟であると伝えられています。

茶懐石献立は一汁三菜がすべてです。禅宗精進の一汁一菜が広げられ、行き着いた膳立てであり、汁と刺身(向付《むこうづけ》)・煮もの(椀盛《わんもり》)・焼きもの(御菜《おんさい》)に尽きるのです。近年の茶懐石献立に見られる一汁三菜以外の品々、―小吸物《こずいもの》・八寸《はっすん》・預鉢《あずけばち》・強肴《しいざかな》などはすべて、もう一献をどうぞという意味合いの料理であり、あくまでも正式の料理数には加えられないものです。強肴的な料理が二種、三種と付けられるようになったのは明治以降の風潮で、懐石が形の上では、徐々に、しかしはっきりと料理屋の献立に近づいてきた表れでもあります。

## 献立の基本は〝一汁三菜〟

本膳料理から時代は下り、江戸中期になると江戸・大阪などに酒飯を出す店が多く出て、料理屋という呼称で流行をみますと、ここには酒を飲むためだけの料理が、必然的に創り出されます。まず、献立から飯が取り去られ、従来あった料理という料理は形から味、器に至るまで、すべてが酒を中心に生まれ変わり、新趣向の料理も〝献立〟に組み込まれました。この献立は本膳ほど品数が多くはなく、また懐石のようにことさら簡素でもない、いわば華やかさのうちに粋さをもったものです。これが、今日の料理屋一般の膳立てとして受け継がれている〝会席料理〟の献立であり、他の料理形式には見られない、酒本位の気配りで成り立

陶(右頁)・磁器の燗鍋《かんなべ》と盃台《はいだい》付き引き盃。
懐石では正式の唐鉄《からかね》燗鍋と利休形朱盃に準ずる
格があり、一段と趣のある酒器揃い。

ただしかし、懐石が魅力のある膳立てとして、理屈を超えて現代人の心をとらえ、人気を博している現状は、一方では大変に暗示的です。なぜなら、料理屋料理の昨今はとかく小細工に走り、品数ばかりにとらわれる傾向にあり、料理人が基本とすべき献立本来の姿を、見失っていると思われる例が少なくないからです。始めから終わりまで過剰な演出の目立つ膳や、到底食べきれない量の献立では、ほんとうに料理を味わい、お酒を愉しむどころではなくなってしまいます。

〝もてなし〟のあるべき姿を表わす言葉に〝御馳《ごち》走《そう》〟があり、文字どおり「駆《か》け廻って材料を探し出してくること」です。豊臣秀吉の時代、(文禄二年正月二十一日、神屋宗湛《かみやそうたん》が名護屋で家康の茶会に招かれた際の『宗湛茶会献立日記』によれば)、茶料理献立の中に〝一、つぼ皿　しかあえて…〟の文字が見られます。このしかは芽出しの独活《うど》のことで、形を鹿の角《つの》に見立てた名と思われますが、いずれにせよ、この茶会は真冬のこと。野原の、しかも雪中であったかもしれない所で、柔らかい独活を掘りあてて和えものにする大変さ。これこそが馳走であり、この時代のもてなしの、ひとつの心入れのあり方がうかがえようというものです。

この章では、一汁三菜を基調とする膳立ての典型例であり、またさまざまな小宴の、献立構成上の手本として、〝料亭流に和らげた懐石〟と、その原型である〝茶懐石〟を、展開順に追っています。

# 料亭懐石

## 晩春の献立の流れにそって

〝懐石〟料理は茶事の料理であり、それは本来、茶道各流派の厳格な約束事に従い、「型」どおりに整えられるべきものです。これに対して〝料亭懐石〟は、料理屋が懐石をそれぞれの家流にアレンジして作る料理形式、いいかえれば〝懐石風料亭料理〟であるのです。この両者の最も特徴的な違いは、茶事の懐石が、お抹茶をおいしく味わうための食事であるのに対し、料亭懐石は、あくまでもお酒を愉しむための肴、であるという点。そして、大きな共通点は、これらの献立が〝一汁三菜〟を基本に構成されているところです。

先付け
鮭の温燻《おんくん》
ご飯
汁
お造り
鯛引き造りと赤貝

器／黒真塗《くろしんぬり》四《よ》方会席膳《ほうかいせきぜん》
黒轆轤目《くろろくろめ》四ツ《よ》椀《わん》
呉須染付鯰形向鉢《ごすそめつけなまずがたむこうばち》
吹墨《ふきずみ》小猪口《こちょこ》
洗朱刷毛目《あらいしゅはけめ》蕨波引盃《わらびなみひきさかずき》
色絵《いろえ》紙風船《かみふうせん》珍味入《ちんみいれ》
萬古《ばんこ》赤絵《あかえ》燗鍋《かんなべ》
赤杉《あかすぎ》利久箸《りきゅうばし》

# 一、先付けと飯、汁、お造り

まず一汁と一菜が、ご飯、そして席の幕開けの乾杯の肴である先付けとともに、持ち出されます。一汁の汁《しる》は、懐石では味噌仕立てで、ご飯に付くもの。料亭懐石では献立の趣旨により、料亭風にお酒の伴として、多くは清まし汁仕立ての吸いものがあてられます。次に、一菜にあたるお造りは懐石では向付《むこうづけ》。ここはけんとつまを添えた、やや料亭風の作りです。また、はじめの飯は懐石では白飯が原則。ここでも肴の色合いを強め、飯蒸しをあてました。また、先付けは料亭懐石ならではで、献立外の一品として扱われるものです。

先付け
鮭の温燻《おんくん》

ご飯
車海老の飯蒸し

汁
茄子の味噌汁

お造り
鯛引き造りと赤貝

●作り方二九七頁

# 二、煮もの椀、焼きもの

一汁三菜の、お造りに続く二菜めは煮ものです。懐石では椀盛《わんもり》で、この汁の多い煮ものを椀に盛る形は、早くから料亭に取り入れられ、肴向きに汁を控えた作りが定着し、椀盛の名で通っています。従って、料亭懐石の場合も、前後の料理との相性で広範の煮もの、椀盛を使い分けます。続いて三菜め、焼きものは懐石では御菜《おんさい》。これは人数盛りの取り廻しで、副菜になるものであれば焼きものに限定されません。しかし、料亭では原則として魚を焼いたものの一人盛りです。料亭懐石では、焼きものはこれに順じた形が取られます。

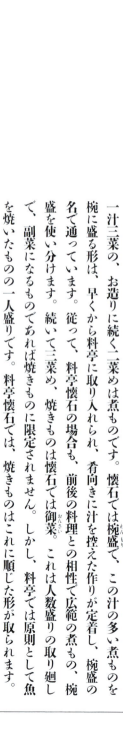

煮もの椀
たこと蓮根の炊き合わせ

焼きもの
鰻と海老の双身焼き

●作り方二九八頁

器／黒真塗《くろしんぬり》四方《よほう》会席膳《かいせきぜん》
朱独楽《しゅごま》筋文《すじもん》煮物《にもの》平椀《ひらわん》
青白磁《せいはくじ》呉須《ごす》蝶文《ちょうもん》菊形《きくがた》平鉢《ひらばち》
白釉《はくゆう》色絵《いろえ》預徳利《あずけとっくり》
赤絵《あかえ》金彩《きんさい》盃《さかずき》
赤杉《あかすぎ》利久箸《りきゅうばし》

# 三、小吸いもの、口替わり、酢のもの

茶懐石は先の一汁三菜で一旦食事を終え、主客儀礼の盃事《はいじ》に移ります。これに先立ち、箸先を清める箸洗《はしあらい》が出され、改めて盃事の肴、八寸《はっすん》が出されます。そして、後口を調える湯斗《ゆとう》と香物《こうのもの》で一式は終了します。このほか祝事など特別な茶事には、四菜めの副菜の預鉢《あずけばち》が一汁三菜の後に、名残りの一献を進める肴、強肴《しいざかな》が八寸の後に加えられます。

料亭懐石では、右の茶懐石の展開を背景に、箸洗にあたる小吸いものを境に中盤から終盤へと、より酒肴《しゅこう》的色彩を強め、八寸にあたる口替わり、強肴的な酢のものが配されます。

小吸いもの

焼き浅蜊と蓴菜《じゅんさい》

口替わり三種盛り

鮑の塩蒸し

車海老の八方煮

石川芋の黄身焼き

あんず、杵生姜

酢のもの

たこと胡瓜の三杯酢

●作り方二九八頁

器／黒真塗《くろしんぬり》四方《よほう》会席膳《かいせきぜん》

緑金彩《みどりきんさい》長手皿《ながてざら》

色絵《いろえ》巾着形《きんちゃくがた》小鉢《こばち》

麦藁手《むぎわらで》小吸物椀《こずいものわん》

白釉《はくゆう》色絵《いろえ》預徳利《あずけどっくり》

赤絵《あかえ》金彩《きんさい》盃《さかずき》

赤杉《あかすぎ》利久箸《りきゅうばし》

# 四、強《しい》肴《ざかな》、進《すすめ》肴《ざかな》

今日の献立形式の源《みなもと》は、室町時代に日本料理の膳立てとして完成した〝本膳料理〟です。この大部《たいぶ》な料理は、やがて一場で食べ尽くせる〝喰切《くいきり》〟形式に整い、江戸末期には酒席献立として定着。料亭料理の定型・会席料理（献立）として今に至ります。また一方では、茶事の食事形式として、本膳の精粋が取り出され、形を成したものが懐石料理です。

献立は一汁三菜をもとに、一汁五菜・二汁七菜、九菜…と肉付けされ、この場面は〝二汁七菜〟例の、終盤の軽い肴である強肴と進肴。いずれも、本膳当時の名がそのまま残る例です。

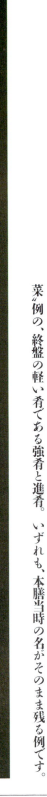

強肴《しいざかな》　蟹と筍の錦玉《きんぎょく》寄せ

進肴《すすめざかな》　車海老黄身巻き蒸し

●作り方二九九頁

器／黒真塗《くろしんぬり》四方《よほう》会席膳《かいせきぜん》
緑釉《りょくゆう》水玉文《みずたまもん》小鉢《こばち》
白磁《はくじ》刻文《こくもん》呉須《ごす》絵《え》中鉢《ちゅうばち》
白釉《はくゆう》色絵《いろえ》預徳利《あずけどっくり》
赤絵《あかえ》金彩《きんさい》盃《さかずき》
赤杉《あかすぎ》利久箸《りきゅうばし》

# 五、仕上げのご飯

茶懐石は茶事の軽食であり、献立はご飯とその副菜《おかず》の構成です。これに対して料亭懐石では、献立の基本は酒の肴。懐石の形を借りて前段で出されるご飯と汁も、肴を兼ねた作りにされます。従ってコースの最後は、ご飯と味噌汁、香物《こうのもの》でお腹を納めていただきます。香物に沢庵が、懐石らしいところです。

ご飯
**白飯**

止め椀
**なめこと豆腐の合わせ味噌椀**

香のもの
**奈良漬、沢庵、胡瓜、**
**日野菜漬、酢漬け生姜**

●作り方二〇〇頁

器／黒真塗四方会席膳《くろしんぬりよほうかいせきぜん》
安南手飯茶碗《あんなんでめしぢゃわん》
内朱亀甲汁椀《うちしゅきっこうしるわん》
呉須赤絵小鉢《ごすあかえこばち》
赤杉利久箸《あかすぎりきゅうばし》

# 六、水菓子、薄茶

膳のしめくくりは料亭風に、季節の果物をお出しします。果物の種類によらず、食べよく、器に座りよく整えて盛りつけ、必ず熱いお手拭きを添えてください。食事の後口を調え、充実感をプラスするデザートです。

水菓子

オレンジとマスカット、巨峰

●作り方三〇〇頁

器／呉須《ごす》笠文《かさもん》平鉢《ひらばち》

緑漆《みどりうるし》口紅《くちべに》お手拭台《てふきだい》

薄茶

銘・和の昔　御詰・一保堂

菓子

干菓子二種

銘・長生殿、松葉

森八製

器／御本手《ごほんで》井戸形《いどがた》抹茶々碗《まっちゃちゃわん》

春慶《しゅんけい》二ツ《ふた》折《おり》菓子器《かしき》

茶事では懐石の後のお抹茶は、濃茶です。料亭懐石はいわば、茶懐石の静謐《せいひつ》なたたずまいと雰囲気を借りて、お酒を加えた形に和らげたもの。そのボリュームからも、〝薄茶に干菓子〟がほどのよいところでしょう。

茶懐石

# 初夏の献立の流れにそって

茶人が自邸の茶室に同好の人々を招き、主催する茶事で出す〝ごく軽い食事〟が懐石です。あくまでもお抹茶にさしつかえない量と、簡素な作りのうちに、おもてなしの意を込めることに心をくだきます。茶道はまた、各流派が独自の型をもち、約束事に微妙な違いがあります。料理人は、茶事の趣旨をよく汲み、すべて流派の指示に従うべきものです。ここは〝料亭懐石のベースにある茶懐石を知る〟観点から、典型例の展開を追う試みです。

## 一、飯、汁、向《むこう》付《づけ》

茶懐石の一汁三菜は、汁と向付・椀盛・御菜、の四品です。このうちまず、折敷《おしき》（盆）の左手前に飯、右手前に汁、これと三角形を成す頂点＝向う側に向付が置かれ、持ち出されます。この時の飯と汁は、〝炊きたて、煮えばなを、まずひと口〟という意味のもの。飯は〝一《ひと》つ盛り〟（流儀によっては一文字《いちもんじ》）の形によそわれ、汁はこのひと杓の飯に対して二すすり分が出され、後に〝お替え〟といって二度目の飯が飯器で人数分、汁が椀に六分目ほど出されます。飯は白ご飯、汁は味噌仕立て、具は蔬物《そぶつ》（野菜類）が原則です。次に、向付は刺身が主ですが、料亭のお造りと違って味も盛りつけも簡素に、魚の持ち味だけの作りで、加減酢がかけられます。

飯　白飯
汁　ほうれん草の茎の味噌汁
向付　鱸《すずき》そぎ造り重ね盛り
●作り方二〇〇頁

他に、酢のものや和えものもあてられます。向付の名は置き合わせの位置名で、料理も器もこの名で通っています。この器は終始折敷に置かれ、膳の趣を左右するものです。

器／黒真塗《くろしんぬり》四方《よほう》会席膳《かいせきぜん》
黒轆轤目《くろろくろめ》四《よ》ツ椀《わん》
伊羅保割山椒《いらぼわりざんしょう》
赤杉利久箸《あかすぎりきゅうばし》

# 二、椀盛《わんもり》、御菜《おんさい》

椀盛
鰻と芽芋の煮もの椀
御菜
鱸の木の芽焼き
●作り方二〇一頁

器／黒真塗《くろしんぬり》四方《よほう》会席膳《かいせきぜん》
黒轆轤目《くろろくろめ》四ツ椀《よわん》
伊羅保《いらぼ》割山椒《わりざんしょう》
轆轤目《ろくろめ》桐《きり》秀衡《ひでひら》煮物椀《にものわん》
青白磁《せいはくじ》喜《き》の字《じ》見込鉢《みこみばち》
青竹両細取箸《あおだけりょうぼそとりばし》
黒塗飯器《くろぬりはんき》、給仕盆揃《きゅうじぼんぞろい》
赤杉利久箸《あかすぎりきゅうばし》

椀盛は、椀で出されるやや汁の多い煮ものです。一汁一菜を終え、少し食べ応えのあるものが望まれる場面を迎えています。主材料には濃淡二色の味が組まれ、彩りに旬の野菜と吸い口。汁は清まし汁仕立てが通例です。この椀盛に続く一菜が御菜です。明治中期以降は、焼物の名も使われていますが、料理は焼いたものに限らず、煮もの、揚げもの、蒸しものなど、飯の菜(おかず)になるものならよいとされています。そして御菜は、銘々盛りではなく、取り廻しにして竹製の取り箸を添え、椀の蓋に取り分けて食べていただきます。

# 三、箸洗《はしあらい》、八寸《はっすん》

前段階で、懐石はひとまず食事を終えます。そこで、食事に使った箸の先を洗うという意の箸洗が、小吸いもの椀で出されます。白《さ》湯に近い薄味で膳の流れに句読点を打ち、次に控える主客の儀礼の盃事《はいじ》(主客献酬《しゅきゃくけんしゅう》)へと、雰囲気を一新させます。さて、一期一会《いちごいちえ》の喜びをこめた盃事の肴が、八寸です。少量の精進ものと生ものの二種を、杉木地の八寸角の器に盛り合わせます。この二種の料理は、味も見た目も対照がはっきりとして、しかも調和のよいものが選ばれます。なを、盛りつけは、流儀によって精進と生の位置が変わります。

箸洗
天神さま
八寸
鮭の温燻《おんくん》引き重ね
蓮根ののし梅はさみ
●作り方三〇一頁

器／黒真塗《くろしんぬり》四方《よほう》会席膳《かいせきぜん》
黒轆轤目《くろろくろめ》四ツ椀《よわん》
伊羅保《いらぼ》割山椒《わりざんしょう》
杉木地《すぎきじ》八寸盛器《はっすんもりき》
青竹両細取箸《あおだけりょうぼそとりばし》
糸目独楽文《いとめこまもん》小吸物椀《こずいものわん》
南部《なんぶ》俵形燗鍋《たわらがたかんなべ》
洗朱刷毛目蕨波引盃《あらいしゅはけめわらびなみひきさかずき》、盃台付《はいだいつき》
赤杉利久箸《あかすぎりきゅうばし》

# 四、強《しい》肴《ざかな》

茶道の季節は炉《ろ》（十一月から四月）、風炉《ふろ》（五月から十月）に区切られ、開炉や初風炉などの節目や、席開きなど祝事の茶事が催されます。こうした特別の茶事には、一汁三菜のほかに預鉢、強肴と呼ぶ料理が秘蔵の器で出されます。預鉢は、煮合わせや浸しものなどが鉢盛りで御菜の後に出され、強肴は、当日の逸品的な酒肴を少量あて、もう一献をとの意から八寸の後に出されます。ただ、むやみに品数を多くすることは、万事につつましさを尊ぶ茶の心に背《そむ》くばかりか、肝心のお抹茶を味わう妨《さまた》げとなることも心しておくべきです。

強肴

筍の直《じか》焼き、木の芽のせ

●作り方三〇二頁

器／黒真塗四方会席膳《くろしんぬりよほうかいせきぜん》
黒轆轤目四ツ椀《くろろくろめよわん》
伊羅保割山椒《いらぼわりざんしょう》
赤絵刷毛目文深鉢《あかえはけめもんふかばち》
白竹両細取箸《しろちくりょうぼそとりばし》
南部俵形燗鍋《なんぶたわらがたかんなべ》
洗朱刷毛目蕨波引盃《あらいしゅはけめわらびなみひきさかずき》
赤杉利久箸《あかすぎりきゅうばし》

# 五、湯《ゆ》斗《とう》、香物《こうのもの》

湯斗と香物で懐石一式は終了します。湯斗は湯次に練湯《ねりゆ》を入れて出しますが、練湯は釜底に薄く残したご飯を狐色に焦がし、熱湯を注いで薄く塩味をつけたもので、食事の後口をさっぱりと調えます。香物は懐石では、四季を通じて沢庵を使い、季節の漬物と盛り合わせます。鉢に盛って湯斗とともに盆で持ち出しますが、少人数の席などはこの例のように、湯次の蓋を返して盛ると風情があります。懐石は四季を通して旬の材料を活かし、熱いものは熱く、最上の状態で味わっていただけるよう、〝間〟に心を配っておもてなしをします。

湯斗
**練湯**

香物
**沢庵、日野菜漬、越瓜《しろうり》の鉄砲漬、杵生姜**

●作り方二〇二頁

器／黒真塗《くろしんぬり》四方《よほう》会席膳《かいせきぜん》
黒轆轤《くろろくろ》目《め》四《よ》ツ椀《わん》
伊羅保《いらぼ》割山椒《わりざんしょう》
黒塗《くろぬり》湯斗《ゆとう》、湯子掬《ゆのこすくい》
黒塗《くろぬり》角切《すみきり》脇取盆《わきとりぼん》
白杉取箸《しろすぎとりばし》
赤杉《あかすぎ》利久箸《りきゅうばし》

# 六、濃茶《こいちゃ》

懐石の終了を機に客側は一旦中立《なかだ》ちをして待合《まちあい》に引き、亭主側は、席を茶席のしつらえに改めて再び客を迎え、濃茶と薄茶をお出しします。ここからを〝後座《ござ》〟といい、茶事の本題部分です。懐石の器は、後座での茶器は、すべてが鑑賞の対象となります。懐石の器は、名品といえどもあくまでも食器の扱いであり、〝拝見〟に供するものではありません。とはいえ、後座に持ち込むまでの前奏ともなる懐石の器使いは、自《おのずか》ら亭主の造詣《ぞうけい》の深さが表われるところとなり、おろそかにはできません。さて、後座に入ると濃茶と主菓子（餡《あん》製の生菓子類）、また改めて、薄茶と干菓子（砂糖を主に固めた乾き菓子類）が出されます。例えば初釜《はつがま》の主菓子では、表千家好《ごの》みの利休饅頭、裏千家好みの葩《はなびら》餅のように流派縁《ゆかり》のもの、干菓子には春は貝寄せ、秋は吹き寄せなど、季節の風趣に因《ちな》むものがあり、すべては茶事の趣旨を汲む形できめられます。

濃茶
銘・葉室《はむろ》の昔　御詰・小山園

主菓子
銘・琥珀羹《こはくかん》　自家製

●作り方二〇二頁

器／御本手《ごほんで》三島《みしま》抹茶々碗《まっちゃぢゃわん》
義山《ぎやまん》切子《きりこ》輪花《りんか》平鉢《ひらばち》

# 新しい献立の提案

## 小懐《こかい》石《せき》献立と三点献立

# 一度に客前に持ち出せて、満足感のある献立

料理屋料理の本来の姿は、まず献立をしっかりとたて、そこに四季それぞれが持っている〝味わい〟を込め、また個々の材料の旨みを最大限に引き出して、お客さまに味わっていただくという心構えをもつことが、なによりも大切なことです。

献立は、単に一品料理の羅列ではなく、幾品かが、味についても色彩についても、快いリズムをもった流れとその変化で、酒をおいしく飲んでいただけるものでなければなりません。

## さらし割烹と小料理屋の登場

ひと昔前の料理屋は、献立用以外の材料を用意しないというのが定石でした。ところが不意の客には、手元の材料を巧みに取り廻して、献立とはまったく別の趣の、季節料理を作って出すことをしました。これは一面、献立よりも料理人の勉強になり、また客はこのような時にこそ、料理人の腕に目をつけてこれを評判にしたものです。料理をよく知る客と腕のある料理人の、ちょっとよい場面が見られた頃のエピソードです。

時代も大正時代になると、客の目の前に料理人の立つ、一品料理屋が出現しはじめます。このスタイルを〝さらし割烹〟とか、〝板前料理〟と呼ん

茶懐石などでは、色彩の取り合わせに重きをおき、むしろおとなしく煮物などに〝破〟をあてます。一般の献立では、落ち着いた序の吸いもののあとに、すぐに破を置く場合もあれば、序を長く続けて焼きものの次あたり、口替わり（口取り）などで破を見せるのも効果的です。

ただひとつだけ注意しなければならないことは、むやみに見せ場を作り過ぎると、嫌みなものですし、品位を失うことになるという点です。献立はダイナミックな中にも、男性的になり過ぎず、また、ちまちまと小さく女性的な雰囲気に片寄りすぎても困ります。このあたりの勘所は、昔の人は料理はすべて中性的に、という言葉を口伝としていました。こうした、ひとつの献立の性格づけに、大変に大きな力をもつのが、献立の季題と材料の季節感をバランスよく活かすことで、最も穏やかな潤滑油の役目を果たしてくれます。

## 実質的な略・小献立の勧め

つい近日、仕事で出掛けた旅行先の温泉旅館で、目の前の膳に二十一品の料理が並べられるという経験をしました。これを三人分という量は、ちょっとしたものです。ご好意はそれとして、中の九

でいました。これをきっかけに、〝小料理屋〟という名で一品料理を商う店が、急増することになります。さらし割烹の料理人は、腕のある人であっても、一般的には料理屋の板前よりも一目下に見られる傾向にありました。これは、古い料理屋の観念的な考え方の典型で〝献立を立てない料理人〟という見方から出たものと思われます。

献立というものは、料理屋や料理人にとってそれほど重視されていたものです。今日の料理屋の献立は、総じて主題をもたず、また一品一品につながりのみられないものが多いのは、料理全体の一品料理化的な風潮によるものと思われます。

## 献立の序破急と見せ場

献立は、汁・お造り・煮もの・焼きものという、いわゆる一汁三菜が、順よく出されればよいというものではありません。はじめに客が席を設ける趣旨があり、そこに季節を加味して土台とし、料理同士の味の出会いと前後の流れ、そして全体の雰囲気の中に、古典芸能の基調である序破急の起伏をつけなければなりません。この時の序破急の〝破〟は、文字どおり破れるとか、荒れるという意味をもちますが、いわば献立の中の〝見せ場〟であるのです。この見せ場の置きどころは大変に難しく、例えば色彩の過剰は、他の料理を消し去りかねず、また、盛りつけの細工や、約束事を無視した飛び跳ねは品のない献立にするものです。

小吸いもの椀、ひと口吸いもの椀などの名で呼ばれる小振りの椀。明治半ばに登場。懐石の箸洗、点心の味噌椀にも多用される。右は夏向きのガラス製。

品は、品数のための料理と思われるものでした。昔から、「皿数も振る舞いの内」という悪しき諺があります。到底食べきれない量や、食べておいしくない料理、お酒に合わない料理はただ、困惑するばかりです。

また本来、お酒飲みというものは、大変に贅沢なものです。料理屋に上がって、ただの家庭料理の延長のようなものを並べられるのを喜ぶ人はいません。ことさら格式張ったものをというのではなく、一見なに気なく見せても、そこに酒を飲ませる本筋が通っていること。品数を押さえた略・小の献立であっても、味も色彩も、ほどよい起伏に富んで見せ場もあり、貧弱さを感じさせない料理を作っていくことが、これからの献立には最も大切であると考えます。

この章では、こうしたさまざまな現状から、ひとつは茶懐石の趣とたたずまいを借りながら、懐石のエッセンスを小さくまとめた〝小懐石献立〟。またひとつは、品数を最小限に押さえて、しかも食べ応えがあり、季節のほんとうにおいしいものをたっぷりと味わいながらお酒も愉しめる、そして軽い食事としても充実感のある小献立の試みである〝三点献立〟。そして、これらを総合した趣があり、またさまざまな趣向で催される、中・小の宴席にうってつけの〝点心仕立て〟の例をお見せしています。いずれも、今日風に一度に客前に持ち出せる構成を前提とした〝小〟献立の試みです。

# 本格指向の小献立〝小《こ》懐《がい》石《せき》〟

## 春《しゅん》燈《とう》の一汁五菜

●作り方二〇二頁

料亭懐石の基本献立の一汁三菜に、小《こ》肴《ざかな》的な先付けと、強肴に揚げものをあてて、より酒の肴の色合いを強めています。一度に出して映えるのは、料理、器ともに個々の形が異なること、中高《なかだか》の盛りつけが醸《かも》す立体感によります。

焼きもの
めばるの塩焼き

お造り
車海老の湯ぶり

煮もの
若竹煮

吸いもの

**蟹と筍の清まし汁仕立て椀**

揚げもの

**蕎麦《そば》の磯辺揚げ**

先付け

**生雲丹のわさび醤油**

器／朱溜塗新様会席盆《しゅためぬりしんようかいせきぼん》
御本手桜形高台小鉢《ごほんてさくらがたこうだいこばち》
呉須染付山水文開扇向鉢《ごすそめつけさんすいもんかいせんむこうばち》
呉須染付菊花文小猪口《ごすそめつけきくかもんこちょこ》

糸目箔絵蝶文端反吸物椀《いとめはくえちょうもんはぞりすいものわん》
赤絵手毬文鉢《あかえてまりもんばち》
白磁瑠璃金彩菊割小判形皿《はくじるりきんさいきくわりこばんがたざら》
呉須染付橋絵深鉢《ごすそめつけはしのえふかばち》

色絵唐子瓔珞文瓢徳利《いろえからこようらくもんひさごとっくり》
赤巻盃《あかまきさかずき》
黄南京蝶箸置《きなんきんちょうはしおき》
白杉利久箸《しろすぎりきゅうばし》

# 酒肴仕立ての小懐石

## 花《はな》篝《かがり》の酒肴膳

●作り方三〇四頁

一汁三菜の献立のエッセンスを、六種の小鉢に盛り分けて、会席盆に整列させています。器の面白味、料理と味の変化そのものが趣向ですから、青皆敷などの盛りつけのあしらい類も控えて、嫌みなく見せることが最上です。

小鉢揃い肴六種盛り
信田巻き、吉野あんかけ　若布《わかめ》豆腐
筍の海老しのび焼き、杵生姜　揚げ茄子田楽
烏賊《いか》の数の子和え　酒蒸し鶏と赤ピーマンの錦玉《きんぎょく》

水菓子
いちご

吸いもの
魴《ほう》鮄《ぼう》と
三つ葉の清まし汁椀

ご飯
鯛めし

器／朱《しゅ》黒《くろ》塗《ぬり》分《わけ》色紙《しきし》重《がさね》会席《かいせき》盆《ぼん》
瑠《る》璃《り》金《きん》彩《さい》瓢《ひさご》透《すかし》小《こ》鉢《ばち》
吹《ふき》瑠《る》璃《り》椿《つばき》文《もん》高《こう》台《だい》皿《ざら》
色《いろ》絵《え》巾《きん》着《ちゃく》形《がた》小《こ》鉢《ばち》
色《いろ》絵《え》色《しき》紙《し》重《がさね》小《こ》皿《ざら》
白《はく》磁《じ》三《み》ツ葉《ば》形《がた》小《こ》鉢《ばち》

呉《ご》須《す》赤《あか》絵《え》唐《から》草《くさ》文《もん》四《よ》方《ほう》小《こ》鉢《ばち》
黒《くろ》蠟《ろ》色《いろ》蛇《じゃ》目《のめ》青《せい》海《がい》波《は》蒔《まき》絵《え》小《こ》吸《すい》物《もの》椀《わん》
赤《あか》絵《え》手《て》毬《まり》文《もん》鉢《ばち》、木《き》蓋《ぶた》付《つき》

呉《ご》須《す》染《そめ》付《つけ》花《はな》弁《びら》文《もん》平《ひら》皿《ざら》
赤《あか》絵《え》金《きん》彩《さい》開《かい》扇《せん》箸《はし》置《おき》
白《しろ》杉《すぎ》利《り》久《きゅう》箸《ばし》

# 趣《おもむき》変わりの小懐石

## 惜《せき》春《しゅん》の酒肴膳

●作り方二〇五頁

煮もの替わり
鯛のちり蒸し

吸いものとお造り、煮もの替わり、盛り込み肴の膳組みも一汁三菜の変形です。また、点心箱に代表される蓋付き箱の利点は、仕込み置きのできる料理が使え、立体感を出しやすく盛り映えのすること、なによりも蓋を開ける時の期待感は、おもてなしの意そのものです。

器／洗朱《あらいしゅ》刷毛目《はけめ》亀甲形《きっこうがた》点心箱《てんしんばこ》
呉須《ごす》染付《そめつけ》横唄向鉢《よこうたむこうばち》
梨地《なしじ》金彩《きんさい》小猪口《こちょこ》
黒蠟色《くろろいろ》色紙《しきし》散蒔絵《ちらしまきえ》吸物椀《すいものわん》
刷毛目《はけめ》撫角形《なでがくがた》蒸茶碗《むしちゃわん》
染付《そめつけ》福《ふく》の字《じ》見込《みこみ》台付盃《だいつきさかずき》
緑釉《りょくゆう》抜竹《ぬきだけ》箸置《はしおき》
白杉《しろすぎ》利久箸《りきゅうばし》、箸袋付《はしぶくろつき》

吸いもの
若布《わかめ》豆腐の吸いもの椀

お造り
鮪トロの湯霜引き造り、
赤貝

点心箱盛り込み肴五種盛り
五目焼き
鶏の五目寄せ
文銭《もんせん》巻き揚げ、サラダ菜
鴨の幽庵焼き
海老の落とし揚げ
たらの芽

# 点心仕立ての小懐石

## 青《せい》嵐《らん》のおしのぎ膳

●作り方三〇七頁

〝点心〟は茶道の言葉、心に点ずるに由来し、一時の空腹をしのぐための少量の食物の意です。料理界では弁当・軽食仕立てをいいますが、そこは料理として相応の食べ応えのある品を、過不足なく美しく盛ることが大切です。

吸いもの
卵豆腐の吸いもの

煮もの

蕎麦《そば》の磯辺と芽芋の煮合わせ

折敷《おしき》盛り点心七種盛り

鱧《はも》の梅肉和え

そら豆真蒸《しんじょ》

博多揚げ、筆生姜

鰈の胡瓜巻き、黄身酢かけ

海老の錦巻き

さつま茶巾

焼きそら豆

亀甲物相赤貝しぐれご飯

器／溜塗《ためぬり》半月《はんげつ》会席盆《かいせきぼん》
黒塗《くろぬり》桐《きり》蒔絵《まきえ》鍋島形《なべしまがた》吸物椀《すいものわん》
呉須《ごす》染付《そめつけ》平筋蒸茶碗《ひらすじむしちゃわん》
白磁《はくじ》糸瓜《へちま》箸置《はしおき》
白杉《しろすぎ》利久箸《りきゅうばし》

# 新しい小献立〝三点献立〟

近年の日本料理は、料理屋の形式によらず総じて、価格に対して品数を競う傾向が見られます。それも、膳を覆うばかりで心に残るものは希《まれ》、という例が少なくありません。料理には本来、本当においしいものを充分に味わう喜びがあります。珍らしい材料、未知の味、久しく目にしなかった美しい器、これらすべてを合わせてご馳走であるのです。本篇で提案のひとつとした〝三点献立〟は、充実感のある料理でお酒を愉しみたい人々、頻繁《ひんぱん》な給仕人の出入りにわずらわされずに…という向きにも、必ず喜んでいただけるはずです。これを実現することで、出す側にとっては相応に値段のつけられる料理ともなります。

## 基調となる一汁三菜

●作り方二〇九頁

器／
黄春慶《きしゅんけい》枇木目《へぎめ》半月《はんげつ》会席盆《かいせきぼん》
呉須《ごす》間取《まどり》草花文《そうかもん》輪花《りんか》向鉢《むこうばち》
梨地《なしじ》金彩《きんさい》小猪口《こちょこ》
黒《くろ》蠟色《ろいろ》上筆《うわふで》蒔絵《まきえ》小吸物椀《こずいものわん》
黄釉《きゆう》唐草《からくさ》浮文《うきもん》蒸茶碗《むしぢゃわん》
赤絵《あかえ》花鳥文《かちょうもん》四方《よほう》小猪口《こちょこ》
義山《ぎやまん》鎬文《しのぎもん》轡形《くつわがた》向鉢《むこうばち》
御本手《ごほんで》井戸形《いどがた》抹茶々碗《まっちゃぢゃわん》

### 夏《なつ》浅《あさ》し

御品書

◆中吸いもの
そら豆真蒸の吸いもの椀

◆お造り
鮪引き造りと赤貝

◆煮もの替わり
冷やし博多

◆焼きもの替わり
網焼き牛肉のおろし和え

◆ご飯
白飯、黒胡麻散らし

義山《ぎやまん》艶消《つやけし》金彩胴締盃《さかずき》
青磁《せいじ》天豆《そらまめ》箸置《はしおき》
白杉《しろすぎ》利久箸《りきゅうばし》

# 魚介の揚げものをメインにした三点献立

●作り方三一〇、三一一頁

器／呉須染付桜川文平鉢《こすそめつけさくらがわもんひらばち》
色絵金彩牡丹文平蒸碗《いろえきんさいぼたんもんひらむしわん》
義山切子高台鉢《ぎやまんきりここうだいばち》
麦藁手小吸物椀《むぎわらでこずいものわん》
赤絵中鉢《あかえちゅうばち》

副菜の三品と汁、ご飯の三点献立で、ここは一人用、次頁はメインだけを取り廻しにした二様。いずれも、たっぷりの量を時代を経た器で味わう、晩春から初夏の趣向です。

小吸いもの
**蕎麦《そば》の実と鶏、よもぎ**

煮もの
**鶏博多と小芋の炊き合わせ**

揚げもの
**鰈の筏《いかだ》揚げ、茹でオクラ**

酢のもの
**うどと姫貝の黄身酢**

ご飯
**雲丹ご飯**

器／祥端染付捻文大鉢《しょんずいそめつけねじりもんおおばち》
青竹止節取箸《あおだけとめぶしとりばし》
赤絵片口鉢《あかえかたくちばち》
義山切子高台浅鉢《ぎやまんきりここうだいあさばち》
内朱秀衡高台吸物椀《うちしゅひでひらこうだいすいものわん》
御本手井戸形抹茶々碗《ごほんでいどがたまっちゃちゃわん》
呉須染付山水文亀甲形皿《ごすそめつけさんすいもんきっこうがたざら》

吸いもの
五目博多の吉野仕立て椀

ご飯
桜の塩漬けご飯

水菓子
いちご

煮もの
小芋とたこの八方煮

酢のもの
赤貝とうど、胡瓜の三杯酢

焼きもの替わり
渡り蟹の唐揚げ、茹でアスパラ

# 季節の焼きものをメインにした三点献立

●作り方三二一頁

三点献立のよいところは、旬を迎えた材料を存分に活かすことができる点にもあり、たとえばこの鮎なども、好例です。簗場に近く、これを名物にしている土地の店では、一尾付けでは出す側も、客も物足りないもの。また、鮎を食べなければ夏が来ないという方々なら、一層の不満です。品数を必要最小限に押えたこの形式でなら、鮎をメインに置いて取り合わせる他の二品は、調和がよく、まとまった量を作り置きできるもので組めば、鮎を焼くことに集中でき、最上の状態で味わっていただくことができます。下働きの手の限られる小料理店にとっても、おおいに応用してよい膳組みであるはずです。

## 簗《やな》打《う》つ

### 御品書

◆小吸いもの
煎り豆腐の味噌仕立て椀

◆煮もの椀
五目染め煮椀

◆焼きもの
鮎の塩焼き、たで酢添え

◆強肴
牛肉のパイ皮包み焼き

◆ご飯
山椒昆布ご飯

器／渋紙《しぶがみ》手《で》刻文《こくもん》四方《よほう》平皿《ひらざら》
安南《あんなん》手《で》小鉢《こばち》
黒蠟色《くろろいろ》梅鉢《うめばち》蒔絵《まきえ》煮物椀《にものわん》
青白磁《せいはくじ》五弁鉢《ごべんばち》
黒刷毛目《くろはけめ》松葉文《まつばもん》小吸物椀《こずいものわん》
辰砂《しんしゃ》飯茶碗《めしちゃわん》

# 生造《なま》りをメインにした三点献立

●作り方二一四頁

鮪の山かけを気取らずに盛った酒肴仕立てです。このメインも洋風の二品も、平ものの器揃い。少量なら上品というものではなく、六分盛って四分の余白が最も程のよい、器の特長を活かせる作りです。

吸いもの
木耳真蒸《きくらげしんじょ》の吸いもの椀

ご飯
筍ご飯

変わりサラダ
平貝の酒塩焼き
茗荷の子の含み揚げ
ポテトサラダ
サラダ菜、セロリ、ラディッシュ、ピーマン添え

蒸しもの
鶏の二色蒸し、染めおろし添え

刺身
鮪トロの山かけ

器／呉須菊花文口紅平鉢《ごすきっかもんくちべにひらばち》
黒蠟色波蒔絵高台煮物椀《くろろいろなみまきえこうだいにものわん》
呉須網目折上長手皿《ごすあみめおりあげながてざら》
色絵縁四方平鉢《いろえぶちよほうひらばち》
呉須刷毛打唐草文飯茶碗《ごすはけうちからくさもんめしちゃわん》

# 盛り合わせ刺身をメインにした三点献立

●作り方三一五頁

刺身好き向きの小膳です。生が主の献立に脂気の強い料理は合いません。さらにご飯を加えるなら、刺身にはやはり白飯です。

刺身五種盛り
鮪引き造り
鮪トロそぎ造り
鯛皮霜引き造り
鰈の昆布鳴門
生ほたる烏賊《いか》
花丸胡瓜

吸いもの
茗荷竹の卵とじ椀

煮もの
筍と鱸《すずき》、小芋の炊き合わせ

焼きもの
鶏手羽肉の包み焼き

器／箔取《はくとり》古代《こだい》文《もん》口付皿《くちつきざら》
吹墨《ふきずみ》小猪口《こちょこ》
黒蠟色《くろろいろ》春蘭《しゅんらん》蒔絵《まきえ》吸物椀《すいものわん》
呉須《ごす》水草《みずくさ》文《もん》蒸茶碗《むしちゃわん》
白磁《はくじ》椿《つばき》浮文《うきもん》八角《はっかく》浅鉢《あさばち》

# 昼席に最適〝変わりご飯の小懐石点心〟

## 細巻き点心● 作り方三一六頁

献立の品々を細やかに取り合わせて、見た目に美しい盛りつけが身上の点心仕立ては、女性客にはとくに人気があります。この意味で前項の〝三点献立〟の男性的趣向とは、好対照の仕立てといってよいものです。

この点心にあって、主器にともに盛り込まれることの多いご飯は、肴の一品ともなり、隠れた主役ともなります。ここは、気のおけない集まりのおしのぎ膳を主題に、ご飯のバラエティーに視点をあてています。まず、品のよい巻きずしを加えたこの例は、春の風情そのままの明るい華やかさに。席が盛り上がって、なお少々をとなれば、茶碗蒸しや酢のものがうってつけです。

### 花《はな》明《あか》り

御品書

◆主肴
長手点心箱七種盛り
　焼き抜き蒲鉾
　車海老の黄身巻き
　石川小芋の雲丹焼き串
　鮎魚女の幽庵焼き
　鶏ロール
　車海老の巴焼き
　　煎り獅子唐、杵生姜
　四色細巻きずし
◆中吸いもの
卯豆腐の吸いもの椀
◆お造り
鯛のそぎ造り越瓜舟盛り

器／内朱《うちしゅ》春秋文《しゅんじゅうもん》二段重《にだんがさね》点心箱《てんしんばこ》
白磁《はくじ》瑠璃《るり》金彩《きんさい》菊割《きくわり》小判形皿《こばんがたざら》
吹墨《ふきずみ》貝形《かいがた》小猪口《こちょこ》
青白磁《せいはくじ》鉄絵《てつえ》点彩《てんさい》醤油次《しょうゆつぎ》
黒蠟色《くろろいろ》春蘭文《しゅんらんもん》端反《はぞり》小吸物椀《こずいものわん》

# 物相《もっそう》ご飯点心

●作り方二一八頁

季節の風趣を形取った木枠型で抜いた〝物相ご飯〟は、点心では最もよく使われるご飯の手法です。後の章で詳細に触れていますが、混ぜご飯、炊き込みご飯など味のバラエティーも豊富で、それ自体も一品の肴。大振りのこの瓢形のゆかりご飯も、夏の典型のものです。

重ね点心箱七種盛り

菜巻き卵

鱒《ます》の幽庵焼き

紋甲烏賊《いか》の角焼き

常節《とこぶし》の酒蒸し

牛肉のたたき

煎り獅子唐

瓢《ひさご》物相ゆかりご飯

日野菜漬

吸いもの

鱸《すずき》の清まし汁椀

お造り

鯛皮霜引き造りと赤貝

煮もの

小だこと芽芋の煮合わせ

器／掛漆《かけうるし》枇木目《へぎめ》西王母形《せいおうぼがた》点心箱《てんしんばこ》
黒《くろ》枇木目《へぎめ》四方《よほう》会席盆《かいせきぼん》
呉須《ごす》染付《そめつけ》鯰形《なまずがた》向鉢《むこうばち》
糸目《いとめ》箔絵《はくえ》蝶文《ちょうもん》端反《はぞり》吸物椀《すいものわん》
呉須《ごす》七宝文《しっぽうもん》平蒸茶碗《ひらむしちゃわん》
義山《ぎやまん》切子《きりこ》筒形《つつがた》箸置《はしおき》
白杉《しろすぎ》天削箸《てんそげばし》

# 手《て》毬《まり》ずし点心

作り方二一九頁

器使いにも、料理にも、夏から秋の短い時季の、落ち着いた趣にまとめています。こんな、いかにも料理屋らしい作りの点心に盛り込むご飯は、懐石にも多用される手《て》毬《まり》ずしの品格が際立つところ。他の品々との大きさ、色彩のバランスが第一の勘所《かんどころ》となります。

器／黒掛漆金彩鳴子盛器《くろかけうるしきんさいなるこもりき》
義山矢来切子縁金煮物碗《ぎやまんやらいきりこふちきんにものわん》
義山縁金瓢形徳利《ぎやまんふちきんひさごがたとっくり》
義山縁金八角盃《ぎやまんふちきんはっかくさかずき》
緑金彩茄子箸置《みどりきんさいなすびはしおき》
白杉天削箸《しろすぎてんそげばし》

煮もの
鱒砧《ますきぬた》巻きと揚げ茄子の炊き合わせ

趣向折敷点心九種盛り

黄身寄せ大納言蒸し
鶏手羽肉の包み焼き
紋甲烏賊《いか》の黄身松笠
小芋の雲丹焼き鉄砲串刺し
穴子天ぷら

車海老の青海苔揚げ
鶏肉の千鳥揚げ
竜皮《りゅうひ》昆布錦巻き
すだち
鰈と卵、鮭の温燻《おんくん》の手毬《てまり》ずし
杵生姜、菊の葉

# 握りずし点心

●作り方三二一、三二三頁

この枡形の盛り器も、次頁の手付き籠も、ともに前菜の盛り込みでお馴染みのもの。ここは双方とも握りずしをたっぷりと盛り、肌寒い季節の酒肴点心膳のメインとなる作りです。

器／洗朱宝散枡形盛器《あらいしゅたからちらしますがたもりき》、胡麻竹取箸付《ごまだけとりばしつき》
赤絵朱竹筒蒸茶碗《あかえしゅちくつつむしちゃわん》、受皿《うけざら》、銀洋匙添《ぎんようさじぞえ》
緑楽金彩焙烙土鍋《みどりらくきんさいほうろくどなべ》
染付小菊文菊割鉢《そめつけこぎくもんきくわりばち》

満寿《ます》盛り点心

三色卵焼き

鮃《ひらめ》と穴子の握りずし、鉄火巻き

ライム、筆生姜

吸いもの替わり

松茸と海老真蒸《しんじょ》の茶碗蒸し

焼きもの替わり

松茸と車海老の焙烙蒸し

煮もの

帆立と大根の宝袋の煮含め

器／黒漆《くろうるし》四《よ》ツ手《で》盛籠《もりかご》
黒蠟色秋草蒔絵吸物椀《くろろいろあきくさまきえすいものわん》
白木地亀甲形平盛器《しろきじきっこうがたひらもりき》
瑠璃交趾黄彩独楽形蒸茶碗《るりこうちおうさいこまがたむしちゃわん》

吸いもの
松茸と
真蒸の吸いもの椀

前菜
車海老の
いが栗釜

煮もの
松茸と車海老の煮おろし

四ツ手籠点心五種盛り
水前寺海苔と銀杏の真蒸《しんじょ》
鶏肉の味噌蒸し焼き
車海老の新《しん》挽《び》き揚げ
鶏の松茸しのび焼き
すだち、防風、菊の葉
鯛とわかし、鮃の握りずし
杵生姜

# 鉄《てっ》火《か》点心

●作り方三二四頁

二次会などお酒のお腹納めに向く、ごく軽い点心仕立てです。こうした場合は複雑な味わいの取り合わせは不向きで、汁も献立の止め椀風に、味噌汁が最適です。ご飯も、さっぱりと気取りのない鉄火ご飯で、ちょっと洒落ています。

結び文点心箱盛り込み肴
鯛の皮霜引き造り、
唐草赤貝の刺身
蕗《ふき》巻き卵
白魚の雲丹衣揚げ
南瓜の新挽《しんび》き揚げ
車海老の八方煮
鮪の鉄火ずし
花丸胡瓜、筆生姜
中吸いもの
筍とわらびの合わせ味噌椀

器／掛漆塗分結文点心箱《かけうるしぬりわけむすびぶみてんしんばこ》
内朱孔雀羽文筒形中吸物椀《うちしゅくじゃくはねもんつつがたちゅうすいものわん》
白磁金彩色絵小紋瓢徳利《はくじきんさいいろえこもんひさごとっくり》
白磁色絵小紋筒盃《はくじいろえこもんつつさかずき》

左頁
折敷盛り点心十一種盛り
帆立フライの結び串
穴子の砧《きぬた》巻き
太刀魚《たちうお》の小袖蒸し
さよりの両褄《りょうづま》折り焼き
烏賊《いか》の黄身焼き
魴鮄《ほうぼう》の塩焼き
鮑《あわび》の雲丹《うに》焼き
川海老の素揚げ
手毬麩
雲丹錦真蒸《にしきしんじょ》
卵黄西京漬けのきんかん
筆生姜、茹で菊花
亀甲物相もずくご飯
吸いもの
鯛の潮汁仕立て椀
煮もの替わり
紅白秃菊《かむろぎく》田楽

器／黒蠟色箔絵筏文盛器《くろろいろはくえいかだもんもりき》
黒蠟色土筆蒔絵吸物椀《くろろいろつくしまきえすいものわん》
黒釉轡形小鍋《こくゆうくつわがたこなべ》、白木地敷台《しろきじしきだい》
赤絵金彩開扇箸置《あかえきんさいかいせんはしおき》
赤杉利久箸《あかすぎりきゅうばし》

# 物相ご飯点心

●作り方二三五頁

膳組み全体が、冬の日本料理独特の落ち着いた趣に統一された、酒肴仕立ての点心です。亀甲形のもずくご飯もここでは、肴の扱いに。温かさの伝わる煮もの、潮汁なども、この季節ならではの逸品です。

# 軽食向き〝変わり点心仕立て〟

器／内朱《うちしゅ》春秋文《しゅんじゅうもん》二段重《にだんがさね》点心箱《てんしんばこ》
口紅《くちべに》お多福《たふく》小猪口《こちょこ》
春慶《しゅんけい》鑿目《のみめ》四方盆《よほうぼん》
黄釉《きゆう》紅葉《もみじ》散《ちらし》土鍋《どなべ》、共《とも》散《ちらし》連華《れんげ》添《ぞえ》
織部釉《おりべゆう》丸形《まるがた》焜炉《こんろ》、受皿付《うけざらつき》
御本手《ごほんで》高砂松絵《たかさごまつえ》蒸茶碗《むしちゃわん》
色絵《いろえ》椿《つばき》箸置《はしおき》
赤杉《あかすぎ》利久箸《りきゅうばし》

## 鍋点心

●作り方三二七頁

献立の形式とは少々離れて、ごく軽く、打ち解けた雰囲気の点心のひとつは、煮ものを小鍋仕立てにした冬の膳です。

重ね点心箱盛り込み前菜

一の重

鯛皮霜引き造り
白魚の花胡瓜盛り
甘鯛の竜皮《りゅうひ》昆布巻き
　防風、花丸胡瓜

二の重

紅白小袖蒲鉾
帆立の磯辺鳴門揚げ
鰻の黄身焼き
蕗の粉節和え
ごぼうの蓬莱《ほうらい》結び
　杵生姜、菊の葉

煮もの替わり

鱧《はまち》と飛竜頭《ひりょうず》の小鍋仕立て

ご飯

白飯

# 蕎麦《そば》点心

●作り方三二九頁

蕎麦も、こんな気の利《き》いた料理を取り合わせることで、ひと味違ったよそゆきの顔をのぞかせる面白さ、です。

器／白竹籐編込盛笊《しろちくとうあみこみもりざる》、黒漆中盆入《くろうるしなかぼんいり》
染付蛸唐草文《そめつけたこからくさもん》蕎麦猪口《そばちょく》
辰砂角切四方皿《しんしゃすみきりよほうざら》
緑交趾龍文小判形皿《みどりこうちりゅうもんこばんがたざら》
青白磁呉須蝶文菊形平鉢《せいはくじごすちょうもんきくがたひらばち》
義山瑠璃流長手皿《ぎやまんるりながしながてざら》

ご飯替わり
**盛り蕎麦《そば》**

前菜二種盛り
**さよりの唐揚げ**
**衣被《きぬかつ》ぎ**

蒸しもの
**茄子と鱸《すずき》の蒸し煮**

揚げもの
**白魚の筏《いかだ》揚げ、すだち添え**

# むすび点心

●作り方三三〇頁

小さく、ふた口大ほどに握ったおむすびは、ややくだけた雰囲気の点心ものには、欠かせないご飯の手法のひとつです。ここはごく軽い酒肴膳か、あるいは、その納めのご飯台の少し贅沢なもの、といった趣向です。いずれにせよ、料理屋らしい雰囲気は、その器使いと、盛りつけの歯切れのよさによっても醸し出されるものといえます。

点菜三種盛り
鮭の燻製《くんせい》
鱸《すずき》の黄身焼き、雲丹焼き
すだち
黄身そぼろ、ちりめん山椒むすび
杵生姜

吸いもの
鯛と小松菜の清まし汁椀

お造り
鯛皮霜引き造り、鮪角切り山かけ

器／白木地筏盛器《しろきじいかだもりき》
黄南京龍文小判形豆皿《きなんきんりゅうもんこばんがたまめざら》
染付銀彩花形鉢《そめつけぎんさいはながたばち》
黒朱雲金松蒔絵吸物椀《くろしゅうんきんまつまきえすいものわん》
青竹中節箸《あおだけなかぶしばし》

# 小宴の献立を構成する料理

## 先付けからデザートまで

# 品数の少ない献立にこそ大切な、流れの緩急《かんきゅう》

現代の〝料理屋の献立〟を考える上で、最も大切なこと、あるいは〝魅力のある献立作り〟に欠かせないポイントは、どこにあるのでしょうか。

まず、席の趣旨に添った献立を組み、個々の料理を客前に持ち出すことを想定する時、なによりも一番に挙げておきたいことは、献立の規模・品数によらず、その中に一品か二品の、見応えのある料理を加え、膳の流れに盛り上がりを図ることが必要であるという点です。

このことは、一度に客前に持ち出すスタイルの献立であっても同様で、いかに料理は味が勝負とはいえ、椀に盛った吸いものと煮もの、それに小鉢に入れた和えもの…というのでは、どこかに欠けるものがあります。だからといって、大皿の盛り込み料理を加えるのでは、印象が強いだけに周囲に配する料理との、バランスに違和感を生みだしかねません。

## 流れを豊かに彩るアクセント

献立にあってその流れに溶け込み、しかもその一品が加わることで全体が映える料理、がなによりも望まれます。そんな、盛り上がりのアクセントの置きどころとして最適な料理が、お造り、↖

焼きものの姿焼きと同様、揚げものにも鰈のくちなし揚げなど、姿揚げの例があります。そもそも、揚げものはごく新しい料理であり、献立が今の形に成立した時代には、まだ姿のなかったものです。今もって、茶事の懐石では揚げものは出しませんが、一般の料理屋では揚げものは、焼きものの範疇《はんちゅう》に加えて扱います。献立に組む時は、焼きものに続いて揚げものを出すことはせず、汁・お造り・焼きもの・煮ものの一汁三菜を基本形として、揚げものを加える場合は、汁・お造り・揚げもの・煮もの、というように組むのが一般的です。また、揚げものを作る場合は、軽《かる》揚げや煎《い》り出しの形の、薄衣揚げや、衣をつけない手法の揚げものに限られています。いわゆる天ぷらは、江戸で作られはじめた当初は、今でいえば屋台で扱われる蕎麦などと、同格にしか見られなかったものです。今日でも、伝統の色濃い京・大阪あたりでは、天ぷらを作らない料理屋は少なくありません。このことは、ひとつには専門店の仕事として、確立している分野であることにもよります。

このような揚げものは、焼きものなどと同様に見映えのする盛りつけ方をしようとすれば、いくらでも工夫ができ、献立の一品としても作り甲斐

↙焼きもの、口替わりです。これらの料理は、それぞれに変化をつけることができる要素をもっているからです。

例えば、古い時代のお造りを見ますと、盛りつけ方そのものに「天・地・人盛り」という基本形があり、器の中にひとつの景色を創り出すという手法がありました。従って、この伝統を汲むお造りの器は、天地人盛りを離れても、総じて思うままに情緒を盛り上げることが可能な、趣を備えたものが多いのです。もちろん、お造りが献立中でほとんど唯一の生の魚料理であることも、強く目を惹く要因であることは、いうまでもありません。

この章では、献立の料理別に、それぞれの特徴を色濃くもった料理を、大小取り混ぜてできるだけ数多く作りました。献立を組む際の応用の勘所を、まず目からもつかんでいただきたいものです。

## 焼きものと焼きもの替わり

さて、焼きものでは、海老の鬼殻焼きや魚の姿焼きなどでもよくわかるように、素材の持つ自然の形の上からだけ見ても、圧倒的に人を惹きつける雰囲気を持っているのです。鰈《かれい》の身を五枚にそぎ取り、中骨のほうを踊らせて、その上に焼いた身をのせた舟盛りの手法など、真鰈の小さいものの、一人一枚づけであっても充分に、ポイントとなります。ここで、焼きもの替わりとしても利用価値の高い、揚げものにも触れておきましょう。

座卓に出せる小道具を出《で》道具、水屋道具を控え道具といい、この醤油次ぎをはじめ、汁次ぎ、辛子入れなどはもとは控え道具であったものが、近年は出道具となっている。

のある料理であることは、まちがいのないところであり、要は出し方次第のものといえましょう。

## 口替わりの東西と長手皿

口替わりは、関西方面でいう口取りです。東京で口取りといえば、婚儀宴で出される〝口取り折り箱〟でもわかるとおり、焼き鯛、伊勢海老、金とん、羊羹などの詰め合わせを指し、正月のお節重の一の段もこの例です。口替(代)わりは、これとは別に幾種かの料理をひとつの器に盛り込んだもの。一般には、長手皿に盛っているものをよく見かけます。この長手四方平皿は、もとは魚田《ぎょでん》などを主に盛る〝魚皿〟でしたが、大正末期から口替わりによく使われはじめたものです。魚皿に口替わりを盛ったこの知恵は大したもので、器の応用例としても出色のものです。

口替わりの料理の特色は、先付けや前菜が手をかけない料理を原則としているのに対し、嫌みにならない限り、作りを前面に出した料理を盛ってよいことです。ここには真蒸《しんじょ》ものや、柚子釜などの釜ものがよく使われますが、色彩、立体感の豊かさから見ても面白味があり、口替わり向きです。

献立はお客さまの要請次第で、時にはまったくあっさりと、あるいは粋さを要求される場合もあります。いずれの形にせよ、ひと続きの流れの中に、静と動の起伏をつけることが大切で、ただ一本調子では宴の魅力も半減してしまいます。

# 先付けと前菜

献立の形式上からは、先付け・前菜は〝献立の外《ほか》〟の品です。しかし、宴の幕開きの料理として、料理屋らしい見映えのする肴でなければなりません。献立全体から見ると軽い作りで、客の入り込み前に用意でき、続く料理を期待させる味のあるもの、が望まれます。

天王寺蕪と車海老、木の芽味噌
●作り方三三一頁

牛肉と菜の花、山椒味噌
●作り方三三一頁

蕪の海老印籠《いんろう》、柚子味噌
●作り方三三一頁

穴子の木津《きづ》巻き、生姜味噌
●作り方三三一頁

鶏肉とチーズの奉書巻き、辛子酢味噌
●作り方三三二頁

## 煮もの仕立ての「つき出し風」先付け

それぞれに味わいのある合わせ味噌を敷いて、見た目よりも総じて簡単にできる煮もの鉢です。顔ぶれが揃ったところでまず一献を、という時の、洒落たつき出し風の仕立てです。

器／呉須染付捻文輪花小鉢《ごすそめつけねじりもんりんかこばち》

# 生仕立ての「つき出し風」先付け

献立の中で生といえば、お造り。先付けに生をあてる場合、形の定まったお造りにはない作りで、小振りながら地味すぎず、どこか目を惹く仕立てを狙います。

みる貝の三杯酢
●作り方三三二頁

さよりの酢じめ
●作り方三三三頁

鱸《すずき》の三杯酢
●作り方三三二頁

鮭の温燻砧巻《おんくんきぬた》き三杯酢
●作り方三三二頁

鮟肝《あんきも》の三杯酢
●作り方三三三頁

車海老の三杯酢
●作り方三三三頁

魬《はまち》の三杯酢
●作り方三三三頁

鯛の三杯酢
●作り方三三三頁

器／玉子手《たまごで》色絵《いろえ》水輪文平鉢《みずわもんひらばち》

# 銘々盛りの前菜

前菜五種盛り

車海老、高菜漬けの黄身ずし

鶏ささ身の鮭射《い》込み

鰻の鶏ささ身巻き

鍵わらび

焼きそら豆

芽甘草、菜の花

●作り方二三二頁

前菜を少し華やかに、趣向を表立てた器に盛るこのような例で、最も難しいのは、後に出る口替わりとの兼ね合いです。数種盛り合わせの前菜は、口替わりほど〝料理料理した作り〟を感じさせないこと。一歩手控えて、どこかに素材の顔をのぞかせる仕立てが勘所《かんどころ》です。

器／白木地《しろきじ》羽子板《はごいた》盛器《もりき》
洗朱《あらいしゅ》刷毛目《はけめ》蕨《わらび》波《なみ》引《ひき》盃《さかずき》

# 取り廻しの前菜二趣

料理屋の格が表われるといわれるのが、大鉢盛りです。本題である一汁三菜外の前菜に、名品の大鉢を使い、また次例では、高台付きの会席盆に夏の趣向で簾《すだれ》を重ね、ともにまったくの酒の肴を盛る。ひと膳の献立を、お酒好きの方々のためだけに調えるなら、これらの前菜は、序盤の華ともなる味わいと見映えを備えています。

橙《だいだい》釜六種盛り

赤貝とたらの芽
スモークサーモンと生椎茸
小鯛の笹漬けと杵生姜
焼きそら豆
からすみと鍵わらび
甘海老と菜の花

●作り方二三四頁

器／志《し》野《の》大鉢《おおばち》
赤杉天削取箸《あかすぎてんそげとりばし》

器／黒《くろ》蠟《ろ》色《いろ》角《すみ》落《おとし》高台《こうだい》会席盆《かいせきばん》、
糸葦簾《いとあしすだれ》重ね
青竹止節取箸《あおだけとめぶしとりばし》
渋紙《しぶがみ》手《で》色《いろ》絵《え》象嵌燗鍋《ぞうがんかんなべ》
織部《おりべ》ぐい呑《のみ》
白釉掛《はくゆうかけ》武《む》蔵《さし》野《の》ぐい呑《のみ》

折敷重ね前菜三種盛り

白魚の雲丹揚げ
白魚の磯辺揚げ
青柳の酒醤油焼き
つくしのおひたし
円座胡瓜
杵生姜、レモン

●作り方二三五頁

# 吸いもの椀

吸いものは、後に続く献立の品々の先導的な役割をもつ一品であり、それ自体も酒の肴です。席の人数、予約の有無によらず、場に即応できるレパートリーをできるだけ多く持つこと。そのポイントは、お酒の伴として重すぎず、軽すぎずというほどのよさにあります。

## 手早く仕上がる吸いもの椀

しめ卵と車海老の吸いもの椀
●作り方三三五頁

鯛《たい》鎌《かま》とほうれん草の吸いもの椀
●作り方三三六頁

鱸《すずき》としめじの吸いもの椀
●作り方三三六頁

**糸卵と生椎茸の吸いもの椀**

●作り方三三六頁

手早くとはいえ、かき卵や鶉卵《うずら》、素麺《そうめん》が椀種では料理屋らしくなく、やはり、ひと味深みの欲しいところです。清まし汁仕立てのこの六例は、秋冬なら吸い地に酒を勝たせ、春夏は塩味だけにする。そして、秋は汁を少なく、春は多めに、がお酒にひびかない作りの要点で、もちろんベースには、よく味の出ただし汁が欠かせません。

**蛤と糸三つ葉の吸いもの椀**

●作り方三三六頁

**鶏肉とくずし冬瓜の吸いもの椀**

●作り方三三六頁

器／黒蠟色糸柳蒔絵吸物椀《くろろいろいとやなぎまきえすいものわん》

# 汁の実を作りおきできる吸いもの椀

椀種をあらかじめまとめて作っておくのも、手早く仕上げる方法です。後の料理とのバランスを第一に、寄せもの類の軽いものがよく、汁は七分目がきまりです。時にはすり流し汁も目先が変わり、また、仕上げに柚子、木の芽など吸い口を添えて季節感を際立てます。

蟹寄せ豆腐と車海老の清まし汁椀
●作り方三三七頁

卵豆腐と蓴菜《じゅんさい》の南瓜すり流し椀
●作り方三三七頁

芝海老の宿借り蒸しと茗荷の清まし汁椀
●作り方三三七頁

**帆立貝柱の枝豆すり流し椀**
●作り方三三八頁

**二色寄せと鶏肉の清まし汁椀**
●作り方三三八頁

**つと卵と生椎茸の清まし汁椀**
●作り方三三八頁

器／黒《くろ》蠟《ろ》色《いろ》糸《いと》柳《やなぎ》蒔絵《まきえ》吸物椀《すいものわん》

# お造り

お造り(刺身)は、献立の流れの序《じょ》破《は》急《きゅう》の破にあたる最初の見せ場の料理です。座卓を囲む現代の座敷の形では、大きすぎる器は料理の間《ま》を断ち切る危険性もありますが、見応えのあるほどよい大きさの器、盛りつけは、膳の盛り上がりからも値打ちのあるものです。

## 姿造りのお造り
## 小鯛のすずめ造り五種

小鯛の皮霜そぎ造りと車海老
●作り方二三九頁

小鯛の手毬ずし
●作り方二三九頁

小振りの鯛の、姿造りのこの手法をすずめ造りといい、料理屋ならではの刺身の一例です。また、鯛の桜色を美しく引き立てる黒の盛り器は、主《おも》菓子用の菓子盆を応用しています。半開扇形の器に鯛と、ちょっとした祝事の席にも喜ばれる、華やかな趣向盛りです。

**小鯛のそぎ重ねと青柳**
●作り方二三九頁

**小鯛のそぎ造りと生雲丹**
●作り方二三九頁

**小鯛のそぎ造りと赤貝**
●作り方二三九頁

器／黒《くろ》蠟《ろ》色《いろ》半《はん》開《かい》扇《せん》盛《もり》器《き》
青《せい》白《はく》磁《じ》金《きん》彩《さい》蝶《ちょう》文《もん》徳利《とっくり》

# 二種盛り合わせのお造り

現代の刺身に多い深めの鉢盛りの形は、加減酢をかける茶懐石の向付の影響によります。ここは対照的な、平皿ならではの盛りつけ例で、味の傾向の違う二種の魚介のサラダ風の仕立てです。全体が表面に現れる平皿は、盛り足の美しさがまず、ポイントです。

紋甲烏賊《いか》のそぎ造りと生雲丹
●作り方二三九頁

魬《はまち》の引き造りとしゃこ
●作り方二四〇頁

間八《かんぱち》の引き造りと車海老
●作り方二四〇頁

縞鰺《しまあじ》の引き造りと赤貝
●作り方二四〇頁

鯛の引き造りと白魚
●作り方二四〇頁

器／金彩《きんさい》南京《なんきん》輪花《りんか》平皿《ひらざら》

# 巻き作りを主とした二種盛り

古風な趣の楽《らく》のこの器は、いわゆる〝蓋向《ふたむこ》う〟と呼ばれる形で、ちり蒸しや風呂吹《ふろふ》きなど、寒い日の料理向きに作られたものです。器をよく冷やして刺身を盛るのも、蓋ものならではの面白さですが、ただ通常の引き造り、そぎ造りではやや弱く、このような巻きものの形と量感がぴったりです。

**鮭の温燻《おんくん》砧巻《きぬた》き**
●作り方二四〇頁

**生だこのそぎ造り**
**黄身そぼろかけ、茹で車海老**
●作り方二四一頁

**京人参の甘鯛巻き**
●作り方二四一頁

**烏賊《いか》の磯辺巻き、鮪引き造り**
●作り方二四一頁

**甘海老の甘鯛巻き、**
**生だこの黄身松笠**
●作り方二四二頁

**蟹と胡瓜の翁《おきな》巻き、活け車海老**
●作り方二四二頁

器／白釉《はくゆう》巣《す》籠鶴形蓋付鉢《こもりづるがたふたつきばち》

# 煮もの

椀に盛る本来の煮ものは、器と、汁を合わせた料理の割合を四分六分とするのが習いです。現代の料理屋は、総じて量を要求される傾向にあり、七分盛りが通例です。ただ、魚が高値のため焼きものの小作りは許され、煮もので量を出すのは、現実的な得策ではあります。

## おでん仕立ての変わり煮もの

関東でいう〝おでん〟、関西での〝関東炊き〟を料理屋風に仕立てたものです。味はやや薄めに、汁を多めに張って、溶き辛子をたっぷりと添えます。糸巻き様《よう》の蓋向《ふたむこ》うと焙烙《ほうろく》鍋の趣も加えて、秋口から冬には最適です。

**大根と宝袋、蛤のおでん**
●作り方二四一頁

**天王寺蕪とたこの脚のおでん**
●作り方二四一頁

**ロール白菜と鯛竹輪《ちくわ》、海老真蒸《しんじょ》串のおでん**
●作り方二四二頁

**焼き豆腐と鯛竹輪、小烏賊《いか》串のおでん**
●作り方二四二頁

**信田巻きとすじ、こんにゃくのおでん**
●作り方二四三頁

**ロールキャベツと飛竜頭《ひりょうず》、車海老のおでん**
●作り方二四三頁

**天王寺蕪と揚げボール串のおでん**
●作り方二四四頁

器／緑楽金彩焙烙土鍋《みどりらくきんさいほうろくどなべ》
色絵糸巻文撫四方蓋付鉢《いろえいとまきもんなでよほうふたつきばち》

# 季節野菜と魚介の炊き合わせ

古来、日本料理の核となっていた陰陽《いんよう》思想から見ると、煮ものは陰の料理であり、野菜を主に魚介が従となるこの形が、正式です。器も煮もの椀に盛るのが、きまりであったものが、現在では蒸し茶碗が主流で、蓋の落とし（溝部分）があるこの器で、汁のある煮ものは、散り蓮華を添える必要があります。

**筍と飛竜頭の炊き合わせ**
●作り方二四四頁

**海老芋と鯛の子の炊き合わせ**
●作り方二四四頁

**海老芋と筍、小だこの炊き合わせ**
●作り方二四四頁

**筍と車海老、菜の花の炊き合わせ**
●作り方二四五頁

**京人参とじゃが薯、海老真蒸の炊き合わせ**
●作り方二四五頁

**天王寺蕪と小鯛の炊き合わせ**
●作り方二四六頁

器／瑠璃波頭文蓋付鉢《るりなみがしらもんふたつきばち》

# 懐石の御《おん》菜《さい》にもあてられる「ちり仕立て」

豆腐と活きのよい魚介を合わせ、青ものを添えて熱あつに蒸し上げたちり蒸しは、新鮮な魚介が高温にふれて、チリチリと煮える様《さま》をあてた名です。冷めにくく、寒い季節には最適の蒸しもの仕立ての煮もの。仕上げは、わさびか生姜汁を落とし、汁もともに進めます。

鶏そぼろと豆腐のちり蒸し
●作り方二四六頁

帆立貝柱と豆腐のちり蒸し
●作り方二四六頁

鯛と豆腐のちり蒸し
●作り方二四七頁

車海老と豆腐のちり蒸し
●作り方二四七頁

雲丹と豆腐のちり蒸し
●作り方二四七頁

牡蠣《かき》と豆腐のちり蒸し
●作り方二四六頁

穴子と豆腐のちり蒸し
●作り方二四六頁

蟹と豆腐のちり蒸し
●作り方二四七頁

器／南蛮金彩蒸茶碗《なんばんきんさいむしぢゃわん》

# 焼きもの

焼きものには、魚を焼いたものを主に、揚げたものもあてられます。この例の舟盛り(姿盛り)など骨付きの魚は、茶懐石では禁じている形ですが、膳を盛り上げる料理屋好みの手法です。ここで、魚を優しく見せているのが、緑の敷葉(青《あお》皆敷《がいしき》)と照り葉(紅葉)です。

## 鯛と鰈の舟盛り焼き

舟盛り焼きのオーソドックスな手法は、そいだ身を塩焼きにするものです。皆敷のほか、ちょっとした朱、黄色を添えるとぐんと引き立ち、また、器から尾は出ても、頭は出さないのが、盛りつけの鉄則です。

鯛の黄身焼き
●作り方二四七頁

鯛の雲丹焼き
●作り方二四八頁

鯛の照り焼き
●作り方二四八頁

鰈の嫁菜焼き
●作り方二四八頁

鰈のあさつき焼き
●作り方二四八頁

器／青磁平皿《せいじひらざら》

# 焼きもの替わりの舟盛り揚げ

鰈《かれい》の大葉揚げ
●作り方二四八頁

鰈のパセリ揚げ
●作り方二四九頁

鰈の雲丹揚げ
●作り方二四九頁

鯛のあられ揚げ
●作り方二四九頁

鯛の磯辺揚げ
●作り方二五〇頁

骨付きの揚げものはカリッと、が身上ですが、姿の場合は、形が崩れるため、一歩手前でしかもよく揚がっている頃合いが勝負です。鰈《かれい》は、頭右・鰓《えら》手前盛りが主ですが、地方によって逆の例もあります。

器／青磁《せいじ》平皿《ひらざら》

# 口替わり

口替(変)わりは、酒の肴を最も表立てる料理。献立の本題の一汁三菜部分で、まだ使っていない材料・調理を見せる、料理人の腕の振いどころともなる一品です。これもいわば、献立の外《ほか》の料理ですから、前の料理とは口が変わっているという、遊び心も必要です。

# 取り廻し形式《スタイル》の揚げおろし

台所雑器のあたり鉢を、そのまま形どった深鉢の人数盛りは、取り皿に格のある器を添えることで、鄙《ひな》びた美しさがでます。次頁のフルーツ釜は、古典の柚子釜《ゆずがま》の新趣向で、若向きの口替わりに最適です。

車海老の二色真蒸《しんじょ》揚げ、染めおろし添え

●作り方三五〇頁

器／鉄釉刷毛目摺鉢形大鉢《てつゆうはけめすりばちがたおおばち》
青竹止節取箸《あおだけとめぶしとりばし》
鳴海織部野菜形向鉢《なるみおりべやさいがたむこうばち》
色絵四方醤油次《いろえよほうしょうゆつぎ》

# 銘々盛りのフルーツ釜サラダ

鶏もも肉とズッキーニのパパイヤ釜
●作り方二五〇頁

鯛とブロッコリーのメロン釜
●作り方二五〇頁

車海老とアスパラのパパイヤメロン釜
●作り方二五一頁

鮎魚女《あいなめ》と若布のグレープフルーツ釜
●作り方二五一頁

鯛と室胡瓜のホームランメロン釜
●作り方二五二頁

【器】
色絵《いろえ》縁剣先文平皿《ふちけんさきもんひらざら》
色絵《いろえ》縁巻平皿《ふちまきひらざら》
灰釉鉄絵《はいゆうてつえ》山形皿《やまがたざら》
色絵《いろえ》詰草文平皿《つめくさもんひらざら》
ガラス製欧風汁次《せいおうふうしるつぎ》

# 吹き寄せ趣向の口替わり

吹き寄せあけび釜
●作り方二五一頁

栗と市田柿、銀杏の吹き寄せ
●作り方二五二頁

車海老と菊花蕪の吹き寄せ
●作り方二五二頁

小鯛折り曲げ焼きの吹き寄せ
●作り方二五二頁

松茸と栗の吹き寄せ
●作り方二五三頁

秋の景色を器に写した吹き寄せは、口替わりの代表的な手法です。細やかな色彩を散らすこの料理の器は、高台鉢の例は藍地《あいじ》や無地系統がよく、和紙が磁肌の代役をします。

# 強肴《しいざかな》のいろいろ

茶懐石の強肴は、席がよほどの趣《おもむき》変わりでないかぎり、ごく小さな器に珍味風の肴を盛るのが常ですが、料理屋では出来上がりものをそのまま使うことはしません。何らかの調理の加わった、終宴の酒の肴がこの料理の定義で、総じて軽めの作りが、喜ばれます。

器／染付鹿文輪花平鉢《そめつけしかもんりんかひらばち》
色絵金彩唐花文高台鉢《いろえきんさいからはなもんこうだいばち》
吹墨蟹文連華形皿《ふきずみかにもんれんげがたざら》
染付花弁文平鉢《そめつけはなびらもんひらばち》
緑釉金彩結文形蓋付鉢《りょくゆうきんさいむすびぶみがたふたつきばち》

## 小鉢もの風仕立て五趣

陶磁器の小鉢ものよりも、時に、こうした無蓋《むがい》の塗り椀が新鮮に見えるものです。糸底の高い、深手の合鹿《ごうろく》椀に、魚介の五種の料理例ですが、前に出された料理との相性のよさと変化が、決め手となります。

車海老の五目煮
●作り方二五二頁

鰤《ぶり》と天王寺蕪の吉野あんかけ
●作り方二五四頁

鰤の緑揚げ
●作り方二五四頁

車海老の蓮根はさみ揚げ
●作り方二五四頁

車海老と雲丹の重ね揚げ
●作り方二五四頁

器／紅殻塗盛鉢《べんがらぬりもりばち》

## 強肴に最適の蒸しもの

品数の多い膳組みでは、どうしても、最後に重いものをあてがちですが、歯応え、のど越しから見ても、蒸しものの系統の穏《おだ》やかな味など、最適です。

## 蒸し豆腐七種

魚介を味の彩りにあしらい、強肴らしい趣をだしたこの蒸し豆腐は、いわゆる木綿と絹漉しのちょうど中間の歯応えの、京豆腐の料理です。強火で五〜六分蒸し上げていますが、中まで完全に火を通してしまうと味が半減し、形も崩れます。薬味に緑のものを添えると一段と引き立ちます。

**鰻のせ蒸し豆腐**
●作り方二五四頁

**雲丹のせ蒸し豆腐**
●作り方二五五頁

**小鯛のせ蒸し豆腐**
●作り方二五五頁

**帆立柱のせ蒸し豆腐**
●作り方二五五頁

**車海老のせ蒸し豆腐**
●作り方二五五頁

**鮃《ひらめ》のせ蒸し豆腐**
●作り方二五五頁

**蛤のせ蒸し豆腐**
●作り方二五五頁

器／黒漆菊文盛鉢《くろうるしきくもんもりばち》

# 古典蒸し七種

"古典"の由縁は、これらの蒸しものが、江戸末期から明治にかけて卵の茶碗蒸しが、登場する以前の形だからです。中で鶏肉を使ったものは、もとは鶉《うずら》の叩《たた》きで作ったもの。器では左上の小鍋形や、左下の蓋ものが、古い形の名残りです。吉野あん仕立てですから、散り蓮華を添えます。

**鶏真蒸《しんじょ》蒸し**
●作り方二五六頁

**鮭の信濃《しなの》蒸し**
●作り方二五六頁

**卵焼きと鰈の蒸し煮**
●作り方二五六頁

**蒲焼き豆腐蒸し**
●作り方二五六頁

**芝海老と白身魚の桜蒸し**
●作り方二五六頁

**豆腐の芝海老射《い》込み蒸し**
●作り方二五七頁

**白身魚の蕪《かぶら》蒸し**
●作り方二五七頁

器／赤巻金彩筒形小鉢《あかまききんさいつつがたこばち》
伊羅保耳付小鍋《いらぼみみつきこなべ》
呉須水草文蒸茶碗《ごすみずくさもんむしちゃわん》
南蛮手筋目鉢《なんばんてすじめばち》
呉須七宝文平蒸茶碗《ごすしっぽうもんひらむしちゃわん》
南蛮金彩蒸茶碗《なんばんきんさいむしちゃわん》、木蓋付《きぶたつき》
呉須染付牡丹唐草文平鉢《ごすそめつけぼたんからくさもんひらばち》

# 煮もの仕立ての強肴

次頁写真・左上より斜列順に右下へ

しめ鯖と胡瓜のおろし和え
●作り方二五八頁

しじみと生椎茸のおろし酢和え
●作り方二五八頁

雲丹と白菜の加減酢かけ
●作り方二五九頁

わかさぎの素揚げ加減酢かけ
●作り方二五九頁

鳥貝のおろし酢和え
●作り方二五九頁

鯛と胡瓜の黄身酢かけ
●作り方二五九頁

湯ぶり鮑のおろし酢和え
●作り方二五九頁

蟹脚とうどの加減酢かけ
●作り方二六〇頁

イクラと胡瓜のわさび酢和え
●作り方二六〇頁

小柱と黄菊のわさび酢和え
●作り方二六〇頁

蒸し雲丹の八方煮
●作り方二五七頁

煮ものは一汁三菜の中の主役的な一品ですが、二汁七菜・九菜ともなると再び前のものと、味も姿も一変した仕立てで加えます。そんな強肴の煮ものです。

小芋と蓮芋《はすいも》の濃《こい》八方煮
●作り方二五八頁

鮭の八方煮
●作り方二五七頁

雲丹の家盛り八方煮
●作り方二五八頁

松茸と錦糸卵の八方煮
●作り方二五八頁

器／織部《おりべ》釉菊文着蓋蒸茶碗《ゆうきくもんきせぶたむしぢゃわん》

# 小鉢ものの強肴

おろし和え的な和えものは、古くは献立に入ることはなく、ちょっとした酒の肴の扱いでした。これをやや大振りな、小深い器に盛り、彩りを調えた強肴仕立てです。

器／呉須《ごす》点彩《てんさい》安南手《あんなんで》小鉢《こばち》

# 油《あぶら》皿《ざら》風の強肴

"油皿"は、精進料理系の膳立てに見られる名で、いわゆる揚げものです。料理屋では油で焼く、煎《い》り出しなどをこの名で献立の酒の肴に加えてきました。ここは強肴の趣向に、宿借り揚げをガラス器に盛った試みです。

蒸し雲丹の宿借り揚げ
●作り方二六〇頁

雲丹と蟹の宿借り揚げ
●作り方二六〇頁

器／義山切子縁金彩《ぎやまんきりこふちきんさい》、無地《むじ》・淡紅八角皿《たんこうはっかくざら》

# ご飯台

料理店でいう〝ご飯台〟は、お酒を伴わない昼席・宵《よい》の客のために組まれる料理をいい、本来は献立の外《ほか》の品々です。そこに何品かの料理がついても、数品のご飯台のように呼ぶもので、酒席の後の軽食にも応用できるものとして、お茶漬けほかをご紹介します。

## ご飯替わりのお茶漬け

ご飯台の最も簡略な例が、お茶漬けの各種です。お茶漬けには、茶碗と急須の面白味が大いにあり、これらをひと組ずつ必ず折敷盆にセッティングします。このほかに先の強肴などを加えれば、一層軽食の膳らしくなり、いずれも、わさびを添えるのがきまりです。

**鰻茶漬け、ぶぶあられ添え**
●作り方二六一頁

**松茸昆布茶漬け、きゃら蕗、日野菜漬の葉、ぶぶあられ添え**
●作り方二六一頁

器／赤絵白釉掛蒸茶碗《あかえはくゆうかけむしちゃわん》
呉須染付四方猪口《ごすそめつけよほうちょく》
南蛮手急須《なんばんできゅうす》
青白磁輪花平鉢《せいはくじりんかひらばち》
杉木地胴張会席盆《すぎきじどうばりかいせきぼん》
呉須染付琵琶箸置《ごすそめつけびわはしおき》
白杉利久箸《しろすぎりきゅうばし》
灰釉鉄絵蒸茶碗《はいゆうてつえむしちゃわん》
金彩南京輪花平皿《きんさいなんきんりんかひらざら》
青磁輪花口紅猪口《せいじりんかくちべにちょく》
春慶鑿目四方盆《しゅんけいのみめよほうぼん》
焼締急須《やきしめきゅうす》
黄南京一葉箸置《きなんきんいちようはしおき》
白杉利久箸《しろすぎりきゅうばし》

# 趣《おもむき》変わりのお茶漬け

ここでは、お茶漬けの中でも特に小料理屋系向きに、小膳に応用しやすい四例を作りました。鯛茶漬けは〝鯛茶〟、海老天茶漬けは〝天茶〟として通っているもの。次頁の一種は蛤茶漬けですが、佃煮では料理屋らしさがなく、焼き蛤にしています。いずれもわさび、そして急須には、漉《こ》して葉を除いた熱あつのお茶を入れて添え、またお茶漬けには要望のない限り、味噌汁は添えません。

**小鯛茶漬け、胡麻味噌だれ添え**
●作り方二六一頁

**海老天茶漬け、切り海苔、わさび添え**
●作り方二六二頁

器／黒釉窯変抹茶々碗《こくゆうようへんまっちゃぢゃわん》
箔取古代文口付皿《はくとりこだいもんくちつきざら》
鉄釉掛小猪口《てつゆうかけこちょこ》
乾漆紅殻梅形会席盆《かんしつべんがらうめがたかいせきばん》
三島手急須《みしまできゅうす》
白杉利久箸《しろすぎりきゅうばし》

志野抹茶々碗《しのまっちゃぢゃわん》
白釉掛縁捻平皿《はくゆうかけふちひねりひらざら》
呉須染付小鉢《ごすそめつけこばち》
色絵折鶴文輪花豆皿《いろえおりづるもんりんかまめざら》
紅殻梅形会席盆《べんがらうめがたかいせきばん》
萬古急須《ばんこきゅうす》
白杉利久箸《しろすぎりきゅうばし》

## 焼き蛤茶漬け、切り海苔、ぶぶあられ添え

●作り方二六二頁

## 鯛の薄造り茶漬け、昆布有馬煮、ぶぶあられ添え

●作り方二六二頁

## 小茄子の辛子漬けと梅酢漬け生姜

器／安南手《あんなんで》飯茶碗《めしぢゃわん》
青白磁《せいはくじ》菊割猪口《きくわりちょく》
義山《ぎやまん》氷割入《ひわりいり》小猪口《こちょこ》
掛漆縁《かけうるしふち》朱丸盆《しゅまるぼん》
萩摺鉢形《はぎすりばちがた》向鉢《むこうばち》
伊羅保《いらぼ》急須《きゅうす》
白杉利久箸《しろすぎりきゅうばし》
呉須《ごす》染付《そめつけ》飯茶碗《めしぢゃわん》
呉須縁《ごすふち》木賊手《とくさで》四方平皿《よほうひらざら》
朱刷毛目《しゅはけめ》四方小皿《よほうこざら》
染付《そめつけ》福《ふく》の字《じ》見込《みこみ》小猪口《こちょこ》
掛漆《かけうるし》編竹《あみだけ》丸盆《まるぼん》
織部《おりべ》菊形鉢《きくがたばち》
南蛮金彩《なんばんきんさい》一葉文《いちようもん》急須《きゅうす》
白杉利久箸《しろすぎりきゅうばし》

# 物《もっ》相《そう》ご飯

型抜きの、こうした物相ご飯は仏家から出たものです。今日のように多くの形が現われたのは戦後のこと。料理屋では、真竹の筒切りを浸めらせ、ご飯を詰めて抜いていました。型抜きご飯自体が正式のものではなく、色ご飯ものを含めて点心の趣向ものの扱いです。

上段
松形・鶏肉と筍
楓形・栗と小柱
菊形・栗入り赤飯
下段
楓形・栗と大納言
瓢形・蟹と三つ葉
菊形・松茸と銀杏

上段
楓形・鮑と雲丹
瓢形・ぜんまいと油揚げ
巴形《ともえ》・赤飯と白飯

## 炊き込みご飯十二種

●作り方三六一頁

# 混ぜご飯十二種

作り方三六四頁

下段
菊形・帆立貝と榎茸
松形・車海老と筍
瓢形・黒豆入りくちなしご飯

上段
光琳梅形・雲丹そぼろ
色紙形・青海苔
半月形・榎茸

下段
瓢形・鱈子
亀甲形・刻み小梅
地紙形・ちりめん山椒

上段
菱形・大根の葉
色紙形・牛肉佃煮
花弁形・からすみ

下段
梅形・干し海老
松形・枝豆入り黄身そぼろ
桜形・ゆかり

器／掛漆《かけうるし》四方《よほう》会席盆《かいせきぼん》

# 小型物相で抜いた花ご飯十種

●作り方三六五頁

近年は、サラダ用の生の花々が流行を見せています。日本には古くから、桜・春蘭《しゅんらん》・菜の花の塩漬けがあり、ここは中国などで作られている金木犀《きんもくせい》・山査子《さんざし》を手本に、木ものを加えて花の塩漬けを作り、混ぜご飯にして物相型で抜いたものです。物相ご飯は、古くは大徳寺好みの縁高《ふちだか》点心箱の例のように、深さのある点心箱には盛り映えがするため、趣向ご飯として人気の高いものです。

上段
地紙形・海棠《かいどう》
月形・藤の花
地紙形・すみれ
梅形・紫陽花《あじさい》

中段
瓢形・桜の花
笹形・紅梅

下段
松形・春蘭
梅形・山査子《さんざし》
松形・金木犀《きんもくせい》
笹形・石楠花《しゃくなげ》

## 物相型のいろいろ

抜き型には二種類あり、木枠の立体型と、ステンレス枠の平型です。写真の右上二点は、戦前の小型タイプ。左上は筒・枕型と呼ぶ幕の内用。総じて、ご飯を詰めすぎないことがコツです。

木製物相型七種《もくせいもっそうがたななしゅ》　ステンレス製物相型十二種《せいもっそうがたじゅうにしゅ》

## 花々の塩漬け

花の塩漬けで最も大切な点は、食べられることを前提として、化学肥料に触れていないことが条件です。塩と白梅酢で漬け込みますが、一年以内が保存期間で、変色は避けられません。

器／掛漆《かけうるし》四方《よほう》会席盆《かいせきぼん》

| 上段 | 中段 | 下段 |
| --- | --- | --- |
| 海棠 | 桜の花 | 春蘭 |
| 藤の花 | 紅梅 | 山査子 |
| すみれ | | 金木犀 |
| 紫陽花 | | 石楠花 |

器／土耳古《とるこ》色刻文金唐草猪口《いろこくもんきんからくさちょく》
梨地《なしじ》金彩《きんさい》小猪口《こちょこ》

# 飯《いい》蒸《む》しと黄《おう》飯《はん》十五種

●作り方三六六頁

小柱と枝豆の飯蒸し
鯛と木耳の飯蒸し
鴨と三つ葉の飯蒸し
車海老の飯蒸し
筍と生椎茸の黄飯《おうはん》
栗と黒豆の黄飯
しめじと人参の黄飯

餅米《もちごめ》を蒸した〝強飯《こわめし》(おこわ)〟が飯蒸しして、京都などではお馴染みのもの。俗に〝飯蒸し百題〟といわれるほど種類が多く、梔子《くちなし》で炊いた黄飯も含まれます。一般に椀の蓋などにふた口ほどをのせ、献立の途中に出して流れに起伏をつける、酒の肴になるご飯〝肴飯《こうはん》〟です。

上中央より
斜列順に中央下へ

生雲丹の飯蒸し
蟹と生椎茸の飯蒸し
穴子と銀杏の飯蒸し
牛肉と木耳《きくらげ》の飯蒸し
鶏肉と三つ葉の飯蒸し
鮑と大納言の飯蒸し
牡蠣《かき》と木耳の飯蒸し
蛤と生椎茸の飯蒸し

器／玉子《たまご》手《で》縁《ふち》金彩《きんさい》菊《きっ》花《か》菱鉢《ひしばち》

# すし飯

献立に〝すし〟を加える場合、すし飯が一般料理とはやや合いにくい側面をもつため、なにか趣向を加味して、それらしくない面白味を出します。手毬ずし、花ずし、ひと口ずしなどは料理屋風の好例です。

## 菊ずし八種

●作り方二六八頁

関西風の、趣《おもむき》変わりのすしのひとつに〝紋《もん》巻き〟があり、これは切り口が家紋を描く巻きずしで、結婚式などの口取りに使われます。ここでの例の菊ずしは、花ずしの一種です。やはり口取り（口替わり）などに、献立の趣向に合わせて一器に一種を盛り込む、まったくの遊び感覚の細工ずしです。

左例上より
鯛そぎ造りとわさび
茹で車海老と菊花

中央上より
錦糸卵とイクラ
烏賊《いか》細造りと黄身そぼろ、わさび
鯛薄造りと赤貝細造り、
黄身そぼろ

右例上より
さより細造りとわさび
しめ鯖そぎ造りと黄身そぼろ
鮭の温燻《おんくん》そぎ造りとわさび

器／掛漆四方会席盆《かけうるしよほうかいせきぼん》

# ひと口ずし十種

普通"椀ずし"と呼ばれる類で、本来は少量のすしご飯の上に生《なま》散らしの種をのせます。ここは、ご飯をやや多めのひと口大にし、海苔で巻いた"軍艦巻き"の上に生の魚介をのせています。これも前項の飯蒸し同様、献立の谷間に出すとよいアクセントとなり、椀に盛るところが、また一興です。

**さよりと胡瓜のひと口ずし**
●作り方二六九頁

**車海老と室胡瓜のひと口ずし**
●作り方二七〇頁

**明太子のひと口ずし**
●作り方二七〇頁

**小柱とそら豆のひと口ずし**
●作り方二七〇頁

**キャビアとすだちのひと口ずし**
●作り方二七〇頁

**赤貝とすだちのひと口ずし**
●作り方二七〇頁

**飛び子とそら豆のひと口ずし**
●作り方二七〇頁

**イクラと胡瓜のひと口ずし**
●作り方二七一頁

**雲丹のひと口ずし**
●作り方二七一頁

**白魚のひと口ずし**
●作り方二七一頁

器／朱漆鉋目深鉢《しゅうるしかんなめふかばち》

# 魚介の茶《ちゃ》蕎《そ》麦《ば》

鮪の茶蕎麦
●作り方二七一頁

小柱の茶蕎麦
●作り方二七二頁

生雲丹の茶蕎麦
●作り方二七二頁

しめのご飯替わりに、黄檗山《おうばくさん》系の精進料理では素麺《そうめん》が出され、料理屋では大正末期から蕎麦が登場。これは他の麺類よりも生が合い、また酔を醒ますことも人気の由縁《ゆえん》でしょう。塗りの蓋ものに茶蕎麦を少量盛り、魚介と薬味をのせて熱い汁をかけたこの例など、最適です。

小鯛の茶蕎麦
●作り方三七一頁

車海老の茶蕎麦
●作り方三七二頁

器／黒塗《くろぬり》紙目《いとめ》瓢型《ひさごがた》盛器《もりき》、木蓋付《きぶたつき》

# デザート

日本料理のデザートは、食後酒を組む西洋料理と違い、本当の終宴です。季節の水菓子や、また膳に最後の話題を提供する一品もよいものです。

## フルーツのゼリー寄せ

いちごゼリー
●作り方二七二頁

ライチゼリー
●作り方二七二頁

パパイヤゼリー
●作り方二七二頁

枇杷《びわ》ゼリー
●作り方二七二頁

キウイフルーツゼリー
●作り方二七二頁

さくらんぼゼリー
●作り方二七二頁

パイナップルゼリー
●作り方二七四頁

器／黒釉《こくゆう》片口《かたくち》平鉢《ひらばち》、
義山《ぎやまん》切子《きりこ》縁《ふち》金彩《きんさい》輪花《りんか》小鉢《こばち》重ね
義山《ぎやまん》切子《きりこ》朱点彩《しゅてんさい》平鉢《ひらばち》、
義山《ぎやまん》切子《きりこ》縁《ふち》金彩《きんさい》輪花《りんか》小鉢《こばち》重ね
義山《ぎやまん》切子《きりこ》葡萄文《ぶどうもん》半月皿《はんげつざら》、
義山《ぎやまん》切子《きりこ》四方《よほう》小鉢《こばち》重ね
義山《ぎやまん》切子《きりこ》平鉢《ひらばち》、
義山《ぎやまん》切子《きりこ》淡雪文《あわゆきもん》四方《よほう》小鉢《こばち》重ね
藍交趾《あいこうち》縁《ふち》黄彩《おうさい》扇面皿《せんめんざら》、
義山《ぎやまん》切子《きりこ》縁《ふち》金彩《きんさい》輪花《りんか》小鉢《こばち》重ね
義山《ぎやまん》切子《きりこ》藍流《あいながし》長手皿《ながてざら》、
義山《ぎやまん》切子《きりこ》縁《ふち》金彩《きんさい》輪花《りんか》小鉢《こばち》重ね
義山《ぎやまん》瑠璃流《るりながし》縁捻《ふちひねり》平鉢《ひらばち》、
義山《ぎやまん》切子《きりこ》撫角《なでがく》小鉢《こばち》重ね

# 材料・調理別に見る献立の品々

# 献立を特徴づける材料選びと調理の勘《かん》所《どころ》

ここでは、古い時代の料理について触れておきましょう。古事記の昔から私たちの祖先は、魚や鳥、野菜を調理素材とし、簡素とはいえその料理種類も、想像以上に多かったといわれています。

この中には庖丁を加えただけの、生で食べる料理がまずあり、これが『膾《なます》』です。なますは生すきの転訛、あるいは生肉《なましし》の略であるという説がありますが、すきは薄切りです。また宮中には〝おなま〟〝つべたもの〟などの異名がありましたが、つまるところ〝生〟であり、冷めたい料理が膾です。

この膾は安土桃山時代より少し前『おつくり』と呼ばれるようになり、同じ頃に『さしみ』の名も表われます。さしみとはさす(切る)身(肉)であり、これらを〝お造り、指味、差味、刺身〟などの文字で表わすのは、もう少し後のことです。江戸時代になると『刺身』の名は江戸に、『お造り』は京・大坂に残り、定着していきます。

あえものの本字は『韲物』。近年は『和えもの』が一般的です。室町時代に現われた、味噌や魚の子、豆腐など、今でいう和《あ》え衣《ごろも》と魚肉を混ぜたものです。平安時代までは和えものと、先の膾は同じものであったと思われますが、室町に入って膾は酢味になりはじめ、両者ははっきりと分けられてい

のでしょうが、後にはあつものは〝あんかけ〟類につけられることになります。また〝焚《た》く〟は、煮るの京都方言で〝煮合わせ、焚き合わせ〟は、京都では、羹、煮物、煮染を指します。

近頃の煮ものは、材料を別々に煮て椀に合わせ盛りにすることから、これを煮合わせ、焚(炊)き合わせと呼ぶという方がいますが、古くは別々に煮る手法はなかったもので、この呼称は大いに疑問です。別々に煮て保存し、使う分だけ温め直すほうが効率がよく、また材料同士の味移り、色染みも防げるために、いわば便宜上採られるようになった手法だからです。本来、材料は一緒に煮て、互いの味を引き出し合うのが煮もの。いかによいだし汁で煮ても、一種ずつでは充分な旨みは出ません。これを〝ひとつの椀の中で、味の変化と旨さを比べる〟とするのは、いかにも本末顛倒です。なぜなら、献立の中で煮ものが唯一の〝混ぜ合わせの旨み〟であるからです。

## 焼物は最も持ち味を残す

次に『焼物』です。本来、この焼きものほど調理種類の少ないものはなく、大きく分けて〝白焼き〟〝つけ焼き〟〝味噌漬け焼き〟くらいです。焼きも

献立の中でも並用されています。和えものの第一のコツは、主材料と衣の味の和こそが、味の良し悪しの鍵であり、〝和〟の字をあてるのは大変に理に叶っています。

## 羹《あつもの》、汁物《しるもの》から吸物《すいもの》、煮物へ

古くはまた『羹《あつもの》』、『汁物《しるもの》』がありました。あつものは熱物の意。汁物は今日の味噌汁、吸いものとは違って、具の多い半煮物です。この名残りがけんちん汁やのっぺい汁で、一汁一菜にこの汁をあてると、汁が一汁であり、中の具が一菜であったのです。正月の雑煮などもこの例で、現在でも雑煮を羹と呼ぶ料理人は、少なくありません。

『吸物《すいもの》』の呼び名は室町に生まれ、おそらくこの時代は、具も汁も多いものであったと思われます。味噌汁を含み、具の多い汁ものを江戸では〝おつけ〟といい、これは具を椀につけ盛りにするからです。また、本膳献立には、汁と吸物の両方が見られます。本居宣長の『玉勝間』(全十五巻の随筆集で、没年の一八〇一年までの七年間にわたって書かれたもの)に、〝…近き世には始の一つを汁といひ次に出すを吸物といひて　汁と吸物は別なる如し…〟とあり、配膳上名を変えて呼んでいたのです。思うに味噌仕立ての汁、清まし仕立てを吸いものという区別は、この頃からかもしれません。

本膳の中には、『煮物』『煮染(にしめ、にそめ)』の字も見えます。あつものが、こう名を変えたも

水菓子は季節の柑橘類、トロピカルフルーツなどから、
二種ほどを景色よく、食べやすく盛り合わせてお出しします。

のは、煮ものと違って〝材料の姿・味をできるだけそのまま出す〟のがきまりであるからです。

焼きものの味が、材料の持ち味そのものであることで、ひとつの献立の中の、お造り・煮もの、そして次にくる焼きもの、という流れに変化が生まれるのです。焼きものは平安時代に形の整った料理ですが、この間の文献には『炙《あぶりもの》』の名も見られます。これは、焼きものよりも遠火でかざし焼きにしたものと思われ、干物などがその典型です。

このほか、調理の手法といって思い出されるものに、『揚げもの』『蒸しもの』がありますが、これらはまったく新しい日本料理といってよく、料理屋に登場したのは、明治ま近の頃です。

揚げものは安土桃山時代から、渡来調理として登場していますが、献立に加えられていません。

蒸しものといえば、鮑の塩蒸し・酒蒸しなどの古典料理が浮かびますが、これは蒸し器で蒸し上げたものではなく、鍋に塩とだし汁を少量、あるいはこれに酒を鮑ひたひたほどに入れ、文火《もんび》(トロトロとしたごく弱い火加減)で煮たものです。蒸し器は、もともと菓子屋の道具であり、料理ではただ、ご飯を蒸すものであったのです。

これらが料理屋献立に入らなかった、本当の理由はといえば、それは〝酒との出会い〟が淡いことに尽きましょう。日本料理の根底には、料理はすべてよき『酒の肴』でなければならないという、絶対的な主潮が流れているものだからです。

# 料理材料で見る献立の品々

献立は、そこに〝料理の旬《しゅん》〟を打ち出すことが何よりも大切です。それにはまず、ベースとなる個々の材料について、すべてを弁《わきま》えておかなければなりません。材料の持ち味と調味、他の材料との味の出会い（相性）をはじめ、旬の時季と調理の基調を知ることで、手の内《うち》の料理数は飛躍的に増えていきます。ここから生まれる献立こそが、バラエティーに富むと評されるもので、けっして奇を衒《てら》った料理の寄せ集めであってはなりません。材料を知り、活かしきることが、満足感のある献立作りへの第一歩です。

## 鮑《あわび》を使った夏の献立例

●作り方二七四頁

### 片《かた》陰《かげ》

御品書

◆先付け
鮑の山椒焼き

◆小吸いもの
鮑の冷やし潮汁碗

◆お造り
鱸と縞鰺の引き造り

◆煮もの
石川芋と栗麩
海老真蒸の炊き合わせ

◆焼きもの
鱧のたで焼き

◆口取り
穴子の八幡巻き、
かますの照り焼き、瓢箪の
酢漬けの三種盛り

小吸いもの
鮑の冷やし潮汁碗《うしおじるわん》

先付け
鮑の山椒焼き

〝鮑は夏が旬〟というのが一般的ですが、これは日本料理が陰に陽に京都の料理の影響を受けているためで、京都に多く出廻る夏貝を基準にしてのことです。俗に〝浅貝は冬貝、深貝は夏貝〟といい、殻が浅いエゾ鮑は冬の貝、殻が大きくて深いマダカ鮑は夏の貝。流通の発達した今日では、この二つの旬を上手に使いこなしたいものです。

ここは夏貝の焼きものを、先付けに使った献立の一場面で、次頁の鮑の料理例からの、応用実例でもあります。

器／義山瑠璃鎬浅鉢《ぎやまんるりしのぎあさばち》
黒鉋目撫四方会席盆《くろかんなめなでよほうかいせきぼん》
義山切子端反筒小吸物碗《ぎやまんきりこはぞりつつこずいものわん》、
掛漆蓋付《かけうるしふたつき》
白磁盃《はくじさかずき》
義山枕箸置《ぎやまんまくらはしおき》
赤杉利久箸《あかすぎりきゅうばし》

# 鮑の料理十種

鮑の持つ高級感はまさに料理屋向きのもので、身上の快い歯応えを活かした料理法が古くからあります。水貝、お造り、味噌焼き、塩蒸しなどは、特にその代表格です。

**鮑の岩戸揚げ**
●作り方二七四頁

**鮑の幽庵焼き**
●作り方二七五頁

**鮑の山椒焼き**
●作り方二七五頁

**鮑のお造り**
●作り方二七五頁

**鮑の南蛮酢**
●作り方二七五頁

器／呉《ご》須《す》染付《そめつけ》縁《ふち》水《みず》輪《わ》文《もん》平鉢《ひらばち》
義山《ぎやまん》切子《きりこ》八方割《はっぽうわれ》平鉢《ひらばち》
義山《ぎやまん》切子《きりこ》四方《よほう》深鉢《ふかばち》
義山《ぎやまん》瑠璃《るり》鎬鉢《しのぎばち》
義山《ぎやまん》朱《しゅ》水玉《みずたま》文《もん》深鉢《ふかばち》

器／伊賀《いが》一葉《いちよう》皿《ざら》
義山《ぎやまん》切子《きりこ》中鉢《ちゅうばち》
義山《ぎやまん》切子《きりこ》瑠璃《るり》着《ぎせ》捻《ねじり》文《もん》鉢《ばち》
義山《ぎやまん》切子《きりこ》四方《よほう》深鉢《ふかばち》
黄《き》瀬《ぜ》戸《と》平鉢《ひらばち》

鮑の酒醤油焼き
●作り方二七五頁

鮑の西京焼き
●作り方二七五頁

鮑の水貝
●作り方二七六頁

おてくぼ鮑
●作り方二七六頁

鮑のふくら煮
●作り方二七六頁

# 海老・蟹を使って

野性味豊かな姿、他の魚介にはない派手やかな赤い殻色、そして対照的に淡く、香り高い味わいの白い身…と、海老・蟹には共通した個性があります。大型の伊勢海老や車海老、全形の蟹は主役的に、小型海老や蟹の部位はまた、さまざまに利用価値の高い素材です。

## 車海老の姿作り

通常"細《さい》巻き"と呼ぶ小振りの車海老の、姿使いの例です。天ぷら向きの大きさですが、ここは、変わり揚げを主に作り、葉形の器に盛っています。姿の海老は、総じて可愛らしさを表立て、緑や、また赤を添えると一段と映えます。献立の強肴には最適の品々です。

車海老の岩戸揚げ
●作り方二七六頁

車海老の大葉焼き
●作り方二七七頁

器／伊羅保《いらぼ》一葉皿《いちようざら》
呉須《ごす》染付《そめつけ》一葉《いちよう》向鉢《むこうばち》
灰釉《はいゆう》焼締《やきしめ》蓮葉皿《はすのはざら》
辰砂《しんしゃ》一葉皿《いちようざら》
焼締《やきしめ》一葉皿《いちようざら》
呉須《ごす》染付《そめつけ》楓《かえで》平鉢《ひらばち》
緑釉《りょくゆう》雪持《ゆきもち》笹《ざさ》長手皿《ながてざら》

車海老の新挽き揚げ
●作り方二七八頁

茹で車海老の剌身作り
●作り方二七六頁

車海老の黒胡麻揚げ
●作り方二七七頁

揚げ車海老のおろし添え
●作り方二七七頁

車海老の酒醤油焼き
●作り方二七七頁

# 蟹の焼きものと揚げもの

蟹の調理で承知しておくべきことは、茹でたてを二杯酢で食べることが、最も美味であるということです。ただ料理屋では、味に変化をつけることも仕事の内。調味や火使いのよさによって、新たな味わいに仕上げることが大切です。胴身のそぎ切りを焼く、揚げる、ほぐし身を酷《こく》のある味に仕上げるなど、野性味を残し、味わえる量がなければなりません。

蟹の唐揚げ
●作り方二七八頁

蟹の甲羅焼き
●作り方二七八頁

蟹の玉葱詰め焼き
●作り方二七八頁

器／瑠璃《るり》黒釉《こくゆう》新様《しんよう》平皿《ひらざら》
青白磁《せいはくじ》六寸《ろくすん》平皿《ひらざら》
呉須《ごす》刷毛目《はけめ》褄折上皿《つまおりあげざら》
白磁《はくじ》呉須《ごす》点彩《てんさい》端反《はぞり》平鉢《ひらばち》
白釉《はくゆう》掛《かけ》縁捻《ふちひねり》平皿《ひらざら》

蟹の昆布鳴門揚げ
●作り方二七七頁

蟹の幽庵焼き
●作り方二七八頁

# 蟹脚の揚げもの

蟹の部位使いでは、爪が古くから使われてきましたが、近年ポーションといって脚の生の冷凍ものの手軽さに、人気があります。ここでは、この部位に最適の、変わり衣揚げを取り上げています。揚げたての熱あつを塩とすだち、レモンなどでおすすめします。強肴や盆盛り点心などに、使い勝手のよいものです。

蟹《かに》脚《あし》の岩戸揚げ
●作り方二七八頁

蟹脚の磯辺揚げ
●作り方二七九頁

蟹脚の大葉揚げ
●作り方二七九頁

蟹脚の黄身衣揚げ
●作り方二七九頁

蟹脚の香《こう》煎《せん》揚げ
●作り方二七九頁

器／伊《い》羅《ら》保《ぼ》一葉皿《いちようざら》

# 蟹の揚げ煮

蟹の淡泊な持ち味には、揚げて、トロミをつけた八方地系の汁をかける揚げ煮の手法などがよく合います。揚げ煮では、おろし大根地をかけた煮おろしもお馴染みですが、ここは汁を濁らせずに、また味も形もひと手間加えた五例で、献立には強肴や、煮ものにあてて、味のある品々です。

**蟹昆布鳴門の揚げ煮**
●作り方二七九頁

**蟹落とし揚げの煮もの**
●作り方二七九頁

**裏白椎茸の揚げ煮**
●作り方二八〇頁

**蟹磯辺揚げの煮もの**
●作り方二八〇頁

**蟹黄身衣揚げの煮もの**
●作り方二八〇頁

器／赤絵《あかえ》錦手《にしきで》端反《はぞり》蒸茶碗《むしちゃわん》
梨地《なしじ》金彩《きんさい》芒《すすき》文《もん》蒸茶碗《むしちゃわん》
緑釉《りょくゆう》色絵《いろえ》小倉山《おぐらやま》文《もん》蒸茶碗《むしちゃわん》
白磁《はくじ》金彩《きんさい》牡丹《ぼたん》唐草《からくさ》文《もん》蒸茶碗《むしちゃわん》
赤巻《あかまき》金彩《きんさい》唐花《からはな》文《もん》縁《ふち》呉須《ごす》蒸茶碗《むしちゃわん》

# 代表的な季節野菜を使って

お馴染みの野菜類にも、料理屋らしさを活かせるものが多くあります。例えば冬野菜の白眉の大蕪《おおかぶら》（煮蕪）、夏なら冬瓜《とうがん》などは、煮ものにして献立に加えて、穏《おだ》やかな旨みの冴える素材です。

## 天王寺《てんのうじ》蕪《かぶ》と魚介の煮もの八種

天王寺蕪と鰻の煮もの
●作り方二八〇頁

天王寺蕪と車海老の煮もの
●作り方二八一頁

天王寺蕪と海老真蒸《しんじょ》の煮もの
●作り方二八二頁

天王寺蕪と
小烏賊《いか》の煮もの
●作り方二八一頁

天王寺蕪と蟹脚の煮もの
●作り方二八〇頁

天王寺《てんのうじ》蕪、聖護院《しょうごいん》蕪など中・大型の蕪を煮る時は、個性の鮮明な魚介と合わせて塩、または白醤油と味醂《みりん》で、形を崩さないようにゆっくりと煮含めるのが、コツです。

天王寺蕪と牛肉の煮もの
●作り方二八一頁

天王寺蕪と鮭の煮もの
●作り方二八一頁

天王寺蕪と魚の子の煮もの
●作り方二八一頁

器／青白磁《せいはくじ》呉須《ごす》蝶文《ちょうもん》菊形《きくがた》平鉢《ひらばち》
色絵《いろえ》輪花《りんか》平鉢《ひらばち》

# 冬《とう》瓜《がん》の煮もの八種

冬瓜は、ごく小型の京都産の加茂瓜(古名・氈瓜《かもうり》)をはじめ、枕形の普通種、丸形の沖縄種など、多彩です。冬瓜を煮る前は、よく水にさらしてアクを抜き、上質の濃いだしで充分に煮含めます。総じて薄味に仕上げ、だしの旨みで食べさせることがコツで、トロミをつけたあんをかけ、冷めたく冷やす手法など、地味ながら味わい深い、冬瓜の持ち味がよく出ます。

器／御《ご》本《ほん》手《で》三《み》島《しま》お多《た》福《ふく》小《こ》鉢《ばち》
織《お》部《り》鉄《べ》釉《てつゆう》轡《くつわ》形《がた》鉢《ばち》

冬瓜の辛子味噌かけ
●作り方二八二頁

冬瓜の鶏そぼろあんかけ
●作り方二八三頁

冬瓜の蟹あんかけ
●作り方二八三頁

冬瓜の水晶あんかけ
●作り方二八四頁

冬瓜の海老そぼろあんかけ
●作り方三八二頁

冬瓜の吉野あんかけ
●作り方三八二頁

冬瓜の練り味噌かけ
●作り方三八三頁

冬瓜の卵味噌かけ
●作り方三八三頁

# 鶏肉・牛肉を使って

客層の世代交代が進む昨今の料理屋にとって、〝肉類〟は大変に魅力のある素材です。明治以来、積極的に取り入れられてきた鶏肉、歴史の制約を受けながらも脈々と食べ次がれてきた牛肉は、なかでも和風の色づけをして面白味もあり、献立を若々しく彩ります。

## 焼きもの替わりになる鶏ロール

魚料理とは別種の仕立て、が望まれるのが鶏料理。もも肉ローストの応用で、芯《しん》の緑の野菜が味と彩りのアクセントの、巻き作りです。

鶏のアスパラ射込み焼き
●作り方三八四頁

鶏のアスパラ射込み焼き、磯辺おろし添え
●作り方三八四頁

鶏のあさつき射込み揚げ葛あんかけ、菊花添え
●作り方三八四頁

鶏のあさつき射込み揚げ葛あんかけ
●作り方三八四頁

鶏のあさつき、卵焼き射込み焼き、おろし添え
●作り方三八五頁

鶏の胡瓜射込み蒸し、葛あんかけ
●作り方三八五頁

鶏のあさつき射込み揚げ
●作り方三八五頁

器／呉須《ごす》波頭《なみがしら》文《もん》高台鉢《こうだいばち》
染付《そめつけ》牡丹《ぼたん》文《もん》木瓜形鉢《もっこうがたばち》
瑠璃《るり》金彩《きんさい》糸目《いとめ》撫角《なでがく》亀甲鉢《きっこうばち》
赤巻《あかまき》日月《じつげつ》筒形鉢《つつがたばち》
瑠璃《るり》着《ぎ》せ縁捻《ふちひねり》平鉢《ひらばち》
染付《そめつけ》唐草文《からくさもん》縁捻《ふちひねり》高台鉢《こうだいばち》
緑《みどり》金彩《きんさい》変菱形《かわりびしがた》平皿《ひらざら》

# 牛バラ肉の煮もの六種

バラ肉の脂肪分を煮切れるだけ煮切り、残ったゼラチン質の旨みだけを残す手法で、これは豚角煮、豚骨煮など、豚肉ではお馴染みのもの。牛肉に応用し、歯応えの変化と彩りに季節の野菜をあしらい、華やかさを出します。

**牛ロールと蛇の目大根、人参の炊き合わせ**
●作り方三八五頁

**牛ロールと白菜、アスパラの炊き合わせ**
●作り方三八六頁

**牛ロールと海老芋、卵焼きの炊き合わせ**
●作り方三八六頁

**牛ロールと冬瓜、しめじの炊き合わせ**
●作り方三八六頁

**牛ロールと揚げ茄子、オクラの炊き合わせ**
●作り方三八六頁

**牛ロールと貝割れ菜、菊花の炊き合わせ**
●作り方三八七頁

器／色絵《いろえ》金彩《きんさい》蓋付《ふたつき》高台鉢《こうだいばち》
玉子手《たまごで》菊形平鉢《きくがたひらばち》
赤巻緑釉文蒸茶碗《あかまきりょくゆうもんむしぢゃわん》
呉須《ごす》水草文《みずくさもん》摘蓋《つまみぶた》蒸茶碗《むしぢゃわん》
黄交趾《きこうち》緑彩《りょくさい》片口平鉢《かたくちひらばち》
色絵《いろえ》金彩《きんさい》手毬文《てまりもん》蒸茶碗《むしぢゃわん》

# お箸で食べるステーキのいろいろ

## つけ合わせと盛りつけで和風に

牛肉の旨みを最もストレートに味わえる調理が、塩・胡椒でさっと焼くステーキ。ただ強い火力で仕上げることが鍵で、日本料理屋のステーキは総じて、火力が不足気味です。ここは、平皿に刺身の要領で盛りつけ、おろし大根と醤油、の和風仕立て例。献立なら焼きもの替わりにあてても、抵抗なくお箸を出していただける作りです。

牛ステーキ、茗荷、花穂じそ添え
●作り方二八七頁

牛ステーキ、モロッコいんげん添え
●作り方二八七頁

牛ステーキ、若布、オクラ添え
●作り方二八八頁

牛ステーキ、赤芽おろし添え
●作り方二八七頁

牛ステーキ、炒め獅子唐添え
●作り方二八七頁

器／緑金彩《みどりきんさい》縁《ふち》染付《そめつけ》四方《よほう》長手皿《ながてざら》
青白磁《せいはくじ》網浜絵《あみはまえ》洲浜形皿《すはまがたざら》
鉄絵《てつえ》金彩《きんさい》松形皿《まつがたざら》
瑠璃《るり》金彩《きんさい》松葉文《まつばもん》蛤形皿《はまぐりがたざら》
色交趾《いろこうち》唐花文《からはなもん》角切《すみきり》四方皿《よほうざら》
青磁《せいじ》輪花縁《りんかぶち》小猪口《こちょこ》

# 鉢盛りのステーキ

ひとつの献立に使う率の高い平皿や、丸型皿を他の料理に譲って、肉料理で少々趣を変えたいという時の例として、ここは変わり形の深鉢などに、和風ならではの盛りつけを試みてみました。深さのある鉢には〝杉盛り〟の応用で、切り身を立てかけるように盛ると、お箸で取りやすく、また高台付きの平鉢などは、朴葉《ほおば》など大振りの敷葉を使うと一層見映えがします。

器／梨地金彩高台平鉢《なしじきんさいこうだいひらばち》
青磁折上向鉢《せいじおりあげむこうばち》
赤巻緑釉唐人絵四方鉢《あかまきりょくゆうとうじんえよほうばち》
黒釉松形向鉢《こくゆうまつがたむこうばち》

牛ミニッツステーキ、紫玉葱おろし添え
●作り方二八八頁

牛ミニッツステーキ、巨峰おろし添え
●作り方二八八頁

牛ミニッツステーキ、細切り野菜おろし添え
●作り方二八八頁

牛ミニッツステーキ、花穂添え
●作り方二八九頁

# 和風調味の風干しステーキ

牛ヒレ肉を味醂五・醬油三・酒二の割合の幽庵地《ゆうあんじ》に五分ほどつけ、一旦汁気を拭いたのち粉山椒をふり、金串に刺して風通しのよい所につるします。こうして四十分ほど〝風干し〟したものを、網でさっとあぶり焼きにした、まったくの和風調理、調味の仕立てです。独特の酷《こく》のある味わいに、レモン、すだち汁、あるいはラデイッシュの歯触りの爽やかさを添えて、お酒の種類を選ばない、ひと味変わったステーキの例です。

器／色絵金彩変四方皿《いろえきんさいかわりよほうざら》
染付銀彩花形鉢《そめつけぎんさいはながたばち》
色交趾唐草文八角皿《いろこうちからくさもんはっかくざら》

風干しステーキ、ラディッシュ添え
●作り方二八九頁

風干しステーキ、レモン添え
●作り方二八九頁

風干しステーキ、すだち添え
●作り方二八九頁

# あしらいをのせた趣《おもむき》変わりのステーキ

献立に肉料理を加える時に、まず配慮すべき点は、肉特有の質感をできるだけあらわに見せないことです。鶏肉の例にも竜田《たつた》揚げ、隠《かく》しわさびなど、揚げ衣や海苔で巻く形があり、これらは味を深めることはもちろん、献立の流れとかけ離れた雰囲気を避けるためもあり、ここでの例も同様な趣旨によります。

牛ステーキ、葉ねぎのせ
●作り方二九〇頁

牛ステーキ、織野菜のせ
●作り方二九〇頁

器／色紙重縁銀彩青海波文浅鉢《しきしがさねふちぎんさいせいがいはもんあさばち》
土耳古色長手皿《とるこいろながてざら》
色交趾四方平鉢《いろこうちよほうひらばち》
縁緑釉金彩半月皿《ふちりょくゆうきんさいはんげつざら》
色絵春秋文撫角四方鉢《いろえしゅんじゅうもんなでかくよほうばち》

**牛ステーキ、あさつきのせ**
●作り方二八九頁

**牛ステーキ、あさつきおろしのせ**
●作り方二九〇頁

**牛ステーキ、胡瓜のせ**
●作り方二九〇頁

# 鯛で作る献立の料理十二種

日本料理にあって鯛は百魚の王であり、姿も味も最高の風格を誇るものです。旬は冬から春とされるものの、他の魚が味の落差が激しいことに比べれば、一年を通じて安定しています。

## 代表的な鯛料理

鯛は鱗《うろこ》と鰭《ひれ》、鰓《えら》、骨を除いて一尾すべてを食べられる魚。ここは鯛料理の代表、お造り、兜《かぶと》焼き、骨《こつ》蒸し、鯛蕪《かぶら》、わたの塩辛の五種を土台とした、二組み十二種の勢揃いです。昔から、鯛料理を知れば他の魚にも応用できるもの、とされる重要な料理です。

ご飯
鯛めし
●作り方二九一頁

吸いもの
鯛の腹身の清まし汁仕立て
●作り方二九一頁

焼きもの
鯛兜《たいかぶと》の木の芽焼き
●作り方二九〇頁

吸いもの

**鯛頭《たいがしら》の潮汁仕立て**

●作り方三九一頁

和えもの

**鯛皮の白和え**

●作り方三九一頁

お造り

**鯛の皮霜引き造り**

●作り方三九一頁

お造り

**鯛のそぎ重ね**

●作り方三九〇頁

器／飴釉白梅深鉢《あめゆうはくばいふかばち》
青竹中節取箸《あおだけなかぶしとりばし》
麦藁手金箔散内梨地中鉢《むぎわらできんぱくちらしうちなしじちゅうばち》
古染付半開扇山水文向鉢《こそめつけはんかいせんさんすいもんむこうばち》
呉須網目口紅撫角小鉢《ごすあみめくちべになでがくこばち》
拭漆松竹梅文吸物椀《ふきうるししょうちくばいもんすいものわん》
朱漆内春秋蒔絵平吸物椀《しゅうるしうちしゅんじゅうまきえひらすいものわん》
呉須染付飯茶碗《ごすそめつけめしちゃわん》

# 代表的な鯛料理

鯛はご存知のように、祝い魚としても最高のものです。祝儀の膳にはむしろ行儀よく、通常の献立にはダイナミックさを表立てると、持ち味が活かされます。中の一種、骨《こつ》蒸しは従来から頭ひとつを一人前にあてたもの。昨今は経済効率から、縦に梨割《なしわ》りにした二人前使いが多く、やはり鯛という魚の旨さは贅沢さも加わってのことで、昔風にしたいところです。

吸いもの
鯛頭と筍の潮汁
●作り方三九二頁

壺
鯛わたの塩辛
●作り方三九二頁

蒸しもの
鯛兜の骨蒸し
●作り方三九二頁

煮もの

**鯛頭の煮もの椀**

●作り方三九一頁

器／呉須《ごす》色絵《いろえ》花鳥文《かちょうもん》大平碗《おおひらわん》

色絵《いろえ》縁《ぶち》四方《よほう》平鉢《ひらばち》

黒轆轤目《くろろくろめ》光琳鶴《こうりんづる》蒔絵《まきえ》煮物椀《にものわん》

黒蠟色《くろろいろ》松菱文《まつびしもん》蒔絵《まきえ》煮物椀《にものわん》

呉須染付《ごすそめつけ》網絵《あみのえ》壺々《つぼつぼ》

焼きもの

**鯛の黄身焼き**

●作り方三九二頁

# 鯛《たい》兜《かぶと》の骨《こつ》蒸《む》しを加えた小献立例

前頁の骨蒸しを、あしらいだけを変えて春の趣に調え、一汁三菜の献立に加えた一例です。

この骨蒸しの器は、〝大平碗《おおひらわん》〟と呼ぶ大型の平蒸し茶碗で、古くからこの料理専用の器とされてきたものです。前述の骨蒸しは頭ひとつを一人前にあてたいというのも、専用の器を持っているほどの料理であってみれば、小さく切っては味がないというものです。

この骨蒸しの調理では、鯛の皮を湯気で損ねてはいけない、ということがポイントです。打ち塩をたっぷりとして、水洗いをしたのち蒸し上げると、きれいに仕上がります。

鯛兜の骨蒸しを加えた献立では、いうまでもなくこの一品が中心となります。味の調和の上からは、これ自体が淡泊なものですから、特別に濃い味の料理は合いません。ここは、品数の少ない膳立てですから、アクセントとしてやや濃い口の鯛の角煮を添えています。また、骨蒸しに替えて鯛兜の木の芽焼きを加えても、同様の献立構成ができます。

煮もの替わり

**鯛兜の骨蒸し、菜の花添え**

小鉢

**鯛の角煮**

和えもの

**青柳と胡瓜の白和え**

吸いもの

**若竹椀**

ご飯

**白飯**

香のもの

**沢庵、糠漬け胡瓜、奈良漬、かくや漬、甘酢漬け生姜**

●作り方二九一頁

器／呉須《ごす》色絵《いろえ》花鳥文《かちょうもん》大平碗《おおひらわん》
青白磁《せいはくじ》割山椒《わりざんしょう》
呉須《ごす》染付《そめつけ》桜川《さくらがわ》向鉢《むこうばち》
真塗《しんぬり》塗分《ぬりわけ》吸物椀《すいものわん》
麦藁手《むぎわらで》飯茶碗《めしぢゃわん》
黒真塗《くろしんぬり》利休形《りきゅうがた》長手盆《ながてばん》
色絵《いろえ》朝顔形《あさがおがた》小鉢《こばち》
白杉《しろすぎ》利久箸《りきゅうばし》

# 鯛の「頭と鎌」の料理六種

調理次第で捨てる所のないのも、鯛の特長です。ここでは、頭と鎌を活かした料理を取り上げました。こうしたアラを使った料理で表に出せる(献立に組める)のは、鯛と鱸《すずき》に限られます。ただしアラとはいえ、あまりに身の少ない部分は切り捨て、よい部分を〝狙い使い〟するのがコツです。また、頭と牛蒡《ごぼう》の炊き合わせ、別名甘煮などは大鉢に盛ると映えます。

鯛頭の塩焼き
●作り方二九四頁

鯛鎌《たいかま》の木の芽焼き
●作り方二九四頁

鯛頭とごぼうの炊き合わせ
●作り方二九三頁

鯛頭《たいがしら》の唐揚げ
●作り方二九四頁

鯛鎌の潮煮
●作り方二九四頁

鯛鎌の素揚げ
●作り方二九三頁

器／色絵《いろえ》唐草《からくさ》文《もん》大平碗《おおひらわん》
緑釉《りょくゆう》金彩《きんさい》木葉《このは》文《もん》四方皿《よほうざら》
色絵《いろえ》金彩《きんさい》手毬文《てまりもん》蒸茶碗《むしちゃわん》
染付《そめつけ》七宝文《しっぽうもん》輪花皿《りんかざら》
色絵《いろえ》一葉文《いちようもん》平皿《ひらざら》
呉須《ごす》山水《さんすい》唐子文《からこもん》長手皿《ながてざら》

# 調理法で見る献立の品々

ひとつの材料とその調理・調味は、常に表裏一体の関係にあります。材料に対して調理方法を組み合わせる時、その固有の姿形、持ち味、見映えなどの諸要素を総合して、まず最も前面に打ち出せるポイントを見いだすことが肝心です。つまるところ、材料が持っている見るべき特長を、最大限に引き出す調理方法であることが、何より大切であるのです。

ここでは、充実した献立を組むために、手の内にしていることで大きな力となる、〝脇を固める料理〟を主に、伝統の調理、新趣向の調理を含めて、手法別にまとめてご紹介しています。

## 変わり蒸し〝肴飯《こうはん》〟を加えた献立例

●作り方二九四頁

氷鉢盛り合わせお造り
鯛引き造り
縞鯵《しまあじ》そぎ造り
生雲丹
車海老の岩戸揚げ

吸いもの
鶏博多の清まし汁椀

## 秋隣《あきどなり》

御品書

◆前菜
越瓜の昆布押し、鮑の塩蒸し、
煎り獅子唐の三種盛り
◆吸いもの
鶏博多の清まし汁椀
◆お造り
氷鉢盛り合わせ
鯛引き造り、縞鯵そぎ造り、
生雲丹、車海老の岩戸揚げ
◆煮もの
新鮭の大和蒸し
◆揚げもの
鮎魚女の軽揚げ
◆ご飯替わり
鯛めし茶碗蒸し

揚げもの

**鮎魚女《あいなめ》の軽揚げ**

ご飯替わり

**鯛めし茶碗蒸し**

主役となるダイナミックさこそないものの、充分に目を惹くという点で、この変わり蒸しなどは味のあるものです。鯛めしを卵地仕立てにし、蒸し上げて葛あんを引いたものです。ごく古い手法の蒸しものです。この酒肴を兼ねた肴飯を、晩夏の風情の献立に加えた一場面は、次頁の炊き込みご飯の茶碗蒸しの一品を、献立にアレンジした例でもあります。

器／緑交趾《みどりごうち》牡丹《ぼたん》浮文《うきもん》蒸茶碗《むしぢゃわん》
青白磁《せいはくじ》呉須《ごす》文《もん》菊形《きくがた》小猪口《こちょこ》
潤半月会席盆《うるみはんげつかいせきぼん》
義山《ぎやまん》切子《きりこ》間取文《まどりもん》大鉢《おおばち》
溜塗《ためぬり》蓋裏《ふたうら》鉄線《てっせん》蒔絵《まきえ》
亀甲形《きっこうがた》吸物椀《すいものわん》
志野《しの》鉄絵鉢《てつえばち》
赤杉《あかすぎ》利久箸《りきゅうばし》

# 蒸しもの

この〝炊き込みご飯の茶碗蒸し〟は、飯蒸しとは少々趣を異にして、魚介類の炊き込みご飯をベースとすることがきまりです。餅米のおこわである飯蒸しは、筍や茸《きのこ》類に海老という淡泊な取り合わせも常ですが、ここは海の香りの強いものの方が、味が定まります。

器／黄《き》南京《なんきん》花弁《はなびら》浮文《うきもん》蒸茶碗《むしちゃわん》
色絵《いろえ》間取《まどり》一閑人《いっかんじん》絵《え》蒸茶碗《むしちゃわん》
吹墨《ふきずみ》蒸茶碗《むしちゃわん》
緑交趾《みどりこうち》牡丹《ぼたん》浮文《うきもん》蒸茶碗《むしちゃわん》
黄交趾《きこうち》緑彩《りょくさい》内染付《うちそめつけ》蒸茶碗《むしちゃわん》

## 炊き込みご飯の茶碗蒸し

蛤めし茶碗蒸し
●作り方二九五頁

鮑めし茶碗蒸し
●作り方二九五頁

車海老めし茶碗蒸し
●作り方二九六頁

鯛めし茶碗蒸し
●作り方二九六頁

鶏めし茶碗蒸し
●作り方二九六頁

器／鉄絵《てつえ》点彩《てんさい》蒸茶碗《むしちゃわん》
赤絵《あかえ》金彩《きんさい》縁染付《ふちそめつけ》蒸茶碗《むしちゃわん》
緑交趾《みどりこうち》牡丹《ぼたん》浮文《うきもん》蒸茶碗《むしちゃわん》
色絵《いろえ》地紙《じがみ》散《ちらし》蒸茶碗《むしちゃわん》
赤絵《あかえ》金彩《きんさい》紅葉《もみじ》散《ちらし》蒸茶碗《むしちゃわん》

# 田《た》毎《ごと》蒸しと都《みやこ》蒸し

田毎蒸しは一器に一個の卵黄を使って〝田毎の月〟に見立てたもの。都蒸しは、同様に卵黄を崩さずに割り入れた吸いもの仕立ての蒸しもので、いずれも茶碗蒸し系の珍しい形です。

鮎魚女の都蒸し
●作り方二九六頁

鶏肉としめじの田毎蒸し
●作り方二九六頁

鶏肉の都蒸し
●作り方二九六頁

鶏肉と椎茸の田毎蒸し
●作り方二九七頁

鶏真蒸《しんじょ》のスープ蒸し
●作り方二九七頁

車海老の冷やし茶碗蒸し、吉野あんかけ

●作り方二九七頁

# 冷やし茶碗蒸し

〝冷めたく冷やして出す〟調理は、氷が一般に使用されはじめた明治初期以降のもの。またこの例のように熱い料理を冷やして出す手法は、大正に入ってからのものです。同時期に、大流行を見せた義山（ガラス器）と、取り合わせたこの趣向は、暑い季節の略・小献立の膳に涼味を感じさせます。

器／黒《くろ》蠟《ろ》色《いろ》縁《ふち》金《きん》文箱《ふばこ》盛器《もりき》
義山《ぎやまん》切子《きりこ》氷《ひ》割文《わりもん》筒茶碗《つつちゃわん》、
溜塗蓋《ためぬりぶた》、白竹編受台付《しろちくあみうけだいつき》

# 魚介の冷やし茶碗蒸し

茶碗蒸しの料理屋らしい仕立ては、魚介を主に筍や椎茸、銀杏などを取り合わせ、わさびを添えます。注意点は、生臭みの出る小柱、蒲鉾を避け、吸いものの一種として扱うことです。

鰻と生椎茸の冷やし茶碗蒸し
●作り方二九八頁

雲丹と生椎茸の冷やし茶碗蒸し
●作り方二九八頁

車海老と生椎茸の冷やし茶碗蒸し
●作り方二九八頁

蟹脚と銀杏の冷やし茶碗蒸し
●作り方二九八頁

鯛と若布の冷やし茶碗蒸し
●作り方二九八頁

器／義山切子《ぎやまんきりこ》小鉢《こばち》五様《ごよう》、白木地《しろきじ》蓋付《ふたつき》

# 寄せもの

調理上、蒸しものと寄せものは区分しがたい一面があります。蒸し器で蒸し上げて作るものが蒸しものであり、流し缶に寒天やゼラチンで寄せ固めたものが寄せもの、ではありますが、流し缶で蒸すもの、棹《さお》もの状にまとめて蒸すものも、料理としては寄せものです。いずれにせよ、寄せものは料理の陰陽《いんよう》の考え方では陰にあたる料理であり、茶碗蒸しなどの蒸しもの同様、茶懐石など正式の膳には出されることのない類《たぐい》です。料理屋ではこの限りではなく、卵豆腐などは口あたり、見映えのよさからも、口替わり的によく使われます。

## 変わり卵豆腐八種

## 卵豆腐を使った前菜

**卵豆腐と蒸し鮑の生造り**
●作り方二九九頁

器／義山《ぎやまん》折上《おりあげ》四方《よほう》小鉢《こばち》
義山《ぎやまん》切子《きりこ》四方《よほう》小猪口《こちょこ》

具入りの卵豆腐は、一般の卵豆腐よりやや固めに寄せるのがコツです。また総じて小さめに切り、小鉢に盛りたいもので、特に少々癖《くせ》のある具を寄せる時は、小振りでこそ映えます。

**鯛入り卵豆腐**
●作り方二九九頁

**ピータン入り卵豆腐**
●作り方二九九頁

**蟹入り卵豆腐**
●作り方二九九頁

**鰻入り卵豆腐**
●作り方二九九頁

**帆立の貝柱入り卵豆腐**
●作り方二九九頁

**雲丹入り卵豆腐**
●作り方四〇〇頁

**若布入り卵豆腐**
●作り方四〇〇頁

**車海老入り卵豆腐**
●作り方四〇〇頁

器／義山《ぎやまん》瑠璃《るり》着《ぎせ》水玉《みずたま》文《もん》小鉢《こばち》
義山《ぎやまん》切子《きりこ》編笠《あみがさ》鉢《ばち》
義山《ぎやまん》切子《きりこ》筒《つつ》小鉢《こばち》
義山《ぎやまん》切子《きりこ》平鉢《ひらばち》
義山《ぎやまん》瑠璃《るり》着《ぎせ》水玉《みずたま》文《もん》鉢《ばち》
義山《ぎやまん》切子《きりこ》台鉢《だいばち》
義山《ぎやまん》朱《しゅ》着《ぎせ》梅形《うめがた》鉢《ばち》
義山《ぎやまん》切子《きりこ》四方《よほう》深鉢《ふかばち》

# 魚介のゼリー寄せ七種

ゼリー寄せは、もとは和菓子の錦玉羹《きんぎょくかん》の応用で、良質のゼラチンの貴重な時代の料理です。昨今はゼリー寄せの名で、モダンな趣を膳に添えます。

右頁写真・右上より斜列順に右下へ

**卵豆腐と枝豆のゼリー寄せ**
●作り方四〇〇頁

**鮭の温燻《おんくん》とあさつきのゼリー寄せ**
●作り方四〇〇頁

**鶏のたれ焼きと胡瓜のゼリー寄せ**
●作り方四〇一頁

**蟹のほぐしといんげんのゼリー寄せ**
●作り方四〇一頁

**車海老と黒豆のゼリー寄せ**
●作り方四〇一頁

**卵焼きとアスパラのゼリー寄せ**
●作り方四〇一頁

**焼き豚と菊花のゼリー寄せ**
●作り方四〇二頁

器／義山縁金彩変四方鉢《ぎやまんふちきんさいかわりよほうばち》
織部菊形鉢《おりべきくがたばち》
青白磁五弁鉢《せいはくじごべんばち》

# 錦玉《きんぎょく》六種

右のゼリー寄せに、さらに今風を加味した作りで、味もわさび醤油で食べる前例に比べ、全体につけています。義山との写りから、色彩的にも華やかな材料使いをした例です。

**雲丹と卵焼きの錦玉**
●作り方四〇一頁

**蟹脚といんげんの錦玉**
●作り方四〇一頁

**車海老と水前寺海苔の錦玉**
●作り方四〇一頁

**スモークサーモンと若布の錦玉**
●作り方四〇一頁

**鶏肉と人参の錦玉**
●作り方四〇一頁

**鯛としめじの錦玉**
●作り方四〇二頁

器／義山切子浅鉢《ぎやまんきりこあさばち》
義山切子芒文割徳利鉢《ぎやまんきりこすすきもんわりとっくりばち》
義山切子台鉢《ぎやまんきりこだいばち》
義山切子波文割徳利鉢《ぎやまんきりこなみもんわりとっくりばち》
義山切子小鉢《ぎやまんきりここばち》
義山角筒浅鉢《ぎやまんかくづつあさばち》

# 和えもの

野菜を主に癖《くせ》のない材料を、はんなりとした味わいに仕上げる、というのが料理屋の和えものの姿です。豆腐を和え衣に和える白和えなどはその代表で、摺《す》った湯葉を混ぜて湯葉和え、などバリエーションも豊富。何より和えものは、材料と和え衣の和が鍵となります。

## フルーツを加えた白和え

古くからある梨、柿、葡萄《ぶどう》の白和えとは、一風変わった趣の洋果の白和えです。献立には、味のしっかりとした焼きものの後の預け鉢、あるいは強肴などに最適の爽やかさです。

オレンジと壬生菜《みぶな》の白和え
●作り方四〇四頁

アボカドの白和え
●作り方四〇四頁

キウイフルーツと車海老の白和え
●作り方四〇四頁

梨と蟹の白和え
●作り方四〇三頁

柿とアスパラの白和え
●作り方四〇二頁

パパイヤと菜の花の白和え
●作り方四〇三頁

りんごとしめじの白和え
●作り方四〇三頁

洋梨と温燻《おんくん》の白和え
●作り方四〇四頁

器／根来轆轤目椀《ねごろろくろめわん》

# 魚介のおろし和え十種

霜が降り、夜寒が続く頃になると大根はおいしくなり、そんな時季の肴にうってつけのおろし和えです。大根の頭から四〜五センチ下あたりをおろし、水気をきつく絞って加減酢などで味を調え、魚介と和えます。おろし和えは材料により、献立の他の品々との調和によって、おろしの上に具をのせる場合もよくあり、仕上げにわさびを添えるのも、料理屋風です。

車海老のおろし和え
●作り方四〇四頁

小柱のおろし和え
●作り方四〇四頁

雲丹のおろし和え
●作り方四〇五頁

蟹脚のおろし和え
●作り方四〇五頁

帆立貝柱のおろし和え
●作り方四〇六頁

赤貝のおろし和え
●作り方四〇五頁

牛たたきのおろし和え
●作り方四〇五頁

イクラのおろし和え
●作り方四〇五頁

さざえのおろし和え
●作り方四〇四頁

鮑のおろし和え
●作り方四〇五頁

器／赤絵刷毛目片口鉢《あかえはけめかたくちばち》
色絵捻縁小鉢《いろえひねりぶちこばち》
青白磁水玉透入鉢《せいはくじみずたますかしいりばち》
呉須染付輪花鉢《ごすそめつけりんかばち》
白釉撫四方小鉢《はくゆうなでよほうこばち》
伊賀刻文楓皿《いがこくもんかえでざら》
焼締瓢平鉢《やきしめひさごひらばち》
伊賀刷毛目片口小鉢《いがはけめかたくちこばち》
呉須染付六花弁透鉢《ごすそめつけろっかべんすかしばち》
緑釉扇面深向《りょくゆうせんめんふかむこう》

# 煮びたしと煮おろし

煮びたしは野菜や魚介をさっと煮て、汁の中において含ませるもの。煮おろしは揚げたものを、おろし大根とともにさっと煮る手法です。いずれも、やや普段着の趣ながら、穏やかな滋味が感じられます。特に不意の客の、即席の献立などにも重宝なものです。

## 野菜の煮びたし十一種

セロリの煮びたし粉節まぶし
●作り方四〇六頁

糸三つ葉の煮びたし
●作り方四〇六頁

生椎茸の煮びたし粉節まぶし
●作り方四〇七頁

この種ではずいき、また江戸好みの惣菜、枝豆の煮びたしなどが代表格です。魚介の続いた間に、ひと箸加わると献立に幅が出ます。

枝豆の煮びたし
●作り方四〇七頁

青梗菜の煮びたし粉節まぶし
●作り方四〇七頁

長葱の煮びたし
●作り方四〇八頁

クレソンの煮びたし
●作り方四〇六頁

アスパラの煮びたし粉節まぶし
●作り方四〇六頁

茄子の煮びたし粉節まぶし
●作り方四〇七頁

オクラの煮びたし粉節まぶし
●作り方四〇七頁

わらびの煮びたし粉節まぶし
●作り方四〇七頁

器
黄瀬戸縁付向鉢
鉄釉梅形鉢
呉須染付口紅六角鉢
蕎麦釉赤絵縁捻鉢
染分露草文鉢
赤絵折曲向鉢
蕎麦釉鉄絵木瓜形鉢
焼締透入変山形鉢
黄瀬戸割山椒
色絵撫角三角形鉢
赤絵浅鉢

# 魚介の煮ひたし四種

子持ちやり烏賊の煮ひたし
●作り方四〇八頁

車海老の煮ひたし
●作り方四〇八頁

帆立貝柱の煮ひたし
●作り方四〇八頁

蟹脚の煮ひたし
●作り方四〇八頁

器／呉須染付変四方平鉢《ごすそめつけかわりよほうひらばち》
黄瀬戸刻文平鉢《きぜとこくもんひらばち》
辰砂朝顔形鉢《しんしゃあさがおがたばち》
色絵田楽箱形向鉢《いろえでんがくはこがたむこうばち》

煮ひたしは本来、野菜のもの。魚介の煮ひたしは、多くは煮ものの手法に含まれていたものです。さっと煮るため、煮て固くなる類の材料を活かせるのは特長です。

# 魚介の煮おろし五種

煮おろしは昔から、味醂一・醤油一・だし汁三に、赤唐辛子の小口切り適量の割合の〝煮おろし地〟がきめられ、具をさっと煮て仕上げにおろしを入れるもの。簡素な作りの料理だけに、趣のある器に盛ります。

**帆立貝柱の煮おろし**
●作り方四〇八頁

**蟹脚の煮おろし**
●作り方四〇八頁

**車海老の煮おろし**
●作り方四〇九頁

**雲丹磯辺の煮おろし**
●作り方四〇九頁

**鮑の煮おろし**
●作り方四〇九頁

器／色絵《いろえ》割瓢形鉢《わりひさごがたばち》
呉須《ごす》染付《そめつけ》掛釉《かけゆう》山形《やまがた》向鉢《むこうばち》
色絵《いろえ》端反《はぞり》六角鉢《ろっかくばち》
色絵《いろえ》田楽箱形《でんがくばこがた》向鉢《むこうばち》
絵唐津《えがらつ》沢瀉形《おもだかがた》向鉢《むこうばち》

# 落とし揚げと包み揚げ

落とし揚げは大阪好みで、南蛮酢《なんばんず》をかけたナンバはお馴染みのもの。天ぷら衣に押した豆腐、叩《たた》いた魚介を混ぜて揚げる手法で、包み揚げはこの応用です。素朴な味のもので、かえって手の込んだ料理に加えると、引き上げられます。

## 落とし揚げ十種

鮭と枝豆の落とし揚げ
●作り方四一〇頁

紋甲烏賊と京人参の落とし揚げ
●作り方四一〇頁

芝海老と筍の落とし揚げ
●作り方四一一頁

鶏肉とそら豆の落とし揚げ
●作り方四

蟹とグリンピースの落とし揚げ
●作り方四一一頁

帆立貝柱と若布の落とし揚げ
●作り方四一一頁

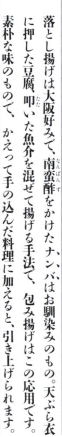

白身魚と煎り卵の落とし揚げ
●作り方四〇九頁

衣に混ぜる豆腐は木綿を使い、半量まで水気を絞って裏漉しをします。きつい味では食べて飽きますので、控え目に。二次会の席などに最適の味わいですが、器も大切な要素です。

浅蜊といんげんの落とし揚げ
●作り方四一〇頁

器／織部《おりべ》釉《ゆう》縁《ふち》反鉢《ぞりばち》
青白磁《せいはくじ》六寸《ろくすん》平鉢《ひらばち》
色絵《いろえ》縁《ふち》紫彩《しさい》文《もん》浅鉢《あさばち》
呉須《ごす》染付《そめつけ》花鳥文《かちょうもん》結文形《むすびぶみがた》皿《ざら》
渋紙手《しぶかみで》四方《よほう》平皿《ひらざら》
青磁《せいじ》高台《こうだい》平皿《ひらざら》
志野《しの》鉄絵《てつえ》浅鉢《あさばち》
染付《そめつけ》木瓜形《もっこうがた》浅鉢《あさばち》
呉須《ごす》染付《そめつけ》葡萄文《ぶどうもん》平鉢《ひらばち》
鉄絵《てつえ》武蔵野《むさしの》文《もん》四方鉢《よほうばち》

生椎茸とチーズの落とし揚げ
●作り方四一〇頁

芝海老と枝豆の落とし揚げ
●作り方四一〇頁

# 落とし揚げを応用した料理

落とし揚げは、例えば味噌汁の具や三杯酢をかけるなど、少し手を加え、出し方を変えることで応用がききます。前項の煮おろしも、この手法をベースに作る代表的な料理です。

**鮭の落とし揚げ煮おろし**
●作り方四一一頁

**生椎茸とチーズの落とし揚げ吉野あんかけ**
●作り方四一二頁

**紋甲烏賊《いか》の落とし揚げ煮もの椀**
●作り方四一二頁

**芝海老の落とし揚げ味噌汁**
●作り方四一二頁

**紋甲烏賊の落とし揚げ三杯酢かけ**
●作り方四一二頁

器／色《いろ》絵《え》間取《まどり》一閑人《いっかんじん》絵《え》蒸茶碗《むしぢゃわん》
色絵《いろえ》端反《はぞり》六角鉢《ろっかくばち》
溜塗《ためぬり》鉄線《てっせん》蒔絵《まきえ》煮物椀《にものわん》
鷺文《さぎもん》秀衡《ひでひら》吸物椀《すいものわん》
呉須《ごす》染付《そめつけ》鹿文《しかもん》浅鉢《あさばち》

器／赤絵《あかえ》象嵌《ぞうがん》平鉢《ひらばち》
呉須《ごす》染付《そめつけ》唐傘文《からかさもん》平鉢《ひらばち》
白磁《はくじ》呉須《ごす》点彩《てんさい》端反《はぞり》平鉢《ひらばち》
呉須《ごす》染付《そめつけ》利休形皿《りきゅうがたざら》
色絵《いろえ》小鉢《こばち》
白釉《はくゆう》鉄絵《てつえ》刷毛目《はけめ》文《もん》平鉢《ひらばち》

# 包み揚げ五種

蛤とコーンの
大葉包み揚げ
●作り方四一二頁

蟹と煎り卵の
磯辺揚げ
●作り方四一二頁

帆立貝柱と若布の
ピーマン詰め揚げ
●作り方四一三頁

浅蜊といんげんの
椎茸双身《ふたみ》揚げ
●作り方四一三頁

衣に豆腐が入る落とし揚げは、色合いが沈みがちです。他とのバランス上、少し彩りをつけたい場合など、大葉や海苔などで包むと、ひと味違ってきます。

鶏肉とそら豆の
ワンタンの皮包み揚げ
●作り方[illegible]頁

# 古典の手法〃魚《うお》素《ぞう》麺《めん》〃

京料理でお馴染みの、魚素麺です。魚介のすり身を麺状に突いたもので、その昔、海に遠い京都の立地条件から、生では使いにくい魚肉の利用法として工夫されたもの。本来は夏の趣向でしたが、近年は多彩に料理され、一年中膳に上ります。

## 魚素麺を使った料理七種

癖のない魚介の地味な味わいながら、生地によって、味も色合いもとりどりの魚素麺。ご飯替わりの品でなく、献立の一品として扱い、わさび、もみじおろしを添えてお出しします。

雲丹素麺とずいきの炊き合わせ
●作り方四一四頁

海老のせ魚素麺の氷鉢
●作り方四一四頁

焼き穴子添え海老素麺の強肴
●作り方四一四頁

鯛素麺の刺身仕立て
●作り方四一四頁

雲丹のせ鮭素麺の小鉢
●作り方四一四頁

蟹素麺と菊花の吸いもの椀
●作り方四一五頁

鱧《はも》素麺の柚釜
●作り方四一五頁

器／渋紙手《しぶがみで》色絵《いろえ》銀彩《ぎんさい》長手皿《ながてざら》、割青竹《わりあおだけ》蓋付《ふたつき》盛器《もりき》重ね
色絵《いろえ》縁捲《ふちまくれ》小鉢《こばち》
義山切子《ぎやまんきりこ》木賊手《とくさで》小判形鉢《こばんがたばち》
轆轤目《ろくろめ》桐《きり》秀衡《ひでひら》煮物椀《にものわん》
白木地《しろきじ》銀縁《ぎんぶち》手桶《ておけ》
呉須《ごす》赤絵《あかえ》口紅《くちべに》四方《よほう》猪口《ちょく》
黄南京《きなんきん》菊花形鉢《きっかがたばち》
轆轤目《ろくろめ》秋草文《あきくさもん》吸物椀《すいものわん》

# 自家製魚素麺の作り方

近年は、魚素麺も市販品が盛んに利用されています。福井県の漁港には専門工場の例もあって、白や淡紅、挽き茶様《よう》のグリーンなど派手やかな魚素麺が作られています。既製品も時には便利ですが、やはり自家製に勝るものはありません。ひと昔前までは、料理屋ごとに家流の味を誇っていたものです。

自家製では、淡泊な味わいのものだけに、卵などの混ぜものはぎりぎりの量にとどめ、魚介それぞれの持ち味を残すことが大切です。

上二段左より
鮃《ひらめ》のすり身と鮃素麺
海老のすり身と海老素麺
鯛のすり身と鯛素麺
穴子のすり身と穴子素麺

下二段左より
蟹素麺と蟹のすり身
雲丹素麺と雲丹のすり身
鱧《はも》素麺と鱧のすり身
鮭素麺と鮭のすり身

器／青磁《せいじ》小鉢《こばち》
義山小鉢《ぎやまんこばち》

材料　（海老素麺の例）
下段左より／小海老のむき身200g、生身200g
上段左より／浮き粉大匙２杯、卵１個

1　海老のむき身をフード・プロセッサーに入れ、すり身にします。

2　卵と浮き粉を加え、再度すり混ぜます。

3　生身を加え、さらによくすり混ぜたのち別器に取り出します。

4　すり身を裏漉しにかけて、一層なめらかに仕上げます。

5　押し出し器にすり身を詰めます。

6　鍋に熱湯をたっぷり用意し、酢を大匙⅔杯ほど加えます。

7　押し出し器を押しながら、８の字を書くように熱湯の中にすり身を押し出します。

8　素麺が浮き上がってきたら、用意した氷水に取ります。冷えて色が変わってきたら、ザルに上げ、水気をよく切ります。

# 魚素麺の生地のいろいろ

自家製も生地からでは、効率が悪すぎるため、市販の上等のすり身(各種魚介の生身《なまみ》)をベースに、例えば鮃のすり身であれば卵や挽き茶を加えることで、味も色も変化をつけることができます。ただ味落ちが早いため、作り置きをしないことが肝心です。写真上は、魚種別のすり身とその魚素麺。下は鮃のすり身とその応用です。

左より　鮃のすり身
鮃のすり身と挽き茶
鮃のすり身と卵黄

器／義山輪花小鉢《ぎやまんりんかこばち》
義山小鉢《ぎやまんこばち》

# すり身で作る鳴門蒸し五種

魚素麺と同じく魚のすり身を使う料理例は多く、湯葉や昆布で巻いて蒸し、さらに煮る、揚げるなどで作る鳴門蒸しも一例です。

穴子すり身の大根巻き蒸し煮
●作り方四一五頁

鮃すり身の錦卵巻き蒸し煮
●作り方四一五頁

海老すり身の信田巻き蒸し煮
●作り方四一六頁

鱧すり身の竜皮《りゅうひ》昆布巻き蒸し煮
●作り方四一六頁

雲丹すり身の湯葉巻き蒸し煮
●作り方四一六頁

器／縁緑交趾紫彩刻文四方鉢《ふちみどりこうちしさいこくもんよほうばち》
色絵間取一閑人絵蒸茶碗《いろえまどりいっかんじんえむしぢゃわん》
轆轤目金彩内朱巻蒸茶碗《ろくろめきんさいうちしゅまきむしぢゃわん》
金箔散輪花小鉢《きんぱくちらしりんかこばち》
義山矢来切子縁金煮物碗《ぎやまんやらいきりこふちきんにものわん》

小献立にうってつけの料理例集

# 先付けに

品数を押えた献立は、おおらかな作りの先付けで豊かさを印象づけます。

## 蒸し雲丹の家盛り

殻つきの生雲丹をさっと蒸し上げ、わさび醤油か三杯酢でもおいしい一品。材料のもつ贅沢な味わいをストレートに出して、小宴のはじまりの乾杯には最適の肴です。大振りの器に盛る場合は、盛り込む料理にそれだけの力がなければ貧弱になります。

●作り方四一七頁

## 酒蒸し内紫《うちむらさき》

内紫は姫橋立貝《ひめはしだてがい》の通称で、一般に大浅蜊と称している類《たぐい》の小型のものです。磯の香りたっぷりのこの貝を、鍋で蒸し煮にして酒醤油で仕上げたもの。夏の趣向でたでの葉を添えています。材料の旨みはもちろん、珍らしさも大切な隠《かく》し味です。

●作り方四一七頁

## ほやの山椒焼き家盛り

ほやは、生を二杯酢などで食べる方法がポピュラーですが、粉山椒を加えた酒醤油につけ、さっと網焼きにしたこの調理も捨てがたい味わいがあり、癖《くせ》も和らげられます。色鮮やかな外皮に盛りつけた家盛りの形で、胡瓜の葉の緑との対比も爽やかです。

●作り方四一七頁

# 前菜に

小献立の前菜に納まりのよい料理は、凝ったものよりもひと手控えた調理で仕上げたもの、です。

## 烏賊《いか》の五色巻き、生姜酢かけ

生烏賊の表面に縦の切り目を細かく入れ、細切りの水前寺海苔、糸三つ葉、車海老、厚焼き卵を巻いています。烏賊の白に芯《しん》の黒、緑、赤、黄の四色が映えて、この例ほどの大振りの器にも、充分に耐えられる量感です。

前菜には、もともとあまり料理然とした作りの目立つ料理は、向きません。ここは、一種で大皿に盛って映えるもの、を想定していますが、こうした巻きものなどは最適です。ただ烏賊の巻きものは、大きく作りすぎると食べにくくなりますから、ほどよい大きさにまとめたいものです。

●作り方四一七頁

## 海老真《しん》蒸《じょ》の烏賊巻き

前掲の五色巻きと、ほぼ同じ材料の取り合わせで作った巻きもので、違いは火が通っている点です。大正海老をたたいてすり身にした中に、水前寺海苔、糸三つ葉、薄焼き卵をそれぞれ細かく切って混ぜ、縦の切り目を入れた烏賊に伸ばしつけて巻き、一旦蒸したのち焼きだれをつけて焼き上げたものです。総じて火入れがきついと固くなるばかりか、仕上がりの形がきれいに出ません。焼く段階は特に、中火の遠火で丁寧に火を通すことが、コツとなります。鳴門形の切り口の淡い彩りを、あしらいの緑と赤が締めます。

●作り方四一七頁

## 鮃《ひらめ》の胡瓜砧《きぬた》巻き

薄く塩をした鮃を、同じく塩水につけてしんなりさせたかつらむき(砧)の胡瓜で巻いたもので、鰈など白身の魚一般に応用できます。

この手法では、巻き簀で軽く巻いたのち、ラップに包んでしばらく冷蔵庫にねかせ、形を馴染ませてから切り分けること。また、こうした生《なま》造りを前菜にあてる場合は、後に出るお造りと味も姿も、変えた作りにすることです。裏白を敷葉に形よく盛りつけ、地味な色合いと季節感の補いに、紅葉の赤をあしらっています。春ならば時季の花を一輪添えるなども、また風情のあるものです。

●作り方四一八頁

# 焼きもの替わりに

揚げものを余白の多い器に盛る例で、しっかりとした形の出る料理が最適。

## 鰈《かれい》の唐揚げ、水晶あんかけ

皮を引き、頭と尾、鰭《ひれ》を落とした風干しの小鰈を唐揚げにする、〝越前揚げ〟の手法の応用です。揚げたてにトロミのある水晶あんをかけ、さっと茹でた分葱《わけぎ》をあしらい、天にはさらした白髪《しらが》ねぎをたっぷりとのせてお出しします。骨つきの魚や、殻つきの海老類などは、茶懐石では禁じられているものですが、一般の料理屋ではさしつかえなく、魚そのものの持ち味を、充分に味わっていただくことができます。この鰈の唐揚げは、献立には揚げものの名で、強肴的に出すこともできる一品です。

●作り方四一八頁

## 車海老と銀杏の唐揚げ

一般に細《さい》巻き(鞘《さや》巻きの転訛《てんか》したもの)と呼んでいる、車海老の小さいものを使った唐揚げです。海老の赤の表面がほんのりと黄色に見えるのは、片栗粉を薄くはたき、溶いた卵白にくぐらせたのち、黄身そぼろをつけて揚げているからです。さらに、揚げ銀杏《ぎんなん》の鮮やかな緑が散って、海老を一段と華やいで見せます。熱あつに薄塩をふって、すだちを添えてお出しし、絞り汁をかけてさっぱりとした揚げ味を愉しんでいただきます。このように、海老の姿を見せる作りは、盛りつけで可愛らしさを出すのがコツです。

●作り方四一八頁

## かさごの唐揚げ、吉野あんかけ

かさごは、薄造りにしても焼いてもおいしい魚ですが、小さいものはこれらには向きません。吸いものの椀種くらいですが、骨組みが大きく身の少ない魚で、上身におろすのは少少手間がかかります。小さいものは、むしろこの例のように、鱗《うろこ》とわたを除いた一尾使いの、唐揚げなどに向きます。薄く片栗粉をつけ、やや高めの中温に熱した揚げ油でゆっくりと揚げて、骨まで食べられる作りです。ただし、お客さまの年向きにより、また好みの出る類《たぐい》の料理ですから、あらかじめうかがう配慮をしたいものです。

●作り方四一八頁

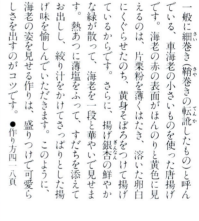

# 口替わりに

**オーソドックスな材料を少々色変わりの調理で。小献立に起伏をつける口替わりです。**

## 松茸と鮑《あわび》の酒醤油焼き

松茸の出盛りの時季に入り、土瓶蒸しではすでに月並みすぎ、新味に欠けるという場合などには、ほんの少し趣を変えた焼きもの仕立てにして、一汁三菜に続く酒肴、口替わりあたりに配すると気が利《き》いているものです。

松茸と鮑を、それぞれ酒醤油につけて下味をつけ、よく熱した焼き網で焦がさないように焼きます。そして器に、ゆったりと余白をもたせて二種を形なりに、軽く寄せるように盛り合わせます。この同系の侘《わ》びた色調を、大葉の緑と酢取った杵生姜の紅が彩ります。

●作り方四一八頁

## 車海老ののし串焼き

車海老の焼きものを、口替わりらしい趣に調えた一例です。海老は四季を通して使える重宝な材料ですが、季節感はそれだけ稀薄《きはく》です。ここは、前盛りに巨峰の絹衣かけ、あしらいに茹で黄菊、皆敷《かいしき》に菊の葉を取り合わせて、秋の風情を打ち出しています。また、メインの海老は長い鉄砲串も武張《ぶば》って、どこか愛嬌のある姿です。調理は塩焼きで、火通りを七分でとどめるのがコツ。この時、金串で焼いて鉄砲串に刺し代えるか、鉄砲串で焼く場合は、あらかじめ串を塩水に浸けたのち、海老を刺して焼けば焦げるのを防げます。

●作り方四一八頁

## 車海老鉄扇の幽庵焼き

下茹でをした車海老を開き、これに味を調えたすり身を重ねて蒸し上げた海老双身《ふたみ》を、鉄扇形に整えて幽庵地でつけ焼きにしたもの。双身の名は、日本料理の基底にある陰陽の考え方により、魚介の姿使いである海老が陽、摺《す》りつぶしたものは陰で、一種で陰陽を取り合わせる作りを指しています。別名を昼夜《ちゅうや》ともいい、双身の両面が同じ量であることが古くからのきまりです。

この焼きものに、同系色のすぐりを前盛りにして引き立て合い、酸味と香りもともに加味しています。

●作り方四一九頁

# 強肴に

料理屋料理は、本来すべてがお酒のためのもの。中でもその色の濃い強肴はお勧めものの逸品を。

## 鮑の酒焼き家盛り

〝家盛り〟は、この鮑やさざえ、帆立貝などの貝類、あるいは大型海老や蟹の殻に、それぞれの中身を盛った料理につける名です。これに対して、盛りつけた殻と中身が別の場合は〝宿借り〟の名がつけられます。

こうした手法は、それだけでいわば絵になるものですから、特別な調味などで凝りすぎると持ち味が消されてしまいます。ここも鮑のそぎ身を酒塩につけ、焼きすぎないように網焼きをしたもの。姿そのままの見た目を、天にあしらった錦糸卵、さらしねぎが和らげています。

●作り方四一九頁

## 鮑の味噌焼き家盛り

鮑の田楽仕立てです。殻からはずした鮑を洗い、表面に斜めの切り目を入れて殻に戻し、上に西京味噌をたっぷりと塗ります。これを中温のオーブンで、焦げ目がきれいにつく程度に焼き、お好みで味噌もともに愉しんでいただきます。家盛り系統の盛りつけの注意点は、直接器にのせないこと。磁肌を傷つけやすいばかりか、安定もよくありません。必ずこの例のように煎《い》り塩を敷くか、前掲のように青皆敷を使うようにします。またこの家盛りなどは、小振りの鮑で作るほうが強肴向きです。

●作り方四一九頁

## さざえの雲丹焼き家盛り

さざえは種類が多く、出場《でば》によって角《つの》のある・なしや、大きさにもかなりの差があります。薄煮にして前菜に盛り込むような場合では、角がなくて小さく、若いさざえがよく、ここでのように、磯の香をストレートに味わう形では、あまり小さいと旨みがありません。殻から取り出した身を薄く切り、雲丹衣を塗りながら網であぶり焼きにするもので、焼きすぎると固くなります。そしてここも器を傷つけないように、塩や和紙、青皆敷を敷いて盛りますが、食べよいように殻口を真上に向けて盛りつけることも、大切です。

●作り方四一九頁

# 強肴に

蒸しもの、揚げもの、酢のもの、和えものなどを、献立の本流の品とは少し形を変えてあてます。

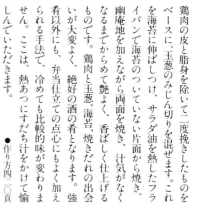

## 五目海老真蒸《しんじょ》の手取り焼き

真蒸は、一般に海老や鶏肉などのたたき身をすり塩・胡椒などで調味し、卵を加えてよく混ぜ、時に野菜類のみじん切りを混ぜて、これを丸めて蒸し上げたり、下茹でをしたものをいい、正式にはすり身に山の芋が加わるところから〝糝薯《しんじょ》〟の文字もある古典の手法です。

さて、この例は芝海老の叩き身に鮭を加え、彩りに糸三つ葉、水前寺海苔、錦糸卵を混ぜて小振りの団子に手取り、つぶし気味に整え、酒塩をかけながらフライパンで油焼きにしたもの。みじん沢庵を混ぜたおろし大根をたっぷりと添えています。

●作り方四一九頁

## 鶏真蒸の磯辺焼き

鶏肉の皮と脂身を除いて二度挽きしたものをベースに、玉葱のみじん切りを混ぜます。これを海苔に伸ばしつけ、サラダ油を熱したフライパンで海苔のついていない片面から焼き、幽庵地を加えながら両面を焼き、汁気がなくなるまでからめて艶よく、香ばしく仕上げるものです。鶏肉と玉葱、海苔、焼きだれの出会いが大変よく、絶好の酒の肴となります。強肴以外にも、弁当仕立ての点心にもよく加えられる手法で、冷めても比較的味が変わりません。ここは、熱あつにすだち汁をかけて愉しんでいただきます。

●作り方四二〇頁

## 海老と蟹の真蒸鍋照り

最も基本的な真蒸生地を使った例で、間違いのない真蒸の旨みを、鉄砲串に刺して軽快な雰囲気に仕上げています。生地は芝海老と蟹の身を二対一の割合で混ぜ、卵白と塩を加えてすり混ぜて小さく団子に丸め、片栗粉を薄くまぶして、サラダ油を熱したフライパンで転がしながら火を通し、幽庵地を加えながら照り焼きにして仕上げ、串に刺します。

生地に煎り卵をすり混ぜたり、白身魚のすり身を混ぜる、また海老、蟹をそれぞれ一種にするなど味の変化もつけやすく、見た目も変えられる便利さがあります。●作り方四二〇頁

# 強肴に

鉢肴、中肴、進肴、小鉢、中鉢ほか、強肴は仕立てや調理の特徴から出た別名も使われます。

## 焼き小鯛の酒蒸し

小型の鯛を姿使いにして、通常の焼きものにはない味に仕上げ、強肴らしさを表立てている例です。一般に春日子鯛《かすごだい》といっている小型のものより、ひとまわりほど大きい十五センチ前後の小鯛を塩焼きにし、つけ合わせの蛤とともに酒蒸しにしています。このように頭や尾を付けたままでお出しする魚は、何より下拵え《したごしら》が大切で、特に鱗《うろこ》は丁寧に引きます。また、盛りつけにも焼き魚とは違う趣を加味し、さらしねぎなどをたっぷりと添えるのも強肴風。この躍動感のある姿の美しさは、やはり鯛のもの、です。

●作り方四二〇頁

## 小鰈の酒塩焼き姿盛り

簡単に身がとりはずせることも、酒の肴には欠かせない魚料理の要件のひとつです。ここは、小鰈を五枚におろして姿焼き風に、上身も中骨も形よく塩焼きにしておきます。器に頭を右・鰓《えら》を手前の向きに中骨をのせ、焼いた切り身を重ね盛りにします。焼きものにある〝鰈の姿焼き舟盛り〟の形を、小じんまりと強肴風に仕立てたもので、あさつきの小口切りと茹で黄菊を散らしています。品数の多い献立に加える場合と違って、略・小献立に姿の魚を加える時は、流れとかけ離れないように控え目な趣に仕上げます。

●作り方四二〇頁

## オマール海老の湯ぶり姿盛り

欧米料理でお馴染みのオマールは、英名でいうロブスターの仏名で、姿・色・味ともに優れているため、近年は日本料理にもすっかり溶け込んでいます。市場《しじょう》でも〝一ポンド(約四五〇グラム)仕立て〟といって、大きさの基準ができています。ここでは、ひとまわり小振りのものを使い、けんを後においた舟盛り造りにした例です。造り身は湯ぶりにして、半量を一人前に盛り込む二人前取りができますが、正式のお造りには少々役不足のため、鮑の酒醤油焼きを添えて強肴にアレンジしています。

●作り方四二〇頁

# 欧風仕立ての強肴

珍しい材料、趣向の見せどころも強肴。洋酒の出る席などに格好の例です。

## 伊勢海老のむしり、水晶あんかけ

伊勢海老のむしりを低温に熱した揚げ油に通し、卵を卵黄二・白身一の割合で溶き入れて、フレンチドレッシングでしっとりと煎りつけます。器に、大葉とともに花の群れのように盛り込み、甘みを控えた水晶あんをソース風にかけ、すだちを添えた和洋折衷の仕立てです。伊勢海老の残り身の応用例ともなりますが、量を少し増したい時は、酒塩と胡椒で柔らかく仕上げた煎り卵を、味と彩りのバランスをみて加えます。

●作り方四二一頁

## サーモンと松茸のソテー、キウイソース

薄塩のキングサーモンをバターで焼く、まったくのソテー仕立てです。これを緑も鮮やかなキウイソースを敷いて盛りつけ、チキンスープでさっと煮た松茸をのせて仕上げます。鮭と松茸の秋の出会いを、やや欧風の彩りを強めて作る、お酒の種類を選ばない趣《おもむき》変わりの強肴、です。この時のサーモンは、切り身を小さく取ることがコツで、献立に加えて抵抗がありません。あしらいは松茸に代えて、しめじもまたよいものです。

●作り方四二一頁

## 鴨とオレンジのソテー、ミント添え

鴨とオレンジの取り合わせは、フランス料理や中国料理でお馴染みです。日本料理での鴨は肉料理の調理法のベースにあるもので、発達した抱き身(胸肉)に幽庵地で下味をつけ、ローストする手法などは〝鴨ロース〟の名で明治の頃から見られました。ここも、鴨のそぎ切りのローストに玉葱、グリーンアスパラのバター炒めを合わせ、オレンジとともに盛り込んで、仕上げもごく今風にミントの生葉をあしらっています。

●作り方四二一頁

器／白磁《はくじ》菊割《きくわり》小判形皿《こばんがたざら》　白磁《はくじ》波浮文《なみうきもん》縁《ふち》青海波《せいがいは》染付《そめつけ》八角皿《はっかくざら》

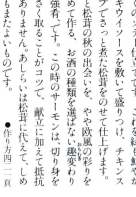

# 小宴献立の盛りつけと器

# 料理は、盛つけと器も〝味〟のうち

日本料理の盛りつけと器には、「一人一器、一膳多器」という膳組みが、古くから基本にあります。ひとつ鍋から取り分ける、皿に盛り合わせた料理を取り廻すなどの食法は、もともとはなかったものです。例えばそれが、宴席の料理であっても、料理はすべて一品ずつを客前に持ち出し、ほどよい間をとって次の料理を出していく。これがあくまで正式です。現在もこれを守り通している料理屋は多くありますが、一方で、人手不足など諸般の事情から、客が席入りする前に料理はおおかた並べられている、という場合も少なくありません。本巻で、少人数の宴席献立のしつらえ、出し方の実例を数多く取り上げているのも、ひとつにはこうした現状を背景にしてのことです。

## 大皿盛り込みと宴席料理

〝大皿を使っての盛り込み料理〟形式《スタイル》がもてはやされている風潮も、現代のもてなし料理の特徴的な現象です。見た目が華やかで、いかにもご馳走らしい雰囲気を備えていることが、まず喜ばれてのことでしょう。そして出す側の料理屋からすると、なによりも皿や鉢の数が少なくてすむことから、食器にお金がかからないこと、また洗い場、↙

統の料理が続かないということのほうに、自然に気配りが向くものです。それが、たとえ一器一品の料理であっても、一度に三種以上の料理が並べられる時、そこに丸い器が揃っただけでも、もう献立全体の平盤さが、印象づけられてしまいます。それゆえでしょうが、近年は突拍子もない形や色、絵付けの器が盛んに出廻っています。

焼きものの生産地では、一年に二度新作の発表会があり、時には〝用器の美〟を備えたよい器に出会うことがあります。ただ、ここで器を買い上げるのは料理屋ではなく、いわば仲買である商人さんです。すなわち窯場から商人に渡り、これが料理屋や一般に流れていくため、極言すれば商人の好みに合わない器は、新作の商品市に顔を出しただけに終わり、姿を消していきます。それならば残ったものを窯場が直接売れば…、とはいかないのが、現代の流通機構であるのです。ともあれ、これを商人の〝料理の器〟を見る目のなさ、感性不足とばかりはいえないところに、問題はあるのです。振り袖ほどに賑やかな色や絵付けを喜び、安易に受け入れる料理屋、料理人の罪であることは、否めません。

器の良し悪しとは、もちろん価格でもなければ

↙配膳ともに手間が省けるなどの、現実的な大きな利点があるのです。ところがこの大皿は、一般的に丸形であり、他の形があまり見あたらないこと、また汁のある煮もの系の料理や、揚げもの・蒸しもののあんかけ類を一緒に盛り込めないということがあり、盛りつけの変化、調理の変化をつけることが難しいという一面があります。これらが遠因となって、大皿の出場はいきおい宴席ときまってしまいがちなのです。

また、少し視点を移してみると、大皿料理を宴席料理とする饗し方は、もとは地方でまず流行し、一部に定着しています。例えば、今日でも有名な四国・宇和島の〝鉢盛り料理〟、高知の〝皿鉢《さわち》料理〟などがそれで、この皿鉢は〝沙鉢《さはち》〟とも書き表わし、浅い鉢を指しています。これらの盛り込み料理を土地では古くは〝きょうの膳〟といい、これを〝京の膳〟と解していますが、実は〝興《きょう》〟であり、その場の戯《たわむ》れというほどの意味合いです。本来のもてなしならば、多種の器で組み立てるべきところを、刺身、焼きもの、すしなどをひとつの器に盛り合わせて、大勢で愉しむという遊びであるのです。

## 用器の美と盛りつけの約束事

料理は、客前に一品ずつ出していく場合は、どのような器であってもそれなりに見映えがし、考慮に入れるとすれば、それは器の形や色、絵付けよりもまず、料理そのものの変化、例えば同じ系

このわたなどの嘗《な》めもの類や酒盗などを強肴に、というときに最適の器で、徳利を縦割りにした通称〝割り徳利〟形。瓢《ひさご》形や、変形の魚形など一風変わった趣が膳を彩ります。

産地でもありません。器は、あくまでも盛った料理が引き立ち、他の器と出会った時それとなく変化が生まれ、なによりも器の約束事がしっかりと守られているものであることが、肝心です。この〝約束事〟とは、例えばこの章でも、一器の盛りつけの過程を追って詳述を試みていますが、長手の器(皿)であれば縦に五等分して、その中央三等分のスペースに盛りつけるなど、料理を盛って最も安定感があり、美しいバランスの醸しだされる要件を備えた器の形であり、大きさを指しています。こうした事柄からもわかるように、器は、料理とその盛りつけと切り離しては、存在し得ないものなのです。

## 丸形の器からはじまる盛りつけ

器の形、盛りつけの基本は〝丸形〟です。器はすべて、轆轤《ろくろ》で引けば丸くなり、叩《たた》きの手法を使えば角になります。私たちは日頃、丸い器を見慣れすぎているために、特別の印象はもたないものですが、実はこの形は大変に美しいものです。江戸から明治にかけての料理人は、丸形の器を二種以上出す時は、あるものは青葉を使い、またあるものは和紙を折ったものを敷いて、そこに新しい色彩、形を創り出していました。陶磁器そのものがもつ、素朴な〝雅味〟をなによりも大切にした、先人たちの盛りつけと器に対する姿勢に、学ぶべきところは少なくありません。

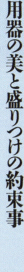

# 器《うつわ》重《がさ》ねの趣向

献立の一汁三菜、あるいは二汁五菜・七菜を基本におき、これを一度に客前に持ち出せる膳組みに略・小化することを想定する時、まず、器数をできるだけ押さえて、しかも一場の絵としても印象に残る構成にしなければなりません。こうした時、主になる肴を人数分の取り廻しの形に大きく仕立て、取り箸を添えて、他の料理は銘々器で出す方法。またはここでも試みている、主肴を銘々あての盛り込み形《スタ》式《イル》にする方法などは、大変に見映えがし、細々とした器を広げるよりも洒落て見えるものです。ここでは盛り込みの器遣いの実例として、

## 折敷《おしき》と籐籠《とうかご》

折敷（盆）に籠や義山を重ね、また高台盆に色紙を重ねた四例をもとに、盛りつけの目でひとつの献立を見る試みをしています。

まず、折敷に籐籠を重ねた例です。料理の世界での籠・笊《ざる》はすべて籠と総称され、本来は編みたての青竹の籠に白木の敷板を組むもの。ただし青竹の稀少な近年では、籐や白竹《しろちく》などもおおいに使い、塗り盆に重ねることも一種の流行です。籠の盛り込みで大切な点は、底に窪みのある形では、中心に寄せるように盛ること。従って、隣り合わせて味移りのする料理は、まず避けなければなりません。

器重ね点心七種盛り

オランダ焼き
鰻小袖蒸し
海老の新挽《しんび》き揚げ
三色高野巻き蒸し
鶏肉の筍しのび焼き
鶏肉の竜田揚げ
酢取り杵生姜
半月物相雲丹そぼろご飯
大根の桜漬け

吸いもの
鶏肉の葛たたき椀

煮もの
豆腐と鮎魚女《あいなめ》の炊き合わせ

●作り方四二三頁

器／黒蠟色糸巻会席盆《くろろいろいとまきかいせきぼん》、
籐編盛籠《とうあみもりかご》重ね
黒蠟色槍梅蒔絵中吸物椀《くろろいろやりうめまきえちゅうすいものわん》
轆轤目金彩内朱巻蒸茶碗《ろくろめきんさいうちしゅまきむしちゃわん》
色絵金彩横笛箸置《いろえきんさいよこぶえはしおき》
白杉利久箸《しろすぎりきゅうばし》、箸袋付《はしぶくろつき》

# 折敷と手付き籠

手付きの器の代表は、懐石の焼きもの鉢とこの籠。手の長いものを忍籠《しのびかご》といい、夏向きです。必ず手の前方から、器の平面中央に、やや縦長に盛り、添えの葉は持ち上げ気味に配して立体感を醸し出します。

器重ね点心肴五種盛り

若草巻き

擬製《ぎせい》豆腐

魴鮄《ほうぼう》の素揚げ

卵黄の蓮根巻き

穴子の八幡巻き

杵生姜

吸いもの

茹で卵黄の合わせ味噌仕立て

お造り替わり

鰈巻き胡瓜、黄身酢かけ

ご飯替わり

焼きむすび

日野菜漬の葉

●作り方四一三頁

器／黒蠟《くろろ》色《いろ》箔絵《はくえ》筏《いかだ》文《もん》会席盆《かいせきぼん》、白竹《しろちく》手付《てつき》若菜《わかな》籠《かご》重ね、潤《うるみ》箔《はく》笹竹《ささだけ》文《もん》吸物椀《すいものわん》、義山《ぎやまん》切子《きりこ》瑠璃《るり》解目《はつりめ》高台鉢《こうだいばち》、志野《しの》鉄絵《てつえ》長手皿《ながてざら》、白杉《しろすぎ》利久箸《りきゅうばし》

# 折敷と義山《ぎやまん》

大きな義山鉢は折敷とともに出すのが本来で、直接触れて指紋が付くのを嫌います。ガラス器は一献立に昔は二つ、今は酒器ともて三つまでが許され、透明感が活用されます。

器重ね点心九種盛り
烏賊《いか》細造りの小南瓜《こかぼちゃ》釜
雲丹と蟹の寄せ蒸し
車海老の青菜揚げ
高野豆腐の市松巻き
鮭の蠟《ろう》焼き
新さつま芋の素揚げ
お多福豆、円座胡瓜
揚げ小茄子
すだち、杵生姜
半月物相青菜ご飯、
天神さまのせ

吸いもの
三色豆腐の清まし仕立て碗
●作り方四二四頁

器／紅殻《べんがら》四方《よほう》縁《ぶち》古代文会席盆《こだいもんかいせきぼん》、
義山切子縁金彩平鉢《ぎやまんきりこふちきんさいひらばち》重ね
義山切子掛漆蓋付小鉢《ぎやまんきりこかけうるしふたつきこばち》
義山切子縁金彩徳利《ぎやまんきりこふちきんさいとっくり》
義山切子盃《ぎやまんきりこさかずき》
色絵角形箸置《いろえつのがたはしおき》
赤杉利久箸《あかすぎりきゅうばし》

# 高台盆と色紙

折敷盆は様々な趣向を背景に、盛り器としても多用されます。高台盆に色紙を重ね、主肴を二人盛りにして取り箸を添えたこの例では、色紙は和紙などと同様〝皆敷《かいしき》〟の扱いに近く、葉蘭や竹皮などを重ねる場合は、むしろ器を重ねる感覚で扱います。取り合わせる脇の器類は、少し形変わりの方が色紙の円窓《えんそう》に輪隔がつきすぎません。

器／洗朱《あらいしゅ》網代文《あじろもん》高台《こうだい》会席盆《かいせきぼん》、
銀梨地《ぎんなしじ》円窓《えんそう》色紙《しきし》重ね
青竹《あおだけ》中節《なかぶし》取箸《とりばし》
青織部《あおおりべ》松形皿《まつがたざら》
黒蠟色《くろろいろ》春秋蒔絵《しゅんじゅうまきえ》小吸物椀《こずいものわん》
吹墨《ふきずみ》果実形《かじつがた》向鉢《むこうばち》
赤絵《あかえ》笹竹文《ささだけもん》預徳利《あずけとっくり》

色紙重ね趣向肴五種盛り
鶏肉のチーズ巻き
紅白小袖蒲鉾
南瓜の新挽《しんび》き揚げ
姫さざえの煮もの
甘鯛の雲丹焼き
枝豆、杵生姜

中吸いもの
甘鯛とたらの芽の吸いもの椀

お造り
ひと塩甘鯛のそぎ重ね、
茹で車海老

生野菜
五色野菜と茹で卵のサラダ

●作り方四二五頁

# 直《じか》盛りの趣向

直盛りは、本来盛り器として作られていないものに、料理を直接盛りつけることをいいます。もともとが正式料理の理を離れた、趣向から生まれるものであり、どんな場合も、直盛りの料理は略式の席に出す、遊びの勝った仕立てです。ここでは、いわゆる折敷盆を盛り盆に利用した、直盛りを取り上げています。はじめの例の、小判形の盆は盛り器も兼ねて作った脇取盆ですが、使い方によっては素朴さが目を惹き、野暮にも見えがちなものです。この盆の最も映える使い方は、青竹の筒切りなどの細工器を折り込んだ盛り込みが、挙げ

## 縁《ふち》高《だか》盆《ぼん》銘々盛り

られます。ここは、酒肴点心の仕立てで、枇木《へぎ》目《め》の盛り器を沈ませないように、もう一種の塗り器である椀はさり気ない意匠のもの。また他の二品は、春の明るい彩りを演出して全体を軽快にまとめています。料理そのものも気取ったところのない取り合わせです。

総じて、略式のものは料理も盛りつけも、あまり気張って、格高《かくだか》の雰囲気を無理に作ろうとすると、チグハグなものができ上がります。正式に調えたい場合は、白の杉木地の盛り盆を使うべきであり、自然に備わっている品格こそが、持ち味であるのです。

盆盛り点心七種盛り
穴子の高砂《たかさご》焼き
鶏ロール
鱸《すずき》の木の芽焼き
車海老の軽揚げ
鶉《うずら》卵の穴子巻き揚げ
煎り獅子唐
すだち
スモークサーモンの海苔巻き

吸いもの
鮎魚女《あいなめ》とわらびの吸いもの椀

生替わり
鶏ささ身のかくしわさび

肴飯
車海老の桜蒸し

●作り方四二六頁

器／掛漆《かけうるし》枇木目《へぎめ》縁高《ふちだか》小判形《こばんがた》盛器《もりき》
青磁《せいじ》折上《おりあげ》向鉢《むこうばち》
黒刷毛目《くろはけめ》水輪文《みずわもん》吸物椀《すいものわん》
色交趾《いろこうち》轆轤目《ろくろめ》煮物椀《にものわん》
白杉天削箸《しろすぎてんそげばし》

# 折敷取り廻し盛り

銘々膳に使う会席盆を、大皿盛り込みの趣向で直盛りに。真円の平面には、やや作りの大きい料理を縦に長く盛ると映えます。花弁を散らすのは略式に限っての遊びです。

折敷盛り肴七種盛り

**大納言黄身寄せ**
**鶏ロール**
**石川小芋の雲丹焼き串**
**蓮根の黄身射込み**
**車海老の八方煮**
**鱒《ます》の砧《きぬた》巻き**
**獅子唐の辛煮**
**杵生姜**

吸いもの

**さより蒲鉾と蓴菜《じゅんさい》の吸いもの椀**

煮もの

**茄子と鱒《ます》の煮合わせ**

水菓子

**巨峰と枇杷《びわ》**

●作り方四二七頁

器／黒蠟色《くろろいろ》縁《ふち》銀彩《ぎんさい》会席盆《かいせきぼん》
青竹《あおだけ》中節《なかぶし》取箸《とりばし》
洗朱《あらいしゅ》秀衡《ひでひら》片口椀《かたくちわん》
緑交趾《みどりこうち》紫彩《しさい》刻文《こくもん》四方《よほう》蓋付鉢《ふたつきばち》
白磁《はくじ》彫《ぼり》長輪花皿《ながりんかざら》
呉須《ごす》染付《そめつけ》瓔珞文《ようらくもん》瓢徳利《ひさごとっくり》
志野《しの》木瓜形《もっこうがた》ぐい呑《のみ》
青九谷《あおくたに》亀甲盃《きっこうさかずき》
南蛮手《なんばんで》ぐい呑《のみ》

# 葵盆盛《あおいぼん》り

葵盆佳肴《かこう》七種盛り
鮪の幽庵焼き
車海老の酒蒸し
蟹真蒸《しんじょ》の帛紗《ふくさ》包み
姫さざえの八方煮
砂肝の塩焼き結び串
鮃《ひらめ》の竜皮《りゅうひ》昆布巻き
沢蟹の素揚げ
筆生姜

小吸いもの
卵豆腐の冷やし吸いもの碗

小鉢
海老と胡瓜の寒天寄せ、
黄身酢かけ

ご飯
小鯛、
椎茸旨煮の笹巻きずし

●作り方四二八頁

器／白木地有職葵盆《しろきじゆうそくあおいぼん》
義山木実形向鉢《ぎやまんこのみがたむこうばち》
義山矢来切子端反小吸物碗《ぎやまんやらいきりこはぞりこずいものわん》、掛漆蓋付《かけうるしふたつき》
伊羅保一葉皿《いらぼいちようざら》

白木地の葵盆は有職《ゆうそく》の儀式用の型盆。近年は塗り製が多く、趣向盆として使われます。木地製はよく濡らして盛ること。また朴葉《ほおば》、柏など敷葉を重ねると美しく、汚れも防げます。

# 個性的な器に盛る

形・意匠・作りのすべてにわたって個性の強い器は、上手に使いこなすことができれば、献立全体の趣を決定づけることができます。ただ往々にして、一器だけが周囲の雰囲気から遊離し、落ち着きの悪い印象を与えがちなものです。それぞれの持ち味を見きわめ、扱い方のポイントを間違えないことが大切です。

まず、額(縁)皿を例にとってみましょう。これは、もとは茶料理の世界で八寸《はっすん》用の趣味の器として作られ、亭主の茶事への思い入れが託された器です。額縁にあたる枠材は、桜、桑、もみじなどの堅木《かたき》で作られ、嵌《は》め込む皿は叩《たた》

## 額縁《がくぶち》皿《ざら》盛り込み

き皿といって、この例の呉須染付《ごすそめつけ》をはじめ、赤絵、備前《びぜん》、信楽《しがらき》など家流の好みで組み合わせて、色変わりを愉しんでいただくなど、まったくの趣向のものです。

この器は一人用の器です。ごく稀に、取り廻しの形に盛り込まれることがあるものの、通常はまず、重量があって取り廻しには向きません。ただ置くだけで存在感のある器ですから、安定感のある作りの料理をゆったりと盛りつけます。この器に皆敷類はいっさい敷かず、木枠の部分に料理の端もかかってはいけないというのが、盛りつけのきまりです。

額皿つまみ肴五種盛り
鱒《ます》のこけら蒸し
鰆《さわら》の幽庵焼き
笹巻き麩
三色団子
白魚の黄身焼き

吸いもの椀
繊《せん》野菜椀

お造り
蒸し鮑と北寄貝、車海老

口替わり
茹で白魚

●作り方四二九頁

器／呉須染付山水文額皿《ごすそめつけさんすいもんがくざら》
洗朱轆轤目松葉吸物椀《あらいしゅろくろめまつばすいものわん》
緑釉雪持笹長手皿《りょくゆうゆきもちささながてざら》
義山切子編笠向鉢《ぎやまんきりこあみがさむこうばち》
呉須赤絵草文預徳利《ごすあかえそうもんあずけとっくり》
青九谷亀甲盃《あおくたにきっこうさかずき》

# 高台皿盛り込み

高台器は、神仏への捧物《ささげもの》をのせる奉台《ほうだい》を形どったもので、立体感があるだけに変化に富んだ膳組みができます。ただ、その取り合わせは難しく、高さにあまり落差がないこと。また、高台器は大きいものが扱いやすく、通常の大皿盛りは面に七分ほど盛るのに対し、高台は五分にとどめ、絵付けの輪隔から料理が出ないように盛りつけます。

器／白釉刻文高台盛器《はくゆうこくもんこうだいもりき》
青白磁呉須蝶文菊形平鉢《せいはくじごすちょうもんきくがたひらばち》
黒釉金彩色絵縁小鉢《こくゆうきんさいいろえぶちこばち》
瑠璃黄釉預徳利《るりきゆうあずけとっくり》
赤巻呉須盃《あかまきごすさかずき》

高台酒肴五種盛り

蟹の角揚げ

蟹脚と帆立の鶏真蒸《しんじょ》

海老と白身魚の煮こごり

スモークサーモン

鴨と焼き椎茸、さつま芋の博多

そら豆の新挽《しんび》き揚げ、筆生姜、芽甘草

和えもの

赤貝と菜の花の胡麻酢和え

煮もの替わり

帆立と生椎茸の錦茶巾《にしきちゃきん》揚げあんかけ

●作り方四二九頁

# 手元箱盛り込み

手元箱は和文具の紙挟《かみばさみ》箱で、落とし蓋をする原形をもとに、著者は自分流にのせ蓋の深め（約八・五センチ）に作り直し、前菜箱や点心箱に使っています。このように家流に器を作り替えるなどは、料理屋にとっては楽しみのひとつです。深手のため高さのある料理が映え、黒に艶消しの金の趣もよく、ことに洗い朱の椀などは決まります。

器／黒蝋色《くろろいろ》縁《ふち》金彩《きんさい》文箱《ふばこ》盛器《もりき》
呉須《ごす》染付《そめつけ》小猪口《こちょこ》
洗朱《あらいしゅ》網目《あみめ》石州形《せきしゅうがた》吸物椀《すいものわん》

手元箱点心九種盛り
嵯峨野《さがの》蒸し
鰆《さわら》の西京焼き
蛤のふくら煮
鱒《ます》の椎茸双身《ふたみ》
数の子の粕漬け
茹でいんげん
白魚の二色焼き
杵生姜

鰈のばら造り
岩茸、煎り酒
色紙物相青海苔ご飯
吸いもの
五目野菜椀

●作り方四二〇頁

# 細工器と折敷《おしき》の器重ね

手製の割り青竹の器を折敷盆に重ね、全体をひとつの器として盛りつけています。京都は土地柄で青竹は身近ですが、一般的には祝事の膳などに、心改まってよいものです。青竹の細工ものは、すべて充分に水を含ませて使います。

趣向盛り点心六種盛り

さざえの壺吸い

きびなご折り曲げと鮪磯辺、太刀魚そぎ造りの青竹盛り

鮑の酒醤油焼き

どじょうのぐるぐる

車海老の錦巻き

杵生姜

色紙物相花山椒ご飯

大根の桜漬け

吸いもの

蛤の清まし仕立て椀

●作り方四三二頁

器／紅殻丸会席盆《べんがらまるかいせきぼん》、割青竹盛器《わりあおだけもりき》重ね

黒蠟色鉄扇散蒔絵吸物椀《くろろいろてっせんちらしまきえすいものわん》

# 細工器に盛る

趣向盆点心七種盛り
五色真蒸《しんじょ》蒸し
さよりの黄身蒸し
小鯛の幽庵焼き
揚げ銀杏
杵生姜、大葉
蟹爪の五目軽揚げ
焼き栗と市田柿、もみじ、
松葉の吹き寄せ
バラ子むすび
日野菜漬

吸いもの
松茸の落とし卵椀

煮もの
揚げ小烏賊《いか》の吉野煮

水菓子
巨峰

●作り方四三二頁

器／白木地《しらきじ》青竹《あおだけ》寄《よせ》筏《いかだ》盛器《もりき》
菊正法寺《きくしょうほうじ》吸物椀《すいものわん》
呉須《ごす》水草文《みずくさもん》摘蓋《つまみぶた》蒸茶碗《むしちゃわん》
玉子手《たまごで》緑彩《りょくさい》松葉文《まつばもん》小鉢《こばち》
渋紙手《しぶがみで》昆布《こんぶ》巻《まき》箸置《はしおき》
赤杉《あかすぎ》利久箸《りきゅうばし》、箸袋付《はしぶくろつき》

杉木地と青竹を筏《いかだ》に組んだ昔ながらの形の盛り器です。使うたびによく洗いラップをして冷凍保存すると、四十日ほどは色よく使えます。

# 基本の盛りつけ五趣

盛りつけの初歩であり、しかも最も基本となる器は、昔から五寸(約十五センチ)の丸平鉢(皿)です。そして丸皿は、料理を不等辺三角形に盛ります。料理によってはこの不等辺三角形が、やや斜めの矩形《くけい》になり、細長い短冊形になるなどの変化を見せますが、いずれもそこに、アクセントとなる材料の色と形をあしらうことで、不等辺三角形に見せます。この決めの配し方にこそ、料理人の感覚《センス》はあるのです。

〝百の料理に百の盛りつけ〟という先達の言葉は、同じ器であっても料理と盛りつけによって、いかに趣が変わってくるかという、盛りつけの醍醐味《だいごみ》をいい得ています。

## 半月皿

半月皿とはいえやや平たい半月で、この形を利休形と呼んでいます。盛りつけでは長手扱いのもので、長皿と同じバランスで盛ります。長手は総じて、下のように五等分して、両端にはたとえ松葉といえども置かない、ということが口伝中の口伝です。

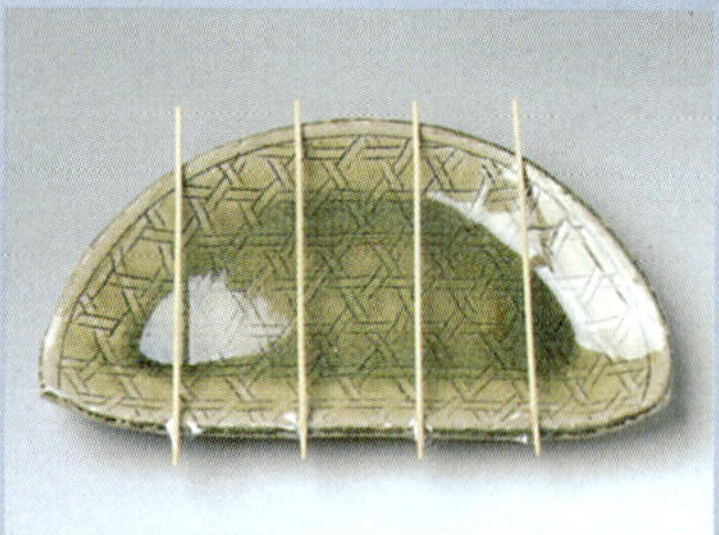

半月皿は長手皿と同様、器を縦に五等分して中央五分の三のスペースに盛りつけます。

盛りつける料理。器が地味な場合、料理はやや派手めが引き立ち、特に赤・黄・緑色をバランスよく取り合わせることが大切です。

1　味噌松風を、中央スペースの左・やや奥寄りに、少し右肩上がりに盛ります。

前菜三種盛り

**味噌松風**

**車海老の二色巻き**

**松葉銀杏**

**お多福豆**

器／伊羅保《いらぼ》籠目《かごめ》刻文《こくもん》半月皿《はんげつざら》

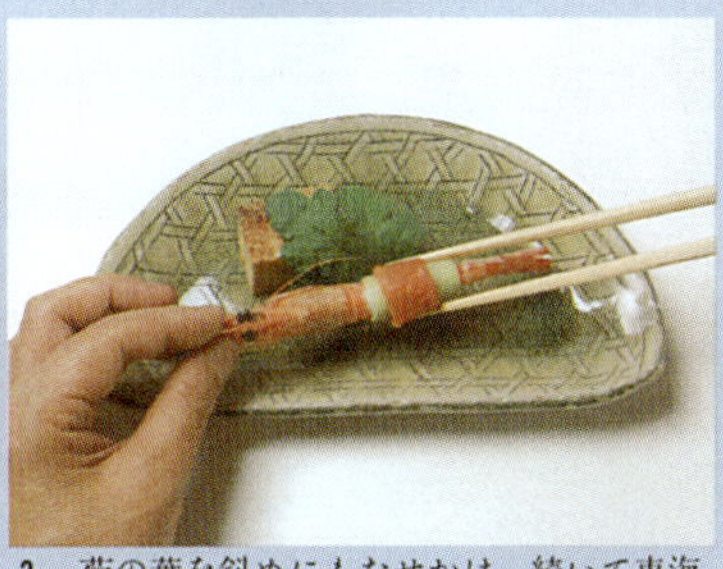

2　菊の葉を斜めにもたせかけ、続いて車海老の二色巻きを、尾をやや右上がりの横一文字に盛ります。

3　別器にけしの実を用意しておき、お多福豆につけながら海老の右脇に盛り合わせます。

4　以上の縦に斜め一列のラインを、松葉銀杏で崩し気味に、海老にかけるように添えて、全体が右流れの三角形を描くように盛ります。

# 割山椒《わりざんしょう》

近年、割山椒は片口などとともに流行の器ですが、戦前は茶懐石を手がける料理屋にしかなかったもの。ともあれ、一器加わることで献立に変化がつくことは見逃せません。大きめなら汁気の少ない煮もの、通常はお向う、和えものなどに格好の器です。

浅蜊と胡瓜の白和え

器／呉須染付割山椒《ごすそめつけわりざんしょう》

割山椒は、三カ所の切り込みを結んでできる面よりも、料理の頭がほんの少し上に出るように盛ると美しく、量感もでます。

白和えは少し多めに用意し、あしらいの赤芽は水をたっぷり含ませておき、水気をよくきって盛りつけます。

1　和えものは、少量ずつ積み重ねるように盛ります。一度にかためて盛ると、食べる際に取り崩れるもとです。

2　盛り足をきれいに仕上げるには、盛り箸を立てて盛ることがコツです。

3　赤芽を天に、ひとまとめに盛りそえます。

# 深手の割山椒

割山椒の形には、縁《へり》の切り口の美しさ、丸みのある可愛らしさがあり、懐《ふところ》の広めのものが使いやすいものです。盛りつけでは、切れ目の一番深い所を三カ所結んで平面ととらえ、そこよりもやや高めに盛ると見た目にも美しく、品よく仕上がります。

鮃《ひらめ》のそぎ重ね造り
器／伊賀《いが》割山椒《わりざんしょう》

前掲の割山椒より、やや口すぼまりの形。この場合も切り込みを結んだ面よりも、料理の頭を上に出し、中央にこんもりと盛ります。

そぎ造りとあしらいの三種。

1　そぎ身を1枚ずつ盛っていきます。

2　盛り箸の先でそぎ身を支えながら、指先で折り曲げ気味にして、盛り重ねます。

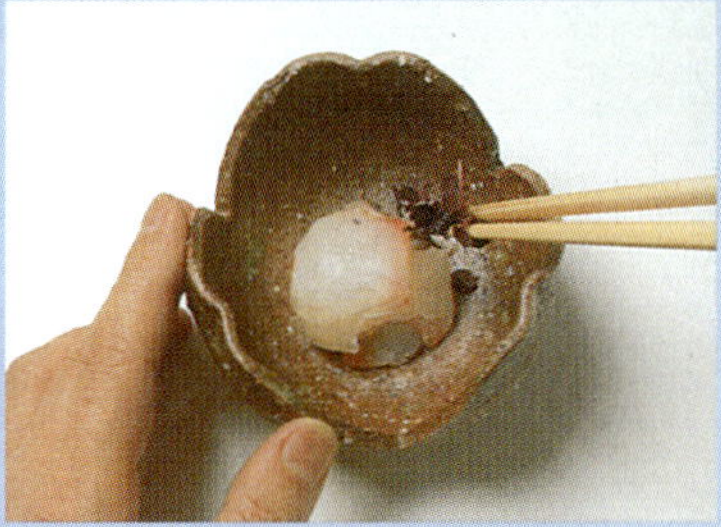

3　そぎ身を3切れ盛り、紫芽じそを右上に添えます。

4　わさびを右手下に添え、花丸胡瓜を正面やや斜めにお造りに立てかけます。

# 楓《かえで》形向付け鉢

一葉《いちよう》浅鉢の名で総称される、葉形の器です。ここで大切なことは〃一葉に皆敷なし〃の言葉どおり、焼きものやお造りであっても敷葉はしません。今ひとつは、楓形では葉先の切り込み部分を除外し、中の円を丸皿と考えて不等辺三角形に盛ることです。

**二色真蒸の宿借り焼き**

器／呉須《ごす》染付《そめつけ》楓《かえで》平鉢《ひらばち》

楓形の一葉皿は、切り込みを結んでできる円内に、料理六分・余白四分を目安に盛りつけます。

真蒸の宿借り焼きと、あしらいの酢取り杵生姜を用意します。

2　続いて二つめを、貝殻の向きを変えて安定よく、もたせかけるように盛ります。

1　この料理は盛り箸でなく、手で盛ります。円内の奥中央・やや左寄りに、ひとつを置きます。

3　二つの貝殻の盛り合わせ部分に、杵生姜を斜めに立てかけます。葉形の皿には葉ものを敷かないのが、きまりです。

# 十字形浅鉢

信楽《しがらき》や織部《おりべ》によく見られる十字形の器です。小型のものが多い中で、この呉須染付はやや大振りが特徴で、ここも飛び出した四辺は切り捨てて四角（四方）鉢と考えて盛りつけます。あんをかけるここは控えましたが、焼きものは青皆敷がよく合います。

焼き鱸《すずき》の水晶あんかけ

器／呉須染付山水文十字形浅鉢《ごすそめつけさんすいもんじゅうじがたあさばち》

十字形の内側にできる正方形のスペースに、さらに余白をもたせて盛りつけます。

焼きものとあしらい、水晶あんを用意します。

1　すずき2切れを、形よく組んで中央に盛ります。活きのよい材料を焼いたものは、自然にふっくらとした立体感があります。

2　青みの、茹でた春菊を焼きものの右下、やや右肩上がりに盛り合わせます。

3　細引きの人参3本を、春菊に斜めにかけるようにあしらいます。煮ものの場合は、横一文字がきまりです。

4　水晶あんを、お玉を手前に向けてかけます。流れるものは客前に出す直前に、水屋でかけて出すようにします。

# 秋の献立を盛る

年間の献立では、春は派手、秋は地味にと思いがちですが、実は逆で秋にこそ、派手やかな作りが基本です。現代では膳の背景の秋は薄れつつあり、献立の序に風情を充分に出し、錦秋の思いを膳に集めて物語を作っていく趣向です。器揃えでは、例えば京焼きが好みでも、ひとつ窯に限らず、違う土地のものも使い合わせたいものです。

# 秋《あき》惜《おし》む

## 御品書

◆先付け
帆立の緑揚げ

◆お造り
縞鯵引き造り、湯ぶり伊勢海老、
赤貝の盛り合わせ

◆煮もの椀
揚げ大納言真蒸と石川小芋の炊き合わせ

◆焼きもの
烏賊の三色松笠焼き

◆進肴
松茸の土瓶蒸し

◆口取り
海老入り卵焼き、百合根茶巾、
車海老の雲丹焼き盛り合わせ

◆小鉢
鮭の胡瓜鳴門、三杯酢

◆強肴
吹き寄せ焙烙焼き

# お造り

陶・磁器の考えから見るとこの〝楽《らく》〟の器は、少々別種の軟陶《なんとう》という部類。使う時は、たっぷりと水を含ませ、しまう時は二〜三日よく乾かしてから箱に納めるという、手のかかる器ですが、楽は店の格を示す器といわれ、茶道の方でも〝一楽二萩三唐津〟といって宝物にします。重ね貝形の赤楽にお造りを盛るなどは、料理人の喜びです。赤楽は、秋深くから冬の趣向であり、黒楽は一般に夏のものとされます。このお造りでは、少量を盛ってそう見せない盛りつけを、伊勢海老の尾を添えるなどで計ります。

引き造り４切れと湯ぶり伊勢海老、赤貝、けんとつま、あしらいを用意します。

1　水気をよくきった胡瓜のけんを、こんもりとまとめて器の奥中央に盛ります。

2　紫芽じそをけんの右脇に添え、大葉の柄元を少し折り込んで、けんに立てかけるように添えます。

3　引き造り４切れを一度に盛り箸に取り、造り身を斜めにずらし気味に整えて、大葉にもたせかけるように盛ります。

4　尾の殻にのせた伊勢海老の湯ぶりを、引き造りの左手前に置きます。

5　赤貝の造り身を湯ぶり伊勢海老の右脇に盛り合わせます。

6　引き造りの右脇、盛り足部分に花丸胡瓜をあしらい、おろしわさびを手前右脇に添えます。

縞鰺《しまあじ》引き造り、湯ぶり伊勢海老、
赤貝の盛り合わせお造り

器／赤楽重貝形向鉢《あからくかさねがいがたむこうばち》

# 煮もの椀

煮ものはすべて、漆器の椀に盛るのがきまりですが、近年は陶磁器の蒸し茶碗も使われます。この独楽《こま》塗《ぬ》りの椀は、紋様としても古く、無季節ものの代表で、その上めでたい意匠。椀は内側の赤い内朱や、陶磁器の白磁などは地味に転ぶと面白みに欠けるため、料理の色に気を配りますが、内黒の椀は地味はそれなりに品がよく、派手は料理が際立って見えてよいものです。また、煮もの椀も椀盛になると汁は吸いもの仕立てですが、ここは略式で薄い煮汁。盛り足をきれいに見せることが大切です。

煮もの椀に盛り合わせる三種と、あしらいのへぎ柚子。実際の場面では、柚子はへぎながら添えます。

1　揚げ大納言真蒸を、椀の中央やや奥寄りに横一文字に盛ります。

2　石川小芋を前盛りにします。

3　小芋3個を、俵形に積み上げるように盛り込みます。

4　芽芋3本をまとめて、真蒸と小芋の右脇に盛り合わせます。

5　へぎ柚子を真蒸の天にのせます。

6　吉野あんを手前、小芋と芽芋の上から静かにたっぷりとかけます。

揚げ大納言真蒸と石川小芋の炊き合わせ

器／黒《くろ》蠟《ろ》色《いろ》独楽《こま》筋文《すじもん》煮物椀《にものわん》

# 焼きもの

雪持笹の器は冬の趣向ですが、晩秋から持ち出せます。やや深手、大きめのこの器を一人盛りにするところに面白みがあり、緑の皆敷が全体をすっきりと引き立てます。

烏賊《いか》の三色松笠焼き

器／金箔散雪持笹透文鉢《きんぱくちらしゆきもちざさすかしもんばち》

三色に彩りを変えた烏賊の松笠焼きと、あしらいの杵生姜。青皆敷に胡瓜の葉を用意します。

1　よく水気を含ませ、水気を吹いた胡瓜の葉を、まず奥中央に敷きます。

2　胡瓜の葉3枚を、形よく敷いて焼きものひと切れを奥・右寄りに斜め気味に盛ります。

3　2切れめをはじめのひと切れにかけるように、右肩上がりに盛ります。

4　最後のひと切れを、斜めに立てかけるように盛り合わせます。全体の重心を奥寄りにおくと、取り崩れにくくなります。

5　杵生姜を焼きものの左脇に、立てかけるようにあしらいます。

# 口替わり（口取り）

枇木《へぎ》竹に漆を掛けた盛り器は、近年流行のもので、内朱・外黒、外朱・内黒、そしてこの全面の掛け漆があり、長手皿の扱いで盛ります。やや細工の表立った器ですから、料理も、少し手の加わった口取り肴など、似合いです。

口取り盛り合わせ

海老入り卵焼き
百合根茶巾
越瓜《しろうり》の昆布じめ
車海老の雲丹焼き
茹で黄菊

器／枇木竹掛漆長手盛器《へぎたけかけうるしながてもりき》

三種の口取り肴と二種のあしらいを用意します。

1　長手皿の要領で、器を縦五等分した中央やや左寄り・奥に、海老入りの卵焼きを盛ります。

2　卵焼きの左手に、越瓜の昆布じめ2切れを少しずらして整え、盛りつけます。

3　百合根茶巾を、越瓜の手前に盛り合わせます。箸のあとがつきやすい料理のため、必ず手を添えて盛ります。

4　車海老の雲丹焼きを、右手の余白中央に形よく〝つ〟の字に置きます。

5　茹で黄菊の水気をきり、海老の左手前にあしらいます。

# 強肴

焙烙《ほうろく》は、松茸に限らず、鱸《すずき》・蛤・伊勢海老などの焙烙焼き、吹き寄せ焙烙焼き、というように多様に使います。ここは吹き寄せの趣向ですが、直径約二十センチの小《こ》焙烙で、二人前の盛り込みです。すべて焼き上げてから盛り、焙烙は保温のためのもの。盛りつけのコツは、お客さまが一番はじめに箸をつけるものを想定し、取りやすい場所に盛ります。ここでは松茸であり、殻付きの車海老を、奥寄り中心に盛りつけ、彩りよく仕上げて、すだち、カボス汁とともに愉しんでいただきます。

松茸をはじめ、吹き寄せに盛り合わせる五種の料理と、松葉を用意します。このほか、焙烙の敷き塩用の塩、卵白を別途用意します。

1　ボウルに卵白½個分をよく泡立て、メレンゲ状になったら塩1.5カップを加えます。

2　一度に塩を加えて、手で全体を混ぜ合わせます。

3　焙烙にメレンゲと混ぜた塩を移します。

4　ヘラで焙烙の表面全体に、平らに伸ばしつけます。これを中火のオーブンで、焦げ目がつかない程度に15〜20分ほど焼きます。

5　敷き塩の表面に、ごく自然の風情に松葉を散らします。車海老の鬼殻焼き3尾を、奥中央左寄りに盛ります。

6　かますの折り曲げ焼き3切れを、右脇に形よく盛り合わせます。

7　中央左脇に、焼き松茸を裏・表、取り混ぜる形で盛り合わせます。

8　右手前脇に、焼き栗を積み重ねるように盛ります。

9　色よく煎った銀杏を左脇を主に、散らすようにあしらって仕上げます。さめないうちに手早く盛りつけて、お出しします。

**吹き寄せ焙烙焼き**

器／焙烙《ほうろく》、杉木地敷板《すぎきじしきいた》

# 献立を引き立てる小物と器

## 箸置き

今ある置き型の箸置きは大正以降のもので、主流の枕形が箸袋の一般化とともに長手のものへと移ります。ただし一旦箸袋を取れば、総じて小さいものが膳の邪魔にもならず、アクセントとしても美しいもの。置き方では、手前が低く奥へ高く、また折れた形はくの字に、直線ものは右側が低く左が高い、形が基本。一席は〝揃い〟も常識です。

### 季節の風趣を添える

## 手描きの箸袋

近年は、箸袋は袋状の一方を折った形が普通ですが、以前は箸紙といって、箸を入れた三つ折り袋の両端が折られ、真新しさが強調されていました。箸袋はその店の顔ともいわれ、季節を写した手描きのものなどは、着席時に風雅な話題をもたらします。実用の屋号などはやはり裏面に留めたいものです。

とりどりの箸置き（上三段）と、ことに会席献立に向く例（下二段）

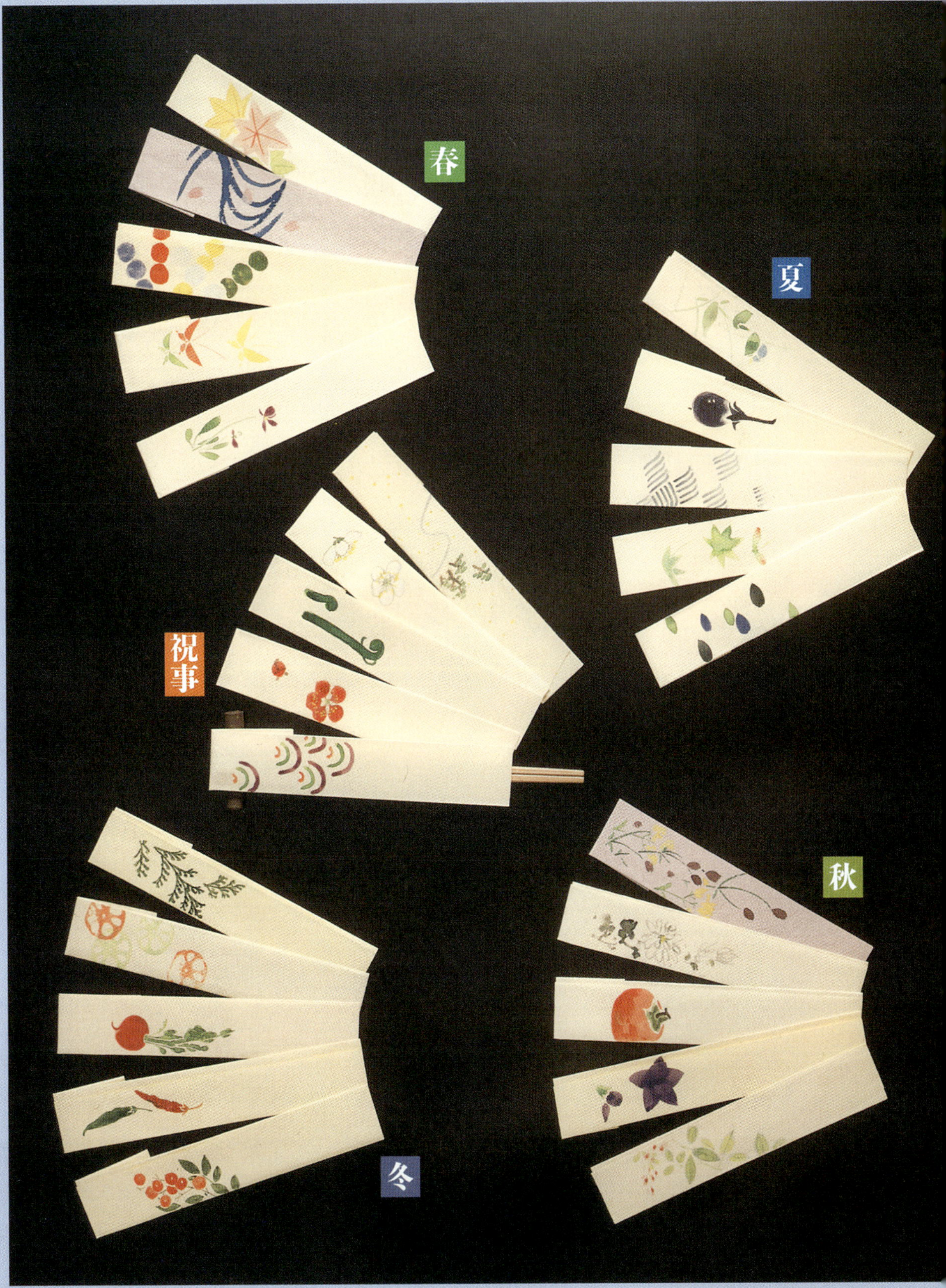
春
夏
祝事
秋
冬

# 献立の酒器のいろいろ

## お酒の味わいを深める

### 徳利《とっくり》と盃《さかずき》

徳利の正式名は〝燗《かん》徳利〟です。古くは二合から三合入る大きさで、現在の一合徳利は昭和の形。徳利の定形のひとつが瓢《ひさご》形で、お酒を注ぐ時のトクトクという快音が特徴です。盃(猪口《ちょく》)は本来、これら徳利とは色・絵付けとも、別のものを出すのが古くからの約束事。揃いのものは格下の扱いです。

# 預け徳利とぐい呑み

茶懐石の、趣向の酒器として登場したのが預け徳利とぐい呑み。趣味人が酒を主題に茶事を催し、まず正式の酒器、燗《かん》鍋《なべ》と木盃《もくはい》が献立とともに一巡し、八寸を終えて強肴に移る頃には佳境に入り、東西の名器を寄せた亭主思い入れの酒器で、夜を徹してもてなされる例もあったといいます。こうした中から生まれた預け徳利とぐい呑みは、定型があったものではなく、度々のお替えは無用に、という水屋への配慮から、今日見られる大振りの形が定着し、料理屋でもこの遊びの趣向が取り入れられているものです。

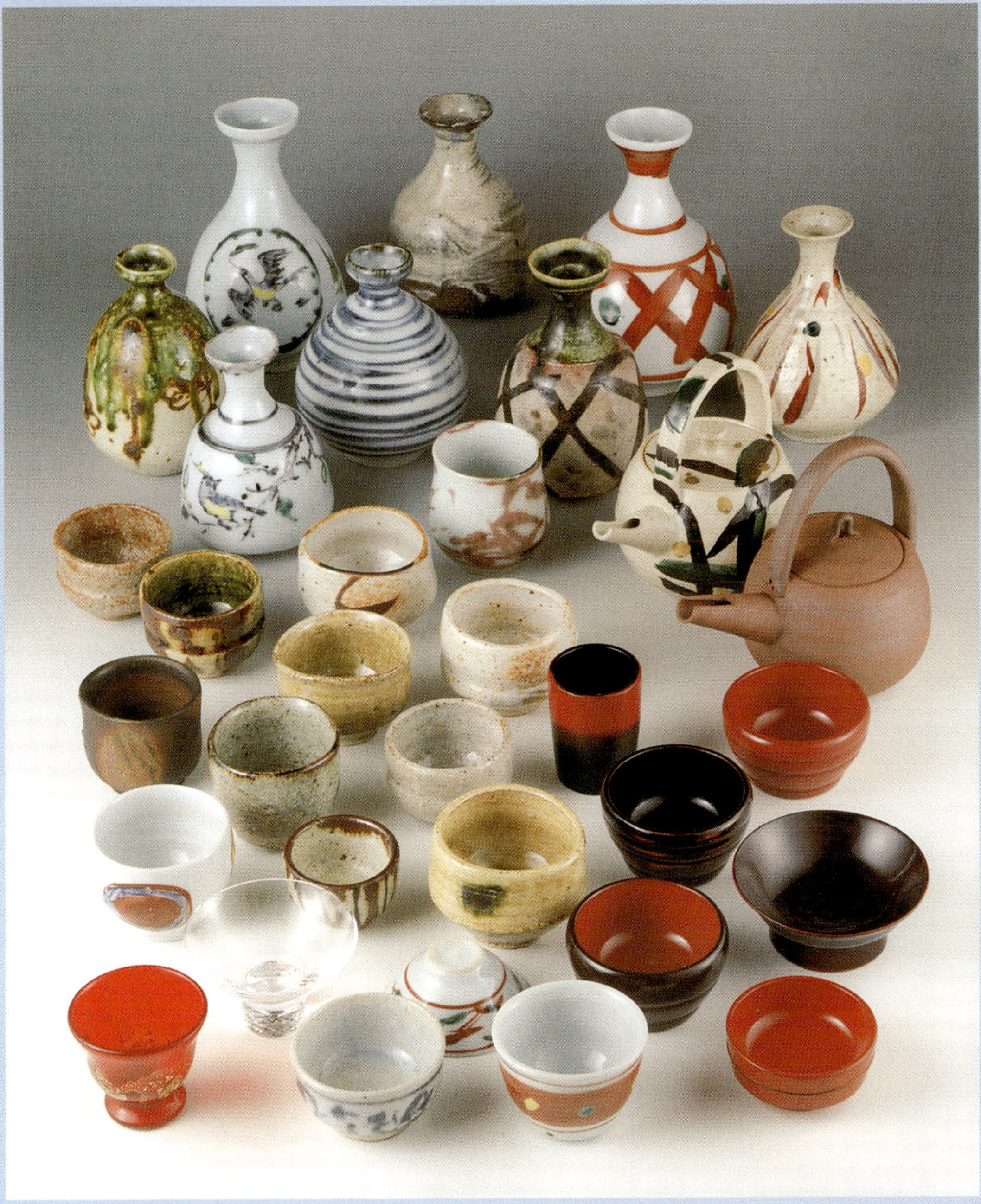

預け徳利とぐい呑みは遊びの色合いが濃く、献立には替えの酒器として中段以降に出します。

# 献立の格をきめる
# 吸いもの・小吸いものの椀

吸いものが、料理の一ジャンルとして確立をみる江戸時代を皮切りに、美しい蒔絵《まきえ》の椀が使われはじめました。明治に入って東京に集まった蒔絵師、塗師によって華麗な漆器が作られ、一般の人々と料理屋が競うようにこれを集めだします。ただ料理屋は使用頻度からも飽きられやすく、これを経験した料理屋の蒔絵は、次第に落ち着きを取り戻し、現代に至ります。総じて漆器は、蒔絵でよりも塗りのよさで求め、まず正式の黒、脇の朱と揃えていき、流行に左右されるような特殊なものは控えます。

器／左上より斜列順に

菊正法寺吸物椀《きくしょうほうじすいものわん》
黒朱雲金松蒔絵吸物椀《くろしゅうんきんまつまきえすいものわん》
黒蠟色秋草蒔絵吸物椀《くろろいろあきくさまきえすいものわん》
拭漆松竹梅文吸物椀《ふきうるししょうちくばいもんすいものわん》
黒蠟色紅白梅蒔絵吸物椀《くろろいろこうはくばいまきえすいものわん》
溜塗蓋裏鳴門渦文吸物椀《ためぬりふたうらなるとうずもんすいものわん》
黒蠟色葉桜蒔絵吸物椀《くろろいろはざくらまきえすいものわん》
黒蠟色沈金海藻文小吸物椀《くろろいろちんきんかいそうもんこずいものわん》
黒糸目蓋裏蕨波文吸物椀《くろいとめふたうらわらびなみもんすいものわん》
黒蠟色金真砂飛鶴文吸物椀《くろろいろきんまさごひかくもんすいものわん》
黒蠟色椿蒔絵吸物椀《くろろいろつばきまきえすいものわん》
黒蠟色竹輪違蒔絵吸物椀《くろろいろたけのわちがいまきえすいものわん》
黒蠟色稲穂蒔絵吸物椀《くろろいろいなほまきえすいものわん》
洗朱蠟色蓋裏波文吸物椀《あらいしゅろいろふたうらなみもんすいものわん》
溜塗蓋裏鉄線蒔絵亀甲形吸物椀《ためぬりふたうらてっせんまきえきっこうがたすいものわん》
黒蠟色八橋蒔絵吸物椀《くろろいろやつはしまきえすいものわん》
黒蠟色四君子丸小吸物椀《くろろいろしくんしまるこずいものわん》
黒蠟色蕨蒔絵小吸物椀《くろろいろわらびまきえこずいものわん》

# 一器多用の顔をもつ

## 焼きものの器

料理に対して専用の器は、すべて献立の一汁三菜から出たもので、献立の外《はか》の品である口替わり、強肴などに専用の器はなく、すべて応用です。中で、陶磁器を含めて、盛る平面部分の広いものが焼きもの皿。周期的に流行が変わるため極端な形は避けます。焼きものの器は、広く盛り込みの器としても利用できます。

器／右列上より
白交趾《しろこうち》縁《ふち》紫彩《しさい》扇面皿《せんめんざら》
渋紙手《しぶがみで》金彩《きんさい》瓢文《ひさごもん》四方皿《よほうざら》
古染付《こそめつけ》卍文《まんじもん》長手皿《ながてざら》
大徳寺《だいとくじ》青磁《せいじ》菊割《きくわり》平鉢《ひらばち》

左列上より
箔取《はくとり》古代文《こだいもん》口付皿《くちつきざら》
タンパン緑舟文《りょくふなもん》六寸《ろくすん》浅鉢《あさばち》
赤絵《あかえ》金彩《きんさい》端反《はぞり》長手《ながて》平鉢《ひらばち》
呉須《ごす》染付《そめつけ》楓皿《かえでざら》
黄瀬戸《きぜと》鉄釉《てつゆう》梅文《うめもん》平鉢《ひらばち》

# 口替わりの器

口替わりは料理自体が、料理人が材料、作りを含めて席を盛り上げる見せ場にあてるものであり、京都でいう口取りの例のように、大変盛り沢山。器も多彩なものでしたが、現在は切り落とすべきは落とされて、以下の類が一般的です。もともとは、焼きものの器から派生したもので、口替わりの器は焼きものにも使えます。

器／右列上より

縁《ふち》色《いろ》交趾《こうち》長手《ながて》皿《ざら》
縁《ふち》女菱《おんなびし》文《もん》半月《はんげつ》皿《ざら》
黒《くろ》蠟色《ろいろ》野菜《やさい》蒔絵《まきえ》長手《ながて》前菜箱《ぜんさいばこ》
伊賀《いが》一葉皿《いちようざら》

左列上より

呉須《ごす》波頭文《なみがしらもん》長手皿《ながてざら》
黄《き》交趾《ごうち》縁《ふち》緑彩《りょくさい》輪花《りんか》長手《ながて》皿《ざら》
鼠釉《ねずみゆう》刷毛目《はけめ》縁反《ふちぞり》四方《よほう》浅鉢《あさばち》
枇木《へぎ》竹《たけ》内朱漆《うちしゅうるし》長手盛器《ながてもりき》
色楽《いろらく》吉祥文《きっしょうもん》羽子板《はごいた》盛器《もりき》
緑釉《りょくゆう》雪持笹《ゆきもちざさ》長手皿《ながてざら》

# 献立の品々の調理

## 作り方と基礎知識

# 料理の味を左右する〝だし〟の研究

## 昆布と鰹節について

どんなに吟味された料理材料も、練達の調理・調味も、その前提に、充分に旨みを出しただし汁があってはじめて、おいしい料理としてお客さまの満足を得られるのです。

この項では、料理の味わいのベースとなる〝昆布と鰹節の合わせだし〟を、最上の状態で用意する第一歩として、その二大要素である昆布・鰹節のそれぞれについて今一度確かめ、さらに仕上げに、合わせ一番だし・二番だしのとり方を、手順を追って解説しています。

## [昆布]

料理の専門分野で〝昆布と鰹節の合わせだし〟が、最もスタンダードなだし汁として使われだしたのは、いつの頃からでしょうか。

著者の祖母は明治七年木場《きば》生まれで、家系中唯一人の東京人でしたが、京都の祖父のところへ嫁いで初めて、昆布と鰹節でだしをとって煮ものを作るのを見た、と言っていたものです。当時

真昆布は北海道南部、函館から室蘭に至る海域で採れる上質昆布。浜によって種類分け、格付けされています。

の東京では、料理屋でも総じて鰹節だけのだしであったようです。

昆布と鰹節の合わせだしを使う手法は、どうやら京都・大阪から広まり、それもそう古いことではなく、さまざまな伝聞や事例を思い合わせると、江戸末期から明治半ばにかけてのことと推察されます。

## 料理屋用の昆布

さて、この合わせだしでは、鰹節はもちろんのこと、特に昆布に気を配ります。京都に限らず、料理屋はそれぞれ〝自家の昆布屋〟を持っているものでした。著者の家の例では『ぎぼし』という屋号が懐しく、昆布の話をよく聞いたものです。

昆布は北海道を主産地に、その地域や仕立て方によって、多種類に区分されます。中でも、料理屋用の昆布では真《ま》昆布、利尻《りしり》昆布、羅臼《らうす》昆布が代表的なものです。

真昆布は乾燥時の仕立て方でも、元揃い、本場折り・花折り（折り昆布）、長切り、棒、と呼び分けます。

真昆布の三銘柄、白口元揃い昆布・黒口元揃い昆布・道南本場折り昆布を総称して〝山出し昆布〟ともいいます。

## 代表的な上級品

●真昆布は、道南部の函館から室蘭に至る地域で採れ、浜によって細かく区分けされ、格付けされます。内浦《うちうら》湾(噴火湾)の南側、鹿《しか》部《べ》から南茅部《みなみかやべ》町あたり一帯で採れる「白口元揃い昆布」は、真昆布中の最高級品といわれています。これに、津軽海峡に面した汐首から恵山岬までの、尻岸内から椴法華《とどほっけ》の沿岸で生産される「黒口元揃い昆布」。さらに汐首岬から函館にかけての「道南本場折り昆布」の三種を〝道南三銘柄〟といい、これを総称して一般に山出し昆布といっています。

●利尻昆布は、北海道最北部産の昆布で、真昆布に比べて硬く、酷《こく》はないもののさっぱりとした風味があり、だし汁をとった時、透明に仕上がるのが特徴です。

●羅臼昆布は、知床半島南部産。葉の幅が広く、やや

利尻昆布は北海道北部産の昆布。道南産の真昆布より硬くコクに欠けますが、澄んで風味のよいだしがとれます。

羅臼昆布は知床半島南部産。肉が薄めで色は褐色を帯び、濃厚な風味をもつ。ただ、だし汁が少し濁るため、煮もの向きです。

薄手で色が褐色。酷《こく》があって濃厚な風味をもつのが特徴。だしをとるとやや濁るため、吸いものよりも煮ものに向きます。羅臼の中でも、岸寄りのものは黒が勝ち、また沖で採れるものは赤口と呼ばれています。

## 家庭用・加工用

●日高昆布は、日高の沿岸で採れるところからの名ですが、三石《みついし》昆布が正式名。料理屋のだし汁用としては、やや風味・旨みともに劣りますが、葉脈が柔らかく味もよいため、もっぱら煮ものに向く、家庭用惣菜昆布で普及版といえましょう。

●このほか、道東部沿岸一帯で採れる昆布を「長昆布」といいます。昆布中で最も生産量が多く、全長が5～15mもあるところから、この名で呼ばれますが、だしはあまりとれず、佃煮、昆布巻きなどにあてられます。また、日本海沿岸で採れる

真昆布は、縦に厚い葉脈が二筋通っています(断面図参照)。上質の風味、旨みがあり、甘みのある澄んだだし汁がとれます。

真昆布

昆布は褐藻類コンブ科・コンブ属の総称。体は根、茎、葉に似た部分をもち、根状部は円盤状または、円柱状の枝に分かれて海中の岩石に付着。ここから1本の円柱状の茎を出し、上に褐色系の、革質の強い帯状の葉をつけます。昆布類は北半球の北部に多く。日本ではほとんどが、北海道周辺の海に集中し、大部分は多年草。波の荒い外洋に面した2～6mの深度に多く生じるといわれます。
昆布はシダ類と同様、雌雄の胞子体の受粉によって早春に芽を出して成長します。これを晩夏に採取したものが一年生ですが、水昆布といわれてほとんど商品価値はなく、秋までおいたものは根を残して枯れ、流れます。↙

↘翌年の早春、再び葉は伸びて急成長し、これが二年生昆布、二年物、すなわち成昆布です。初夏になると伸びきり、繁茂している所から密生度によって間引きし、これは「棹前昆布」といって、だし用にはなりませんが早煮昆布として市販されます。この早煮(棹前)昆布は、二年物を5月1日から通常の解禁日までの指定間引き期間に採ったものです。昆布漁の解禁日は年により、また海(畑)によって異なりますが、おおよそ7月10日から20日頃で、終漁は9月の中頃が例年です。

「細布《ほそめ》昆布」も、もっぱら加工用で、とろろ昆布・おぼろ昆布などに削られます。暖流の入り込む海の昆布は量も少なく、旨みも今ひとつというのが定説です。この類では、皮面に籠目《かごめ》風の模様のある「ガコメ」も、とろろや塩昆布用です。

## 昆布を選ぶ時

昆布を求める際は、まず傷のないものを選びます。ただ、昆布は公的な検査で厳密に格付けをされるものです。虫食い、傷、色、光沢、それに白粉《はくふん》（マンニット＝旨み成分に海水の塩分が作用して白い結晶となったもの）の多少で、まず規格からはずされたり、四等、五等品と等級が下げられるため、上級品を選ぶことです。またよい昆布は、解禁日（七月十日頃）から終漁日（九月中頃）までに採れたもので、充分に成長し、品質もしっかりと固まったものです。

日高（三石）昆布は主に惣菜用。中高《なかだか》一筋の葉脈（断面図参照）は柔らかく、煮ものに向きます。

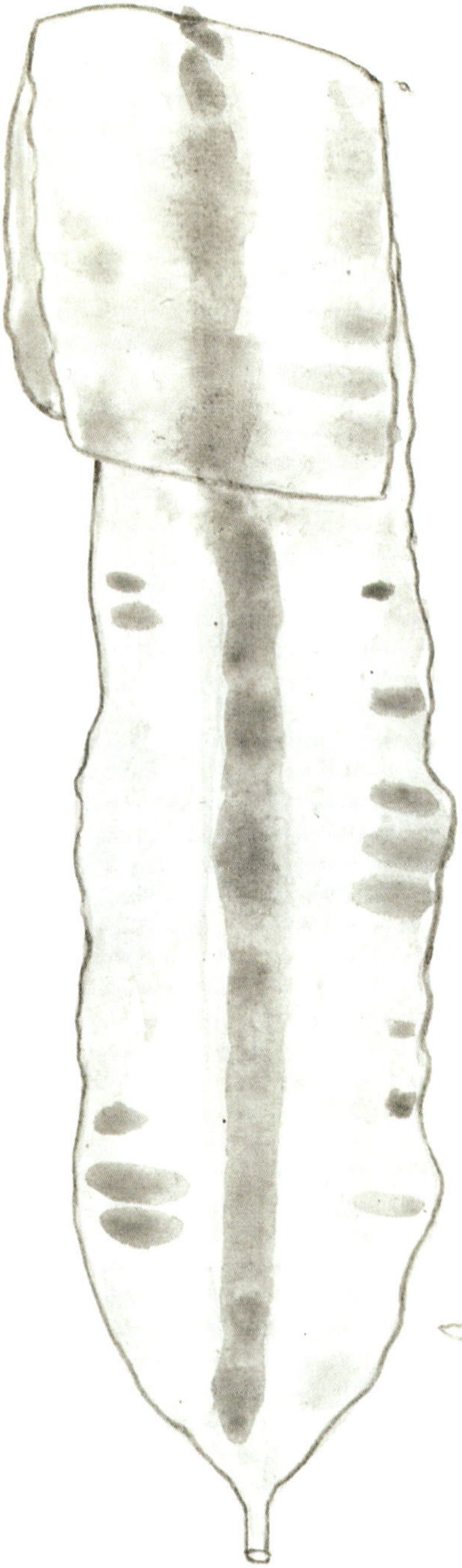

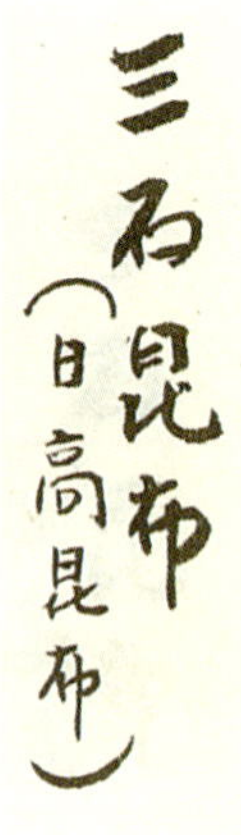

# 鰹節

鰹節は、古代から作られていました。平安中期の法典『延喜式《えんぎしき》』にも、煮堅魚《にかつお》、堅《かつ》魚《お》という文字があり、これらは魚の干し物を指しています。鰹節は煮鰹（茹でたもの）を干したもので、日本人は古くから、味の旨みをだすために使ってきました。

## カビ付着から…

鰹節の今日の姿の源をたどってみますと〃…延宝二年（一六七四年）紀州の漁師甚太郎という人が　土佐の近海に出て　そこでとった獲物で　同国播磨屋佐之助の援助により　宇佐浦でかつお節の製造をはじめた…〃と、これは高知県・宇佐浦にある、かつお節発生地の碑に印されているおよそです。

鰹節は前述のように、古くからあったものですが、お

本節三様。薩摩節の男節・女節（下左）と亀節（右）。器内は、本節の血合いを除いて削った本削りの花鰹。

そらく、この甚太郎という人は、鰹節にカビ付けの手法を開発し、実用化したのではないかと思われます。カビ付けは、鰹を煮沸して乾燥させたものに、青カビを発生させるものです。

## 鰹節になる魚

鰹節はまた、鰹ばかりではなく、堅く干した魚を総称していう場合もあり、日本海側の地方ではブリ鰹という名も残り、そのほか宗田《そうだ》鰹、鯖《さば》鰹（節）なども含まれます。また、干しただし魚といえば煮干し、干し海老、飛び魚（アゴ）などでもだしがとれますが、料理屋では主に鰹の〝本節〟に限られています。

本節は、鰹を三枚におろした片身ずつのものと、さらに四半身におろして乾燥させたものとがあります。三枚の片身ものは、小さめの鰹で作り、これを〝亀節《かめぶし》〟といいます。また、四半身

ウルメ削り

宗田（ソーダ）鰹の粗削り、宗田粗

鯖削り

宗田削り

ものの一節ずつの血合いを除いた、背側を〃男(雄《お》)節〃腹側を〃女(雌《め》)節〃といいます。本節のうちでも、特に脂肪の少ない上等品を「本《ほん》枯《がれ》節」といい、節などが見えて形のよくないものを「生《き》地《じ》枯《がれ》節」といって、品質分けをしています。

## 鰹節の地方色

鰹節は土佐産のものばかりでなく、古くから薩摩《さつま》節、清水《しみず》節、伊豆節(江戸節)などがよく知られています。

それぞれに製造法も違い、例えば伊豆節のように、比較的脂ののった鰹を使うなどの特色もあったものです。

現在は、焼津ものが有名で、製法も全国的に焼津の手法を取り入れる傾向にありますが、まだまだ地方色の残っている鰹節は、少なくありません。

いずれにせよ、鰹節は魚に脂肪がのったものは、香味・風味、味ともに劣ります。

**花鰹の市販もの**

市販の花鰹は削りが薄く、コク・風味・旨みともに、自家で本節を削った花鰹には及びません。花鰹は本来、血合い部分が少しでも入ったら〃花〃の文字は付けられません。花は、丸のまま、傷のないといった意味で、花丸胡瓜、花丸大根などの言いまわしと同系です。

煮干し(だしじゃこ)は、への字形で銀色に光っているものを選び、頭と腹わたを除いて縦二つに割り、弱火で空煎りののち布巾で包んで汚れを除く。それをひと晩水に浸けて火にかけ、強火で煮立ててアクを完全に引き、さらに弱火で20分煮て、少しずつ布巾で漉して煮干しのだし汁を仕上げます。

**味噌汁、そばつゆなど濃厚な味に向く煮干し**

# 調味の基本《ベース》〝昆布と鰹節の合わせだし汁〟

昆布のだしは、水に浸してとる〝水出し〟と、鰹節との合わせだしの二種類があります。いずれの場合も、傷のない昆布を使い、また庖丁目や切り目を入れないこと。昆布臭が出るもとです。そして水出しは、ぬるが切り口から出る前に引き上げ、合わせだしでは、煮立てないことが肝心です。昆布は湯温が80〜90度が、最もよいだしが出るもの。また、水道水の場合、消毒薬による青変が見られることがあります。よい水も、よいだしには不可欠です。

## 一番だしのとり方

まず、水13カップに対して、傷のない上質の真昆布を50g大、削りたての本鰹(花鰹)を50g用意します。この時の合わせ量は一定のものではありません。昆布も鰹節も加工時期や出場《でば》によって、旨みや香り・風味に違いがはっきりとあるためです。ただ総じて、鰹節の味がやや勝ったほうがおいしいようです。よい鰹節は、鰹とカビの相まった芳香が立ち、また二本を打ち合わせると堅い金属音がします。そして昆布同様、傷のないこと。小さな傷が乾燥を早め、風味の落ちるもとです。

1　水(13カップ)を火にかけ、指が入る程度に温めて、あらかじめ固く絞ったぬれ布巾で拭いておいた真昆布(50g大)を浸け込みます。

2　昆布が浮き上がってくるのを、菜箸で軽く押さえて待ちます。

3　昆布の旨みが最もよく出る湯温は80〜90℃。弱火では昆布臭が出るため、中火で、鍋べりがチリチリと沸く程度に保ちます。

**4**　途中、鍋内の温度が平均になるように、静かにかき混ぜます。

**5**　昆布を返してそのまま火を通し、ひと煮立ちする寸前まで見守ります。

**6**　最初にグラリと湯面が動いたら、間髪を入れずに昆布を引き上げます。

**7**　大匙３杯の差し水をして煮立ちを止め、箸でざっとかき混ぜておきます。

**8**　削りたての本削り(50g、市販の削り節であれば70g)を加えます。

**9**　分量の削り鰹をすべて入れ、火を止めて鍋底に自然に沈むのを１～２分ほど待ちます。

# 二番だしのとり方

一番だしをとったあとの削り鰹を使い、新しい真昆布を合わせて再度とっただしが、二番だしです。この時の真昆布は、一番だし用よりも部位的にやや旨みの薄い、葉の先端部分でよく、水5カップに対してこの昆布を10g、そしてもとは50gの削り鰹で、だしをとります。

鰹節は湿気を嫌い、昔から保存は木灰の上に和紙を敷いてのせるなど、工夫がみられます。本削りの花鰹は、市販品ほど薄く削っては旨みがなく、また削り置きはアクを増すもとです。さらに鰹節も昆布も、グラグラと煮立ててしまっては、よいだしはとれません。

**1**　水(5カップ)と真昆布(10g)、一番だしをとったあとの削り鰹を用意。鍋に水を張り、ぬるんできたら表面を拭いた昆布を浸けます。

**2**　鍋ベリがチリチリとしてきたら、一番だしで漉して残しておいた削り鰹を加えます。

**10**　浮いてくるアクを丁寧に引きます。血合いがなく、削りたてであるほどアクは少ないものです。

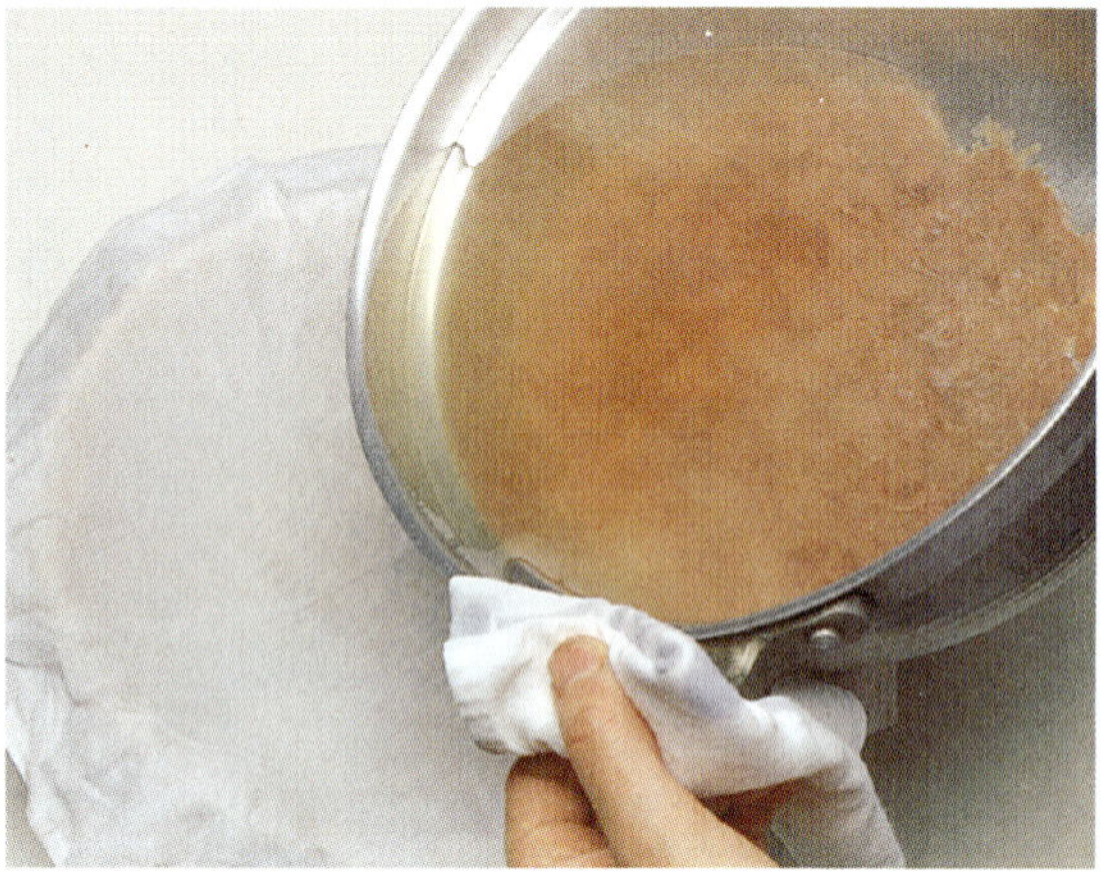

**11**　鍋底に沈んだ削り鰹を動かさないように、ごく静かに布巾でだし汁を漉し取ります。

**12**　完全に漉して合わせ一番だしを仕上げます。鍋底に残った削り鰹は、二番だし用に別器にとっておきます。

**3**　ひと煮立ちしたら、手早く昆布を引き上げます。この昆布は、おでんや湯豆腐に利用でき、新しい昆布より昆布臭さが出ません。

**4**　削り鰹だけ残して、1分間煮立てないように煮出します。(二番だしには続いて追い鰹をし、一段と味を濃くとる手法もあります)。

**5**　漉し取る際は、受けるボウルの円周に太い菜箸を放射状に差し入れ、盆笊をのせて、水にさらして固く絞った布巾を広げます。

**6**　削り鰹を鍋底に沈ませ、布巾で漉し取って二番だしを仕上げます。

# 一番だしと二番だし

**仕上がり**　昆布と鰹節の合わせ一番だし(左)と、同じく二番だし(右)の仕上がりです。色が物語るように、一番だしは風味・味わいともにデリケートな吸いものに向き、二番だしは旨みは少ないものの、味はやや濃厚で、味噌汁や煮もの、材料の下煮用などに向きます。

# 作り方頁の内容・構成について

一、本巻〝作り方〟頁は、カラー本編の構成に沿って六つの章題を柱に大別し、原則として頁展開順に個々の献立および、料理の作り方を詳述掲載しています。なお、本巻の総(単品)料理数八八〇品中、「小宴献立の盛りつけと器」の部で盛りつけの手順写真を添えて説明を加えた一〇品(二三八～二五三頁)については、盛りつけの例にとどめてその作り方を省略いたしました。以上を例外とし、残る全品についてその調理過程をわかりやすく記述し、それぞれ該当する写真・料理との対照を参照頁として、各献立名・料理名の脇に明記しています。

二、献立の各料理、単品料理例とも、その調理手順は「■材料」「■作り方」の二欄に分け、材料については〈人数分〉と各材料分量、また作り方については数品がひと組となる献立の構成に即して、各料理の仕上がりごとに〈盛りつけ〉欄を設け、写真の器を例に盛りつけの手順要領を付記しつつ、個々の料理の調理過程を1、2、3……の順序で表記、より具体的記述を期しています。

●また、これらの調理法の理解の一助となり、さらに日本料理一般の基礎知識となる、いわゆる調理のコツ、材料に関する基礎知識、当該の料理にまつわる話題などを適宜《てきぎ》「■調理覚え書」として、作り方欄の末尾に付記しました。いずれも、当該完成写真に付した説明と合わせてお役立てください。

三、作り方六項中、本巻の本論部分に相当する「〝小宴の献立ごよみ〟の料理」、「〝料亭懐石と茶懐石〟の料理」、「〝小懐石献立と三点献立〟の料理」の三項は二頁ごとに、また客論部分にあたる「〝先付けからデザートまで〟の料理」、「〝材料・調理別に見る献立の品々〟の料理」については四頁ごとに、調理覚え書をさらに補足し、あるいは作り方手順説明の、より具体的な手引きとなる「基本調味料メモ」「料理一般のひと口メモ」を〝表〟にして適宜掲載しています。調理の基礎中の基礎として随時ご確認ください。

●なお、とりわけ利用頻度の高い事例については、当該頁およびその前後も含めた〝作り方〟上の内容に即し、より実用的に、数度繰り返して掲載しています。

四、本巻の材料表記の基準分量はすべて、1カップは200c.c.、大匙1(杯)は15c.c.、小匙1(杯)は5c.c.です。

●材料欄の分量表記のうち、特に数量を限定せず「適宜《てきぎ》」と表記のものについては、材料の状況により、あるいはお好みによってほどよい量を加減のうえご用意、ご使用いただきたいものです。

●材料表記中、特に限定のないものについては酢は米酢を使用、味醂と酒はあらかじめ煮切ってアルコール分を排除してあるものを用いています。また単に「醤油」と表記のものは、濃口醤油を使用しています。

●材料表記中には、竹の皮、タコ糸など紐《ひも》類、楊枝《ようじ》など、いわば調理道具に順ずると思われるものは省略しています。作り方をご参照のうえ、適宜ご用意ください。

●材料の種類のうち、椎茸《しいたけ》は生椎茸、豆腐は特定のない限り木綿豆腐を指しています。

●魚介類をはじめ、卵、人参、玉葱《たまねぎ》、じゃが薯《いも》など、個々の大きさに格差のあるものについては、大小の限定のない限り、すべて一般的にいう中くらいの大きさのものを基準に、数量表記をしています。

●なお、日本料理の材料分量については、総じて器の微妙な大きさの違い・形によって大きく影響されます。掲載の器とその材料分量を〝一応の目安〟ととらえていただき、実践に際しては、ご使用の器の形状を基準に、材料分量・調味料分量などに適宜、手加減を加えていただくべきものと考えます。

五、材料の掲載順、調理手順、盛りつけの順などは、原則として実践の過程に沿って記載しています。ただし、献立のひと組―数点から十数点余―の料理を調える際などに必然的に起こる手順の交錯は、いたずらな混乱を避ける意味からも、できるだけこれを料理別にまとめ、わかりやすい表記であることを優先して記載しています。実践上では、日本料理の大前提である〝熱いものは熱く、冷めたいものは真に冷めたく〟を念頭に、手際のよい作業進行を心がけたいものです。

# 〝小宴の献立ごよみ〟の料理

## 趣向肴五種盛り

**小吸いもの**
鯛と菜の花
**ご飯**
刺身ずし

●一二頁参照

■**材料**〈四人分〉

**甘海老の酢のもの三宝柑釜**
甘海老……12尾　生海苔……適宜
大葉……4枚　花穂じそ……4本
わさび……適宜　三宝柑……4個
二杯酢……適宜

**糸よりのかくしわさび蛤盛り**
糸より……1尾　菊花……4輪
三つ葉……½把　わさび……適宜
酢取り生姜の茎……4本
海苔……½枚　塩、酢……各適宜
*《蛤の殻4個》

**筍と鰻の鮃《ひらめ》巻き蒸し**
筍(小)……1本　鰻蒲焼き……1串
鮃おろし身…120g　わらび……4本
わさび……適宜　吉野あん……適宜
*筍の下茹で用(米糠、赤唐辛子＝各適宜)　煮汁(だし汁1カップ　味醂、薄口醤油＝各大匙2)
*筍と鰻、鮃用(片栗粉、卵白、新挽き粉＝各適宜)
*わらび用(重曹適宜)

**鮎魚女《あいなめ》の照り焼き**
鮎魚女……1尾　木の芽……4枚
幽庵地……適宜

**蟹真蒸《しんじょ》**
鶏挽き肉……200g　蟹ほぐし身…100g
長ねぎ……½本　卵黄……3個
塩……少々
*真蒸用(卵½個分、塩、胡椒＝各少々)

**うどのきんぴら**
うど……9cm長さ　酢……少々
実山椒佃煮…少々　サラダ油…大匙1
けしの実……適宜
*煮汁(酒、醤油＝各大匙2)
酢取り生姜…4本
*《桃の花の小枝4本》

**鯛と菜の花の吸いもの**
鯛の上身(皮つき)……100g
菜の花……4本　木の芽……4枚
塩……適宜
*吸い地(だし汁3カップ　塩小匙1　酒大匙2　薄口醤油少々)

**刺身ずし**
鮪引き造り12切れ　鯛そぎ造り…8枚
赤貝……4個　車海老……4尾
切り海苔……適宜　胡瓜……適宜
木の芽……適宜　わさび……適宜
塩……適宜　すし飯……4杯分

■**作り方**

1 甘海老の酢のもの三宝柑釜を作ります。甘海老は頭と殻を取って二杯酢で洗い、汁気をきります。三宝柑は頭部から三分《ぶ》ほどを水平に切って蓋用とし、胴の中身をスプーンでくり抜きます。

2 三宝柑の釜に大葉を敷き、甘海老を盛り込んで生海苔、花穂じそ、おろしわさびを添えます。

3 糸よりのかくしわさび蛤盛りを作ります。糸よりは三枚におろして上身にし、薄く紙塩をしておきます。菊花は酢を少量加えた熱湯で、三つ葉は塩を落とした熱湯で、それぞれさっと茹でて水にとり、水気を絞ります。菊花は花弁をむしっておきます。

4 糸よりを薄くそぎ切りにします。巻き簀を広げて海苔を裏上にしてのせ、手前と向う側を各1cmほどずつあけて糸よりのそぎ身を広げて並べ、中央よりやや手前に菊花、三つ葉、酢取り生姜の茎を横長にのせておろしわさびをのばしつけ、手前からきっちりと巻き込みます。一旦巻き簀をはずしてラップで巻き止め、落ち着かせたのち一人あて二切れに切り分け、ラップをはずして蛤の殻に盛りつけます。

5 筍と鰻の鮃巻き蒸しを作ります。筍は土つきのものを用意して下茹でし、縦半分に切って、さらに5mm厚さの縦切りにします。

6 煮汁のだし汁と各調味料を合わせて火にかけ、ひと煮立ちしたら筍を入れて煮含めます。

### 二杯酢

| |
|---|
| 酢大匙5　醤油大匙1　だし汁大匙1 |

以上の割合分量の調味料を合わせ、さっとひと煮立ちさせて冷まします。

◉魚介類の生臭みの強いものに合い、料理によって醤油を薄口醤油、白醤油に変え、また露生姜、おろしわさび、溶き辛子、煎ったけしの実などを加え、生姜酢、わさび酢、けし酢ほかにも応用します。

### 吉野あん

| |
|---|
| だし汁1カップ |
| 味醂¼カップ　薄口醤油大匙2 |
| 片栗粉大匙1(本来は本葛大匙½) |

鍋にだし汁と調味料、片栗粉を合わせてよく溶き混ぜ、弱火にかけて木杓子で混ぜながらとろみがつくまで火通しします。

◉吉野あんの名は、葛の名産地吉野に因んだものです。

7鰻の蒲焼きは縦半分に切ったのち、5cm長さに切り分けます。鰻は4cm角ほどに切り整え、薄く紙塩をします。

8器に筍、鰻を横一文字に重ねて盛り、鰻をかぶせるようにのせて薄く片栗粉をふり、溶いた卵白を刷毛でぬって新挽き粉をふりかけ、充分に蒸気の上がった蒸し器で10分ほど蒸します。

9わらびは重曹をまぶして熱湯をまわしかけ、そのまま自然に冷ましてアクを抜き、水洗いしたのち熱湯でさっと茹でます。

10吉野あんを用意して、蒸し上げた鮃巻き蒸しにたっぷりとかけ、茹でわらび、おろしわさびを添えます。

11鮎魚女の照り焼きを作ります。鮎魚女は鱗を引いてわたを取り、三枚におろして腹骨をすき取り、小骨を抜いたのち皮一枚残すように深く細かく庖丁を入れて骨切りをし、4cm長さほどに切り分けます。これに金串を打ってまず白焼きをし、三分どおり火を通したのち幽庵地をかけてはあぶり、これを二~三度くり返して焼き上げ、熱いうちに串を抜きます。あしらいの木の芽を用意しておきます。

12蟹真蒸を作ります。鶏挽き肉は、皮と脂を除いて二度挽きしたものを用意してすり鉢に入れ、軟骨を除いてほぐした蟹の身、溶き卵を加え、塩と胡椒で味を調えてよくすり混ぜます。

13長ねぎはみじん切りにして水にさらし、布巾でよく絞ってすり身に混ぜ合わせたのち、蒸し缶にきっちりと詰めて、充分に蒸気の上がった蒸し器で15分ほど蒸します。

14卵黄を溶きほぐし、塩少量で味を調えて蒸し上がった真蒸の表面に流し入れ、さらに5~6分蒸して仕上げ、冷ましてほどよい大きさに切り分けます。

15うどのきんぴらを作ります。うどは3cm長さの繊《せん》切りにして酢水に放し、笊に上げたのち布巾で水気を拭きます。中華鍋にサラダ油を熱し、うどを入れてしんなりするまでよく炒め、酒と醤油を加えて汁がなくなるまで煎りつけたのち、実山椒の佃煮をみじん切りにして加え、さっと混ぜて仕上げ、器に盛ってけしの実を散らします。

【盛りつけ】

折敷盆の奥中央、やや左寄りに三宝柑釜を蓋とともに形よく盛り、その手前中央に鮃巻き蒸し、左斜め手前に蛤盛りを大葉を敷いて安定よく、貝蓋とともに置き、鮃巻き蒸しの右脇に鮎魚女の照り焼き、蛤の並び、折敷中央やや左寄りに蟹真蒸、その左手前にきんぴらをのせます。

三宝柑釜、鮃巻き蒸しにおろしわさびを添え、照り焼きには木の芽をのせ、蟹真蒸ときんぴらの器の間に酢取り杵生姜を添え、中央斜めに桃の小枝をあしらい、猪口を配します。

16鯛と菜の花の小吸いものを作ります。

鯛は四切れに切り分けて薄く塩をふり、5分ほどおいて熱湯に通したのち、水気をよく拭きます。菜の花は花先の柔らかい部分だけを摘み取り、塩少量落とした熱湯でさっと茹で、水にとってさまし、水気をきつく絞ります。

17吸い地のだし汁を煮立てて鯛を入れ、ひと煮立ちしたらアクを丁寧に引いて塩、酒、薄口醤油を加え、味を調えます。木の芽を用意しておきます。

【盛りつけ】

椀に鯛を盛った菜の花を添え、熱い吸い地を静かに張って、吸い口に木の芽を浮かべます。

18刺身ずしを作ります。米は炊く1時間以上前にといで笊に上げ、充分に水気をきってから普通に炊き上げます。蒸れ上がる直前に水でぬらした飯台にあけ、合わせ酢をまわしかけて木杓子で切るようにご飯に酢をなじませたのち、あおいで人肌くらいに冷まします。

19鮪は刺身用の引き造りに、鯛は厚めのそぎ造りにします。赤貝は殻をはずしてひもとわたを取り除き、身の厚いほうから庖丁を入れて切り開き、塩をふって手早くもんでさっと水洗いし、水気を拭いたのち、へりに細かく切り目を入れておきます。車海老は背わたを抜き取り、のし串を打って熱湯でさっと茹で、笊にとって冷まします。頭と尾を切り落として殻をむきます。

【盛りつけ】

器にすしご飯をもって切り海苔を散らし、鮪、鯛、赤貝を形よくのせ、車海老を添えて、檜扇《ひおうぎ》に切った胡瓜、木の芽、おろしわさびをあしらいます。

■調理覚え書

●紙塩は糸よりや鱚《きす》、鰈《かれい》など白身魚の身を締め、薄い塩味をつける手法で、薄造りのお造りや酢のものに多用します。手順は、抜き板全体に薄く塩をふって薄手の和紙を広げ、皮を引いた白身魚を並べて和紙をかぶせ、もう一度薄塩をふって5~6時間冷蔵庫でなじませるものです。

●穏やかな塩加減に仕上がる〃紙塩〃に対して、薄塩を直接ふりつける一般の手法は〃あて塩〃です。いずれも、空鍋で軽く煎《い》って水分を除いた煎り塩を使います。

## 酒肴点心十一種盛り

●一四頁参照

**生替わり**
生雲丹の家盛り
**煮もの椀**
葱鮪《ねぎま》椀
**焼きもの**
焼き蛤

■材料〈四人分〉

**味噌松風**

鶏挽き肉……130g　卵白……3個分
サラダ油……適宜　けしの実……適宜
＊真蒸地用（すり身20g　卵黄3個
　赤味噌30g　白味噌10g　砂糖30g
　塩少々）

**花蓮根の海老詰め蒸し**

蓮根……5cm長さ　酢……少々
芝海老……150g　卵白……1/3個分
塩……少々
＊蓮根のつけ汁（熱湯3カップ　砂糖
　大匙1　塩少々）

**海老とたこの二色串**

細《さい》巻き海老…4尾　茹でたこ脚…1本
＊酒蒸し用（酒大匙3　塩小匙1/3）

**牛タンの塩茹で、わさび添え**

牛舌……200g　サラダ菜……4枚

＊下味用（塩、胡椒＝各適宜）
＊茹で汁用（玉ねぎ½個　生姜適宜　粒胡椒小匙1　パセリの茎適宜）

**椎茸双身《ふたみ》**

椎茸……4枚　小麦粉……適宜
芝海老……240g　揚げ油……適宜
＊真蒸地用（卵白⅓個分　砂糖小匙2　塩少々）
＊揚げ衣用（片栗粉、卵白、新挽き粉＝各適宜）

**筍とそら豆の雲丹衣揚げ**

茹で筍(小)…1本　そら豆……12粒
塩……少々　揚げ油……適宜
＊雲丹衣（練り雲丹大匙2　卵黄1個　酒大匙2　水大匙3　小麦粉大匙3）

**ばい貝の含め煮**

ばい貝……8個
＊煮汁（だし汁1カップ　味醂大匙2　醤油大匙1弱）

**黄身マヨネーズ、イクラのせ**

卵……2個　イクラ……適宜
マヨネーズ…適宜

**鰆《さわら》の西京焼き**

鰆の上身(皮つき)……120g
塩……適宜　西京味噌……適宜

**茹で枝豆**

枝豆……適宜　塩……適宜
酢取り生姜…8本

**半月物相つくしご飯**

つくし……40本　白飯……3杯分
＊つくし用（重曹少々）
＊ご飯用（酒大匙3　塩小匙½）
柚子大根……適宜

**生雲丹の家盛り**

生雲丹……¼箱　わさび……適宜
＊《雲丹の殻4個》

**葱鮪椀**

鮪(中トロまたは、トロ)……½冊《さく》
長ねぎ……1本　一味唐辛子…適宜
＊煮汁（だし汁1カップ　酒¼カップ　薄口醤油⅙カップ　味醂少々）

**焼き蛤**

蛤……8個　味醂……適宜
塩……適宜

## ■作り方

1 味噌松風を作ります。鶏挽き肉は皮と脂を除き、二度挽きしたものを用意してすり鉢に入れ、粘りが出るほどすります。分量のすり身を加え、卵黄を一個ずつ加えながらすり混ぜ、二種の味噌ほか、調味料を加えてさらによくすり、真蒸地に調えます。

2 卵白を固く泡立てて、真蒸地を手でよくもみ込みます。蒸し缶にサラダ油を薄くぬり、生地を流し入れて平らにのばし、表面にけしの実をまんべんなくふって、中温に熱した天火で焦がさないように30～40分焼きます。よく冷めてから切り分けます。

3 花蓮根の海老詰め蒸しを作ります。蓮根は花形に皮をむき、酢を少量加えた水に入れ、水から茹でて水気をきります。別に熱湯に砂糖、塩を溶かして冷ましたつけ汁に、しばらくつけます。

4 芝海老は背わたを取って殻をむき、細かく切ってよくたたき、すり鉢に入れて卵白と塩を加え、よく混ぜます。蓮根の汁気をきってすり身を詰めたのち、充分に蒸気の上がった蒸し器で20分ほど蒸します。自然に冷まし、盛りつける際に1cm厚さに切り分けます。

5 海老とたこの二色串を作ります。細巻き海老は背わたを取り、酒、塩とともに鍋に入れて火にかけ、酒蒸しののち頭と尾を落として殻をむきます。たこの脚は細かく庖丁目を入れてひと口大に切り、鉄砲串に海老と組みで刺します。

6 牛タンの塩茹でを作ります。牛舌は塩、胡椒をよくもみ込み、5～6時間おきます。玉ねぎは皮をむいてざく切りにし、生姜はつぶします。

7 牛舌をたっぷりの水と鍋に入れ、玉ねぎ、生姜ほか、茹で汁用の香辛料を加えて火にかけ、煮立ってきたらアクをよく引き、15～20分ほど茹でて笊に上げます。冷めたら一人二枚あての薄切りにします。

8 椎茸双身を作ります。生椎茸は、きつく絞ったぬれ布巾で拭き、石づきを切って笠裏に小麦粉を薄くつけます。芝海老は背わたを取り、殻をむいて細かく切ってたたき、すり鉢に入れてすります。ここに卵白、砂糖、塩を加えてさらによくすり、四等分して椎茸の笠裏につけます。すり身の表面に薄く片栗粉をふり、卵白、新挽き粉を順につけて、中温に熱した揚げ油で焦がさないように揚げ、油をきります。

9 筍とそら豆の雲丹衣揚げを作ります。筍は1cm厚さの半月に切り、そら豆は塩を少量加えた熱湯で茹で、皮をむいておきます。

10 色のよい練り雲丹に分量の調味料を合わせ、よく混ぜて雲丹衣を作ります。筍、そら豆の一部分に形よく衣をつけ、

### すし飯

米3カップ　合わせ酢(酢½カップ　砂糖大匙3　塩小匙2)

米は炊く1時間以上前にといで笊に上げ、同量の水加減で炊く。蒸れ上がる直前にしめらせた飯台にあけて、酢ほかを混ぜた合わせ酢をまわしかけて木杓子で切るようにしてなじませ、全体に酢がきれたら、あおいで人肌くらいに冷まします。

### 檜扇《ひおうぎ》胡瓜と扇面胡瓜（飾り切り）

◉檜扇は胡瓜は5cm長さに切り、皮側を7mm厚さにそいで両端を落とし、拍子木形に整え、片端を残して縦に1mm幅の庖丁目を入れて6度目に切り離し、片端を要《かなめ》にして指先で切り目を扇形に開きます。

◉扇面は同様に5度目の庖丁で切り離し、中三枚を指先でためて同方向に曲げます。

### 幽庵地

味醂大匙5　醬油大匙3　酒大匙2

以上の割合分量の調味料を合わせます。

◉魚や鶏肉などの焼きものの代表的つけ汁で江戸中期、近江堅田《かたた》の茶人・堅田祐庵の創案によるもの。祐庵は茶事や作庭に造詣の深い趣味人で、幽庵とも号したところから〝祐（幽）庵〟二つの書き表わし方で通っています。

きれいな揚げ油を中温に熱して、二種を色よく揚げます。

11 ばい貝の含め煮を作ります。ばい貝はきれいに洗って水気を抜き、煮汁のだし汁、調味料とともに鍋に入れて火にかけ、煮立ってきたらアクをよく取り、火を止めてそのまま味を含ませます。

12 黄身マヨネーズ、イクラのせを作ります。卵は固茹でにして縦半分に切り、黄身だけを裏漉ししてマヨネーズと混ぜ、白身の窪みに絞り出して上にイクラを散らします。

13 鰆の西京焼きを作ります。鰆は四切れに切り分け、薄く塩をふって30分ほどおきます。深めのバットに西京味噌を薄く敷き、きつく絞ったガーゼを広げて、鰆の水気を拭いて並べ、ガーゼをかぶせて再び味噌をのばし重ね、冷蔵庫にひと晩ねかせます。

14 鰆を取り出して西京味噌を軽く拭き取り、金串を打って強火の遠火で、焦がさないように焼き上げ、熱いうちに金串をまわしながら抜いておきます。

15 茹で枝豆を作ります。枝豆は莢《さや》の両端を切って塩でよくもみ、熱湯で茹でて笊にとり、手早く冷まします。酢取り生姜を杵形に整えておきます。

16 半月物相つくしご飯を作ります。つくしは重曹を加えた熱湯で茹で、水でさらしてアクを抜きます。熱いご飯に酒、塩をふり混ぜ、つくしの水気をきって頭の部分だけを加えて、半月の物相型で抜きます。

【盛りつけ】

折敷盆の奥中央に味噌松風を盛り、これに斜めに立てかけるように花蓮根、手前にサラダ菜を敷いて牛タン、さらに二色串を盛り添えます。中央右寄りに、椎茸双身、筍とそら豆の雲丹衣揚げ、ばい貝、黄身マヨネーズを軽く流すように盛り合わせ、右手前に西京焼き、左手前に物相ご飯を盛り、柚子大根を添え、味噌松風の手前に枝豆、牛タンにはわさび、雲丹衣揚げには杵生姜をそれぞれあしらい、桜の花箸を添えます。

17 生雲丹の家盛りを作ります。雲丹の殻の形のよいものを用意し、生雲丹を盛り分けます。

【盛りつけ】

器に家盛りを安定よくのせ、おろしわさびを添え、別に醤油をお出しします。

18 葱鮪椀を作ります。鮪は1.5cm角の拍子木に切り、長ねぎは太めのものを用意し、4cm長さほどに切り揃えます。鍋に煮汁のだし汁と調味料を合わせてひと煮立ちさせ、鮪とねぎを入れてさっと煮上げます。

【盛りつけ】

椀に鮪二切れとねぎを盛り、煮汁を多めに張って一味唐辛子を添えます。

19 焼き蛤を作ります。蛤は海水よりやや薄めの塩水につけて砂をはかせ、よく水洗いしたのち蝶番《ちょうつがい》を切ります。焼き網を熱して蛤をのせて焼きます。上になる殻面に味醂をぬり、煎り塩をふって仕上げます。

【盛りつけ】

器に煎り塩をたっぷりと敷き、蛤をのせて安定させ、お出しします。

■調理覚え書

●味噌松風の〝松風〟は、味噌味の真蒸《しんじょ》ものの表面にけしの実をふった料理につけられる名で、表が賑やかで裏が寂しい外見の感じを、〝松が風に騒いでうらさびしい〟と見立てた昔の料理人の洒落《しゃれ》心です。

**主肴《おもざかな》**
**筍の姿焼き**
**生替わり**
**牛のたたき**
**煮もの**
**信田《しのだ》鳴門と南瓜《かぼちゃ》の煮合わせ**
**小鉢**
**蕗《ふき》のとうのきゃら煮**
**ご飯**
**蟹おこわ**

●二六頁参照

■材料〈四人分〉

**筍の姿焼き**

筍(約450g)…2本　車海老………16尾
そら豆………8粒　椎茸………8枚
塩………適宜
＊卵地(卵2個　だし汁½カップ　薄口醤油、味醂、塩＝各小匙⅓)

**牛のたたき**

牛もも肉塊《かたまり》…450g　塩、胡椒…各適宜
＊つけ汁(玉ねぎ、レモン＝各1個　ニンニク2片　酢1カップ　酒⅓カップ　醤油⅔カップ)
サラダ菜……4枚　染めおろし…適宜

**信田鳴門と南瓜の煮合わせ**

油揚げ……2枚　大根……12cm長さ
茄子………2個　南瓜………½個
揚げ油……適宜　溶き辛子……適宜
＊煮汁(だし汁4カップ　味醂½カップ　薄口醤油½カップ)

**蕗のとうのきゃら煮**

蕗のとう……100g　重曹……小匙⅓
＊煮汁(酒大匙2.5　醤油⅓カップ)
けしの実……適宜

**蟹おこわ**

なめこ…1パック　人参……5cm長さ
木耳《きくらげ》………3枚　わらび(水煮)5本
＊煮汁(だし汁1.5カップ　酒¼カップ　味醂大匙2弱　白醤油大匙2.5)
もち米…2カップ　コーン缶⅓カップ
蟹脚(缶詰)…5本　菜の花……少々
つくし……少々　塩、重曹…各適宜

■作り方

1 筍の姿焼きを作ります。筍は根元と外皮の汚れた部分を取り除き、根元から中身を⅓量ほどくり抜きます。車海老は背わたを除き、塩茹でして頭と尾を切って殻をむく。そら豆は塩茹でして皮をむき、椎茸は石づきを取って二枚に切ります。以上の三種を筍のくり抜いた部分に詰め、卵地の各調味料を溶き混ぜて流し入れます。

2 和紙を三枚ほど重ねて水でぬらしたのち、筍をきっちりと包み、表面全体にたっぷりと塩をまぶしつけて、強火のオーブンで40分ほど焼き上げます。

【盛りつけ】

焼き上げた筍を、和紙ごと縦二つにざっくりと切って大鉢に盛り、取り箸を添えてお出しします。

3 牛のたたきを作ります。牛もも肉は塊

のまま塩、胡椒を手でよくすり込んで網焼きにし、全体に焼き色がつき、指で押して弾力がでてきたら氷水にとり、焦げ目を取りながら冷まし、拭きます。

4 つけ汁用の玉ねぎを縦半分に切って薄切り、レモンは皮をむいて輪切り、ニンニクは薄切りにして、酢ほかを合わせた中に混ぜたのち、牛肉を入れて3時間以上つけておきます。

【盛りつけ】

牛肉の汁気を軽く拭いて薄く切り、器にサラダ菜を敷いて重ね気味に盛ります。大根おろしに醤油を落とした染めおろしを、たっぷりと添えます。

5 信田鳴門と南瓜の煮合わせを作ります。油揚げは短い一辺を残して三方を切り、長く一枚に開いて熱湯に通し、油抜きをして笊にとります。大根は6cm幅のかつらむきにし、約40cm長さを二枚作っておき、巻き簀に一枚を縦に伸ばし油揚げを同様に縦長に重ねて広げ、手前から巻き込んだのち、細く裂いた竹皮でしばり、これを二本作ります。充分に蒸気の上がった蒸し器で、巻き簀のまま20分ほど蒸し、冷まします。

6 煮汁の調味料を合わせ、巻き簀をはずした信田鳴門を入れて、紙蓋をしてゆっくりと煮含め、一つずつに切ります。

7 茄子は、縦半分に切って高温の揚げ油で揚げ、信田鳴門を煮た汁の半量で煮ます。南瓜は菊座の日本南瓜を用意し、½個を縦四つに切って上下を落とし、種を除き、皮を粗くむいて固めに茹でて、残りの煮汁で煮上げます。

【盛りつけ】

器に信田鳴門を盛り、揚げ煮茄子と南瓜を盛り合わせ、溶き辛子を落とします。

8 蕗のとうのきゃら煮を作ります。蕗のとうは根と外葉の汚れを取り除き、ボールに入れて重曹をふり、熱湯をたっぷりとかけて落とし蓋をします。そのまま冷ましてアク抜きをし、つけ汁ごと火にかけてひと煮立ちさせ、水にとってよくさらします。

9 煮汁の調味料を合わせてひと煮立ちさせ、蕗のとうを入れて煮ます。汁が減りはじめたら、箸で混ぜながら汁気がなくなるまで煎りつけ、バットに広げて冷まします。

【盛りつけ】

小振りの器に蕗のとうのきゃら煮を盛り、けしの実を散らします。

10 蟹おこわを作ります。まず具の、なめこは笊にとって熱湯をかけておき、人参は5mm角のあられに切って軽く茹で、木耳は水に戻して繊切りに、わらびは茹でたものを3cm長さに切り、以上を分量のだし汁に調味料を加えた煮汁で煮、そのまま冷まして具と汁を別々に分けておきます。

11 もち米を洗って水に4時間ほどつけておき、先の煮汁につけ替えて、さらに2時間ほどおいたのち、汁気をボールに受けてきり、もち米と具を混ぜます。蒸し器に蒸し布を広げてもち米をのせ、中央にくぼみを作って布をかぶせ、途中三度ほどつけ汁をふり、約50分蒸します。この間、コーン缶の水気をきり、蟹脚は軟骨を取ってほぐし、菜の花は色よく塩茹でして花先だけを摘んでおき、つくしは重曹を少量加えて茹で、水にさらしておきます。

12 蒸し上げたおこわを飯台に移し、コーンと蟹を混ぜてあおいで冷まします。

【盛りつけ】

塗りの器に形よく盛り、菜の花とつくしを散らします。

■調理覚え書

●蕗のとうのきゃら煮の伽羅《きゃら》は、梵《ぼん》語の多伽羅《たから》の略で香木《こうぼく》の意。料理では醤油が貴重であった時代の、醤油煮の尊称です。この類の代表は野蕗での、きゃら蕗です。

## 祝い肴七種盛り

●二一八頁参照

**吸いもの**
鯉蒲鉾《こいかまぼこ》の吸いもの椀

**ご飯**
粽《ちまき》ずし

**煮もの**
冬瓜とむつの子の椀盛り

■材料〈四人分〉

**太刀魚と鮭の幽庵焼き**

太刀魚(小)…1尾　生鮭………4切れ

＊幽庵地(味醂大匙5　醤油大匙3　酒大匙2)

**鮑の照り焼き**

鮑(大)………1杯　塩…………適宜

酢取り生姜…8本

＊焼きだれ(醤油、味醂＝各½カップ)

**車海老の花車**

車海老………2尾　塩…………少々

＊真蒸地(すり身250g　卵白1個分

### 筍の茹で方

筍(中)2本 米糠1カップ 赤唐辛子3本

皮つき筍を洗って穂先を斜めに落とし、姫皮をできるだけ傷つけずに縦に庖丁を入れます。鍋にたっぷりの水と糠、赤唐辛子とともに入れ、強火で、根元に竹串がスッと通るまで茹でてそのまま冷まし、鍋ごと流水にあててよく洗い、皮をむいて割り箸で根元の凹凸を身欠きます。

### 八方地(八方だし地)

だし汁8：味醂1：醤油1の割合分量

だし汁を煮立て、味醂と醤油を加えます。◉どんな料理にも一八方に一使えるという意味の、基本的合わせ調味料。ただし、醤油を薄口にした薄八方、味醂を多くしたり、砂糖を加えた甘八方、だし汁の¼量の酒を加えた酒八方など、料理によって、また料理人によっても変わります。

### 杵生姜と筆生姜

金時生姜(葉つきのもの)適宜　塩適宜

酢1：水1の酢水(または甘酢)適宜

生姜の茎を20cm長さほど残して葉を落とし、生姜部分を杵の形(あるいは先の細い筆形)にむき整え、茎元まで熱湯に通してバットに並べ、真っ白に塩をかぶせて5〜10分おいたのち水洗いをし、グラスに入れた酢水に30分ほどつけて酢取ります。

パセリ½把　蟹のほぐし身50g　塩適宜)

**黄身巻き蒸し**

すり身……300g　卵白……1個分
*真蒸地用(卵黄2個　塩少々)
*芯の真蒸地用(青寄せ少々)

**たこの柔らか煮**

たこ(小)……1杯　塩……適宜
*煮汁(だし汁3カップ　酒½カップ　味醂、醤油=各⅓カップ)

**里芋の白煮**

里芋……8個　酢……適宜
*煮汁(水1カップ　砂糖、味醂=各大匙2　塩少々)

**鮃のわさび錦**

鮃の上身……150g　薄焼き卵……1枚
大根……10cm長さ　人参……10cm長さ
塩……適宜　甘酢……適宜
わさび……適宜
*(菖蒲の葉適宜)

**鯉蒲鉾の吸いもの椀**

鯉蒲鉾(市販品)……8個
*吸い地(だし汁3カップ　塩小匙1　酒大匙2)
胡椒……少々

**粽ずし**

鯛、鮃、鱒《ます》(各上身)……各50g
車海老……4尾　塩……適宜
*すし飯(米、水=各2カップ　酢⅓カップ　砂糖大匙2.5　塩小匙1強)
*(笹の葉、藺《い》草=各適宜)

**冬瓜とむつの子の椀盛り**

冬瓜……400g　むつの子……2腹
三つ葉……1把
*冬瓜の煮汁(だし汁2カップ　味醂⅓カップ　薄口醤油大匙1　塩小匙½)
*むつの子の煮汁(だし汁2カップ　味醂、薄口醤油=各¼カップ)

**■作り方**

1 太刀魚と鮭の幽庵焼きを作ります。太刀魚は頭を落としてわたを引き抜き、水洗いをして拭いたのち、両面に細かく庖丁目を入れて骨切りをし、5cm幅に切り分けて幽庵地につけ込みます。

2 生鮭は、ひと切れ60～70g大のものを用意し、太刀魚とは別立ての幽庵地に10分ほどつけ込みます。

3 太刀魚、生鮭にそれぞれ金串を打ち、強火の遠火で焼きます。途中二～三度幽庵地をつけ焼きにし、熱いうちに金串を抜いておきます。

4 鮑の照り焼きを作ります。鮑は塩でもんで殻からはずし、おろして表面に斜めの切り目を入れたのち、強火の遠火で網焼きにします。分量の醤油、味醂を合わせて三割方煮つめ、冷ましておいた焼きだれを、途中二～三度つけて焦がさないように焼き上げ、7～8mm厚さに切り分けます。酢取り生姜を杵形に整えておきます。

5 車海老の花車を作ります。車海老は、背わたを抜いてさっと塩茹でにし、頭と尾を落として殻をむき、縦半分にそいでおきます。

6 すり身と卵白をすり鉢に合わせてすり、塩を少量加えて味を調えます。パセリをみじん切りにして水にさらし、布巾で水気を絞っておき、ほぐした蟹の身とともにすり身に混ぜ合わせます。四等分して軽く丸め、ラップにとって天に海老をのせて包み、ややつぶし気味に丸く形を整えます。中火の蒸し器で蒸し上げてラップをはずします。

7 黄身巻き蒸しを作ります。すり身をまず、スピードカッターかすり鉢でなめらかにすっておき、⅓量に青寄せを混ぜ、2cm角の棒状に整えて巻き簀で巻き、中火の蒸し器で20分ほど蒸し上げて、自然に冷ましておきます。

8 残り⅔量のすり身に卵黄、塩を加えて味を調え、さらによくすり混ぜたのち、ラップを広げた巻き簀の上に平均にのばし、青寄せ入りの棒状の真蒸を芯に、四角に巻き整えます。中火の蒸し器で20分ほど蒸し上げ、巻き簀をはずして切り分けます。

9 たこの柔らか煮を作ります。たこは塩もみをしてぬめりを取り、水洗いして脚を一本ずつ切り離し、脚先を切り揃えておきます。煮汁のだし汁と酒を合わせてひと煮立ちさせ、たこを入れて柔らかくなるまで煮、仕上げに味醂と醤油を加えてしばらく煮含めます。

10 里芋の白煮を作ります。里芋は皮を六面にむき整え、酢を落とした水で二度ほど茹でこぼし、水洗いしてぬるを取ります。鍋に煮汁の調味料を合わせて里芋を入れ、紙蓋をして崩さないように煮含めます。

11 鮃のわさび錦を作ります。大根と人参は、厚めのかつらむきを40cmずつ作り、薄い塩水に放してしんなりさせ、水気を軽く拭いて甘酢につけておきます。薄焼き卵は大根・人参に合わせて10cm幅に切っておき、鮃は厚さを合わせて薄切りにし、薄塩をあてておきます。

12 巻き簀を広げてラップを重ね、薄焼き卵、汁気をよくきった大根・人参の砧、鮃の順に広げて重ね、おろしわさびを薄くのばしてきっちりと巻き込み、冷蔵庫に数時間ほどおき、1cm厚さの輪切りにします。

【盛りつけ】

盛り盆に、菖蒲の葉先を斜め左上に向けて横中央に敷き、太刀魚と鮭の焼きものを左上寄りに、花車をその右脇に盛り合わせ、盆の左手前に鮑二切れ、奥中央に黄身巻き蒸しを置き合わせ、菖蒲の右端寄りにたこの柔らか煮、その上手に里芋を盛り、盆の手前右寄りに鮃のわさび錦を盛って、鮑に杵生姜を添えます。

13 鯉蒲鉾の吸いもの椀を作ります。鯉蒲鉾はさっと熱湯に通しておき、吸い地のだし汁をひと煮立ちさせ、分量の塩と酒を加えて味を調えます。

【盛りつけ】

椀に鯉蒲鉾を入れ、熱い吸い地を張って吸い口に胡椒をふります。

14 粽ずしを作ります。米は炊く1時間以上前にといで笊に上げ、充分に水気をきってから普通に炊き上げます。蒸れ上がる直前に水でしめらせた飯台にあけ、合わせ酢をまわしかけて木杓子で切るように混ぜてなじませたのち、あおいで冷まします。

15 鯛、鮃、鱒は、それぞれ薄いそぎ切りにし、軽く塩をふって10分ほどおきます。車海老は背わたを抜き、のし串を打ってさっと塩茹でにし、頭と尾を落として殻をむき、腹開きにします。

[16]固く絞ったぬれ布巾を手のひらに広げ、白身魚の水気を拭き取ったもの、車海老をそれぞれ一種ずつのせ、すし飯を適量重ねて布巾で絞りながら、粽形に整えます。笹の葉三枚をひと組にし、中表にしてずらし重ねた上に、先のすし飯をのせて包み、粽形にまとめて藺草でしばり、さらに四種をひと組にし、根元をひとまとめに束ね、結びます。

【盛りつけ】

高台盛り器などに、四種ひと組の粽ずしをダイナミックに盛ります。

[17]冬瓜とむつの子の椀盛りを作ります。冬瓜は四つ割りにしたものを、食べよい大きさに切って皮を厚めにむき、種とわたを除いてたっぷりの湯で透きとおるまで茹でます。煮汁のだし汁に調味料を合わせ、冬瓜を煮含めます。

[18]むつの子は、水の中で血筋側を上にしてそっと伸ばすように持ち、竹串の先で筋に傷をつけて血抜きをしたのち、水気を拭き取って縦の庖丁目を入れ、煮汁の調味料を合わせた中で、踊らせないように煮上げます。糸三つ葉をさっと塩茹でし、3cm長さに切ります。

【盛りつけ】

椀に冬瓜とむつの子を盛り合わせ、冬瓜の煮汁を張って糸三つ葉を添えます。

■調理覚え書

●五月の敷き葉(青皆敷《あおがいしき》)の代表、菖蒲は立てて使わず器に置くこと、そして最も長い葉を真中に、順に葉の剣先を向き合わせて組んで敷くこと、がきまりです。

# 佳《か》肴《こう》五種盛り

**お造り**
**間八の引き造り、鮪の色紙造り**
**煮もの**
**冬瓜と高野豆腐の煮合わせ**

●二〇頁参照

■材料〈四人分〉

**伊勢海老の姿盛り**

伊勢海老……2尾　赤芽……少々

*《板谷楓適宜》

**黄身大納言**

細《さい》巻き海老…15尾　大納言…¼カップ

塩……適宜　卵黄……1個

*真蒸《しんじょ》地(すり身150g　卵黄2個　塩、味醂=各少々)

**小串鶏真蒸**

鶏の真蒸(鶏挽き肉100g　卵⅓個分　砂糖、薄口醤油=各小匙1)

粉山椒……適宜

*幽庵地(味醂大匙5　醤油大匙3　酒大匙2)

**飛竜頭《ひりょうず》の煮もの**

飛竜頭(豆腐½丁　山の芋30g　卵½個分　人参3cm長さ　木耳《きくらげ》3g　切り昆布5g　麻《お》の実大匙2　黒胡麻小匙2)

揚げ油……適宜

*煮汁(だし汁2カップ　味醂、薄口醤油=各¼カップ　砂糖大匙1)

**室胡瓜、もろみ味噌添え**

室胡瓜……4本　塩……適宜

もろみ味噌…適宜

**蛇籠《じゃかご》蓮根の南蛮酢**

蓮根(中)…ひと節　酢……適宜

*南蛮酢(甘酢(酢、味醂=各大匙5　塩少々)　赤唐辛子適宜)

**間八の引き造り、鮪の色紙造り**

間八の上身…150g　鮪(中トロ)…80g

*けんとつま(胡瓜1本　大葉4枚　防風4本　赤芽適宜)

わさび……適宜

**冬瓜と高野豆腐の煮合わせ**

冬瓜……250g　高野豆腐……2枚

グリーンアスパラ……8本

塩……適宜　溶き辛子……適宜

*冬瓜の煮汁(だし汁2カップ　味醂、薄口醤油、酒=各¼カップ)

*高野豆腐の煮汁(だし汁1.5カップ　味醂¼カップ　薄口醤油大匙2強　砂糖大匙½)

■作り方

[1]伊勢海老の姿盛りを作ります。伊勢海老は腹のひらひらを取り、殻と蛇腹の間に鋏を入れて蛇腹をはがし、頭をはずして身を取り出します。ひと口大よりやや大きめに切り、熱湯にさっと通して氷水にとり、手早く冷まして水気を拭きます。

[2]殻は塩を入れた水から茹で、笊にとって冷ましたのち、胴の部分の殻を裏返して頭に差し込み、舟に整えます。

[3]黄身大納言を作ります。細巻き海老はごく小さいものを用意し、背わたを抜いて塩茹でにし、殻をむいておきます。大納言は皮を破らないように茹で、洗って水気をきっておきます。

[4]すり身はすり鉢でなめらかにすり、卵黄と他の調味料を加えてさらにすり混ぜ、大納言を混ぜて蒸し缶にきっちり

## 薄焼き卵

卵5個　砂糖大匙½　味醂大匙3

塩小匙¼　片栗粉大匙⅔(水大匙1)

卵を溶きほぐして分量の調味料、水溶きの片栗粉を加えてよく混ぜ、きつく絞ったぬれ布巾で一旦漉します。

角の卵焼き鍋を熱して薄くサラダ油を引き、よく熱して、水気を含んだぬれ布巾にのせて粗熱をとったのち、約⅕量の↗↘卵汁を流し入れて薄く広げます。

弱火で、鍋底に火が平均にあたるように動かして焼き、卵の表面が乾いたら菜箸でヘリを起こし、下に箸を一本差し込んで裏返し、さっと焼いて伏せた盆笊に広げて冷まし、これを繰り返して焼きます。

◉錦糸卵は薄焼き卵を、小口から巻き、あるいは縦二枚に切って重ねたのち、小口から細く切って作ります。薄焼き卵も錦糸卵も、密封冷凍で約1カ月もちます。

## 青寄せ

ほうれん草の葉½把分　水5カップ

ほうれん草の葉だけをごく細かく刻み、すり鉢でよくすって分量の水を加え、混ぜ合わせてきつく絞った布巾で漉し、鍋にとります。火にかけ、煮立つにつれて中央に寄ってくる青寄せを網杓子ですくい、冷水にとって、再び布巾で絞ります。

◉密封冷蔵で、7～10日ほどもちます。

と詰めます。充分に蒸気の上がった蒸し器に入れ、中火で25分ほど蒸します。一旦取り出し、溶き卵黄を表面に流し入れて海老を散らし、さらに5分ほど蒸し上げ、冷めたら切り分けます。

**5** 小串鶏真蒸を作ります。鶏挽き肉は皮と脂を除いて二度挽きし、すり鉢ですって溶いた卵、その他の調味料を加えてよくすり混ぜ、一人四個あての団子に丸めて熱湯で茹で、笊にとります。

**6** 団子を金串に刺して白焼きにし、三割方煮つめた幽庵地を途中二～三度かけながら焼きます。金串を抜いて鉄砲串一本に二個あてずつ刺し替え、粉山椒をふります。

**7** 飛竜頭の煮ものを作ります。豆腐は布巾に包んで巻き簀にくるみ、斜めにした俎《まな》板の上に置いて重石《おもし》をのせて、もとの重さの半量になるまで水気をきったのち、裏漉しにかけてすり鉢に入れてすり、おろした山の芋と溶き卵を加えてさらにすり混ぜます。

**8** 人参、水に戻した木耳はそれぞれ繊切りにし、切り昆布は洗って落とし庖丁をし、きつく絞る。麻の実、黒胡麻は焦がさないように煎って、以上のすべてを豆腐の生地に混ぜ合わせ、四等分して丸め、軽くつぶして高温に熱した揚げ油で二度揚げにし、熱湯を通して油抜きをして笊にとります。

**9** 煮汁の調味料を合わせ、ひと煮立ちさせて飛竜頭を入れ、紙蓋をしてゆっくり煮含めます。

**10** 室胡瓜、もろみ味噌添えを用意します。室胡瓜は塩をまぶして軽くもみ、熱湯を通して冷水にとり、水気を拭いたのち、天地を切って成り口の皮をぐるりとむき、もろみ味噌とともに盛ります。

**11** 添えの蛇籠蓮根の南蛮酢を作ります。蓮根は切り口の直径と同じ長さに切り、皮をぐるむきにしたのち、切り口の面から縦に厚めのかつらむきにし、酢水につけてアクを止めます。さらに酢少量を落とした熱湯で茹で、水気をよくきります。南蛮酢の調味料を合わせてひと煮立ちさせ、種を取って小口切りにした赤唐辛子を加え、冷ました中に蓮根をつけ込みます。汁気をきって小指ほどの太さに巻き、なじませます。

【盛りつけ】

盛り盆の奥中央・右寄りに板谷楓を敷いて伊勢海老の殻を安定よくのせ、湯ぶりにした身を盛り込んで赤芽を散らします。この手前左に黄身大納言、右脇に小串鶏真蒸、左手前に汁気をきった飛竜頭、右手前に室胡瓜を盛り合わせもろみ味噌を添え、小串真蒸と飛竜頭の間に蛇籠蓮根を添えます。二人前盛り例です。

**12** 間八と鮪の盛り合わせお造りを作ります。間八の上身は引き造りに、鮪は冊《さく》取りした中トロを用意し、1cm弱の厚さの色紙形にそぎ切りにします。

【盛りつけ】

器の奥中央に胡瓜のけんを盛り、大葉二枚を少しずらし重ね、けんに立てかけて、間八五切れを寄せかけるように盛り、右手前に鮪三切れを重ね盛りにします。間八の脇に防風、その手前鮪との盛り足に赤芽をあしらい、左手前におろしわさびを添え、つけ醤油とともにお出しします。お造りと次の煮ものは銘々盛りです。

**13** 冬瓜と高野豆腐の煮合わせを作ります。冬瓜は4cm角ほどに切り整えて、たっぷりの水に入れて茹で、水でよく洗ったのち、煮汁の調味料をひと煮立ちさせた中で、紙蓋をして煮含めます。

**14** 高野豆腐はぬるま湯で戻し、両手のひらではさんで水濁りがなくなるまで洗い、軽く絞って一枚を四つに切ります。煮汁の調味料を合わせてひと煮立ちさせ、高野豆腐を入れて紙蓋をし、汁が少なくなるまで煮ます。グリーンアスパラを塩茹でし、あおいで冷まして穂先を3cm長さに切ります。

【盛りつけ】

小深い器に冬瓜と高野豆腐を盛り合わせ、グリーンアスパラを添えて冬瓜の煮汁を少量かけ、溶き辛子を添えます。

■調理覚え書

●真蒸地に使うすり身は生身《なまみ》ともいい、主に白身魚の皮と骨を除いて庖丁でたたき、すり鉢でよくすって裏漉しにかけたもの。通常は市販品の利用が便利です。

# 点心箱五種盛り

**中吸いもの**
蟹真蒸《しんじょ》と水玉麩の吸いもの椀
**ご飯**
三色細巻きずし
**水菓子**
洋梨のシロップ煮

●二二頁参照

■材料〈四人分〉

**鱸《すずき》の塩焼き**
鱸の上身……200g　塩……………適宜
酢取り生姜…4本

**海老と大納言の真蒸**
さる海老……20尾　大納言…½カップ
塩……………適宜　卵黄…………2個
*真蒸地（すり身200g　卵白⅓個分
塩小匙½　味醂小匙2）

**鴨真蒸**
鶏もも肉……1枚
鴨真蒸（鴨挽き肉200g　卵⅓個分　砂
糖、醤油＝各大匙1　人参½本）
*焼きだれ（味醂、醤油＝各1カップ）

**車海老の宿借り揚げ**
車海老………8尾　蛤…………4個
塩…………適宜　大葉………4枚
小麦粉……適宜　揚げ油……適宜
*揚げ衣（卵½個分　水⅓カップ　酒
大匙2　小麦粉50g）

**茗荷の子の含み揚げ**
茗荷の子……4個　片栗粉……適宜
揚げ油……適宜
*真蒸地（すり身50g　卵白、塩＝各少
少　蟹のほぐし身30g）
*揚げ衣（卵、ぶぶあられ＝各適宜）

**うどのもろみ味噌添え**
うど……16cm長さ　酢……………適宜
もろみ味噌…適宜
*《板谷楓、藤の花＝各適宜》

**蟹真蒸と水玉麩の吸いもの椀**
蟹真蒸（豆腐⅙丁　卵⅓個分　蟹のほ
ぐし身40g）
水玉麩……適宜　揚げ油……適宜
*吸い地（だし汁3カップ　塩小匙1
薄口醤油少々）

木の芽……4枚

**三色細巻きずし**

鮪(赤身)……½冊《さく》　胡瓜……1本

沢庵……4cm長さ　塩……適宜

海苔……1.5枚　すし飯……180g

甘酢漬け生姜……適宜

＊(葉蘭適宜)

**洋梨のシロップ煮**

洋梨……10個　重曹……少々

＊シロップ(水3カップ　砂糖1.5カップ　グレナデンシロップ⅓カップ　ワイン1カップ)

■**作り方**

1 鱸の塩焼きを作ります。鱸は四切れに切り分けて薄く塩をし、7～8分おいたのち金串を打ち、強火の遠火で焦がさないように焼いて、熱いうちに金串をまわしながら抜き取ります。酢取り生姜を杵形に整えておきます。

2 海老と大納言の真蒸を作ります。さるして殻をむいておきます。大納言は洗って水に戻し、弱火にかけて皮を破らないように固めに茹でて汁気をきり、さっと洗って笊に上げておきます。

3 真蒸地のすり身をすり鉢ですり、卵白とその他の調味料を加えてさらにすり混ぜ、大納言をざっくりと混ぜて蒸し缶にきっちりと詰め、中火の蒸し器で20分ほど蒸します。一旦取り出して溶いた卵黄を表面に流し入れ、小海老を散らして再び5～6分蒸し上げ、冷めたら切り分けます。

4 鴨真蒸を作ります。鶏もも肉は皮と脂を取り除き、薄く庖丁を入れて観音《かんのん》開きにします。真蒸用の鴨挽き肉はすり鉢ですり、卵とその他の調味料を加えてさらにすり混ぜ、人参をおろして汁気を軽く絞って加え、よく混ぜます。

5 巻き簀に鶏もも肉を広げ、鴨の真蒸地を棒状に取って芯にしてのせ、しっかりと巻きます。充分に蒸気の上がった蒸し器で25分ほど蒸し、自然に冷まして簀をはずしたのち、金串を末広に打ち、分量の調味料を合わせて三割方煮つめたたれを、途中二～三度つけながら焼き上げ、串を抜いて4cm厚さに切り分けます。

6 車海老の宿借り揚げを作ります。車海老は背わたを抜いて頭を取り、尾ひと節残して殻をむき、剣先を切って水気をしごき出しておきます。蛤は薄い塩水につけて砂をはかせ、打ち合わせて澄んだ音のするものを鍋に入れ、火にかけて口が開いたら身を取り出して、わたの部分を竹串の先でつついておきます。殻はよく洗い、拭いておきます。

7 揚げ衣の卵を溶きほぐし、水その他の調味料を合わせて衣を作ります。車海老と蛤の身に薄く小麦粉をはたきつけ、衣をつけて、大葉を敷いた蛤の殻に形よく盛り入れ、中温に熱した揚げ油で揚げます。

8 茗荷の子の含み揚げを作ります。茗荷の子は頭に十字の切り込みを入れておきます。真蒸地のすり身をすり鉢ですり、卵白と塩、軟骨を除いた蟹の身を混ぜ合わせてよくすります。茗荷の切り目に真蒸地を詰めて形を整え、片栗粉をはたき、溶き卵とぶぶあられを順につけて中温の揚げ油でカラリと揚げます。

9 うどのもろみ味噌添えを作ります。うどは4cm長さに切り、皮を厚めのぐるむきにして酢水にさらし、アク止めをして水気を拭き、もろみ味噌とともに盛り込みます。

【盛りつけ】

点心箱に板谷楓を敷き、左奥に海老と大納言の真蒸、その右に鱸の焼きもの、左手前に鴨真蒸を盛り合わせ、右手前に車海老の宿借り揚げ、茗荷の含み揚げを取りやすく盛り、うどと杵生姜を右脇にあしらい、うどにもろみ味噌を添えます。持ち出す直前に、蓋の上に藤の花をあしらいます。

10 蟹真蒸と水玉麩の吸いもの椀を作ります。豆腐は半分の重さまで水きりをし、裏漉しをしてすり鉢ですり、溶き卵と軟骨を除いた蟹の身を加えてさらにすり混ぜ、四等分してざっくりと丸めます。揚げ油を中温よりやや高めに熱して真蒸を一度揚げ、油を箸でかき混ぜて水気を飛ばし、もう一度揚げて熱湯で油抜きをしておきます。

11 吸い地のだし汁をひと煮立ちさせ、塩、薄口醬油で味を調えます。

【盛りつけ】

椀に蟹真蒸と細工麩を盛り分け、煮えばなの吸い地を張って吸い口に木の芽を浮かべます。

12 三色細巻きずしを作ります。鮪は赤身を細長く切り、胡瓜は塩をまぶして板ずりをして熱湯に通し、水にとって冷ましたのち、種を除いて繊《せん》切りにしま

**南蛮酢**

甘酢(酢大匙5　味醂大匙5　塩少々)
赤唐辛子の小口切り適宜

甘酢の調味料を合わせ、ひと煮立ちさせて冷ましたのち、種を除いて小口切りにした赤唐辛子を加えます。

●南蛮酢とは、二杯酢や三杯酢など純然たる和風に対して、異国風の合わせ酢の総称。葱や胡椒を加える場合もあります。

**焼きだれのいろいろ**

味醂½カップ　醬油½カップ

以上を合わせ、三割方煮つめて使います。

●辛口のこのほか味醂⅔に対して醬油⅓量か、上記に砂糖を少量加えた甘口系。また酒と薄口醬油を同割か、酒を増し加減にした酒醬油系統、あるいは幽庵地や、それに西京味噌を加えたたれなど、材料や、献立上の味の調和から使い分けます。

**吸い地**

だし汁3カップ　塩小匙1
薄口醬油少々

だし汁をひと煮立ちさせて塩を加え、仕上げに薄口醬油を少量落として味を調えます。

●吸いものの味は、だし汁の旨みが決め手です。上手にとった昆布と鰹節の合わせ一番だしを使います。

す。沢庵も繊切りにしておきます。

13 すし飯を用意し、巻き簀を広げて焼き海苔を四半分に切って重ね、すし飯を薄くのばして三種類の芯で、各二本ずつを作って四人分に切り分けます。

【盛りつけ】

器に飾り切りの葉蘭を敷き、三種二切れずつの細巻きを盛り、甘酢漬けの生姜を適量あしらいます。

14 洋梨のシロップ煮を作ります。洋梨は皮をむいて、花落ちの方から種をくり抜いて鍋に立てて並べ、たっぷりの水と重曹を加えて火にかけ、柔らかく茹でて流水にとり、二時間ほどさらします。鍋にシロップの水と調味料を合わせ、再び洋梨を立てて並べ入れ、火にかけてひと煮立ちしたら弱火にし、ゆっくりと煮含めたのち、そのまま半日ほどおいて味をなじませ、冷蔵庫で冷やします。

【盛りつけ】

ガラス器などの器を冷やして洋梨を盛り、フォークを添えてお出しします。

■調理覚え書

●茗荷の子の含み揚げの〝含み(む)〟は、魚介のすり身など含ませる具が少量の作りをいい、これに類する料理の〝しのび(揚げ)〟は、具が比較的多量で、しかも主材料の表面に見せない作りをいいます。

●〝含み・しのび〟の手法によく使われる茗荷はショウガ科の多年草。地下茎から出る花蕾が茗荷(の子)で、甘酢漬けや刺身のけん、吸いものにも。また、室作りにされる芽出しの茎が茗荷竹で、主にけんに。優美な花は小吸いものに浮かべます。

# 小鉢肴前菜三種盛り

**吸いもの**
**鯛と桜花の漬まし汁椀**
**煮もの**
**鱸《すずき》と小茄子の揚げあんかけ**
**焼きものの三種盛り**
**五色蒸し、鮎魚女《あいなめ》の塩焼き、焼きそら豆**

●二四頁参照

■材料〈四人分〉

**嶺岡《みねおか》豆腐**

豆腐生地(あたり胡麻、本葛＝各½カップ　牛乳4カップ　生クリーム大匙2　塩少々)

わさび……適宜

＊割り醤油(だし汁、醤油＝各適量)

**川海老の素揚げ**

川海老……12尾　塩……適宜

揚げ油……適宜

**蓴菜《じゅんさい》、わさび添え**

蓴菜……200g　わさび……適宜

**鯛と桜花の清まし汁椀**

鯛の上身……200g　塩……適宜

桜の塩漬け…8輪

＊吸い地(昆布だし3カップ　酒小匙2　塩小匙1)

**鱸と小茄子の揚げあんかけ**

鱸切り身…4切れ　小麦粉……適宜

小茄子……8個　重曹……適宜

越瓜《しろうり》……½本　塩……適宜

揚げ油……適宜　生姜……適宜

＊吉野あん(だし汁1カップ　味醂¼カップ　薄口醤油⅙カップ　本葛大匙1)

**五色蒸し、鮎魚女の塩焼き、焼きそら豆**

真蒸生地(すり身200g　卵白½個分)

青海苔……大匙3.5　生雲丹……25g

卵黄……1.5個分　切り海苔…1枚分

鮎魚女……2尾　塩……適宜

そら豆……16粒　酢取り生姜…4本

＊立て塩(水1カップ　塩大匙1弱)

■作り方

1 嶺岡豆腐を作ります。ボウルにあたり胡麻と本葛を合わせ、牛乳と生クリームを少しずつ加えてよく溶きのばし、鍋に漉し取ります。これを弱火にかけ、木杓子で鍋底をこそげるように混ぜながら、ねっとりとするまで練ります。

2 水でぬらした流し缶に生地を流し入れ、しめらせた手のひらで表面をたたいてならし、冷やし固めて切り分けます。おろしわさび、割り醤油を用意します。

3 川海老の素揚げを作ります。川海老は塩茹でして笊にとり、中温に熱した揚げ油でカラリと揚げ、油をきって塩をふっておきます。

4 蓴菜、わさび添えを作ります。蓴菜は笊にとってさっと水洗いし、水気をきっておきます。

【盛りつけ】

青竹の筒切り鉢に嶺岡豆腐を盛っておろしわさびを添え、割り醤油をへりから注ぎ入れます。川海老の素揚げは豆皿に盛り、蓴菜は嶺岡豆腐と同様に青竹に盛っておろしわさびを添え、三種を折敷盆に置き合わせて、別に醤油を添えます。

5 鯛と桜花の清まし汁椀を作ります。鯛は四切れに切り分けて笊に並べ、軽く塩をあてて5～6分おいたのち、熱湯にさっとくぐらせます。吸い地用の昆布だしをひと煮立ちさせ、鯛を入れてアクを丁寧に引きながら中火で、煮すぎないように火を通し、酒と塩で味を調えます。桜の塩漬けを水でさっと塩抜きして、水気を絞っておきます。

【盛りつけ】

椀に鯛を盛り、熱い吸い地を張って桜の塩漬けを吸い口に浮かせます。

6 鱸と小茄子の揚げあんかけを作ります。鱸は、小麦粉をガーゼに包んでむらなくはたきつけ、中温に熱した揚げ油で色よく揚げます。小茄子は重曹をまぶしてよくもみ、水洗いののち水気をよく拭き、がくのぐるりを切り落として、皮目に縦の細かい庖丁目を入れて、高温に熱した揚げ油で揚げます。

7 越瓜は縦半分に切って種を取り、片端を切り離さないように薄く庖丁を入れて1.5cm幅ほどで切り離します。塩を少量加えた熱湯でさっと茹で、水にとって手早く冷まして水気を拭きます。鍋に吉野あんのだし汁と調味料を合わせてよくかき混ぜ、弱火にかけてとろみがつくまで混ぜ合わせます。

【盛りつけ】

器に鱸を盛り、手前に茄子を盛り合わせて越瓜をあしらい、吉野あんをかけておろし生姜を添えます。

8 焼きものの三種盛りを作ります。五色蒸し用の真蒸生地のすり身をすり鉢でよくすり、卵白を加えて白くなるまでさらにすり、五等分して⅕量はそのままにします。あとの四組にそれぞれ、青海苔をすり鉢ですったもの、生雲丹を蒸して裏漉したもの、切り海苔をさらに細かく刻んだもの、そして卵黄の四種をそれぞれすり混ぜ、合わせて五種の生地を作ります。

9 流し缶に刻み海苔の生地、卵白だけの生地、卵黄、雲丹、青海苔の順に平らにのばし重ね、弱火の蒸し器で50分ほど蒸し上げ、冷めたら切り分けます。

10 鮎魚女は鱗を引いて三枚におろし、腹骨をすき取って身側に2〜3㎜間隔で庖丁を入れ、骨切りをして片身を半分に切ります。金串を打って薄塩をふり、強火の遠火で身の方から焼き、きれいな焼き色がついたら裏返して焼き上げ、熱いうちに串をまわして抜きます。

11 そら豆は、実に傷をつけないように皮に深く庖丁目を入れ、分量の水に塩を溶き混ぜた立て塩に浸し、20分ほどおいて皮をむきます。弱火で焦がしすぎないように網焼きをします。酢取り生姜を杵形に整えます。

【盛りつけ】

器の奥中央に五色蒸しを盛り、鮎魚女を右手に寄せかけるように盛り、左手前に焼きそら豆を俵積みにして、中央左寄りに杵生姜をあしらいます。

■調理覚え書

●嶺岡豆腐の〝嶺岡〟は牛乳です。牛乳は古く唐から伝わり、禅寺で主に薬用にされていた歴史があります。これが江戸末期、十一代将軍家斉《いえなり》(一説では八代吉宗)が房州嶺岡にインドの白牛を三頭放牧。後に七千頭にも増え、牛乳は一般にも出廻り、嶺岡を使った料理も広まりました。嶺岡豆腐はその代表格です。

## 塗り鉢点心七種盛り

**小吸いもの**
**蓴菜《じゅんさい》の冷やし吸いもの碗**
**煮もの椀**
**鰆《さわら》のけんちん煮椀**
**寄せもの**
**胡麻豆腐**
**水菓子**
**オレンジゼリー**

●二二六頁参照

■**材料**〈四人分〉

**小巻き卵**

卵……………5個　サラダ油……適宜
＊卵地用(だし汁大匙3　砂糖、味醂、薄口醤油＝各大匙2)
揚げ油……………適宜

**魴鮄《ほうぼう》の唐揚げ**

魴鮄……………1尾　片栗粉……………適宜
＊下味(酒大匙3　塩小匙⅓)
揚げ油……………適宜

**鯛の若狭焼き**

鯛切り身…4切れ
＊真蒸地(すり身80g　卵白少々　パセリのみじん切り大匙½)
＊焼きだれ(幽庵地《味醂大匙5　醤油大匙3　酒大匙2》西京味噌大匙2)

**車海老の酒蒸し結び串**

車海老……………8尾
＊蒸し地(酒大匙3　水大匙2　塩小匙½)

**鮃《ひらめ》と鱒《ます》の二色巻き**

鮃の上身……100g　鱒の上身……150g
＊鮃用生地(すり身100g　卵白少々　味醂、塩＝各小匙½)
＊鱒用調味料(卵白少々　味醂、塩＝各小匙⅓)

**ほうれん草の胡麻和え**

ほうれん草…1把　塩……………適宜
＊和え衣(白胡麻¾カップ　砂糖大匙3　味醂大匙4　薄口醤油大匙1.5　酒大匙2)
グリーンアスパラ……………4本

**半月物相五目ご飯**

具(椎茸3枚　人参3㎝長さ　芝海老20尾)
＊具の煮汁(だし汁1カップ　味醂大匙2　薄口醤油大匙3　砂糖少々)
もみ海苔……1枚　白飯……………4杯分
木の芽……4枚　塩……………適宜
＊(《若楓適宜》)

**蓴菜の冷やし吸いもの碗**

蓴菜……………28芽　柚子……………適宜
＊吸い地(だし汁3カップ　塩小匙1　薄口醤油少々)

**鰆のけんちん煮椀**

鰆切り身…4切れ　塩……………適宜
＊けんちんの生地(豆腐½丁　卵黄½個分　醤油小匙1　砂糖小匙½　茹で筍《小》¼本　人参2㎝長さ　ごぼう少々　干し椎茸2枚　芝海老150g)
粟麩……………½本　揚げ油……………適宜
＊粟麩の煮汁(八方地《だし汁2カップ　味醂、薄口醤油＝各¼カップ》)
そら豆……………12粒
＊立て塩(水1カップ　塩大匙1弱)

**胡麻豆腐**

豆腐生地(あたり胡麻、本葛＝各⅓カップ　薄いだし汁3.5カップ　塩少々)

### 胡麻和え衣

白胡麻¾カップ　砂糖大匙3　酒大匙2
味醂大匙4　薄口醤油大匙1.5

白胡麻をよく煎って紙に広げて粗熱をとり、冷ましたのち、すり鉢で油が出るくらいまですって砂糖、ほかの調味料を順に加えてすり混ぜます。

◉和える材料によっては砂糖、酒を控え、塩少量で味を調える場合もあります。

### 厚焼き卵(江戸風)

卵6個　だし汁大匙2　砂糖大匙4
味醂大匙2　薄口醤油大匙1　塩小匙¼

卵を溶きほぐし、だし汁ほかの調味料を合わせてよくかき混ぜます。

卵焼き鍋を熱してサラダ油を引き、中火で熱して鍋底をぬれ布巾にあてて粗熱をとったのち、卵汁の¼量を流し入れます。菜箸で全体を細かくつつき、表面が乾↗

↘きかけてきたら向う側から手前に三つくらいに折り込み、空いた鍋肌にサラダ油を引いて卵を押しやり、手前の空きにも油を引いて卵汁¼量を再び流し入れます。先の卵の下にも菜箸を差し込んで鍋を傾け、卵汁をゆきわたらせます。

手前の卵の表面が乾いてきたら、奥から手前に巻き込むことを繰り返して徐々に厚焼きにし、俎板にとって形を整えます。

◉だし巻き卵(京風)も同要領です。

わさび……適宜
＊割り醤油（醤油、だし汁＝各大匙3）
＊（若楓適宜）

**オレンジゼリー**

オレンジ……10個
＊ゼリー生地（オレンジ果汁8カップ　砂糖1⅓　ゼラチン大匙4.5　水1カップ）

**■作り方**

1 小巻き卵を作ります。卵を溶きほぐし、だし汁ほかの調味料を合わせてよくかき混ぜます。卵焼き鍋を熱してサラダ油を引き、中火で熱して鍋底をぬれ布巾にあてて粗熱を取ったのち、卵汁の1/4量を流し入れます。菜箸で全体を細かくつつき、表面が乾きかけてきたら向う側から手前に三つくらいに折り込み、空いた鍋肌にサラダ油を引いて卵を押しやり、手前の空きにも油を引いて卵汁1/4量を再び流し入れます。先の卵の下にも菜箸を差し込んで鍋を傾け、卵汁を流し込みます。手前の表面が乾いてきたら再度、奥から手前に巻き込むことを繰り返して、徐々に厚焼きに仕上げます。

2 熱いうちに縦半分に切って巻き簀にとり、筒状に形を整えます。そのまま冷まして巻き簀をはずし、中温に熱した揚げ油で素揚げにして切り分けます。

3 魴鮄の唐揚げを作ります。魴鮄は三枚におろして腹骨をすき取り、小骨を抜いて二〜三切れに切り分け、酒塩に5分ほどつけて下味をつけます。汁気を拭いて片栗粉を薄くつけ、中温よりやや高めに熱した揚げ油で、カラリと揚げます。

4 鯛の若狭焼きを作ります。鯛の切り身は、ひと切れ40g大のものを用意して観音開きにします。真蒸地用のすり身をすって卵白を加え、さらによくすってパセリのみじん切りを混ぜ合わせます。これを四等分して鯛で巻き、皿にのせて蒸し器で15分ほど蒸したのち、冷まして金串を打ち、一旦白焼きにして、次に幽庵地に西京味噌を溶き混ぜたたれを、途中二〜三度つけながら焼き上げ、熱いうちに金串をはずします。

5 車海老の酒蒸し結び串を作ります。車海老は背わたを抜いて分量の調味料とともに鍋に入れ、中火で酒蒸しにします。冷めたら頭を取り、尾ひと節を残して殻をむき、結び串に刺します。

6 鮃と鱒の二色巻きを作ります。鮃の上身は皮と血合いを除いて細かくたたき、すり身とともにすり鉢ですり、卵白ほかを加えてさらによくすります。鱒の上身も同様にたたき、卵白と調味料を加えてすり混ぜます。

7 巻き簀にラップを重ねて広げ、鮃の生地を1cm厚さに平らにのばし、鱒の生地を棒状にまとめて芯にし、まずラップで巻き止めてから巻き簀で巻き、蒸し器で20分ほど蒸し、冷まします。冷めたらラップをはずし、切り分けます。

8 ほうれん草の胡麻和えを作ります。ほうれん草は塩を少量加えた熱湯で茹で、水にとって冷まし、きつく絞って4cm長さに切ります。分量の白胡麻はよく煎って紙に広げ、粗熱をとったのちすり鉢で油がでるまでよくすり、砂糖ほかの調味料を順に加えてなめらかにすり混ぜ、胡麻和え衣を仕上げてほうれん草をざっくりと和えます。

9 あしらいのグリーンアスパラを用意します。根元の固い部分を落として塩を少量加えた熱湯で茹で、あおいで冷ましたのち、4cm長さに切り揃えます。

10 半月物相五目ご飯を作ります。椎茸は石づきをとり、人参は3cm長さで、それぞれ繊《せん》切りにし、芝海老は背わたを抜いて塩茹でし、殻をむき取ります。以上の具を分量の調味料を合わせた煮汁で煮上げ、汁気をきって炊きたてのご飯に混ぜ、ごく細かくもんだもみ海苔もともに混ぜ合わせて、半月形の物相で抜きます。木の芽を用意します。

【盛りつけ】

鉢の奥中央・やや左寄りに小巻き卵を盛り、その左手前に魴鮄の唐揚げ、右脇に楓の葉を敷いて鯛の若狭焼きを、中央部分に車海老の結び串を形よく盛ります。鉢の右手前に、鮃と鱒の二色巻きを盛り、左寄り中央に楓の葉を敷いて物相ご飯を置き、その右脇にほうれん草の和えもの、左脇・魴鮄の唐揚げに寄せるようにグリーンアスパラをあしらったのち、物相ご飯に木の芽をのせます。

11 蓴菜の冷やし吸いもの椀を作ります。吸い地のだし汁をひと煮立ちさせ、塩と薄口醤油で味を調え、鍋底を水につけて粗熱をとったのち、冷めたく冷やしておきます。

【盛りつけ】

小吸いもの碗に蓴菜を盛り分け、よく冷えた吸い地を張り、青柚子の皮の細切りを吸い口に浮かべます。

12 鰆のけんちん煮椀を作ります。鰆の切り身は観音開きに庖丁を入れ、薄く塩をあてておきます。豆腐は重石をし、重さの半分まで水気をきります。

13 茹で筍、人参は繊切りに、ごぼうはささがきにして水にさらしたのち、さっと茹で、干し椎茸は戻して繊切りにしておきます。芝海老は背わたを抜いて塩茹でにし、殻をむきます。水きりをした豆腐を裏漉しし、すり鉢ですって卵黄と各調味料を加え、さらによくすったのち五種の具を混ぜ合わせます。これを等分して、水気を拭いた鰆で巻き、皿にのせて蒸し器で20分蒸します。

14 粟麸は四つに切り分け、中温に熱した揚げ油で揚げます。これを、煮汁の調味料を合わせた中で煮立てないように煮、火を止めてそのまま味を含めます。

15 そら豆は黒い筋に庖丁を入れ、分量の水に塩を溶いた立て塩に20分ほど浸し、皮をむいて弱火で網焼きにします。

【盛りつけ】

煮もの椀に鰆のけんちん煮を盛り、前に粟麸と焼きそら豆を盛り合わせます。

16 胡麻豆腐を作ります。あたり胡麻と本葛をすり混ぜ、薄めのだし汁を少しずつ加えながら溶きのばし、裏漉しをして鍋に移します。弱火にかけて木杓子で混ぜ、塩で味を調えてねっとりとするまで練り上げ、透明感がでてきたら水でぬらした流し缶に流し入れ、平らにならして冷やし固め、切り分けます。

【盛りつけ】

器に盛って楓の葉をあしらい、天にお

ろしわさびを添え、割り醤油をへりから少量注ぎいれます。

17オレンジゼリーを、十個ほどまとめて作ります。オレンジの頭の部分を二分《ぶ》ほど水平に切って蓋にし、中身をくり抜いて果汁を絞り、砂糖と合わせて火にかけます。砂糖が溶けて煮立つ直前に火を止め、分量の水でふやかしておいたゼラチンを加えて溶かしたのち、鍋底を水につけて粗熱をとり、オレンジ釜に流し入れて、冷蔵庫でひと晩冷やし固めます。

【盛りつけ】
オレンジ釜は蓋をして器に盛り、スプーンを添えてお出しします。

# 氷鉢点心七種盛り

**お造り**
鮃《ひらめ》そぎ造り、
温燻《おんくん》の引き造りの万寿菊《まんじゅぎく》盛り

**焼きもの**
鮑の黄身焼き家盛り

●二七頁参照

## ■材料〈四人分〉

**鰻の小袖蒸し**
鰻の白焼き……1枚
＊真蒸地（すり身150g　蟹のほぐし身80g　卵1/3個分　味醂小匙1　塩小匙1/2）
＊幽庵地（味醂大匙5　醤油大匙3　酒大匙2）

**車海老の八方煮**
車海老……4尾　塩……適宜
＊八方地（だし汁1カップ　味醂、薄口醤油＝各大匙2）

**鶏五目焼き**
鶏の真蒸地（鶏挽き肉200g　卵1/2個分　砂糖、醤油＝各小匙2　煎り卵2個分　人参3cm長さ　椎茸2枚　茹で筍《小》1/2本）
サラダ油……適宜　幽庵地……適宜

**茗荷の含み揚げ**
茗荷の子……8個　揚げ油……適宜
＊真蒸地（すり身100g　卵白1/2個分）
＊揚げ衣（片栗粉適宜　卵白1/2個分　新挽き粉1/2カップ）

**焼き蛤**
蛤……8個　味醂……適宜
煎り塩……適宜

**絹さや**
絹さや……8枚　塩……適宜
すだち……2個　氷……適宜
＊《茗荷の葉適宜》

**亀甲物相鰻ご飯**
鰻の蒲焼き…1串　酒……少々
白飯……4杯分

**鮃と温燻のお造り万寿菊盛り**
鮃の上身……1筋　鮭の温燻……100g
＊つま類（胡瓜1本　花穂じそ4本）
わさび……適宜　氷……適宜

**鮑の黄身焼き家盛り**
鮑……1杯　鮃の上身……100g
椎茸……4枚　銀杏……12粒
塩……適宜
＊クリーム生地（すり身50g　卵3個　酒大匙3　味醂小匙2　牛乳大匙4　塩小匙1/2）
＊《鮑の殻3杯分　ご飯粒適宜》

## ■作り方

1鰻の小袖蒸しを作ります。鰻は白焼きを用いて二つに切り、皮面に1cm間隔の縦の切り目を入れます。真蒸地のすり身をすり鉢ですり、軟骨を除いた蟹の身、卵、そのほかの調味料を加えてよくすり混ぜ、小袖形にまとめます。

2巻き簀にラップを重ねて広げ、鰻を横長に置いて小袖形にした真蒸地をのせ、ラップで巻き、巻き簀で小袖形にきっちりと巻き整え、蒸し器で25分ほど蒸し上げて冷まします。巻き簀とラップをはずして金串に刺し、はじめに白焼きにしたのち幽庵地をかけてはあぶり、これを二～三度繰り返して焼き上げ、金串を抜いて切り分けます。

3車海老の八方煮を作ります。車海老は背わたを抜き、塩を少量加えた熱湯で茹でて笊にとり、冷まします。鍋に八方地を煮立てて海老を入れ、ひと煮立ちしたら火を止めて、そのまま味を含ませます。盛りつける直前に頭を切り、尾ひと節を残して殻をむきます。

4鶏五目焼きを作ります。鶏挽き肉は皮と脂を除いて二度挽きしたもの、卵二個は七分熟の煎り卵にしておき、人参、石づきを取った椎茸、茹で筍はそれぞれ繊《せん》切りにしておきます。鶏挽き肉はすり鉢ですり、溶き卵1/2個分と砂糖、醤油を加えてさらにすります。煎り卵を混ぜ、三種の繊切り野菜を加えて混ぜ合わせたのち、蒸し缶に入れて蒸し器で20分ほど蒸し上げます。

5冷めたら蒸し缶からはずし、よく熱した焼き網で両面を焼き、途中幽庵地を

### 蛤の下処理

殻つきの蛤は〝活け〟が条件のものです。
◉死貝を見分けるには、貝二つずつを打ち合わせて澄んだ音のするものだけを選び、濁った音のする死貝を除きます。
◉砂抜きは、海水よりやや薄めの塩水（水1カップに対して塩小匙1弱が目安）に、半日からひと晩つけて砂をはかせます。このの後、殻のぬめりを洗い落とします。

### 変わり揚げ衣

パセリ揚げの衣（天ぷら衣《卵1個　冷水2/3カップ　酒大匙2　塩少々　小麦粉1カップ》基本　パセリのみじん切り適宜）
◉上記例をはじめ、衣に海苔、干し若布、大葉などの主にみじんを混ぜ、また卵黄、雲丹を溶き混ぜるほか、衣の表面に新挽き粉やけしの実、春雨などをつけて揚げ、味、香り、彩り、形の変化をつけます。

### 割り醤油

醤油3：だし汁1、1：2/3または同割量以上を目安に醤油をだし汁で割ります。
◉卵豆腐など寄せもの、蒸し豆腐など蒸しもののかけつゆに、あるいはわらびなど山菜類をはじめ、菜類のおひたしにかけ、または浸し汁として使うなど、最もシンプルで応用範囲の広い加減醤油。料理によってはひと煮立ちさせて使います。

刷毛でぬって焼き上げ、切り分けます。

6 茗荷の含み揚げを作ります。茗荷の子は頭に十字の庖丁目を入れておきます。すり身をすり鉢ですり、卵白を加えてなめらかにすり混ぜたのち、茗荷の切り目にこれを詰め込み、片栗粉をはたき、溶いた卵白、新挽き粉の順につけて、中温よりやや低めに熱した揚げ油で揚げ、油をきっておきます。

7 焼き蛤を作ります。砂抜きをした蛤を、二つ打ち合わせて澄んだ音のするものを選び、蝶番《ちょうがい》を切って網焼きにします。表面の殻に刷毛で味醂をぬり、煎り塩をふって仕上げます。

8 絹さやは、塩を少量落とした熱湯でさっと茹で、笊にとってあおいで冷まし、成り口を切り揃えます。ほかにあしらいのすだちを半分ずつに切り、粗めのかき氷をたっぷりと用意します。

9 亀甲物相鰻ご飯を作ります。鰻は蒲焼きを用い、酒を少量ふって温める程度にあぶり、串を抜いて1cm幅ほどに刻みます。これを炊きたてのご飯に混ぜ、亀甲形の物相で抜きます。

【盛りつけ】

平鉢にかき氷を固めに敷きつめ、茗荷の葉二枚を中央から上に横に敷いて左上に鰻の小袖蒸し、右に鶏五目焼きを盛って、その中央に車海老の八方煮を、汁気をきって尾を上に跳ねる形に盛ります。左手前に茗荷の含み揚げ、右脇に焼き蛤、手前中央左寄りに物相ご飯を、下に形に合わせて切った茗荷の葉か葉蘭を敷いて置き、中央空き部分に絹さやを立てかけ、すだちをあしらいます。

10 鮃と温燻のお造り万寿菊盛りを作ります。まず、ほどよい大きさの丼にかき氷をたっぷりと詰め込み、冷凍庫で固めておきます。鮃の上身は、やや薄いそぎ切りにし、鮭の温燻は柵《さく》に切って皮を引き、血合いを除いて引き造りにします。胡瓜は皮をむき、芯を残してかつらむきにし、小口に切って水に放し、パリッとさせて水玉胡瓜を作っておきます。

【盛りつけ】

器に、凍らせておいたかき氷を取り出して山形にのせ、上部をくり抜いて水気をきった水玉胡瓜を奥に盛り、鮃のそぎ造り三切れを重ね盛りにし、手前に温燻の引き造り二切れを盛り合わせ、水玉胡瓜をあしらって花穂を立てかけ、おろしわさびを右脇に添えます。

11 鮑の黄身焼き家盛りを作ります。鮑は殻つきのまま身にたっぷりの塩をまぶしてもみ、ぬめりや汚れをとると同時に身を締めます。身の薄い方の殻側にヘラを差し込んでえぐり、貝柱を切って身をはずしたのち口の固い部分を切り取り、ひもとわたを取り除いて水洗いします。水気を拭いてやや厚めのそぎ切りにし、殻はきれいに洗って煮沸し、別に用意した三杯分とともに、穴にご飯粒を練って詰めておきます。

12 鮃の上身はやや厚いそぎ切りにし、薄塩をあてておき、椎茸は石づきを取っていちょう形に切り、銀杏は鬼殻を割り取り、茹でながら穴杓子の底で転がして薄皮をむき、水にとります。鮑の殻に鮑のそぎ身、水気を拭いた鮃、椎茸、銀杏を等分して盛り込みます。

13 クリーム生地用のすり身をよくすり、卵とそのほかの調味料を順に加え、さらになめらかにすり混ぜて、具を入れた殻に流し入れて、中火のオーブンで焦がさないように焼き上げます。

【盛りつけ】

器の中央部分に煎り塩を敷き、さらに茗荷の葉を横一文字に敷き重ねて、鮑の家盛りをのせてお出しします。

■調理覚え書

●焼き蛤の仕上げには"煎《い》り塩"をふっています。熱した空《から》鍋で塩を手早く煎り、水分を飛ばしたもので、煎りすぎは禁物。やや熱くなった頃合いで紙の上に広げ、冷まして使います。魚の下拵《ごしら》えで薄塩をふる"あて塩"なども、煎り塩が常です。

## 前菜三種盛り

**吸いもの**
鯛と車海老の吸いもの椀
**お造り**
鯛引き造り、縞鯵《しまあじ》引き造り
**煮もの椀**
里芋の鶏そぼろ煮椀
**焼きもの替わり**
ポロねぎの柚子味噌田楽
**ご飯**
蟹ご飯俵むすび

●二八頁参照

■**材料**〈四人分〉

**さざえの酒塩焼き家盛り**
さざえ……4個
*酒塩（酒大匙3 塩小匙⅔）

**こはだ、車海老の結び串**
こはだ……8尾 塩、酢……各適宜
車海老……8尾 揚げ油……適宜

**穴子の八幡蒸し**
穴子の開いたもの……1本
*穴子の煮汁（味醂、水＝各½カップ 醤油¼カップ 砂糖大匙2）
*真蒸地（すり身200g 卵白½個分 味醂小匙2 塩小匙1）
ごぼう……30g 酢……適宜
卵黄……2個 大葉……8枚
*ごぼうの煮汁（だし汁1カップ 味醂、薄口醤油＝各大匙2弱）

**鯛と車海老の吸いもの椀**
鯛の上身……120g 塩……適宜
車海老……4尾 糸三つ葉……½把
*吸い地（だし汁3カップ 塩小匙1 薄口醤油少々）

**鯛と縞鯵のお造り**
鯛の上身……1筋 縞鯵の上身……100g
*けんとつま（胡瓜2本 大葉8枚 若布少々 菊花4輪）
酢……適宜 わさび……適宜

**里芋の鶏そぼろ煮椀**
里芋……4個 人参……適宜
*里芋の煮汁（だし汁2カップ 味醂、薄口醤油＝各¼カップ 砂糖大匙1）
*鶏そぼろ（鶏挽き肉200g 砂糖、醤油＝各大匙1 片栗粉適宜）
柚子……少々

**ポロねぎの柚子味噌田楽**
ポロねぎ16cm長さ 柚子……適宜
*練り味噌（麦味噌、砂糖、味醂＝各⅓カップ）

**蟹ご飯俵むすび**

蟹ご飯（米2カップ　水2.2カップ　酒大匙3　塩小匙1　蟹のほぐし身100g）

大葉……………8枚　奈良漬…………適宜

**■作り方**

1 さざえの酒塩焼き家盛りを作ります。さざえは蓋を取って身を抜き出し、わたを取り除いて身をそぎ切りにし、酒塩に5分ほどつけます。焼き網を熱してさざえを火取り、殻に盛ります。

2 こはだ、車海老の結び串を作ります。こはだは鱗を引いて頭を取り、わたを出して腹開きにし、中骨をとり、腹骨をすき取って小骨を抜いたのち、たっぷりの塩をふって15分ほどおきます。水で洗って酢につけ、20分ほど締めてから汁気を拭き、尾の方から軽く巻いて鉄砲串に二切れずつ刺します。

3 車海老は背わたを抜き、塩を少量加えた熱湯で茹でて笊にとり、冷まします。これを中温に熱した揚げ油で揚げ、煎り塩をふって、鉄砲串に二尾ずつ刺します。

4 穴子の八幡蒸しを作ります。穴子の開きは、分量の調味料を合わせた煮汁でさっと煮ておきます。真蒸地のすり身はすり鉢ですり、そのほかの調味料を合わせてよくすり混ぜ、二等分します。

5 ごぼうはささがきにし、酢水にとってさらしたのちさっと茹で、分量の調味料を合わせた煮汁で煮ておきます。先に二等分したすり身の一方に卵黄を溶き混ぜ、もう一方にごぼうを混ぜます。蒸し缶に、下煮をした穴子を皮上にして入れ、卵黄のすり身、ごぼうのすり身を順に平らにきっちりと詰め、蒸し器で25分ほど蒸し、冷めたら切り分けます。

【盛りつけ】

器の奥中央に大葉を敷いてさざえの家盛りを盛り、左手前にこはだと、車海老の結び串をずらし重ねるように盛り、右脇に穴子の八幡蒸しを盛り合わせます。

6 鯛と車海老の吸いもの椀を作ります。鯛の上身は四つに切り、薄く塩をふって7～8分おき、さっと熱湯にくぐらせて水気をきっておきます。車海老は背わたを抜き、塩を少量加えた熱湯で茹でて笊にとり、冷めてから頭と殻を取り除きます。糸三つ葉は葉を取って4cm長さに切り揃えます。吸い地のだし汁をひと煮立ちさせ、塩と薄口醤油で味を調えます。

【盛りつけ】

椀に鯛と車海老、吸い口の糸三つ葉の軸を盛り、煮えばなの吸い地を張ります。

7 鯛と縞鰺のお造りを作ります。鯛、縞鰺はともに皮つきの上身を用意して皮を引き、引き造りにします。

8 胡瓜はかつらにむいてけんに打ち、水に放してパリッとさせ、笊に上げます。若布は水に戻して笊に入れ、熱湯を回しかけて水にとって色出しをし、水気を絞って筋を除き、食べよい大きさに切ります。菊花は酢を少量落とした熱湯で茹で、水にさらして絞ります。

【盛りつけ】

器に胡瓜のけんを置き、大葉二枚をずらし気味に重ね、けんに立てかけて鯛の引き造り五切れを盛り、前に縞鰺の引き造り二切れを盛り合わせ、けんの右脇に若布、二種の造り身の間に菊花をあしらい、右奥寄りにおろしわさびを添えます。

9 里芋の鶏そぼろ煮椀を作ります。里芋は皮を六面にむき取り、たっぷりの水量で二度ほど茹でこぼしながら茹で、水洗いしたのち、煮汁の調味料を合わせた中で、ゆっくりと煮含めます。人参は5mm厚さの蛇の目に抜き、茹でておきます。

10 そぼろ用の鶏挽き肉は皮と脂を除いて二度挽きしたものを用意し、里芋を煮たあとの煮汁を別鍋に取って分量の砂糖と醤油を加えた中で、箸五～六本でよくかき混ぜながら煮ます。仕上げに水溶きの片栗粉でとろみをつけます。

【盛りつけ】

煮もの椀に鶏そぼろを敷くように盛り、里芋を盛って蛇の目人参を前にあしらい、天に松葉に切った青柚子をのせます。

11 ポロねぎの柚子味噌田楽を作ります。ポロねぎは4cm長さに切り、皿に並べて蒸し器で20分ほど蒸します。次に練り味噌は、分量の麦味噌と砂糖を鍋に合わせて練り、味醂を少しずつ加えながら溶きのばしたのち、弱火にかけ、焦がさないように木杓子で鍋底をかくようにし、なめらかに練り上げます。人肌に冷ましてからおろし柚子を加えて柚子味噌を仕上げます。

【盛りつけ】

器に柚子味噌を敷き、ポロねぎを盛って、上からも柚子味噌をかけます。

12 蟹ご飯俵むすびを作ります。米は炊く

**練り味噌**

| | |
|---|---|
| 麦味噌（田舎味噌）１カップ | |
| 砂糖１カップ | 味醂１カップ |

鍋に麦味噌を入れて砂糖と練り合わせ、味噌を少しずつ加えながら溶きのばしたのち、弱火にかけ、焦がさないように木杓子で鍋底から混ぜながら、ねっとりとするまで練り上げます。

◉冷まし、おろし柚子を混ぜて柚子味噌。

**菊花（食用菊）の扱い**

菊花は酢を少量落とした熱湯で茹で、水に放してさらし、水気を絞って使います。

◉菊の中でも癖がなく、色のよい―坂本菊、嵯峨菊、阿房宮《あぼうきゅう》ほか―が食用（料理）菊。酢のもの、刺身のあしらいなどに季節感を添えます。また、黄色種の安房宮を蒸し上げ、板状に乾燥させたものが菊海苔です。さっと茹でて戻し、同様に使います。

**水玉胡瓜**
**（飾り切り）**

◉胡瓜は5cm長さほどに切って皮をぐるむきにし、芯を残してかつらむきにします。ぐるぐると巻き込んで3～4mm幅の小口切りにし、水に放してパリッとさせたのち、水気をきります。

◉刺身類のあしらい、ことに夏の趣向に水輪風の涼しげな風情が映えます。

1時間前にといで笊に上げておき、分量の水に酒と塩を加えて普通に炊き上げ、軟骨を除いてほぐした蟹の身をのせて充分に蒸らします。飯台にあけて全体に混ぜ合わせ、幕の内型で抜いたのち軽く俵形に握って形を整えます。

【盛りつけ】

器に、大葉二枚をずらし気味に重ねて敷き、蟹ご飯むすびを俵に重ねて盛り、手前に奈良漬を添えます。

■調理覚え書

●夏と秋のあいだの料理は地味なものです。心ゆくまでお酒を味わう季節であり、例えばお造りの盛りつけなども、花ものの飾り(かんざし類)は控え、扇面の器の中心を少し振るだけで変化をつけます。

# 大鉢点心五種盛り

**珍味**

ほやの塩辛

**小吸いもの**

松茸と車海老の吸いもの椀

**焼きもの三種盛り**

かますの両褄《りょうづま》折り焼き、

車海老の酒醤油焼き、焼き栗

●四〇頁参照

■材料〈四人分〉

**伊勢海老のたれ焼き**

伊勢海老……2尾

＊焼きだれ(味醂、醤油＝各1カップ)

**帆立と海老の黄身焼き真蒸串**

帆立の貝柱…80g　芝海老………80g

塩………少々　卵黄…………1個

**鮃《ひらめ》の松茸しのび焼き**

松茸………4本　鮃の上身……1筋

塩………適宜

＊酒醤油(酒大匙2　醤油大匙3)

**海老芋の禿菊《かむろぎく》、鶏そぼろかけ**

海老芋……2本　酢………少々

だし汁……適宜

＊鶏そぼろ(鶏挽き肉200g　だし汁½カップ　味醂、砂糖、醤油＝各大匙4　片栗粉大匙1.5)

すだち……2個　酢取り生姜…4本

＊《菊の葉4枚》

**イクラと小柱、白魚の軍艦巻き**

イクラ……100g　小柱………50g

白魚……30g　海苔………3枚

すし飯……240g　おろし生姜…適宜

**ほやの塩辛**

ほや塩辛(市販品)…………1瓶

貝割れ菜……1把

**松茸と車海老の吸いもの椀**

松茸………2本　車海老……4尾

塩………適宜　糸三つ葉……1把

＊吸い地(だし汁3カップ　塩小匙1　薄口醤油少々)

**焼きもの三種盛り**

かます……8本　車海老……12尾

塩………適宜

＊酒醤油(酒大匙2　醤油大匙3)

栗の甘露煮(市販・瓶詰)………12個

＊《松葉適宜》

■作り方

1 伊勢海老のたれ焼きを作ります。伊勢海老は殻つきのまま縦半分に切り、中火のオーブンで焦がさないように一旦白焼きにしたのち、分量の調味料を合わせて二～三割方煮つめた焼きだれをぬって、香ばしく焼き上げます。

2 帆立と海老の黄身焼き真蒸串を作ります。帆立の貝柱は厚みを半分にそぎ切りにし、水気を拭いておき、芝海老は背わたを抜いて頭を落とし、殻をむきます。以上の二種をそれぞれ庖丁でよくたたき、すり鉢に合わせてよくすり、塩を少量加えて味を調えたのち、一個20g大の丸《がん》に手取って沸騰直前のたっぷりの湯に入れて、浮き上がってきたら笊にとり、冷まして真蒸を仕上げます。次にこの真蒸に金串を打ち、強火の遠火で焼き、途中、よく溶いた卵黄を刷毛でぬって焦げないようにあぶり、金串を抜きます。二個ずつを鉄砲串に刺します。

3 鮃の松茸しのび焼きを作ります。松茸は布巾で汚れを拭き、石づきを削って縦半分に切ります。鮃は上身を薄いそぎ切りにして紙塩をあてておき、水気を拭いたのち、松茸の軸にぐるりと巻きつけて金串を打ち、強火の遠火で焼きます。途中、酒醤油を二～三回つけてはあぶり、色よく焼き上げます。

4 海老芋の禿菊、鶏そぼろかけを作ります。海老芋は、約5cm長さの筒切りにし、太鼓形に丸みをつけて皮をむき、角を落としてなめらかな球状にして、天中央から放射状に六片の花形の切り込みを入れ、そのあいだ、あいだに側面の切り込みを入れて禿菊を作ります。酢を少量加えたたっぷりの水で茹でたのち、かぶるくらいのだし汁で崩さないように柔らかく煮ます。

5 そぼろ用の鶏挽き肉は皮と脂を除いて二度挽きしたものを用意し、すり鉢ですって分量のだし汁を入れ、片栗粉を除いた各調味料を加えてすり混ぜます。鍋に移して弱火にかけ、箸でよくかき混ぜながら煮、仕上げに水溶きの片栗粉を加えてとろみをつけておきます。あしらいのすだちは半分に切り、酢取り生姜は筆形に整えておきます。

6 イクラと小柱、白魚の軍艦巻きを作ります。すし飯をひとつ20g大に握り、海苔は焼いて縦四つの帯状に切り、握りの周囲に巻いて軍艦ずしの土台を十二個作ります。そのうちの八個にはイクラと小柱を盛り合わせ、四個には白魚をのせておろし生姜を添えます。イクラと小柱二個と白魚一個を組んで一人前にあてます。

【盛りつけ】

大振りの平鉢などの器に、伊勢海老の焼きものを奥中央に盛り、左手前に帆立と海老の真蒸串をややもたせかけるように盛り、その右にすだちをあしらい、右脇に鮃の松茸しのび焼きを盛ります。正面すだちの前に菊の葉をあしらって海老芋の禿菊を置き、左手前に軍艦巻きを彩りよく組んで盛り合わせ、禿菊の右脇に鶏そぼろを添え、真蒸串に筆生姜を斜めに立てかけます。

7 ほやの塩辛は市販品を利用し、貝割れ菜は豆ガラを除き、根元を揃えて切ります。

【盛りつけ】

小深い器に塩辛をこんもりと盛り、貝割れ菜をあしらいます。

8 松茸と車海老の吸いもの碗を作ります。松茸は布巾で汚れを拭いて石づきを削り、薄切りにします。車海老は背わたを抜いて塩を少量加えた熱湯で茹で、笊にとって冷まし、頭を落として尾ひと節残して殻をむきます。糸三つ葉は葉を取り、軸だけを塩を落とした熱湯にくぐらせて水にとり、色出しをして4cm長さに切り揃えておきます。吸い地のだし汁をひと煮立ちさせ、塩と薄口醤油で味を調え、松茸と車海老を入れてさっと煮ます。

【盛りつけ】

碗(椀)に松茸と車海老を盛り分けて熱い吸い地を張り、吸い口に糸三つ葉を添えます。

9 焼きもの三種盛りを作ります。かますは鱗を取って頭を落とし、わたを抜いて三枚におろし、小骨を抜いたのち、両褄《りょうづま》折りにして金串を打ち、皮目に十字の飾り庖丁を入れて薄塩をふります。車海老は背わたを抜き、酒醤油に10分ほどつけたのち、汁気を拭いて背を曲げた形なりに金串を打ち、かますとともに強火の遠火で焼き上げ、熱いうちに金串を抜きます。

10 栗の甘露煮は汁気を拭き、形を崩さないように金串を打って、強火の遠火でこんがりと焼き色がつく程度に焼き上げ、金串を抜きます。

【盛りつけ】

器に松葉を風情よく敷き、奥左手寄りにかますの両褄折り焼き三切れを、俵重ねに盛り、右手前に車海老の酒醤油焼き、手前中央左寄りに焼いた栗を盛ります。

# 器重ね点心五種盛り

吸いもの

海老真蒸と菊の葉の吸いもの椀

煮もの

胡麻豆腐の柿まんじゅう

●四一頁参照

## ■材料〈四人分〉

**生雲丹のわさび醤油**

生雲丹……20粒　わさび……適宜

醤油……適宜

**茹で海老のあけび釜**

車海老……8尾　あけび……4個

*つま類(若布3g　菊花4輪)

塩、酢……各適宜　わさび……適宜

*三杯酢(酢、薄口醤油＝各大匙5　味醂大匙3)

**鮭の幽庵焼き**

鮭のおろし身200g　酢取り生姜…4本

*橘地《たちばなじ》(幽庵地《味醂大匙5　醤油大匙3　酒大匙2》　すだち適宜)

**大納言と銀杏の卵真蒸**

真蒸地(すり身200g　卵白½個分　味醂小匙2　塩小匙1)

大納言…½カップ　銀杏……12粒

ロースハム…2枚　卵黄……適宜

*《菊の葉4枚》

**笹鰈ご飯俵むすび**

笹鰈ご飯(米2カップ　水2.2カップ　酒大匙3　塩小匙1　《笹鰈2尾》)

青海苔……適宜

**海老真蒸と菊の葉の吸いもの椀**

海老真蒸(車海老4尾　銀杏10粒　すり身150g　卵白⅓個分　味醂、塩＝各少々)

菊の葉……4枚　重曹……少々

塩……適宜　柚子……適宜

*吸い地(だし汁3カップ　塩小匙1　薄口醤油少々)

**胡麻豆腐の柿まんじゅう**

柿(小)……4個

胡麻豆腐(あたり胡麻、本葛＝各⅓カップ　薄いだし汁3カップ　塩少々)

小麦粉……適宜　揚げ油……適宜

*煮汁(だし汁3カップ　味醂、薄口醤油＝各⅓カップ)

柚子……適宜

## ■作り方

1 生雲丹のわさび醤油を作ります。生雲丹は色のよい、粒の揃ったものを用います。小猪口に粒を重ね盛りにし、おろしわさびと醤油を用意しておきます。

2 茹で海老のあけび釜を作ります。車海老は背わたを抜き、塩を少量加えた熱湯で茹でて冷まし、頭を取って殻をむきます。あけびは色のよいものを選び、縦に切り目を入れて口をあけ、中身を取り除いておきます。

3 若布は水で戻して熱湯をかけ、水にとって色出しをし、筋を取って食べよく切ります。菊花は酢を少量落とした熱湯で茹で、水にとってさらし、きつく絞ります。若布、車海老、菊花を順に三杯酢で洗ってあけび釜に盛り込み、おろしわさびを用意しておきます。

4 鮭の幽庵焼きを作ります。鮭はおろし身を四つに切り、幽庵地にすだちの薄い輪切りを加えた橘地に、5分ほどつけておきます。汁気をきって金串を刺し、強火の遠火で焼き、途中で二〜三

### 橘地(たちばなじ)

幽庵地(味醂大匙5　醤油大匙3
酒大匙2)

柑橘類(すだち、柚子などの輪切り)

分量の調味料を合わせた中に、薄く輪切りにしたすだちなどを加えます。

◉脂気の強い魚によく合うつけ汁で、さわやかな香りに季節感も強調されます。

### 幽庵地

味醂大匙5　醤油大匙3　酒大匙2

以上の割合分量の調味料を合わせます。

◉魚や鶏肉などの焼きものの代表的つけ汁で江戸中期、近江堅田《かたた》の茶人・堅田祐庵の創案によるもの。祐庵は茶事や作庭に造詣の深い趣味人で、幽庵とも号したところから〝祐(幽)庵〟二つの書き表わし方で通っています。

### 三杯酢

酢大匙5　薄口醤油大匙5　味醂大匙3

以上の割合分量の調味料を合わせ、さっとひと煮立ちさせて冷まします。

◉肉、野菜類には特によく合い、広く酢のものには欠かせない加減酢です。なお、今は二杯酢、三杯酢と書くのが一般的ですが、配分する意味から〝配〟が本来です。

度つけ汁をかけながら焼き上げ、熱いうちに串をまわして抜きます。酢取り生姜を杵形に整えておきます。

5大納言と銀杏の卵真蒸を作ります。大納言は水に戻して弱火にかけ、皮を切らないように固めに茹で、汁気をきってさっと洗い、笊に上げておきます。銀杏は鬼殻を割り取り、茹でながら穴杓子の底で転がして薄皮をむき、水にとって色出しをしたのち細かく刻み、ロースハムも刻んでおきます。

6真蒸地のすり身をすり鉢ですり、卵白とそのほかの調味料を加えてさらによくすり、大納言、銀杏、ロースハムを混ぜ合わせ、蒸し缶にきっちりと詰めて蒸し器に入れ、25分ほど蒸します。自然に冷まして切り分けます。

7笹鰈ご飯俵むすびを作ります。米は炊く1時間前にといで笊に上げておき、分量の水、調味料とともに普通に炊き上げ、充分に蒸らします。笹鰈は、熱した焼き網で焦がさないように焼き上げて身だけをほぐし取っておき、飯台にあけたご飯を混ぜ合わせます。これを幕の内型で抜いて軽く俵形に握り、形を整えて天に青海苔をふります。

【盛りつけ】

折敷盆に細工器を重ね、細工器の奥右寄りにあけび釜を置き、その左手前に鮭の幽庵焼き、前に菊の葉を立てかけるように敷いて卵真蒸を盛り、左手前に俵むすびを重ねて盛り、あけび釜におろしわさび、鮭の焼きものに杵生姜を立てかけます。折敷全面から見て、不等辺三角形の三点めにあたる右手前の空《あき》部分に、生雲丹の小猪口を配し、天におろしわさびをのせて、へりから醤油を少量注ぎ入れてお出しします。

8海老真蒸と菊の葉の吸いもの椀を作ります。車海老は背わたを抜いて塩を少量加えた熱湯で茹で、頭を取って殻をむき、二〜三つに切っておき、銀杏は鬼殻を割り取り、茹でながら穴杓子の底で転がして薄皮をむき、水にとって色出しをしたのち、粒を半分に切ります。分量のすり身をすり鉢ですり、卵白、味醂、塩を加えてさらにすり、海老と銀杏を混ぜ合わせて蒸し缶に詰め、蒸し器で20分ほど蒸して冷まします。

9菊の葉は、重曹を加えた熱湯でさっと茹で、水によくさらして水気をきります。吸い地のだし汁をひと煮立ちさせ、塩と薄口醤油で味を調えます。

【盛りつけ】

椀に海老真蒸を切り分けて盛り、菊の葉を添えて煮えばなの吸い地を張り、吸い口にへぎ柚子を浮かべます。

10胡麻豆腐の柿まんじゅうを作ります。柿はへたの部分から三分《ぶ》ほどを切り落とし、中をほどよくくり抜き、皮をきれいにむいておきます。胡麻豆腐の分量にあたり胡麻と本葛をボウルに合わせ、薄めのだし汁で溶きのばして漉し、鍋に入れて弱火にかけます。木杓子でかき混ぜながら塩で味を調え、ぽってりとするまで練り上げて柿のくり抜きあとに流し込み、冷やして固めます。次に全体に小麦粉をまぶし、中温の揚げ油でゆっくりと揚げます。煮汁のだし汁と調味料を合わせひと煮立ちさせ、揚げた柿を入れて煮含めます。

【盛りつけ】

器に柿の揚げ煮を盛り、煮汁を多めに張っておろし柚子を散らします。

■調理覚え書

●あけび釜や栗のいが盛りのような成りものは、単品でよりも、変わり八寸的な盛り込みの一品として使うと一層映えます。

# 祝い肴点心七種盛り

## 小吸いもの
## 牡蠣《かき》とうこぎの清まし汁椀

●四一頁参照

■材料〈四人分〉

**鶏と鮭の三色蒸し**

鮭の生地（鮭の上身250g　卵1/3個分　味醂小匙1　塩小匙1/2）

鶏肉の生地（鶏挽き肉150g　卵1/3個分　薄口醤油小匙2　砂糖小匙1　パセリのみじん切り大匙1/2）

三つ葉の生地（切り三つ葉1/3把　卵黄2個　酒、塩＝各少々）

**ムール貝のコキール風**

ムール貝……4個　ニンニク……適宜

バター……適宜　パセリ……適宜

**蟹棒の欧風焼き**

蟹棒……4本

＊クリーム生地（バター大匙2　生クリーム、塩＝各少々）

人参……少々　ピーマン……少々

＊雲丹そぼろ（雲丹、卵黄＝各適宜）

**鶏挽き肉の磯辺茶巾**

真蒸地（鶏挽き肉150g　卵1/2個分　砂糖、醤油＝各小匙2　パセリのみじん切り適宜）

薄焼き卵……4枚　海苔……4枚

赤キャビア……大匙2

**花南瓜**

真蒸地（芝海老250g　卵白1/3個分　塩、味醂＝各少々）

雲丹そぼろ…適宜

＊《柄つきの南天の葉4枚》

**焼き鶏串**

鶏もも肉……1枚　塩……適宜

**鍵わらび**

わらび……12本　重曹……小匙1

＊《菊の葉8枚》

**白胡麻ご飯山形菜巻き**

白飯……4杯分　白胡麻……適宜

山形菜漬……適宜　奈良漬……適宜

**牡蠣とうこぎの清まし汁椀**

生牡蠣……12粒　うこぎ……4本

塩……少々　柚子……適宜

＊吸い地（だし汁3カップ　塩小匙1　薄口醤油少々）

■作り方

1鶏と鮭の三色蒸しを作ります。まず鮭の上身は皮と血合いを除き、細かく刻んでたたいたのち、すり鉢ですって卵と調味料を加え、さらにすり混ぜます。鶏挽き肉は、皮と脂を除いて二度挽きしたものをすり鉢ですり、卵と調味料を加えてよくすり、パセリのみじん切りを混ぜ合わせます。蒸し缶に鮭の生地を平らに広げて詰め、上に鶏の生地を同様に詰め、蒸し器で15分ほど蒸したのち、布巾で表面の水分を拭き取り除きます。

2切り三つ葉は軸を3㎝長さに切り、溶いた卵黄と混ぜ合わせて酒、塩を加えて味を調え、先の蒸し缶の表面に広げ、さらに5分ほど蒸し上げて自然に冷まし、切り分けます。

3ムール貝のコキール風を作ります。ムール貝はよく洗って蒸し器で蒸し、口が開いたら取り出して、上の殻を取り除きます。オーブンの天板に並べ、おろしニンニクを表面に散らしてのせ、バターをのせて強火で焼き上げ、パセリのみじん切りを散らします。

4蟹棒の欧風焼きを作ります。蟹棒の身を崩さないように軟骨を除いておき、バターに生クリームを混ぜ合わせて塩で味を調え、絞り出しに入れて蟹棒の表面に絞り出します。人参、ピーマンはともにみじん切りにし、クリームの上に散らして中温のオーブンに入れ、焦がさないように焼き上げます。

5雲丹を裏漉しにかけて卵黄とともに鍋に合わせ、弱火で、箸五〜六本でかき混ぜながら気長に煎り、鍋底が焦げてきたら鍋を換えてさらに煎り、ぽろぽろになったら再び裏漉しにかけ、さらによく煎って雲丹そぼろを作っておき、焼き上げた蟹棒の表面に散らします。

6鶏挽き肉の磯辺茶巾を作ります。鶏挽き肉は皮と脂を除いて二度挽きしたものをすり鉢ですり、卵と調味料を加えてよくすり混ぜ、パセリのみじん切りを混ぜ合わせて四等分しておきます。薄焼き卵を用意して10㎝角に切り整え、真蒸地を包んで丸く茶巾形にし、皿にのせて蒸し器で15分ほど蒸します。冷めたら焼き海苔できっちりと包み、中央に十字の切り目を入れてざくろ様《よう》に開き、赤キャビアを軽く詰めます。

7花南瓜を作ります。芝海老は背わたを取って殻をむき、細かく刻んでたたいたのち、すり鉢ですって卵白と調味料を加えてよくすり混ぜ、四等分してやや偏平の丸形に整え、ナイフの背で南瓜形に筋をつけて皿にのせ、蒸し器で20分ほど蒸し上げ、雲丹そぼろを全体にまぶして南天の葉をあしらいます。

8焼き鶏串を作ります。鶏もも肉は皮と脂を取り除き、ひと口大に切って金串に刺し、塩をふって焦がさないように焼き上げます。熱いうちに金串を抜き、鉄砲串に刺し替えます。

9あしらいの鍵わらびを用意します。わらびは大きめのボウルに入れて重曹をふりかけ、たっぷりの熱湯をかけてひと晩おき、水洗いをしてアクを抜いたのち、熱湯で軽く茹でます。

10白胡麻ご飯山形菜巻きを作ります。炊きたてのご飯に煎った白胡麻を適量混ぜ、幕の内の抜き型で抜きます。山形菜漬は葉を幕の内の長さに合わせて切り、ご飯にぐるりと巻いて仕上げます。奈良漬は食べよい厚さに切ります。

【盛りつけ】

大型の盛り盆に天紅の地紙をやや奥寄りに敷き、その中央に鶏と鮭の蒸しものを盛り、左脇にムール貝、さらに左寄り手前に菊の葉二枚をずらすように重ねて立てかけ、蟹棒の欧風焼きを横長に盛り合わせます。この左脇の二点と対称位置の右空《あき》部分に、磯辺茶巾と花南瓜を盛り、中央前寄りに焼き鶏串、その奥中心部分に鍵わらびをあしらい、盛り盆の手前左寄りに山形菜巻きのご飯を俵形に積み、右寄りに奈良漬を添えます。

11牡蠣とうこぎの清まし汁椀を作ります。生牡蠣は熱湯でさっと茹で、笊に上げておきます。うこぎは塩を少量加えた熱湯で茹で、冷水にさらしてアクを取り、冷ましてほどよい大きさに切ります。吸い地のだし汁をひと煮立ちさせて塩と薄口醤油で味を調えます。

【盛りつけ】

椀に牡蠣とうこぎを盛って煮えばなの吸い地を張り、吸い口にへぎ柚子を浮かべます。

■調理覚え書

●地紙や扇に盛る際は必ず、染みよけの〝礬砂《どうさ》引き(水¼カップを熱し、日本画用の液状膠《にかわ》大匙1を溶き、焼き明礬《みょうばん》小匙1を煮溶かしたのち刷毛でぬる)〟をします。

●扇類のほか色紙、短冊を折敷に重ねる手法は、酒席の前菜・口替わりに最適です。

## 大安好日点心箱 九種盛り

吸いもの
茗荷《みょうが》の卵とじ椀

●四四頁参照

■材料〈四人分〉

**鯛の皮霜造り**

鯛の上身(皮つき)……………300g

*けんとつま (茗荷竹4本 大葉8枚

### 高野豆腐の戻し方

◉高野豆腐(凍り豆腐)をバットに並べ、60℃程度の湯をかぶるくらいまで入れて落とし蓋をします。約1時間ほどおいて芯がなくなるまで戻したのち、ボウルにたっぷりの水を張って1個ずつ移し、手のひらではさんで流水の下で押し洗いをします。濁り水が出なくなるまでこれを繰り返し、水気を固く絞って調理します。

### わらびのアク抜き

わらび700g　重曹大匙1.5(または藁灰)

ボウルにわらびを入れ、重曹をまぶしてたっぷりの熱湯をかけ、浮かないように軽く重石をしてそのまま冷まします。

水洗いをしたのち熱湯で茹で、水にさらして調味します。

◉藁灰の場合も同じ要領でアク抜き、下茹でをし、充分に水にさらして使います。

### 雲丹そぼろ

練り雲丹大匙4　　卵黄2個

以上の割合分量を目安に用意し、雲丹を裏漉しにかけて卵黄とともに鍋に合わせ、弱火にかけます。箸5〜6本でかき混ぜながら気長に煎り、鍋底が焦げてきたら鍋を代えてさらに煎り、ぽろぽろになったら再び裏漉しにかけ、もう一度煎って仕上げます。

胡瓜適宜）
わさび……適宜

**茹で車海老**

車海老……4尾　塩……少々

**う巻き卵**

鰻の蒲焼き…1串　酒……少々
＊卵地（卵5個　だし汁大匙2　味醂大匙4　砂糖小匙1　薄口醤油、塩＝各少々）
サラダ油……適宜

**鶏もも肉のもろみ焼き**

鶏もも肉……½枚　もろみ味噌大匙3

**鱧《はも》の松皮焼き**

鱧のおろし身1筋　青海苔……適宜
＊幽庵地（味醂大匙5　醤油大匙3　酒大匙2）
酢取り生姜…4本

**高野豆腐の鶏巻き蒸し**

高野豆腐……1枚　鶏もも肉……1枚
＊鯛の生地（鯛のおろし身100g　卵白⅓個分　砂糖小匙½　味醂大匙1　塩少々　京人参50g　枝豆½カップ）
塩……適宜　サラダ油……適宜
＊幽庵地（味醂大匙5　醤油大匙3　酒大匙2）

**四方砧巻き**

大根……26cm長さ　人参……1本
ちしゃのとう……13cm長さ
水前寺海苔……4×13cm
塩……適宜
＊甘酢（酢、味醂＝各大匙5　塩少々）

**茹でオクラ**

オクラ……4本　塩……適宜

**花弁物相筍ご飯**

筍ご飯（米2カップ　水2.2カップ　酒大匙2　薄口醤油大匙1.5　味醂大匙½　塩少々　茹で筍150g）
しば漬け……適宜

**茗荷の卵とじ椀**

茗荷竹……8本　卵、卵黄…各3個
＊吸い地（だし汁3カップ　酒大匙2　塩小匙1　薄口醤油少々）
木の芽……4枚

**■作り方**

1 鯛の皮霜造りを作ります。鯛の上身は抜き板に皮上に置き、固く絞ったぬれ布巾をかけて熱湯を注ぎかけ、氷水で手早く冷やして水気を拭き、ひとりあて八切れの引き造りにします。茗荷竹は斜め3cm長さの薄切りにし、水に放してパリッとさせ、水気をきります。胡瓜は細いものを用意して花落ちの部分を落とし、縦斜めに三方から庖丁目を入れて取り除き、はずした所をぐるりとむき整えて同じように切り込みを入れてはずし、底を平らに切ってわさび台を作っておきます。

2 茹で車海老を作ります。車海老は背わたを抜いて塩を少量加えた熱湯で茹で、笊にとってあおいで冷まし、頭と尾を落として殻をむきます。

3 う巻き卵を作ります。鰻の蒲焼きは、酒を少量ふって温める程度に焼き、1cm幅に刻みます。卵を溶きほぐしてだし汁と調味料をよく混ぜ合わせ、漉しておきます。卵焼き鍋を熱してサラダ油を引き、卵地の⅕量を流して半熟になったら中央に鰻をのせ、両側から卵をかぶせるように巻き、向う側に押して手前に油を引き、卵地を再度⅕量流して焼いた卵の下にも流し込んで焼き、半熟になったら手前に巻き、残りの卵地を三度くらいに分けて同じ要領で焼き上げ、俎《まな》板にとって角に整えて切り分けます。

4 鶏もも肉のもろみ焼きを作ります。鶏もも肉は脂を丁寧に取り、もろみ味噌をまぶして4～5時間おいたのち、味噌をきれいにぬぐい取ってよく熱した焼き網にのせ、中火で焦がさないように両面を焼いて、食べよい大きさに切り分けます。

5 鱧の松皮焼きを作ります。鱧はおろし身を用意して皮一枚残すように、深く細かい骨切り庖丁を入れます。縦に三本金串を打ち、一度白焼きにしたのち、幽庵地を二～三度かけながら焼き上げ、串をはずして4cm幅に切り分け、青海苔をたっぷりとかけます。酢取り生姜を杵形に調えておきます。

6 高野豆腐の鶏巻き蒸しを作ります。高野豆腐はぬるま湯で戻し、両手のひらではさんで水が澄むまで洗います。鯛は上身にして皮を引き、細かく刻んですり鉢ですり、卵白と調味料を加えてさらによくすります。京人参はあられに切って茹で、枝豆は塩茹でして薄皮をむき、ともにすり身に混ぜます。

7 鶏もも肉は皮と脂を除いて庖丁を入れて薄く開き、すり身を棒状にとって手前にのせて巻き込み、巻き簀で巻いて蒸気の上がった蒸し器に入れて25分ほど蒸し、冷まします。次に、フライパンを熱してサラダ油を引き、巻き簀を

### 土佐醤油

味醂大匙1　水大匙5　鰹節25g
醤油1.5カップ
分量の味醂と水、鰹節を合わせてひと煮立ちさせ、冷まして醤油を加えたのち、鰹節を漉し取って仕上げます。
◉刺身醤油に味の変化をつけたもの。土佐の名は、土佐名産で知られる鰹節に因んだものです。

### 煎り酒

◉古来、なますなどに使ってきた調味料で、日持ちがよく、まとめて作ると刺身のつけ醤油のベースや魚介の下拵えにも重宝です。ただ手前作りのもので、著者は、酒一升を熱して煮立つ直前に冷まし、これを繰り返して梅干し2～3個を入れ、煎り塩で味を調え、欠き残しの鰹節をしばらくつけたのち、漉して作っています。

### 味噌椀地

だし汁（合わせ一番だし）3カップ
合わせ味噌大匙5
だし汁をひと煮立ちさせ、味噌を溶き入れて煮えばなを椀に張ります。
◉味噌は、できるだけ遠隔地産のものを合わせます。

はずした真蒸を焼いて幽庵地を加え、転がしながら汁が少なくなるまで煎り焼きにし、切り分けます。

8 四方砧巻きを作ります。大根は13cm長さに切り分けてかつらむきにし、塩水につけてしんなりとさせ、甘酢につけます。残り13cm長さの大根、人参、ちしゃのとうは、それぞれ1cm角・13cm長さに切り揃え、別々に茹でて甘酢につけます。水前寺海苔は水で戻し、1cm幅に切っておきます。

9 それぞれ汁気をよくきり、人参、大根、水前寺海苔、ちしゃのとうを角に整えてかつらむきの大根で巻き、ラップで巻いて形を落ち着かせ、3cm厚さに切り分けてラップをはずします。

10 茹でオクラを作ります。オクラは塩をまぶしてもみ、うぶ毛を除いて熱湯でさっと茹でて水にとり、冷まして水気をきっておきます。

11 花弁物相筍ご飯を作ります。米は炊く1時間前にといで笊に上げておき、茹で筍は縦半分に切って、薄切りにしておきます。米に分量の水と調味料、筍を合わせて普通に炊き上げ、充分に蒸らします。飯台にあけて桜の花弁形の物相で抜きます。しば漬けを食べよく切っておきます。

【盛りつけ】

二段重ね長手点心箱の上段は、左奥にう巻き卵を盛り、その手前左に高野豆腐の鶏巻き蒸し、右に鶏のもろみ焼き、さらに右手前に鱧の松皮焼きを順に盛り込みます。続いて右寄り奥に茗荷竹のけんを盛り、大葉二枚をずらし気味に重ねてけんに立てかけ、鯛の皮霜引き造りを五切れ、三切れと二列に盛り、右脇に茹で車海老、四方砧巻きを盛り合わせます。刺身の脇におろしわさびをのせた胡瓜のわさび台、高野豆腐の鶏巻き蒸しと鱧の松皮焼きの間に杵生姜、四方砧の左脇に茹でオクラをそれぞれあしらいます。

下段には花弁物相筍ご飯を盛り、左手脇にしば漬けを添え、二段を重ねて蓋をしてお出しします。

12 茗荷の卵とじ椀を作ります。茗荷竹は斜めの薄切りにし、全卵と卵黄はボウルに割りほぐしておきます。鍋に吸い地のだし汁を入れてひと煮立ちさせ、調味料を加えて味を調え茗荷竹を入れ、煮立ってきたら卵を全体にまわし入れ、蓋をして火を弱め、半熟に仕上げて火を止めます。

【盛りつけ】

椀に実と汁をバランスよく盛り込んで、吸い口に木の芽を浮かべます。

# 〝料亭懐石と茶懐石〟の料理

**先付**
鮭の温燻《おんくん》

**ご飯**
車海老の飯蒸し

**汁**
茄子の味噌汁

**お造り**
鯛引き造りと赤貝

●五〇頁参照

■**材料**〈四人分〉

**鮭の温燻**

温燻……60g　レモン汁……少々

**車海老の飯蒸し**

車海老……8尾　黒胡麻……少々
*酒塩（酒、塩＝各適宜）
*こわ飯（もち米2カップ　酒1/3カップ　塩小匙1/2　水適宜）

**茄子の味噌汁**

茄子……2個　溶き辛子……適宜
*吸い地（だし汁3カップ　麦味噌大匙4）

**鯛引き造りと赤貝**

鯛の上身……1筋　赤貝……4個
*けんとつま（茗荷竹4本　大葉4枚　花丸胡瓜4本）
塩……適宜　わさび……適宜
*土佐醤油（醤油1.5カップ　味醂大匙1　鰹節25g　水大匙5）

■**作り方**

1 鮭の温燻を作ります。温燻は色のよいものを求め、皮と血合いを除いて厚めのそぎ切りにします。

【盛りつけ】

珍味入れに温燻のそぎ切りを盛り分け、レモン汁を少量落とします。

2 車海老の飯蒸しを作ります。車海老は背わたと頭を取って殻をむき、2cmほどに刻んで酒塩に5〜6分つけておきます。もち米はといで4時間ほど水につけたのち、水をきって釜に入れ、分量の酒と塩を加えてひたひたに水を入れ、約30分おいて普通に炊き上げ、汁気をきった車海老を加えて蒸らします。飯台にあけて混ぜ、あおいで粗熱をとります。黒胡麻を煎っておきます。

【盛りつけ】

四ツ椀に三口ほど盛り、天に黒胡麻を

散らして蓋をします。

③茄子の味噌汁を作ります。茄子はまわしながら全体をあたり棒などでたたき、柔らかくしてへたをとり、中火で丁寧に網焼きをして焦げ目をつけ、冷水にとって皮をむきます。天地を切って3cm長さの輪切りにし、巻き簀で軽く巻いて水気をきります。

④吸い地のだし汁を煮立て、漉し器で麦味噌を溶き入れ、ひと煮立ちさせて火を止めます。

【盛りつけ】

椀に茄子を等分して入れ、煮えばなの吸い地を張って溶き辛子を落とし、蓋をします。

⑤鯛は上身を用意して皮を引き、引いた背側を下にしてひとりあて二切れの引き造りにします。赤貝は殻をはずしてひもと柱を取り、開いてわたをこそげ、塩で手早くもんで水洗いをし、二枚に切って赤みの濃いへりに切り目を入れ、花弁形に造ります。

⑥茗荷竹は斜めに薄くけんに打ち、水に放してさらし、パリッとさせて水気をきります。つけ醤油として、分量の味醂と水、鰹節を合わせてひと煮立ちさせ、冷まして醤油を加え、漉しとって土佐醤油を仕上げておきます。

【盛りつけ】

器に茗荷竹のけんを盛り、大葉を立てかけて鯛の造り身を盛り、手前に赤貝を盛り合わせます。けんの右脇に花丸胡瓜をあしらい、おろしわさびを添えます。

小猪口で土佐醤油をお出しします。

以上、ご飯と一汁一菜は会席膳に置き合わせ、先付けとともに持ち出します。

## 煮もの椀
### たこと蓮根の炊き合わせ
## 焼きもの
### 鰻と海老の双身焼き

●五二頁参照

■材料〈4人分〉

**たこと蓮根の炊き合わせ**

たこの脚(茹でたもの)……8本
＊下煮用(水5カップ　酒1/3カップ)
＊煮汁(醤油1/4カップ　砂糖大匙2　味醂1/3カップ)
蓮根(大)……1節　酢……少々
＊蓮根の煮汁(八方地《だし汁2カップ　味醂、薄口醤油＝各1/4カップ》)
ほうれん草…1把　塩……少々
＊ほうれん草のつけ汁(だし汁1カップ　薄口醤油大匙1強)
溶き辛子……適宜

**鰻と海老の双身焼き**

鰻の白焼き(長いもの)……2本
＊海老の真蒸(芝海老のむき身200g　卵1/2個分　塩少々)
小麦粉……適宜
＊焼きだれ(酒大匙2　醤油大匙3)
菜の花……1/2把　塩……適宜
＊菜の花のつけ汁(だし汁1カップ　薄口醤油大匙1)
木の芽……40枚

■作り方

①たこと蓮根の炊き合わせを作ります。茹でだこは中くらいのものを用意して脚を一本ずつはずし、脚先を切り落とします。鍋に下煮用の水と酒を合わせてたこを入れ、煮立ってきたら弱火にして柔らかく、煮汁が少なくなるまで下煮をし、さらに煮汁の調味料を加えて充分に煮含めます。

②蓮根は皮をむいて縦半分に切り、1cm厚さに切って酢水にさらします。鍋に八方地の調味料を合わせてひと煮立ちさせ、蓮根を入れて煮上げます。

③ほうれん草はよく洗ってそうじし、塩を加えた熱湯で茹でて水にとり、さらして水気を絞ります。つけ汁のだし汁をひと煮立ちさせて薄口醤油を加え、人肌に冷ましてほうれん草を10分ほど浸し、きつくしぼって5cm長さに切り揃えます。

【盛りつけ】

煮もの椀にたこの脚を盛り、手前に蓮根とほうれん草を盛り合わせ、たこの煮汁を少量注いで溶き辛子を天に添えます。

④鰻と海老の双身焼きを作ります。鰻の白焼きは5cm幅に切ります。芝海老のむき身は粗くたたき、すり鉢ですって卵と塩を加えてよくすり混ぜておき、鰻の皮側に小麦粉を薄くはたいて真蒸地を等分して平らにつけます。皿にのせて蒸気の上がった蒸し器で5分ほど蒸して冷まし、金串を打って強火の遠火で焼き、途中焼きだれを二〜三度つけてはあぶり、焼き上げて金串をはずします。

⑤菜の花はつぼみのものを用意し、花先を2cmほど切って塩を少量加えた熱湯で茹で、水にとって色出しをしてきつく絞っておきます。つけ汁のだし汁をひと煮立ちさせて薄口醤油を加え、人肌に冷まして菜の花を10分ほど浸し、きつく絞っておきます。木の芽をたたいておきます。

【盛りつけ】

器に双身焼きを二切れ盛り込み、たたき木の芽をのせて菜の花を前に添えます。

## 小吸いもの
### 焼き浅蜊と蓴菜《じゅんさい》
## 口替わり三種盛り
### 鮑の塩蒸し、車海老の八方煮、石川芋の黄身焼き
## 酢のもの
### たこと胡瓜の三杯酢

●五四頁参照

■材料〈四人分〉

**焼き浅蜊と蓴菜の小吸いもの**

浅蜊……20個　蓴菜……20芽
＊吸い地(だし汁3カップ　酒大匙1　塩小匙1　薄口醤油少々)
胡椒……少々

**口替わり三種盛り**

鮑……1杯　車海老……4尾
石川芋……8個　塩……適宜
卵黄……1個　干しあんず…4個
＊鮑の蒸し地(酒大匙3　塩小匙2/3　水大匙2)
＊車海老の煮汁(八方地《だし汁1カップ　味醂、薄口醤油＝各大匙2》)
＊あんずのつけ汁(砂糖、水＝各1/2カップ　酒大匙4)

酢取り生姜…4本

**たこと胡瓜の三杯酢**

たこの吸盤…20粒　胡瓜……8cm長さ
白魚………20尾
＊三杯酢(酢、薄口醤油＝各大匙5
　味醂大匙3)

■**作り方**

1 焼き浅蜊と蓴菜の小吸いものを作ります。浅蜊は砂抜きをしたものを用意し、蒸し器で蒸して口が開いたら身をはずし取り、笊にとって水の中でふり洗いをし、水気をきります。これを金串に刺し、強火でさっとあぶり焼きにして、熱いうちに串を抜きます。

2 吸い地のだし汁をひと煮立ちさせ、調味料を加えて味を調えます。蓴菜と胡椒を用意しておきます。

【盛りつけ】

小吸いもの椀に焼き浅蜊を入れ、煮えばなの吸い地を張って蓴菜を浮かせ、吸い口に胡椒をふります。

3 口替わり三種盛りを作ります。鮑は塩をたっぷりまぶしてもみ洗いし、殻をはずして口とひも、わたを取り除いておろしたのち、鍋に分量の酒、塩、水とともに入れて蒸し煮にし、縦半分に切って1cm厚さに切り分けます。

4 車海老は背わたを抜き、八方地をひと煮立ちさせた中で軽く煮て火を止め、そのまましばらくおいて味を含ませたのち、頭と尾を切って殻をむきます。

5 石川芋は天地を切って蒸し器で柔らかく蒸し、皮をむいて金串に刺します。塩を少量ふって焦がさないように焼き、溶いた卵黄を刷毛でぬってあぶり焼きにして仕上げ、鉄砲串に二個をひと組に刺し代えます。

6 干しあんずは耐熱のボウルに入れ、ひたひたの水で戻してそのまま蒸します。つけ汁の調味料を合わせて煮立て、冷ました中に熱いうちにつけ込みます。酢取り生姜を杵形に整えておきます。

【盛りつけ】

長手皿の左右に五分の一ずつの余白をとり、まず左手上寄りに鮑の塩蒸しを二切れ盛り、その右脇に車海老、手前に石川芋の串をやや右上がりに盛り合わせます。器の右手やや手前寄りに、軽く汁気をきったあんず、石川芋の串にかけるように杵生姜をあしらいます。

7 たこと胡瓜の三杯酢を作ります。たこの吸盤は笊に入れて熱湯を通し、冷水にとって冷まし、水気を拭きます。胡瓜は種の部分を除き、4cm長さの短冊に切ります。白魚は熱湯にくぐらせる程度にさっと茹で、笊にとって冷ましておき、三杯酢を用意しておきます。

【盛りつけ】

三種をざっくりと混ぜ合わせて器に盛り、三杯酢をかけてお出しします。

**強肴**
**蟹と筍の錦玉《きんぎょく》寄せ**
**進肴**
**車海老黄身巻き蒸し**
●五六頁参照

■**材料**〈四人分〉

**蟹と筍の錦玉寄せ**

蟹のほぐし身100g　茹で筍(小)…1本
＊下煮用(だし汁1カップ　味醂大匙2
　薄口醤油大匙3)
寒天………1本　粉ゼラチン大匙½
＊ゼラチン用(水大匙1.5)
＊寒天用煮汁(だし汁3カップ　酒⅓
　カップ　塩小匙⅔)
花穂じそ……4本　割り醤油……適宜

**車海老黄身巻き蒸し**

車海老……8尾　塩…………適宜
＊黄身真蒸地(茹で卵黄8個　卵黄½
　個分　塩、味醂＝各少々)
そら豆……30粒
＊そら豆のすり流し風汁(だし汁1カ
　ップ　酒大匙1　塩少々)

■**作り方**

1 蟹と筍の錦玉寄せを作ります。まず寒天をちぎって水につけ、粉ゼラチンは分量の水でふやかしておきます。蟹の身は軟骨を除いて粗くほぐし、筍は4cm長さの繊《せん》切りにします。下煮用の調味料を合わせてひと煮立ちさせ、筍と蟹の身を加えて再びひと煮立ちさせて火を止め、そのまま冷まします。

2 寒天の水気を絞り、分量のだし汁に入れて火にかけ、浮いてくるアクを除きながら煮溶かし、酒と塩で味を調えて一旦漉し器で漉したのち、ふやかしたゼラチンを加えてよく溶き混ぜます。蟹と筍の汁気をきり、寒天地にくぐらせて流し缶に入れ、さらに寒天地を流し入れて冷水につけ、冷やし固めたのち、流し缶をはずして切り分けます。

【盛りつけ】

やや深手の器に寄せものを盛り、花穂

### すり流し椀

◉古典の吸いものに、汁の実を庖丁で細かく打つ〝はやし(囃)椀〟、さらに細かくすりおろす〝すり流し椀〟があり、いずれも葛でとろみをつけたのど越しのよさが特徴です。すり流しの代表例は冬瓜やそら豆、枝豆。冬瓜は鬼おろしでおろして、豆類は茹でて裏漉します。ことに、冷めたく仕上げたすり流しは、夏の逸品です。

### 蒸し鮑の手法

蒸し地(酒大匙3　塩小匙⅔　水大匙2)

おろした鮑1杯を分量の酒塩、水とともに鍋に入れ、蓋をして蒸し煮にします。

◉このほか酒塩をふりかけて約30分、または薄塩をふって15分ほど、強火で蒸し上げる酒塩蒸し、塩蒸しなどが近年の手法です。ちなみに古来の塩蒸しは、薄い塩水に入れて汁がなくなるまで煮ます。

### 三杯酢

酢大匙5　薄口醤油大匙5　味醂大匙3

以上の割合分量の調味料を合わせ、さっとひと煮立ちさせて冷まします。

◉肉、野菜類には特によく合い、広く酢のものには欠かせない加減酢です。なお、今は二杯酢、三杯酢と書くのが一般的ですが、配分する意味から〝配〟が本来です。

じその先端部分だけを切って天盛りにします。醤油を適量のだし汁で割った割り醤油を注ぎ入れるか、別に添えます。

3 車海老黄身巻き蒸しを作ります。車海老は背わたを抜いてのし串を打ち、塩を少量加えた熱湯で茹で、笊に上げて手早く冷まして頭と尾を切り、殻をむいたのち腹開きにします。茹で卵の黄身を裏漉しし、生の卵黄と塩、味醂を加えてよく混ぜ合わせ、二等分して棒状にまとめます。

4 ラップを広げて車海老の頭と尾側を交互にして四本並べ、中央に棒状の黄身真蒸をのせて巻き込み、上から巻き簀で巻いて筒状に整え、これを二本作って蒸し器で20分ほど蒸し上げます。冷めたら巻き簀とラップをはずし、切り分けます。

5 そら豆は塩を少量加えた熱湯で茹でて皮をむき、冷まして裏漉しをして鍋にとり、分量のだし汁を加えて溶きのばします。酒と塩を加えて吸い地くらいの味に調え、ひと煮立ちさせて冷まします。

【盛りつけ】

底の平らな器にそら豆の汁を張り、海老巻き蒸しを俵積みに盛り込みます。

■調理覚え書

●錦玉《きんぎょく》(寄せ)が、和菓子の錦玉羹《かん》の応用から料理の世界に持ち込まれたのは江戸末期。まだ良質のゼラチンが貴重品であった時代で、限られた店のものでした。明治以降は欧風にゼリー寄せの名も使われて、膳の涼味となっています。割り醤油のほか、わさび醤油もよく合います。

## ご飯

白飯

## 止め椀

なめこと豆腐の合わせ味噌椀

## 香のもの

奈良漬、沢庵、胡瓜、

日野菜漬、酢漬け生姜

●五八頁参照

■材料〈四人分〉

**ご飯**

白飯(炊きたてのもの)……………適宜

**なめこと豆腐の合わせ味噌椀**

なめこ……40g　豆腐…………1丁

糸三つ葉……½把　溶き辛子……適宜

*吸い地(濃いめのだし汁4カップ

　麦味噌、八丁味噌＝各適宜)

**香のもの**

奈良漬…………½本　沢庵…………¼本

日野菜漬……1本　酢取り生姜…4本

胡瓜…………2本　塩…………適宜

*胡瓜の塩もみ用(塩小匙1　化学調

　味料少々)

■作り方

1 白飯は普通に炊き上げます。なめこと豆腐の合わせ味噌椀を作ります。なめこは笊にあけてさっと水に通し、水気をきっておき、豆腐は7㎜角ほどの賽《さい》の目に切り、糸三つ葉は軸だけを2㎝長さに切り揃え、水に放しておきます。

2 二種の味噌を合わせてすり、だし汁で溶きのばして鍋に漉し取り、火にかけて煮立つ寸前になめこを入れ、仕上げに豆腐と三つ葉を加えて火を止めます。

【盛りつけ】

椀に煮えばなの味噌汁を盛り、溶き辛子を落とします。

3 香のものを用意します。奈良漬は縦半分に切って5㎜厚さに、沢庵はやや太めの拍子木に、日野菜漬は厚めの斜め切りに、それぞれ切り揃えます。酢取り生姜は杵形に整えます。

4 胡瓜はたっぷりの塩をまぶして板ずりをし、熱湯をかけて水にとったのち乱切りにし、分量の塩でよくもみ、途中化学調味料を少量ふってさらにもみ、きつく絞って水気をきります。

【盛りつけ】

器に五種の漬けものを彩りよく盛り合わせ、会席盆に炊きたてのご飯を盛った蓋つきの飯茶碗、熱あつの味噌椀とともに置き合わせてお出しします。

## 水菓子

オレンジとマスカット、巨峰

●五九頁参照

■材料〈四人分〉

オレンジ……1個　マスカット…8粒

巨峰…………4粒

■作り方

1 オレンジは櫛《くし》形に切って身と皮の間に庖丁を入れ、切り離さないように九分あたりで切り込みを止めておきます。

2 マスカットと巨峰は、それぞれ天地を少しずつ落とし、種を抜いておきます。

【盛りつけ】

底の平らな平皿系統の器に、オレンジを盛り、二種の葡萄《ぶどう》を彩りよく盛り合わせます。熱いお手拭きを必ず添えます。

## 飯

白飯

## 汁

ほうれん草の茎の味噌汁

## 向付

鱸《すずき》そぎ造り重ね盛り

●六〇頁参照

■材料〈四人分〉

**飯**

白飯(米2カップ　水3カップ)

**ほうれん草の茎の味噌汁**

ほうれん草の茎……………12本

塩………適宜　溶き辛子……適宜

*吸い地(だし汁3カップ　味噌《二種

　を合わせたもの》大匙4)

**鱸そぎ造り重ね盛り**

鱸の上身……160g　わさび………適宜

*つま類(菊花4輪　花穂じそ8本)

酢…………少々

■作り方

1 白飯は、懐石の場合は米の五割増しの水加減で炊き上げ、蒸らします。

2 ほうれん草の茎の味噌汁を作ります。ほうれん草は茎の部分だけを揃え、塩を少量加えた熱湯で茹でて水にさらし、きつく絞って4㎝長さに切っておきます。だし汁をひと煮立ちさせて合わせ味噌を溶き入れ、煮立つ直前に火を止めます。辛子は70℃くらいの湯で普通の固さに溶き、味噌汁を少量取り分けたものでゆるく溶きのばします。

【盛りつけ】

四ツ椀にほうれん草の茎を横一文字に盛り、煮えばなの汁を静かに張って溶き辛子を菜の天におとします。

3 鱸そぎ造り重ね盛りの向付を作ります。鱸は上身を用意して皮を引き、ひとりあて三〜五切れの薄いそぎ切りにします。菊花は酢を少量落とした熱湯で茹で、水にとってさらし、がくを取ってきつく水気を絞ります。

【盛りつけ】

向鉢《むこうばち》に鱸のそぎ造りを重ね盛りにし、菊花と花穂じそをあしらって、おろしわさびを添えます。飯は、四ツ椀に白飯を丸くひとつ盛り（流儀によっては一文字）に盛り、同じく四ツ椀に盛った汁、そして向付とともに、会席盆に等辺三角形に置き合わせて持ち出します。

## 椀盛

### 鰻と芽芋の煮もの椀

## 御菜

### 鱸《すずき》の木の芽焼き

●六二頁参照

■材料〈四人分〉

**鰻と芽芋の煮もの椀**

鰻の蒲焼き…2串　酒…………少々
芽芋…………2本　酢…………少々
わけぎ………2本　塩…………少々
＊芽芋の煮汁（だし汁2カップ　味醂1/4カップ　白醤油大匙2弱）

**鱸の木の芽焼き**

鱸の上身……1筋　木の芽………適宜
＊下味（酒大匙5　塩大匙2/3）
＊《裏白2枚》

■作り方

1 鰻と芽芋の煮もの椀を作ります。鰻は蒲焼きを用意して酒を少量ふり、温める程度にあぶり焼きにして串をはずし、4cm長さほどに切ります。芽芋は鍋に入る長さに切り、酢を少量落とした熱湯で茹でて水にとり、冷まして薄皮をむきます。煮汁のだし汁に調味料を合わせた中で煮上げ、鰻に合わせて4cm長さに切ります。

2 わけぎは、長いままで塩を少量加えた熱湯で茹で、笊にとってあおいで冷まし、4cm長さに切り揃えます。

【盛りつけ】

椀に芽芋を横一文字に盛り、鰻を少し重ねるように同様に横に盛り合わせて、わけぎを手前中央にかけるように添え、芽芋の煮汁をたっぷりと張ります。

3 鱸の木の芽焼きを作ります。鱸は三枚におろした上身を用意し、小骨を抜いてひと切れ30〜40gの切り身にします。酒塩に7〜8分ほどつけたのち、汁気をきって金串を打ち、強火の遠火で焼き上げて、熱いうちに金串をまわしながら抜きます。

【盛りつけ】

深鉢に裏白を敷き、鱸を形よく盛り込んで木の芽をたっぷりと散らします。

■調理覚え書

●芽芋は八つ頭の茎を軟白栽培したもの。同系に白だつがあり、こちらは海老芋の茎です。いずれも、酢を落とした熱湯で下茹でをすると、白く仕上がります。

## 箸洗

### 天神さま

## 八寸

### 鮭の温燻《おんくん》引き重ね

### 蓮根ののし梅はさみ

●六四頁参照

■材料〈四人分〉

**天神さまの箸洗**

天神さま……12粒　花柚子………4個
＊吸い地（水2カップ　昆布4cm角のもの1枚　塩少々）

**八寸**

鮭の温燻……160g　蓮根…………1節
酢…………少々　のし梅………40g
＊蓮根用甘酢（酢、味醂＝各大匙5　塩少々）
＊《板谷楓2枚》

■作り方

1 天神さまの箸洗を作ります。吸い地の分量の水に、布巾で拭いた昆布を入れて弱火にかけ、鍋べりが煮立ちはじめたら昆布を手早く引き上げます。塩を少量加えて、ごく薄い塩味に調えます。天神さまの薄皮をむいておきます。

【盛りつけ】

小吸いもの椀に天神さまを入れ、煮えばなの吸い地を張って花柚子を吸い口に浮かべます。

2 八寸を作ります。鮭の温燻は皮を引いて小骨を抜き、5mm厚さの引き造りにします。蓮根は細めのものを用意して皮をむき、5mmの厚さの輪切りにして、酢を少量加えた熱湯で茹で、笊にとってて水気をきったのち甘酢につけます。

### 木の芽焼きの手法

◉鯛、鱸《すずき》、鮎魚女《あいなめ》などの焼きものの代表的な手法で、焼き上がりに山椒の若葉をたたいて（刻んで）散らすか、刻まずに天に盛るなどして春の香りと緑を添えます。

◉ベースの魚介は酒塩や、だし汁に味醂と薄口醤油を加えたつけ汁で下味をつけて焼く、薄塩をふるだけで焼くなど、その時々の材料の持ち味が生かされます。

### 懐石の白飯

米2カップ　　水3カップ

懐石のご飯は〝白飯〟がきまりです。米の五割増しの水加減で、通常の白ご飯よりもやわらかめに炊き上げ、蒸らします。

◉白飯のよそい方は、流儀によって一つ盛り・一文字盛りにされ、炊きたてをまずひと口の意から、折敷に汁、向付とともに置き合わされて最初に出されます。

### 杵生姜と筆生姜

金時生姜（葉つきのもの）適宜　塩適宜
酢1：水1の酢水（または甘酢）適宜

生姜の茎を20cm長さほど残して葉を落とし、生姜部分を杵の形（あるいは先の細い筆形）にむき整え、茎元まで熱湯に通してバットに並べ、真っ白に塩をかぶせて5〜10分おいたのち水洗いをし、グラスに入れた酢水に30分ほどつけて酢取りします。

のし梅は、蓮根の大きさに合わせて切り、甘酢を拭いた蓮根二枚ではさんで軽く重石《おもし》をし、なじませておきます。

【盛りつけ】

白生地の八寸盛り器をよくしめらせておきます。右手奥に板谷楓を敷いて温燻の引き造りを重ね盛りにし、左手前に蓮根ののし梅はさみを、人数分より多めに重ね盛りに盛り合わせます。箸洗、八寸と順にお出しします。

## 強肴
### 筍の直《じか》焼き、木の芽のせ

●六六頁参照

■**材料**〈四人分〉

筍(中)……2本　木の芽……適宜

*下茹で用(米糠、赤唐辛子＝各適宜)

*焼きだれ(酒、醤油＝各大匙3　味醂少々)

■**作り方**

1 皮つきの筍はたわしで土を洗い落とし、穂先を斜めに切り落とします。姫皮を傷つけないように縦に庖丁を入れ、鍋にたっぷりの水、米糠、傷のついていない赤唐辛子を入れて強火にかけます。根元に細い竹串を刺してみて、すっと通るくらいまで茹でて火を止め、そのまま冷まします。鍋ごと流水にあてて水を取り替え、皮をむいて割り箸で根元の凹凸を身欠きます。

2 茹でた筍は穂先に近い部分を大きめに切り分け、表面に縦横の細かい庖丁目を入れます。焼き網を熱し、筍を焦がさないように両面を丁寧に焼き、分量の調味料を合わせたたれを途中二〜三度、刷毛でぬってはあぶり、香ばしく焼き上げます。

【盛りつけ】

鉢に直焼きの筍を盛り込み、木の芽を軽く庖丁でたたいて、たっぷりと散らします。取り箸を添えてお出しします。

## 湯斗
### 練湯《ねりゆ》
## 香物
### 沢庵、日野菜漬、越瓜の鉄砲漬、杵生姜

●六八頁参照

■**材料**〈四人分〉

**練湯**

白飯(釜底のもの)……適宜

塩……少々

**香物**

沢庵……8cm長さ　日野菜漬の葉適宜

越瓜《しろうり》の鉄砲漬½本　酢取り生姜…4本

■**作り方**

1 練湯を作ります。飯を飯器に移す際、釜底に薄く残しておきます。これを弱火にかけてきつね色に焦がしたのち、熱湯を注ぎ入れて、塩少量でごく薄味に調えます。

【盛りつけ】

熱あつを湯斗(湯次ぎ)に入れます。

2 香物を調えます。沢庵は色のよい甘味の少ないものを用意し、4cm長さに切って皮をぐるむきにし、1cm弱の太さの拍子木に切ります。日野菜漬は葉だけを細かく刻み、越瓜の鉄砲漬は5mm厚さに切ります。酢取り生姜は杵形に整え、茎を斜めに切っておきます。

【盛りつけ】

湯斗の蓋を裏返し、沢庵を奥に二段に組んで盛り、前左に水気をよく絞った日野菜の葉、右に鉄砲漬を盛り合わせ、杵生姜を中央にあしらいます。脇取盆に、蓋に香物を盛った湯斗をのせ、湯の子掬《すく》いと取り箸を添えて持ち出します。

## 濃茶
## 主菓子
### 琥珀羹《こはくかん》

●七〇頁参照

■**材料**〈四人分〉

**濃茶**(省略)

**琥珀羹**

粉ゼラチン……大匙1弱

*ゼラチン下処理用(水大匙3)

*ゼラチン液(水1カップ強　砂糖½カップ　レモン汁小匙1　塩少々)

小梅のシロップ漬け(市販品)……4粒

*(笹の葉適宜)

■**作り方**

1 ゼラチンは大匙3杯の水でふやかしておきます。鍋に分量の水と砂糖を合わせて火にかけ、砂糖が溶けたらレモン汁とごく少量の塩を加えて火を止め、ゼラチンを加えて溶き混ぜます。

2 小梅のシロップ漬けは、種があれば抜いたのち、水でぬらしたゼリー型に入れてゼラチン液を流し入れます。バットに型を並べて底に水を入れ、粗熱をとってから冷蔵庫に入れ、1日ほど冷やし固めます。

【盛りつけ】

よく冷やしたガラス器に笹の葉を敷き、型からはずした琥珀羹を盛って、取り箸にひと組の長めの楊枝《ようじ》を添えてお出しし、濃茶を点《た》てて持ち出します。

### 筍の茹で方

筍(中)2本　米糠1カップ　赤唐辛子3本

皮つき筍を洗って穂先を斜めに落とし、姫皮をできるだけ傷つけずに縦に庖丁を入れます。鍋にたっぷりの水と糠、赤唐辛子とともに入れ、強火で、根元に竹串がスッと通るまで茹でてそのまま冷まし、鍋ごと流水にあててよく洗い、皮をむいて割り箸で根元の凹凸を身欠きます。

### 土佐醤油

味醂大匙1　水大匙5　鰹節25g

醤油1.5カップ

分量の味醂と水、鰹節を合わせてひと煮立ちさせ、冷まして醤油を加えたのち、鰹節を漉し取って仕上げます。

◉刺身醤油に味の変化をつけたもの。土佐の名は、土佐名産で知られる鰹節に因んだものです。

# 〃小《こ》懐《がい》石《せき》献立と三点献立〃の料理

**先付**
生雲丹のわさび醤油
**吸いもの**
蟹と筍の清まし汁仕立て椀
**お造り**
車海老の湯ぶり
**煮もの**
若竹煮
**焼きもの**
めばるの塩焼き
**揚げもの**
蕎麦《そば》の磯辺揚げ

●七四頁参照

## ■材料〈四人分〉

**生雲丹のわさび醤油**
生雲丹……100g　わさび……適宜
＊割り醤油(だし汁⅓カップ　醤油¼カップ)適宜

**蟹と筍の清まし汁仕立て椀**
蟹のほぐし身200g　茹で筍(中)…1本
＊吸い地(だし汁3カップ　酒大匙3　塩小匙⅓　醤油大匙2)
防風……4本　木の芽……4枚

**車海老の湯ぶり**
車海老……4尾　わさび……適宜
＊けんとつま(茗荷竹¼把　大葉8枚　花丸胡瓜4本)
＊土佐醤油(醤油1.5カップ　味醂大匙1　鰹節25g　水大匙5)適宜

**若竹煮**
茹で筍……2本　若布……10g
＊煮汁(八方地《だし汁2カップ　味醂、薄口醤油＝各¼カップ》)
木の芽……16枚

**めばるの塩焼き**
めばる……2尾　塩……適宜
酢取り生姜…4本
＊《若楓の葉適宜》

**蕎麦の磯辺揚げ**
長蕎麦……½束
厚焼き卵(卵4個　味醂大匙2　砂糖大匙⅔　塩少々)
海苔……1枚　小麦粉……少々
片栗粉……適宜　揚げ油……適宜
＊かけつゆ(天つゆ《だし汁1.5カップ　味醂、薄口醤油＝各大匙2》)

## ■作り方

1 生雲丹のわさび醤油を作ります。生雲丹は色のよい、粒の揃ったものを用意します。割り醤油のだし汁に醤油を合わせ、ひと煮立ちさせて冷まします。

【盛りつけ】

器に生雲丹を重ね盛りにし、割り醤油を少量かけておろしわさびをのせます。

2 蟹と筍の清まし汁仕立て椀を作ります。
蟹の身は軟骨を取り除いてほぐし、筍はマッチ棒ほどの繊《せん》切りにしておき、吸い地のだし汁をひと煮立ちさせて調味料を加え、味を調えます。


【盛りつけ】

椀に蟹のほぐし身と筍を盛りつけ、煮えばなの吸い地を張って、青みに防風を加え、吸い口の木の芽を浮かべます。

3 車海老の湯ぶりを作ります。車海老は一尾30g大のものを用意し、背わたを抜いて頭を取り尾ひと節を残して殻をむきます。背割りをして庖丁の背で軽くたたき、一尾を四つに切ります。

4 沸騰した湯を用意し、車海老の身をさっと湯ぶりをして氷水にとり、布巾で水気を拭きます。尾のついた切り身は尾先を熱湯につけて色出しをし、冷水につけて水気を拭きます。茗荷竹は縦半分に切って2cm長さの斜めの薄切りにし、水にさらしてパリッとさせて水気をきっておきます。

【盛りつけ】

器の奥中央に茗荷竹のけんを盛り、大葉を立てかけて湯ぶりをした車海老を盛り、花丸胡瓜をあしらっておろしわさびを添えます。土佐醤油を小猪口でお出しします。

5 若竹煮を作ります。茹でた筍は姫皮をつけたまま縦半分に切り、さらに5mmくらいの薄切りにします。若布は水に戻して笊に入れ、熱湯をまわしかけて水にとり、色出しをして水気を絞ったのち、筋を除いてざく切りにします。

6 八方地のだし汁と調味料を合わせてひと煮立ちさせ、筍を入れて中火で5分ほど煮て取り出したのち、若布を入れてさっと煮、すぐに取り出します。

【盛りつけ】

器に若布を盛って筍を形よく盛り合わせ、煮汁を適量注ぎ入れて木の芽をたっぷりと添えます。

7 めばるの塩焼きを作ります。めばるは鱗を引いて頭を落とし、わたを取って三枚におろし、腹骨と小骨を取り除いて皮側に切り目を入れます。塩をふって内側に丸め気味に金串を打ち、強火の遠火で焼き上げ、熱いうちに金串を抜きます。酢取り生姜を杵形に整えておきます。

【盛りつけ】

器に楓の葉を敷いてめばるを盛り、杵生姜を立てかけるようにあしらいます。

8 蕎麦の磯辺揚げを作ります。蕎麦は長いものの端を糸で束ね、たっぷりの湯で茹でて水にとり、丁寧に揃えておきます。分量の卵と調味料で厚焼き卵を焼いて、一本を縦に四つに切ります。
海苔は焼いておきます。

9 巻き簀を広げて焼き海苔を重ね、海苔の幅に揃えて切った蕎麦を平らに広げ、中央手前に厚焼き卵を横にしておき、巻きはじめののり代の部分に、固めの水溶きの小麦粉をぬり、巻き込んで止めます。この海苔巻きに片栗粉をまぶしつけて、中温よりやや高めに熱した揚げ油でカラリと揚げ、一本を四つに切り分けます。分量のだし汁と調味料を合わせてひと煮立ちさせ、天つゆを作っておきます。

【盛りつけ】

揚げたての蕎麦の磯辺を鉢に盛り、天つゆをたっぷりとかけてお出しします。

■調理覚え書

●若竹煮は若竹汁と並び称される春の筍料理の代表です。この季節に旬を迎える筍と若布を炊き合わせ、あるいは吸いものにするもので、淡泊な二種の素材の出会いのよさ(相性のよさ)を味わう料理です。また、どちらも仕上げに木の芽の香りを添えることも、古くからの習いです。

# 小鉢揃い肴六種盛り

**吸いもの**
魴鮄《ほうぼう》と三つ葉の清まし汁椀
**ご飯**
鯛めし
**水菓子**
いちご

●七六頁参照

■材料〈四人分〉

**信田巻き、吉野あんかけ**

信田巻きの生地(すり身100g　卵⅓個分)

茹で筍(小)……1本　ぜんまい……70g

穴子の開き……1本　油揚げ……1枚

*穴子の煮汁(水½カップ　味醂、醤油＝各大匙3　砂糖大匙1)

*信田巻きの煮汁(八方地《だし汁2カップ　味醂、薄口醤油＝各¼カップ》)

*吉野あん(だし汁1カップ　味醂¼カップ　薄口醤油大匙2　片栗粉大匙1)

**筍の海老しのび焼き、杵生姜**

茹で筍(根に近い部分)……8cm長さ

海老の生地(芝海老《殻を除いて》160g　卵白⅓個分　塩、味醂＝各少々)

酢取り生姜……4本

*焼きだれ(酒大匙3　薄口醤油大匙2)

**烏賊《いか》の数の子和え**

するめ烏賊……1杯　塩数の子……1本

*下味(酒小匙1　塩小匙⅓)

薄口醤油……小匙1

**若布《わかめ》豆腐**

若布(干したもの)……5g

卵豆腐地(卵6個　だし汁1¾カップ　酒大匙4　薄口醤油、味醂、塩＝各小匙1)

木の芽……4枚

*かけ汁(だし汁1カップ　醤油大匙3　酒、味醂＝各大匙2)

**揚げ茄子田楽**

茄子……4個　揚げ油……適宜

*練り味噌(麦味噌、砂糖、味醂＝各1カップ)

**酒蒸し鶏と赤ピーマンの錦玉《きんぎょく》**

寒天……⅔本　粉ゼラチン大匙¾

*ゼラチン用(水大匙3)

鶏もも肉……½枚　赤ピーマン……2個

*鶏の蒸し地(酒大匙3　塩小匙½)

*寒天地(だし汁1.5カップ　酒大匙2　塩小匙¼)

**魴鮄と三つ葉の清まし汁椀**

魴鮄……1尾　塩……少々

切り三つ葉……8本

*吸い地(だし汁3カップ　塩小匙1　薄口醤油少々)

**鯛めし**

鯛の切り身4切れ　塩……適宜

*ご飯(米3カップ　薄い昆布だし3.3カップ　酒大匙3)

木の芽……適宜

**いちごの水菓子**

いちご……8粒　塩……適宜

■作り方

1 信田巻きを作ります。すり身はすり鉢ですり、卵白を加えてさらにすっておきます。筍は繊《せん》切り、ぜんまいは戻して揃え、固いところを切ります。穴子は開いたものを用意して熱湯をかけ、庖丁の背で皮面のぬるをしごき取ったのち、煮汁の各調味料を合わせた中で煮上げ、縦4本に切っておきます。

2 油揚げは長い一辺を残して三方を切り開き、熱湯を通して油抜きをし、笊にとって水気をきります。巻き簀に、表を下にして油揚げを横長に広げ、向こう側と手前を少々あけてすり身を平らにのばし、中央よりやや手前寄りに筍、ぜんまい、穴子を芯にして手前から巻き、巻き簀で巻き止めて蒸し器に入れ、25分ほど蒸して冷まし、巻き簀をはずして煮汁の調味料を合わせた中で煮上げます。吉野あんの調味料を鍋に合わせて弱火にかけ、かき混ぜながらとろみがつくまで煮ます。信田巻きを切り分けて小鉢に盛り、吉野あんをたっぷりとかけます。

3 筍の海老しのび焼きを作ります。茹でた筍は2cm厚さの半月に切り、表面にごく細かい縦横の切り目を入れます。さらに切り離さないように、厚みに深く切り込みを入れておきます。

4 芝海老は背わたを抜いてむき身にして、細かくたたいてすり鉢ですり、卵白ほかを加えてさらによくすり、筍の切り込みに詰めたのち、金串に刺して焦がさないように焼きます。途中、酒と薄口醤油を合わせたたれを二度ほどかけ、あぶって焼き上げたのち金串を抜き、小皿に盛って杵生姜を添えます。

5 烏賊の数の子和えを作ります。するめ烏賊は足とともにわたを抜き取り、軟骨のところから開いて皮を丁寧にむいたのち、縦三つに切り、小口から細切りにします。分量の酒と塩をからめて10分ほどおいておきます。

6 塩数の子は水につけて塩気をほどよく抜き、薄皮をむいて細かくちぎったのち布巾に包み、あたり棒でたたいてパラパラにほぐし、薄口醤油をまぶしておきます。烏賊の汁気を拭いてほぐした数の子で和え、小鉢に盛ります。

7 若布豆腐を作ります。若布は水に戻して笊に入れ、熱湯をまわしかけて水にとり、色出しをして水気を絞ったのち、筋を取って繊切りにします。ボウルに卵を割り入れてだし汁、その他の調味料を合わせてよく混ぜ、布巾で漉して蒸し缶に流し入れ、若布を加えて静かに混ぜて蒸し器に入れます。布巾をかけて蓋をし、強火でまず3分、続いて中火よりやや弱火で12～13分蒸します。

8 かけ汁のだし汁と各調味料を合わせてひと煮立ちさせ、冷ましておきます。蒸し上げた若布豆腐を冷まして蒸し缶をはずし、切り分けて小鉢に盛り、木の芽をのせてかけ汁を注ぎ入れます。

9 揚げ茄子田楽を作ります。茄子は天地を切って縦半分に切り、高温に熱した揚げ油で皮下にして揚げ、油をきって二つに切ります。

10 鍋に練り味噌用の麦味噌と砂糖を合わせて練り、味醂を少しずつ加えながら溶きのばしたのち、弱火にかけて、木杓子で焦がさないように鍋底をかき混ぜ、ねっとりとするまで練り上げます。

11 小鉢に揚げ茄子を盛り、練り味噌をかけます。

12 酒蒸し鶏と赤ピーマンの錦玉を作ります。寒天は洗ってちぎり、水につけておき、ゼラチンは分量の水でふやかしておきます。鶏もも肉は皮と脂を除いて、酒・塩とともに鍋に入れて酒蒸しにして1cm角に切ります。赤ピーマンは種を取って1cm角に切り揃えます。

13 寒天地用のだし汁に水気を絞った寒天を加えて煮溶かし、酒と塩で味を調えてボウルに漉し取り、ゼラチンを加えて溶き混ぜます。鶏肉、赤ピーマンをこの寒天地にくぐらせて流し缶に入れ、さらに寒天地を流し入れて冷やし固め、切り分けて小鉢に盛ります。

【盛りつけ】

長手の折敷盆に、小鉢に盛った六種の肴を左上から順に二例にのせます。

14 魴鮄と三つ葉の清まし汁椀を作ります。魴鮄は頭とわたを取って三枚におろし、上身を4cm幅に切り分けて薄く塩をして10分ほどおき、熱湯に落として茹でておきます。切り三つ葉は二本ずつ葉先を揃えてまな板におき、握りこぶしで全体を軽くたたいて片結びにします。

15 吸い地のだし汁をひと煮立ちさせ、塩と薄口醤油で味を調えます。

【盛りつけ】

椀に魴鮄を盛って結び三つ葉を青みに加え、煮えばなの吸い地を張ります。

16 鯛めしを作ります。鯛は切り身に金串を打ち、薄く塩をふって焦がさないように焼き、皮と小骨を取り除いておきます。米は炊く一時間前にといで笊に上げ、釜に入れて分量の昆布だし、酒を加えて普通に炊き上げて、焼き鯛を軽くほぐして加え、充分に蒸らします。飯台にあけ、こねないように具を混ぜます。

【盛りつけ】

蒸し茶碗など、蓋つきの器に鯛めしをたっぷり盛り、たたいた木の芽を散らしてお出しします。

17 水菓子のいちごを用意します。いちごは薄い塩水で洗って水気を拭き、へたの部分に水平の隠し庖丁を入れて切り口を合わせておきます。

【盛りつけ】

器に二粒ずつを盛り、楊枝かフォークを添えてお出しします。

■調理覚え書

●筍には秋筍、冬筍、春筍の三種があります。竹には十月頃一本に二十ほどの小筍が出、少数が竹に成長してあとは朽《く》ちますが、これを水煮の瓶詰などに利用したものが秋筍。寒中には20cmほどの冬筍が出て主に正月料理材料に。春筍は料理屋では先取りが原則。皮つきで300～350gのものを使い、市中で旬《しゅん》となる出盛りの頃は、すでに名残《なご》りの時季に入ります。

# 点心箱盛り込み肴 五種盛り

**吸いもの**
**若布《わかめ》豆腐の吸いもの椀**
**お造り**
**鮪トロの湯霜引き造り、赤貝**
**煮もの替わり**
**鯛のちり蒸し**

●七八頁参照

■材料〈四人分〉

**五目焼き**
卵生地（卵5個　椎茸3枚　茹で筍½本　蟹のほぐし身100g　三つ葉1把　だし汁1カップ　醤油¼カップ　砂糖大匙2）
サラダ油……適宜

**鶏の五目寄せ**
鶏の真蒸地（鶏挽き肉150g　卵1個　醤油大匙2　砂糖大匙1）
銀杏……10粒　椎茸……3枚
京人参……50g　すき昆布……⅛枚

## 練り味噌

麦味噌（田舎味噌）１カップ
砂糖１カップ　味醂１カップ
鍋に麦味噌を入れて砂糖と練り合わせ、味噌を少しずつ加えながら溶きのばしたのち、弱火にかけ、焦がさないように木杓子で鍋底から混ぜながら、ねっとりとするまで練り上げます。
◉冷まし、おろし柚子を混ぜて柚子味噌。

## 水晶あん

だし汁１カップ
酒大匙3　味醂大匙１弱　塩小匙½弱
片栗粉大匙１（または本葛大匙½）
鍋に分量のだし汁と調味料、片栗粉を合わせてよく溶き混ぜ、弱火にかけて木杓子で混ぜながらとろみがつくまで煮ます。
◉同類の吉野あんに比べて、塩を使うことでより透明なあんに仕上がります。

## 吉野あん

だし汁１カップ
味醂¼カップ　薄口醤油大匙2
片栗粉大匙１（本来は本葛大匙½）
鍋にだし汁と調味料、片栗粉を合わせてよく溶き混ぜ、弱火にかけて木杓子で混ぜながらとろみがつくまで火通しします。
◉吉野あんの名は、葛の名産地吉野に因んだものです。

＊具の下煮用（八方地（だし汁1カップ
味醂、薄口醤油＝各大匙2））

### 文銭《もんせん》巻き揚げ

真蒸地（すり身250g　卵、塩＝各少々）
車海老……2尾　枝豆…………100g
京人参……50g　塩…………適宜
＊具の下煮用（八方地（だし汁1カップ
味醂、薄口醤油＝各大匙2））
サラダ油……適宜　小麦粉……適宜
揚げ油……適宜

### 鴨の幽庵焼き

鴨の胸肉……1枚　サラダ油……適宜
＊焼きだれ（幽庵地（味醂大匙5　醤油
大匙3　酒大匙2））

### 海老の落とし揚げ

芝海老のむき身………150g
椎茸……3枚　長ねぎ……1/2本
＊海老の下味（酒1/2カップ　塩少々）
＊揚げ衣（卵1個　冷水1/2カップ　酒、
塩＝各少々　小麦粉100g）
揚げ油……適宜

### たらの芽

たらの芽……8本　塩……少々
＊つけ汁（だし汁1/2カップ　薄口醤油大
匙2）
サラダ菜……4枚

### 若布豆腐の吸いもの椀

若布……10g　木の芽……4枚
卵豆腐生地（卵3個　だし汁170cc　酒
大匙2　薄口醤油、味醂、塩＝各小
匙1/2）
＊吸い地（だし汁3カップ　酒大匙1
塩小匙1）

### 鮪トロの湯霜引き造り、赤貝のお造り

鮪の大トロ…1/2筋　赤貝……4個
＊つまとけん（茗荷竹1/2把　大葉8枚
岩海苔1/2枚　春蘭4輪）
わさび……適宜　土佐醤油……適宜

### 鯛のちり蒸し

鯛の上身……240g　塩……適宜
豆腐……1丁　椎茸……4枚
＊蒸し地（昆布5cm長さ・4枚　酒1カ
ップ　塩大匙1強）
オクラ……4本　胡瓜……1本
＊酢醤油（酢、醤油＝各同割量）
もみじおろし適宜

## ■作り方

1 五目焼きを作ります。椎茸は汚れを拭いて石づきを取り、茹でた筍はよく洗って、それぞれ同じくらいの繊《せん》切りにします。蟹の身は軟骨を除いて軽く汁気を絞り、三つ葉は軸だけを3cm長さに切ります。

2 分量のだし汁と醤油、砂糖を合わせて椎茸と筍を汁がひたひたになるまで下煮をし、笊で汁気をきって汁は別にとっておき、具はあおいで冷まします。

3 ボウルに卵を割りほぐして、蟹の身と三つ葉、椎茸と筍、先の煮汁を大匙3杯入れて、よく混ぜて卵地を調えます。卵焼き鍋をよく熱してサラダ油を引き、厚焼き卵の要領で五目厚焼き卵を焼き上げ、熱いうちに巻き簀に巻いて丸い筒形に整え、切り分けます。

4 鶏の五目寄せを作ります。鶏挽き肉は皮と脂を除いて二度挽きしたものを用意し、すり鉢でねばりが出るまでよくすり、卵と調味料を加えてさらによくすり混ぜます。

5 銀杏は鬼殻を割り取り、茹でながら穴杓子の底で転がしながら薄皮をむき、水にとって冷まし、ひと粒を半分に切っておきます。椎茸は石づきを取って繊切りに、京人参は皮をはつりむきにしてあられに切り、八方地で下煮をして汁気をきっておきます。すき昆布は水で戻し、再び八方地で煮て汁気をきり、落とし庖丁を入れておきます。

6 鶏のすり身の中に四種の具を加え、よく混ぜたのち流し缶につめ込み、充分に蒸気の上がった蒸し器で、25分ほど蒸し上げ、冷めてから流し缶をはずしてほどよい大きさに切り分けます。

7 文銭巻き揚げを作ります。すり鉢にすり身と卵を合わせてすり、塩で味を調えてさらによくすり混ぜます。

8 車海老は背わたを抜いて茹で、頭と尾を切って殻をむいたのち、あられに切ります。枝豆は塩茹でして殻をとり、薄皮をむいておき、京人参は皮をこそげ取ってあられに切り、八方地で下煮をして汁気をきっておきます。

9 すり身に具の車海老、枝豆、人参を混ぜ合わせます。綿棒にサラダ油をぬり、周囲に均等にすり身をつけて中火の遠火で焦がさないように焼き上げます。冷まして綿棒を抜き取り、小麦粉を全体に薄くつけ、中温に熱した揚げ油で揚げます。

10 鴨の幽庵焼きを作ります。鴨の胸肉（抱き身）は、皮側を金串でまんべんなくつつきます。フライパンを熱して中火にし、鴨を皮下に入れて少し押しつけるようにして脂を抜きながら、皮面がきつね色になるまで焼き、返して片側をさっと焼き、分量の調味料を合わせた幽庵地を加えます。からめるようにして仕上げ、5mm厚さに切り分けます。

11 海老の落とし揚げを作ります。芝海老はむき身を用意して酒塩で洗い、汁気をよく拭いて一尾を半分に切っておき、椎茸は石づきを取って繊切りに、長ねぎはみじん切りにして布巾で包み、水でさらしてきつく絞ります。以上を混ぜ合わせて四等分し、小さい器に分けて入れておきます。

12 揚げ衣の卵をボウルに割り入れ、よく溶きほぐして冷水、酒、塩を加えてさらに混ぜ、小麦粉を加えてざっくりとひと混ぜしたのち、これを大匙3杯ずつ具を分けた器に入れて混ぜます。

13 揚げ油を中温に熱して、油につけた玉杓子で四等分した生地をすくっては入れ、丸く寄せるようにゆっくりと揚げます。油をよくきっておきます。

14 つけ合わせのたらの芽を用意します。たらの芽はきれいにそうじをして、塩を少量加えた熱湯でさっと茹で、水にとって流水で10分ほどさらします。鍋につけ汁のだし汁をひと煮立ちさせ、薄口醤油を加えて火を止め、水気をきったたらの芽を入れて、冷めるまでそのままつけておきます。

【盛りつけ】

点心箱に、奥中央から五目焼き、その手前左に鶏の五目寄せを盛り、右脇にサラダ菜を敷いて文銭巻き揚げ、手前中央に鴨の幽庵焼き、左脇に海老の落とし揚げを盛り合わせ、鴨の脇にたらの芽のおひたしを、汁気をきってあしらいます。

15 若布豆腐の吸いもの椀を作ります。若布は水に戻して笊に入れ、熱湯をまわしかけて水にとり、水気を絞って筋を取って繊切りにします。

16 卵豆腐生地の卵をボウルに割り入れてよく溶きほぐし、冷ましただし汁とそのほかの調味料を加え混ぜ、流し缶に受けながら固く絞ったぬれ布巾で漉し入れます。若布を加え、静かに混ぜて全体に散らし、表面の泡を布巾で丁寧に取っておきます。

17 充分に蒸気の上がった蒸し器に入れて布巾をかけ、蓋をして強火で3分、続いて中火で10分ほど蒸し上げます。冷まして流し缶をはずし、切り分けます。

18 吸い地のだし汁をひと煮立ちさせ、酒と塩で味を調えます。

【盛りつけ】

椀に若布豆腐を盛って煮えばなの吸い地を張り、吸い口に木の芽を浮かべます。

19 鮪トロと赤貝のお造りを作ります。鮪の大トロはガーゼに包んで熱湯にくぐらせ、手早く氷水にとって布巾で水気を拭き、やや薄めの引き造りにします。

20 赤貝は殻からはずし、身とひもを切り離して身を半分にそぎ、わたを取り出してひもとともにきれいにそうじし、水洗いして水気を拭いたのち、細切りにします。

21 茗荷竹は縦半分に切り、斜め薄切りのけんに打ち、水に放してパリッとしたら水気をきっておき、岩海苔は水で戻し、きつく絞っておきます。

【盛りつけ】

器に大葉二枚をずらして敷き、茗荷のけんを盛って鮪の引き造り二切れ、赤貝を盛り合わせ、手前右寄りに岩海苔、奥に春蘭をあしらい、右脇におろしわさびを添え、別器で土佐醤油を添えます。

22 鯛のちり蒸しを作ります。鯛は四切れに切り分けて薄塩をあてておきます。豆腐も四つに切り、笊にのせて水気をきっておき、椎茸は汚れを拭いて石づきを切り落としておきます。

23 昆布を水に戻しておき、小鍋に敷きます。奥寄りに豆腐、左手前に鯛、右脇に椎茸を盛りつけて分量の酒と塩をかけ、充分に蒸気の上がった蒸し器に鍋ごと入れ、強火で10分ほど蒸します。オクラは塩でもんでうぶ毛を落とし、熱湯で茹でて冷ましておき、胡瓜はごく薄い帯に切って薄い塩水につけ、しんなりさせてひと結びしておきます。

【盛りつけ】

蒸し上がった小鍋には、オクラを手前に、結び胡瓜を天にあしらって蓋をします。別器のもみじおろし、酢醤油とともにお出しします。

**■調理覚え書**

●野生の鴨は独特の首の色から〝青首〟といって美味で有名です。ただ夏は北へ渡るため、夏鴨として雄の鴨と家鴨《あひる》を交配した雑種が、料理素材の〝合い鴨〟です。鴨は発達した胸肉（抱き身）を使います。

●あしらいに使ったたらの芽は、山野に自生するウコギ科の落葉樹・たらの木の新芽を食用にするもの。早春二月頃から山菜類と先を競うように出はじめます。うどに似た特有の香りを天ぷらに、またこのようにおひたしにして楽しみます。

## 折敷盛り点心　七種盛り

**吸いもの**　卵豆腐の吸いもの

**煮もの**　蕎麦《そば》の磯辺と芽芋の煮合わせ

●八〇頁参照

**■材料**〈四人分〉

**鱧《はも》の梅肉和え**

鱧のおろし身……50cm長さ

加茂茄子……4個

＊つま類（大葉4枚　花穂じそ8本）

＊和え衣（梅肉大匙4　酒大匙3　薄口醤油大匙1）

**そら豆真蒸**

そら豆……20粒　塩……適宜

真蒸地（すり身200g　卵白1/3個分　味醂小匙2　塩少々　蟹のほぐし身100g）

**博多揚げ、筆生姜**

鶏もも肉（骨つき・小）……2本

＊下味用（酒、醤油＝各大匙3）

小麦粉……適宜　揚げ油……適宜

酢取り生姜……4本

**鰈の胡瓜巻き、黄身酢かけ**

鰈……1尾　塩……適宜

胡瓜……2本

＊黄身酢（卵黄3個　酢、味醂＝各1/3カップ　塩少々）

**海老の錦巻き**

車海老……4尾　塩……適宜

卵生地（茹で卵黄4個　卵黄1/2個分　砂糖大匙3　塩少々）

**さつま茶巾**

### 黄身酢

酢1/3カップ　味醂1/3カップ　塩少々

卵黄3個

鍋に酢と味醂、塩を合わせて卵黄を溶き混ぜ、ごく弱火にかけるか湯煎にかけて木杓子で焦がさないように混ぜながら、ねっとりとするまで練り上げます。

◉甘さを抑えたい場合、味醂を控えます。

### 厚焼き卵（江戸風）

卵6個　だし汁大匙2　砂糖大匙4

味醂大匙2　薄口醤油大匙1　塩小匙1/4

卵を溶きほぐし、だし汁ほかの調味料を合わせてよくかき混ぜます。

卵焼き鍋を熱してサラダ油を引き、中火で熱して鍋底をぬれ布巾にあてて粗熱をとったのち、卵汁の1/4量を流し入れます。菜箸で全体を細かくつつき、表面が乾↗

↘きかけてきたら向う側から手前に三つくらいに折り込み、空いた鍋肌にサラダ油を引いて卵を押しやり、手前の空きにも油を引いて卵汁1/4量を再び流し入れます。先の卵の下にも菜箸を差し込んで鍋を傾け、卵汁をゆきわたらせます。

手前の卵の表面が乾いてきたら、奥から手前に巻き込むことを繰り返して徐々に厚焼きにし、俎板にとって形を整えます。

◉だし巻き卵（京風）も同要領です。

さつま芋……400g　くちなし……適宜
枝豆……½カップ　塩……適宜
＊生地用（砂糖大匙3　塩少々）

**焼きそら豆**

そら豆……16粒
＊立て塩（水1カップ　塩大匙1弱）

**亀甲物相赤貝しぐれご飯**

白飯（米2カップ　水2.2カップ）
赤貝……4個　塩……適宜
＊つけ汁（酒、薄口醤油＝各大匙2）
＊《菖蒲の葉適宜》

**卵豆腐の吸いもの**

卵豆腐（卵3個　だし汁170cc　酒大匙2
薄口醤油、味醂、塩＝各小匙½）
防風……8本　塩……少々
＊吸い地（だし汁3カップ　塩小匙1
薄口醤油少々）
胡椒……少々

**蕎麦の磯辺と芽芋の煮合わせ**

蕎麦……120g　芽芋……2本
穴子の開いたもの……1本
＊穴子下煮用（味醂、醤油＝各⅓カップ
砂糖大匙1）
海苔……1枚　片栗粉……適宜
揚げ油……適宜　酢……適宜
＊芽芋の煮汁（だし汁2カップ　味醂
¼カップ　白醤油大匙2弱）
木の芽……4枚

**■作り方**

1 鱧の梅肉和えを作ります。鱧は骨切りをしたものを用意し、3cm幅で切り分けてひと切れずつ熱湯に落として茹で、手早く氷水にとって冷まし、水気をしっかりと拭き取ります。

2 加茂茄子は成り口から三分《ぶ》のところで水平に切って蓋にし、下七分の中身をほどよくくり抜いて水にさらしておきます。梅肉は酒でのばして薄口醤油を加え、よく混ぜ合わせておきます。

3 加茂茄子の水気を拭き、窪みに大葉を敷いて鱧を盛り、花穂じそをあしらって天に梅肉をのせます。

4 そら豆真蒸を作ります。そら豆は塩を少量加えた熱湯で、やや固めに茹でて皮をむき、冷まします。すり身をすり鉢ですり、卵白と味醂、塩を加えてさらにすり混ぜ、軟骨を除いてほぐした蟹の身と、そら豆を加えて混ぜ合わせます。これを蒸し缶にきっちりと詰め、蒸気の上がった蒸し器に入れて中火で20分ほど蒸し、冷まして切り分けます。

5 博多揚げを作ります。鶏の骨つきもも肉は、裏側の骨に沿って庖丁目を入れ、酒醤油の中につけて時どき混ぜながら7～8分おき、汁気を拭いて薄く小麦粉をはたきつけます。中温よりやや高めに熱した揚げ油で揚げ、油をきっておきます。酢取り生姜は、筆形に整えます。

6 鰈の胡瓜巻き、黄身酢かけを作ります。鰈は五枚おろしにして皮を引き、薄く開くか、そぎ切りにしてごく薄く塩をふっておきます。胡瓜は天地を切って半分に切り、皮を落とさずにかつらにむいて薄い塩水につけて、しんなりさせたのち水気を拭きます。

7 ラップを広げて胡瓜を縦長に置き、これに重ねて鰈を広げ、手前から鳴門にきっちりと巻いていき、ラップできつく巻き止めてそのまま落ち着かせ、盛りつける際、食べよく切ってラップをはずします。黄身酢の酢と味醂を鍋に合わせ、塩と卵黄を加えてよく混ぜ、ごく弱火にかけるか湯煎にかけて、木杓子でねっとりとするまで混ぜ合わせて用意しておきます。

8 海老の錦巻きを作ります。車海老は背わたを抜いてのし串を打ち、塩を少量加えた熱湯で茹でて笊にとり、手早く冷まして串を抜き、頭と尾を落として殻をむいたのち、腹開きに庖丁を入れておきます。

9 茹で卵の黄身だけを裏漉しし、生の卵黄と調味料を加えてよく混ぜ合わせ、棒状にまとめます。ラップを広げ、車海老の頭と尾を交互に左右にして縦長に並べ、棒状の卵生地を芯にのせてきっちりと巻き、ラップで巻き止めて蒸気の上がった蒸し器で10分ほど蒸し、冷めたら切り分けてラップを取ります。

10 さつま茶巾を作ります。さつま芋は2cm厚さの輪切りにして皮を厚くむき、水にさらします。水を換えて割ったくちなしの実を入れ、火にかけて柔らかく茹でたのち、熱いうちに裏漉しをして鍋に入れ、砂糖と塩を加えて火にかけ、木杓子で練り上げます。

11 枝豆は莢《さや》つきを洗って塩をまぶしてもみ、たっぷりの熱湯で茹でて笊にとり、あおいで冷まし、豆を取り出して薄皮をむき、さつま芋の生地に混ぜ合わせて四等分します。軽く丸めてきつく絞ったぬれ布巾で包み、茶巾絞りの要領で形をつけます。

12 焼きそら豆を作ります。そら豆は実に傷をつけないように、皮に深く庖丁目を入れて分量の水に塩を溶いた立て塩につけます。20分ほどおいて皮をむき、弱火で焦がさないように網焼きします。

13 亀甲物相赤貝しぐれご飯を作ります。米は炊く1時間前にとぎ、笊に上げておきます。赤貝は殻をはずし、わたとひもを取って洗い、二枚に切ってわたをそぎ取って塩をふってもみ、水洗いして水気を拭き、細切りにして酒醤油につけておきます。

14 米は分量の水加減で普通に炊き上げ、よく蒸らして大きめのボウルに移したのち、赤貝をつけ汁ごと入れ、こねないように手早く混ぜて亀甲形の物相で抜きます。

**【盛りつけ】**

半月の折敷盆の、奥中央に鱧の加茂茄子釜を置き、中央に斜め左上がりに菖蒲の葉を敷いて左上部分にそら豆真蒸を盛り、右下寄りに博多揚げ、菖蒲の下方の、折敷の右手前に鰈の胡瓜巻きを盛り合わせ、博多揚げをはさんで右上に海老の錦巻き、左脇にさつま茶巾を盛り、手前正面に焼きそら豆を重ねます。加茂茄子釜に蓋を添え、博多揚げに筆生姜、鰈の胡瓜巻きに黄身酢をそれぞれ添えます。折敷の左手前に亀甲物相ご飯を盛ります。

15 卵豆腐の吸いものを作ります。卵をボウルに割りほぐし、だし汁ほかの調味料を加えてよく混ぜ、きつく絞ったぬれ布巾で漉して流し缶に入れ、蒸気の上がった蒸し器に入れて布巾をかけ、蓋をして強火で3～4分、中火にして12～13分蒸し上げ、冷まして流し缶をはずし、切り分けます。防風は塩を少量加えた熱湯で、さっと茹でて水に放したのち、水気をきっておきます。

16 吸い地のだし汁をひと煮立ちさせ、塩と薄口醤油を加えて味を調えます。

【盛りつけ】

椀に卵豆腐を入れ、煮えばなの吸い地を張って防風を添え、吸い口に胡椒をふります。

17 蕎麦の磯辺と芽芋の煮合わせを作ります。蕎麦は片方の端を揃えて糸で束ね、たっぷりの熱湯で茹ですぎないように茹でて水にとり、流水でよく洗って笊に上げます。

18 穴子は皮面に熱湯をかけ、庖丁の背で軽くしごいてぬるを取り、下煮用の調味料を合わせてひと煮立ちさせた中で煮、縦に1cm幅に切ります。巻き簀に海苔を広げ、手前と向こう側を少しずつ残して蕎麦を並べて広げ、穴子を芯にして巻き込み、巻き止まりは水を少量ぬって止め、巻き簀で巻いておきます。

19 芽芋は鍋に入る長さに切り、酢を少量加えた熱湯で茹でて4cm長さに切り、煮汁のだし汁に調味料を合わせた中で煮上げ、火を止めて味を含めておきます。蕎麦の磯辺の巻き簀をはずし、中温よりやや高めに熱した揚げ油で揚げます。油をきって食べよい大きさに切り分けます。

【盛りつけ】

器の奥に芽芋を横にして盛り、手前に揚げたての蕎麦の磯辺を盛り合わせて、芽芋の煮汁をたっぷりとかけて木の芽を天にあしらいます。

**中吸いもの**
　**そら豆真蒸の吸いもの椀**
**お造り**
　**鮪引き造りと赤貝**
**煮もの替わり**
　**冷やし博多**
**焼きもの替わり**
　**網焼き牛肉のおろし和え**
**ご飯**
　**白飯、黒胡麻散らし**

●八二頁参照

**■材料〈四人分〉**

**そら豆真蒸の吸いもの椀**

そら豆……16粒　塩……少々
真蒸地(すり身120g　卵白少々　塩小匙½　蟹のほぐし身80g)
＊吸い地(だし汁3カップ　塩小匙1　薄口醤油少々)
木の芽……4枚

**鮪引き造りと赤貝のお造り**

鮪の中トロ…½冊　赤貝……4個
＊けんとつま(茗荷竹3本　大葉8枚　花丸胡瓜4本)
わさび……適宜　土佐醤油……適宜

**冷やし博多**

鶏もも肉(骨つき・小)……4本
＊煮汁(水6カップ　酒⅓カップ　塩適宜)
サラダ菜……4枚　レモン……1個
あさつき……½把
＊酢醤油(酢、醤油＝各¼カップ)

**網焼き牛肉のおろし和え**

牛肉……300g　花丸胡瓜……4本
＊つけ汁(酒大匙2　醤油大匙3)
おろし和え衣(大根おろし1カップ　甘酢(酢、味醂＝各大匙5　塩少々))木の芽15枚

**白飯、黒胡麻散らし**

白飯(炊きたてのもの)……4杯分
黒胡麻……適宜

**■作り方**

1 そら豆真蒸の吸いもの椀を作ります。そら豆は塩を少量加えた熱湯で茹で、笊にとって皮をむきます。真蒸地用のすり身をすり鉢ですり、卵白と塩を加えてさらにすり、軟骨を除いた蟹のほぐし身とそら豆を混ぜ合わせて、四等分して丸く整えます。たっぷりの熱湯に落として茹で、浮き上がってきたら笊にとって水気をきっておきます。

2 吸い地のだし汁をひと煮立ちさせ、塩と薄口醤油を加えて味を調えます。

【盛りつけ】

椀にそら豆真蒸を盛って煮えばなの吸い地を張り、吸い口に木の芽を一枚浮かべます。

3 鮪引き造りと赤貝のお造りを作ります。鮪の中トロは、ひとりあて三切れの引き造りにします。赤貝は殻をはずし、わたとひもを取って洗い、二枚に切ってわたをそぎ取って塩をふってもみ、水洗いして水気を拭き、表面に浅い切り目を入れて食べよく整えます。

4 茗荷竹は縦二つに切り、斜めの薄切りにして水に放し、パリッとしたら水気をきっておきます。

【盛りつけ】

器に茗荷竹のけんを盛り、大葉二枚をずらし気味に重ねて立てかけ、鮪の引き

**吸い地**

| | |
|---|---|
| だし汁3カップ | 塩小匙1 |
| 薄口醤油少々 | |

だし汁をひと煮立ちさせて塩を加え、仕上げに薄口醤油を少量落として味を調えます。
◉吸いものの味は、だし汁の旨みが決め手です。上手にとった昆布と鰹節の合わせ一番だしを使います。

**卵豆腐**

| | | |
|---|---|---|
| 卵6個 | だし汁1¾カップ | 酒大匙4 |
| 味醂大匙1 | 薄口醤油大匙1 | 塩大匙1 |

卵を溶きほぐして分量のだし汁と調味料を加え混ぜ、きつく絞ったぬれ布巾で漉します。流し缶に流し入れて表面の泡を丁寧にすくい取り、蒸気の上がった蒸し器に入れて布巾をかけ、蓋をして強火で3～4分、中火にして12～13分蒸します。

**立て塩**

| | |
|---|---|
| 水1カップ | 塩大匙1弱 |

分量の水に塩を、自然に(時間をかけて)溶かした塩水を〝たてじお〟といいます。
◉魚介類の開き干しは、この塩水につけて身をしめてから干し、魚以外では焼きそら豆などにも使用。また立て塩に煮出し昆布を浸した中に、鱚《きす》や魳《かます》など小魚のおろし身をつけて干せば〝風干し〟です。

造りを盛って前に赤貝を盛り合わせます。右手前に花丸胡瓜、けん寄りにおろしわさびを添え、別器で土佐醤油を出します。

**5** 冷やし博多を作ります。骨つきの鶏もも肉は、内側に骨に沿って切り目を入れ、脂を取りながら丁寧に水洗いします。煮汁の分量の水、酒とともに鍋に入れて火にかけ、煮立ってきたら脂とアクをよく引いて、中火にして煮続け、塩を加えて吸い地くらいの味に調えます。汁が少なくなるまで煮て、鶏を皮下にしてバットに並べ、煮汁を漉し入れてそのまま冷やします。レモンは半月の薄切りに、あさつきは小口切りにしておきます。

【盛りつけ】

器にサラダ菜を敷いて冷やし博多を盛り、レモンを添えてあさつきを天に盛ります。別器で酢醤油を添えます。

**6** 網焼き牛肉のおろし和えを作ります。牛肉はステーキ用のものを用意し、酒醤油に10分ほどつけておきます。焼き網を熱し、牛肉の汁気を軽く拭いて焦がさないようにさっと焼き、ひと口大よりやや大きめに切っておきます。

**7** 甘酢に、汁気を絞った大根おろしを混ぜ、たたいた木の芽を加え混ぜ、和え衣を作ります。

【盛りつけ】

器に牛肉を盛り、おろし和え衣をたっぷりとのせて花丸胡瓜をあしらいます。

**8** ご飯を用意します。白飯を普通に炊き上げてよく蒸らします。

【盛りつけ】

銘々の飯茶碗に盛り分け、煎った黒胡麻を散らしてお出しします。

### ■調理覚え書

●料理名に〝博多〟の名のつく料理には、二種類があります。ひとつは、博多名物の水炊きに因《ちな》んだもので、骨つきの鶏を一度に何羽も入れて汁が白く濁るほど、グラグラと煮る手法です。ここから骨つきの鶏を使った料理を〝博多〟というもの。もうひとつは、博多帯の織りの連続柄に因み、多種の材料を幾重にも重ねた料理をいいます。ここでの冷やし博多は前者で、骨つきの鶏から出るゼラチン質を利用して、冷やし固める料理です。

**小吸いもの**
蕎麦《そば》の実と鶏、よもぎ
**煮もの**
鶏博多と小芋の炊き合わせ
**揚げもの**
鰈の筏《いかだ》揚げ、茹でオクラ
**酢のもの**
うどと姫貝の黄身酢
**ご飯**
雲丹ご飯

●八四頁参照

### ■材料〈四人分〉

**蕎麦の実と鶏、よもぎの小吸いもの**

そば米……24粒　鶏もも肉……40g
*そば米・鶏肉の下味（酒、塩＝各適宜）
本葛……適宜　よもぎ……少々
重曹……少々
*吸い地（だし汁1.5カップ　塩小匙1/2　薄口醤油少々）

**鶏博多と小芋の炊き合わせ**

鶏もも肉（骨つき）……3本
小芋……12個　茄子……4個
*煮汁（だし汁3カップ　味醂、薄口醤油＝各1/3カップ）
菜の花……1/2把　塩……適宜
揚げ油……適宜

**鰈の筏揚げ、茹でオクラ**

鰈……4尾　小麦粉……適宜
*揚げ衣（卵1/2個分　水1/3カップ　酒大匙2　小麦粉1/2カップ　パセリのみじん切り大匙2）
揚げ油……適宜　片栗粉……適宜
オクラ……12本　塩……適宜

**うどと姫貝の黄身酢**

うど……1/2本　酢……適宜
青柳……20個　黒胡麻……少々
*立て塩（水1カップ　塩大匙1）
*黄身酢（卵黄3個　酢、味醂＝各1/3カップ　塩少々）

**雲丹ご飯**

生雲丹……50g
*雲丹のつけ汁（薄口醤油、酒＝各大匙2/3　味醂小匙1/2）
*ご飯（米1.5カップ　水1.8カップ　雲丹のつけ汁少々）

### ■作り方

**1** 蕎麦の実と鶏、よもぎの小吸いものを作ります。そば米は水を換えながら茹でたのち、酒塩をふっておきます。鶏もも肉は皮と脂を除いて小さめに切り分け、酒塩で洗って布巾で汁気を拭き、本葛をはたきつけ、熱湯に落として茹でて笊にとります。

**2** よもぎは重曹を少量加えた熱湯で茹で、水にさらしてアクを抜き、水気を絞って葉先部分を3cm長さに切っておきます。吸い地のだし汁をひと煮立ちさせ、塩と薄口醤油で味を調えます。

【盛りつけ】

小吸いもの椀にそば米と鶏肉を盛り、煮えばなの吸い地を張って、青みによもぎを入れます。

**3** 鶏博多と小芋の炊き合わせを作ります。鶏の骨つきもも肉は、内側の骨に沿って切り目を入れ、一本を三～四つに切って流水で脂を丁寧に洗います。たっぷりの水とともに鍋に入れて火にかけ、煮立ってきたらアクと脂を引いて中火にし、柔らかく茹でて笊にとります。

**4** 小芋はむき小芋を用意して茹で、途中二～三度茹でこぼして水を換え、やや固めに茹でておきます。

**5** 煮汁のだし汁と調味料を合わせて煮立て、茹でた鶏もも肉と小芋を入れて汁が半分になるくらいまで煮ます。茄子は天地を切り、皮面に縦に5mm間隔の浅い庖丁目をぐるりと入れて、高温に熱した揚げ油で揚げたのち、鶏と小芋の煮汁を取り分けた中で煮含めます。

**6** 菜の花は花の開いていないものを用意し、先端の柔らかい部分をつみ取って塩を少量加えた熱湯でさっと茹で、水でさらして揃え、水気を絞ります。

【盛りつけ】

大平鉢に鶏博多を盛り、前盛りに小芋と揚げ茄子を盛り合わせて、菜の花をあしらい、へりから煮汁を少量注ぎます。

**7** 鰈の筏揚げを作ります。鰈は、鱗《うろこ》を引いてえらとわたを取り、五枚におろして腹骨をそぎ取り小骨を抜いて、薄く小麦粉をふります。

8揚げ衣の卵を溶きほぐして水、酒を加えて混ぜ、小麦粉を入れてざっくりと混ぜ、水にさらしてきつく絞ったパセリのみじん切りを加えて混ぜます。鰈の上身に揚げ衣をつけ、中温に熱した揚げ油で揚げて油をきります。

9鰈の中骨の水気を拭き、片栗粉を薄くはたいて頭から尾に向けて竹串を刺し、筏形に整えて、中温よりやや低めに熱した揚げ油でゆっくりと揚げ、油をきります。オクラは塩でもんでうぶ毛を除き、熱湯で茹でて水気をきり、あおいで冷ましておきます。

【盛りつけ】

器に筏形に揚げた中骨を頭を右にして盛り、鰈の身を重ね盛りにして前にオクラを添えます。

10うどと姫貝の黄身酢を作ります。うどは4cm長さ・5mm角の拍子木に切り、酢を少量落とした水にさらし、水気を拭きます。青柳(姫貝)は、殻をはずしてわたをしごいて除き、塩を分量の水に溶いた立て塩に5分ほどつけたのち、舌先を金串に刺して風通しのよい場所につるし、半日ほど干します。

【盛りつけ】

器に、うどと姫貝を軽く混ぜて盛り込み、煎った黒胡麻を散らして黄身酢をかけ、和えながら食べていただきます。

11雲丹ご飯を作ります。生雲丹は色のよいものを用意し、分量の調味料を合わせたつけ汁に10分ほどつけておきます。

12米は炊く1時間前にといで笊に上げておき、釜に入れて分量の水と雲丹のつけ汁を加え、普通に炊き上げて雲丹を並べてのせ、充分に蒸らして軽く混ぜ合わせます。

【盛りつけ】

大きめの茶碗に、雲丹を彩りよく配して盛りつけます。

■調理覚え書

●小吸いものの実に使ったそば米はむきそばともいい、蕎麦の実の皮をむいたものです。米と比べて瘦《や》せ地で、また短期間で育つ蕎麦は昔は全国的に作られていました。徳島、山形方面には、そば米雑炊《ぞうすい》などの郷土料理も残っています。

**吸いもの**
**五目博多の吉野仕立て椀**
**煮もの**
**小芋とたこの八方煮**
**焼きもの替わり**
**渡り蟹の唐揚げ、茹でアスパラ**
**酢のもの**
**赤貝とうど、胡瓜の三杯酢**
**ご飯**
**桜の塩漬けご飯**
**水菓子**
**いちご**

●八五頁参照

■材料〈四人分〉

**五目博多の吉野仕立て椀**

鶏もも肉……1枚
*吸い地(水4カップ 酒⅓カップ 塩適宜 薄口醤油少々)
*汁の実(大根100g 人参½本 小芋5個)
本葛……少々 わけぎ……適宜
胡椒……少々

**小芋とたこの八方煮**

たこ(茹でたもの・小)……500g
*たこの下煮用(水4カップ 酒大匙4)
*たこの煮汁(味醂½カップ 醤油大匙2.5)
小芋……12個 酢……適宜
*小芋の煮汁(水1.5カップ 砂糖大匙2.5 味醂大匙4 塩小匙½)
木の芽……適宜

**渡り蟹の唐揚げ、茹でアスパラ**

渡り蟹……2杯 小麦粉……適宜
*揚げ衣(卵黄2個 水½カップ 酒大匙3 小麦粉⅓カップ強)
揚げ油……適宜
*かけつゆ(だし汁2カップ 味醂、薄口醤油＝各¼カップ 酢大匙2)
胡椒……適宜 塩……適宜
グリーンアスパラ……8本

**赤貝とうど、胡瓜の三杯酢**

赤貝……4個 塩……適宜
うど……8cm長さ 酢……適宜
室胡瓜……8本 赤芽……適宜
*合わせ酢(だし汁大匙1 三杯酢《酢、薄口醤油＝各大匙5 味醂大匙3》)

**桜の塩漬けご飯**

白飯(炊きたてのもの)……4杯分
酒……少々 桜の塩漬け…適宜

**いちごの水菓子**

いちご……4粒 塩……少々

■作り方

**二杯酢**

酢大匙5　醤油大匙1　だし汁大匙1

以上の割合分量の調味料を合わせ、さっとひと煮立ちさせて冷まします。

◉魚介類の生臭みの強いものに合い、料理によって醤油を薄口醤油、白醤油に変え、また露生姜、おろしわさび、溶き辛子、煎ったけしの実などを加え、生姜酢、わさび酢、けし酢ほかにも応用します。

**三杯酢**

酢大匙5　薄口醤油大匙5　味醂大匙3

以上の割合分量の調味料を合わせ、さっとひと煮立ちさせて冷まします。

◉肉、野菜類には特によく合い、広く酢のものには欠かせない加減酢です。なお、今は二杯酢、三杯酢と書くのが一般的ですが、配分する意味から〝配〟が本来です。

**胡麻酢**

白胡麻大匙5　砂糖大匙1　醤油大匙3
だし汁¼カップ　酢⅓カップ

白胡麻をよく煎って冷まし、すり鉢で油が出るまですって砂糖と醤油、だし汁を加えてすり混ぜ、仕上げに酢を加えて混ぜます。

1 五目博多の吉野仕立て椀を作ります。鶏もも肉は皮と脂を除いて2㎝角に切り、吸い地の分量の水とともに鍋に入れて火にかけ、煮立ってきたらアクを丁寧に引き、分量の酒を加えて柔らかくなるまで中火で煮、同じく塩で吸い地くらいに味を調えます。

2 大根と人参は、5㎜厚さのいちょう形に切り、小芋はむき小芋を5㎜厚さの輪切りにし、別々に茹でて先の吸い地に加えて煮ます。仕上げに水溶きの本葛を流し入れて静かに混ぜ、薄いとろみをつけます。わけぎを5㎜長さの小口切りにしておきます。

【盛りつけ】

大振りの椀に五目博多の吉野仕立てを汁とともにたっぷりと盛り、わけぎを散らして、吸い口に胡椒をふります。

3 小芋とたこの八方煮を作ります。茹でた小だこは洗って脚を一本ずつ切り離し、脚先を切り落としておきます。鍋に下煮の分量の水とともに入れ、火にかけて煮立ってきたらアクを引き、酒を加えて弱火にし、柔らかくなるまで水を少しずつ足しながら煮ます。柔らかくなったら煮汁の味醂、醤油を加え、ひと煮立ちしたら火を止めて、そのまま味を含ませます。

4 小芋はむき小芋を用意し、酢を少量加えて水から茹で、途中二〜三度水を換えては茹でこぼし、柔らかくなったら水にとって、ぬめりを洗い流します。

5 鍋に小芋の煮汁の水と調味料を合わせ、小芋を入れて紙蓋をし、弱火でじっくりと煮ます。煮汁が半量ほどになったら火を止め、そのままおいて味を含ませます。

【盛りつけ】

大鉢に、奥寄りに小芋を盛って手前にたこを盛り合わせ、天に木の芽をたっぷりとのせます。

6 渡り蟹の唐揚げを作ります。渡り蟹は生のものを用意し、甲羅をはずして脚を取り、ガニを取り除いて胴を縦半分に切り、厚みを半分にそぎます。脚や爪部分は殻の一部を取って、食べよく整えておきます。甲羅を除いて薄く小麦粉をはたきつけておきます。

7 揚げ衣の分量の卵黄を溶きほぐし、水と酒を加え混ぜて、小麦粉をざっくりと混ぜたのち、蟹につけて中温に熱した揚げ油でカラリと揚げます。

8 かけつゆのだし汁と各調味料を合わせてひと煮立ちさせ、胡椒をふり入れておきます。グリーンアスパラは、根元の固い部分を落とし、塩を少量加えた熱湯で茹で、笊にとって手早くあおいで冷まします。

【盛りつけ】

大鉢に揚げたての蟹を盛って、熱いかけつゆをかけ、グリーンアスパラを盛り合わせます。

9 赤貝とうど、胡瓜の三杯酢を作ります。赤貝は殻をはずしてわたを取り除き、二枚にそいで中のわたをそぎ取り、塩をふって軽くもみ、水洗いして布巾で水気を拭いたのち、やや太めの繊切りにします。

10 うどは4㎝長さに切って皮を厚めのぐるむきにし、5㎜角の拍子木に切り整えて酢水でさらします。室胡瓜は塩をまぶして軽くもみ、熱湯をくぐらせて冷水にとり、色出しをして天地を切って縦二つに切ります。三杯酢にだし汁を加え、ひと煮立ちさせて冷まして合わせ酢を作ります。

【盛りつけ】

赤貝とうど、胡瓜をざっくりと混ぜ合わせて器に盛り分け、合わせ酢をかけて天に赤芽をあしらいます。

11 桜の塩漬けご飯を作ります。炊きたての白飯を用意して酒を少量をふり、こねないように混ぜます。桜の塩漬けは洗って水気を絞り、散らします。ただし、塩気の強すぎるものは、水にしばらくつけて、塩気をほどよく残して塩抜きののち、ご飯に散らします。

【盛りつけ】

茶碗に、桜をバランスよく配して盛りつけます。

12 水菓子のいちごを用意します。いちごはごく薄い塩水で手早く洗い、水気をきって成り口に水平に庖丁を入れます。

【盛りつけ】

器に一粒ずつ盛りつけ、結び串を添えます。

■調理覚え書

●吉野仕立て椀に欠かせない本葛は、葛の根を精製したもので、〝吉野葛〟と九州博多の〝九助葛〟が有名です。吉野あんや水晶あん用には固まりを水溶きにしますが、葛たたきなど量を使う場合はすり鉢ですり、絹ぶるいでふるって使います。

**小吸いもの**
　煎り豆腐の味噌仕立て椀
**煮もの椀**
　五目染め煮椀
**焼きもの**
　鮎の塩焼き、たて酢添え
**強肴**
　牛肉のパイ皮包み焼き
**ご飯**
　山椒昆布ご飯

●八六頁参照

■材料〈四人分〉

**煎り豆腐の味噌仕立て椀**

豆腐……½丁　えのき茸1パック
サラダ油……適宜　胡椒……少々
＊吸い地（だし汁3カップ　味噌大匙3）

**五目染め煮椀**

ごぼう……½本　里芋……4個
人参……½本　蓮根……100g
干し椎茸……8枚　酢……少々
車海老……4尾　塩……適宜
いんげん……4本
＊煮汁（だし汁1.5カップ　味醂⅓カップ　醤油大匙2）

**鮎の塩焼き、たて酢添え**

鮎……8尾　塩……適宜
たでの葉……10本　酢取り生姜…8本
＊たで酢（たでの葉10本　酢大匙3.5　だし汁大匙1　ご飯粒適宜）

**牛肉のパイ皮包み焼き**

牛もも肉……300g　サラダ油……少々
＊下味（塩、胡椒＝各少々）
＊煮汁（スープ大匙6　酒大匙5　醤

油大匙2/3
パイシート(市販品・10㎝角)……4枚
卵黄……1/2個分
*染めおろし(大根おろし1/2カップ 醤油適宜)

**山椒昆布ご飯**
白飯(炊きたてのもの)……4杯分
山椒昆布(市販品・細切り)……適宜

**■作り方**

1 煎り豆腐の味噌仕立て椀を作ります。豆腐は抜き板にのせて斜めにし、軽く水気をきっておき、えのき茸は根元を切り落としてゴミを取り除き、二つに切って熱湯にさっとくぐらせ、笊に上げて水気をきっておきます。

2 鍋にサラダ油を熱し、豆腐を崩して入れて炒め、えのき茸を加えてさらに炒めたのち、吸い地のだし汁を加えてひと煮立ちさせ、味噌を溶き入れて味を調えます。

【盛りつけ】

小吸いもの椀に盛り分け、吸い口に木の芽を浮かべます。

3 五目染め煮を作ります。ごぼうはたわしで洗い、里芋は洗って皮をむき、人参は皮をむいて、それぞれをひと口大に切り、ごぼうと里芋は別々に下茹でをしておきます。

4 蓮根は皮をむき、1㎝弱厚さの半月に切って酢水にさらし、水気をきっておき、干し椎茸は水に戻して石づきを取ります。

5 鍋に煮汁のだし汁と味醂を合わせ、以上の野菜類を加えて火にかけ、汁が半量になるくらいまで煮て醤油を加え、汁がなくなるまで煮続けます。

6 車海老は背わたを抜き、塩を少量加えた熱湯で茹でて冷まし、頭と尾を落として殻をむき、二つくらいに切り分けておきます。いんげんは筋を取り、同様に塩を加えた熱湯で茹でてあおいで手早く冷まし、2㎝長さほどに切っておきます。

【盛りつけ】

大振りの椀に染め煮を盛り、茹でた車海老といんげんを散らします。

7 鮎の塩焼きを作ります。鮎は庖丁の先で皮目を軽くしごき、ぬると鱗《うろこ》を取って手早く洗います。金串を登り串の形に打ち、尾と背、胸、腹のヒレに化粧塩をしたのち全体に薄塩をふり、強火の遠火で焼き上げて熱いうちに串を、まわしながら抜きます。

8 たで酢は、たでの葉だけをつみ取ってすり鉢に入れ、よくすって酢とだし汁を少しずつ加えながら溶きのばします。たでの葉をする時、柔らかく炊いたご飯をすったものを布巾で漉して加えるか、おもゆを加えてすり混ぜるととろみがつき、鮎になじみやすくなります。酢取り生姜を筆形に整えておきます。

【盛りつけ】

平皿に鮎を形よく二尾ずつ盛り、たでの葉を添え、筆生姜をあしらいます。別器でたで酢を添えます。

9 牛肉のパイ皮包み焼きを作ります。牛もも肉は塊《かたまり》を用意して塩、胡椒をふり、よくもみ込んでおきます。フライパンにサラダ油を熱して肉を入れ、転がしながら全体に焼き目をつけたのち、煮汁のスープと調味料を加えて、汁が少なくなるまでフライパンを揺すりながら煮ます。

10 パイシートで肉を包み、表面をフォークでつついて穴をあけておき、溶いた卵黄をぬって180℃くらいに熱したオーブンに入れ、こんがりと焼き上げて1㎝厚さに切り分けます。

【盛りつけ】

器に二切れずつ形よく盛り、軽く水気を絞った大根おろしに醤油を落とした、染めおろしを添えます。

11 山椒昆布ご飯を用意します。炊きたての白飯を用意し、ごく細切りの山椒昆布を加え、こねないように混ぜ合わせます。

【盛りつけ】

飯茶碗にほどよい量を盛りつけます。

**■調理覚え書**

●牛肉のパイ皮包み焼きのように、日本料理でパイ皮を使う場合、量の割に食べ応えがあるため、他の料理に響かないように薄手のパイ皮を選び、作りを小さめにします。また、切り口を見せて盛りつけると、和食器とも違和感がありません。

●鮎に欠かせないたで(蓼)は、香魚と称される鮎特有のやや青臭い香りに、たでの辛みと青い香りの〝出会い〟がよいためです。たでは種類が多く、食用種としてはヤナギタデの類。この芽出しを一般に赤芽と呼んで刺身のつまや、酢のものに使い、同類のアオタデが鮎のたで酢やたで味噌、鱸《すずき》など夏の白身魚のたで焼きなどに使われます。たではまた、強い殺菌力でも知られる日本のハーブ(香草)です。

### 味噌椀地

だし汁(合わせ一番だし)3カップ
合わせ味噌大匙5

だし汁をひと煮立ちさせ、味噌を溶き入れて煮えばなを椀に張ります。

◉味噌は、できるだけ遠隔地産のものを合わせます。

### たで酢

たで(葉のみ)10本分
酢大匙3.5　だし汁大匙1　ご飯粒適宜

たでの葉をすり鉢ですり、ご飯粒をすって布巾で裏漉したもの(またはおもゆ)を加えてさらによくすり、酢とだし汁を少量ずつ加えながら溶きのばします。

◉酢をだし汁で割って青寄せを加え、たでの葉のみじんを混ぜる別法もあります。

### 染めおろし

大根おろし1/2カップ　醤油適宜

大根をおろして水気を軽く絞り、醤油を落としてざっくりと混ぜます。

◉焼きもの・揚げものなどの薬味に、また簡単な和えものの衣としても美味です。大根おろしの白を醤油で〝染める〟のがこの例なら、すった赤唐辛子を混ぜて〝もみじおろし(別名朱《あけ》おろし)〟となります。

**吸いもの**
**木耳《きくらげ》真蒸《しんじょ》の吸いもの椀**
**刺身**
**鮪トロの山かけ**
**蒸しもの**
**鶏の二色蒸し、染めおろし添え**
**変わりサラダ**
**平貝の酒塩焼き、茗荷の子の含み揚げ、ポテトサラダ**
**ご飯**
**筍ご飯**

●八八頁参照

**■材料〈四人分〉**

**木耳真蒸の吸いもの椀**

木耳……2枚　茗荷竹……2本
＊真蒸地(すり身200g　卵白1/3個分　塩、味醂＝各少々)
＊吸い地(だし汁3カップ　塩小匙1　薄口醤油少々)

**鮪トロの山かけ**

鮪のトロ……100g　醤油……少々
山の芋……200g　越瓜《しろうり》……1/4本
塩……適宜
＊山の芋用(酢適宜　卵白少々)
花穂じそ……12本　わさび……適宜

**鶏の二色蒸し、染めおろし添え**

鶏もも肉……1/2枚
鶏の真蒸地(鶏挽き肉150g　卵1/3個分　砂糖、醤油＝各大匙1　煎り卵《七分熟》卵2個分　人参3cm長さ)
＊染めおろし(大根おろし1/3カップ　醤油適宜　木の芽10枚)
＊《板谷楓の葉4枚》

**変わりサラダ**

平貝……3個
＊下味(酒大匙3　塩小匙1/2)
茗荷の子……4個　揚げ油……適宜
＊海老の真蒸地(芝海老80g　卵白、塩＝各少々)
＊揚げ衣(片栗粉適宜　卵白少々　ぶぶあられ適宜)
じゃが薯……3個　人参……3cm長さ
胡瓜……1本　玉ねぎ……1/3個
塩……適宜
＊下味用(塩、胡椒＝各適宜　フレンチドレッシング適宜)
サラダ菜……4枚　セロリ(小)……4本
ラディッシュ4個　ピーマン……1個
＊マヨネーズ(卵黄1個　サラダ油3カップ　酢、塩、胡椒＝各適宜)適宜

**筍ご飯**

炊き込みご飯(茹で筍300g 米4カップ　水4.4カップ　酒大匙4　薄口醤油大匙3　味醂大匙1　塩小匙1/3)
木の芽……8枚

**■作り方**

1 木耳真蒸の吸いもの椀を作ります。木耳は、水で戻して粗いみじん切りにします。すり身をすり鉢ですり、卵白と各調味料を加えてさらになめらかにすり、木耳を混ぜ合わせて蒸し缶にきっちりと詰め、蒸気の上がった蒸し器に入れて中火で25分ほど蒸し、さめたら切り分けます。

2 吸い地のだし汁をひと煮立ちさせ、塩と薄口醤油を加えて味を調えます。茗荷竹は縦に二つに切り、斜めの薄切りにして水に放し、水気をよくきります。

【盛りつけ】

椀に木耳真蒸を盛って煮えばなの吸い地を張り、吸い口に茗荷竹を添えます。

3 鮪トロの山かけを作ります。鮪は冊《さく》で用意し、5㎜厚さのそぎ切りにして醤油少量で洗い、汁気をきっておきます。

4 山の芋は、皮をむいて酢水につけながらすり鉢のへりでおろし、よくすって卵白を加え、さらによくすります。越瓜は縦半分に切って種を除き、粗く皮をむきます。切り離さないように薄く庖丁を五回入れて六回めに切り離し、これを繰り返して必要量切ったのち、塩を少量加えた熱湯でさっと茹で、水にとって色出しをして冷まします。

【盛りつけ】

器に、山の芋を割り箸二本でからめるように巻き取って入れ、鮪を重ね盛りにして越瓜、花穂じそをあしらい、おろしわさびを添えます。

5 鶏の二色蒸しを作ります。鶏もも肉は皮と脂を除き、厚みを平らにそぎ整えておきます。鶏挽き肉は二度挽きしたものをすり鉢ですり、溶き卵と砂糖、醤油を加えてさらによくすります。ここに、卵二個を割りほぐして七分熟に煎った煎り卵、人参のみじん切りの二種を加えて混ぜ合わせます。

6 蒸し缶に鶏もも肉を皮面を下にして広げ、上に真蒸地をきっちりと詰めて中火の蒸し器で30分ほど蒸し、冷まします。大根おろしを用意して水気を絞り、細かくたたいた木の芽を混ぜて、醤油を落として染めおろしにします。

【盛りつけ】

器に板谷楓を敷き、鶏の二色蒸しを大きめに切り分けて盛り、木の芽入りの染めおろしをたっぷりと添えます。

7 変わりサラダを作ります。平貝は、縦横の切り目を深めに入れ、酒塩に5分ほどつけたのち、汁気をきって金串に刺します。中火の遠火で焦げ目をつけないように焼き、熱いうちに串をはずしておきます。

8 茗荷の子は根元を切り、汚れた外葉を除いて先端部分に十字の切り込みを入れます。芝海老は背わたを抜いてむき身にし、細かく刻んですり鉢に入れてよくすり、卵白と塩を加えてさらになめらかにすったのち、茗荷の切り目に詰めるように含ませます。すり身部分に片栗粉、溶いた卵白、ぶぶあられを順につけ、中温に熱した揚げ油で揚げて、油をきっておきます。

9 じゃが薯は、茹でて熱いうちに皮をむいて2cm角に、人参は茹でて1cm弱のいちょう形に、それぞれ切って混ぜ合わせ、薄く塩胡椒をし、ドレッシングを少量ふって下味をつけておきます。

10 胡瓜は薄い小口切りにし、やや濃いめの塩水につけてしんなりさせ、きつく絞ります。玉ねぎはごく薄切りにし、水にさらしてきつく絞り、二種とも先のじゃが薯に混ぜ合わせ、マヨネーズで軽く和えて味を調えます。

11 セロリはゴールデンセロリ(芯の部分)を用意、ラディッシュは半分に切って皮面にごく細かい切り目を入れ、ピーマンは種を除いて薄い輪切りにします。

【盛りつけ】

器にサラダ菜を敷いてポテトサラダを

盛り、平貝の酒塩焼き、茗荷の子の含み揚げを盛り合わせ、セロリ、ラディッシュ、ピーマンを彩りよくあしらいます。

12 筍ご飯を作ります。茹でた筍は3㎝長さほどの薄切りにし、米は炊く1時間ほど前にといで、笊に上げておきます。釜に米と分量の水、酒ほかの調味料を合わせ、筍を加えて軽く混ぜ合わせて普通に炊き上げ、充分に蒸らして飯台にあけ、こねないように軽く混ぜておきます。木の芽は細かくたたきます。

【盛りつけ】

茶碗に盛り、木の芽を散らします。

■調理覚え書

●鮪の山かけの本来は、切り海苔の上に鮪の山を置き、上からすりおろした山の芋をかけるものですが、やや品に欠け、また、よい鮪を使っているこの例のような場合は、山の芋を敷いた上に鮪をのせると一層引き立ちます。いずれにしろ、できるだけ小ぎれいに作ることが肝心です。

**吸いもの**
**茗荷竹の卵とじ椀**
**刺身五種盛り**
**鮪引き造り、トロそぎ造り、**
**鯛皮霜引き造り、鰈の昆布鳴門、**
**生ほたる烏賊《いか》**
**煮もの**
**筍と鱸《すずき》、小芋の炊き合わせ**
**焼きもの**
**鶏手羽肉の包み焼き**

●八九頁参照

■材料〈四人分〉

**茗荷竹の卵とじ椀**

茗荷竹……½把　卵……2個
*吸い地（だし汁3カップ　酒大匙1　塩小匙1　水溶き片栗粉《片栗粉大匙1　水大匙3》）
あさつき……½把

**刺身五種盛り**

鮪の赤身……1冊《さく》　鮪のトロ……½冊
鯛の上身……1筋　生ほたる烏賊12杯
鰈の上身……1筋　わさび……適宜
*鰈用（山出し昆布《大》2枚　酒適宜
胡瓜1本　塩適宜）
*けんとつま（茗荷竹½把　大葉12枚
花丸胡瓜4本）

**筍と鱸、小芋の炊き合わせ**

筍（小）……2本　むき小芋……12個
鱸の上身……240g　塩……適宜
*筍の下茹で用（米糠適宜　赤唐辛子）
*小芋の下茹で用（水2カップに対し、酢大匙2の割合）
*煮汁（八方地《だし汁2カップ　味醂、薄口醤油＝各¼カップ》）
*鱸の煮汁（だし汁1カップ　味醂大匙1.5　白醤油大匙2）
浜防風……1把

**鶏手羽肉の包み焼き**

鶏手羽肉……4枚　鶉卵《うずら》……4個
椎茸……6枚　そら豆……12粒
塩……適宜
*つけ汁（幽庵地《味醂大匙5　醤油大匙3　酒大匙2》）
木の芽……16枚　酢取り生姜…8本

■作り方

1 茗荷竹の卵とじ椀を作ります。茗荷竹は縦半分に切り、2㎝長さの斜めの薄切りにし、卵はボウルに割りほぐします。鍋に吸い地のだし汁をひと煮立ちさせ、酒、塩を加えて味を調え、水溶きの片栗粉を回し入れてとろみをつけます。ここへ溶き卵を流し入れ、すぐに火を止めて蓋をし、短時間蒸らして卵をとじます。あさつきを小口切りにしておきます。

【盛りつけ】

椀に茗荷竹を入れてとろみのついた吸い地を張り、あさつきを散らします。

2 刺身五種盛りを作ります。鮪の赤身は1㎝厚さの引き造り、トロは5㎜厚さのそぎ造りにします。鯛は皮目を上にして俎板《まな》にのせ、固く絞ったぬれ布巾をかけて熱湯を注ぎかけ、手早く氷水にとって冷まし、水気を拭き取って5㎜厚さの引き造りにします。

3 ほたる烏賊は刺身用の生のものを用意し、軟骨を取り除いておきます。鰈は薄めのそぎ切りにし、酒で拭いた昆布二枚ではさんで、冷蔵庫に2～3時間しめておきます。

4 胡瓜は天地を落として半分に切り、皮も含めて14㎝長さのかつらむきにします。塩水に放してしんなりさせ、水気を拭き取ったのち、ラップを広げた上に縦長にのせ、鰈の昆布じめを平らに広げて巻き込み、ラップで巻き止めます。一本を二つに切り、ラップをはずします。

5 茗荷竹は縦半分に切って2㎝長さの斜めの薄切りにし、水に放してパリッとさせて水気をきっておきます。

## 筍の茹で方

筍（中）2本　米糠1カップ　赤唐辛子3本

皮つき筍を洗って穂先を斜めに落とし、姫皮をできるだけ傷つけずに縦に庖丁を入れます。鍋にたっぷりの水と糠、赤唐辛子とともに入れ、強火で、根元に竹串がスッと通るまで茹でてそのまま冷まし、鍋ごと流水にあててよく洗い、皮をむいて割り箸で根元の凹凸を身欠きます。

## 自家製マヨネーズ

卵黄1個　サラダ油3カップ　酢適宜

塩、胡椒適宜

乾いたボウルに卵黄を入れ、泡立て器でねっとりとするまで混ぜます。クリーム色になり、固まってきたらサラダ油を少量ずつ糸状にたらしながら泡立て、途中固くなったら酢を落としてゆるめながら混ぜ、塩、胡椒で味を調えて仕上げます。

## フレンチドレッシング

酢1：サラダ油2の割合分量

塩、胡椒適宜

酢とサラダ油、塩、胡椒をボウルに合わせ、泡立て器でよく混ぜ合わせます。

◉酢の量は料理によって加減します。また、溶き辛子、おろし玉葱、砂糖を加え混ぜた変わりドレッシングも、応用範囲の広い一種の〝和え衣〟です。

【盛りつけ】

大振りの平鉢に、奥中央に茗荷竹のけんをこんもりと盛り、大葉三枚をずらし気味に重ねて立てかけ、鮪の引き造り三切れを寄せかけるように盛ります。左手前にトロのそぎ造り二枚を重ね盛りに、その右手、器の中央やや右寄りに鰈の昆布鳴門を置き、左手前に鯛の皮霜引き造り三切れを盛り、右脇にほたる烏賊三杯を形よく盛り合わせます。鮪の赤身と昆布鳴門の間に花丸胡瓜をあしらい、正面右手におろしわさびを添えます。

6 筍と鱸、小芋の炊き合わせを作ります。

皮つきの筍はたわしで土を洗い落とし、穂先を斜めに切り落とし、姫皮を傷つけないように縦に庖丁を入れておきます。鍋に筍とたっぷりの水、米糠、傷のない赤唐辛子を入れて強火にかけ、根元に細い竹串を刺してスッと通るくらいまで茹で、火を止めて茹で汁が冷めるまでそのまま冷まします。鍋ごと流水にあてて水を取り換えたのち、皮をむいて割り箸で根元の凹凸をみがき、縦に六つ切りにします。

7 小芋はむき小芋を用意し、塩でもんでぬめりを取って水洗いし、分量の酢水で茹でて二度ほど茹でこぼし、竹串が通るまで茹でます。

8 鍋に煮汁の八方地をひと煮立ちさせ、筍と小芋を入れて中火で10分ほど煮て、そのまま味を含めます。浜防風を、塩を少量落とした熱湯でさっと茹でて、煮汁を取り分けてつけておきます。

9 鱸はひと切れ60g大に切り分け、煮汁のだし汁に調味料を合わせてひと煮立ちさせた中で、5分ほど煮ます。

【盛りつけ】

蓋つきの煮もの鉢に筍と小芋を盛り、鱸を盛り合わせて、葉先を揃えて4cm長さほどに切った浜防風を正面右脇にあしらいます。

10 鶏手羽肉の包み焼きを作ります。鶏手羽肉は皮を取り除き、厚みに庖丁を入れて袋状に大きく切り込み、分量の調味料を合わせた幽庵地に10分ほどつけておきます。

11 鶉の卵は新鮮なものを用意して蒸し器で8分ほど蒸し、水にとって殻をむいておき、椎茸は石づきを取って二つに切ります。そら豆は皮に切り目を入れて塩水にしばらくつけ、皮をむいて弱火で焦がさないように網焼きします。

12 手羽肉の汁気をよく拭き、袋状の切り込みに鶉の卵、椎茸、そら豆を等分して詰め込み、口を楊枝で縫うように止めます。中温に熱したオーブンで約20分焼き、途中二〜三度つけ汁をかけて色よく焼き上げたのち、一本を四〜五切れに切り分けます。木の芽は細かくたたき、酢取り生姜は筆形に整えます。

【盛りつけ】

器に鶏手羽肉の包み焼きを盛り、筆生姜を添えてたたき木の芽を散らします。

■調理覚え書

●夏とともに旬を迎える魚の代表が鱸《すずき》です。稚魚のコッパから成長につれてセイゴ、フッコ、スズキと名の変わる出世魚。その淡泊な旨味は、身の固い小型の頃は洗い造りに、脂ののる成魚は生のほか、焼きもの、煮ものにして一級のものです。

# 長手点心箱七種盛り

中吸いもの

卵豆腐の吸いもの椀

お造り

鯛のそぎ造り越瓜《しろうり》舟盛り

●九〇頁参照

■材料〈四人分〉

**焼き抜き蒲鉾**

焼き抜き蒲鉾(市販品)……………1枚

**車海老の黄身巻き**

車海老……4尾　塩……………少々

＊卵生地(茹で卵黄5個　砂糖大匙1　酢小匙1　塩小匙¼)

**石川小芋の雲丹焼き串**

石川芋……8個

＊雲丹衣(塩雲丹大匙2　卵黄1個)

**鮎魚女《あいなめ》の幽庵焼き**

鮎魚女……1尾

＊幽庵地(味醂大匙5　醤油大匙3　酒大匙2)

**鶏ロール**

鶏もも肉……1枚　サラダ油……少々

＊焼きだれ(味醂大匙4　醤油、酒＝各大匙2)

**車海老の巴《ともえ》焼き**

車海老……8尾　煎り塩……適宜

卵黄……1個

**煎り獅子唐**

獅子唐辛子…12本　サラダ油……適宜

塩……少々　酢取り生姜…4本

＊《紫陽花《あじさい》の葉4枚》

**四色細巻きずし**

味噌漬けごぼう(市販品)　………3本

胡瓜……1本　沢庵………適宜

たらこ……1腹　大葉………4枚

すし飯(米、水＝各2カップ　合わせ酢《酢⅓カップ　砂糖大匙2　塩小匙1》)

海苔……2枚

**卵豆腐の吸いもの椀**

卵豆腐生地(卵6個　だし汁340cc　酒大匙4　薄口醤油、味醂、塩＝各小匙1)

糸三つ葉……1把

＊吸い地(だし汁3カップ　塩小匙1)

**鯛のそぎ造り越瓜《しろうり》舟盛りお造り**

鯛の上身……1筋　越瓜…………4本

＊けんとつま(茗荷竹2本　大葉4枚　酢取り生姜4本)

わさび……適宜

＊《桜の花房適宜》

■作り方

1 焼き抜き蒲鉾を用意し、1cm厚さに切ります。車海老の黄身巻きを作ります。車海老は背わたを抜き、塩を少量加えた熱湯で茹でて笊にとり、手早く冷まして頭、尾、殻をとり、腹開きにします。

2 固茹でにした卵の卵黄だけを取り出し、裏漉しをして分量の各調味料を加えてよく練り混ぜ、棒状にしておきます。巻き簀にラップを重ねて広げ、海老を皮下にして頭と尾側を交互に左右にして縦に並べ、卵黄を芯にラップで巻き込み、巻き簀できっちりと巻き止めます。充分に蒸気の上がった蒸し器に入れ、20分ほど蒸し上げて、冷まして巻き簀をはずし、切り分けてラップをはずします。

3 石川小芋の雲丹焼き串を作ります。石

川芋は皮面に軽く庖丁目を入れ、充分に蒸気の上がった蒸し器で竹串が通るくらいに蒸し上げ、笊に上げて冷ましておきます。

4 塩雲丹を裏漉して卵黄を加え、ゴムべラで混ぜ合わせて雲丹衣を作ります。石川芋の皮をむいて金串に刺し、強火の遠火で焼いて、仕上げに雲丹衣をぬってあぶり、乾かして熱いうちに金串を抜きとり、鉄砲串に刺し替えます。

5 鮎魚女の幽庵焼きを作ります。鮎魚女は鱗を丁寧に引き、三枚におろして腹骨をすき取ったのち、皮を切らないように深く、細かく庖丁を入れて骨切りをします。これを金串に刺し、強火の遠火で素焼きにして、分量の調味料を合わせた幽庵地を二～三度つけてはあぶり、焼き上げて金串を抜き、ほどよい大きさに切り分けます。

6 鶏ロールを作ります。鶏もも肉は脂を取り、皮が全体にまわるように端からきつく巻き込み、焼き上がりがずれないようにタコ糸で巻き、縛ります。

7 フライパンにサラダ油を熱し、鶏ロールを転がしながら焼き、焼き色がついたら分量の調味料を合わせた焼きだれを加え、中火で汁気がなくなるまで焼き上げます。冷まして糸をはずし、1cm厚さに切り分けます。

8 車海老の巴焼きを作ります。車海老は背わたを抜いて頭を取り、尾ひと節を残して殻をむきます。二尾を互い違いの巴形に組み、金串を打って全体に煎り塩をふります。強火の遠火で両面を焼き上げ、仕上げに溶いた卵黄を刷毛でぬり、あぶって表面を乾かし、熱いうちに金串を抜き取ります。

9 獅子唐は成り口を切り落とします。フライパンにサラダ油を熱し、獅子唐をさっと炒めて塩を少量ふっておきます。

酢取り生姜は、杵形に整えます。

10 四色細巻きずしを作ります。すし飯を用意します。米は炊く1時間以上前にといで笊に上げておき、充分に水気をきってから釜に入れ、分量の水加減で普通に炊き上げます。蒸れ上がる直前に水でしめらせた飯台にあけ、合わせ酢をまわしかけます。木杓子で切るように酢をご飯になじませ、全体に酢がきれたらあおいで人肌くらいの温かさに冷まします。

11 ごぼう、胡瓜、沢庵はそれぞれ5cm長さの細切りにし、塩たらこは皮を除いてほぐしておきます。大葉は繊《せん》切りにして水にさらし、きつく絞ります。

12 巻き簀に焼き海苔を半分に切ってのせ、一本分70gを目安にすし飯を広げ、ごぼう、胡瓜、沢庵をそれぞれ芯にして巻き込み、側面を軽く押して形をなじませます。たらこは、大葉の繊切りを芯の部分にまず広げ、その上にたらこを棒状にのばして巻き込みます。以上四種を作り、一本を八切れに切ります。

【盛りつけ】

二段の長手点心箱の一の重に、左手から焼き抜き蒲鉾、車海老の黄身巻き、石川小芋の雲丹焼き串を順に盛り、紫陽花の葉をやや寝かせ気味に立てかけて鮎魚女の幽庵焼きを中央前寄りに盛り、鶏ロールを右上、その脇に煎り獅子唐を盛って、車海老の巴焼きを右手前に盛り合わせ、鮎魚女と鶏ロールの間に立てかけるように杵生姜を添えます。

二の重には四色細巻きずしを一種二切れずつ、彩りよく盛り込みます。二段を重ねて蓋をしてお出しします。

13 卵豆腐の吸いもの椀を作ります。ボウルに卵を割りほぐし、だし汁と各調味料を加えてよく混ぜ合わせ、裏漉しをして流し缶に流し入れ、泡立ちを布巾ですくい取って表面をなめらかに整えたのち、充分に蒸気の上がった蒸し器に入れて布巾をかけ、蓋をして蒸します。強火5分、続いて弱火にして20分で蒸し上がります。

14 吸い地のだし汁をひと煮立ちさせ、塩で味を調えます。糸三つ葉はさっと熱湯にくぐらせて水にとり、水気を拭いてひと結びしておきます。

【盛りつけ】

椀に、ほどよい大きさに切り分けた卵豆腐を盛り、煮えばなの吸い地を張って結び三つ葉をあしらいます。

15 鯛のそぎ造り越瓜舟盛りのお造りを作ります。越瓜は横にした上部を、バランスよくそぎ取って中をくり抜き、薄い塩水にしばらくつけて、水気を拭き取っておきます。

16 鯛は上身を、厚めのそぎ切りにします。茗荷竹は縦半分に切り、斜めの薄切りにして水に放し、パリッとさせて水気をよくきります。酢取り生姜は、ごく小さい杵形に整えておきます。

【盛りつけ】

平鉢に越瓜の舟をのせ、くり抜いた部

### 土佐醬油

味醂大匙1　水大匙5　鰹節25g

醬油1.5カップ

分量の味醂と水、鰹節を合わせてひと煮立ちさせ、冷まして醬油を加えたのち、鰹節を漉し取って仕上げます。

◉刺身醬油に味の変化をつけたもの。土佐の名は、土佐名産で知られる鰹節に因んだものです。

### 煎り酒

◉古来、なますなどに使ってきた調味料で、日持ちがよく、まとめて作ると刺身のつけ醬油のベースや魚介の下拵えにも重宝です。ただ手前作りのもので、著者は、酒一升を熱して煮立つ直前に冷まし、これを繰り返して梅干し2～3個を入れ、煎り塩で味を調え、欠き残しの鰹節をしばらくつけたのち、漉して作っています。

### 卵豆腐

卵6個　だし汁1¾カップ　酒大匙4

味醂大匙1　薄口醬油大匙1　塩大匙1

卵を溶きほぐして分量のだし汁と調味料を加え混ぜ、きつく絞ったぬれ布巾で漉します。流し缶に流し入れて表面の泡を丁寧にすくい取り、蒸気の上がった蒸し器に入れて布巾をかけ、蓋をして強火で3～4分、中火にして12～13分蒸します。

分に茗荷竹のけんを敷き入れ、左寄りに厚く盛って大葉を重ね、鯛のそぎ造りを右寄りに重ね盛りにします。けんと造り身の間あたりに杵生姜とおろしわさびを添え、器と舟の余白左手に桜の花房をあしらい、右手奥にも小さな房を飾ります。つけ醬油を別器に入れてお出しします。

**■調理覚え書**

●三つ葉は芹の仲間。関東は軟白栽培の〝もやし(切り)三つ葉〟、関西では〝青(軸)三つ葉〟が別名の糸三つ葉が主要種です。

# 重ね点心箱七種盛り

**吸いもの**
鱸《すずき》の清まし汁椀

**お造り**
鯛皮霜引き造りと赤貝

**煮もの**
小だこと芽芋の煮合わせ

●九二頁参照

**■材料〈四人分〉**

**菜巻き卵**
小松菜……1/3把　塩……少々
バター……適宜　胡椒……少々
*卵生地(卵5個　だし汁、砂糖=各大匙3　味醂、薄口醬油=各大匙2)
サラダ油……適宜

**鱒《ます》の幽庵焼き**
鱒のおろし身160g
*幽庵地(味醂大匙5　醬油大匙3　酒大匙2)

**紋甲烏賊《いか》の角焼き**
紋甲烏賊のおろし身(刺身用)……300g
塩……適宜　そら豆……20粒

**常節《とこぶし》の酒蒸し**
常節……4杯　塩……適宜
*蒸し地(酒大匙2　塩少々)

**牛肉のたたき**
牛ロース塊《かたまり》…300g　大葉……4枚
*下味(塩、胡椒=各適宜)
*つけ汁(酢1カップ　醬油2/3カップ　酒1/3カップ　玉ねぎ、レモン=各1個　ニンニク2片)

**煎り獅子唐**
獅子唐辛子…8本　サラダ油……適宜
塩……少々

**瓢《ひさご》物相ゆかりご飯**
白飯(炊きたてのもの)……4杯分
ゆかり粉……適宜　日野菜漬……適宜
*《板谷楓の葉適宜》

**鱸の清まし汁椀**
鱸の上身……160g　塩……適宜
つる菜……4本
*吸い地(だし汁3カップ　塩小匙1　薄口醬油少々)

**鯛皮霜引き造りと赤貝のお造り**
鯛の上身……120g　赤貝……4個
塩……適宜　わさび……適宜
*けんとつま(茗荷竹2本　大葉8枚　花丸胡瓜4本)

**小だこと芽芋の煮合わせ**
小だこ(茹でたもの)……1杯
芽芋……1本　酢……少々
*たこの下煮用(水3カップ　酒1/3カップ)
*たこの煮汁(味醂1/4カップ　薄口醬油大匙2)
*芽芋の煮汁(だし汁2カップ　味醂1/4カップ　薄口醬油1/4カップ弱)
越瓜……1/2本　塩……少々
溶き辛子……適宜

**■作り方**

1 菜巻き卵を作ります。小松菜は塩を少量加えた熱湯で茹で、水にとって冷まし、揃えてきつく絞ります。フライパンにバターを熱し、小松菜を入れて軽く炒め、塩、胡椒で味を調えて粗熱をとり、葉先と根元側を混ぜて揃えます。

2 卵を割りほぐしてだし汁と各調味料を合わせ、きつく絞ったぬれ布巾で漉します。卵焼き鍋を熱してサラダ油を引き、卵地の1/5程度を流し入れて箸でついて半熟状にし、中央に横に小松菜を束ねてのせ、両側からかぶせるように巻いて向こう側に押しやり、手前の鍋肌に油を引いて卵地を1/4量ほど流し入れ、押しやった卵焼きの下にも箸を差し入れて卵地を流し込み、半熟になったら手前に二つに返します。これを繰り返して残りの卵地を入れては焼き、焼き上げて巻き簀にとって丸い円筒に形を整え、冷めたら3cm厚さに切り分けます。

3 鱒の幽庵焼きを作ります。鱒は骨を抜いて四つに切り、金串を打って強火の遠火で焼き、途中、幽庵地を二～三度かけながらあぶって焼き上げ、熱いうちに金串をまわしながら抜きます。

4 紋甲烏賊の角焼きを作ります。紋甲烏賊は刺身用の皮を引いたものを用意し、スピードカッターか挽き肉器ですり身にしてすり鉢に移し、塩を少量加えて味を調え、よくすり混ぜます。

5 そら豆は、塩を少量加えた熱湯でやや固めに茹でて笊にとってさまし、皮をむいて烏賊のすり身に混ぜ、蒸し缶にきっちりと詰めて冷蔵庫に一日ほどおきます。蒸し缶から出してほどよい大きさに切り分け、金串を打って強火の遠火で焦がさないように焼き上げます。

6 常節の酒蒸しを作ります。常節は殻つきのまま、身にたっぷりの塩をまぶしてもむように洗い、水洗いをしたのち、身の薄い方の殻側にヘラを差し込み、えぐるように殻から身をはずします。口の固い部分を切り取り、ひもとわたを取り除いて縁ペラも切り取り、裏に隠し庖丁を入れておきます。

7 おろした常節を皿に並べ、酒塩をふって蒸気の上がった蒸し器に入れ、布巾をかけて強火で5分ほど蒸します。食べよいように三～四本切り込みを入れておきます。

8 牛肉のたたきを作ります。牛肉は塩、胡椒をふってよくすり込み、熱した焼き網にのせて焼き、表面全体に焼き色がついて指で押してみて弾力が出てきたら、氷水にとって急激に冷まし、焼け焦げもこすり取ります。

9 つけ汁用の、玉ねぎは薄い櫛《くし》形に、レモンは皮をむいて薄い輪切りにし、ニンニクは薄切りにして、分量の酢ほか調味料を合わせた中に混ぜ込みます。このつけ汁に水気を拭いた牛肉をつけて、三時間以上おいたのち、薄く切り分けます。

10 獅子唐は竹串で二～三カ所つつき、フライパンにサラダ油を熱して炒め、軽く塩をふって仕上げます。

11瓢物相ゆかりご飯を作ります。熱あつのご飯にゆかりをふり、こねないように混ぜて瓢形の物相で抜きます。日野菜漬を斜め切りにしておきます。

【盛りつけ】

重ね点心箱の一の重に、奥中央に菜巻き卵を盛って、右脇にかけるように鱒の幽庵焼き、左手前に紋甲の角焼き、さらに左手前に常節の酒蒸し、右脇に牛肉のたたきを大葉を敷いて盛り合わせ、正面前に煎り獅子唐をあしらいます。

二の重には板谷楓の葉を敷き、瓢物相のゆかりご飯を中央に盛り、日野菜漬を右手前に添えます。二段を重ね、蓋をしてお出しします。

12鱧の清まし汁椀を作ります。鱧は四切れに切って、ごく薄く塩をふります。鍋に吸い地のだし汁をひと煮立ちさせ、鱧を入れてさらにひと煮立ちさせてアクを引き、鱧は取り出して、塩と薄口醤油で味を調えます。つる菜は、塩を少量加えた熱湯で茹で、水にさらして水気をきつく絞っておきます。

【盛りつけ】

椀に鱧とつる菜を盛り、煮えばなの吸い地を張ります。

13鯛の皮霜引き造りと赤貝のお造りを作ります。鯛の上身は抜き板に皮上にして置き、布巾をかぶせて熱湯をかけて、手早く氷水にとって冷まし、水気を拭いて引き造りにします。

14赤貝は殻をはずしてわたとひもを取り除き、身の厚いほうから庖丁を入れて切り開きます。塩をたっぷりふって手早くもみ、さっと水洗いして水気を拭いて二枚に切り離し、全体に浅い切り目を入れます。茗荷竹はけんに打って水に放し、水気をきっておきます。

【盛りつけ】

器の奥中央寄りに茗荷竹のけんを盛り、大葉を寄せかけて鯛の皮霜引き造りを三切れ、やや斜めに造り身をねかし気味に盛り、前に赤貝を二切れ盛り合わせ、右脇の盛り足部分に花丸胡瓜と、おろしわさびを添えます。

15小だこと芽芋の煮合わせを作ります。茹でた小だこは脚を一本ずつ切り離し、足先を切り落としたのち、鍋に下煮用の水、酒とともに入れて火にかけ、煮立ってきたら中火にして、柔らかくなるまで煮ます。続いて煮汁の味醂と薄口醤油を加えて火を止め、そのまま味を含ませます。

16芽芋は鍋に入る長さに切り、酢を少量加えた熱湯でさっと茹でて水にとり、冷めたら薄皮をむいて4～5cm長さに切ります。鍋に煮汁のだし汁と各調味料を合わせて芽芋を入れ、中火で煮含めます。越瓜は縦半分に切って種を除き、切り離さないように薄く切り込みを入れて五～六枚ごとに切り離し、塩を少量加えた熱湯にくぐらせて水にとり、冷まして水気をよくきります。

【盛りつけ】

器の奥中央に芽芋を横にして盛り、手前やや左寄りに小だこを形よく盛り合わせ、右脇に越瓜をあしらって、たこの天に溶き辛子をのせます。

## 趣向折敷点心 九種盛り

**煮もの 鱒砧《ますきぬた》巻きと揚げ茄子の炊き合わせ**

●九四頁参照

■材料〈四人分〉

**黄身寄せ大納言蒸し**

大納言……20粒
寒天……1/4本　粉ゼラチン大匙1
*ゼラチン用（水大匙3）
*寒天用（水2/3カップ　塩少々　味醂小匙1　酒大匙1　卵黄4個）

**鶏手羽肉の包み焼き**

鶏手羽肉……2枚　鶉《うずら》卵……2個
椎茸……3枚　そら豆……6粒
*つけ汁（幽庵地《味醂大匙5　醤油大匙3　酒大匙2》）

**紋甲烏賊《いか》の黄身松笠**

紋甲烏賊のおろし身（刺身用）……80g
塩……少々　卵黄……1個

**小芋の雲丹焼き鉄砲串刺し**

小芋……8個
*雲丹衣（練り雲丹大匙2　卵黄1個）

**穴子天ぷら**

穴子の開いたもの（小）……4本
小麦粉……適宜　揚げ油……適宜
*揚げ衣（卵1/2個分　水1/3カップ　小麦粉50g）

**車海老の青海苔揚げ**

車海老……8尾　塩……適宜
片栗粉……適宜　揚げ油……適宜
*揚げ衣（卵白、青海苔＝各適宜）

**鶏肉の千鳥揚げ**

### 天ぷら衣

基本の天ぷら衣（卵1個　冷水3/4カップ　酒大匙2　塩少々　小麦粉1カップ）

小麦粉（薄力粉）はあらかじめよくふるっておき、卵を割りほぐして冷水と酒、塩を加え、小麦粉をざっくりと混ぜます。

◉上記分量に冷水1カップを増量した薄衣、薄衣から塩を除いた江戸風天ぷら衣など多種。酒は衣に風味を添えます。

### 幽庵地

味醂大匙5　醤油大匙3　酒大匙2

以上の割合分量の調味料を合わせます。

◉魚や鶏肉などの焼きものの代表的つけ汁で江戸中期、近江堅田の茶人・堅田《かたた》祐庵の創案によるもの。祐庵は茶事や作庭に造詣の深い趣味人で、幽庵とも号したところから〝祐（幽）庵〟二つの書き表わし方で通っています。

### 吸い地

だし汁3カップ　塩小匙1　薄口醤油少々

だし汁をひと煮立ちさせて塩を加え、仕上げに薄口醤油を少量落として味を調えます。

◉吸いものの味は、だし汁の旨みが決め手です。上手にとった昆布と鰹節の合わせ一番だしを使います。

鶏もも肉……1/2枚
＊下味（酒大匙3　塩小匙2/3）
片栗粉……適宜　揚げ油……適宜
＊揚げ衣（卵白、繊《せん》切り海苔＝各適宜）

**竜皮《りゅうひ》昆布錦巻き**

竜皮昆布22cm長さ　白身魚の上身100g
胡瓜……1本　人参……1本
薄焼き卵……1枚　塩……適宜
＊人参用甘酢（酢、味醂＝各大匙5　塩少々）
すだち……2個
＊（胡瓜の葉4枚）

**鰈と卵、鮭の温燻《おんくん》の手毬《てまり》ずし**

鰈の上身……1/2筋　鮭の温燻……100g
裏漉し卵（卵3個　砂糖大匙1　塩少々）
枝豆……12粒　塩……適宜
すし飯……480g　酢取り生姜……4本
＊（菊の葉8枚）

**鱒砧巻きと揚げ茄子の炊き合わせ**

鱒の上身……150g　大根……6cm長さ
＊煮汁（八方地（だし汁3カップ　味醂、薄口醤油＝各1/3カップ））
車海老……4本　塩……適宜
茄子……4個　揚げ油……適宜
つる菜……適宜

## ■作り方

1 黄身寄せ大納言蒸しを作ります。大納言は洗って、たっぷりの水で皮が破れないように茹でて、水気をきっておきます。寒天はちぎって水で戻し、粉ゼラチンは分量の水でふやかします。

2 寒天は水気をきつく絞って鍋に入れ、分量の水と各調味料を加えて煮溶かし、半量くらいまで煮つめて火を止め、ゼラチンを加えて溶き混ぜ、鍋底を水につけて粗熱をとります。卵黄は卵帯を取り除いて溶きほぐし、寒天液に混ぜ合わせて大納言を加え、流し缶に流し入れて冷やし固めます。流し缶をはずして切り分けます。

3 鶏手羽肉の包み焼きを作ります。鶏手羽肉は皮と脂を除き、薄い方から庖丁の刃先を入れて深めの袋状に切り込み、幽庵地に10分ほどつけておきます。鶉の卵は蒸し器で8分ほど蒸して水にとり、殻をむいておき、椎茸は石づきを取って二つに切り、そら豆は皮をむいて弱火で網焼きにします。

4 手羽肉の汁気を拭き、等分にした鶉卵、椎茸、そら豆を混ぜて詰め込み、口を楊枝で縫うように止めます。熱く焼いた焼き網にのせて焦がさないように焼き、途中二度ほどつけ汁をかけて焼き上げ、2cm厚さほどに切り分けます。

5 紋甲烏賊の黄身松笠を作ります。紋甲烏賊は皮を引いたものを用意し、表面に鹿の子の庖丁目を入れて四等分し、熱湯にさっと通して水気を拭き、金串を打って薄く塩をふります。中火の遠火にかざして焼き、仕上げに溶いた卵黄を刷毛でぬって、乾かすようにあぶり、熱いうちに金串を抜きます。

6 小芋の雲丹焼き鉄砲串刺しを作ります。小芋は洗って蒸し器に入れ、柔らかく蒸して皮をむきます。練り雲丹と卵黄をよく溶き混ぜて、雲丹衣を作っておきます。

7 小芋を金串に刺し、中火の遠火で焦がさないように焼き、雲丹衣を刷毛でぬって乾かすようにあぶって仕上げ、鉄砲串に刺し替えます。

8 穴子の天ぷらを作ります。穴子は開きの皮面を庖丁の刃先で軽くしごいてぬるを除き、洗って水気を拭き、薄く小麦粉をはたきつけます。衣用の卵を溶きほぐし、水を加え混ぜて小麦粉をざっくりと混ぜ、穴子につけて、中温に熱した揚げ油でゆっくりと揚げます。油をきって一本を半分に切ります。

9 車海老の青海苔揚げを作ります。車海老は背わたを抜き、のし串を打って塩を少量加えた熱湯で茹で、笊にとって冷ましたのち頭を取り、尾ひと節を残して殻をむき、薄く片栗粉をふります。盛りつけで上にする方に溶いた卵白、青海苔を順につけ、中温に熱した揚げ油で揚げて油をきります。

10 鶏肉の千鳥揚げを作ります。鶏もも肉は皮と脂を除いて四つに切り、酒塩につけて5分ほどおき、汁気を拭いて薄く片栗粉をはたきつけ、上にする方に除いた卵白をぬり、繊切り海苔を押しつけるようにしてつけ、中温に熱した揚げ油で揚げて油を切っておきます。

11 竜皮昆布錦巻きを作ります。竜皮昆布は9cm幅に整え、固く絞ったぬれ布巾で拭いておきます。白身魚は薄いそぎ切りにし、ごく薄く塩をふります。

12 胡瓜は9cm長さに切って厚めのかつらむきにし、塩水につけてしんなりとさせ、水気を拭きます。人参は胡瓜と揃えてかつらにむき、柔らかく茹でて甘酢につけて10分ほどおき、汁気を拭きます。薄焼き卵はへりを切り整え、9cm幅に切り揃えます。

13 巻き簀にラップを広げ、竜皮昆布、薄焼き卵、胡瓜、人参の砧、白身魚の順に重ねて手前から巻き込み、ラップと巻き簀で巻き止めて、冷蔵庫で2時間ねかせて落ち着かせ、巻き簀をはずして切り分け、ラップを取ります。

14 鰈と卵、鮭の温燻の手毬ずしを作ります。すし飯は40gを目安に丸めておきます。鰈は上身を薄いそぎ切りにし、鮭の温燻は皮と血合いを取り除き、薄いそぎ切りにします。卵は溶きほぐして砂糖と塩を加え、七分《ぶ》熟に煎りつけて裏漉しをしておきます。枝豆は塩茹でをして薄皮もむいておきます。

15 きつく絞ったぬれ布巾を手のひらに広げ、白身魚のそぎ身を丸く広げて、丸くしたすし飯をのせて布巾で固く絞り、中央に窪みをつけて布巾をはずします。温燻、煎り卵も同様に手毬形に整えて、窪みに枝豆をひと粒ずつのせます。

【盛りつけ】

盛り盆の奥中央に大納言蒸しを置き、手前左に鶏手羽の包み焼き、右手脇に胡瓜の葉を敷いて烏賊の黄身松笠、小芋の雲丹焼き串を左、包み焼きに寄せるように盛り、敷葉の上右寄りには穴子の天ぷら、車海老の青海苔揚げ、鶏肉の千鳥揚げの三種をすだちの二つ切りとともに形よく盛り合わせ、その手前正面右寄りには竜皮昆布錦巻きを盛ります。盆の左手余白部分に菊の葉を敷いて三色の手毬ずしを彩りよく、菊の葉を配しながら盛り込み、杵生姜をあしらいます。

16 鱒砧巻きと揚げ茄子の炊き合わせを作ります。鱒の上身はよくたたき、すり鉢ですってペースト状にしておきます。大根は皮をむいて40㎝長さほどのかつらむきを二枚作り、さっと茹でて水にとり、冷まして水気を拭きます。

17 巻き簀にかつら大根を縦長に広げ、上に鱒のすり身を薄く平らにのばしつけ、手前から鳴門に巻いて細く裂いた竹皮で二カ所ほど縛り、巻き簀で巻きます。これを二本作って蒸気の上がった蒸し器に入れ、20分ほど蒸し上げて冷ましたのち、巻き簀をはずして八方地の半量でゆっくりと煮含めます。

18 茄子は天地を切り、皮目に5㎜間隔で縦に浅い切り目をぐるりと入れ、高温に熱した揚げ油で揚げて、残した半量の煮汁でさっと煮、そのまま味を含ませておきます。車海老は背わたを抜いて塩を少量加えた熱湯で茹で、頭と尾を落として殻をむき、大根鳴門の煮汁にともにつけておきます。

19 つる菜は、塩を少量加えた熱湯で茹で、水にとって冷まし、色出しをして葉先部分を切り揃えておきます。

【盛りつけ】

蒸し茶碗など煮もの向きの蓋ものに盛ります。鱒の砧巻きは煮汁をきって厚めに切り分けて器の奥中央に盛り、左手前に揚げ茄子、右手前につる菜と車海老を彩りよく盛り合わせます。

■**調理覚え書**

●錦巻きに使っている竜皮昆布は、真昆布を酢と砂糖、味醂で煮た既製品です。柔らかく、べたつかないため料理に多用されますが、甘すぎるものは避けます。

# 満《ま》寿《す》盛り点心

**吸いもの替わり**

**松茸と海老真蒸の茶碗蒸し**

**焼きもの替わり**

**松茸と車海老の焙《ほう》烙《ろく》蒸し**

**煮もの**

**帆立と大根の宝袋の煮含め**

●九六頁参照

■**材料**〈四人分〉

**三色卵焼き**

車海老……5尾　塩……少々

糸三つ葉……¼把　サラダ油……適宜

卵生地（卵5個　だし汁大匙3　味醂、砂糖、薄口醤油＝各大匙2）

**鮃《ひらめ》と穴子の握りずし、鉄火巻き**

鮃の上身……1筋　あさつき……½把

穴子の開いたもの（小）……4本

＊穴子の煮汁（味醂1カップ　醤油½カップ　砂糖大さじ3）

鮪の赤身……1冊《さく》　海苔……2枚

すし飯（米、水＝各2カップ　合わせ酢《酢⅓カップ　砂糖大匙2　塩小匙1》）

＊手酢用（酢、水＝各同割量）

ライム……½個　酢取り生姜…4本

**松茸と海老真蒸の茶碗蒸し**

松茸（小）……2本　酒……大匙2

鶏手羽肉……½枚　薄口醤油…大匙1

海老真蒸（芝海老200g　卵白、塩、味醂＝各少々）

銀杏……12粒　わさび……適宜

＊卵生地（卵3個　だし汁2カップ　砂糖小匙⅔　薄口醤油、塩＝各小匙1　酒大匙2）

＊吉野あん（だし汁1カップ　味醂¼カップ　薄口醤油大匙2　片栗粉大匙1）

**松茸と車海老の焙烙蒸し**

松茸……2本　車海老……4尾

銀杏……12粒　塩……少々

＊蒸し地（酒大匙5　だし汁大匙2　塩小匙⅔　薄口醤油小匙½）

すだち……1個

**帆立と大根の宝袋の煮含め**

油揚げ……4枚　かんぴょう…適宜

＊宝袋の中身（帆立の貝柱4個　大根3㎝長さ　絹さや6枚）

塩……適宜

＊煮汁（だし汁3カップ　味醂、薄口醤油＝各⅓カップ　砂糖小匙2）

水菜……適宜　溶き辛子……適宜

■**作り方**

1 三色卵焼きを作ります。車海老は背わたを抜き、塩を少量加えた熱湯で茹でて笊にとり、冷まして殻をむき取って1㎝角に刻みます。糸三つ葉は軸だけを3㎝長さに切り揃えておきます。

2 卵生地の分量の卵をボウルに割りほぐし、だし汁と各調味料を溶き混ぜてきつく絞ったぬれ布巾で漉したのち、車海老と糸三つ葉を加えて混ぜます。卵焼き鍋を熱してサラダ油を引き、一旦鍋底を冷やして粗熱をとり、卵地の¼量を流し入れます。菜箸でつついて半熟状にし、表面が乾きかけてきたら向こうから手前へ三つに折り、空いた鍋肌にサラダ油を引いて折り込んだ卵を押しやり、手前にもサラダ油を引いて卵地を再度¼量ほど流し入れ、先の卵

### 茶碗蒸し

卵3個　だし汁2カップ　砂糖小匙⅔

薄口醤油小匙1　塩小匙1　酒大匙2

卵を溶きほぐして分量のだし汁と調味料を加え混ぜ、きつく水気を絞ったぬれ布巾で漉します。蒸し茶碗に具を盛って卵地を注ぎ入れ、蒸気の上がった蒸し器に入れて、布巾をかけ、蒸し器の蓋をして弱火で12～15分間蒸します。

### 吉野あん

だし汁1カップ

味醂¼カップ　薄口醤油大匙2

片栗粉大匙1（本来は本葛大匙½）

鍋にだし汁と調味料、片栗粉を合わせてよく溶き混ぜ、弱火にかけて木杓子で混ぜながらとろみがつくまで火通しします。

◉吉野あんの名は、葛の名産地吉野に因んだものです。

### 銀杏の下茹で

◉まず出刃庖丁の峰を使って、殻の角をたたくなどして殻を割り取ったのち、鍋に入れてひたひたの水を加え、中火で茹でます。茹でながら穴杓子の底で転がして薄皮をこすり取り、さらに10分ほど茹でて水にとります。薄皮が比較的らくに取れ、色鮮やかに茹で上がる方法です。

焼きの下にも箸を差し入れて流し入れ、手前に折り込みます。これを繰り返して厚焼き卵に仕上げ、俎板《まな》にとって庖丁を押しあてて角に整え、ほどよい大きさに切り分けます。

**3** 鮃と穴子の握りずし、鉄火巻きを作ります。鮃の上身は薄いそぎ切りに、あさつきは小口切りにします。穴子は開いたものに串を打ち、一旦、強火の遠火で白焼きにしたのち、皮面に熱湯をかけてぬるをとり、金串を抜きます。鍋に煮汁の調味料を合わせて穴子を重ならないように並べて入れ、強火で煮ます。汁が少なくなるまで煮て火を止め、穴子を取り出して冷まし、一本を二つに切ります。

**4** 鮪の赤身はひと冊《さく》を、縦に５㎜角の棒状に切り、海苔は巻く直前にあぶり焼きにします。ライムは縦半分に切って薄切りに、酢取り生姜は筆形に整えておきます。

**5** すし飯を用意します。米は炊く１時間以上前にといで笊に上げておき、充分に水気をきってから釜に入れ、分量の水加減で普通に炊き上げます。蒸れ上がる直前に水でしめらせた飯台にあけ、合わせ酢をまわしかけます。木杓子で切るように酢をご飯になじませ、全体に酢がきれたらあおいで人肌くらいの温かさに冷まします。

**6** 鮃と穴子の握りずしは、以下の要領で握ります。まず酢と水を半々に合わせた手酢を手につけ、タネを左手の指のつけ根に置き、すし飯20ｇを目安に右手で握り、おろしわさびをタネにぬります。タネの上にすし飯をのせて全体を軽く握り、右手人さし指ですし飯を押さえて形を整えます。裏返して右手人さし指でタネの上から押さえ、右手の親指と人さし指で両側を押さえ、向きを変えて同様に押さえて仕上げます。鮃は、おろしわさびをぬったあと、あさつきの小口切りをのせ、すし飯をのせて同要領で握ります。

**7** 鉄火巻きは、巻き簀に焼き海苔を縦半分に切ってのせ、一本分70ｇ目安にすし飯を広げ、赤身の細切りを三本ほどまとめて芯にして巻き込み、側面を軽く押して形をなじませ、一本を四つに切り分けます。

【盛りつけ】

枡形の点心箱の、奥中央に三色卵焼きを横一文字にひと切れ置き、鮃の握りを四個一列、鉄火巻きを四切れ一列、最前列に穴子の握り二個を横一列に盛り合わせ、鮃の上にライムの薄切り、筆生姜をそれぞれあしらいます。別器でつけ醬油をお出しします。

**8** 松茸と海老真蒸の茶碗蒸しを作ります。松茸は石づきを削ってきつく絞ったぬれ布巾で汚れを拭き、３㎝長さに切って縦四つに裂いて酒で洗います。鶏手羽肉は皮と脂を除いてひと口大に切り、薄口醬油で洗います。

**9** 海老真蒸用の芝海老は背わたを抜いてむき身にし、細かくたたいてすり鉢ですり、卵白と塩、味醂で味を調えてさらにすり混ぜ、ひと口大よりやや小さい団子にとって熱湯に落とし、茹でて笊にとります。

**10** 銀杏は鬼殻を割り取り、茹でながら穴杓子の底で転がして薄皮をむき、水にとって色出しをして水気を拭きます。

**11** 茶碗蒸しの卵生地の分量の卵を割りほぐし、だし汁と調味料を混ぜ合わせてきつく絞ったぬれ布巾で漉しておきます。器に松茸と鶏肉、海老真蒸、銀杏を盛り分けて卵生地を流し入れ、蒸気の充分に上がった蒸し器に入れ、きつく絞ったぬれ布巾をかぶせて蒸し器の蓋をし、強火で３分、中火で12～13分蒸し上げます。

**12** 分量のだし汁と調味料、片栗粉を合わせて弱火にかけ、よく溶き混ぜてとろみのついた吉野あんを用意します。

【盛りつけ】

茶碗蒸しは蒸し器から出し、熱い吉野あんを表面に張っておろしわさびを添えて蓋をし、茶托様《よう》の受け台を敷き、スプーンを添えてお出しします。

**13** 松茸と車海老の焙烙蒸しを作ります。松茸は石づきの先端を削って、きつく絞ったぬれ布巾で汚れを拭き取り、縦二～四つに切ります。車海老は背わたを抜き、背側に縦の切り目を入れて塩を少量加えた熱湯で茹で、笊にとって手早く冷まします。

**14** 銀杏は鬼殻を割り取り、茹でながら穴杓子の底で転がして薄皮をむき、水にとったのち水気を拭いておきます。

**15** 焙烙の中子《なかご》の浅鉢に、松茸と車海老を盛り合わせ、蒸し汁の酒ほか各調味料を合わせたものをかけて、180℃に熱したオーブンで７～８分蒸し焼きにします。すだちを輪切りにしておきます。

【盛りつけ】

オーブンから中子を取り出して焙烙本体に納め、銀杏を散らしてすだちを添え、蓋をしてお出しします。

**16** 帆立と大根の宝袋の煮含めを作ります。油揚げは二つに切って袋にし、熱湯にくぐらせて油抜きをし、かんぴょうは30分ほど水につけて水気をきり、塩でよくもんで水洗いをしておきます。

**17** 帆立の貝柱は四つに切り、大根は３㎝長さの太めの繊《せん》切りに、絹さやは斜めの繊切りにして豆を洗い流し、以上の三種を混ぜ合わせて等分し、水気を絞った油揚げの袋に詰め、口をかんぴょうで結びます。水菜は塩を少量加えた熱湯で茹で、水にとって冷まし、４㎝長さに切り揃えて水気を絞ります。

**18** 煮汁のだし汁と調味料を合わせて火にかけ、ひと煮立ちしたら宝袋を入れて中火でゆっくりと煮含めます。

【盛りつけ】

器に宝袋を二つずつ盛り、水菜をあしらって溶き辛子を添えます。

### すし飯

| | |
|---|---|
| 米３カップ | 合わせ酢(酢½カップ |
| | 砂糖大匙３　塩小匙２) |

米は炊く１時間以上前にといで笊に上げ、同量の水加減で炊く。蒸れ上がる直前にしめらせた飯台にあけて、酢ほかを混ぜた合わせ酢をまわしかけて木杓子で切るようにしてなじませ、全体に酢がきれたら、あおいで人肌くらいに冷まします。

# 四ツ手籠点心 五種盛り

**前菜**
車海老のいが栗釜

**吸いもの**
松茸と真蒸《しんじょ》の吸いもの椀

**煮もの**
松茸と車海老の煮おろし

●九七頁参照

## ■材料〈四人分〉

**車海老のいが栗釜**
車海老……8尾　塩……適宜
銀杏……12粒　揚げ油……適宜
*《栗のいが4個》

**水前寺海苔と銀杏の真蒸**
真蒸地（すり身200g　山の芋50g　卵黄1個　塩小匙⅓　味醂小匙⅔）
水前寺海苔…⅛枚　銀杏……20粒
人参……50g
*人参の下煮用（八方地《だし汁1カップ　味醂、薄口醤油＝各大匙2》）

**鶏肉の味噌蒸し焼き**
鶏もも肉……2枚
*味噌地（長崎味噌、信州味噌＝各¼カップ　味醂½カップ　砂糖大匙2　だし汁大匙5　粉山椒少々）

**車海老の新挽《しんぴ》き揚げ**
車海老……4尾　揚げ油……適宜
*下味（酒½カップ　塩小匙½）
*揚げ衣（片栗粉少々　卵白1個分　新挽き粉適宜）

**鶏の松茸しのび焼き**
松茸……2本　鶏ささ身……2本
*焼きだれ（味醂、醤油＝各1カップ）
すだち……2個　防風……4本
*《菊の葉4枚》

**鯛とわかし、鮃《ひらめ》の握りずし**
鯛（そぎ切り）4枚　鮃（そぎ切り）4枚
わかし（または魬《はまち》のそぎ切り）……4枚
すし飯……240g　わさび……適宜
酢取り生姜…8本

**松茸と真蒸の吸いもの椀**
松茸（小）……1本　酒……適宜
真蒸地（すり身100g　山の芋25g　卵黄½個分　塩少々　味醂小匙⅓）
人参……25g　銀杏……10粒
水前寺海苔…少々　柚子……少々
*人参の下煮用（八方地《だし汁1カップ　味醂、薄口醤油＝各大匙2》）
*吸い地（だし汁3カップ　塩小匙1　薄口醤油少々）

**松茸と車海老の煮おろし**
松茸……4本　車海老……8尾
*下味（酒大匙3　塩小匙½）
菊の葉……4枚　小麦粉……適宜
揚げ油……適宜
*揚げ衣（卵½個分　水⅓カップ　小麦粉50g）
*おろし地（八方地《だし汁1カップ　味醂、薄口醤油＝各⅓カップ》　大根おろし½カップ）

## ■作り方

1　車海老のいが栗釜を作ります。車海老は背わたを抜いて塩を少量加えた熱湯で茹で、笊にとって冷まし、胴の殻をむきます。銀杏は鬼殻を割り取っておきます。

2　栗のいがは、頭に十字の切り目を深く入れて中を取り除き、周囲のいがの先端もはさみで切り整えます。

3　揚げ油を中温に熱し、車海老、銀杏をともに色よく揚げ、煎り塩をふります。

【盛りつけ】

木地の盛り器など、趣向の器に栗のいがを置き、揚げ車海老と銀杏を盛り込みます。

4　水前寺海苔と銀杏の真蒸を作ります。真蒸地用の山の芋は、皮をむいてすり鉢のへりでおろし、すり身を加えてすり混ぜ、卵黄と調味料を加えてさらになめらかにすります。

5　水前寺海苔は水で戻し、3cm長さのやや太めの繊《せん》切りに、銀杏は茹でて粗く刻んでおきます。人参は皮をむいてあられに切り、八方地で下煮をして笊で汁気をきり、以上三種をすり身に加えてよく混ぜ、流し缶にきっちりと詰めます。蒸気の上がった蒸し器に入れ、中火で20分ほど蒸し上げ、冷めてから流し缶をはずし、切り分けます。

6　鶏肉の味噌蒸し焼きを作ります。鶏もも肉は皮と脂を取り除きます。分量の味噌と調味料を合わせ、だし汁を加えて溶きのばしたのち火にかけ、軽く練り混ぜながら鶏肉を加え、中火でゆっくりと煮含めます。粉山椒は別に空煎《からい》りにして味噌蒸しの仕上げに混ぜます。冷めてから鶏肉をそぎ切りにします。

7　車海老の新挽き揚げを作ります。車海老は背わたを抜き、頭と尾ひと節を残して胴の殻をむき、酒塩に5分ほどつけて汁気を拭きます。胴の部分に片栗粉をはたきつけ、溶いた卵白をぬって

### より人参、よりうど
### （飾り切り）

◉人参、うどはそれぞれ5cm長さに切ってかつらむきにし、俎板に広げて繊維を斜めに5mm幅に切り揃えます。冷水に放してよりのつくのを待つか、または竹串に巻いてクセをつけ、水気をきります。

◉胡瓜も同要領でより、いずれも刺身や生造りの料理にあしらいます。

### 水玉胡瓜
### （飾り切り）

◉胡瓜は5cm長さほどに切って皮をぐるむきにし、芯を残してかつらむきにします。ぐるぐると巻き込んで3〜4mm幅の小口切りにし、水に放してパリッとさせたのち、水気をきります。

◉刺身類のあしらい、ことに夏の趣向に水輪風の涼しげな風情が映えます。

### いかり防風
### （飾り切り）

◉防風の茎の長さを4〜5cmに切り整え、下⅓くらいに絹針を刺して4つに裂き、葉を整理して形のバランスをとり、水に放して裂いた部分が巻きはじめたら、からまないうちに手早く引き上げ、水気をきります。

◉酢のものや刺身類にあしらいます。

新挽き粉をつけ、中温に熱した揚げ油でカラリと揚げます。

8 鶏の松茸しのび焼きを作ります。松茸は石づきの先端を削り、固く絞ったぬれ布巾で汚れを拭いて縦二つに切ります。鶏ささ身は筋を取り、一本を斜め半分に切って松茸の軸に巻きつけ、金串を打って中火の遠火で焼きます。鶏肉に火が通ったら、分量の調味料を合わせて二割方煮つめた焼きだれを、途中二〜三度かけながら、あぶって仕上げ、熱いうちに串をはずします。

9 鯛とわかし、鮃の握りずしを作ります。三種の魚はそれぞれ上身を、やや厚めのそぎ切りにし、人数分を用意します。すし飯は握り一個20gを目安にして三種十二個の握りずしを作ります。酢取り生姜はごく短い杵形に整えます。

【盛りつけ】

四ツ手籠の奥中央に水前寺海苔と銀杏の真蒸を置き、その左脇に菊の葉を立てかけて鶏肉の味噌蒸し焼き二切れを盛り、真蒸の右脇にすだちを半分に切ったものをあしらい、車海老の新挽き揚げをつの字に盛ります。盛り足の前中央に防風を添え、右寄りに鶏の松茸しのび焼きを盛り合わせます。器の前方三分の一の余白の、やや左寄りに三種の握りずしを盛り込み、前中央に杵生姜を二本添えます。

10 松茸と真蒸の吸いもの椀を作ります。松茸は石づきの先端を削り、きつく絞ったぬれ布巾で汚れを拭き取り、縦の薄切りにして酒少量で洗っておきます。真蒸地の山の芋は、すり鉢のへりでおろし、すり身を加えてよくすり、卵黄と調味料を加えてさらにすり混ぜます。

11 人参は5㎜角に切って八方地で下煮をし、汁気を切っておきます。銀杏は鬼殻を割り取り、茹でながら穴杓子の底で転がして薄皮をむき、水にとって冷ましたのち粗く刻んでおき、水前寺海苔は水で戻し、3㎝長さの太めの繊切りにします。以上三種をすり身に加えて混ぜ、蒸し缶に詰めて蒸気の上がった蒸し器に入れ、20分ほど蒸し上げて冷まし、切り分けます。

12 吸い地のだし汁をひと煮立ちさせ、塩と薄口醤油で味を調えて、松茸を下洗いの酒ごと入れて火を止めます。

【盛りつけ】

椀に真蒸を盛り、煮えばなの吸い地を松茸とともに入れ、吸い口にへぎ柚子を浮かべます。

13 松茸と車海老の煮おろしを作ります。松茸は石づきを削って汚れを拭き取り、縦半分に切ります。車海老は背わたを抜いて頭を取り、尾ひと節を残して殻をむきます。剣先を切って尾先の水をしごき出し、水気を拭き取ったのち、松茸とともに酒塩で洗います。汁気を拭いて薄く小麦粉をはたきつけます。

14 卵を割りほぐし、分量の水を加えて溶きのばし、小麦粉を加えてざっくりと混ぜて揚げ衣を作り、松茸と車海老、菊の葉をくぐらせてつけ、中温に熱した揚げ油でカラリと揚げます。

15 八方地の調味料を合わせてひと煮立ちさせ、大根おろしをさっと水洗いし、きつく水気を絞ったものを加えて火を止めます。

【盛りつけ】

器に揚げたての松茸、車海老、菊の葉を盛り合わせ、熱あつの煮おろし地をたっぷりとかけます。器は冷めにくい蓋ものなどが向きます。

■調理覚え書

●真蒸には真薯、糝薯の字もあります。これは芋類を使った料理を表わし、魚介のすり身に本物の山の芋をすりおろして加え、蒸したところからの料理名です。

# 結び文点心箱 盛り込み肴

## 中吸いもの 筍とわらびの合わせ味噌椀

●九八頁参照

■材料〈四人分〉

**鯛の皮霜引き造り、唐草赤貝の刺身**

鯛の上身……1筋　赤貝……4個
塩……適宜　わさび……適宜
*けんとつま(茗荷竹2本　大葉4枚　防風4本)

**蕗《ふき》巻き卵**

蕗……1本　塩……適宜
*下煮用(だし汁1カップ　味醂大匙2弱　薄口醤油大匙2)
厚焼き卵生地(卵5個　だし汁大匙3　砂糖、味醂、薄口醤油=各大匙2)
サラダ油……適宜

**白魚の雲丹衣揚げ**

白魚……36尾　小麦粉……適宜
*雲丹衣(練り雲丹大匙2　卵黄1個　酒大匙2　水、小麦粉=各大匙3)
もみ海苔……適宜　揚げ油……適宜

**南瓜の新挽《しんび》き揚げ**

南瓜……1/2個　揚げ油……適宜
*下煮用(水1.5カップ　砂糖大匙2.5　味醂大匙4　塩小匙1/2)
*揚げ衣(片栗粉、卵白、新挽き粉=各適宜)

**車海老の八方煮**

車海老……8尾
*煮汁(八方地〈だし汁1カップ　味醂、薄口醤油=各大匙2弱〉)

**鮪の鉄火ずし**

鮪の赤身……1/2冊《さく》　切り海苔……適宜
すし飯……4杯分　酢取り生姜……4本
花丸胡瓜……4本　わさび……適宜

**筍とわらびの合わせ味噌椀**

鶏もも肉……1/2枚　茹で筍(小)……1本
*吸い地(だし汁3カップ　合わせ味噌大匙4)
茹でわらび……8本

■作り方

1 鯛の皮霜引き造り、唐草赤貝の刺身を作ります。鯛の上身は抜き板に皮上にして置き、きつく絞ったぬれ布巾をかぶせて熱湯をかけ、手早く氷水にとって冷まし、水気を拭いてひとりあて四切れの引き造りにします。

2 赤貝は殻をはずしてわたとひもを取り除き、身の厚いほうから庖丁を入れて切り開きます。塩をたっぷりふって手早くもみ、さっと水洗いして水気を拭き、二枚に切り離して、きつく絞ったぬれ布巾を棒状に巻いた上に、身を表にしてのせ、唐草の庖丁目を入れます。

3 茗荷竹は縦半分に切り、斜めの薄切りにして水に放し、バリッとさせて笊にとり、水気をきっておきます。

4 蕗巻き卵を作ります。蕗は鍋に入る長さに切り、塩をふって板ずりをしたのち、たっぷりの熱湯で茹ですぎないように茹で、水にとって皮をむきます。鍋に下煮用のだし汁と調味料を合わせてひと煮立ちさせ、茹でた蕗を加えて煮含め、冷まして卵焼き鍋に入る長さに切り揃えて、汁気をきっておきます。

5 卵生地の卵を割りほぐし、だし汁と調味料を加えて溶き混ぜ、漉しておきます。卵焼き鍋を熱してサラダ油を引き、下煮をした蕗を芯にして厚焼き卵の要領で焼き上げ、巻き簀にとって丸い筒形に整えて、冷めたら切り分けます。

6 白魚の雲丹衣揚げを作ります。白魚は小麦粉を薄くふっておきます。分量の練り雲丹と卵黄を合わせて酒、水を加えて溶きのばし、小麦粉を混ぜ合わせて雲丹衣を作ります。白魚を三本ずつまとめて雲丹衣をつけ、先端にごく細かくもんだもみ海苔をつけて、中温よりやや低めに熱した揚げ油で、焦がさないように揚げて油をきります。

7 南瓜の新挽き揚げを作ります。南瓜は菊座の日本南瓜を用意し、½個を大きさによって四～六切れの縦切りにし、皮を粗くむいて種の部分を除き、固めに茹でて水にとり、残りの種を洗い落とします。鍋に下煮の水と調味料を合わせて南瓜を入れ、火にかけて弱火で煮含めて、汁気をきって冷まします。

8 南瓜に片栗粉、溶いた卵白、新挽き粉を順につけ、中温に熱した揚げ油で焦がさないように揚げ、油をきって両端を少しずつ落としておきます。

9 車海老の八方煮を作ります。車海老は背わたを抜き取っておき、鍋に八方地のだし汁と調味料を合わせてひと煮立ちさせ、車海老を入れてさっと煮て、火を止めてそのまま冷まし、味を含ませます。頭を落とし、尾ひと節を残して殻をむいておきます。

10 鮪の鉄火ずしを作ります。鮪は冊を用意して、ひとりあて四切れの厚めのそぎ切りにします。すし飯を用意して梅形の物相で抜きます。切り海苔、花丸胡瓜を用意し、酢取り生姜は筆形に整えておきます。

【盛りつけ】

中仕切りで三つに区切られた結び文形の点心箱に盛ります。まず右下の枠内に、茗荷竹のけんを盛って大葉を敷き、鯛の皮霜引き造りを四切れ盛り、唐草赤貝を二切れ盛り合わせ、防風とおろしわさびを添えます。右上の枠内は、蕗巻き卵を盛って白魚の雲丹衣揚げ、南瓜の新挽き揚げ、車海老の八方煮を順に取りやすく盛り合わせます。


続いて左の枠内には梅形物相のすし飯を盛り、上に切り海苔を散らして鮪のそぎ身を四切れほど重ね盛りにし、花丸胡瓜とおろしわさびを上にあしらい、筆生姜を左脇に添え、蓋をしてお出しします。

11 筍とわらびの合わせ味噌椀を作ります。鶏もも肉は皮と脂を除いて、2cm角に切り、茹でた筍は縦半分に切って、縦の薄切りにします。わらびはアク抜きをして茹でたものを用意します。

12 鍋に吸い地のだし汁と鶏肉を入れて火にかけ、煮立ちはじめたらアクを丁寧に引き、合わせ味噌を溶き入れて味を調えたのち、筍を入れて火を止めます。

【盛りつけ】

中吸いもの椀に味噌汁を盛り、吸い口にわらび二本を、根元を切り揃えてあしらいます。

■調理覚え書
●揚げ衣に新挽《しんび》き粉(みじん粉)や道明寺粉、ぶぶあられ、けしの実、春雨、海苔などをつけて揚げたものを変わり衣揚げといい、ここで南瓜につけた新挽き粉は、蒸したもち米を乾燥させて砕いた道明寺粉を、さらに粉砕して煎ったものです。

## 折敷盛り点心 十一種盛り

●九九頁参照

**吸いもの**
鯛の潮汁仕立て椀
**煮もの替わり**
紅白禿菊《かむろぎく》田楽

■**材料**〈四人分〉
**帆立フライの結び串**
帆立の貝柱…8個　塩、胡椒…各適宜
＊揚げ衣(小麦粉、卵、パン粉＝各適宜)
揚げ油……適宜
**穴子の砧巻き**
穴子の開いたもの…………1本
大根……10cm長さ　京人参…10cm長さ

### わらびのアク抜き

わらび700g　重曹大匙1.5(または藁灰)

ボウルにわらびを入れ、重曹をまぶしてたっぷりの熱湯をかけ、浮かないように軽く重石をしてそのまま冷まします。

水洗いをしたのち熱湯で茹で、水にさらして調味します。

◉藁灰の場合も同じ要領でアク抜き、下茹でをし、充分に水にさらして使います。

### 厚焼き卵(江戸風)

卵6個　だし汁大匙2　砂糖大匙4
味醂大匙2　薄口醤油大匙1　塩小匙¼

卵を溶きほぐし、だし汁ほかの調味料を合わせてよくかき混ぜます。

卵焼き鍋を熱してサラダ油を引き、中火で熱して鍋底をぬれ布巾にあてて粗熱をとったのち、卵汁の¼量を流し入れます。菜箸で全体を細かくつつき、表面が乾きかけてきたら向う側から手前に三つくらいに折り込み、空いた鍋肌にサラダ油を引いて卵を押しやり、手前の空きにも油を引いて卵汁¼量を再び流し入れます。先の卵の下にも菜箸を差し込んで鍋を傾け、卵汁をゆきわたらせます。

手前の卵の表面が乾いてきたら、奥から手前に巻き込むことを繰り返して徐々に厚焼きにし、俎板にとって形を整えます。

◉だし巻き卵(京風)も同要領です。

＊煮汁(だし汁2カップ　味醂、薄口醤油＝各1/4カップ　砂糖大匙1)

**太刀魚《たちうお》の小袖蒸し**

太刀魚のおろし身……………20cm長さ
真蒸地(すり身100g　芝海老のむき身80g　卵白1/3個分　味醂小匙1　塩小匙1/2　グリーンピース1/4カップ)
＊焼きだれ(味醂、醤油＝各1カップ)

**さよりの両褄折り焼き**

さより………2尾　塩……………適宜

**烏賊《いか》の黄身焼き**

甲烏賊のおろし身……………1/8枚
塩………適宜　卵黄……………適宜
木の芽……4枚

**魴鮄《ほうぼう》の塩焼き**

魴鮄………1尾　塩……………適宜

**鮑《あわび》の雲丹《うに》焼き**

鮑………1杯　塩……………適宜
＊雲丹衣(練り雲丹大匙2　卵黄1個)

**川海老の素揚げ**

川海老………4尾　塩……………少々
揚げ油………適宜　煎り塩………適宜

**手毬《てまり》麩**

口取り手毬麩(市販品)……………4個

**雲丹錦真蒸**

真蒸地(すり身150g　卵白1/3個分　味醂小匙1　塩小匙1/3)
枝豆……1/4カップ　京人参………20g
木耳《きくらげ》………少々　塩……………適宜
＊仕上げ生地(卵黄2個　雲丹衣《練り雲丹大匙3　卵黄2個》)

**卵黄西京漬けのきんかん**

卵………4個　西京味噌………適宜
蕎麦………少々　揚げ油………適宜
＊《南天の葉4枚》

菊花………4輪　酢……………少々
酢取り生姜…4本
＊《裏白4枚》

**亀甲物相もずくご飯**

もずく………150g
＊つけ汁(だし汁1カップ　味醂大匙2　薄口醤油大匙2強)
白飯(炊きたてのもの)…………4杯分

**鯛の潮汁仕立て椀**

鯛の上身……120g　塩……………適宜
菜の花………8本　木の芽………4枚
＊吸い地(だし汁3カップ　塩小匙1　薄口醤油少々)

**紅白禿菊《かむろぎく》田楽**

蕪……………4個　米……ひとつまみ
京人参………2本
＊煮汁(八方地《だし汁3カップ　味醂、薄口醤油＝各1/3カップ》)

**■作り方**

1 帆立フライの結び串を作ります。帆立の貝柱は塩・胡椒をし、小麦粉、溶き卵、パン粉を順につけます。中温に熱した揚げ油で色よく揚げ、油をきって結び串に二個ひと組で刺します。

2 穴子の砧巻きを作ります。穴子の開きは皮面のぬめりを、庖丁の刃先でしごいて長さを半分に切り、金串に刺して強火の遠火で白焼きにしたのち、1cm幅の縦切りにしておきます。

3 大根と京人参は、それぞれ穴子の長さに合わせて切り、厚めのかつらむきにして下茹でをし、水気をきって冷まします。大根のかつらを縦長に広げ、穴子を芯にしてきっちりと巻き、さらに人参で巻きます。裂いた竹皮かタコ糸で二～三カ所結び止めます。

4 鍋に煮汁のだし汁と調味料を合わせてひと煮立ちさせ、砧巻きを入れて煮含めます。竹皮をはずして切り分けます。

5 太刀魚の小袖蒸しを作ります。太刀魚は三枚におろしたものを用意し、皮面に縦の細かい庖丁目を入れます。すり身はすり鉢ですり、芝海老を細かくたたいて加え、溶いた卵白と調味料を加えてよくすり混ぜ、茹でたグリーンピースを混ぜ合わせます。

6 巻き簀にラップを重ねて広げ、太刀魚を皮上にして縦に置き、すり身を棒状にまとめてのせ、ラップで包んで巻き簀で巻いて小袖形に整えます。蒸気の上がった蒸し器に入れ、25分ほど蒸して冷まし、巻き簀とラップをはずして金串を打ち、一旦白焼きにします。分量の調味料を合わせて三割方煮つめた焼きだれを用意し、途中二～三度かけてはあぶって乾かし、繰り返して焼き上げたのち金串を抜いて切り分けます。

7 さよりの両褄折り焼きを作ります。さよりは頭とわたを取り、三枚におろして、頭と尾の両端から身の方へ巻き込む両褄折りにして金串を刺し、皮目に飾り庖丁を入れて塩をふります。強火の遠火で焦がさないように焼き、熱いうちに金串をまわしながら抜きます。

8 烏賊の黄身焼きを作ります。甲烏賊は4cm角に切って表面に鹿の子の庖丁目を入れ、金串を刺して塩をふります。強火の遠火で焦がさないように焼き、溶いた卵黄を刷毛でぬってあぶり、金串を抜いて裏面に隠し庖丁を入れておきます。木の芽を用意しておきます。

9 魴鮄の塩焼きを作ります。魴鮄は鱗《うろこ》を引いて頭とわたを取り、三枚におろして4cm幅くらいの切り身にします。皮面に斜め十字の飾り庖丁を入れて金串に刺し、塩をふって強火の遠火で焦がさないように焼き、金串をはずします。

10 鮑の雲丹焼きを作ります。鮑は殻つきのまま身にたっぷりの塩をまぶしてもみ、ぬめりや汚れを取ると同時に身を締めます。身の薄い方の殻側にヘラを差し込んでえぐり、貝柱を切って身をはずしたのち、ひもとわたを取り除いて水洗いします。水気を拭いて1cm弱厚さのそぎ切りにし、金串に刺して遠火でさっとあぶり、練り雲丹と卵黄を溶き混ぜた雲丹衣をぬり、乾かすように焼きます。

11 川海老の素揚げを作ります。川海老は洗って、塩を少量加えた熱湯でさっと茹で、笊にとって冷まします。中温に熱した揚げ油で色よく揚げ、煎り塩をふります。

12 手毬麩を用意します。口取り手毬麩は中に柚子味噌の入ったものを用意し、強火で2～3分蒸し、水にとって手早く冷やし、きつく絞ったぬれ布巾に並べて水気をとっておきます。

13 雲丹錦真蒸を作ります。すり身はすり鉢に入れてすり、卵白と調味料を加えてさらによくすります。枝豆は塩茹でをし、莢《さや》を取って薄皮もむきます。京人参は5mm角に切って茹で、木耳は水に戻して繊《せん》切りにし、この三種をすり身に混ぜ合わせ、蒸し缶にきっちりと詰めます。充分に蒸気の上がった蒸し器に入れ、20分ほど蒸したのち、溶いた卵黄を流し入れて5分ほど蒸し、さらに練り雲丹と卵黄を溶き混ぜた雲丹衣を、表面に流し入れて5分ほど蒸し上げ、冷めたら蒸し缶をはずして切り分けます。

14 卵黄西京漬けのきんかんを作ります。卵は大きめのボウルに入れ、たっぷりの熱湯をかけてそのまま冷まし、手が入るくらいになったら捨て、さらに熱湯を注ぎ入れます。これを二〜三度繰り返して半熟卵を作り、殻をむいて白身を取り除きます。西京味噌の半量をバットに広げた味噌床にガーゼを敷き、窪みを数だけ作って黄身を置き、ガーゼをかぶせて上に西京味噌を重ね、一日おいて味噌漬けの卵黄(べっこう卵)を作ります。

15 蕎麦を低温の揚げ油で揚げ、1cmくらいに折ります。味噌床から卵黄を取り出して、蕎麦を柄に、南天の葉を刺してきんかんに見立てます。

16 あしらいの菊花は、酢を少量落とした熱湯で茹で、水に放してさらし、きつく絞ります。酢取り生姜は杵形に整えておきます。

17 亀甲物相もずくご飯を作ります。もずくはよく洗い、だし汁と調味料を合わせ、ひと煮立ちさせた中でさっと煮て笊にとり、布巾で汁気をよく取ります。炊きたての熱いご飯に混ぜ、亀甲形の物相で抜きます。

【盛りつけ】

折敷盆の中央、右下から左上に向けて裏白を敷き、その左上から帆立フライ、穴子の砧巻き、中央上に太刀魚の小袖蒸し、手前にさよりの両褄折り焼きをひとまとめに盛ります。裏白の右下方に烏賊の黄身焼き、その右下に魴鮄の塩焼き、斜め左下に鮑の雲丹焼き、右脇に手毬麩、その手前に川海老の素揚げを形よく、ひとまとめに盛り合わせ、裏白の外・奥中央やや右寄りに雲丹錦真蒸、裏白をはさんで斜め左脇に西京漬けのきんかんを盛り、正面左脇に丸盆の中心点に向けてもずくの物相ご飯を盛りつけて烏賊の黄身焼きの上に木の芽、さよりの両褄折り焼きの左手に茹でた黄菊、砧巻きの右手空《あき》に杵生姜をあしらいます。

18 鯛の潮汁仕立て椀を作ります。鯛は薄く塩をふって10分ほどおき、熱湯で茹でて水気をきっておきます。菜の花は塩を少量加えた熱湯で茹で、水にとって冷まし、花先を揃えてきつく絞っておきます。

19 鍋に吸い地のだし汁をひと煮立ちさせ、塩と薄口醤油で味を調えます。

【盛りつけ】

椀に鯛と菜の花を盛り、煮えばなの吸い地を張って、吸い口に木の芽を浮かべます。

20 紅白禿菊田楽を作ります。蕪は皮を丁寧にできるだけ丸くむき、禿に庖丁の切り込みを入れたのち、米をひとつまみ入れたたっぷりの湯で茹で、水でよく洗っておきます。京人参も4cm長さほどに切って、蕪と同じくらいの大きさに丸くむき、同様に禿に庖丁を入れて茹でておきます。

21 鍋に八方地の調味料を合わせ、ひと煮立ちさせて二種の禿を入れて、じっくりと煮含めます。

【盛りつけ】

ひとり立て用の小鍋に紅白の禿菊を盛り込み、煮汁を注ぎ込んで蓋をしてお出しします。

■調理覚え書

●料理の彩りによい食用菊には、京都の坂本菊、嵯峨菊、八戸の阿房宮《あぼうきゅう》、青嵐《あおあらし》など多種あり、中で山形の〝もってのほか〟は名も薄紅紫の色も、ユニークな菊です。

## 重ね点心箱　盛り込み前菜

煮もの替わり　鱧《はも》と飛竜頭《ひりょうず》の小鍋仕立て

ご飯　白飯

●一〇〇頁参照

■材料〈四人分〉

**鯛の皮霜引き造り**

鯛の上身……100g

**白魚の花胡瓜盛り**

白魚……80g　胡瓜……1本

**甘鯛の竜皮昆布巻き**

ひと塩身《み》甘鯛……2枚

竜皮昆布(市販品)……15cm長さ×2枚

甘酢漬け生姜適量　わさび……適宜

*けんとつま(胡瓜適宜　大葉4枚　防風、花丸胡瓜=各4本)

**紅白小袖蒲鉾**

### 焼きだれのいろいろ

味醂½カップ　醤油½カップ

以上を合わせ、三割方煮つめて使います。

◉辛口のこのほか味醂⅔に対して醤油⅓量か、上記に砂糖を少量加えた甘口系。また酒と薄口醤油を同割か、酒を増し加減にした酒醤油系統、あるいは幽庵地や、それに西京味噌を加えたたれなど、材料や、献立上の味の調和から使い分けます。

### 雲丹衣(焼きもの用)

練り雲丹大匙2　卵黄1個

以上の分量を目安に、なめらかに溶き混ぜて魚介、主に白身魚の切り身など焼きものの仕上げに表面にぬり、乾かすようにあぶって雲丹焼きに仕上げます。

◉焼きものの手法には、塩焼きをはじめ、照り焼き、幽庵焼きなどのつけ焼き、上記例に類する黄身焼きなどがあります。

### 菊花(食用菊)の扱い

菊花は酢を少量落とした熱湯で茹で、水に放してさらし、水気を絞って使います。

◉菊の中でも癖がなく、色のよい―坂本菊、嵯峨菊、阿房宮《あぼうきゅう》ほか―が食用(料理)菊。酢のもの、刺身のあしらいなどに季節感を添えます。また、黄色種の安房宮を蒸し上げ、板状に乾燥させたものが菊海苔です。さっと茹でて戻し、同様に使います。

小袖蒲鉾（市販品・紅と白）……各1枚

**帆立の磯辺鳴門揚げ**

帆立の真蒸地（帆立の貝柱4個　芝海老のむき身50g　鮭の上身80g　鶏挽き肉100g　卵½個分　塩適宜　グリーンピース適宜）

薄焼き卵……1枚　海苔……………1枚

小麦粉……適宜　揚げ油……適宜

＊揚げ衣（卵½個分　水⅓カップ　酒大匙2　小麦粉40g）

**鰻の黄身焼き**

鰻の蒲焼き…1串　酒…………少々

卵黄………適宜

**蕗《ふき》の粉節和え**

蕗…………2本　塩…………適宜

＊煮汁（だし汁2カップ　酒、薄口醤油¼カップ　味醂¼カップ弱）

粉節………適宜

**ごぼうの蓬莱《ほうらい》結び**

蓬莱結びごぼう（市販品）…………4本

＊合わせ酢（酢、味醂＝各¼カップ　塩少々）

酢取り生姜…4本　土佐醤油……適宜

＊《菊の葉、もみじの葉＝各4枚》

**魬《はまち》と飛竜頭《ひりょうず》の小鍋立て**

魬の切り身…150g　車海老………4尾

飛竜頭………4個　塩…………適宜

九条ねぎ……4本

＊鍋地（八方地《だし汁4カップ　味醂、薄口醤油＝各½カップ》）

**ご飯**

白飯（炊きたてのもの）…………4杯分

**■作り方**

1 鯛の皮霜引き造りを作ります。鯛の上身は抜き板に皮上にして置き、きつく絞ったぬれ布巾をかぶせて熱湯をかけ、手早く氷水にとって冷まし、水気を拭いてひとりあて三切れの引き造りにします。

2 白魚の花胡瓜盛りを作ります。胡瓜は三方から庖丁をややねかし気味に立てて切り込み、ききょう形のわさび台を作って塩水に放し、パリッとさせて水気を拭いて、白魚を形よく盛ります。

3 甘鯛の竜皮昆布巻きを作ります。甘鯛のひと塩は、長さを半分に切って観音開きにします。甘酢で酢取った生姜を細かく刻んでおきます。

4 ラップを広げて甘鯛を縦長に置き、刻んだ甘酢生姜を芯にして巻き、ラップで巻き止め、これを二本作ります。次に竜皮昆布を縦長に広げ、甘鯛のラップをはずしてのせ、巻き込んでラップに包み、落ち着かせてほどよい厚さに切り、ラップをはずします。胡瓜をかつらにむいてけんに打ち、水に放してパリッとさせておきます。

5 紅白の小袖蒲鉾を用意して7〜8mm厚さに切り分けます。

6 帆立の磯辺鳴門揚げを作ります。帆立の貝柱、芝海老のむき身、皮と血合いを除いた鮭は、それぞれ細かくたたいてすり鉢に合わせ、よくすり混ぜます。

7 鶏挽き肉は皮と脂を除いて二度挽きしたものを用意し、先のすり身に混ぜてよくすり、卵、塩で味を調えて、色よく茹でたグリーンピースを混ぜます。

8 焼き海苔と薄焼き卵を、手前を揃えて重ねて広げ、真蒸地を1cm厚さに平らにのばしつけて手前から巻き、さらに巻き簀で巻き止めます。充分に蒸気の上がった蒸し器に入れ、20分ほど蒸して、冷めたら巻き簀をはずし、小麦粉を薄くつけます。分量の卵を割りほぐして水、酒を加えて溶き混ぜ、小麦粉を入れてざっくりと混ぜた揚げ衣をつけ、中温に熱した揚げ油で揚げて、3cm厚さに切り分けます。

9 鰻の黄身焼きを作ります。鰻は蒲焼きを用意して金串に刺し替え、酒少量をふって強火の遠火で温め直すようにあぶり、身側に溶いた卵黄を刷毛でたっぷりとぬり、乾かすようにあぶり焼きにし、熱いうちに串を抜きます。

10 蕗の粉節和えを作ります。蕗は鍋に入る長さに切り、塩をふって板ずりをし、たっぷりの熱湯で茹でて流水にとり、皮をむいて4cm長さに切っておきます。

11 煮汁のだし汁に各調味料を合わせて火にかけ、煮立ちはじめたら蕗を入れて、汁気がなくなるまで煮て笊にとり、汁気をきっておきます。粉節は鍋に入れて弱火にかけ、さらさらになるまで空煎りをし、バットに広げて冷まします。煮上げた蕗にたっぷりとまぶします。

12 ごぼうの蓬莱結びは市販品を利用します。分量の酢と味醂、塩を合わせてひと煮立ちさせ、冷ました合わせ酢に数時間ほどつけたのち、汁気をきります。酢取り生姜は杵形に整えます。

【盛りつけ】

長手の重ね点心箱の一の重に、まず左手に胡瓜のけんを盛り、大葉を立てかけて鯛の皮霜造りを盛り、白魚の花胡瓜盛り、甘鯛の竜皮昆布巻きと順に右に盛り合わせていき、防風を造り身の奥、花丸胡瓜を前中央に、花胡瓜の右脇におろしわさびを添えます。

二の重は、同様に左から右へ、紅白小袖蒲鉾、帆立の磯辺鳴門を盛り、中央奥寄りに菊の葉を敷いて鰻の黄身焼き、続いてもみじの葉を敷いて蕗の粉節和えを盛り、前中央に結びごぼう、右よりに杵生姜をあしらいます。別器でつけ醤油をお出しします。

13 魬と飛竜頭の小鍋立てを作ります。魬はひとり二切れに切り分け、車海老は、背わたを抜いて塩を少量加えた熱湯で茹で、笊にとります。飛竜頭は、熱湯を通して油抜きをします。九条ねぎは4cm長さほどに切り揃えます。

14 鍋に八方地の調味料を合わせてひと煮立ちさせ、一人用の小鍋に移して魬、車海老、飛竜頭を盛り込んで煮ます。魚に火が通ったらアクを引きます。

【盛りつけ】

仕上げに九条ねぎを入れて蓋をし、煮えすぎないうちに客前の焜炉にのせます。

15 ご飯は、炊きたての白飯を用意します。

【盛りつけ】

茶碗に六分目ほど盛ってお出しします。

**■調理覚え書**

●甘鯛の竜皮昆布巻きの甘鯛は、鯛とは別種。白、赤、黄甘鯛とあり、通常味の順位もこの順ですが、静岡県奥津《おきつ》沖産の黄甘鯛は別格です。水分の多い魚で、ひと塩干しにしたものが多く出廻ります。

●関西方面には、昔から若狭の甘鯛がひと塩干しにされて入り、〝ぐじ〟と呼んで生造りや西京焼きで親しまれています。

**前菜二種盛り**
さよりの唐揚げ、衣被《きぬかつ》ぎ
**ご飯替わり**
盛り蕎麦
**揚げもの**
白魚の筏《いかだ》揚げ、すだち添え
**蒸しもの**
茄子と鱸《すずき》の蒸し煮

●一〇一頁参照

**■材料**〈四人分〉

**前菜二種盛り**
さより……4尾　石川芋……8個
片栗粉……適宜　揚げ油……適宜
塩……少々　黒胡麻……少々
＊さよりの下味（酒大匙3　塩小匙½）
＊《若楓の葉4枚》

**盛り蕎麦**
蕎麦（乾麺《かんめん》）…400g
＊蕎麦つゆ（だし汁3カップ　味醂180cc　砂糖大匙2　醤油270cc）
＊薬味（大根おろし⅓カップ　あさつき½把　わさび適宜）

**白魚の筏《いかだ》揚げ、すだち添え**
白魚……40尾　海苔……⅓枚
卵白……少々　小麦粉……適宜
揚げ油……適宜　すだち……2個
＊揚げ衣（卵½個分　水⅓カップ　酒大匙2　小麦粉½カップ）
＊《若楓の小枝4本》

**茄子と鱸《すずき》の蒸し煮**
茄子……4個　鱸の上身……160g
ごぼう…16cm長さ　青梗菜《チンゲンツァイ》……½株
揚げ油……適宜　塩……適宜
＊ごぼうの下煮用（だし汁1カップ　味醂、薄口醤油＝各大匙2弱）
＊蒸し地（八方地《だし汁2カップ　味醂、薄口醤油＝各¼カップ》）
おろし生姜…適宜

**■作り方**

1 前菜の二種盛りを作ります。さよりは三枚におろして腹骨をすき取り、小骨も抜いて酒塩に5分ほどつけておきます。汁気を拭いて薄く片栗粉をはたきつけ、中温に熱した揚げ油で揚げ、油をきっておきます。

2 石川芋はきれいに洗い、上下半々くらいのところにぐるりと庖丁を入れ、中火で10～12分蒸し、上の皮をむき取ります。塩をふり、煎った黒胡麻を天に数粒飾ります。

【盛りつけ】
器に衣被《きぬかつ》ぎを盛り、前にさよりの唐揚げを盛り合わせて若楓の葉を添えます。

3 盛り蕎麦を作ります。乾麺は、たっぷりの熱湯を用意して麺をほぐして入れ、途中差し水をしながら茹ですぎないように茹で、笊に取って手早く水で洗い、笊に上げておきます。

4 大根おろしは笊に入れて自然に汁気をきり、あさつきは薄い小口切りにしておきます。蕎麦つゆは、だし汁に各調味料を合わせてひと煮立ちさせ、鍋底を水にあてて冷めたくしておきます。

【盛りつけ】
器に青葉を敷いて蕎麦を盛りつけ、別皿に大根おろしとあさつき、わさびを盛って添え、蕎麦猪口につゆを入れてお出しします。

5 白魚の筏揚げ、すだち添えを作ります。白魚は、五本ずつをひと組に並べて、1cm幅に切った海苔で巻き、卵白少々で貼りつけて止め、小麦粉を薄くふります。

6 卵を割りほぐして水、酒を加えて溶きのばし、小麦粉をざっくりと混ぜて揚げ衣を用意し、束ねた白魚につけて、中温よりやや低めに熱した揚げ油で揚げ、油をきっておきます。すだちは一個を半分に切ります。

【盛りつけ】
長手の器に若楓の小枝を敷き、白魚の筏揚げを形よく盛り、すだちを添えます。

7 茄子と鱸の蒸し煮を作ります。茄子は天地を切って、高温に熱した揚げ油で揚げます。鱸は、四つに切って薄く塩をしておきます。

8 ごぼうは4cm長さに切って柔らかく茹で、下煮用のだし汁に各調味料を合わせた中で煮ておきます。青梗菜は塩を少量加えた熱湯で茹で、水にとって冷まし、きつく絞って4cm長さに切っておきます。

9 やや深手の器に茄子と鱸、ごぼうを盛り、蒸し汁の八方地をかけて蒸気の上がった蒸し器に入れ、20分ほど蒸し上げます。

【盛りつけ】
青みに青梗菜をあしらい、おろし生姜を天に添えてお出しします。

**■調理覚え書**

●梅が咲きはじめる旧暦の節分の頃になると白魚が獲れだします。古くは五匹を串に刺してひと筏《いかだ》、その二筏をひと皿に盛って売られました。筏揚げの筏は、形に

---

## 八方地（八方だし地）

だし汁8：味醂1：醤油1の割合分量

だし汁を煮立て、味醂と醤油を加えます。

◉どんな料理にも一八方に一使えるという意味の、基本的合わせ調味料。ただし、醤油を薄口にした薄八方、味醂を多くしたり、砂糖を加えた甘八方、だし汁の¼量の酒を加えた酒八方など、料理によって、また料理人によっても変わります。

---

## 薄焼き卵

| | |
|---|---|
| 卵5個 | 砂糖大匙½　味醂大匙3 |
| 塩小匙¼ | 片栗粉大匙⅔（水大匙1） |

卵を溶きほぐして分量の調味料、水溶きの片栗粉を加えてよく混ぜ、きつく絞ったぬれ布巾で一旦漉します。

角の卵焼き鍋を熱して薄くサラダ油を引き、よく熱して、水気を含んだぬれ布巾にのせて粗熱をとったのち、約⅕量の↗

↘卵汁を流し入れて薄く広げます。弱火で、鍋底に火が平均にあたるように動かして焼き、卵の表面が乾いたら菜箸でヘリを起こし、下に箸を一本差し込んで裏返し、さっと焼いて伏せた盆笊に広げて冷まし、これを繰り返して焼きます。

◉錦糸卵は薄焼き卵を、小口から巻き、あるいは縦二枚に切って重ねたのち、小口から細く切って作ります。薄焼き卵も錦糸卵も、密封冷凍で約1カ月もちます。

寄せた作りを指していますが、俗に皮を引いた魚のことも筏といい、これなどは筏は川を引くものにかけたのでしょう。

# 点菜三種盛り

**吸いもの**
**鯛と小松菜の清まし汁椀**
**お造り**
**鯛皮霜引き造り、鮪角切り山かけ**

●一〇二頁参照

## ■材料〈四人分〉

**鮭の燻製**
燻製鮭(市販品)……………適宜

**鱸《すずき》の黄身焼き、雲丹焼き**
鱸の上身……250g　塩…………少々
卵黄………1個　すだち………2個
*雲丹衣(練り雲丹大匙2　卵黄1個)

**黄身そぼろ、ちりめん山椒むすび**
白飯(炊きたてのもの)…………4杯分
黄身そぼろ…適宜
ちりめん山椒(市販品)……………適宜
酢取り生姜…4本
*《カラジュームの葉8枚》

**鯛と小松菜の清まし汁椀**
鯛の上身……120g　塩…………適宜
小松菜………¼把　木の芽………4枚
*吸い地(だし汁3カップ　塩小匙1
薄口醤油少々)

**鯛皮霜引き造り、鮪角切り山かけお造り**
鯛の上身……1筋　鮪…………¼冊《さく》
山の芋………100g　卵白…………少々
*けんとつま(胡瓜適宜　大葉8枚)
わさび………適宜　醤油…………適宜

## ■作り方

1 鮭の燻製を用意します。燻製は乾したものを使い、ごく薄いそぎ切りにしてさっと火取っておきます。

2 鱸の黄身焼き、雲丹焼きを作ります。鱸は上身を八つに切って、薄く塩をふり、金串に刺して強火の遠火で焼き、半量の四切れには溶き卵黄を刷毛でぬり、乾かすようにあぶって金串を抜きます。あとの四切れは練り雲丹と卵黄を溶き混ぜた雲丹衣をぬり、あぶり焼きにして金串を抜きます。すだちを半分に切ります。

3 黄身そぼろ、ちりめん山椒むすびを作ります。炊きたてのご飯を用意して三角のむすびを八個作ります。四個の周囲に黄身そぼろ、あとの四個にはちりめん山椒をつけます。酢取り生姜を杵形に整えておきます。

【盛りつけ】

盛り盆に三点を盛り合わせます。豆皿に鮭の燻製を盛って盆の右中央に置き、カラジュームの葉二枚を豆皿と不等辺三角形を作る位置に敷いて、鱸の黄身焼き、雲丹焼きを奥右手の葉に盛ってすだちを添えます。左手下の葉には二種のむすびを盛って杵生姜を添えます。

4 鯛と小松菜の清まし汁椀を作ります。鯛の上身は、四つに切って薄く塩をふり、5～6分おいてさっと熱湯にくぐらせ、水気を拭きます。小松菜は塩を少量加えた熱湯で茹で、水にとって冷ましたのち、揃えてきつく絞り、4cm長さほどに切っておきます。

5 鍋に吸い地のだし汁をひと煮立ちさせ、塩と薄口醤油を加えて味を調えます。

【盛りつけ】

椀に鯛を盛って煮えばなの吸い地を張り、青みに小松菜を添えて、吸い口に木の芽を浮かべます。

6 鯛皮霜引き造り、鮪角切り山かけお造りを作ります。鯛の上身は抜き板に皮上にして置き、きつく絞ったぬれ布巾をかぶせて熱湯をかけ、手早く氷水にとって冷まし、水気を拭いてひとりあて五切れの引き造りにします。

7 鮪の冊は、2cm角の角切りにします。山の芋は、皮をむいて酢水につけながらすり鉢のへりでおろし、よくすって卵白を加え、さらによくすります。胡瓜は、かつらにむいてけんに打ち、水に放してパリッとさせ、笊に上げます。

【盛りつけ】

器に胡瓜のけんを盛り、大葉二枚をずらすように重ねて立てかけ、鯛の引き造りを盛って鮪の角切りを前盛りにし、右脇に山の芋を盛り合わせておろしわさびをのせます。

## ■調理覚え書

●お造りにはけんとつまが添えられる形が一般的です。けん(剣)は細く尖《とが》ったものの意で、大根や胡瓜、茗荷などが季節の魚種によって選ばれます。また、けんには昔から〝けん三寸(約9cm)〟の言葉があり、長すぎては食べにくいばかりです。つま(褄)は端の意で添えもののこと。中でも大葉は敷き褄に多用されますが、本来は脂気の強い魚にこそ向くつまです。

### 練り味噌

麦味噌(田舎味噌)1カップ
砂糖1カップ　　味醂1カップ
鍋に麦味噌を入れて砂糖と練り合わせ、味噌を少しずつ加えながら溶きのばしたのち、弱火にかけ、焦がさないように木杓子で鍋底から混ぜながら、ねっとりとするまで練り上げます。
◉冷まし、おろし柚子を混ぜて柚子味噌。

### 杵生姜と筆生姜

金時生姜(葉つきのもの)適宜　　塩適宜
酢1：水1の酢水(または甘酢)適宜
生姜の茎を20cm長さほど残して葉を落とし、生姜部分を杵の形(あるいは先の細い筆形)にむき整え、茎元まで熱湯に通してバットに並べ、真っ白に塩をかぶせて5～10分おいたのち水洗いをし、グラスに入れた酢水に30分ほどつけて酢取ります。

### 黄身そぼろ

茹で卵黄(固茹でのもの)適宜　　塩少々
茹で卵黄を裏漉してアルミのバットに受け、塩を少量加えて長めの竹串でこねないように混ぜて広げます。石綿つきの焼き網で直火を隔て、レンガを置いてバットをのせ、弱火にして竹串で混ぜ返しながら、焦がさないように乾くまで煎ります。冷めたら瓶に詰め、常備します。

# 〝先付けからデザートまで〟の料理

## 天王寺蕪《かぶ》と車海老、木の芽味噌

●一〇六頁参照

■材料〈四人分〉

天王寺蕪……700g　車海老………8尾
いんげん……8本　塩…………適宜
＊煮汁（だし汁2カップ　白醤油大匙1.5　味醂¼カップ　塩少々）
＊木の芽味噌（練り味噌⸨麦味噌、砂糖、味醂＝各1カップ⸩　木の芽適宜）

■作り方

1 天王寺蕪は皮をむき、3cm角ほどに切って柔らかく下茹でします。鍋に煮汁のだし汁と調味料を合わせ、茹でた蕪を入れて煮立てないようにゆっくりと煮含めます。

2 車海老は背わたを抜き、塩少量を加えた熱湯で茹でて殻をむきます。いんげんは塩茹でののち、4cm長さほどに切っておきます。練り味噌にたたき木の芽を加えて木の芽味噌を用意します。

【盛りつけ】

器に木の芽味噌を敷き、汁気をきった天王寺蕪と車海老を盛り合わせ、いんげんをあしらいます。

■調理覚え書
●味噌は、かける盛りつけ方もあります。

## 牛肉と菜の花、山椒味噌

●一〇六頁参照

■材料〈四人分〉

牛肉………300g　菜の花………½把
塩………適宜
＊煮汁（だし汁2カップ　酒⅓カップ　味醂、薄口醤油＝各¼カップ）
薄焼き卵……½枚　焼き海苔……2枚
＊山椒味噌（練り味噌⸨麦味噌、砂糖、味醂＝各1カップ⸩　粉山椒適宜）

■作り方

1 牛肉は塊で用意し、鍋に煮汁のだし汁と調味料を合わせた中に入れて火にかけ、煮立ってきたら丁寧にアクを引いたのち、圧力鍋に移して柔らかく煮ます。冷まして3mm厚さに切り分けます。

2 菜の花は塩茹でをして水にとり、きつく絞って先端を4cm長さに切ります。焼き海苔は小さくちぎって細かくもみ、薄焼き卵は太めの繊切りにしておきます。牛肉と菜の花、もみ海苔はざっくりと混ぜ合わせます。

3 練り味噌に粉山椒を加え混ぜて、山椒味噌を用意します。

【盛りつけ】

器に山椒味噌を敷いて牛肉ほかを混ぜたものを盛り、天に錦糸卵を揃えてあしらいます。

## 蕪の海老印籠《いんろう》、柚子味噌

●一〇六頁参照

■材料〈四人分〉

蕪（大）………4個
海老の真蒸地（芝海老240g　卵白少々）
＊煮汁（だし汁2カップ　味醂¼カップ　白醤油大匙2弱）
＊柚子味噌（練り味噌⸨麦味噌、砂糖、味醂＝各1カップ⸩　おろし柚子適宜）
黄身そぼろ…適宜

■作り方

1 蕪は茎元を切り落として皮を縦に、できるだけ丸くむき、禿《かむろ》の飾り庖丁を入れたのち、底部から中をくり抜きます。

2 芝海老は背わたを抜いて頭を取り、殻をむいて庖丁で細かくたたき、すり鉢ですります。卵白を加えてさらにすり、蕪に詰めて、蒸気の上がった蒸し器で15分ほど蒸します。

3 煮汁のだし汁と調味料を合わせて蕪を入れ、中火で静かに煮含めます。別に練り味噌におろし柚子を加えた柚子味噌と、黄身そぼろを用意します。

【盛りつけ】

器に柚子味噌を敷いて禿蕪を盛り、天に黄身そぼろを散らします。

## 穴子の木津《きづ》巻き、生姜味噌

●一〇六頁参照

■材料〈四人分〉

京人参…9cm長さ　かんぴょう…1m
穴子の開いたもの………………2本
いんげん……5本　塩…………適宜
＊穴子の煮汁（味醂½カップ　醤油¼カップ　だし汁大匙2　砂糖大匙1.5）
＊煮汁（だし汁2カップ　味醂¼カップ　白醤油大匙2弱）
＊生姜味噌（練り味噌⸨麦味噌、砂糖、味醂＝各1カップ⸩　生姜汁適宜）

■作り方

1 京人参は皮をむいて厚めのかつらにむき、塩水につけてしんなりとさせます。かんぴょうは洗って塩もみをし、水洗いをして固めに茹でます。

2 穴子は皮面に熱湯をかけ、庖丁の刃先で軽くしごいてぬめりを取り、煮汁の調味料を合わせてひと煮立ちさせた中で煮たのち、9cm長さ・1cm幅に縦に細長く切ります。いんげんは塩茹でをして手早く冷まし、色出しをします。

3 穴子といんげんを彩りよくまとめて芯にし、広げたかんぴょうで巻き上げ、外側を京人参で巻きます。タコ糸で巻き止めたのち、煮汁のだし汁に調味料を合わせてひと煮立ちさせ、木津巻きを入れて汁が少なくなるまで転がしながら煮ます。冷めたら糸をはずし、四等分します。別に、練り味噌に生姜汁を加えて生姜味噌を用意します。

【盛りつけ】

器に生姜味噌を敷き、軽く汁気をきって木津（かんぴょう）巻きを盛ります。

## 鶏肉とチーズの奉書巻き、辛子酢味噌

●一〇六頁参照

■材料〈四人分〉

大根……10㎝長さ　京人参…9㎝長さ
鶏ささ身……2本　切り三つ葉…4本
プロセスチーズ……………¼箱
菜の花……適宜　塩…………適宜
＊甘酢（酢、味醂＝各大匙5　塩少々）
＊鶏の下味（酒大匙3　塩小匙½）
＊辛子酢味噌（練り味噌（麦味噌、砂糖、味醂＝各1カップ）　酢¾カップ　溶き辛子適宜）

■作り方

1 大根、京人参は厚めのかつらにむき、塩水につけてしんなりとさせます。大根は10㎝角、人参は9㎝角にそれぞれ色紙に切り、甘酢にしばらくつけます。

2 鶏ささ身は薄皮と筋を取って観音開きに庖丁を入れ、酒塩とともに鍋で蒸し煮にし、食べよく裂いておきます。切り三つ葉は塩を落とした熱湯にくぐらせ、冷水に放してきつく絞ります。プロセスチーズは1㎝角・4㎝長さの拍子木に切ります。菜の花は塩茹でをし、先端の3～4㎝長さを切っておきます。

3 大根と人参の色紙を、汁気を拭いて重ねて広げ、対角線上に鶏ささ身とチーズを置いて芯にし、ひと巻きして角を打ち合わせ、三つ葉で結び止めます。別に、練り味噌に酢を加え、溶き辛子を加え混ぜた辛子酢味噌を用意します。

【盛りつけ】

器に練り味噌を敷き、奉書巻きを二つずつ盛り込み、菜の花をあしらいます。

## みる貝の三杯酢

●一〇七頁参照

■材料〈四人分〉

みる貝……1杯　菊花…………2輪
あさつき……1把　もみじおろし適宜
＊三杯酢（酢、醤油＝各大匙5　味醂大匙3）

■作り方

1 みる貝はおろして水管《すいかん》を取り出し、熱湯にさっと通して冷水にとり、水管の皮をむき取って水気をよく拭きます。これを縦半分にそぎ、さらに斜めのそぎ切りにします。

2 あさつきは小口切りにし、菊花は花弁をつまみ取り、もみじおろしと三杯酢を用意します。

【盛りつけ】

器にみる貝を盛り、菊花とあさつきを散らしてもみじおろしを添え、三杯酢をまわしかけます。

## 鱸《すずき》の三杯酢

●一〇七頁参照

■材料〈四人分〉

鱸《すずき》の上身……250g　菊花………8輪
あさつき……適宜　もみじおろし適宜
酢…………少々
＊三杯酢（酢、醤油＝各大匙5　味醂大匙3）

■作り方

1 鱸はひとりあて三枚の、厚めのそぎ切りにします。菊花は酢を少量落とした熱湯で茹で、冷水にとって水気をきつく絞っておき、あさつきは小口切りにしておきます。

2 もみじおろしと三杯酢を用意します。

【盛りつけ】

器に鱸のそぎ身を重ね盛りにし、あさつきをのせて、菊花ともみじおろしを添え、三杯酢を注ぎます。

## さよりの酢じめ

●一〇七頁参照

■材料〈四人分〉

さより……2尾　赤芽…………適宜
＊下ごしらえ用（塩、酢＝各適宜）
大葉……4枚　もみじおろし適宜
＊三杯酢（酢、醤油＝各大匙5　味醂大匙3）

■作り方

1 さよりは三枚におろして腹骨、小骨をすき取り、べた塩をあてて30分ほどねかせたのち、塩を洗い落として水気を拭き、バットに並べて酢をひたひたに入れて15分おきます。

2 さよりは水気を軽く拭いて食べよい大きさに切り、もみじおろしと三杯酢を用意します。

【盛りつけ】

器に大葉を敷いてさよりを重ね盛りにし、天に赤芽をのせ、脇にもみじおろしをあしらって、三杯酢を注ぎ入れます。

## 鮭の温燻《おんくん》砧《きぬた》巻き 三杯酢

●一〇七頁参照

■材料〈四人分〉

鮭の温燻……100g　大根……10㎝長さ
塩…………適宜　あさつき……適宜
もみじおろし適宜
＊三杯酢（酢、醤油＝各大匙5　味醂大匙3）

■作り方

1 温燻は2㎝角・10㎝長さの棒状に切ります。大根は10㎝幅のかつらむきを20㎝長さ作り、塩水に放してしんなりさせ、布巾で水気を拭き取ります。温燻を芯にして大根の砧（かつらむき）で巻き、ラップできっちりと包んで冷蔵庫に半日ねかせておきます。

2 砧巻きは食べよい大きさに切り分け、あさつきは小口切りにし、別に、もみじ

おろしと三杯酢を用意します。

【盛りつけ】

器に砧巻きを二切れほど盛りつけ、あさつきを散らしてもみじおろしを添え、三杯酢をへりから注ぎいれます。

## 鮟《あん》肝《きも》の三杯酢

●一〇七頁参照

■**材料**〈四人分〉

鮟鱇《あんこう》の肝……200g　塩…………適宜

あさつき……適宜　もみじおろし適宜

*三杯酢（酢、醤油＝各大匙5　味醂大匙3）

■**作り方**

鮟肝は塩をふってしばらくおき、熱湯で茹でて完全に火を通し、水気をきって冷ましたのち、ほどよい大きさに切り分けます。あさつきは小口切りにし、もみじおろしと三杯酢を用意します。

【盛りつけ】

器に鮟肝を盛ってあさつきを散らし、もみじおろしを添え、三杯酢を注ぎます。

## 車海老の三杯酢

●一〇七頁参照

■**材料**〈四人分〉

車海老………16尾　塩…………適宜

あさつき……適宜　もみじおろし適宜

*三杯酢（酢、醤油＝各大匙5　味醂大匙3）

*（しだの葉4枚）

■**作り方**

1 車海老は背わたを抜いて頭を落とし、尾ひと節を残して殻をむきます。塩を少量加えた熱湯に尾の殻をつけて手早く冷水にとり、色出しをして水気を拭きます。

2 あさつきは小口切りにし、もみじおろしと三杯酢を用意します。

【盛りつけ】

器にしだの葉を敷き、車海老四尾ずつを形よく踊らせて盛り、あさつきを散らしてもみじおろしを添え、へりから三杯酢を注ぎ入れます。

## 魬《はまち》の三杯酢

●一〇七頁参照

■**材料**〈四人分〉

魬の上身……250g　菜の花……適宜

塩…………適宜　あさつき……適宜

もみじおろし適宜

*三杯酢（酢、醤油＝各大匙5　味醂大匙3）

■**作り方**

1 魬は皮を引いて3㎜厚さの引き造りにし、菜の花は塩茹でをして水にとり、きつく絞って先端のみを4㎝長さほど切っておきます。

2 あさつきを小口切りにし、もみじおろしと三杯酢を用意しておきます。

【盛りつけ】

器に魬の造り身を杉盛りにし、菜の花をあしらってあさつきを散らし、もみじおろしを添えて三杯酢を注ぎ入れます。

■**調理覚え書**

●「魬は鰤《ぶり》の養殖もの」は近年の傾向。本来は鰤が成魚になる前の型の関西名です。

## 鯛の三杯酢

●一〇七頁参照

■**材料**〈四人分〉

鯛の上身……250g　塩…………適宜

あさつき……適宜　花穂じそ……4本

大葉………4枚　もみじおろし適宜

*三杯酢（酢、醤油＝各大匙5　味醂大匙3）

■**作り方**

鯛は皮を引いて薄いそぎ切りにし、薄く塩をあてておきます。あさつきは小口切りにし、もみじおろしと三杯酢を用意します。

【盛りつけ】

器に大葉を敷き、鯛のそぎ身を折り曲げ気味に重ね盛りにしてあさつきを散らし、花穂じそをあしらってもみじおろしを添え、三杯酢を注ぎ入れます。

## 前菜五種盛り

●一〇八頁参照

■**材料**〈四人分〉

**車海老、高菜漬けの黄身ずし**

車海老………4尾　塩…………適宜

高菜漬の葉…4枚

*黄身の生地（卵黄6個　酢、砂糖＝各大匙⅔　塩少々）

**鶏ささ身の鮭射込み**

鶏ささ身……4本

鮭の真蒸地（鮭の上身120g　卵白⅓個分　味醂小匙2　塩少々）

*幽庵地（味醂大匙5　醤油大匙3　酒大匙2）

### 甘酢

酢大匙5　味醂大匙5　塩少々

以上の割合分量の調味料を合わせ、さっとひと煮立ちさせて冷まします。

◉野菜をはじめ、魚や肉類の主に下味に多用されます。新生姜の薄切りを漬け込み、杵生姜や茗荷の子を酢取り、戻した菊海苔の味つけなど不可欠のところです。なお材料によっては、味醂を増量します。

### 辛子酢味噌

練り味噌（味噌、砂糖、味醂＝各½カップ）

溶き辛子大匙1.5　茹で卵黄½個

酢⅓カップ

鍋に味噌と砂糖を練り合わせ、味醂を少しずつ加えて溶き混ぜ、弱火にかけて木杓子で練り上げ、人肌に冷まします。溶き辛子と茹で卵黄の裏漉しを混ぜて練り味噌に加え、酢を加えて溶きのばします。

### 三杯酢

酢大匙5　薄口醤油大匙5　味醂大匙3

以上の割合分量の調味料を合わせ、さっとひと煮立ちさせて冷まします。

◉肉、野菜類には特によく合い、広く酢のものには欠かせない加減酢です。なお、今は二杯酢、三杯酢と書くのが一般的ですが、配分する意味から〝配〟が本来です。

**鰻の鶏ささ身巻き**
鰻の蒲焼き…1串　鶏ささ身……4本
焼き海苔……1枚
＊真蒸地（すり身200g　卵白½個分
味醂小匙2　塩少々　銀杏20粒）

**鍵わらび**
わらび……12本　重曹……小匙2

**焼きそら豆**
そら豆……8粒
＊立て塩（水1カップ　塩大匙1）
菜の花の葉…4枚　芽甘草……4本
塩……適宜

■**作り方**

1 車海老、高菜漬の黄身ずしを作ります。車海老は背わたを抜き、塩を少量加えた熱湯で茹でて笊にとり、手早く冷まして頭と尾を落とし、殻をむいて腹開きにしておきます。高菜の漬けものは、水につけて塩気をほどよく抜き、葉を広げて水気を拭きます。

2 鍋に分量の卵黄と調味料を合わせて弱火にかけ、木杓子で混ぜながら八分《ぶ》熟くらいにし、熱いうちに裏漉しをして八個の団子に丸めておきます。

3 きつく絞ったぬれ布巾を広げ、車海老の皮面を下にして置き、黄身の団子をのせて布巾で包み、丸く形を整えます。高菜の葉も同じ要領で丸く仕上げ、各四個ずつ作ります。

4 鶏ささ身の鮭射込みを作ります。鶏ささ身は薄皮と筋を取り、身の薄い方から庖丁の刃先を入れて、切り口を広げないように袋状に切り込みます。

5 鮭の上身は細かくたたいてすり鉢ですり、卵白と調味料を加えてさらによくすったのち、ささ身の袋に詰めてラップできっちりと包み、蒸気のよく上がった蒸し器で15分ほど蒸し上げます。

6 冷めたらラップをはずして金串を刺し、中火の遠火で、途中幽庵地を二～三度かけながら焼き、熱いうちに串を抜いて切り分けます。

7 鰻の鶏ささ身巻きを作ります。鰻の蒲焼きは串を抜いて、1cm幅の縦切りにします。鶏ささ身は薄皮と筋を取り、厚みを平均に観音開きにします。

8 すり身はすり鉢ですって卵白と味醂を加え、塩で味を調えてさらによくすり混ぜます。銀杏は鬼殻を割り取り、茹でながら穴杓子の底で転がして薄皮をむき、水にとって冷ましたのち細かく刻んで裏漉しをし、先のすり身に混ぜ合わせます。

9 ラップを広げ、鶏ささ身を平らに広げて焼き海苔を重ね、真蒸地を全体にのばして芯に鰻を横長にのせ、手前から巻き込んでラップできっちりと巻き止め、蒸気の上がった蒸し器で20分ほど蒸します。冷めたらラップを取り、2cm厚さほどに切り分けます。

10 鍵わらびを用意します。わらびはアク抜きをして下茹でをしたのち、先端部分から短かめに切り揃えます。

11 焼きそら豆を作ります。そら豆は実に傷をつけないように皮に深く庖丁目を入れ、分量の水に塩を溶いた立て塩に浸します。20分ほどおいて皮をむき、弱火で焦がしすぎないように網焼きにします。

12 あしらいの芽甘草は、元の白い部分をぐるむきにし、塩を少量落とした熱湯でさっと茹で、手早くあおいで冷まします。菜の花の葉は、形のよいところを用意します。

【盛りつけ】

細工盛り器など趣向の器を用い、やや長手のこの例では、左手奥に二種の黄身ずしを並べて盛り、菜の花の葉を立てかけるように敷いて、中央手前寄りに鶏ささ身の鮭射込みを二切れ、その斜め右手に鰻の鶏ささ身巻きを盛り合わせます。さらに車海老の黄身ずしの手前に鍵わらび、器右手前の余白に焼きそら豆を配して、鮭射込みに芽甘草を斜めに立てかけるようにあしらいます。

■**調理覚え書**
●わらびのアク抜きは、わらびをボウルに入れて重曹をふり、熱湯をたっぷりとかけて、浮き上がらないように軽く重石をし、そのまま冷ましてひと晩おきます。そののち、水洗いをして熱湯で茹で、水によくさらして水気をきります。この時の重曹は、一般にわらび700gに対して大匙1.5が目安です。少量のこの例は小匙2程度が適量です。また、別法として藁《わら》灰や木灰をたっぷりとまぶし、以下同様に熱湯をかけてアクを抜くのも、昔からの手法です。

## 橙《だいだい》釜六種盛り

●一一〇頁参照

■**材料**〈四人分〉
橙……6個

**赤貝とたらの芽**
赤貝……6個　たらの芽……8本
塩……適宜
＊割り醤油（醤油大匙3　だし汁大匙2）

**スモークサーモンと生椎茸**
スモークサーモン……120g
露生姜……適宜　椎茸……6枚
＊椎茸の焼きだれ（酒大匙1　薄口醤油大匙2）

**小鯛の笹漬けと杵生姜**
小鯛の笹漬け（市販品）……12枚
酢取り生姜…8本

**焼きそら豆**
そら豆……20粒
＊立て塩（水1カップ　塩大匙1）

**からすみと鍵わらび**
からすみ…½腹分　わらび……20本
重曹……小匙2
＊割り醤油（醤油大匙3　だし汁大匙2）

**甘海老と菜の花**
甘海老……20尾　菜の花……12本
塩……適宜
＊割り醤油（醤油大匙3　だし汁大匙2）
＊（裏白3枚）

■**作り方**

1 まず、橙の釜を作ります。橙は上四分《ぶ》を目安に割り山椒の形に庖丁の刃先を入れ、切り離して下部の中身をくり抜き、これを六個作っておきます。

2 赤貝とたらの芽の釜を作ります。赤貝は殻をはずして身をおろし、二枚に切って中のわたをそぎ取り、軽く塩もみをして水洗いし、水気を拭きます。

3たらの芽は外葉を取り除き、塩を少量加えた熱湯で茹でて水にとり、手早く冷ましてきつく絞ったのち、分量の醤油とだし汁を合わせてひと煮立ちさせ、冷ましておいた割り醤油に5分ほど浸します。そののち、軽く汁気を絞って赤貝と混ぜ、橙釜に盛り込みます。

4スモークサーモンと生椎茸の釜を作ります。サーモンは薄いそぎ切りにし、おろし生姜の絞り汁をふっておきます。

5椎茸は石づきを取って汚れを拭き、網焼きにします。途中、酒醤油をつけてあぶり焼きにしたのち冷まし、ほどよい大きさに切ってサーモンと混ぜ、橙釜に盛ります。

6小鯛の笹漬けと杵生姜の釜を作ります。笹漬けは、形を崩さないように樽《たる》から出し、食べよい大きさに切り整えます。酢取り生姜は汁をきり、茎を1cmくらい残して小さい杵形に整え、笹漬けと混ぜて橙釜に盛り込みます。

7焼きそら豆の釜を作ります。そら豆は皮に深めに庖丁目を入れ、立て塩に20分ほど浸して皮をむき、水気を拭きます。目の細かい焼き網を弱火にかけて、焦がしすぎないように焼きます。粗熱をとって橙釜に盛り込みます。

8からすみと鍵わらびの釜を作ります。からすみは5㎜弱厚さのそぎ切りにします。わらびはアク抜きをして水洗いし、たっぷりの熱湯で茹でて水にとってさらし、分量の醤油とだし汁を合わせてひと煮立ちさせ、冷ました割り醤油にしばらく浸したのち、短めに切り揃えます。橙釜にからすみと、わらびを盛り合わせます。

9甘海老と菜の花の釜を作ります。甘海老は頭を取り、尾ひと節を残して殻をむきます。菜の花は花先をつまみ取り、塩を少量加えた熱湯で茹でて水に放し、手早く冷ましてきつく絞り、煮立てて冷ました割り醤油にしばらく浸します。汁気を軽く絞り、甘海老に散らすように橙釜に盛り込みます。

【盛りつけ】
浅手の大鉢に裏白を敷き、六種の橙釜を形よく取りやすく盛り込み、取り箸を添えます。

## 折敷重ね前菜　三種盛り

●二一一頁参照

■材料〈四人分〉

**白魚の雲丹揚げ**
白魚……12尾
*下味(酒塩《酒1/3カップ　塩小匙1/2》)
小麦粉……適宜　揚げ油……適宜
*雲丹衣(練り雲丹大匙2　卵1/2個分　冷水1/2カップ　酒大匙1.5　小麦粉1/2カップ強)

**白魚の磯辺揚げ**
白魚……12尾
*下味(酒塩《酒1/3カップ　塩小匙1/2》)
小麦粉……適宜　揚げ油……適宜
*磯辺衣(卵白1個分　焼き海苔1枚)

**青柳の酒醤油焼き**
青柳……8個
*下洗い用(水2カップ　塩大匙1)
*下味(酒醤油《酒、醤油＝各大匙3》)

**つくしのおひたしほか、あしらい**
つくし……16本　重曹……小匙1
*つけ汁(だし汁1/3カップ　薄口醤油大匙2)
円座胡瓜……2本　酢取り生姜…5本
レモン……1/8個　塩……適宜
*(極楽鳥花《ストレチア》の葉1枚)

■作り方

1白魚の雲丹揚げを作ります。白魚は鮮度のよいものを用意して酒塩で洗い、布巾にのせて汁気をきり、一本ずつ小麦粉をふっておきます。

2練り雲丹と卵を溶き混ぜて冷水、酒を加えてさらに混ぜ、小麦粉を入れてざっくりと混ぜ合わせて雲丹衣を作り、白魚につけて、中温よりやや低めに熱した揚げ油で、カラリと揚げます。

3白魚の磯辺揚げを作ります。白魚は酒塩で洗って布巾で汁気をきり、一本ずつ小麦粉をふります。焼き海苔はスピードカッターで細かくしておきます。

4白魚に溶いた卵白をつけ、みじんの海苔をふりつけて、中温よりやや低めに熱した揚げ油でカラリと揚げます。二種の揚げものは、油をきっておきます。

5青柳の酒醤油焼きを作ります。青柳はひものついた鮮度のよいものを用意し、切り離さないように庖丁の先でわたを取り出し、塩水で洗って布巾で水気を拭いたのち、酒醤油に5分ほどつけておきます。

6よく熱した焼き網で青柳をさっと焼き、鉄砲串一本に二つずつ刺します。

7つくしのおひたしを作ります。つくしは袴《はかま》を取って重曹をふりかけ、熱湯をたっぷり注ぎかけてそのまま冷ましてひと晩おき、アクを抜きます。水洗いののち熱湯で茹で、水にとって冷まし、頭を揃えてきつく絞って、分量のだし汁と薄口醤油を合わせてひと煮立ちさせ、冷ましておいたつけ汁に10分ほどつけ、再び頭を揃えて軽く絞り、根元を切り落とします。

8円座胡瓜は塩もみをして熱湯をかけ、手早く冷水にとって水気を拭き、天地を落として縦半分に切っておき、酢取り生姜は杵形に整え、レモンは縦八つの櫛形に切っておきます。

【盛りつけ】
折敷盆に簾《すだれ》を重ね、極楽鳥花の葉を中心より奥寄りにやや左上がりに敷き、葉の左1/3あたりに白魚の雲丹揚げ、右1/3あたりに磯辺揚げをそれぞれ形よく、ひとまとめに盛り、左手前、簾に直に青柳の酒醤油焼きの串を盛り合わせ、その右手につくし、中央の余白部分・やや雲丹揚げ寄りに円座胡瓜と杵生姜、中央にレモンをあしらい、取り箸を添えます。

## しめ卵と車海老の吸いもの椀

●二一二頁参照

■材料〈四人分〉
卵……2個　酢……少々
車海老……4尾　塩……少々
芹《せり》……適宜　木の芽……4枚
*吸い地(だし汁3カップ　塩小匙1

薄口醤油少々）

■作り方

1 卵を溶きほぐし、熱湯に酢を少量落とした中へ裏漉し器を通して糸状に流し入れ、ひと煮立ちしたら水にとって冷ましたのち、巻き簀にとって筒形に整え、きつく絞ってタコ糸で縛ります。

2 車海老は背わたを抜き、塩を少量加えた熱湯で茹でて笊にとり、頭を落として尾ひと節を残して殻をむきます。芹は小葉を除いてさっと塩茹でし、水にとって色出しをし、水気をきります。

3 吸い地のだし汁をひと煮立ちさせ、塩と薄口醤油で味を調えます。しめ卵の巻き簀をはずして3cm厚さに切り分けます。

【盛りつけ】

椀にしめ卵と車海老を盛り、煮えばなの吸い地を張って芹を一文字にあしらい、吸い口に木の芽を浮かべます。

## 鱸《すずき》としめじの吸いもの椀

●一一二頁参照

■材料〈四人分〉

鱸の上身……120g　塩……………適宜
しめじ…1/3パック　菊花…………2輪
酢…………少々　柚子…………適宜
＊吸い地（だし汁3カップ　塩小匙1
薄口醤油少々）

■作り方

1 鱸は四切れに切り分け、薄く塩をふって5～6分おいたのち、熱湯をくぐらせて水気をきっておきます。

2 しめじは石づきを取り、三～四本ずつにほぐしてさっと茹で、菊花は酢を落とした熱湯で茹でて水にとり、さらしたのち、きつく絞ってがくを除き、一輪を二つに分けておきます。

3 吸い地のだし汁をひと煮立ちさせて鱸を加え、煮立ってきたらアクを引き、塩と薄口醤油で味を調えます。

【盛りつけ】

椀に鱸を盛り、しめじと菊花を添えて煮えばなの吸い地を張り、松葉に切った柚子を吸い口に浮かべます。

## 鯛《たい》鎌《かま》とほうれん草の吸いもの椀

●一一二頁参照

■材料〈四人分〉

鯛の鎌……4切れ　塩…………適宜
ほうれん草…適宜　木の芽……4枚
＊吸い地（だし汁3カップ　酒大匙2
塩小匙1　薄口醤油少々）

■作り方

1 鯛の鎌は薄く塩をふって5～6分おき、熱湯をくぐらせて水気をきっておき、ほうれん草は茎の部分を用意して、塩を少量加えた熱湯で茹で、水にさらして水気を絞り、ひと結びしておきます。

2 吸い地のだし汁をひと煮立ちさせ、鎌を入れて煮立ってきたらアクを引き、酒ほかの調味料を加えて味を調えます。

【盛りつけ】

椀に鯛の鎌を盛ってほうれん草を添え、煮えばなの吸い地を張って吸い口に木の芽を浮かべます。

## 蛤と糸三つ葉の吸いもの椀

●一一三頁参照

■材料〈四人分〉

蛤…………8個　塩…………適宜
糸三つ葉……1/2把　柚子…………適宜
＊吸い地（水4カップ　塩適宜　酒大匙2）

■作り方

蛤は塩水で砂をはかせ、貝同士を打ち合わせて鈍い音のする死貝を除いて殻を水洗いし、吸い地の分量の水とともに鍋に入れて火にかけ、煮立ってきたらアクを丁寧に引き、塩と酒で味を調えます。糸三つ葉は軸だけを3cm長さに切り揃えます。

【盛りつけ】

椀に蛤を盛って糸三つ葉をあしらい、煮えばなの吸い地を張って、吸い口に松葉柚子を浮かべます。

■調理覚え書

●蛤の砂抜きは、海水よりやや薄めの塩水（水2カップに対して塩大匙1弱が目安）に、最低3～4時間つけて砂をはかせます。また、貝同士を打ち合わせて鈍い音のするものは死貝のため除き、澄んだ音のするものだけを使います。

●蛤の旬は仲秋から翌年三月の節句まで。殻が黒茶系で大きすぎないものが美味といわれ、徳島・撫養《むや》産の蛤は有名です。

## 糸卵と生椎茸の吸いもの椀

●一一三頁参照

■材料〈四人分〉

卵…………2個　酢…………少々
椎茸………4枚　糸三つ葉……適宜
木の芽……4枚
＊吸い地（だし汁3カップ　塩小匙1
薄口醤油少々）

■作り方

1 卵はよく溶きほぐし、酢を少量落とした熱湯に裏漉し器を通して流し入れ、煮立ちはじめたら水にとり、冷まして笊にとります。

2 椎茸は石づきを取って汚れを拭き、茹でて水気をきっておき、糸三つ葉は葉の部分を3cm長さに切ります。吸い地のだし汁をひと煮立ちさせ、塩と薄口醤油で味を調えます。

【盛りつけ】

椀に糸卵と椎茸、三つ葉を盛り、煮えばなの吸い地を張って、木の芽を吸い口に浮かべます。

## 鶏肉とくずし冬瓜の吸いもの椀

●一一三頁参照

■材料〈四人分〉

冬瓜…………150g　鶏もも肉……1/2枚
茗荷の子……2個　柚子…………適宜
わさび………適宜

＊吸い地（だし汁4カップ　塩小匙1　酒大匙2）

■作り方

1 冬瓜は皮と種を取り、細かく刻むか鬼おろしでおろします。鶏もも肉は皮と脂を除いて1㎝角に切り、茗荷の子は縦半分に切って薄切りにし、水に放して水気をよくきっておきます。

2 鍋に吸い地のだし汁と鶏肉、冬瓜を入れて火にかけ、煮立ってきたらアクを丁寧に引き、冬瓜に火が通ったら塩と酒で味を調えます。

【盛りつけ】

椀に鶏肉とくずし冬瓜汁を盛り、茗荷の子を散らし、吸い口にへぎ柚子とおろしわさびをのせます。

## 蟹寄せ豆腐と車海老の清まし汁椀

●一一四頁参照

■材料〈四人分〉

豆腐の真蒸地（豆腐½丁　蟹のほぐし身50g　すり身25g　卵½個分　塩、味醂＝各少々　茹で大納言大匙1）

車海老……4尾　塩……適宜

菊の葉……4枚　重曹……少々

柚子……適宜

＊吸い地（だし汁3カップ　塩小匙1　薄口醤油少々）

■作り方

1 豆腐は重さが半分になるまで水きりをし、裏漉しをしてすり鉢に入れ、軟骨を除いてほぐした蟹の身、すり身を順に加えながらよくすり混ぜ、卵、塩、味醂を加えてさらになめらかにすります。大納言は皮を破らないように茹で、洗って水気をきったのち、すり身に混ぜ、蒸し缶にきっちりと詰めて25分ほど蒸し上げ、冷めたらほどよい大きさに切り分けます。

2 車海老は背わたを抜き、塩を少量加えた熱湯で茹でて頭を取り、尾ひと節を残して殻をむきます。菊の葉は重曹を加えた熱湯でさっと茹で、水にとってきつく絞ります。吸い地のだし汁をひと煮立ちさせ、塩と薄口醤油で味を調えます。

【盛りつけ】

椀に蟹寄せ豆腐と車海老を盛り、煮えばなの吸い地を張って、菊の葉とへぎ柚子を浮かべます。

## 卵豆腐と蓴菜《じゅんさい》の南瓜《かぼちゃ》すり流し椀

●一一四頁参照

■材料〈四人分〉

卵豆腐生地（卵3個　だし汁170cc　酒大匙2　薄口醤油、味醂、塩＝各小匙½）

南瓜のすり流し地（南瓜¼個　濃いだし汁1カップ　チキンスープ2カップ　酒大匙2強　塩小匙1　味醂大匙½《本葛大匙½　水大匙1》）

蓴菜《じゅんさい》……16芽　糸三つ葉……適宜

塩……少々　木の芽……4枚

■作り方

1 卵は溶きほぐしてだし汁、各調味料を加えてよく混ぜ、布巾で漉して流し缶に流し入れ、充分に蒸気の上がった蒸し器に入れて箸を渡し、きつく絞ったぬれ布巾をかぶせて強火で3分、中火にして12～13分ほど蒸し上げて冷まし、4㎝角に切り分けます。

2 南瓜は種を取って皮をむき、蒸し器で柔らかく蒸して裏漉しをしたのち、鍋に濃くとっただし汁、チキンスープとともに合わせ、ひと煮立ちさせて酒と塩、味醂で味を調え、分量の水で溶いた本葛を引いてとろみをつけます。糸三つ葉は軸だけをさっと塩茹でし、水に放して3～4㎝長さに切り揃え、水気をよくきります。

【盛りつけ】

椀に卵豆腐を盛り、蓴菜を入れて南瓜のすり流し汁を張り、糸三つ葉と木の芽を卵豆腐の天にあしらいます。

## 芝海老の宿借り蒸しと茗荷《みょうが》の清まし汁椀

●一一四頁参照

■材料〈四人分〉

海老の真蒸地（芝海老100g　すり身50g　卵白⅓個分　塩、味醂＝各少々）

茗荷の子……2個　春菊……2本

塩……適宜　柚子……適宜

＊《蛤の殻4個》

＊吸い地（だし汁3カップ　塩小匙1　酒大匙2　薄口醤油少々）

■作り方

### すり流し椀

◉古典の吸いものに、汁の実を庖丁で細かく打つ〝はやし（囃）椀〟、さらに細かくすりおろす〝すり流し椀〟があり、いずれも葛でとろみをつけたのど越しのよさが特徴です。すり流しの代表例は冬瓜やそら豆、枝豆。冬瓜は鬼おろしでおろして、豆類は茹でて裏漉しします。ことに、冷めたく仕上げたすり流しは、夏の逸品です。

### 豆腐の水きり

◉まず、水のきれをよくするために俎板に巻き簀をのせ、ぬれ布巾を広げて豆腐をきっちりと包みます。上に平らな板をのせてレンガと同量程度の重石をし、元の半分の重さになるまで圧しておき、水気をしっかりとぎります。

◉料理によっては、豆腐を熱湯にくぐらせてから水きりをすると、日もちします。

### 吸い地

| | |
|---|---|
| だし汁３カップ | 塩小匙１ |
| | 薄口醤油少々 |

だし汁をひと煮立ちさせて塩を加え、仕上げに薄口醤油を少量落として味を調えます。

◉吸いものの味は、だし汁の旨みが決め手です。上手にとった昆布と鰹節の合わせ一番だしを使います。

1 芝海老は背わたを抜き、むき身にしてすり鉢に入れてよくすり、すり身と卵白、調味料を加えてよくすり混ぜ、蛤の殻に詰めます。茗荷の子は縦半分に切って薄く切り、春菊は塩を少量加えた熱湯でさっと茹でて水に放し、きつく絞っておきます。

2 吸い地のだし汁をひと煮立ちさせ、宿借り真蒸を加えて煮立ってきたらアクを引き、塩と酒、薄口醤油で味を整えます。

【盛りつけ】

椀に宿借り真蒸を盛って茗荷、春菊をあしらい、熱い吸い地を張って、へぎ柚子を吸い口に浮かべます。

## 帆立貝柱の枝豆すり流し椀

●一一五頁参照

■**材料**〈四人分〉

帆立の貝柱…4個

*下味（酒塩（酒大匙3　塩小匙1/3））

小麦粉……適宜　揚げ油……適宜

*揚げ衣（卵1/2個分　水1/3カップ　酒大匙2　小麦粉50ｇ　パセリのみじん切り大匙1）

枝豆のすり流し地（枝豆3/4カップ　だし汁3カップ　塩小匙1　酒大匙1）

塩……適宜　わさび……適宜

柚子……適宜

■**作り方**

1 帆立の貝柱は酒塩に5分ほどつけ、汁気を拭いて小麦粉を薄くはたきます。衣の卵を溶きほぐして水と調味料を加え混ぜ、小麦粉をざっくりと混ぜたのち、パセリを加え混ぜます。貝柱に衣をつけて、高温に熱した揚げ油で揚げて油をきっておきます。

2 枝豆は塩茹でをして薄皮をむき、すり鉢ですって裏漉しをし、鍋にだし汁とともに入れてひと煮立ちさせ、塩と酒で味を調えます。

【盛りつけ】

椀に揚げた帆立を入れ、煮えばなの枝豆のすり流し汁を張って、おろしわさびと柚子を吸い口にあしらいます。

## 二色寄せと鶏肉の清まし汁椀

●一一五頁参照

■**材料**〈四人分〉

二色真蒸地（すり身200ｇ　卵1/2個分　塩、味醂＝各少々　蟹のほぐし身50ｇ　青海苔小匙1　ほうれん草の青寄せ適宜）

鶏もも肉……1/2枚　片栗粉……適宜

*下味（酒塩（酒大匙3　塩小匙2/3））

*吸い地（だし汁3カップ　塩小匙1　薄口醤油少々）

木の芽……4枚

■**作り方**

1 すり身はすり鉢ですり、卵と塩、味醂を加えてさらによくすり、三対二の量に分けておきます。蟹の身は軟骨を除いてほぐし、二量のすり身に混ぜます。青海苔はすり鉢ですって粉にし、青寄せとともに三量のすり身に混ぜます。

2 蒸し缶に青海苔のすり身を平らに詰め、上に蟹入りのすり身を広げて詰めたのち、蒸気の上がった蒸し器で25分ほど蒸し上げて冷まし、切り分けます。

3 鶏もも肉は皮と脂を除いて大きめに切り分け、酒塩で洗って汁気を拭き、薄く片栗粉をふって熱湯で茹で、水気をきっておきます。吸い地のだし汁をひと煮立ちさせ、塩と薄口醤油で味を調えます。

【盛りつけ】

椀に二色真蒸と鶏もも肉を盛り、吸い地を張って吸い口に木の芽を浮かべます。

■**調理覚え書**

●青寄せは、ほうれん草の茎を除いて葉だけをごく細かいみじん切りにし、すり鉢でなめらかにすってたっぷりの水を加えます。よく混ぜ合わせたのち、木綿のぬれ布巾を通して青汁を鍋に受け、火にかけます。煮立つにつれて鍋の中央に青寄せが寄ってくるところを、目の細かい網杓子で掬《すく》ってボウルの水にとり、これを再びぬれ布巾で漉して搾《しぼ》り取ります。こうして作った青寄せは、密閉容器に入れて冷蔵庫で七～十日ほどもちます。

## つと卵と生椎茸の清まし汁椀

●一一五頁参照

■**材料**〈四人分〉

芝海老入りつと卵地（芝海老80ｇ　砂糖大匙4弱　味醂大匙1　塩小匙1/3　卵4個）

サラダ油……適宜　椎茸……4枚

人参……8㎝長さ　ほうれん草…少々

塩……適宜　木の芽……4枚

*吸い地（だし汁3カップ　塩小匙1　薄口醤油少々）

■**作り方**

1 芝海老は背わたを抜いてむき身にし、細かく刻んでよくたたき、すり鉢ですって砂糖ほかの調味料を加えてすります。溶き卵を加えながらさらによくすり混ぜます。

2 18㎝角の卵焼き鍋を用いて熱し、サラダ油を引いて、鍋底をぬれ布巾にあてて粗熱をとったのち、卵地を入れて中火で焼き、裏返して焼き上げます。四辺を切り整え、巻き簀にとって丸く筒形に巻き、形をなじませて冷まします。

3 椎茸は石づきを取って茹で、人参はマッチ棒ほどの太さで8㎝長さに切り、下茹でをします。ほうれん草は塩茹でをし、水に放して水気をきったのち、葉先を4㎝長さで切り揃えます。

4 吸い地のだし汁をひと煮立ちさせ、塩と薄口醤油で味を調えます。つと卵は巻き簀をはずし、熱湯をかけて油抜きをし、ほどよい大きさに切り分けます。

【盛りつけ】

椀につと卵と椎茸を盛り、熱い吸い地を張って人参を揃えて一文字にのせ、ほうれん草を交差させるようにあしらい、吸い口に木の芽を浮かべます。

## 小鯛のそぎ重ねと青柳

●一一七頁参照

■**材料**〈四人分〉

小鯛……………4尾　青柳……………6枚

塩…………適宜　わさび…………適宜

＊けんとつま（胡瓜2本　防風4本　茗荷の子2個）

■**作り方**

1 小鯛は鱗を丁寧に引いてえらとわたを取り、頭を落として三枚におろし、腹骨をすき取って小骨を抜きます。頭と中骨は盛りつけ用に控えておきます。

2 鯛の上身は皮を引き、薄いそぎ切りにします。青柳は薄い塩水で洗い、水気をきって縦の細切りにします。

3 胡瓜は薄いかつらにむいて9cm長さに切り揃え、繊維を断ち切るように繊切りにして水に放し、パリッとさせて水気をきってけんを用意します。

【盛りつけ】

器に小鯛の頭と中骨を形よく盛り、胡瓜のけんを中骨にたっぷりと盛って小鯛のそぎ身を重ね盛りにし、手前に青柳を盛り合わせて、防風と縦二つに切った茗荷の子をあしらい、おろしわさびを添えます。

## 小鯛の皮霜そぎ造りと車海老

●一一六頁参照

■**材料**〈四人分〉

小鯛……………4尾　車海老…………4尾

塩…………適宜　わさび…………適宜

＊つま類（花丸胡瓜4本　板谷楓8枚）

■**作り方**

1 小鯛は三枚におろし、上身を皮上にして抜き板に置き、きつく絞ったぬれ布巾をかぶせて熱湯をかけ、氷水にとって手早く冷まし、水気を拭いてそぎ造りにします。頭と中骨は盛りつけ用に残しておきます。

2 車海老は背わたを抜き、塩を少量加えた熱湯で茹でて頭と尾、殻をむき取っておきます。

【盛りつけ】

器に板谷楓を敷いて頭と中骨を形よくのせ、鯛の皮霜そぎ造りと茹で車海老を盛り込み、花丸胡瓜をあしらっておろしわさびを添えます。

## 小鯛のそぎ造りと生雲丹

●一一七頁参照

■**材料**〈4人分〉

小鯛……………4尾　生雲丹…………12片

＊つま類（わらび4本　芽甘草4本　わさびの葉4枚）

重曹…………適宜　塩……………適宜

わさび…………適宜

■**作り方**

1 小鯛は三枚におろして上身にし、そぎ切りにします。頭と中骨は盛りつけ用に残しておきます。

2 わらびはボウルに入れて重曹をふり、たっぷりの熱湯をかけ、ひと晩おいて水洗いし、茹でておきます。芽甘草は元の白い部分をぐるむきにし、塩茹でをして冷水にとり、手早くさまして笊に上げます。

【盛りつけ】

器にわさびの葉を広げて敷き、小鯛の頭と中骨を形よくのせ、そぎ身をこんもりと重ねて盛り、生雲丹の粒を崩さないように手前に盛り合わせ、水気をよくきって切り揃えた鍵わらび、芽甘草をあしらい、おろしわさびを添えます。

## 小鯛のそぎ造りと赤貝

●一一七頁参照

■**材料**〈四人分〉

小鯛……………4尾　赤貝……………4個

塩…………適宜　わさび…………適宜

＊つま類（胡瓜の葉4枚）

＊《桜の花4房》

■**作り方**

小鯛は三枚におろした上身を、そぎ切りにします。頭と中骨は残しておきます。赤貝は殻をはずして身をおろし、二枚に切って中のわたをそぎ取り、軽く塩もみをして水洗いし、水気を拭いたのち細切りにします。

【盛りつけ】

器に胡瓜の葉を敷いて小鯛の頭と中骨を形よくのせ、そぎ身を重ね盛りにして赤貝を盛り添え、おろしわさびを添えて桜の小さな花房を飾ります。

## 小鯛の手《て》毬《まり》ずし

●一一六頁参照

■**材料**〈四人分〉

小鯛……………4尾　塩……………適宜

すし飯…………200g　わさび…………適宜

＊あしらい類（酢取り生姜4本　大葉8枚　《桜の花4輪》）

■**作り方**

1 小鯛は皮つきの上身を、ひとりあて一筋ずつ用意し、腹側から庖丁を入れて平らに開き、薄く塩をふっておきます。頭と中骨は盛りつけ用に残します。

2 すし飯を用意し、四個の団子に丸めます。鯛の水気を拭きとったのち、すし飯の団子におろしわさびをつけて包み込み、手毬形に整えます。酢取り生姜は杵形に整えます。

【盛りつけ】

器に大葉を二枚ほど重ねて敷き、頭と中骨を形よくのせて手毬ずしを盛り、杵生姜を添えて桜の花をあしらいます。

## 紋甲烏《い》賊《か》のそぎ造りと生雲丹

●一一八頁参照

■**材料**〈四人分〉

紋甲烏賊のおろし身（刺身用）……200g

生雲丹………12片　わさび………適宜

＊けんとつま（胡瓜、わけぎ、人参＝各適宜　酢取り生姜8本　大葉4枚）

■作り方

1紋甲烏賊は薄皮をむき、4cm幅ほどに切って薄めのそぎ切りにし、生雲丹は色のよいものを用意します。

2胡瓜はけんに打って水に放し、パリッとしたら水気をきります。わけぎは青い部分を4cm長さに切り、縦の繊《せん》切りにして水に放し、軽くもんでぬるを取って水気をきっておき、人参は薄いかつらにむいて5mm幅の斜め切りにし、水につけて竹串に巻きつけ、より人参を作ります。酢取り生姜を杵形に整えておきます。

【盛りつけ】

器の奥中央に胡瓜のけんを盛り、大葉を立てかけて烏賊を波形に少しずつずらして盛り、右手前に生雲丹を盛り合わせ、わけぎ、杵生姜、より人参をあしらい、おろしわさびを添えます。

## 魬《はまち》の引き造りとしゃこ

●一一八頁参照

■材料〈四人分〉

魬の上身……200g　しゃこ……8尾

＊けんとつま(青とさか適宜　花丸胡瓜4本　大葉4枚)

わさび……適宜

■作り方

1魬は腹側を用意して皮を引き、ひとり三切れの引き造りにします。しゃこは茹でたものを用意し、両端を切り落として二枚に切っておきます。

2青とさかは二度ほど水を換えながら塩気を抜き、絞っておきます。

【盛りつけ】

器の奥中央に青とさかを盛り、大葉を立てかけて魬の造り身を盛り、前にしゃこを重ね盛りにして花丸胡瓜をあしらい、おろしわさびを添えます。

## 間八《かんぱち》の引き造りと車海老

●一一八頁参照

■材料〈四人分〉

間八の上身…200g　車海老……8尾

塩……適宜　酢……適宜

＊けんとつま(うど6cm長さ　胡瓜2本　オクラ4本　大葉8枚)

わさび……適宜

■作り方

1間八のおろし身は皮を引き、ひとり三切れの引き造りにし、車海老は背わたを抜いてのし串を打ち、塩を少量加えた熱湯で茹で、笊にとって手早く冷まし、頭と尾を切って胴の殻をむきます。

2うどは3cm長さに切って皮をぐるむきにし、やや太めの繊《せん》切りにして酢水にさらし、水洗いして水気をきります。胡瓜は3cm長さに切って種を取り除き、うどと揃えて繊切りにし、水に放してパリッとさせたのち、水気をきります。

3オクラはへたの部分をぐるむきにし、塩でもんで熱湯で茹で、水にとります。

【盛りつけ】

器の奥中央にうどと胡瓜のけんを置き、大葉を立てかけて間八の造り身、手前に車海老を盛り合わせ、オクラをあしらって、おろしわさびを添えます。

## 縞鯵《しまあじ》の引き造りと赤貝

●一一八頁参照

■材料〈四人分〉

縞鯵の上身…200g　赤貝……6個

塩……適宜　酢……適宜

＊けんとつま(胡瓜2本　うど8cm長さ　花穂じそ4本　大葉4枚)

わさび……適宜

■作り方

1縞鯵は腹側を用意して皮を引き、ひとり三切れの引き造りにします。赤貝は殻をはずして身をおろし、二枚に切って中のわたをそぎ取り、薄い塩水で洗ってきつく絞ったぬれ布巾で拭きます。

2胡瓜はけんにうって水に放し、パリッとさせて笊に上げておきます。うどは、4cm長さに切って皮を厚くぐるむきにし、横にして小刀で中央に切り目を入れ、小刀を刺したままで片側を斜めに切り、半回転させた片側を同様に斜めに切って小刀を抜き、うどを二つに離して違い切りにしたのち、酢水でさっと茹で、水にさらして水気をきります。

【盛りつけ】

器の奥中央に胡瓜のけんを置き、大葉を立てかけて縞鯵の造り身、手前に赤貝を盛り合わせ、切り違いうどと花穂じそをあしらい、おろしわさびを添えます。

## 鯛の引き造りと白魚

●一一八頁参照

■材料〈四人分〉

鯛の上身……200g　白魚……40尾

＊けんとつま(干し若布5g　赤糸海苔少々　花穂じそ4本　大葉4枚)

すだち……2個　わさび……適宜

■作り方

1鯛は皮つきの上身の皮を引き、ひとり三切れの引き造りにします。白魚は形の揃ったものを用意します。

2若布は水で戻して笊に入れ、熱湯を回しかけて冷水にとり、水気を絞って筋を除き、細く切っておきます。赤糸海苔は、水を二～三度換えながら塩気をほどよく抜いておきます。

【盛りつけ】

器の奥中央に若布のけんを置き、大葉を立てかけて鯛の造り身、右寄り前に白魚を揃えて盛り合わせ、花穂じそと二つに切ったすだちをあしらい、おろしわさびを添えます。

## 鮭の温燻《おんくん》砧《きぬた》巻き

●一一九頁参照

■材料〈四人分〉

鮭の温燻……200g　大根……13cm長さ

絹さや……10枚　塩……適宜

大葉……8枚　わさび……適宜

＊つけ醤油(合わせ酢(味醂1/4カップ　酢大匙2　だし汁大匙1　薄口醤油

少々》

■作り方

1 温燻は皮を引いて7～8㎜角の拍子木に切っておきます。大根は厚めのかつらにむき、20㎝長さのものを2枚作って塩水につけ、しんなりとさせて水気を拭きます。絹さやは筋を取って繊《せん》切りにし、振り洗いをして中の豆を取り除き、塩を少量加えた熱湯でさっと茹でて水に放し、揃えて水気を絞ります。

2 巻き簀を広げてラップを重ね、大根の砧を縦長に広げて温燻を並べ、絹さやを芯にして手前から巻き、ラップで巻き止めて巻き簀で締め、これを二本作って冷蔵庫で落ち着かせたのち、ひとり二切れに切ってラップをはずします。

3 つけ醤油には合わせ酢を用意します。分量の調味料を合わせてひと煮立ちさせ、冷ましておきます。

【盛りつけ】

器に大葉二枚をずらし気味に重ねて敷き、温燻の砧巻きを盛り込んでおろしわさびを添え、合わせ酢を別器で添えます。

## 生だこのそぎ造り 黄身そぼろかけ

●一一九頁参照

■材料〈四人分〉

生だこの脚1杯分　車海老……4尾

塩……適宜　黄身そぼろ大匙4

＊つま類（赤芽適宜　大葉8枚）

わさび……適宜

■作り方

1 生だこの脚は塩をふり、しごくようにもんで水洗いをして、これを二～三度繰り返してぬるを洗い落としたのち、皮に縦の庖丁目を入れ、庖丁をねかせて皮を引き、ひとりあて五枚のそぎ切りにします。

2 車海老は背わたを抜き、塩を少量加えた熱湯で茹でて笊にとり、頭と尾を落として胴の殻をむきます。

【盛りつけ】

器に大葉二枚をずらし気味に重ねて敷き、たこのそぎ身を重ね盛りにして、右脇に車海老を盛り、たこの上に黄身そぼろをかけ、赤芽とおろしわさびを添えます。つけ醤油に合わせ酢を添えます。

## 京人参の甘鯛巻き

●一一九頁参照

■材料〈四人分〉

甘鯛の上身…片身　京人参……½本

菊花……12輪　絹さや……20枚

塩……適宜　酢……適宜

＊つま類（花穂じそ4本　大葉4枚）

わさび……適宜

■作り方

1 甘鯛は三枚におろした上身の皮を引き、12～13㎝幅に切って厚みを平均に開き、薄塩をふって10分ほどおきます。

2 京人参は5㎝長さ、マッチ棒よりやや太めの細切りにして茹で、菊花は酢を少量加えた熱湯で茹で、水にさらしてきつく絞り、がくを取っておきます。絹さやは筋を取って繊《せん》切りにし、振り洗いをして豆を除き、塩茹でをします。

3 巻き簀を広げてラップを重ね、甘鯛の水気を拭いて13㎝幅・20㎝長さに整えて広げ、京人参、菊花、絹さやを芯にして巻き、ラップで巻き止めて巻き簀で締め、これを二本作って冷蔵庫で2～3時間落ち着かせ、ひとり二切れに切り分けてラップをはずします。

【盛りつけ】

器に大葉を敷いて甘鯛巻きを盛り込み、花穂じそをあしらっておろしわさびを添え、別器で合わせ酢をお出しします。

## 烏《い》賊《か》の磯辺巻き、鮪引き造り

●一一九頁参照

■材料〈四人分〉

するめ烏賊のおろし身……2杯分

鮪の中トロ…1冊《さく》　焼き海苔……2枚

＊つま類（花穂じそ4本　大葉4枚）

わさび……適宜

■作り方

1 するめ烏賊は皮を丁寧にむき、皮面に縦5㎜間隔の浅い切り目を入れ、焼き海苔を広げて烏賊の切り目側を下にして重ね、手前からきっちりと巻きます。上から巻き簀で巻いて海苔を落ち着かせ、これを二本作ってひとりあて二切れの、ほどよい厚さに切ります。

2 鮪は冊取りにしたものを用意し、ひとり二切れの引き造りにします。

【盛りつけ】

器に大葉を敷き、烏賊の磯辺巻きを盛って手前に鮪を盛り合わせ、花穂じそを

### より人参、よりうど（飾り切り）

◉人参、うどはそれぞれ5㎝長さに切ってかつらむきにし、俎板に広げて繊維を斜めに5㎜幅に切り揃えます。冷水に放してよりのつくのを待つか、または竹串に巻いてクセをつけ、水気をきります。

◉胡瓜も同要領でより、いずれも刺身や生造りの料理にあしらいます。

### 切り違いうど、胡瓜（飾り切り）

◉うどを4～5㎝長さに切って皮をむき、横にして中央に小刀を刺し、そのまま別の庖丁で片側中央に、庖丁を小刀に垂直に下して斜めに切り、半回転させた側も同様に切り、小刀を抜き、二つに離します。

◉胡瓜やちしゃのとうにも応用。古くは〝切りたがえ〟と呼ばれていた切り方です。

### 黄身そぼろ

茹で卵黄（固茹でのもの）適宜　塩少々

茹で卵黄を裏漉してアルミのバットに受け、塩を少量加えて長めの竹串でこねないように混ぜて広げます。石綿つきの焼き網で直火を隔て、レンガを置いてバットをのせ、弱火にして竹串で混ぜ返しながら、焦がさないように乾くまで煎ります。冷めたら瓶に詰め、常備します。

あしらっておろしわさびを添えます。別器で醤油をお出しします。

## 甘海老の甘鯛巻き、生だこの黄身松笠

●二一九頁参照

■**材料**〈四人分〉
甘海老……20尾　甘鯛のひと塩350g
水前寺海苔…適宜　生だこの脚…2本
塩………適宜　卵黄………適宜
大葉………4枚　わさび………適宜

■**作り方**

1 甘海老は殻をすべてむき取ります。甘鯛は庖丁を入れて薄く開いておき、塩気をみて、強い場合は1カップの水に⅓カップの酒を合わせた中につけて、塩気を抜きます。水前寺海苔は水で戻し、太めの繊切りにしておきます。

2 巻き簀を広げてラップを重ね、甘鯛を13cm幅・20cm長さに整えて広げ、甘海老と水前寺海苔を棒状に揃えてのせ、手前から巻いてラップで巻き止め、巻き簀で締めて冷蔵庫に2～3時間おき、落ち着かせてひと切り二切れに切り、ラップをはずします。

3 生だこの脚は塩でもんで水洗いし、二～三度これを繰り返してぬるを取り、皮を引いて3cm長さほどのそぎ切りにします。表面に深めの切り込みを入れ、金串に刺して薄塩をふり、強火の遠火で焦がさないように焼き、八分どおり火が通ったら溶いた卵黄を刷毛でぬり、あぶって乾かしたのち、串を抜きます。

【盛りつけ】

器に大葉を敷いて甘海老の甘鯛巻きを盛り、たこの卵黄松笠を前に盛り合わせておろしわさびを添え、別器でつけ醤油の合わせ酢を添えます。

## 蟹と胡瓜の翁《おきな》巻き、活け車海老

●二一九頁参照

■**材料**〈四人分〉
蟹の身……300g　胡瓜………1本
白板昆布………20cm長さ・2枚
車海老……8本　塩………適宜
＊昆布の煮汁（だし汁⅓カップ　味醂、酢＝各大匙3　薄口醤油少々）
大葉……8枚　わさび……適宜

■**作り方**

1 蟹は軟骨を取り除き、粗くほぐしておき、白板昆布は煮汁の各調味料を合わせた中で柔らかく煮て、汁気をきっておきます。胡瓜は塩をまぶして板ずりをし、熱湯をくぐらせて冷水にとり、冷まして白板昆布の幅に長さを合わせ、1cm角の拍子木に切ります。

2 巻き簀を広げてラップを重ね、白板昆布を縦長に広げて胡瓜を等間隔に四本のせ、蟹の身をのせて白板昆布できっちりと巻き、ラップで巻き止めて巻き簀で締め、これを二本作って冷蔵庫で落ち着かせ、ひと切り二切れに切ります。

3 車海老は背わたを抜き、頭を落として尾ひと節を残して殻をむき、尾先を熱湯につけて色出しをし、冷水にとって冷まし、水気を拭きます。

【盛りつけ】

器に大葉二枚をずらし気味に重ねて敷き、白板昆布で巻いた翁巻きを盛って前に車海老を盛り合わせ、おろしわさびを添え、別器で合わせ酢をお出しします。

## 大根と宝袋、蛤のおでん

●二二〇頁参照

■**材料**〈四人分〉
大根……12cm長さ　米………ひと握り
宝袋（油揚げ2枚　豚挽き肉80g　白滝½把　よもぎ麩⅓本　鶏卵4個（かんぴょう適宜　塩適宜））
蛤………8個　つみ入れ……4個
いんげん……8本　塩………適宜
＊おでんの煮汁（水13カップ　鰹節50g　昆布40cm長さ　酒½カップ　味醂、塩＝各大匙1　醤油大匙½　砂糖小匙½）＝以下六例とも共通分量割合
溶き辛子……適宜

■**作り方**

1 大根は四つに切り、皮をぐるりとむいて裏面に隠し庖丁を入れ、米をひと握りほど入れた水で茹で、水洗いします。

2 宝袋用の油揚げは半分に切って袋状にし、熱湯を通して油抜きをし、かんぴょうは塩でよくもんで洗っておきます。具の白滝は茹でて水気をきったのち、落とし庖丁を入れて豚挽き肉と混ぜ、よもぎ麩は四つに切り、鶏卵は茹でて殻をむき、以上を四等分して油揚げの袋に入れ、口をかんぴょうで結びます。

3 蛤は砂抜きをしたものを用意して二つ打ち合わせ、濁った音のする死貝を除いて殻をきれいに水洗いしておき、つみ入れはそのまま、いんげんは筋を取って塩茹でをし、あおいで冷ましたのち4cm長さに切り揃えます。

4 大きめの鍋に材料別に種を入れて、分量のだし汁と調味料を合わせたおでんの地（煮汁）を張り、煮立てないようにゆっくりと煮込み、味を含ませます。

【盛りつけ】

器はあらかじめ温めておき、大根と宝袋、蛤ほかを形よく盛り込み、青みにいんげんをあしらって汁をほどよく注ぎ入れ、溶き辛子を添えてお出しします。

■**調理覚え書**
●おでんの煮汁は、鍋に分量の水を入れてまず火にかけます。ぬるんできたら鰹節を加え、そのまま静かに煮立てます。しばらく煮立てたのち、汚れを拭いた昆布を加え、二～三度グラッときたら火を止め、鰹節と昆布が鍋底に沈んだら布巾で漉します。この合わせだし汁に分量の酒と味醂、塩、醤油、そして砂糖を加えて味を調え、ひと煮立ちさせたものです。

## 天王寺蕪《かぶ》とたこの脚のおでん

●二二〇頁参照

■**材料**〈四人分〉
天王寺蕪……½個　米………ひと握り
たこの脚（茹でたもの）………4本

こんにゃく……½枚　絹さや……8枚
塩……適宜　溶き辛子……適宜

■作り方

1 天王寺蕪は皮を厚くむいて5cm角・2cm厚さに切り、米を加えた水で柔らかく茹でて水洗いします。たこの脚は足先を切り落としておきます。

2 こんにゃくは1cm弱の厚さに切り、縦中央に切り目を入れて片端をくぐらせ、手綱《たづな》に撚《よ》って茹でておき、絹さやは塩茹でをして笊にとり、冷まします。

3 大きめの鍋に天王寺蕪、たこの脚、手綱こんにゃくを材料ごとに寄せるように入れ、地を張って煮立てないように煮込みます。

【盛りつけ】

器はあらかじめ温めておき、種を形よく盛り合わせて絹さやをあしらい、汁を注いで溶き辛子を添えます。

## ロール白菜と鯛竹輪、海老真蒸《しんじょ》串のおでん

●二一〇頁参照

■材料〈四人分〉
ロール白菜（白菜4枚　豚挽き肉80g　大根40g　白滝½把　椎茸4枚）
鯛竹輪……4本　蕗……1本
海老真蒸串（芝海老350g　卵白、塩、味醂＝各少々）
塩……適宜　溶き辛子……適宜

■作り方

1 まずロール白菜を作ります。白菜は一枚ずつはがして茹で、笊にとって冷ましておき、大根は3cm長さの太めの繊《せん》切りに、白滝は茹でて落とし庖丁をし、椎茸は石づきを取って繊切りにします。以上を豚挽き肉にもみ込むようにして混ぜ、四等分して棒状にまとめます。

2 白菜を縦長に広げ、棒状の挽き肉を手前に横にしておき、ぐるりと巻いて両端を押し込むように包み、筒形のロール白菜を作ります。

3 蕗は鍋に入る長さに切り、塩をまぶして板ずりをし、熱湯で茹でて水にとったのち薄皮をむき、4cm長さに切ります。海老真蒸串の芝海老は、背わたを抜いてむき身にし、細かくたたいてすり鉢ですり、卵白と各調味料を加えてよくすり混ぜ、ひとりあて三個の団子に丸めて煮立てないように茹でます。

4 大きめの鍋に材料ごとに寄せるように種を入れ、地を張って煮立てないように煮込みます。蕗は取り分けた地に浸しておきます。

【盛りつけ】

器は温めておき、ロール白菜ほか、海老真蒸は鉄砲串に三個ずつ刺して、それぞれ盛り合わせ、蕗をあしらって汁を注ぎ、溶き辛子を添えてお出しします。

## 焼き豆腐と鯛竹輪、小烏賊《いか》串のおでん

●二一〇頁参照

■材料〈四人分〉
焼き豆腐……1丁　鯛竹輪……4本
小烏賊……4尾　貝割れ菜1パック
溶き辛子……適宜

■作り方

1 焼き豆腐は一丁を四つに、鯛竹輪は斜め半分にそれぞれ切り分けます。小烏賊は軟骨を抜いて、熱湯にさっとくぐらせておき、貝割れ菜は豆ガラを取り除き、根元部分を持って熱湯にくぐらせ、手早く冷まして根元に落とします。

2 大きめの鍋に材料ごとに寄せるように種を入れ、地を張って煮立てないように煮込みます。地を少量取り分けて貝割れ菜を浸しておきます。

【盛りつけ】

器は温めておき、小烏賊は結び串に形よく刺して他の種とともに盛り合わせ、貝割れ菜をあしらって汁を注ぎ入れ、溶き辛子を添えます。

## 信田巻きとすじ、こんにゃくのおでん

●二一〇頁参照

■材料〈四人分〉
信田巻き（油揚げ2枚　豚挽き肉80g　白滝½把　よもぎ麩⅓本　鶉卵4個《かんぴょう適宜　塩適宜》）
すじ……8cm長さ　こんにゃく……½枚
菜の花……8本　塩……適宜
溶き辛子……適宜

■作り方

1 信田巻きは、油揚げを半分に切って袋状にし、熱湯を通して油抜きをし、かんぴょうは塩でよくもんで洗っておきます。白滝は茹でて水気をきったのち、落とし庖丁を入れて豚挽き肉と混ぜ、よもぎ麩は四つに切り、鶉卵は茹でて殻をむき、以上を四等分して油揚げの袋にやや横長の枕形に詰め、かんぴょうで二カ所ほど結び止めます。

2 すじは2cm厚さほどに切り、こんにゃくは茹でて三角に切っておきます。菜の花は塩を少量加えた熱湯で茹で、水にとって冷まし、花先を切り揃えてきつく絞ります。

3 大きめの鍋に材料ごとに寄せるように種を入れ、地を張って煮立てないように煮込みます。地を少量取り分けて菜の花を浸しておきます。

【盛りつけ】

器は温めておき、こんにゃくは結び串に刺して他の種とともに盛り合わせ、菜の花をあしらって汁を注ぎ入れ、溶き辛子を添えます。

## ロールキャベツと飛竜頭《ひりょうず》ほかのおでん

●二一〇頁参照

■材料〈四人分〉
ロールキャベツ（キャベツ4枚　豚挽き肉80g　大根40g　白滝½把　椎茸4枚）
車海老……4尾　飛竜頭……8個
菊花……4輪　酢……適宜
溶き辛子……適宜

■作り方

1 ロールキャベツは、キャベツを一枚ずつはがして茹で、笊にとって冷まして

おきます。大根は3cm長さの太めの繊《せん》切りに、白滝は茹でて落とし庖丁をし、椎茸は石づきを取って繊切りにしたのち、三種を豚挽き肉にもみ込むように混ぜ、四等分して棒状にまとめます。

2 キャベツを広げて棒状の挽き肉を手前に横にしておき、ぐるりと巻いて両端を押し込むように包み、筒形のロールキャベツを作ります。

3 車海老は背わたを抜き、背に縦に庖丁目を入れます。飛竜頭は笊に入れて熱湯を回しかけ、油抜きをします。菊花は酢を少量落とした熱湯で茹で、水でさらしてきつく絞り、がくを取ります。

4 大きめの鍋に菊花を除いて材料ごとに寄せるように種を入れ、地を張って煮立てないように煮込みます。

【盛りつけ】

器は温めておき、ロールキャベツと海老、飛竜頭を盛り合わせ、菊花をあしらって溶き辛子を添えます。

## 天王寺蕪《かぶ》と揚げボール串のおでん

●二一〇頁参照

■**材料**〈四人分〉

天王寺蕪……½個　米……ひと握り

揚げボール…8個　牛バラ肉……300g

わけぎ……3本　塩……少々

溶き辛子……適宜

■**作り方**

1 天王寺蕪は皮を厚くむいて5cm角・2cm厚さに切り、米を加えた水で柔らかく茹でて水洗いします。揚げボールは笊に入れ、熱湯を回しかけて油抜きをします。

2 牛バラ肉は塊《かたまり》を用意して四等分し、たっぷりの水とともに鍋に入れて火にかけ、煮立ってきたらアクと脂を丁寧に取り除きながら、柔らかく茹でます。わけぎは長いまま、塩を少量加えた熱湯で茹でて笊に取り、冷まして4cm長さに切っておきます。

3 大きめの鍋にわけぎを除いて材料ごとに寄せるように種を入れ、地を張って煮立てないように煮込みます。

【盛りつけ】

器は温めておき、揚げボールは二個ずつを鉄砲串に刺して他の種とともに盛り合わせ、わけぎをあしらって汁を注ぎ入れ、溶き辛子は添えてお出しします。

## 筍と飛《ひ》竜《りょう》頭《ず》の炊き合わせ

●二一一頁参照

■**材料**〈四人分〉

筍(小)……4本　蕗……2本

飛竜頭(豆腐½丁　卵白⅓個分　芝海老100g)

塩……適宜　揚げ油……適宜

＊煮汁(だし汁4カップ　味醂½カップ　白醤油大匙3.5)

吉野あん……適宜　溶き辛子……適宜

■**作り方**

1 筍は茹でたものを用意して穂先の柔らかいところだけを使い、縦半分に切ります。蕗は鍋に入る長さに切り、塩をまぶして板ずりをし、たっぷりの熱湯で茹でて水にさらし、皮をむいて4～5cm長さに切ります。煮汁のだし汁に調味料を合わせ、ひと煮立ちさせて半量ずつに分け、片方で筍を煮、この煮汁を取り分けて蕗を浸しておきます。

2 飛竜頭の豆腐は布巾に包んで巻き簀ではさみ、俎《まな》板二枚にはさんで重さが半分になるまで水きりをしたのち、裏漉しをしてすり鉢ですり、卵白を加えてさらにすり混ぜます。これに、芝海老の背わたを取ってむき身にし、細かくたたいたものを加え混ぜ、四等分してやや平たく丸め、高温に熱した揚げ油で色よく揚げて飛竜頭を仕上げ、分けた半量の煮汁で煮含めます。別に吉野あんを用意します。

【盛りつけ】

蓋つきの器、ここでは食籠《じきろう》に筍と飛竜頭、蕗を盛り合わせて吉野あんをかけ、溶き辛子を落とします。

## 海老芋と鯛の子の炊き合わせ

●二一一頁参照

■**材料**〈四人分〉

海老芋……2本　酢……少々

鯛の子……2腹　ほうれん草…½把

塩……適宜

＊海老芋の煮汁(だし汁2カップ　味醂¼カップ　白醤油大匙2)

＊鯛の子の煮汁(だし汁2カップ　味醂、白醤油＝各¼カップ　砂糖大匙1)

吉野あん……適宜　溶き辛子……適宜

■**作り方**

1 海老芋は2cm厚さに切って皮をぐるむきにし、酢を少量加えて水から茹でます。途中二度ほど水を換えながら茹で上げ、筒抜きで蛇の目形に抜いて、煮汁のだし汁と調味料を合わせた中で煮含めます。

2 鯛の子は、水を入れたボウルの中で竹串を使って血の筋を取り除いたのち、縦に浅い庖丁目を入れ、二～三つに切ります。鍋に煮汁のだし汁と調味料を合わせ、ひと煮立ちしたら弱火にして鯛の子を入れ、静かに煮含めます。

3 ほうれん草は塩を少量加えた熱湯で茹で、水にさらして手早く冷まし、揃えてきつく絞ったのち、5cm長さに切ります。別に吉野あんを用意します。

【盛りつけ】

器に海老芋と鯛の子を盛り、ほうれん草を添えて吉野あんをかけ、溶き辛子を落とします。

## 海老芋と筍、小だこの炊き合わせ

●二一一頁参照

■**材料**〈四人分〉

海老芋……2本　茹で筍(中)…1本

茹で小だこ…1杯　酢……少々

＊煮汁(だし汁4カップ　味醂½カップ　白醤油大匙3.5)

＊小だこの煮汁（酒1/3カップ　味醂大匙5　薄口醤油大匙2.5）
つくし……20本　重曹……適宜
木の芽……12枚　吉野あん……適宜

■作り方

1 海老芋は皮をむいて2cm弱の厚さの半月に切り、酢を少量加えて水から茹で、途中二度ほど水を換えながら茹で上げ、筍も、茹でたものを2cm弱厚さの半月に切ります。鍋に煮汁のだし汁と調味料を合わせ、ひと煮立ちさせて二鍋に分け、海老芋と筍を別々に煮含めます。

2 小だこは茹でたものを用意し、脚を一本ずつ切り離して足先を切り落としたのち、たっぷりの水とともに鍋に入れ、ひと煮立ちしたらアクを引き、分量の酒を加えて中火にし、柔らかくなるまで煮て味醂と醤油を加え、ひと煮立ちさせて火を止め、そのまま冷まして味を含ませます。

3 つくしは袴《はかま》を取り、重曹を少量加えた熱湯で茹でて水にとり、よくさらして水気をきります。別に吉野あんを用意します。

【盛りつけ】

器に海老芋と筍、たこを形よく盛り合わせ、つくしをあしらって吉野あんをかけ、木の芽を天にのせます。

## 筍と車海老、菜の花の炊き合わせ

●二一一頁参照

■材料〈四人分〉

筍（中）……2本　車海老……12尾
菜の花……12本　塩……適宜
＊筍の下茹で用（米糠、赤唐辛子＝各適宜）
＊煮汁（だし汁4カップ　味醂1/2カップ　白醤油大匙3.5）
木の芽……20枚　吉野あん……適宜

■作り方

1 皮つきの筍はたわしで土を洗い落とし、穂先を斜めに切り落とします。姫皮を傷つけないように縦に庖丁を入れ、鍋にたっぷりの水、米糠、傷のついていない赤唐辛子を入れて強火にかけます。根元に細い竹串を刺してみて、すっと通るくらいまで茹でて火を止め、そのまま冷まします。鍋ごと流水にあてて水を取り換え、皮をむいて割り箸で根元の凹凸を磨き（身欠き）ます。

2 茹でた筍は1cm厚さの輪切りに、車海老は背わたを抜き、塩を少量加えた熱湯で茹でて頭と尾を落とし、胴の殻をむいておきます。鍋に煮汁のだし汁と調味料を合わせてひと煮立ちさせ、1/4量を別鍋に取り分けて車海老を入れ、煮立ちはじめたら火を止めて、そのまま味を含ませます。残り3/4量の煮汁で筍をじっくりと煮含めます。

3 菜の花は塩茹でをして水に放し、冷ましてきつく絞り、花先をつみ取って揃えます。別に吉野あんを用意します。

【盛りつけ】

器に筍と車海老を盛り合わせ、菜の花をあしらって吉野あんをかけ、天に木の芽をのせてお出しします。

## 京人参とじゃが薯、海老真《しん》蒸《じょ》の炊き合わせ

●二一一頁参照

■材料〈四人分〉

京人参……1本　じゃが薯……4個
椎茸……2枚
海老真蒸（芝海老のむき身200g　卵白1/2個分　味醂大匙1　塩少々）
＊煮汁（だし汁4カップ　味醂1/2カップ　白醤油大匙3.5）
木の芽……8枚　吉野あん……適宜

■作り方

1 京人参とじゃが薯は、それぞれ2cm角・6cm長さの拍子木に切り、別々に茹でておき、椎茸は石づきを取って汚れを拭き、二つに切ります。

2 海老真蒸の芝海老は背わたを取り、むき身にしたものを細かくたたき、すり鉢ですって卵白と味醂、塩を加えてさらによくすり、ひとりあて三個の団子に軽く丸めておきます。

3 鍋に煮汁のだし汁と調味料を合わせて三つに分け、京人参とじゃが薯、椎茸、海老真蒸を、それぞれ別々に煮ます。別に吉野あんを用意しておきます。

【盛りつけ】

器に京人参とじゃが薯を揃えて盛り、手前に海老真蒸と椎茸を盛り合わせて吉野あんをかけ、木の芽をのせます。

■調理覚え書

●人参は市場で主流の短根《みじかね》系の西洋種と、京人参、金時人参の名で呼ばれる緋《ひ》色の美しい東洋種があり、本来、旬は冬です。

### 筍の茹で方

筍（中）2本　米糠1カップ　赤唐辛子3本

皮つき筍を洗って穂先を斜めに落とし、姫皮をできるだけ傷つけずに縦に庖丁を入れます。鍋にたっぷりの水と糠、赤唐辛子とともに入れ、強火で、根元に竹串がスッと通るまで茹でてそのまま冷まし、鍋ごと流水にあててよく洗い、皮をむいて割り箸で根元の凹凸を身欠きます。

### 炊き合わせと煮合わせ

◉〝煮もの〟の料理名によく見られる二つです。本来、献立中ただひとつ混ぜ合わせの旨みを味わう料理が煮もの。材料別に煮て保存し、使う分だけ温めて合わせ盛りにするのは、今日的営業効率が生み出した便法です。従って二つに煮方の違いはなく、〝炊（焚）く〟は〝煮る〟の関西言葉であり、趣向的に扱ってよいものです。

### 八方地（八方だし地）

だし汁8：味醂1：醤油1の割合分量

だし汁を煮立て、味醂と醤油を加えます。◉どんな料理にも—八方に—使えるという意味の、基本的合わせ調味料。ただし、醤油を薄口にした薄八方、味醂を多くしたり、砂糖を加えた甘八方、だし汁の1/4量の酒を加えた酒八方など、料理によって、また料理人によっても変わります。

## 天王寺蕪と小鯛の炊き合わせ

●一一二頁参照

■材料〈四人分〉

天王寺蕪……1個　米のとぎ汁…適宜
小鯛………4尾　わらび………8本
重曹………少々
＊煮汁(だし汁4カップ　味醂½カップ　白醤油大匙3.5)
木の芽……8枚　吉野あん……適宜

■作り方

1 天王寺蕪は皮を厚くむいて4cm角に切り、米のとぎ汁で茹でるか、米をひと握りほど加えて柔らかく茹でて、水でよく洗います。

2 小鯛は鱗《うろこ》を引いて三枚におろし、腹骨をすき取って小骨もきれいに抜き、皮つきの上身に整えます。

3 鍋に煮汁のだし汁と調味料を合わせて二等分し、天王寺蕪と小鯛を別々に煮含めます。

4 わらびはボウルに入れて重曹をふりかけ、たっぷりの熱湯をかけてそのままひと晩おき、よく水にさらして茹でておき、蕪の煮汁にしばらく浸します。

別に吉野あんを用意します。

【盛りつけ】

器に天王寺蕪を盛って小鯛を天にのせ、鍵わらびをあしらって吉野あんをかけ、木の芽をのせます。

■調理覚え書

●大型蕪は米のとぎ汁・米粒によらず、たっぷりの水量で下茹でするのがコツです。

## 牡蠣《かき》と豆腐のちり蒸し

●一一三頁参照

■材料〈四人分〉

豆腐………2丁　牡蠣《かき》………16粒
三つ葉……適宜　塩…………適宜
＊牡蠣の下煮用(酒醤油《酒、醤油＝各大匙3》)
＊吉野あん（だし汁1カップ　味醂¼カップ　薄口醤油大匙2　片栗粉大匙1）
わさび……適宜

■作り方

1 豆腐は一丁を二つに切り、布巾にのせて水気を軽く取っておきます。牡蠣は笊に入れ、塩水の中で残り殻やゴミを指先でさぐり取って洗い、水気をきってさっと熱湯を通し、酒醤油で煮すぎないように軽く煮て汁気をきります。

2 三つ葉は塩を少量落とした熱湯でさっと茹で、水に放してきつく絞り、4cm長さに切り揃えます。

3 器に豆腐を盛って蒸し器に入れ、12～13分蒸して牡蠣をのせ、さらに7～8分蒸します。鍋に吉野あんのだし汁と調味料を合わせてよくかき混ぜ、弱火にかけてとろみがつくまで混ぜて仕上げます。

【盛りつけ】

蒸し上がった豆腐と牡蠣に吉野あんをかけ、三つ葉をあしらっておろしわさびを天にのせ、蓋をしてお出しします。

## 鶏そぼろと豆腐のちり蒸し

●一一三頁参照

■材料〈四人分〉

豆腐………2丁　あさつき……¼把
吉野そぼろ（鶏もも肉1枚　だし汁1カップ　味醂¼カップ　薄口醤油大匙2　片栗粉少々）
柚子………適宜

■作り方

1 豆腐は一丁を二つに切り、布巾にのせて水気を軽く取っておきます。吉野そぼろは、鶏もも肉の皮と脂を取り除いて5mm角に刻み、鍋にだし汁と調味料を合わせた中に入れて火にかけ、箸五～六本で混ぜながら火を通し、仕上げに水溶きの片栗粉を加えてとろみをつけます。

2 あさつきを小口切りにしておきます。器に豆腐を盛って蒸し気に入れ、20分ほど蒸します。

【盛りつけ】

蒸し上がった豆腐に吉野そぼろをかけ、あさつきを散らしてへぎ柚子を天にのせます。

## 帆立貝柱と豆腐のちり蒸し

●一一三頁参照

■材料〈四人分〉

豆腐………2丁　帆立の貝柱…4個
糸三つ葉……2把　塩…………適宜
＊帆立の下味（酒塩《酒大匙3　塩小匙½》）
＊吉野あん（だし汁1カップ　味醂¼カップ　薄口醤油大匙2　片栗粉大匙1）

■作り方

1 豆腐は一丁を二つに切り、布巾にのせて水気を軽く取っておきます。帆立の貝柱は酒塩に10分ほどつけます。糸三つ葉はさっと塩茹でにし、水に放してきつく絞り、4cm長さに切り揃えます。

2 器に豆腐を盛って蒸し器に入れ、12～13分蒸して帆立をのせ、さらに7～8分蒸し上げます。鍋に吉野あんのだし汁と調味料を合わせてよくかき混ぜ、弱火にかけてとろみがつくまで混ぜて仕上げます。

【盛りつけ】

蒸し上がった豆腐と帆立に吉野あんをかけ、糸三つ葉をあしらいます。

## 穴子と豆腐のちり蒸し

●一一三頁参照

■材料〈四人分〉

豆腐………2丁
穴子の開いたもの(小)………2本
あさつき……⅓把　塩…………適宜
＊穴子の焼きだれ（味醂、醤油＝各1カップ）
吉野あん……適宜　柚子………適宜

■作り方

1豆腐は一丁を二つに切り、布巾にのせて水気を軽く取っておきます。穴子は庖丁の刃先でぬめりを軽くしごき取り、金串に刺して強火の遠火で白焼きにしたのち、味醂と醤油を合わせて三割方煮つめた焼きだれを、二〜三度かけてはあぶり、これをくり返して焼き上げ、熱いうちに串を抜いて一本を二つに切ります。

2あさつきは、塩を少量落とした熱湯で茹でて笊にとり、冷まして4cm長さに切ります。器に豆腐を盛って蒸し器に入れ、12〜13分蒸して穴子をのせ、さらに7〜8分蒸します。吉野あんを用意しておきます。

【盛りつけ】

蒸し上がった豆腐と穴子にあさつきをのせ、吉野あんをかけてへぎ柚子を天に添えます。

## 鯛と豆腐のちり蒸し

●一二二頁参照

■材料〈四人分〉

豆腐……2丁　鯛の上身……180g
あさつき……1/4把　塩……適宜
吉野あん……適宜　わさび……適宜

■作り方

1豆腐は一丁を二つに切り、布巾にのせて水気を軽く取っておきます。鯛は皮つきの上身を用意して四切れに切り、薄塩をふって20分ほどおき、あさつきは塩を少量加えた熱湯で茹で、笊にとって冷まし、1cmほどの小口切りにして水気を絞ります。

2器に豆腐を盛り、水気を拭いた鯛をのせて蒸し器に入れ、20分ほど蒸します。吉野あんを用意しておきます。

【盛りつけ】

蒸し上がった豆腐と鯛に吉野あんをたっぷりとかけ、あさつきをあしらい、おろしわさびを天にのせます。

## 車海老と豆腐のちり蒸し

●一二二頁参照

■材料〈四人分〉

豆腐……2丁　車海老……4尾
しめじ…1パック　千石豆……8枚
塩……適宜
*車海老の下味（酒塩《酒大匙3　塩小匙1/2》）
吉野あん……適宜

■作り方

1豆腐は一丁を二つに切り、布巾にのせて水気を軽く取っておきます。車海老は背わたを抜いて尾ひと節を残して殻をむき、酒塩に10分ほどつけておき、しめじは石づきを落とし、二〜三本ずつの小房に分けておきます。千石豆は塩を少量加えた熱湯で茹で、あおいで冷ましたのち、成り口を切り揃えます。

2器に豆腐を盛ってしめじ、車海老をのせ、蒸し器に入れて20分ほど蒸します。吉野あんを用意しておきます。

【盛りつけ】

蒸し上がった豆腐と車海老、しめじに吉野あんをかけ、千石豆をあしらいます。

## 蟹と豆腐のちり蒸し

●一二三頁参照

■材料〈四人分〉

豆腐……2丁　蟹の身……120g
菊花……6輪　酢……適宜
*蟹の下味（酒塩《酒大匙3　塩小匙1/3》）
吉野あん……適宜　わさび……適宜

■作り方

1豆腐は一丁を二つに切り、布巾にのせて水気を軽く取っておきます。蟹の身は軟骨を抜いて酒塩で洗い、菊花は酢を少量落とした熱湯で茹で、水にさらしてきつく絞り、むしっておきます。

2器に豆腐を盛って蟹をのせ、蒸し器で20分ほど蒸します。別に吉野あんを用意しておきます。

【盛りつけ】

蒸し上がった豆腐と蟹に菊花を散らし、吉野あんをたっぷりとかけて天におろしわさびをのせます。

## 雲丹と豆腐のちり蒸し

●一二三頁参照

■材料〈四人分〉

豆腐……2丁　生雲丹……100g
あさつき……1/3把　塩……適宜
*吉野あん（だし汁1カップ　味醂1/4カップ　薄口醤油大匙2　片栗粉大匙1）

■作り方

1豆腐は一丁を二つに切り、布巾にのせて水気を軽く取っておきます。雲丹は色のよいものを用意し、あさつきは塩を少量落とした熱湯にさっとくぐらせる程度に茹で、水にとって色出しをし、水気をきっておきます。

2器に豆腐を盛って雲丹をのせ、蒸し器に入れて20分ほど蒸します。鍋に吉野あんのだし汁と調味料を合わせてよくかき混ぜ、弱火にかけてとろみがつくまで混ぜて、用意しておきます。

【盛りつけ】

蒸し上がった豆腐と雲丹の天にあさつきをのせ、吉野あんをたっぷりとかけて蓋をしてお出しします。

## 鯛の黄身焼き

●一二四頁参照

■材料〈四人分〉

鯛……4尾　塩……適宜
卵黄……2個　酢取り生姜…4本
すだち……2個　柚子皮……適宜
*（もみじの小枝適宜）

■作り方

1鯛は、活け造りの場合と同様に中骨に頭と胸びれ、腹びれをつけたまま三枚におろしたのち、上身は皮つきのままひと口大よりやや大きめに切り、薄く塩をふって5〜6分おきます。

2頭つきの中骨は姿のままに金串を打ち、焦がさないように焼きます。身は水気を拭いて金串を打ち、強火の遠火で焼いて仕上げに溶いた卵黄を身側にぬり、乾かすようにあぶって金串を抜きます。

酢取り生姜は杵形に整え、すだちは半分に切ります。

【盛りつけ】

平皿にもみじの小枝を置き、焼いた姿の中骨をのせて黄身焼きを盛り上げ、おろし柚子を散らしてすだち、杵生姜を添えます。

## 鯛の雲丹焼き

●二二四頁参照

■**材料**〈四人分〉

鯛……………4尾　塩…………適宜

＊雲丹衣（練り雲丹大匙2　卵黄1個）

栗の甘露煮（市販品）…………8個

＊《笹の葉12枚》

■**作り方**

鯛は活け造りの要領で三枚におろし、上身はひと口大よりやや大きめに切って薄塩をあて、5～6分おきます。頭つきの中骨は姿のまま金串を打って焼きます。身は水気を拭いて金串を打ち、強火の遠火で白焼きをしたのち、練り雲丹と卵黄を溶き混ぜた雲丹衣を身側にぬり、乾かすようにあぶって金串を抜きます。栗の甘露煮は市販品を用い、軽く汁気をきります。

【盛りつけ】

平皿に笹の葉を敷き、焼いた姿の中骨を置いて雲丹焼きを盛り上げ、栗の甘露煮をあしらいます。

■**調理覚え書**

●雲丹衣の練り雲丹は、塩気の強いもの、着色料を多く使ったものは避けます。生雲丹を使う場合は裏漉しをして使います。

## 鯛の照り焼き

●二二四頁参照

■**材料**〈四人分〉

鯛……………4尾　菊花…………12輪

オクラ………8本　酢…………適宜

塩……………適宜

＊焼きだれ（醤油、味醂＝各大匙3　砂糖少々）

＊菊花用甘酢（酢、味醂＝各大匙5　塩少々）

＊《裏白4枚》

■**作り方**

1 鯛は活け造りの要領で三枚におろし、上身はひと口大よりやや大きめに切ります。頭つきの中骨は姿のまま金串を打って焼き、身も金串を打って七分どおり焼いたのち、焼きだれを二～三度かけてはあぶり焼きにして仕上げ、金串を抜きます。

2 菊花は酢を少量加えた熱湯で茹で、水にさらしてきつく絞ったのち、甘酢につけます。オクラは塩でもんで熱湯で茹で、水にとって水気をきり、へたを切り落とします。

【盛りつけ】

平皿に裏白を敷き、焼いた姿の中骨を置いて照り焼きを盛り上げ、汁気を絞った菊花と、茹でオクラを添えます。

## 鰈《かれい》の嫁菜焼き

●二二四頁参照

■**材料**〈四人分〉

目板鰈………4尾

＊下味（酒大匙3　醤油少々　塩小匙1/3）

嫁菜またはパセリ……………適宜

酢取り生姜…4本　サラダ菜……4枚

■**作り方**

1 鰈は鱗を引いてわたとえらを取り、骨に傷をつけないように五枚おろしにしたのち、上身は皮を引いて下味の合わせ調味料に5～6分つけます。嫁菜は葉をみじん切りにして水でさらし、（パセリの場合も同要領）きつく絞ります。

2 姿の中骨は金串を打って焦がさないように焼きます。身は汁気を軽く拭き、金串を打って焼き上げます。酢取り生姜は短い杵形に整えておきます。

【盛りつけ】

平皿にサラダ菜を敷いて姿の中骨を置き、焼いた身を形よく盛って嫁菜を散らし、上に杵生姜をあしらいます。

■**調理覚え書**

●嫁菜はキク科の多年草。その若菜は春の摘み草として知られ、また正月のおひたしはまだ5cmほどの芽出しが使われて、献立には若菜と書かれます。小松菜の若いものと混同されがちですが、こちらはアブラナの類。嫁菜はキク科で秋になると薄紫色の花をつけ、一般に野菊と称しているものです。おひたしのほか、煮ものの彩りに上置きにしたり、茹でずに刺身の棲《つま》や、吸いものの青みなどに使います。ここでは焼きものの彩りにしましたが、手に入りにくい場合、ここはパセリを代用されるとよいでしょう。

●おひたしの場合はさっと塩茹でをし、水にさらして絞り、ひたし汁につけます。

## 鰈のあさつき焼き

●二二四頁参照

■**材料**〈四人分〉

目板鰈………4尾　あさつき……1/2把

＊下味（酒大匙3　醤油少々　塩小匙1/3）

花丸胡瓜……12本　酢取り生姜…4本

＊《柿の照り葉4枚》

■**作り方**

1 鰈は骨に傷をつけないように皮を引いて合わせ調味料に5～6分つけます。姿の中骨は金串を打って焼き、身は汁気を軽く拭いて金串を打って焼き、いずれも熱いうちに金串を抜きます。

2 あさつきは小口切りにし、酢取り生姜は杵形に整えておきます。

【盛りつけ】

平皿に柿の照り葉を敷いて姿の中骨を置き、焼いた身を盛り上げてあさつきを散らし、上に花丸胡瓜をあしらって杵生姜を添えます。

## 鰈の大葉揚げ

●二二五頁参照

■**材料**〈四人分〉

目板鰈………4尾　小麦粉………適宜

＊揚げ衣（卵1個　冷水2/3カップ　酒大匙4　塩少々　小麦粉1カップ）

大葉…………8枚　揚げ油………適宜

レモン………1/2個　もみじおろし適宜

サラダ菜……8枚

■**作り方**

1 鰈は鱗を引いてわたとえらを取り、骨に傷をつけないように五枚おろしにします。ボウルに揚げ衣用の卵を割りほぐして冷水、各調味料を溶き混ぜ、小麦粉をざっくりと混ぜて衣を作ります。

2 小麦粉をガーゼで包み、中骨と上身の水気を拭いて薄くはたきつけます。中骨は頭と尾を長い竹串で刺して舟形にし、中温よりやや高めに熱した揚げ油で素揚げにし、身の方には衣をつけて縦半分に切った大葉で巻き、中温の揚げ油で揚げます。レモンは櫛形に切り、もみじおろしを用意しておきます。

【盛りつけ】

平皿にサラダ菜を敷き、舟形の中骨を置いて大葉揚げを形よく盛り上げ、もみじおろしとレモンを添えます。

## 鰈の雲丹揚げ

●一一五頁参照

■材料〈四人分〉

目板鰈……4尾　小麦粉……適宜

*揚げ衣（雲丹衣《練り雲丹大匙2　卵黄1個　冷水大匙3　酒大匙2　小麦粉大匙3》）

オクラ……4本　塩……適宜

もみじおろし適宜

*《裏白4枚》

■作り方

1 鰈は骨に傷をつけないように五枚おろしにします。揚げ衣はボウルに練り雲丹と卵黄をよく溶き混ぜ、冷水ほかを加えて雲丹衣を作ります。

2 小麦粉をガーゼで包み、中骨と上身の水気を拭いて薄くはたいたのち、中骨は長い竹串を舟形に打ち、中温よりやや高めに熱した揚げ油で素揚げにします。身の方は雲丹衣をつけ、中温の揚げ油で揚げて油をきります。オクラは塩でもんで熱湯で茹で、水にとって水気をきり、へたを切り落とします。

【盛りつけ】

平皿に裏白を敷き、舟形の中骨を置いて雲丹衣揚げを盛り上げ、オクラともみじおろしを添えます。

## 鰈のパセリ揚げ

●一一五頁参照

■材料〈四人分〉

目板鰈……4尾　小麦粉……適宜

*揚げ衣（卵1個　冷水⅔カップ　酒大匙4　塩少々　小麦粉1カップ《パセリのみじん切り適宜》）

銀杏……12粒　揚げ油……適宜

塩……適宜　菊花……8輪

酢……適宜　もみじろし適宜

*《柿の照り葉4枚》

■作り方

1 鰈は骨に傷をつけないように五枚おろしにします。揚げ油はボウルに卵を割りほぐして冷水、各調味料を溶き混ぜ、小麦粉をざっくりと混ぜて衣を作り、パセリのみじん切りを水にさらし、きつく絞っておきます。

2 小麦粉をガーゼで包み、中骨と上身の水気を拭いて薄くはたいたのち、中骨は長い竹串を舟形に打ち、中温よりやや高めに熱した揚げ油で素揚げにします。身の方は衣をつけ、パセリのみじん切りを中央部分に帯状につけて中温の揚げ油で揚げます。銀杏は鬼殻を割り取り、揚げて塩少々をふっておき、菊花は酢を少量加えた熱湯で茹で、水にさらしてきつく絞ります。

【盛りつけ】

平皿に柿の照り葉を敷き、舟形の中骨を置いてパセリ揚げを盛り上げ、銀杏を散らして菊花をあしらい、もみじおろしを添えます。

## 鯛のあられ揚げ

●一一五頁参照

■材料〈四人分〉

鯛（小）……4尾　片栗粉……適宜

*下味（酒塩《酒大匙3　塩小匙⅓》）

*揚げ衣（卵白、ぶぶあられ＝各適宜）

揚げ油……適宜　厚焼き卵……½本

酢取り生姜…4本　もみじおろし適宜

*《菊の葉8枚》

■作り方

1 鯛は、活け造りの場合と同様に中骨に頭と胸びれ、腹びれをつけたまま三枚におろしたのち、上身はひと口大よりやや大きめに切り、酒塩に5分ほどつけておきます。

2 片栗粉をガーゼで包み、中骨と上身の水気を拭いて薄くはたきつけます。頭つきの中骨は長い竹串を舟形に刺し、中温よりやや高めに熱した揚げ油で素揚げにし、身の方には溶いた卵白、ぶぶあられを順につけて中温の揚げ油で揚げます。

### 雲丹衣（焼きもの用）

練り雲丹大匙2　卵黄1個

以上の分量を目安に、なめらかに溶き混ぜて魚介、主に白身魚の切り身など焼きものの仕上げに表面にぬり、乾かすようにあぶって雲丹焼きに仕上げます。

◉焼きものの手法には、塩焼きをはじめ、照り焼き、幽庵焼きなどのつけ焼き、上記例に類する黄身焼きなどがあります。

### 焼きだれのいろいろ

味醂½カップ　醤油½カップ

以上を合わせ、三割方煮つめて使います。

◉辛口のこのほか味醂⅔に対して醤油⅓量か、上記に砂糖を少量加えた甘口系。また酒と薄口醤油を同割か、酒を増し加減にした酒醤油系統、あるいは幽庵地や、それに西京味噌を加えたたれなど、材料や、献立上の味の調和から使い分けます。

### 変わり揚げ衣

パセリ揚げの衣（天ぷら衣《卵1個　冷水⅔カップ　酒大匙2　塩少々　小麦粉1カップ》基本　パセリのみじん切り適宜）

◉上記例をはじめ、衣に海苔、干し若布、大葉などの主にみじんを混ぜ、また卵黄、雲丹を溶き混ぜるほか、衣の表面に新挽き粉やけしの実、春雨などをつけて揚げ、味、香り、彩り、形の変化をつけます。

3厚焼き卵は焼き上げて熱いうちに縦半分に切り、巻き簀で巻いて丸く筒状に形を整え、冷めたら巻き簀をはずして2cm厚さほどに切り分けます。酢取り生姜は杵形に整えておきます。

【盛りつけ】

平皿に菊の葉二枚を敷き、舟形の中骨を置いてあられ揚げを盛り上げ、もみじおろしと杵生姜を添え、厚焼き卵を盛り添えます。

## 鯛の磯辺揚げ

●一二五頁参照

■材料〈四人分〉

鯛(小)……4尾　片栗粉……適宜

*下味(酒塩《酒大匙3　塩小匙⅓》)

*揚げ衣(卵白適宜　海苔2枚)

揚げ油……適宜　すだち……2個

もみじおろし適宜

*《板谷楓適宜》

■作り方

1鯛は活け造りの要領で三枚におろし、上身はひと口大よりやや大きめに切って、酒塩に5分ほどつけておきます。

2片栗粉をガーゼで包み、中骨を上身の水気を拭いて薄くはたきつけます。頭つきの中骨を長い竹串を舟形に刺し、中温よりやや高めに熱した揚げ油で素揚げにし、身の方には溶いた卵白をつけ、2cm弱幅に切った海苔を帯状に巻いて中温の揚げ油で揚げます。すだちは半分に切ります。

【盛りつけ】

平皿に板谷楓を敷き、舟形の中骨を置いて磯辺揚げを盛り上げ、もみじおろしとすだちを添えます。

## 車海老の二色真《しん》蒸《じょ》揚げ、染めおろし添え

●一二六頁参照

■材料〈四人分〉

車海老……8尾　揚げ油……適宜

*蟹入り真蒸地(すり身100g　蟹の身50g　卵白¼個分　塩少々　切り海苔適宜)

*大葉入り真蒸地(すり身100g　卵白¼個分　塩少々　大葉4枚　黒胡麻適宜)

菜の花……2把　塩……適宜

大根おろし……3カップ

木の芽……8枚

*《桜の小枝1枝》

■作り方

1車海老は背わたを抜き、塩を少量加えた熱湯で茹でて頭を落とし、尾ひと節を残して殻をむきます。

2蟹入りの真蒸を作ります。すり身はすり鉢でよくすり、卵白と塩を加えてさらによくすり混ぜたのち、軟骨を抜いてほぐした蟹の身を混ぜてすり、四等分して団子に丸めます。茹でた車海老四尾を取り分け、一尾ずつ団子に押しつけるようにしてのせ、中央に切り海苔を散らし気味につけます。

3大葉入りの真蒸は、すり身をすり鉢でよくすり、卵白と塩を加えてさらによくすり混ぜます。大葉を縦半分に切って繊切りにし、水を二～三度換えながら30分以上さらし、すり身に混ぜて四等分し、団子に丸めます。茹で車海老の残り四尾の、一尾ずつを団子に押しつけるようにのせ、中央に黒胡麻を散らします。

4揚げ油を中温に熱し、二種の海老のせ真蒸を揚げて油をきります。菜の花は塩を少量加えた熱湯で茹で、冷水にとって頭を揃え、絞って花先の柔らかい部分を5cm長さほど切ります。大根おろしは軽く汁気をきっておきます。

【盛りつけ】

大鉢に二色真蒸揚げを盛り、菜の花を盛り合わせて大根おろしを添え、天に木の芽をのせて、桜の小枝をあしらいます。別に醬油、あるいは割り醬油を添えます。

## 鶏もも肉とズッキーニのパパイヤ釜

●一二七頁参照

■材料〈四人分〉

パパイヤ……2個　鶏もも肉……½枚

茄子……4個　ズッキーニ…少々

揚げ油……適宜　サラダ油……適宜

塩……少々　酢取り生姜…4本

*鶏肉の下蒸し用(酒大匙3　塩小匙⅔　水大匙2)

サラダ菜……8枚　ドレッシング適宜

■作り方

1パパイヤは縦半分に切り、種を取り除きます。鶏もも肉は皮と脂を除き、下蒸し用の調味料とともに鍋に入れ、蓋をして蒸し煮にしたのち冷まし、1cm弱厚さに切ります。

2茄子は天地を切り、縦半分に切って高温に熱した揚げ油で揚げ、油を切っておき、ズッキーニは1cm厚さの輪切りにし、サラダ油少量を熱したフライパンで焼いたのち、塩を少量ふります。酢取り生姜は短い杵形に整えます。

【盛りつけ】

パパイヤ釜の窪みにサラダ菜を敷き、茄子とズッキーニ、鶏の酒蒸しを形よく盛り合わせ、杵生姜をあしらって皿に安定よくのせ、スプーンを添えます。別器でドレッシングを添えます。

## 鯛とブロッコリーのメロン釜

●一二七頁参照

■材料〈四人分〉

メロン……4個　鯛の上身……120g

ブロッコリー½株　塩……適宜

水前寺海苔…少々　ピーマン……少々

谷中生姜……1本　浜防風……8本

チコリ……8枚　ドレッシング適宜

■作り方

1メロンは上から三分《ぶ》くらいのところで水平に切り、種の部分を取り除きます。鯛の上身は四等分して薄塩をふり、金串を打って焦がさないように焼き、熱いうちに串をぬいておき、ブロッコリーは塩を加えた熱湯で茹で、笊にとってあおいで冷まし、小房に分けます。

2水前寺海苔は水で戻し、5mm幅・3cm

長さに切ります。ピーマンは種を除いて薄い輪切りにし、水にさらして水気をきり、谷中生姜は茎を3cm長さほど残して切り落とし、縦に3mm厚さほどの薄切りにし、茎にV字形の切り込みを入れてつばくろ生姜を作り、水に放してパリッとさせます。浜防風は2～3cm長さに切ります。

【盛りつけ】

メロン釜の窪みにチコリ二枚を立て気味に敷き、ブロッコリーと鯛、浜防風をこんもりと盛り込み、天に水前寺海苔、手前につばくろ生姜とピーマンをあしらって皿にのせ、スプーンを添えます。別器でドレッシングを添えます。

## 車海老とアスパラのパパイヤメロン釜

●二一七頁参照

■材料〈四人分〉

パパイヤメロン……………2個
車海老……12尾　塩……………適宜
グリーンアスパラ……………1把
ペコロス(小玉ねぎ)……………4個
ドレッシング適宜

■作り方

1 パパイヤメロンは縦半分に切り、種を取り除きます。車海老は背わたを抜き、塩少量を加えた熱湯で茹で、冷まして胴の殻をむきます。グリーンアスパラは根元の固い部分を切り捨て、塩を少量加えた熱湯で茹で、あおいで冷ましたのち、3cm長さに切ります。

2 ペコロスは薄い輪切りにし、水にさらして水気をきっておきます。以上の車海老、グリーンアスパラ、ペコロスをざっくりと混ぜます。

【盛りつけ】

パパイヤメロン釜の窪みに混ぜた三種を形よく盛り込み、皿にのせてスプーンを添えます。別器でドレッシングを添えます。

## 鮎魚女《あいなめ》と若布のグレープフルーツ釜

●二一七頁参照

■材料〈四人分〉

グレープフルーツ……………4個
鮎魚女(中)…1尾　卵黄……………1個
若布……3g　紫玉ねぎ……1/2個
トマト……1/2個　絹さや……………8枚
塩……………適宜　ドレッシング適宜

■作り方

1 グレープフルーツは上から四分くらいのところで水平に切り、下六分の中身をくり抜いておきます。

2 鮎魚女は三枚におろし、上身を細かく骨切りして4cm幅に切り分け、金串を打って強火の遠火で焼き、仕上げに溶いた卵黄をぬってあぶって乾かし、串を抜いておきます。若布は水で戻して笊に入れ、熱湯を回しかけて水にとり、色出しをして水気を絞り、筋を除いて細かく落とし庖丁をしておきます。

3 紫玉ねぎは半分に切って薄切りにし、水にさらしてきつく絞っておき、トマト1/2個は四つに切り、絹さやは塩を少量落とした熱湯でさっと茹で、笊にとって手早く冷まします。

【盛りつけ】

グレープフルーツ釜の中底に紫玉ねぎを敷き、トマト、鮎魚女、若布を形よく盛り込み、絹さやをあしらって皿にのせます。別器でドレッシングを添えます。

## 鯛と室胡瓜のホームランメロン釜

●二一七頁参照

■材料〈四人分〉

ホームランメロン……………2個
鯛の上身……160g　室胡瓜……………8本
エシャロット1把　ラディッシュ4個
セロリ(芯の部分)……………8本
菊花……4輪　岩海苔……………1/4枚
塩……………適宜　酢……………少々
あさつき……1/3把　ドレッシング適宜

■作り方

1 ホームランメロンは縦半分に切り、種の部分を少しくり抜くように除きます。鯛の上身は皮を引き、ひとりあて五切れの引き造りにします。

2 室胡瓜は塩でもみ、熱湯を通して冷水にとり、水気を拭いてへたをぐるりとむき取っておきます。エシャロットは縦の繊切りにして水に放し、パリッとさせてきつく絞り、ラディッシュは天地を落とし、細かく縦の庖丁目を入れて水に放し、水気をきります。

3 菊花は酢を落とした熱湯で茹で、水にさらしてきつく絞ります。岩海苔は小さくちぎって水に戻し、笊に上げて水気をきっておき、あさつきは小口切り、セロリは芯の部分を用意し、根元側を切り揃えておきます。

【盛りつけ】

ホームランメロン釜の窪みの、奥寄りにセロリと室胡瓜を盛って鯛の引き造りを盛り、手前にエシャロットと菊花、ラディッシュを釜の内周に沿ってあしらい、造り身の奥に岩海苔を添え、上にあさつきを散らします。皿にのせてスプーンを添え、別器でドレッシングを添えます。

## 吹き寄せあけび釜

●二一八頁参照

■材料〈四人分〉

あけび……4個　車海老……4尾
＊真蒸地(すり身300g　卵白1/3個分)
ごぼう…3cm長さ　酢……………適宜
穴子の開いたもの(小)……2本
＊穴子の下煮用(味醂、醤油＝各1/3カップ　砂糖大匙1)
銀杏……12粒　蕎麦……………8本
海苔……………少々　卵白……………少々
塩……………適宜　揚げ油……………適宜
すだち……1個

■作り方

1 あけびは色よく熟したものを用意し、皮面に筋の入った部分から縦に庖丁を入れて切り口を作り、中身をスプーンでかき出しておきます。車海老は背わたを抜き、塩茹でをして笊にとります。

2 ごぼうはみじん切りにして酢水で茹で、

水にさらしてきつく絞ります。真蒸地用のすり身をすり鉢ですり、卵白を入れてさらにすり、ごぼうを加えて混ぜ合わせます。穴子は皮目に熱湯をかけ、庖丁の刃先で軽くしごいてぬるを取り除いたのち、分量の調味料を合わせてひと煮立ちさせた煮汁で下煮をします。

3 蒸し缶に汁気をきった穴子を皮上にして入れ、上にすり身を平らに広げて詰めます。中火にかけた蒸し器で25分ほど蒸し、冷めたらひと口大に切ります。

4 銀杏は鬼殻を割り取り、蕎麦は4cm長さに折って二本をひと組にし、片端を5mm幅に切った海苔で巻いて、卵白で止めます。揚げ油を中温に熱して茹で車海老、銀杏、松葉形の蕎麦をそれぞれ丁寧に揚げ、油をきって煎り塩を軽くふります。すだちは厚めの輪切りにします。

【盛りつけ】

あけび釜に穴子真蒸ほか、揚げたものすべてを彩りよく盛り込み、皿にのせてすだちを添えます。

## 栗と市田柿、銀杏の吹き寄せ

●二二八頁参照

■材料〈四人分〉

栗……………4個　塩……………適宜

市田柿細工用（芝海老のむき身60g　すり身60g　卵白⅓個分　練り雲丹大匙2　竜皮昆布少々）

銀杏…………12粒　さつま芋4cm長さ

車海老（小）…8尾　蕎麦…………8本

海苔………少々　卵白…………少々

揚げ油………適宜

＊《和紙適宜》

■作り方

1 栗は鬼皮に傷をつけて濃いめの塩水につけ、全体がまっ黒になるくらいまでゆっくりと網焼きをしたのち、渋皮までむき取ります。

2 芝海老のむき身はきつく絞ったぬれ布巾で水気をよく拭き取り、細かくたたいたのちすり鉢ですり、すり身と卵白、練り雲丹を順に加え、丁寧にすります。四等分して柿の形にまとめ、皿にのせて蒸し器で蒸します。竜皮昆布をがくの形に切って黒文字で刺し止め、長すぎる部分を切り落とします。

3 銀杏は鬼殻の一部を割り取り、さつま芋は3cm長さの筒状にむき、もみじの型で抜いて1cm長さに切り、薄い塩水につけます。蕎麦は4cm長さに切り、二本ひと組で片端を5mm幅の海苔で巻き、卵白で止めます。車海老は背わたを抜き、塩茹でをして笊に上げます。

4 揚げ油をやや高めの中温に熱し、銀杏、さつま芋、松葉形の蕎麦、茹で車海老をそれぞれ揚げて油をきり、煎り塩をふります。

【盛りつけ】

器に和紙を敷き、栗と市田柿ほかを彩りよく盛り合わせます。

■調理覚え書

●献立のそこまでの幾品かに、まだ出ていない――口を替えた――手法を見せる場の〝口替わり〟にはこの吹き寄せは最適です。

## 車海老と菊花蕪の吹き寄せ

●二二八頁参照

■材料〈4人分〉

車海老……4尾　塩……………適宜

菊花蕪（小蕪4個　塩適宜　甘酢《酢、味醂＝各大匙5　塩少々》　赤唐辛子適宜　菊の葉8枚）

市田柿細工用（芝海老のむき身60g　すり身60g　卵白⅓個分　練り雲丹大匙2　竜皮昆布少々）

栗……………4個　蕎麦…………8本

海苔………少々　卵白…………少々

揚げ油………適宜

■作り方

1 車海老は背わたを抜き、塩を少量加えた熱湯で茹でて笊に上げておきます。小蕪は天地を切って皮を厚めにぐるむきにし、3cm長さほどの筒形に整えたのち、下⅓を残して細かい斜め格子に庖丁を入れ、海水程度の塩水につけてしんなりさせます。甘酢に赤唐辛子の小口切りを加え、水気をきつく絞った菊花形の蕪を入れて、時々返しながら2時間以上つけ込みます。菊の葉を用意しておきます。

2 芝海老のむき身は水気をよく取り、細かくたたいてすり鉢ですり、すり身と卵白、練り雲丹を順に加えて丁寧にすり混ぜ、四等分して柿の形にまとめ、蒸し器で蒸したのち、竜皮昆布をがくの形に切って黒文字で刺し止め、ほどよい長さに切り整えます。

3 栗は鬼皮に傷をつけて濃いめの塩水につけ、まっ黒になるくらいまで網焼きをしたのち、渋皮までむき取ります。蕎麦は4cm長さに切って二本をひと組にし、片端を5mm幅の海苔で巻いて卵白で止めます。揚げ油を中温に熱し、茹で車海老とともに松葉を揚げ、油をきって煎り塩をふります。

【盛りつけ】

平鉢に車海老と市田柿、焼き栗を盛り合わせ、手前に菊の葉を敷き、菊花蕪の汁気をきって切り目を広げ、花形に盛って芯に赤唐辛子の小口切りをのせ、車海老に松葉形の蕎麦をあしらいます。

■調理覚え書

●菊花蕪には小蕪が向きます。また花弁に見立てる庖丁目は、縦横を直角に入れると風情に欠け、斜めに細かく菱形になるように入れると、広げたときにいかにも菊の花のような趣がでます。また、赤唐辛子の小口切りが花芯となります。

## 小鯛折り曲げ焼きの吹き寄せ

●二二八頁参照

■材料〈四人分〉

小鯛…………4尾　塩……………適宜

五目真蒸地（すり身50g　卵4個　味醂大匙2　砂糖大匙1　塩適宜　人参2cm長さ　銀杏10粒　水前寺海苔3cm角）

さより蒸しの真蒸地（さより1尾　すり身300g　卵白¼個分　卵黄2個　若

布少々)
さつま芋4cm長さ　人参……8cm長さ
黒豆(市販品)12粒　揚げ油……適宜
酢取り生姜…4本　すだち……2個

■作り方

1 小鯛は鱗を丁寧に引いてえらを取り、背から庖丁を入れて頭と尾を切り離さずにわたと中骨を取り除きます。背の中央に尾が出るように折り込んで楼楊枝で止め、金串を打って塩をふり、強火の遠火で焼き上げ、金串と楊枝を抜き取ります。

2 五目真蒸の具を用意します。人参は5mm角に切り、銀杏は茹でて粗く刻み、水前寺海苔は水で戻して5mm角に切ります。すり身をすり鉢ですり、卵と調味料を順に加えてよくすり、三種の具を混ぜ合わせて蒸し缶に詰めます。蒸し器に入れて中火で25分ほど蒸し、冷めてから切り分けます。

3 さよりは開いて中骨をはずし、金串を打って白焼きにします。すり身に卵白を加えてよくすり、¼量に卵黄を溶き混ぜます。¾量には戻して熱湯をかけ、冷水にとって筋を除き、細かく刻んだ若布を混ぜ合わせます。蒸し缶にさよりを皮下にして敷き、卵黄入り、若布入りの順にすり身を平らに詰め、中火の蒸し器で蒸し上げ、自然に冷まして切り分けます。

4 さつま芋はもみじ型で抜き、1cm厚さに切って中温の揚げ油で揚げ、塩を少量ふっておきます。人参は蛇の目型で抜いて5mm厚さに切り、茹でます。酢取り生姜は杵形に整え、すだちは半分に切ります。

【盛りつけ】

器に小鯛の折り曲げ焼きを盛って二種の真蒸を盛り合わせ、さつま芋のもみじ、蛇の目人参、黒豆を彩りよく散らし、すだち、杵生姜をあしらいます。

## 松茸と栗の吹き寄せ

●一二八頁参照

■材料〈四人分〉
松茸……4本　栗……4個
＊下味(酒醤油《酒、醤油＝各大匙2》)
黒豆……32粒　焼き板……½枚
酢取り生姜…4本　塩……適宜
＊《松葉適宜》

■作り方

1 松茸は小さめで笠の開きすぎていないものを用意し、石づきを削り、きつく絞ったぬれ布巾で汚れを拭いて縦半分に切り、酒醤油で洗って焦がさないように網焼きにします。栗は鬼皮に傷をつけて濃いめの塩水につけ、真っ黒になるくらいまで網焼きをしたのち、渋皮までむき取っておきます。

2 焼き板は食べよい大きさに切り分け、黒豆は松葉に刺し、酢取り生姜は杵形に整えます。

【盛りつけ】

器に焼き板と焼き栗を盛り、焼き松茸を形よく盛り込んで松葉黒豆をあしらい、杵生姜を添えます。

■調理覚え書
●黒豆、銀杏など小粒で丸い材料は松葉に刺すとつまみやすく、風情も調います。

## 車海老の五目煮

●一二九頁参照

■材料〈四人分〉
車海老……4尾　塩……少々
里芋……4個　酢……少々
京人参……1本　蕗……2本
干し椎茸……4枚　こんにゃく…1枚
竹麩……½本　木の芽……4枚
＊煮汁(八方地《だし汁8カップ　味醂、薄口醤油＝各1カップ》)

■作り方

1 車海老は背わたを抜いて塩を少量加えた熱湯で茹で、尾ひと節を残して殻をむいたのち、煮汁の八方地を少量取り分け、ひと煮立ちさせた中でさっと煮て火を止め、そのまま味を含ませます。

2 里芋は皮を厚めにむき、酢を少量落として水から茹で、途中二度ほど水を換えながら下茹でをします。京人参は1cm厚さの輪切りにして梅型で抜き、庖丁で切り込みを入れてねじり梅を作り、下茹でをしておき、蕗は鍋に入る長さに切り、塩をふって板ずりをし、たっぷりの熱湯で下茹でをしたのち、水にとって皮をむき、4cmほどの長さに切り揃えます。

3 干し椎茸はぬるま湯で戻して石づきを取り、こんにゃくは1cm弱の厚さに切り、縦中央に切り目を入れて片端をくぐらせ、手綱《たづな》にして下茹でをします。竹麩は1cm厚さに切り分けます。

4 鍋に煮汁の八方地をひと煮立ちさせ、少量を取り分けた中に蕗と竹麩をつけておき、あとの八方地で里芋と京人参、

### 南蛮酢

甘酢(酢大匙5　味醂大匙5　塩少々)
赤唐辛子の小口切り適宜
甘酢の調味料を合わせ、ひと煮立ちさせて冷ましたのち、種を除いて小口切りにした赤唐辛子を加えます。
◉南蛮酢とは、二杯酢や三杯酢など純然たる和風に対して、異国風の合わせ酢の総称。葱や胡椒を加える場合もあります。

### 菊花蕪

◉小蕪の天地を平らに落として2cm弱の厚さにし、側面の皮をぐるむきにして筒状に整えます。ついで、割り箸ではさんで下3mmを残し、斜めの細かい格子に深く庖丁目を入れます。薄い塩水につけてしんなりとさせ、水気を絞って南蛮酢につけます。軽く汁気をきって盛りつけ、南蛮酢の小口赤唐辛子を芯に添えます。

### フレンチドレッシング

酢1：サラダ油2の割合分量
塩、胡椒適宜
酢とサラダ油、塩、胡椒をボウルに合わせ、泡立て器でよく混ぜ合わせます。
◉酢の量は料理によって加減します。また、溶き辛子、おろし玉葱、砂糖を加え混ぜた変わりドレッシングも、応用範囲の広い一種の〝和え衣〟です。

干し椎茸、こんにゃくを合わせてゆっくりと煮含めます。

【盛りつけ】

器に車海老と里芋ほかを形よく、彩りよく盛り合わせ、天に木の芽をのせます。

## 鰤《ぶり》と天王寺蕪の吉野あんかけ

●二一九頁参照

■材料〈四人分〉

鰤……2切れ　天王寺蕪……1個

塩……適宜　揚げ油……適宜

＊吉野あん（だし汁1カップ　味醂$\frac{1}{4}$カップ　薄口醤油大匙2　片栗粉大匙1）

溶き辛子……適宜

■作り方

1 天王寺蕪は皮をむき、5cm角・3cm厚さほどの大ぶりの四角に切り分け、水に2～3時間さらしておき、鰤は蕪と大きさを揃えて切り、薄く煎り塩をふって20分おいたのち、塩を洗い落とします。

2 それぞれ、水気を丁寧に拭き取り、中温に熱した揚げ油で天王寺蕪はゆっくりと、鰤はカラリと揚げて油をきります。別鍋に吉野あんのだし汁と調味料を合わせ、よく溶き混ぜて弱火にかけ、とろみがつくまで混ぜて用意します。

【盛りつけ】

器に揚げたての天王寺蕪、鰤を重ねて盛り、熱い吉野あんをかけて溶き辛子を天に添えます。

## 鰤の緑揚げ

●二一九頁参照

■材料〈四人分〉

鰤……4切れ　小麦粉……適宜

＊下味（酒塩《酒大匙4　塩小匙$\frac{1}{2}$》）

＊揚げ衣（緑衣《卵1個　冷水1カップ　酒大匙3　小麦粉100g　青海苔適宜》）

揚げ油……適宜　すだち……2個

■作り方

鰤の切り身は形を整えて酒塩に5分ほどつけ、汁気をよく拭いて小麦粉を薄くはたきます。衣の卵を溶きほぐして冷水と酒を加え混ぜ、小麦粉をざっくりと混ぜたのち、よくすって細かくした青海苔を混ぜます。鰤の表面、六分《ぶ》ほどに衣をつけ、中温よりやや高めに熱した揚げ油で色よく揚げ、油をきります。すだちは半分に切ります。

【盛りつけ】

器に鰤の緑揚げを盛り、前にすだちを添えます。

## 車海老の蓮根はさみ揚げ

●二一九頁参照

■材料〈四人分〉

車海老……4尾　蓮根……15cm長さ

酢……適宜　小麦粉……適宜

＊揚げ衣（黄身衣《卵1個　卵黄1個　冷水$\frac{2}{3}$カップ　酒大匙4　小麦粉100g》）

揚げ油……適宜

＊《熊笹4枚》

■作り方

1 車海老は背わたを抜き、頭と尾、胴の殻をむき取ります。蓮根は花形に皮をむいて5mm厚さに切り、酢水につけたのち、水気をよく拭いて小麦粉を薄くつけ、車海老を形なりに丸く整えてはさみます。

2 衣の卵と卵黄を溶き混ぜ、冷水と酒を加え混ぜ、小麦粉をざっくりと混ぜて黄身衣を用意し、蓮根の表面半分ほどを白いまま残してくぐらせ、中温よりやや高めに熱した揚げ油で、焦がさないように揚げて油をきります。

【盛りつけ】

器に熊笹の葉を敷き、はさみ揚げを盛ります。

## 車海老と雲丹の重ね揚げ

●二一九頁参照

■材料〈四人分〉

車海老……8尾　生雲丹……50g

揚げ油……適宜　塩……適宜

木の芽……4枚

＊《菊の葉8枚》

■作り方

車海老は背わたを抜き、頭を落として尾ひと節を残して殻をむいたのち、二本を巴《ともえ》形に合わせて生雲丹をのせ、蒸気の上がった蒸し器で5分ほど蒸して冷まします。次に中温に熱した揚げ油でカラリと揚げ、油をきってごく薄く塩をふります。

【盛りつけ】

器に菊の葉二枚をずらし気味に重ねて敷き、重ね揚げを盛って木の芽を天にあしらいます。

## 鰻のせ蒸し豆腐

●二二〇頁参照

■材料〈四人分〉

豆腐……2丁　鰻の蒲焼き……1串

花山椒……250g　重曹……小匙2

＊花山椒のつけ汁（水$\frac{1}{2}$カップ　味醂小匙1　酒、薄口醤油＝各$\frac{1}{3}$カップ）

＊割り醤油（醤油大匙6　だし汁大匙2）

■作り方

1 豆腐は木綿豆腐を用意し、5cm角ほどに切り整えて平らな器に乗せ、蒸気の上がった蒸し器に入れて5～6分蒸します。鰻の蒲焼きは焼き網であぶって温め直し、竹串を抜いて縦半分に切り、6cm長さほどに切って豆腐にのせ、さらに5～6分蒸し上げます。

2 花山椒は大きめのボールに入れて重曹をふり、たっぷりの熱湯をまわしかけて30分ほどおいたのち、水洗いしてきつく絞ります。つけ汁の水と各調味料を合わせてひと煮立ちさせ、冷まして花山椒を浸します。そのまま10日ほど漬けて用意しておきます。割り醤油は分量の醤油とだし汁を合わせ、煮立てて冷まします。

【盛りつけ】

鰻のせ蒸し豆腐を器に盛り、割り醤油を注ぎ入れて、汁気を絞った花山椒を上にのせます。

## 雲丹のせ蒸し豆腐

●一三〇頁参照

■**材料**〈四人分〉

豆腐………2丁　雲丹………16粒
オクラ……4本　塩………適宜
＊割り醤油（醤油大匙6　出し汁大匙2）
わさび……適宜

■**作り方**

1 木綿豆腐を用意して5cm角ほどに切り整え、平らな器にのせて蒸気の上がった蒸し器で5〜6分蒸し、中央に雲丹をのせてさらに5〜6分蒸します。

2 オクラはへたの部分をぐるりとむき、塩でもんで熱湯で茹で、水にとります。割り醤油、おろしわさびを用意します。

【盛りつけ】

器に蒸し豆腐を盛り、割り醤油を注ぎ入れて上にオクラをあしらい、おろしわさびを添えます。

## 小鯛のせ蒸し豆腐

●一三〇頁参照

■**材料**〈四人分〉

豆腐………2丁　小鯛………4尾
片栗粉……適宜　揚げ油……適宜
＊割り醤油（醤油大匙6　だし汁大匙2）
糸三つ葉……1把　塩………少々

■**作り方**

1 木綿豆腐を用意して5cm角ほどに切り整え、平らな器にのせて蒸気の上がった蒸し器で10分ほど蒸します。小鯛は三枚におろして上身にし、薄く片栗粉をはたき、中温に熱した揚げ油で揚げます。割り醤油を用意します。

2 糸三つ葉は塩を少量落とした熱湯でさっと茹で、水にとって冷まし、きつく絞って茎を4cm長さに切り揃えます。

【盛りつけ】

器に蒸し豆腐を盛り、小鯛をのせて割り醤油を注ぎ入れ、天に糸三つ葉をかけるようにのせます。

## 帆立柱のせ蒸し豆腐

●一三〇頁参照

■**材料**〈四人分〉

豆腐………2丁　帆立の貝柱…2個
＊下味（酒塩（酒大匙3　塩小匙½））
＊割り醤油（醤油大匙6　だし汁大匙2）
ラディッシュ8個　香頭《こうとう》ねぎ……適宜

■**作り方**

1 木綿豆腐を用意して5cm角ほどに切り整え、平らな器にのせて蒸気の上がった蒸し器で5〜6分蒸します。帆立の貝柱は厚みを二枚にそぎ、酒塩に5分ほどつけて汁気をきり、豆腐の上にのせてさらに5〜6分蒸し上げます。

2 割り醤油を用意し、ラディッシュはおろして軽く絞り、香頭ねぎは小口切りにします。

【盛りつけ】

器に蒸し豆腐を盛って割り醤油を注ぎ入れ、天におろしラディッシュと香頭ねぎをあしらいます。

## 車海老のせ蒸し豆腐

●一三〇頁参照

■**材料**〈四人分〉

豆腐………2丁　車海老（小）…8尾
＊下味（酒塩（酒大匙3　塩小匙½））
＊割り醤油（醤油大匙6　だし汁大匙2）
芽ねぎ……適宜　塩………少々
わさび……適宜

■**作り方**

1 木綿豆腐を用意して5cm角ほどに切り整え、平らな器にのせて蒸気の上がった蒸し器で5〜6分蒸します。車海老は頭を落として尾ひと節を残して殻をむき、背割りにして背わたを取り、酒塩で洗ったのち、尾を立てるように豆腐にのせてさらに5〜6分蒸します。

2 割り醤油を用意し、芽ねぎは塩を少量落とした熱湯で茹で、水にとって揃えて水気を絞ります。

【盛りつけ】

器に蒸し豆腐を盛って割り醤油を注ぎ入れ、芽ねぎを車海老に立てかけるようにあしらい、おろしわさびを添えます。

## 鮃《ひらめ》のせ蒸し豆腐

●一三〇頁参照

■**材料**〈四人分〉

豆腐………2丁　鮃の上身……120g
塩………適宜　あさつき……½把
＊割り醤油（醤油大匙6　だし汁大匙2）

■**作り方**

木綿豆腐を用意して5cm角ほどに切り整え、平らな器にのせて蒸気の上がった蒸し器で5〜6分蒸します。鮃は上身を用意して四等分のそぎ切りにし、薄く塩をふって10分ほどおいたのち、水気を拭き、豆腐にのせてさらに5〜6分蒸し上げます。割り醤油を用意し、あさつきは小口切りにします。

【盛りつけ】

器に蒸し豆腐を盛って割り醤油を注ぎ入れ、天にあさつきをのせます。

## 蛤のせ蒸し豆腐

●一三〇頁参照

■**材料**〈四人分〉

豆腐………2丁　蛤（大）……4個
塩………適宜　酒………大匙3
わらび……4本　重曹……小匙1
＊割り醤油（醤油大匙6　だし汁大匙2）
わさび……適宜

■**作り方**

1 木綿豆腐を用意して5cm角ほどに切り整え、平らな器にのせて蒸気の上がった蒸し器で5〜6分蒸します。蛤はあらかじめ薄い塩水につけて砂をはかせ、二つ打ち合わせて澄んだ音のするものを用意し、酒とともに鍋に入れ、蓋をして火にかけて、口が開きかけたら身を取り出し、豆腐の上にのせてさらに

5～6分蒸し上げます。

[2]わらびはボウルに入れて重曹をふり、たっぷりの熱湯をかけ、ひと晩おいて水洗いし、茹でて3cm長さほどに切り揃えます。割り醤油を用意います。

【盛りつけ】

器に蒸し豆腐を盛って割り醤油を注ぎ入れ、わらびを添え、天におろしわさびをのせます。

## 鶏真蒸《しんじょ》蒸し

●一三二頁参照

■材料〈四人分〉

鶏真蒸地（鶏挽き肉200g　卵1/2個分　塩、胡椒＝各少々　長ねぎ1/2本　糸三つ葉1/2把）

茹で筍（小）…1/2本　あさつき……適宜

*下煮用（だし汁1カップ　味醂大匙2弱　白醤油大匙1弱）

*かけつゆ（だし汁1.5カップ　塩小匙1/4　白醤油、味醂＝各小匙1/2　酒大匙1/2）

■作り方

[1]鶏挽き肉は皮と脂を除き、二度挽きしたものをすり鉢ですり、卵と調味料を加えてさらにすります。長ねぎはみじん切りにして水にさらし、きつく絞ったぬれ布巾で水気を絞り、糸三つ葉は葉を除いて1cm長さに切り、二種をすり鉢に加えて混ぜ合わせたのち、四等分して俵形に整え、器に入れます。

[2]筍は縦の薄切りにし、下煮用の調味料を合わせた中で煮て真蒸の上にあしらい、蒸気の上がった蒸し器で12～13分蒸します。あさつきは小口切りに、かけつゆはだし汁に各調味料を合わせ、ひと煮立ちさせて用意します。

【盛りつけ】

真蒸蒸しにかけつゆをたっぷりとかけ、天にあさつきをのせ、蓋をして出します。

## 鮭の信濃《しなの》蒸し

●一三二頁参照

■材料〈四人分〉

鮭……160g　塩……適宜

椎茸……4枚　蕎麦（乾麺）…100g

*椎茸の煮汁（だし汁1カップ　味醂、薄口醤油＝各大匙2弱）

*かけつゆ（だし汁1.5カップ　塩小匙1/3　薄口醤油小匙1/2　酒大匙1/2）

あさつき……適宜　もみじおろし適宜

■作り方

[1]鮭は上身を用意し、四切れに切って薄く塩をふっておき、椎茸は石づきを取り、煮汁で下煮をします。蕎麦は片端を糸で結わえ、たっぷりの熱湯で茹でて水にとり、洗って結んだ方を持ってしごくように水気をきり、器に合わせてほどよい長さに切ります。

[2]器に、鮭の水気を拭いて入れ、椎茸と蕎麦を盛り合わせ、蒸気の上がった蒸し器で10分ほど蒸します。かけつゆとあさつきの小口切り、もみじおろしを用意します。

【盛りつけ】

信濃（信州）蒸しに熱いかけつゆをかけ、天にあさつきともみじおろしをのせます。

## 卵焼きと鰈の蒸し煮

●一三二頁参照

■材料〈四人分〉

鰈の上身……160g　塩……適宜

厚焼き卵（卵5個　だし汁大匙3　砂糖、味醂＝各大匙2　薄口醤油大匙1　〈サラダ油適宜〉）

茹で筍（小）…1/2本　車海老……4尾

*筍の下煮用（だし汁1カップ　味醂大匙2弱　白醤油大匙1弱）

塩……適宜　あさつき……適宜

*かけつゆ（だし汁1.5カップ　塩小匙1/4　白醤油、味醂＝各小匙1/2　酒大匙1/2）

■作り方

[1]鰈は四切れに切り、薄塩をふっておきます。厚焼き卵は分量の卵と調味料で焼き上げ、四つに切っておき、筍は縦の薄切りにして下煮をし、車海老は背わたを抜いて塩茹でをし、頭と尾を落として殻をむきます。

[2]器に卵焼きと鰈、筍、車海老を盛り合わせ、蒸気の上がった蒸し器で7～8分蒸します。かけつゆとあさつきの小口切りを用意します。

【盛りつけ】

蒸し上げた器にかけつゆを注ぎかけ、あさつきをたっぷりとのせます。

## 蒲焼き豆腐蒸し

●一三二頁参照

■材料〈四人分〉

豆腐……1丁　鰻の蒲焼き…1串

糸三つ葉……1/2把　塩……少々

*かけつゆ（だし汁1.5カップ　塩小匙1/3　薄口醤油小匙1/2　酒大匙1/2）

■作り方

豆腐は四つに切って器に入れ、鰻の蒲焼きは4cm長さに切って豆腐と盛り合わせ、蒸気の上がった蒸し器で10分ほど蒸します。糸三つ葉は葉を除いて塩茹でし、水にとって水気を絞り、4cm長さに切り揃えておき、かけつゆを用意します。

【盛りつけ】

蒸し上げた器にかけつゆを注ぎかけ、糸三つ葉を天に斜め一文字にのせます。

## 芝海老と白身魚の桜蒸し

●一三二頁参照

■材料〈四人分〉

海老の真蒸地（芝海老250g　卵白1/3個分　塩少々　糸三つ葉1/3把）

白身魚……120g　塩……適宜

桜の葉の塩漬け……4枚

*かけつゆ（だし汁1.5カップ　塩小匙1/3　薄口醤油小匙1/2　酒大匙1/2）

わさび……適宜

■作り方

[1]真蒸用の芝海老は背わたを取ってむき身にし、細かくたたいてすり鉢ですり、卵白と塩を加えてさらによくすり、糸三つ葉の葉を除き、2cm長さに切って混ぜ合わせたのち、四等分して俵形に整えて器に入れます。

2白身魚は四枚の薄切りにし、薄塩をあてて5分ほどおき、水気を拭いて芝海老真蒸にかぶせるようにのせ、蒸気の上がった蒸し器で7〜8分蒸します。桜の葉の塩漬けは水につけ、塩気をほどよく抜いて水気をきり、白身魚の上からさらに包むようにかぶせて、再び2〜3分蒸します。かけつゆ、おろしわさびを用意します。

【盛りつけ】

蒸し上げた桜蒸しに熱いかけつゆをかけ、おろしわさびを天にのせます。

## 豆腐の芝海老射《い》込み蒸し

●一三一頁参照

■材料〈四人分〉

豆腐……1丁　芝海老……20尾

*海老の下味(酒塩(酒大匙2　塩小匙1/2))

椎茸……4枚

*椎茸の下煮用(だし汁1カップ　味醂、薄口醤油＝各大匙2弱)

絹さや……12枚　塩……適宜

*かけつゆ(だし汁1.5カップ　塩小匙1/3　薄口醤油小匙1/2　酒大匙1/2)

あさつき……1/2把　もみじおろし適宜

■作り方

1豆腐は四つに切り、表面中央をスプーンで軽くえぐって窪みをつけ、器に入れます。芝海老は背わたを取ってむき身にし、酒塩で洗って等分し、豆腐の窪みに形よく盛り、椎茸は石づきを取り、下煮をしたのち器に盛り合わせ、蒸気の上がった蒸し器で10分ほど蒸します。

2絹さやは塩茹でをして冷まし、かけつゆとあさつきの小口切り、もみじおろしを用意しておきます。

【盛りつけ】

蒸し上げた器にかけつゆを注ぎかけ、絹さやをあしらい、あさつきともみじおろしを添えます。

## 白身魚の蕪《かぶら》蒸し

●一三一頁参照

■材料〈四人分〉

白身魚……200g　天王寺蕪……1/4個

*下味(酒塩(酒大匙3　塩小匙2/3))

卵白……少々　枝豆……20粒

塩……適宜　わさび……適宜

*かけつゆ(だし汁1.5カップ　塩小匙1/3　薄口醤油小匙1/2　酒大匙1/2)

■作り方

1白身魚は上身を用意し、四等分に切り分けて酒塩に5分ほどつけておき、汁気をきって器に入れ、蒸気の上がった蒸し器で7〜8分蒸します。天王寺蕪は皮を厚めにむいておろし、水洗いしてきつく絞ったのち、溶きほぐした卵白を混ぜ合わせ白身魚にかぶせるようにのせ、さらに4〜5分蒸します。

2枝豆は塩茹でをし、薄皮までむいておき、かけつゆとおろしわさびを用意します。

【盛りつけ】

蒸し上げた蕪蒸しにかけつゆをかけ、表面に枝豆をあしらって、天におろしわさびをのせます。

■調理覚え書

●以上の七種の蒸しものは、いずれも蓋つきの器で直《じか》蒸しにし、必ず蓋をしてお出しし、熱あつのところを味わっていただきます。

## 鮭の八方煮

●一三二頁参照

■材料〈四人分〉

鮭……240g　つる菜……適宜

*煮汁(八方地(だし汁2カップ　味醂、薄口醤油＝各1/4カップ))

塩……適宜　おろし生姜…適宜

■作り方

1鮭は上身を用意し、四切れに切り分けておき、つる菜は塩を少量加えた熱湯で茹でて水にとり、揃えてきつく絞り、4cm長さに切ります。

2鍋に煮汁の八方地をひと煮立ちさせ、中火にしたのち鮭を入れて煮ます。

【盛りつけ】

器を温めておき、鮭を盛ってつる菜を前に立ててあしらい、天におろし生姜をのせて煮汁を注ぎ入れます。

## 蒸し雲丹の八方煮

●一三二頁参照

■材料〈四人分〉

蒸し雲丹(常節《とこぶし》の殻入り・市販品)…4個

*煮汁(八方地(だし汁2カップ　味醂、薄口醤油＝各1/4カップ))

### かけつゆ(蒸しもの用)

だし汁1.5カップ　塩小匙1/4

白醤油小匙1/2　味醂小匙1/2　酒大匙1/2

分量のだし汁に各調味料を合わせ、ひと煮立ちさせます。

◉材料の持ち味により、上記の割合分量のうち塩を小匙1/3に、白醤油に変えて薄口醤油を小匙1/2、さらに味醂を除くなど、甘みを押えたさっぱり味に加減します。

### 割り醤油

醤油3：だし汁1、1：2/3または同割量以上を目安に醤油をだし汁で割ります。

◉卵豆腐など寄せもの、蒸し豆腐など蒸しもののかけつゆに、あるいはわらびなど山菜類をはじめ、菜類のおひたしにかけ、または浸し汁として使うなど、最もシンプルで応用範囲の広い加減醤油。料理によってはひと煮立ちさせて使います。

### 緑揚げの衣

緑衣(卵1個　冷水1カップ　酒大匙3　小麦粉100g　青海苔適宜)

小麦粉はあらかじめふるっておき、卵を割りほぐして冷水と酒を加え混ぜ、小麦粉をざっくりと混ぜたのち、すり鉢でよくすって細かくした青海苔を混ぜます。

◉このほか衣にパセリのみじん切りを加えたものも、色彩から緑《みどり》揚げと呼びます。

生姜……ひとかけ

■作り方

市販の蒸し雲丹を用意し、八方地のだし汁と調味料を合わせて火にかけ、煮立ってきたら火を弱め、雲丹をそのまま入れて静かに煮含めます。生姜はごく細い繊《せん》切りにして水にさらし、水気をきります。

【盛りつけ】

器に煮含めた蒸し雲丹を盛り、繊生姜をたっぷりとのせ、煮汁をへりから注ぎ入れます。

## 小芋と蓮《はす》芋《いも》の濃《こい》八方煮

●一三三頁参照

■材料〈四人分〉

むき小芋……16個　酢……少々
蓮芋……1パック　塩……適宜
車海老……4尾　切り三つ葉…1把
＊煮汁（濃い八方〈だし汁3カップ　味醂、薄口醤油＝各1/3カップ〉）

■作り方

1 むき小芋は酢水で茹で、途中二～三度茹でこぼして水を換え、柔らかく茹でておきます。蓮芋は鍋に入る長さに切り、塩を少量加えた熱湯で茹でて水にとり、皮をむいて4cm長さに切ります。

2 煮汁の濃い味の八方地を鍋に合わせ、二つに分けてそれぞれをひと煮立ちさせ、むき小芋と蓮芋を別々に煮ます。

3 車海老は背わたを抜き、塩を少量加えた熱湯でて茹で笊にとり、冷まして頭と尾を落とし、胴の殻をむきます。切り三つ葉はさっと塩茹でをし、水にとってきつく絞り、4cm長さに切ります。

【盛りつけ】

器にむき小芋と蓮芋、車海老を盛り合わせ、煮汁を少量注ぎ入れて切り三つ葉を添えます。

## 松茸と錦糸卵の八方煮

●一三三頁参照

■材料〈四人分〉

松茸……2本　薄焼き卵……4枚
＊煮汁（八方地〈だし汁2カップ　味醂、薄口醤油＝各1/4カップ〉）
絹さや……12枚　塩……少々

■作り方

1 松茸は石づきの先端を削り、きつく絞ったぬれ布巾で汚れを拭いて縦四つ、4cm長さくらいに切り整えます。鍋に煮汁の八方地を合わせてひと煮立ちさせ、松茸を入れて中火で煮すぎないように煮て火を止め、そのまま味を含ませておきます。

2 薄焼き卵はへりを切り落として半分に切り、細く線に切って笊に並べ、静かに熱湯をかけて油抜きをし、水気をきります。絹さやは色よく塩茹でをしてあおいで冷まし、天地を切り整えます。

【盛りつけ】

器に松茸を盛り、錦糸卵を盛り添えて絹さやをあしらい、煮汁をたっぷりと注ぎ入れます。

## 雲丹の家盛り八方煮

●一三三頁参照

■材料〈四人分〉

生雲丹（殻つきのもの）……4個
＊煮汁（八方地〈だし汁2カップ　味醂、薄口醤油＝各1/4カップ〉）
車海老……2尾　塩……適宜
わさび……適宜

■作り方

殻つきの生雲丹は、殻の上半分をはさみで切り取り、煮汁の八方地をひと煮立ちさせた中で煮ておきます。車海老は背わたを抜いて塩茹でをし、冷まして殻をむいたのち二～三つに切ります。

【盛りつけ】

器に家盛りの雲丹を盛り、上に車海老をあしらって煮汁をたっぷりと注ぎ入れ、天におろしわさびをのせます。

## しめ鯖と胡瓜のおろし和え

●一三三頁参照

■材料〈四人分〉

鯖（小）……片身　塩、酢……各適宜
胡瓜……1本　花丸胡瓜……4本
大根おろし……1カップ
＊辛子酢味噌（味噌、味醂、砂糖＝各1カップ　溶き辛子大匙1.5　茹で卵黄1個　酢1/3カップ）適宜

■作り方

1 鯖は三枚におろした片身を用意し、腹骨をすき取り、小骨を抜いてたっぷりの塩をふり、30分ほどおいて洗い落とし、酢につけて20分ほどおきます。汁気を拭いて薄皮をむき、薄く切ります。

2 胡瓜は縦半分に切って種を除き、薄い小口切りにして塩水につけ、しんなりしたらきつく絞ります。大根おろしは水気を軽く絞っておき、辛子酢味噌を用意します。

【盛りつけ】

鉢に胡瓜としめ鯖を盛り合わせ、大根おろしを添えて辛子酢味噌をかけ、花丸胡瓜をあしらいます。

## しじみと生椎茸のおろし酢和え

●一三三頁参照

■材料〈四人分〉

しじみ（殻つき）……500g
椎茸……4枚　車海老……4尾
塩……適宜
＊おろし酢（大根おろし1カップ　酢1/3カップ　味醂1/4カップ　塩小匙1/3　薄口醤油小匙1）
黄身そぼろ…適宜　わさび……適宜

■作り方

1 しじみは殻をよく洗って空《から》鍋に入れ、蓋をして火にかけ、揺すって口が開いたものから身を取り出します。笊に入れてふり洗いしたのち、きつく絞ったぬれ布巾で水気をとります。

2 椎茸は石づきを取り、焦がさないように網焼きをして縦二つに切り、車海老は背わたを抜き、塩を少量加えた熱湯

で茹でて頭と尾を落とし、胴の殻をむきます。大根おろしを用意して軽く水気を絞り、分量の合わせ酢に混ぜておろし酢を作り、しじみをざっくりと和えます。黄身そぼろを用意します。


【盛りつけ】

鉢にしじみと椎茸、車海老を形よく盛り合わせ、おろしわさびを添えて黄身そぼろを散らします。

## 雲丹と白菜の加減酢かけ

●一三三頁参照

**■材料**〈四人分〉
蒸し雲丹……12片　白菜…………2枚
塩…………適宜　花穂じそ……4本
*加減酢（酢1/3カップ　味醂1/4カップ　塩小匙1/3　薄口醤油小匙1）
わさび……適宜

**■作り方**
蒸し雲丹は色のよいものを用意し、白菜は3cm長さ・縦5mm幅に切って塩をふり、軽くもんでしんなりしたら水気をきつく絞り、分量の調味料を合わせてひと煮立ちさせ、冷ました加減酢につけます。


【盛りつけ】

白菜の汁気を軽く絞って鉢に盛り、蒸し雲丹を盛り合わせて天におろしわさびをのせ、花穂じそをあしらいます。

**■調理覚え書**
●二杯(配)酢・三杯酢をはじめ、酢に他の調味料を加えたものが〝加減酢〟です。

## わかさぎの素揚げ加減酢かけ

●一三三頁参照

**■材料**〈四人分〉
わかさぎ……16尾　片栗粉………適宜
*加減酢（酢1/3カップ　味醂1/4カップ　塩小匙1/3　薄口醤油小匙1　長ねぎ1本）
揚げ油………適宜　あさつき……適宜

**■作り方**
1 まず加減酢を用意します。分量の酢に調味料を合わせ、ひと煮立ちさせて冷ました中に、長ねぎを焼いて4cm長さほどのブツ切りにしたものを入れます。
2 わかさぎは片栗粉を薄くまぶし、中温よりやや高めに熱した揚げ油でカラリと揚げ、熱あつを加減酢につけます。あさつきを小口切りにします。

【盛りつけ】

わかさぎの汁気を軽くきって鉢に盛り、天にあさつきをたっぷりと添えます。

## 鳥貝のおろし酢和え

●一三三頁参照

**■材料**〈四人分〉
鳥貝…………12枚　胡瓜…………1本
塩…………適宜
*おろし酢（大根おろし1カップ　酢1/3カップ　味醂1/4カップ　塩小匙1/3　薄口醤油小匙1）
白胡麻……適宜　わさび……適宜

**■作り方**
1 鳥貝は刺身用を縦半分に切り揃えておき、胡瓜は塩をまぶして板ずりをしたのち、熱湯にくぐらせて水にとり、冷まして3cm長さに切り、縦半分に切って短冊に刻みます。
2 大根おろしを用意して軽く水気を絞り、分量の合わせ酢に混ぜておろし酢を作り、鳥貝と胡瓜をざっくりと和えます。

【盛りつけ】

鉢におろし酢和えをこんもりと盛り、煎った白胡麻をふって天におろしわさびをのせます。

## 鯛と胡瓜の黄身酢かけ

●一三三頁参照

**■材料**〈四人分〉
鯛の上身……120g　胡瓜…………2本
塩…………適宜　わさび……適宜
*黄身酢（卵黄3個　酢、味醂＝各1/3カップ　塩少々）

**■作り方**
1 鯛の上身は薄く塩をあてて10分ほどおき、薄いそぎ切りにします。胡瓜を縦半分に切って種を取り、薄く小口切りにしたのち海水程度の塩水につけ、しんなりしたら水気をきつく絞ります。
2 黄身酢は、鍋に分量の酢と味醂を合わせて塩を加え、卵黄を溶き混ぜてごく弱火にかけるか、湯煎にかけて、木杓子で焦がさないようにねっとりとするまで練って仕上げ、冷まします。

【盛りつけ】

鉢に鯛のそぎ身と胡瓜を盛り合わせ、黄身酢をたっぷりとかけて天におろしわさびをのせます。

## 湯ぶり鮑のおろし酢和え

●一三三頁参照

**■材料**〈四人分〉
鮑(中)……1杯　塩…………適宜
セロリ……1/2本　酢取り生姜…4本
*おろし酢（大根おろし1カップ　酢1/3カップ　味醂1/4カップ　塩小匙1/3　薄口醤油小匙1）
わさび……適宜

**■作り方**
1 鮑は塩でもんで殻からはずし、おろして5mm厚さのそぎ切りにしたのち、さっと湯通しして布巾にとり、水気を拭きます。セロリは筋を取って繊《せん》切りにし、水に放してパリッとさせ、水気をきっておきます。
2 大根おろしを用意して軽く水気を絞り、合わせ酢に混ぜておろし酢を作ります。酢取り生姜は杵形に整えます。

【盛りつけ】

鉢におろし酢をこんもりと盛り、セロリをあしらって鮑を前に盛り合わせ、杵生姜とおろしわさびを添えます。

**■調理覚え書**
●大根おろしと醤油の入った加減酢を混ぜて魚介の和え衣にしていますが、主材料との対比から、おろしの白さを際立てたい場合は、甘酢おろしを使います。

## 蟹脚とうどの加減酢かけ

●一三三頁参照

■材料〈四人分〉

蟹脚……4本　若布……3g
うど……8cm長さ　酢……適宜
＊加減酢（酢⅓カップ　味醂¼カップ
塩小匙⅓カップ　薄口醤油小匙1）
花穂じそ……8本　わさび……適宜

■作り方

1 蟹脚は茹でた太めのものを用意し、殻をはずして軟骨を除き、ほどよい大きさにほぐします。若布は水で戻して笊に入れ、熱湯を回しかけて水にとり、色出しをして水気を絞ったのち筋を除き、食べよい大きさに切っておきます。

2 うどは4cm長さに切り、皮を厚めにぐるむきにして1cm弱角の拍子木に切り、酢水にさらして水気を拭きます。加減酢は、酢ほかの調味料を合わせてひと煮立ちさせ、冷まします。

【盛りつけ】

鉢に若布をこんもりと盛り、うどと蟹脚を立てかけるように盛り合わせて加減酢をかけ、天におろしわさびを添えて花穂じそをあしらいます。

## イクラと胡瓜のわさび酢和え

●一三三頁参照

■材料〈四人分〉

イクラ……大匙6　胡瓜……1本
塩……適宜　薄焼き卵……1枚
＊わさび酢（酢⅓カップ　味醂¼カップ
塩小匙⅓　薄口醤油小匙1　（おろしわさび適宜））

■作り方

1 胡瓜は塩をまぶして板ずりをし、熱湯にくぐらせて冷水にとり、冷まして縦半分に切って種を除き、3mm厚さに切ります。薄焼き卵を用意し、縦半分に切ってさらに細く線状に切っておき、酢ほかの調味料を合わせてひと煮立ちさせ、冷まして合わせ酢を用意し、別におろしわさびを用意します。

2 大きめのボウルに胡瓜とイクラ、錦糸卵を合わせ、合わせ酢をかけてざっくりと和えます。

【盛りつけ】

鉢にイクラの和えものを盛り、おろしわさびを天にあしらいます。

## 小柱と黄菊のわさび酢和え

●一三三頁参照

■材料〈四人分〉

小柱（刺身用）……60g
菊花……12輪　酢……少々
春菊……½把　塩……適宜
＊わさび酢（酢⅓カップ　味醂¼カップ
塩小匙⅓　薄口醤油小匙1　（おろしわさび適宜））

■作り方

1 小柱は色のよいものを用意し、菊花は酢を少量落とした熱湯で茹で、水にさらしてきつく絞り、がくを取ります。春菊は葉先の柔らかい部分をつまみ取り、塩を少量加えて熱湯で茹でて水にとり、さらしてきつく絞ったのち、落とし庖丁をしておきます。

2 大きめのボウルに小柱、菊花、春菊を合わせ、ひと煮立ちさせて冷ました合わせ酢をかけてざっくりと和えます。

【盛りつけ】

鉢に小柱の和えものをこんもりと盛り、おろしわさびを天にあしらいます。

## 蒸し雲丹の宿借り揚げ

●一三四頁参照

■材料〈四人分〉

雲丹……1箱　長ねぎ……1本
＊軽揚げ衣（卵1個　酒大匙3　冷水¼カップ　片栗粉、小麦粉＝各大匙3）
揚げ油……適宜　あさつき……適宜
もみじおろし適宜
＊割り醤油（醤油大匙5　だし汁大匙1）
＊（常節《とこぶし》の殻4個　胡瓜の葉4枚　松葉適宜）

■作り方

1 雲丹は常節の殻に盛ります。長ねぎは4cm長さに切って縦に庖丁目を入れ、縦の繊《せん》切りにして水にさらし、きつく絞って白髪ねぎを作ります。

2 揚げ衣用の卵を溶きほぐし、酒と冷水、片栗粉、小麦粉を溶き混ぜて軽揚げ衣を用意し、宿借り盛りの雲丹にかけます。余分な衣は戻して、中温に熱した揚げ油で色よく揚げ、油をきります。あさつきは小口切りにし、もみじおろし、さらに分量の醤油をだし汁で割り、ひと煮立ちさせ、冷まして割り醤油を用意します。

【盛りつけ】

器に胡瓜の葉を敷いて宿借り揚げを安定よくのせ、天に白髪ねぎをたっぷりと盛って松葉をあしらい、あさつきともみじおろしを添え、別器に割り醤油を入れて添えます。

■調理覚え書

●殻は煮沸《しゃふつ》ののち、よく洗って使います。

## 雲丹と蟹の宿借り揚げ

●一三四頁参照

■材料〈四人分〉

雲丹……½箱　蟹の身……100g
糸三つ葉……⅓把
＊軽揚げ衣（卵1個　酒大匙3　冷水¼カップ　片栗粉、小麦粉＝各大匙3）
揚げ油……適宜　すだち……2個
＊割り醤油（醤油大匙5　だし汁大匙1）
＊（常節の殻8個　楓の葉8枚　和紙適宜）

■作り方

1 蟹は軟骨を取り除いて粗くほぐし、糸三つ葉は軸だけを2cm長さに切ります。卵と分量の調味料ほかを混ぜ合わせて軽揚げ衣を作り、雲丹と蟹、糸三つ葉を加えてぽってりとした生地に調えたのち、常節の殻に盛り入れて、中温に熱した揚げ油で揚げ、油をきります。

2 すだちは半分に切り、醤油をだし汁で割った割り醤油を用意しておきます。

【盛りつけ】

器に和紙を敷き、宿借り揚げをひとりあて二個ずつ盛って楓の葉をあしらい、すだちを添え、別器で割り醤油をお出しします。

## 鰻茶漬け、ぶぶあられ添え

●一三五頁参照

**■材料**〈四人分〉

鰻の蒲焼き…4串　酒……………少々
白飯………4杯分　ぶぶあられ…適宜
わさび………適宜　煎茶…………適宜

**■作り方**

1 鰻の蒲焼きは酒を少量ふり、火にかざして温める程度にあぶり返します。白飯は普通に炊き上げてよく蒸らしたもの、ぶぶあられ、おろしわさびをともに用意します。

2 熱あつの湯で煎茶をいれます。この時あらかじめ急須を温めておき、葉を漉し取ってお茶だけを満たします。

【盛りつけ】

蓋つきの小丼にご飯を、小猪口にぶぶあられをそれぞれ盛り入れ、折敷の手前にのせ、右上手に和紙《かみ》か敷板を敷いて急須を置き合わせます。平鉢に蒲焼きを盛っておろしわさびを添え、ひと組みにしてお出しします。

## 松茸昆布茶漬け、きゃら蕗ほか添え

●一三五頁参照

**■材料**〈四人分〉

松茸昆布、きゃら蕗（各市販品）…適宜
日野菜漬の葉100g　白胡麻………適宜
白飯………4杯分　ぶぶあられ…適宜
わさび……適宜　煎茶…………適宜

**■作り方**

1 松茸昆布、きゃら蕗は市販品を利用し、日野菜漬の葉は細かく刻んで水気をきつく絞ったのち、煎った白胡麻を粗く刻んでたっぷり混ぜます。

2 白飯は炊きたてを用意し、ぶぶあられ、おろしわさびも適量を用意します。熱い煎茶を急須に漉し入れます。

【盛りつけ】

平皿に松茸昆布、きゃら蕗、刻み日野菜漬の葉の三種を形よく盛り、おろしわさびを添えます。蓋ものに白飯、小猪口にぶぶあられを入れて、平皿とともに折敷にのせ、急須を添えてお出しします。

## 小鯛茶漬け、胡麻味噌だれ添え

●一三六頁参照

**■材料**〈四人分〉

鯛（300g大のもの）………………4尾
*あしらい類（切り海苔適宜　あさつき1/2把　春蘭4輪　酢取り生姜4本　香のもの（奈良漬1/4本））
*胡麻味噌だれ（あたり胡麻（白）大匙2　西京味噌大匙2弱　卵黄3個　酒大匙2.5　味醂大匙1/2　薄口醤油大匙3弱　だし汁1/3カップ）
白飯………4杯分　煎茶…………適宜

**■作り方**

1 鯛は鱗を丁寧に引いてえらを取り除き、姿造り用に、裏面になる側からわたを取っておろし、身は腹骨をそぎ取って小骨を抜き、皮を引いて上身にし、そぎ造りにします。器に、姿の中骨を踊らせるように頭と尾の元に大根の枕をあて、形よく安定させてそぎ身を盛り込み、切り海苔、あさつきの小口切りをたっぷりと彩りよくのせて春蘭をあしらい、奈良漬二切れほどと杵生姜を盛り添えます。

2 味噌味の胡麻だれを用意します。白胡麻をよく煎って冷まし、すり鉢で油が出るくらいまでよくすり、分量の西京味噌、卵黄ほか調味料を、順に加えながらすり混ぜ、だし汁で溶きのばして仕上げます。別に炊きたての白飯、いれたての煎茶を用意します。

【盛りつけ】

厚手の小丼に白飯を、小猪口にたれをそれぞれ盛って、鯛の姿造りの器とともに折敷に置き合わせ、熱い煎茶を漉し入れた急須とともにお出しします。

**■調理覚え書**

●お茶漬けのおいしさには熱あつの煎茶、そして茶碗と急須の味も見逃がせません。

### 黄身酢

酢1/3カップ　味醂1/3カップ　塩少々
卵黄3個

鍋に酢と味醂、塩を合わせて卵黄を溶き混ぜ、ごく弱火にかけるか湯煎にかけて木杓子で焦がさないように混ぜながら、ねっとりとするまで練り上げます。

◉甘さを抑えたい場合、味醂を控えます。

### 薄焼き卵

卵5個　砂糖大匙1/2　味醂大匙3
塩小匙1/4　片栗粉大匙2/3（水大匙1）

卵を溶きほぐして分量の調味料、水溶きの片栗粉を加えてよく混ぜ、きつく絞ったぬれ布巾で一旦漉します。

角の卵焼き鍋を熱して薄くサラダ油を引き、よく熱して、水気を含んだぬれ布巾にのせて粗熱をとったのち、約1/5量の卵汁を流し入れて薄く広げます。

弱火で、鍋底に火が平均にあたるように動かして焼き、卵の表面が乾いたら菜箸でヘリを起こし、下に箸を一本差し込んで裏返し、さっと焼いて伏せた盆笊に広げて冷まし、これを繰り返して焼きます。

◉錦糸卵は薄焼き卵を、小口から巻き、あるいは縦二枚に切って重ねたのち、小口から細く切って作ります。薄焼き卵も錦糸卵も、密封冷凍で約1カ月もちます。

## 海老天茶漬け、切り海苔、わさび添え

●一三六頁参照

■**材料**〈四人分〉

車海老……16尾　小麦粉……適宜
＊揚げ衣（卵1/2個分　冷水1/3カップ　酒大匙2　小麦粉1/2カップ）
揚げ油……適宜
＊あしらい類（茹でわらび4本　梅酢漬け生姜適宜　鉄砲漬け4cm長さ）
白飯……4杯分　切り海苔……適宜
わさび……適宜

■**作り方**

1 車海老は背わたを抜き、頭を取り、尾ひと節を残して殻をむきます。腹側に斜めの切り目を二〜三本入れ、反対側に曲げ伸ばしたのち、剣先を切って尾先の水をしごき、水気を拭き取って小麦粉を薄くまぶします。衣用の卵を割りほぐし、冷水と酒を溶き混ぜて小麦粉をざっくりと合わせ、車海老につけて、中温に熱した揚げ油で揚げます。

2 茹でわらびを用意し、梅酢漬けの生姜と鉄砲漬けは食べよい大きさに切ります。別に炊きたての白飯、切り海苔とおろしわさびを用意し、急須に熱い煎茶を漉し入れます。

【盛りつけ】

平皿に車海老の天ぷらを盛り、わらびをあしらって、梅酢漬け生姜と鉄砲漬けを添えます。小丼に白飯、小皿に切り海苔、豆皿におろしわさびを盛り、折敷に天ぷらの器とともに置き合わせ、急須とともにお出しします。

## 焼き蛤茶漬け、切り海苔、ぶぶあられ添え

●一三七頁参照

■**材料**〈四人分〉

蛤……16個　わさび……適宜
＊下味（酒醤油（酒大匙3　醤油大匙2））
白飯……4杯分　切り海苔……適宜
ぶぶあられ…適宜

■**作り方**

1 蛤は二つずつを打ち合わせて澄んだ音のするものを用意し、殻をきれいに洗って鍋に入れ、蓋をして火にかけます。口が開いたら身を取り出し、酒醤油に5分ほどつけたのち、よく熱した焼き網で焼き、途中で二度ほどつけ汁をつけながら、焦がさないように焼きます。

2 炊きたての白飯、切り海苔とぶぶあられ、おろしわさびを用意します。急須に熱い煎茶を漉し入れます。

【盛りつけ】

器に焼き蛤を盛り、おろしわさびを添えます。大振りの飯茶碗に白飯を、小皿に切り海苔、小猪口にぶぶあられをそれぞれ盛り、折敷に置き合わせて焼き蛤の器、急須とともにお出しします。

■**調理覚え書**

●お茶漬けの味の仕上げはぶぶあられの香ばしさと切り海苔の磯の香、そして特に欠かせないおろしわさびです。ぶぶあられのぶぶはお茶・お湯の京阪言葉です。

## 鯛の薄造り茶漬け、昆布有馬煮ほか添え

●一三七頁参照

■**材料**〈四人分〉

鯛の上身……200g　大葉……8〜12枚
わさび……適宜　白飯……4杯分
昆布の有馬煮（市販品）……適宜
ぶぶあられ…適宜
＊香のもの（小茄子の辛子漬け、梅酢漬け生姜＝各適宜）

■**作り方**

1 鯛は皮つきの上身を用意し、抜き板に皮上に置いてきつく絞ったぬれ布巾をかぶせ、熱湯をかけて手早く氷水にとり、冷やして皮霜造りにしたのち水気を拭き、やや薄い引き造りにします。器に大葉二〜三枚をずらし気味に重ねて敷き、鯛の造り身をひとりあて十切れずつ盛り、おろしわさびを添えます。

2 炊きたての白飯、市販の昆布の有馬煮とぶぶあられを用意し、急須に熱い煎茶を漉し入れます。

【盛りつけ】

飯茶碗に白飯を、小皿に昆布の有馬煮、小猪口にぶぶあられをそれぞれ盛り、鯛の皮霜薄造りの器とともに折敷に置き合わせて、急須を添えてお出しします。香のものは、別器に小茄子の辛子漬け、粗く刻んだ梅酢漬け生姜を盛り合わせてお出しします。

■**調理覚え書**

●小膳にセッティングしたこのようなお茶漬けには、香のもののひと鉢を添えると、一層気の利《き》いたひと膳となります。その場合、二種以上の漬けものの盛り合わせの形にすることで、より軽食の一品らしい趣がでます。ここでの例は、比較的お茶漬けの種類を選ばない取り合わせの一例でもあり、この項でご紹介している六種のお茶漬けの、いずれにもよく合います。

## 炊き込みご飯十二種

●一三八頁参照

■**材料**〈四人分〉

**松形物相・鶏肉と筍の炊き込みご飯**
鶏もも肉……1/2枚　茹で筍（小）…1本
人参……30g　椎茸……3枚
＊具の下味（酒醤油（酒、薄口醤油＝各大匙1.5））
ご飯（米3カップ　水3.3カップ　酒大匙3　白醤油大匙2）

**楓形・栗と小柱**
栗……10個　塩……適宜
小柱……100g　糸三つ葉……適宜
＊小柱の下味（酒醤油（酒大匙1　白醤油少々））
ご飯（米3カップ　水3.5カップ　塩小匙1/2）

**菊形・栗入り赤飯**
栗……10個
赤飯（もち米3カップ　うるち米3/4カップ　ささげ1/2カップ　茹で汁と水適宜）

**楓形・栗と大納言**
栗……10個　大納言…40〜50粒
ご飯（米3カップ　水3.5カップ　塩小

匙1/3）

**瓢《ひさご》形・蟹と三つ葉**

蟹のほぐし身150g　糸三つ葉……1/2把

＊蟹の下味（酒醤油《酒大匙3　白醤油大匙1.5》）

ご飯（米3カップ　水3.3カップ）

**菊形・松茸と銀杏**

松茸……2本　酒……大匙3

茹で銀杏……20粒

ご飯（米3カップ　水3.3カップ　酒大匙2　塩少々　薄口醤油大匙1.5）

**楓形・鮑と雲丹**

鮑（中）……1杯　塩……適宜

雲丹……1箱

＊鮑と雲丹のつけ汁（酒大匙1.5　白醤油大匙1　味醂小匙1）

ご飯（米、水＝各3カップ　酒大匙3）

**瓢形・ぜんまいと油揚げ**

ぜんまい（水煮）……1/2束

油揚げ……2枚　茹で銀杏……20粒

＊ぜんまいと油揚げの下味（酒、薄口醤油＝各大匙3　味醂大匙3/4）

ご飯（米3カップ　水3.3カップ　酒大匙3）

**巴《ともえ》形・赤飯と白飯**

赤飯（もち米2カップ　うるち米、ささげ＝各1/2カップ　茹で汁と水適宜）

白飯（米2カップ　水2.2カップ）

**菊形・帆立貝と榎茸《えのき》**

帆立の貝柱…4個　えのき茸1パック

＊下味（酒、薄口醤油＝各大匙3　味醂小匙2）

ご飯（米3カップ　水3.3カップ）

**松形・車海老と筍**

車海老……12尾　茹で筍（小）…1本

＊車海老の下味（酒醤油《酒大匙2　薄口醤油少々》）

ご飯（米3カップ　水3.3カップ　酒大匙3　白醤油大匙2）

**瓢形・黒豆入りくちなしご飯**

黒豆……1/2カップ　塩……適宜

くちなしご飯（米、水＝各3カップ　酒大匙2　塩小匙1/2　《くちなしの実3個　熱湯1/3カップ》）

**■作り方**

1 松形物相・鶏肉と筍の炊き込みご飯を作ります。鶏もも肉は皮と脂を除いて1cm角に切り、筍と人参は2cm長さの薄い短冊切りに、生椎茸は石づきを取って薄切りにし、以上の具を酒醤油に5分ほどつけます。米は炊く一時間以上前にといで笊にあげておき、釜に入れて分量の水と調味料を加え混ぜ、具の汁気をきってのせ、普通に炊き上げてゆっくりと蒸らし、飯台にあけて具を彩りよく混ぜます。

松形の物相を水でぬらし、炊き込みご飯を詰めて抜き、弁当をはじめ各種点心ものなどに盛り合わせます。

2 楓形物相・栗と小柱の炊き込みご飯を作ります。栗は鬼皮と渋皮をむいて二つに切り、薄い塩水にしばらくつけておき、小柱は酒醤油で洗います。釜にあらかじめといで笊に上げておいた米を入れ、分量の水と塩、水気をきった栗を入れて普通に炊き上げ、小柱を表面に散らしてよく蒸らします。飯台にあけ、糸三つ葉の軸だけを3cm長さに切って加え、彩りよく混ぜます。

水でぬらした楓形の物相で抜きます。

3 菊形物相・栗入り赤飯を作ります。栗は鬼皮と渋皮をむいて水につけ、二～三つに切り、もち（糯）米はといで水につけ、4～5時間おき、うるち（粳）米は炊く1時間以上前にといで笊に上げておきます。

ささげは洗って水につけて戻し、そのまま火にかけて柔らかく茹でたのち、汁を別のボウルにとり、玉杓子ですくってはボウルに落としながら団扇であおぎ、色出しをします。釜に水気をきったもち米とうるち米、ささげ、栗を入れ、ささげの茹で汁と水を加えてひたひたの水加減にし、普通に炊き上げたのち、飯台にあけて具を彩りよく混ぜ、手早くあおいで冷まします。

水でぬらした菊形の物相で抜きます。

4 楓形物相・栗と大納言の炊き込みご飯を作ります。栗は鬼皮に傷を入れて焼き網でゆっくりと焼き、鬼皮と渋皮をむいてさっと洗い、汚れを落として二つに切っておき、大納言は洗ってたっぷりの水とともに鍋に入れ、火にかけて皮が切れないように茹でます。釜に、1時間以上前にといで笊に上げておいた米、分量の水と塩を入れて混ぜ、普通に炊き上げて表面に大納言を散らし、ゆっくりと蒸らしたのち飯台にあけ、具を全体に混ぜます。

水でぬらした楓形の物相で抜きます。

5 瓢形物相・蟹と三つ葉の炊き込みご飯を作ります。蟹の身は軟骨を除いて軽くほぐし、酒醤油に5分ほどつけておき、釜に、1時間以上前にといで笊に上げておいた米、分量の水と蟹のつけ汁を絞って加え、普通に炊き上げて表面に蟹の身を平らに広げてのせ、ゆっくりと蒸らしたのち飯台にあけ、糸三つ葉の軸だけを1cm長さに切って散らし、こねないように具を混ぜます。

水でぬらした瓢形の物相で抜きます。

6 菊形物相・松茸と銀杏の炊き込みご飯を作ります。松茸は石づきの汚れを庖丁で削り、4cm長さに切って縦の薄切りにし、酒につけておきます。釜に、1時間以上前にといで笊に上げておいた米、分量の水と調味料を加えて混ぜ、普通に炊き、水が引いたら松茸をつけ汁ごと入れて炊き上げ、ゆっくりと蒸らして飯台にあけたのち、茹でた銀杏を散らして軽く混ぜます。

水でぬらした菊形の物相で抜きます。

7 楓形物相・鮑と雲丹の炊き込みご飯を作ります。鮑は塩をまぶしてもむように洗い、殻をはずしておろし、ごく薄いそぎ切りにし、雲丹とともにつけ汁につけます。釜に、といで笊に上げておいた米、分量の水と酒、鮑と雲丹のつけ汁だけを加え混ぜ、普通に炊き上げて火を止める直前に具をのせ、ゆっくりと蒸らしたのち飯台にあけ、こねないように混ぜます。

水でぬらした楓形の物相で抜きます。

8 瓢形物相・ぜんまいと油揚げの炊き込みご飯を作ります。ぜんまいは固い部分を切り落として3cm長さほどに切り揃え、油揚げは熱湯を通して油抜きをし、縦半分に切って細切りにし、下味の各調味料を合わせて二種をつけます。釜に、といで笊に上げておいた米、分量の水と酒、先のつけ汁を加えてよく混ぜ、表面にぜんまいと油揚げを平らに広げ、普通に炊き上げてよく蒸らしたのち、飯台にあけて茹でた銀杏を散らし、こねないように混ぜます。

水でぬらした瓢形の物相で抜きます。

9巴形物相・赤飯と白飯を作ります。赤飯用のもち米はといで水につけ、4～5時間おいておき、うるち米は炊く1時間以上前にといで笊に上げておきます。ささげは洗って水につけて戻し、そのまま火にかけて皮を切らないように茹で、汁を取り分けてあおいで色出しをします。釜に水気をきったもち米とうるち米、ささげを入れ、ささげの茹で汁をひたひたの量入れ、汁が少ない時は水を加えて加減をし、普通に炊き上げてゆっくりと蒸らしたのち、飯台にあけて豆をむらなく混ぜ、あおいで粗熱をとります。別に白飯を分量の水加減で普通に炊き上げます。

水でぬらした巴形の物相で、赤飯と白飯を抜き、二種を組み合わせます。

10菊形物相・帆立貝とえのき茸の炊き込みご飯を作ります。帆立の柱は粗くむしっておき、えのき茸は根元を落として半分の長さに切り、さっと茹でて笊にとり、水気をきって帆立とともに下味の調味料を合わせた中につけます。釜に、といで笊に上げておいた米、分量の水と先のつけ汁を加えてよく混ぜ、普通に炊き、水が引いたら表面に帆立とえのき茸を平らに広げて炊き上げ、よく蒸らしたのち飯台にあけ、具を全体に混ぜます。

水でぬらした菊形の物相で抜きます。

11松形物相・車海老と筍の炊き込みご飯を作ります。車海老は背わたを抜いて頭と尾を落とし、殻をむいて酒醤油で洗っておき、茹で筍は2cm長さほどの薄い短冊に切ります。釜に、といで笊に上げておいた米、分量の水と調味料を入れて筍をのせ、普通に炊き上げて火を止める直前に車海老をのせ、ゆっくりと蒸らしたのち飯台にあけ、こねないように混ぜます。

水でぬらした松形の物相で抜きます。

12瓢形物相・黒豆入りくちなしご飯（別名ほたるご飯）を作ります。黒豆は洗ってボウルに入れ、たっぷりの熱湯をかけて戻し、つけ汁ごと鍋に移して火にかけます。煮立ってきたらアクを取り、中火にして紙蓋をし、水を足しながら指先でつぶれる程度の柔らかさに茹でたのち、塩を加えて味を調え、ひと煮立ちさせて火を止め、そのまま味を含ませます。ご飯用のくちなしの実は庖丁の背で軽く叩《たた》いて皮をむき、分量の熱湯につけて色を出します。釜に、といで笊に上げておいた米、分量の水と調味料、くちなしのつけ汁を加えて普通に炊き、水が引いたら黒豆の汁気をきって表面に散らし、炊き上げてゆっくりと蒸らしたのち、飯台にあけてこねないように黒豆を混ぜます。

水でぬらした瓢形の物相で抜きます。

**■調理覚え書**

●物相《もっそう》は盛相とも書き、もとは仏前へ供えるご飯を盛りはかる道具の木型をいったもの。今では、料理屋が主に弁当のご飯を四季の風物に形どる木型を指します。

# 混ぜご飯十二種

●一三九頁参照

**■材料〈四人分〉**

**光琳梅形物相・雲丹そぼろ混ぜご飯**
雲丹そぼろ（練り雲丹大匙4　卵黄2個）
白飯……4杯分

**色紙形・青海苔**
青海苔……適宜　白飯……4杯分

**半月形・榎茸《えのき》**
えのき茸1パック　白飯……4杯分
＊煮汁（酒大匙2　醬油大匙3）

**瓢《ひさご》形・鱈子**
鱈子……1腹　白飯……4杯分

**亀甲形・刻み小梅**
カリカリ小梅20粒　白飯……4杯分

**地紙形・ちりめん山椒**
ちりめんじゃこ……70g
山椒の実の佃煮（市販品）……小匙½
＊煮汁（昆布だし汁¾カップ　酒大匙2　弱　味醂大匙¾　薄口醬油大匙1.5）
白飯……4杯分

**菱形・大根の葉**
ホイロ大根（大根の葉の乾燥品）…適宜
白飯……4杯分

**色紙形・牛肉佃煮**
牛肉（薄切り）150g　白飯……4杯分
＊牛肉の煮汁（酒大匙2　醬油大匙3　味醂小匙2　味噌小匙1）

**花弁形・からすみ**
からすみ……適宜　白飯……4杯分

**梅形・干し海老**
干し海老……30g
＊戻し汁（酒½カップ　味醂少々）
ご飯（米3カップ　水3.3カップ）

**松形・枝豆入り黄身そぼろ**
枝豆（殻をむいたもの）……⅓カップ
塩……適宜　黄身そぼろ大匙4
白飯……4杯分

**桜形・ゆかり**
ゆかり粉……適宜　白飯……4杯分

**■作り方**

1光琳梅形物相・雲丹そぼろ混ぜご飯を作ります。雲丹そぼろは練り雲丹と卵黄を鍋で合わせ、弱火にかけて箸五～六本で混ぜながら、パラパラになるまで煎ってバットに広げ、冷まします。炊きたての白飯をボウルに入れ、雲丹そぼろを加えてむらなく混ぜたのち、水でぬらした梅形の物相で抜きます。

2色紙形物相・青海苔混ぜご飯を作ります。青海苔はすり鉢で細かくすり、炊きたての白飯と混ぜ合わせて、水でぬらした色紙形の物相で抜きます。

3半月形物相・えのき茸混ぜご飯を作ります。えのき茸は根元を落として半分の長さに切り、さっと茹でて笊にとり、酒と醬油を合わせてひと煮立ちさせた中で、汁気が少なくなるまで煮て笊にとっておきます。炊きたての白飯に汁気をきったえのき茸を手早く混ぜ、水でぬらした半月形の物相で抜きます。

4瓢形物相・鱈子混ぜご飯を作ります。鱈子は薄塩の色のよいものを用意し、熱した焼き網にのせて弱火で焦がさないように焼き、薄皮を取り除いてパラパラにします。炊きたての白飯に鱈子を混ぜ、水でぬらした瓢形の物相で抜きます。

5亀甲形物相・刻み小梅混ぜご飯を作ります。カリカリ小梅は種を除き、粗いみじん切りにして、炊きたての白飯にむらなく混ぜ、水にぬらした亀甲形の物相で抜きます。

6地紙形物相・ちりめん山椒混ぜご飯を作ります。ちりめんじゃこは小さめで形の揃ったものを用意し、ぬるま湯に5分ほどつけて塩気を抜き、水気をきっておき、山椒の実の佃煮は細かく刻みます。煮汁の昆布だしと調味料を合わせて山椒の実を加え、ひと煮立ちしたらちりめんじゃこを入れて、煮立ちはじめたら火を止め、そのまま冷まして笊にとり、汁気をきります。炊きたての白飯にちりめん山椒を混ぜ、水でぬらした地紙形の物相で抜きます。

7菱形物相・大根の葉の混ぜご飯を作ります。ホイロ大根は、市販のふりかけ様《よう》の塩味の乾燥品を用意し、炊きたての白飯にむらなく混ぜて、水でぬらした菱形の物相で抜きます。

8色紙形物相・牛肉佃煮混ぜご飯を作ります。牛肉の薄切りは1cm弱幅の細切りにし、煮汁の調味料を合わせた中で汁気が少なくなるまで煮て、笊にとって汁気をよくきります。炊きたての白飯に混ぜ、水でぬらした色紙形の物相で抜きます。

9花弁形物相・からすみ混ぜご飯を作ります。からすみはおろし金でおろし、炊きたての白飯に混ぜて、水でぬらした桜の花弁形の物相で抜きます。

10梅形物相・干し海老混ぜご飯を作ります。干し海老は粗く刻み、戻し汁用の酒と味醂を合わせてひと煮立ちさせた中につけ、そのまま冷まして戻します。釜に米と分量の水、干し海老をつけた汁ごと加えて普通に炊き上げ、蒸らして飯台にあけ、こねないように混ぜて水でぬらした梅形の物相で抜きます。

11松形物相・枝豆入り黄身そぼろ混ぜご飯を作ります。枝豆は塩茹でをしたのち、薄皮までむいておき、炊きたての白飯に黄身そぼろをむらなく混ぜ、枝豆を散らします。水でぬらした松形の物相で抜きます。

12桜形物相・ゆかり混ぜご飯を作ります。ゆかり粉は色のよいものを求め、炊きたての白飯と比較的ざっくりと混ぜ合わせ、水でぬらした桜の花形の物相で抜きます。

## 花々の塩漬けと花ご飯十種

●一四〇頁参照

■材料

**花の塩漬け**

海棠《かいどう》、藤の花、すみれ、紫陽花《あじさい》、桜の花、紅梅、春蘭、山査子《さんざし》、金木犀《きんもくせい》、石楠花《しゃくなげ》（各花の季節に一年以内で使いきれる量を目安に適宜　塩（花の重さの二割量）　白梅酢、塩＝各適宜）

**小型物相・花の混ぜご飯十種**

花の塩漬け各適宜　白飯…各3杯分弱

■作り方

1海棠の塩漬け・地紙形物相花ご飯を作ります。海棠は花を摘んで笊に入れ、たっぷりの水の中で丁寧に振り洗いをし、水気をよくきります。分量の塩をまぶして密封容器に入れ、三日ほど冷蔵庫においたのち、水気を絞って再び密封容器に入れ、白梅酢をひたひたに入れて三〜四日冷蔵庫に入れます。汁気をよくきって笊に広げ、1時間ほど陰干しにして塩を適量まぶし、密封保存します。

海棠の花の塩漬けを水につけ、塩気を抜きすぎないように注意して抜き、水気を絞って炊きたての白飯に混ぜ、水でぬらした地紙形の物相で抜きます。

2藤の花の塩漬け・月形物相花ご飯を作ります。藤の花は固い茎を避けて花だけをひとつずつ摘み、笊にとってたっぷりの水で振り洗いをし、水気をきります。分量の塩をまぶして卓上漬けもの器に入れ、軽く押しをして三日ほど冷蔵庫においたのち、水気を絞って密封容器に入れ、白梅酢をひたひたに入れて三〜四日冷蔵します。汁気をきって笊に広げ、1時間ほど陰干しにして塩をまぶし、密封保存します。

藤の花の塩漬けを水につけ、塩気をほどよく抜いて水気を絞り、炊きたての白飯に混ぜ、水でぬらした月形の物相で抜きます。

3すみれの塩漬け・地紙形物相花ご飯を作ります。すみれは花を摘み取り、2の藤の花と同要領で塩漬けにし、密封保存します。すみれの塩漬けを水につけ、ほどよく塩抜きをして水気を絞り、炊きたての白飯に混ぜ、水でぬらした

### 自家製ちりめん山椒

ちりめんじゃこ70g　実山椒の佃煮小匙½

煮汁（昆布だし汁¾カップ　酒大匙2弱

味醂大匙¾　薄口醬油大匙1.5）

じゃこはぬるま湯で5分ほど塩抜きをし、水気をきる。煮汁のだし汁に各調味料、細かく刻んだ実山椒を合わせてひと煮立ちさせ、じゃこを入れて煮立ちはじめたら火を止め、そのまま冷まします。

### 雲丹そぼろ

練り雲丹大匙4　　卵黄2個

以上の割合分量を目安に用意し、雲丹を裏漉しにかけて卵黄とともに鍋に合わせ、弱火にかけます。箸5〜6本でかき混ぜながら気長に煎り、鍋底が焦げてきたら鍋を代えてさらに煎り、ぽろぽろになったら再び裏漉しにかけ、もう一度煎って仕上げます。

### 黒豆の煮方

丹波黒豆3カップ　　水5カップ

砂糖5カップ　　醬油大さじ4

水に浮く豆を除いてたっぷりの水にひと晩浸し、皮の破れた豆を除いて水気をきる。分量の水と調味料を熱し、砂糖が溶けたら豆にかけ、紙蓋と落とし蓋をして3時間おき、やっと煮立つ程度の弱火で6〜7時煮て、そのまま冷まします。

地紙形の物相で抜きます。

4紫陽花の塩漬け・梅形物相花ご飯を作ります。紫陽花は花をひとつずつ摘み取って笊に入れ、たっぷりの水で振り洗いをして水気をきります。分量の塩をまぶして密封容器に入れ、三日ほど冷蔵庫においたのち、水気を絞って再び密封容器に入れ、白梅酢をひたひたに入れて三〜四日冷蔵します。汁気をきって笊に広げ、1時間ほど陰干しにして塩をまぶし、密封保存します。

紫陽花の塩漬けを水につけ、ほどよく塩抜きをして水気を絞り、炊きたての白飯に混ぜ、水でぬらした梅形の物相で抜きます。

5桜の花の塩漬け・瓢形物相花ご飯を作ります。桜は花色の濃い八重咲き系の種類を用意し、花柄をつけたまま摘み取って、2の藤の花と同要領で塩漬けにし、密封保存します。桜の花の塩漬けを水につけ、ほどよく塩抜きをして水気を絞り、炊きたての白飯の混ぜ、水でぬらした瓢形の物相で抜きます。

6紅梅の塩漬け・笹形物相花ご飯を作ります。紅梅は花を摘み取って2の藤の花と同要領で塩漬けにし、密封保存します。紅梅の塩漬けを水につけ、ほどよく塩抜きをして水気を絞り、炊きたての白飯に混ぜ、水でぬらした笹形の物相で抜きます。

7春蘭の塩漬け・松形物相花ご飯を作ります。春蘭は花が大きく、ようやく開ききる頃のものを用意し、茎を1cmほど残してがくを取り除いたのち、1の海棠と同要領で塩漬けにし、密封保存します。春蘭の塩漬けを水につけ、ほどよく塩抜きをして水気を絞り、炊きたての白飯を混ぜ、水でぬらした松形の物相で抜きます。

8山査子の塩漬け・梅形物相花ご飯を作ります。山査子は花を摘み取って、2の藤の花と同要領で塩漬けにし、密封保存します。山査子の塩漬けを水につけ、ほどよく塩抜きをして水気を絞り、炊きたての白飯に混ぜ、水でぬらした梅形の物相で抜きます。

9金木犀の塩漬け・松形物相花ご飯を作ります。金木犀の花は咲きはじめのものを摘み取り、竹串で花柄とゴミを取り除いて笊に入れ、たっぷりの水で振り洗いをしたのち、熱湯にさっと通して水気をよくきります。分量の塩をまぶして卓上漬けもの器に入れ、軽く押しをして三日ほど冷蔵庫におきます。水気を絞って密封容器に入れ、白梅酢をひたひたに入れて三〜四日冷蔵します。汁気をきって笊に広げ、1時間ほど陰干しにして塩をまぶし、密封保存します。

金木犀の塩漬けを水につけ、塩気をほどよく抜いて水気を絞り、炊きたての白飯に混ぜ、水でぬらした松形の物相で抜きます。

10石楠花の塩漬け・笹形物相花ご飯を作ります。石楠花は茎を1cmほどつけて花を摘み取り、2の藤の花と同要領で塩漬けにし、密封保存します。石楠花の塩漬けを水につけ、ほどよく塩抜きをして水気を絞り、炊きたての白飯に混ぜ、水でぬらした笹形の物相で抜きます。

**■調理覚え書**

●花の塩漬けのなかでも、古くから料理屋で使われてきたものが春蘭と桜の花です。春蘭は主につけ合わせに使われ、ことに結納や婚礼など祝儀の席には〝蘭湯〟が出されます。桜の花の塩漬けは、桜蒸し、桜ご飯など料理にもよく使われます。また〝桜湯〟も祝儀の席にはお馴染みですが、地方によっては〝色ざめ〟といって避けられる例もあります。

●花の塩漬けは、ほのかな香りと色彩が身上のもの。春蘭などは作ってから三カ月ほどで、少しずつ色が落ちはじめます。ただし春蘭に限らず、塩漬けのまま冷凍しておくと比較的長く色が保てます。また、色留めのためには塩をまぶす最初の工程に、焼きみょうばんを水で溶いて加えると一段と色よく仕上がります。そして、梅酢は赤梅酢では紫蘇《しそ》の香りが強すぎるため、白梅酢が適しています。

# 飯蒸《いいむ》しと黄飯《おうはん》十五種

●一四二頁参照

**■材料**〈四人分〉

**生雲丹の飯蒸し**

生雲丹……50g

＊下味（酒醤油《酒、薄口醤油＝各適宜》）

飯蒸し（もち米2カップ　酒1/3カップ　塩小匙1/2　水適宜）

木の芽…16〜20枚　大葉……4枚

**蟹と生椎茸の飯蒸し**

蟹脚……150g　椎茸……6枚

＊蟹脚の下味（酒塩《酒大匙3　塩小匙1/3》）

＊椎茸の煮汁（だし汁1カップ　味醂大匙2　白醤油大匙1.5）

飯蒸し（もち米2カップ　酒1/3カップ　塩小匙1/2　水適宜）

柚子……適宜　サラダ菜……4枚

**穴子と銀杏の飯蒸し**

穴子の開いたもの（小）……2本

銀杏……10粒

＊穴子の煮汁（水、味醂、醤油＝各1/4カップ　砂糖大匙2）

飯蒸し（もち米2カップ　酒1/3カップ　塩小匙1/2　水適宜）

**牛肉と木耳《きくらげ》の飯蒸し**

牛ヒレ肉（薄切り）……100g

木耳……3g　枝豆……適宜

塩……適宜

＊牛肉と木耳の煮汁（だし汁1カップ　味醂、薄口醤油＝各大匙2）

飯蒸し（もち米2カップ　酒1/3カップ　塩小匙1/2　水適宜）

**鶏肉と三つ葉の飯蒸し**

鶏もも肉……200g　糸三つ葉……適宜

＊鶏肉の煮汁（だし汁1カップ　味醂、薄口醤油＝各大匙2）

飯蒸し（もち米2カップ　酒1/3カップ　塩小匙1/2　水適宜）

菊の葉……4枚

**鮑と大納言の飯蒸し**

鮑（小）……1杯　塩……適宜

大納言……適宜　人参……50g

＊鮑の下蒸し用（酒大匙3　塩小匙1/2

＊人参の煮汁（だし汁1カップ　味醂、薄口醤油＝各大匙2）

飯蒸し（もち米2カップ　酒1/3カップ　塩小匙1/2　水適宜）

**牡蠣《かき》と木耳の飯蒸し**

牡蠣のむき身200g　木耳……3g
＊牡蠣の煮汁（酒、薄口醤油＝各大匙3）
＊木耳の煮汁（だし汁1カップ　味醂、薄口醤油＝各大匙2）
飯蒸し（もち米2カップ　酒1/3カップ　塩小匙1/2　水適宜）
柚子……適宜　菊の葉……4枚

**蛤と生椎茸の飯蒸し**

蛤のむき身…12粒　椎茸……6枚
＊煮汁（だし汁1カップ　味醂、薄口醤油＝各大匙2）
飯蒸し（もち米2カップ　酒1/3カップ　塩小匙1/2　水適宜）
三つ葉の葉…適宜　塩……少々

**小柱と枝豆の飯蒸し**

小柱……100g　塩……適宜
枝豆（殻をむいた量で）……1/4カップ
＊小柱の下味（酒塩《酒大匙3　塩小匙1/2》）
飯蒸し（もち米2カップ　酒1/3カップ　塩小匙1/2　水適宜）
サラダ菜……4枚

**鯛と木耳の飯蒸し**

鯛の上身……150g　木耳……3g
＊鯛の下蒸し用（酒大匙3　塩小匙1/2）
＊木耳の煮汁（だし汁1カップ　味醂、薄口醤油＝各大匙2）
飯蒸し（もち米2カップ　酒1/3カップ　塩小匙1/2　水適宜）
木の芽……8枚　大葉……4枚

**鴨と三つ葉の飯蒸し**

鴨の胸肉……1/2枚　糸三つ葉……適宜
＊鴨の焼きだれ（幽庵地《味醂大匙5　醤油大匙3　酒大匙2》）
飯蒸し（もち米2カップ　酒1/3カップ　塩小匙1/2　水適宜）

**車海老の飯蒸し**

車海老……4尾
＊下味（酒塩《酒大匙3　塩小匙1/2》）
飯蒸し（もち米2カップ　酒1/3カップ　塩小匙1/2　水適宜）
木の芽……12枚　大葉……8枚

**筍と生椎茸の黄飯《おうはん》**

茹で筍（小）…1本　椎茸……6枚
＊煮汁（だし汁1カップ　味醂、薄口醤油＝各大匙2）
黄飯（もち米2カップ　酒1/3カップ　塩小匙1/2　くちなしの戻し汁《くちなしの実3個　熱湯1/3カップ》適宜）
木の芽……8枚

**栗と黒豆の黄飯**

栗……10個　黒豆の甘煮…適宜
黄飯（もち米2カップ　酒1/3カップ　塩小匙1/2　くちなしの戻し汁《くちなしの実3個　熱湯1/3カップ》適宜）
柚子……適宜

**しめじと人参の黄飯**

しめじ…1パック　人参……1/2本
＊煮汁（だし汁1カップ　味醂、薄口醤油＝各大匙2）
黄飯（もち米2カップ　酒1/3カップ　塩小匙1/2　くちなしの戻し汁《くちなしの実3個　熱湯1/3カップ》適宜）

**■作り方**

1 生雲丹の飯蒸しを作ります。もち米はといで水につけ、4時間ほどおいたのち水気をきり、釜に入れて分量の酒と塩を加え、ひたひたの水を入れて30分ほどおきます。生雲丹は酒醤油で洗い、飯蒸しの釜を火にかけて普通に炊き上げ、雲丹を一片ずつ丁寧にのせてよく蒸らし、飯台にあけます。雲丹を崩さないように混ぜ、あおいで粗熱をとったのち、器に大葉を敷いて飯蒸しを盛り、天に木の芽をのせます。

2 蟹と生椎茸の飯蒸しを作ります。もち米はといで1と同要領で用意をし、蟹脚は軟骨を除き、粗くほぐし、酒塩に7〜8分つけます。椎茸は石づきを取り、1cm弱幅の細切りにして煮汁で煮、汁気をきっておき、釜を火にかけて普通に炊き上げ、蟹と椎茸を加えてよく蒸らし、飯台にあけます。具を全体に混ぜ、あおいで粗熱をとったのち、器にサラダ菜を敷いて飯蒸しを盛り、へぎ柚子をのせます。

3 穴子と銀杏の飯蒸しを作ります。もち米はといで1と同要領で用意をし、穴子は皮面に熱湯をかけ、庖丁の背でぬるをしごき取ったのち、煮汁の各調味料を合わせてひと煮立ちさせた中で煮、汁気をきって1cm幅に切ります。銀杏は鬼殻を割り取り、茹でながら穴杓子の底で転がして薄皮をむき、水にとって冷ましたのち、薄く輪切りにします。釜を火にかけて普通に炊き上げ、穴子を加えてよく蒸らし、飯台にあけて銀杏を散らし、全体に混ぜてあおいで粗熱をとり、器に盛ります。

4 牛肉と木耳の飯蒸しを作ります。もち米はといで1と同要領で用意をします。牛ヒレ肉は2cm長さほどに切り、木耳は戻して石づきを取り、繊切りにして牛肉とともに煮汁で煮、汁気をきっておき、枝豆は塩茹でをして殻と薄皮を除きます。釜を火にかけて普通に炊き上げ、牛肉と木耳を加えてよく蒸らし、飯台にあけて枝豆を散らし、軽く混ぜてあおいで粗熱をとり、器に盛ります。

5 鶏肉と三つ葉の飯蒸しを作ります。もち米はといで1と同要領で用意をし、鶏もも肉は皮と脂を除いて1.5cm角ほどに切り、煮汁で煮て汁気をきり、糸三つ葉は軸だけを3cm長さに切っておきます。釜を火にかけて普通に炊き上げ、鶏肉を加えてよく蒸らし、飯台にあけて三つ葉を散らして混ぜ、あおいで粗熱をとったのち、器に菊の葉を敷いて飯蒸しを盛ります。

6 鮑と大納言の飯蒸しを作ります。もち米はといで1と同要領で用意をし、鮑は塩でもんで殻からはずし、おろして下蒸し用の調味料とともに鍋に入れ、酒蒸しにして1cm角に切っておき、大納言は皮を切らないように茹でて、汁気をきります。人参は1cm角に切って軽く茹で、煮汁で煮て汁気をきります。釜を火にかけて普通に炊き上げ、鮑と人参を加えてよく蒸らし、飯台にあけて大納言を散らし、全体に混ぜてあおいで粗熱をとり、器に盛ります。

7 牡蠣と木耳の飯蒸しを作ります。もち米はといで1と同要領で用意をします。牡蠣のむき身は笊に入れ、たっぷりの水の中で振り洗いをして指先で残り殻やゴミをさぐり、除きながら洗ったのち、熱湯でさっと茹でて水気をきり、煮汁で煮て汁気をきっておきます。木耳は戻して石づきを取り、繊切りにして煮汁で煮、汁気をきります。釜を火にかけて普通に炊き上げ、牡蠣と木耳を加えてよく蒸らし、飯台にあけて軽く混ぜ、あおいで粗熱をとったのち、器に菊の葉を敷いて飯蒸しを盛り、小さくへいだへぎ柚子を散らします。

⑧蛤と生椎茸の飯蒸しを作ります。もち米はといで①と同要領で用意をします。蛤のむき身は笊に入れ、水の中で振り洗いをして指先で残り殻などをさぐり、除きながら洗ったのち、熱湯でさっと茹でて水気をきっておき、椎茸は石づきを取って繊切りにし、蛤とともに煮汁で煮て汁気をきります。釜を火にかけて普通に炊き上げ、蛤と椎茸を加えてよく蒸らし、飯台にあけて軽く混ぜ、あおいで粗熱をとったのち、器に盛ります。三つ葉の葉だけを摘んでさっと塩茹でをし、水に放してきつく絞り、みじん切りにして散らします。

⑨小柱と枝豆の飯蒸しを作ります。もち米はといで①と同要領で用意をし、小柱は酒塩に5分ほどつけたのち汁気をきり、枝豆は塩茹でをして殻と薄皮を除いておきます。釜を火にかけて普通に炊き上げ、小柱を加えてよく蒸らし、飯台にあけて枝豆を散らし、軽く混ぜてあおいで粗熱をとったのち、器にサラダ菜を敷いて飯蒸しを盛ります。

⑩鯛と木耳の飯蒸しを作ります。もち米はといで①と同要領で用意をし、鯛は皮つきの上身をひと口大よりやや大きめに切り、酒塩とともに鍋に入れて酒蒸しにします。木耳は戻して石づきを取り、繊切りにして煮汁で煮、汁気をきっておき、釜を火にかけて普通に炊き上げ、鯛と木耳を加えてよく蒸らし、飯台にあけて軽く混ぜ、あおいで粗熱をとります。器に大葉を敷いて飯蒸しを盛り、天に木の芽をのせます。

⑪鴨と三つ葉の飯蒸しを作ります。もち米はといで①と同要領で用意をします。鴨肉は、皮面全体を金串で細かくつつき、フライパンを熱して皮下にして入れ、中火で、脂を捨てながらゆっくりと焼いたのち、フライパンの脂を拭き取り、幽庵地を加えて皮面七分、身側三分の割りで面を返して焼き、汁気をきって1cm角に切っておき、糸三つ葉は軸だけを3cm長さに切っておきます。釜を火にかけて普通に炊き上げ、鴨肉を加えてよく蒸らし、飯台にあけて糸三つ葉を散らし、軽く混ぜてあおいで粗熱をとったのち、器に盛ります。

⑫車海老の飯蒸しを作ります。もち米はといで①と同要領で用意をします。車海老は背わたを抜き、頭と尾を落として胴の殻をむき、1cm長さに切って酒塩に5～6分つけておきます。釜を火にかけて普通に炊き上げ、車海老を加えてよく蒸らし、飯台にあけて軽く混ぜ、あおいで粗熱をとったのち、器に大葉を敷いて飯蒸しを盛り、天に木の芽をのせます。

⑬筍と生椎茸の黄飯を作ります。もち米はといで水につけ、4時間ほどおきます。くちなしの実は庖丁の背で軽く叩《たた》いて皮をむき、熱湯を加えて色を出したのち、一度漉して黄色の濃さを見て水で適当な色に加減します。もち米の水気をきって釜に入れ、分量の酒と塩、くちなしの汁をひたひたに入れ、30分ほどおきます。筍は1cm角、椎茸は石づきを取って同じく1cm角に切り、煮汁で煮て汁気をきります。釜を火にかけて普通に炊き上げ、筍と椎茸を加えてよく蒸らし、飯台にあけて全体に混ぜ、あおいで粗熱をとったのち、器に盛り、天に木の芽をのせます。

⑭栗と黒豆の黄飯を作ります。もち米はといで⑬と同要領で用意をします。栗はボウルに入れてたっぷりの熱湯をかけ、そのまま冷まして鬼皮と渋皮をむき取り、一個を四つほどに切り、黒豆は甘煮を用意します。釜を火にかけて栗を入れ、普通に炊き上げてよく蒸らし、飯台にあけて汁気をきった黒豆を散らし、軽く混ぜてあおいで粗熱をとり、器に盛って小さくへいだへぎ柚子を散らします。

⑮しめじと人参の黄飯を作ります。もち米はといで⑬と同要領で用意をします。しめじは石づきを切って一本ずつにほぐしておき、人参は1cm角に切って軽く茹で、煮汁で煮て汁気をきります。釜を火にかけて普通に炊き上げ、しめじと人参を加えてよく蒸らし、飯台にあけて具を混ぜ合わせ、あおいで粗熱をとったのち、器に盛ります。

**■調理覚え書**

●くちなしの実で黄色に染めた飯蒸しを黄飯《おうはん》といい、精進料理から出た手法です。

# 菊ずし八種

●一四四頁参照

**■材料〈四人分〉**

**鯛そぎ造りとわさび**

鯛の上身……1筋　塩……適宜
すし飯……240g　わさび……適宜

**茹で車海老と菊花**

車海老……64尾　塩……適宜
すし飯……240g　菊花……4輪
酢……少々

**錦糸卵とイクラ**

薄焼き卵……4枚　イクラ……適宜

**烏賊《いか》細造りと黄身そぼろ、わさび**

烏賊のおろし身……2.5杯分
黄身そぼろ…適宜　すし飯……240g
わさび……適宜

**鯛薄造りと赤貝細造り、黄身そぼろ**

鯛の上身……1筋　赤貝……2個
塩……適宜　すし飯……240g
黄身そぼろ…適宜

**さより細造りとわさび**

さより……4本　塩……適宜
すし飯……240g　わさび……適宜

**しめ鯖そぎ造りと黄身そぼろ**

鯖……1尾　塩、酢……各適宜
すし飯……240g　黄身そぼろ…適宜

**鮭の温燻そぎ造りとわさび**

鮭の温燻……1筋　すし飯……240g
わさび……適宜

＊以上八種に共通のあしらい（すだち、杵生姜、菊の葉などを適宜）

**■作り方**

①鯛そぎ造りとわさびの菊ずしを作ります。鯛の上身は薄いそぎ切りにしてご

く薄く塩をあて、すし飯は60gずつを丸めてつぶし気味に形を整えます。そぎ身を広げて頂点から放射状に、少し重ね気味に並べ、二段目はやや斜めの流れをつけ、そぎ身の先端を外側に開くように並べて一周し、三段目の流れの向きを変え、同様に並べて花形に仕上げ、天におろしわさびをあしらって花芯に見立てます。

2 茹で車海老と菊花を使った菊ずしを作ります。車海老は背わたを抜き、塩を少量加えた熱湯で茹でて笊にとり、冷まして頭と尾を落とし、胴の殻をむきます。菊花は花弁をむしり、酢を少量落とした熱湯で茹でて水にさらし、きつく絞ります。すし飯は60gずつを丸めてつぶし気味に形を整えたのち、頂点に車海老の尾先が集まるように放射状にすきまなく並べ、頂点には菊花をあしらって花芯に見立てます。

3 錦糸卵とイクラの菊ずしを作ります。錦糸卵は薄焼き卵を用意し、へりを切り整えて二つに折り、重ねて太めの繊切りにします。すし飯は60gずつを丸めてつぶし気味に形を整えたのち、錦糸卵をU字形に、輪を下にしてすきまなく放射状に並べ、天にイクラをのせて花芯に見立てます。

4 烏賊細造りと黄身そぼろ、わさびの菊ずしを作ります。烏賊のおろし身は薄皮をむき取り、縦三枚に切って細切りにします。すし飯は60gずつを丸めてつぶし気味に形を整え、表面に黄身そぼろをたっぷりとまぶしたのち、烏賊の細切りをU字形にとっては押しつけ気味に、球面の下から上へ四～五段に分けて花弁の風情に並べ、天におろしわさびをあしらって花芯に見立てます。

5 鯛薄造りと赤貝細造り、黄身そぼろの菊ずしを作ります。鯛の上身は薄いそぎ切りにしてごく薄く塩をあてておき、赤貝は殻からはずしておろし、塩を少量ふって軽くもんで水洗いをし、水気を拭いて細く切ります。すし飯は60gずつを丸めてつぶし気味に形を整えます。球面に鯛の薄造りを広げて、放射状に少し重ね気味に並べ、頂きに赤貝を等間隔の放射状に重ねたのち、天に黄身そぼろをのせ、花芯に見立てます。

6 さより細造りとわさびの菊ずしを作ります。さよりは三枚におろして腹骨をすき取り、小骨を抜いて、腹側の一筋は銀皮を残したまま斜めの細切りに、あとは皮を引いて血合いを除き、上身にして斜めの細切りにしたのち、ごく薄い塩をあてておきます。すし飯は、60gずつを丸めてつぶし気味に形を整え、さよりをU字形にとっては球面の下から上へ、三段にずらして並べ、頂きに皮つきの部分を放射状に一周重ね、天におろしわさびをあしらって花芯に見立てます。

7 しめ鯖そぎ造りと黄身そぼろの菊ずしを作ります。鯖は三枚におろして腹骨をすき取り、小骨を抜いてたっぷりの塩をあて(べた塩)、40分ほどおいて水洗いをし、水気を拭いて酢に30分ほどつけたのち、汁気を拭いて薄皮をむき、5㎜弱厚さのそぎ切りにします。すし飯は60gずつを丸めてつぶし気味に形を整え、造り身の腹側の銀皮部分を上部にして、ずらし気味に重ねてすきまなく放射状に並べ、天の窪みに黄身そぼろをあしらって花芯に見立てます。

8 鮭の温燻そぎ造りとわさびの菊ずしを作ります。温燻は皮を引いて血合いを取り、5㎜弱厚さのそぎ切りにして、一枚を斜め半分に切ります。すし飯は60gずつを丸めてつぶし気味に形を整え、そぎ身のとがった先端を上に向けて、上三分の球面にそぎ身を放射状に重ねて並べ、下二段は剣先の向きを変え、すきまなくそぎ身を重ね気味に並べて花形に仕上げ、天におろしわさびをあしらって花芯に見立てます。

なお、口取りなど実際の料理に盛り込む場合は、味のあしらいとしてすだちや杵生姜を、また季節感や情景の補いに菊の葉を添えると、一層の趣です。

## さよりと胡瓜のひと口ずし

●一四五頁参照

**■材料**〈四人分〉

さより……2本　塩……適宜
胡瓜……1本　すし飯……160g
焼き海苔……1枚　わさび……適宜

**■作り方**

1 さよりは三枚におろして腹骨をすき取り、小骨を抜いて皮を引き、斜めの細切りにします。胡瓜は塩をまぶして板ずりをし、熱湯にくぐらせて冷水にとり、水気を拭いて4㎝長さの短冊に切

### すし飯

米3カップ　合わせ酢(酢½カップ　砂糖大匙3　塩小匙2)

米は炊く1時間以上前にといで笊に上げ、同量の水加減で炊く。蒸れ上がる直前にしめらせた飯台にあけて、酢ほかを混ぜた合わせ酢をまわしかけて木杓子で切るようにしてなじませ、全体に酢がきれたら、あおいで人肌くらいに冷まします。

### 黄身そぼろ

茹で卵黄(固茹でのもの)適宜　塩少々

茹で卵黄を裏漉してアルミのバットに受け、塩を少量加えて長めの竹串でこねないように混ぜて広げます。石綿つきの焼き網で直火を隔て、レンガを置いてバットをのせ、弱火にして竹串で混ぜ返しながら、焦がさないように乾くまで煎ります。冷めたら瓶に詰め、常備します。

### 杵生姜と筆生姜

金時生姜(葉つきのもの)適宜　塩適宜
酢1：水1の酢水(または甘酢)適宜

生姜の茎を20cm長さほど残して葉を落とし、生姜部分を杵の形(あるいは先の細い筆形)にむき整え、茎元まで熱湯に通してバットに並べ、真っ白に塩をかぶせて5～10分おいたのち水洗いをし、グラスに入れた酢水に30分ほどつけて酢取ります。

ります。すし飯はひとつあて40gを軽く握り、焼き海苔は縦四つの帯状に切っておきます。

2すし飯の周囲を海苔で囲むように巻き、軍艦形に整えて胡瓜の短冊をのせ、さよりを形よく盛り合わせて、天におろしわさびをのせます。

【盛りつけ】

器にさよりと胡瓜の軍艦巻きを盛ります。ここでは、個性的なひと口ずしの出し方の一例として、塗り椀に盛っています。いずれも別器でつけ醬油を添えます。

## 車海老と室胡瓜のひと口ずし

●一四五頁参照

■材料〈四人分〉

車海老……4尾　塩……適宜
室胡瓜……2本　すし飯……160g
焼き海苔……1枚　花穂じそ……4本
わさび……適宜

■作り方

1車海老は背わたを抜き、塩を少量加えた熱湯で茹でて笊にとり、あおいで手早く冷まして頭を落とし、尾をひと節残して、殻をむき取ります。室胡瓜は塩もみをして熱湯をかけ、冷水にとって色出しをし、縦半分に切ってやや長めの乱切りにします。

2すし飯はひとつあて40gを軽く握り、縦四つに切った焼き海苔で周囲を巻き、軍艦形に整えて胡瓜をのせ、車海老を形よく重ねて花穂じそを添え、天におろしわさびをのせます。

【盛りつけ】

塗り椀に車海老と室胡瓜のひと口ずしを盛り、別器でつけ醬油を添えます。

## 明太子のひと口ずし

●一四五頁参照

■材料〈四人分〉

明太子……2腹　すし飯……160g
焼き海苔……1枚　花穂じそ……4本
わさび……適宜

■作り方

明太子は皮に切り目を入れて中身をこそげ出しておき、すし飯をひとつあて40gを軽く握り、縦四つに切った焼き海苔で周囲を巻いて軍艦形に整えます。上に明太子をのせ、花穂じそを添えて天におろしわさびをのせます。

【盛りつけ】

塗り椀に明太子のひと口ずしを盛り、別器でつけ醬油を添えます。

## 小柱とそら豆のひと口ずし

●一四五頁参照

■材料〈四人分〉

小柱……120g　そら豆……4粒
塩……適宜　すし飯……160g
焼き海苔……1枚　花穂じそ……4本
わさび……適宜

■作り方

小柱は色のよいものを用意し、そら豆は塩を少量落とした熱湯で茹で、笊にとってあおぎ、手早く冷まして皮をむきます。すし飯はひとつあて40gを軽く握り、縦四つに切った焼き海苔で周囲を巻いて軍艦形に整えます。上に小柱を盛ってそら豆を添え、天におろしわさびをのせて花穂じそを添えます。

【盛りつけ】

塗り椀に小柱とそら豆のひと口ずしを盛り、別器でつけ醬油を添えます。

## キャビアとすだちのひと口ずし

●一四五頁参照

■材料〈四人分〉

キャビア(小)1缶　すだち……1個
すし飯……160g　焼き海苔……1枚
花丸胡瓜……4本

■作り方

すし飯はひとつあて40gを軽く握り、縦四つに切った焼き海苔で周囲を巻いて軍艦形の整えます。上にすだちの薄切りをのせ、キャビアを盛って花丸胡瓜をあしらいます。

【盛りつけ】

塗り椀にキャビアとすだちのひと口ずしを盛ります。

■調理覚え書

●フォアグラ、トリュフとともに世界三大珍味に数えられるキャビア。成魚まで十数年を要する蝶鮫《ちょうざめ》の卵の塩漬けです。近年、日本料理でもよく使いますが、その場合すだちやレモン汁を必ず添えます。

## 赤貝とすだちのひと口ずし

●一四五頁参照

■材料〈四人分〉

赤貝……4個　塩……適宜
すだち……1個　すし飯……160g
焼き海苔……1枚　酢取り生姜…4本
わさび……適宜

■作り方

赤貝は殻からはずしておろし、塩を少量ふって軽くもんで水洗いをし、水気を拭いて5㎜太さに切っておきます。すし飯はひとつあて40gを軽く握り、縦四つに切った焼き海苔で周囲を巻いて軍艦形に整え、上に赤貝を盛ってすだちの薄切りを添え、杵生姜をあしらっておろしわさびをのせます。

【盛りつけ】

塗り椀に赤貝とすだちのひと口ずしを盛り、別器でつけ醬油を添えます。

## 飛び子とそら豆のひと口ずし

●一四五頁参照

■材料〈四人分〉

飛び子……80g　そら豆……16粒
塩……適宜　すし飯……160g
焼き海苔……1枚　わさび……適宜

■作り方

そら豆は塩を少量落とした熱湯で茹で、笊にとってあおぎ、手早く冷まして皮をむきます。すし飯はひとつあて40gを軽く握り、縦四つに切った焼き海苔で周囲を巻いて軍艦形に整え、上にそら豆をのせ、飛び子をかけるように盛って、天におろしわさびをのせます。


【盛りつけ】

塗り椀に飛び子とそら豆のひと口ずしを盛り、別器でつけ醬油を添えます。

## イクラと胡瓜のひと口ずし

●一四五頁参照

■材料〈四人分〉
イクラ……100g　胡瓜……1本
塩……適宜　すし飯……160g
焼き海苔……1枚　わさび……適宜

■作り方
胡瓜は塩をまぶして板ずりをし、熱湯にくぐらせて冷水にとり、水気を拭いて4cm長さの斜め薄切りにし、さらに縦半分に切ります。すし飯はひとつあて40gを軽く握り、縦四つに切った焼き海苔で周囲を巻いて軍艦形に整えます。上に胡瓜を横長に、片側を海苔の輪隔から突き出させてのせ、イクラをかけるように重ねて盛り、天におろしわさびをのせます。


【盛りつけ】

塗り椀にイクラと胡瓜のひと口ずしを盛り、別器でつけ醬油を添えます。

■調理覚え書
●イクラと相性のよい味は、大根や胡瓜、柑橘類、胡椒など。木の芽は合いません。

## 雲丹のひと口ずし

●一四五頁参照

■材料〈四人分〉
生雲丹(大)……1箱　すし飯……160g
焼き海苔……1枚　花穂じそ……4本
わさび……適宜

■作り方
雲丹は色のよいものを用意し、すし飯はひとつあて40gを軽く握り、縦四つに切った焼き海苔で周囲を巻いて軍艦形に整えます。雲丹を形よく盛って花穂じそをあしらい、天におろしわさびをのせます。


【盛りつけ】

塗り椀に雲丹のひと口ずしを盛り、別器でつけ醬油を添えます。

## 白魚のひと口ずし

●一四五頁参照

■材料〈四人分〉
白魚……80g　胡瓜……1本
塩……適宜　すし飯……160g
焼き海苔……1枚　花丸胡瓜……4本
わさび……適宜

■作り方
1 胡瓜は塩をまぶして板ずりをし、熱湯にくぐらせて冷水にとり、水気を拭いて4cm長さの斜め薄切りにし、切り離さないように縦に細かく切り目を入れておきます。
2 すし飯はひとつあて40gを軽く握り、縦四つに切った焼き海苔で周囲を巻いて軍艦形に整え、上に胡瓜をのせて白魚をたっぷりと形よく盛り、花丸胡瓜をあしらって、天におろしわさびをのせます。

【盛りつけ】

塗り椀に白魚のひと口ずしを盛り、別器でつけ醬油を添えます。

## 小鯛の茶《ちゃ》蕎麦《そば》

●一四七頁参照

■材料〈四人分〉
小鯛……4尾　山の芋……80g
卵白……少々　ほうれん草……適宜
塩……適宜　茶蕎麦(乾麺)400g
＊蕎麦つゆ(かけ蕎麦用《だし汁3カップ　味醂大匙2　砂糖大匙1　醬油1/3カップ》)
あさつき……1/3把　わさび……適宜

■作り方
1 小鯛は三枚におろして腹骨をすき取り、小骨を抜いて抜き板に皮上におき、きつく絞った布巾をかぶせて熱湯をかけ、氷水にとって手早く冷まし、水気を拭いてほどよい大きさに切ります。
2 山の芋は皮をむいてすり鉢のへりでおろし、卵白を加えてよくすり混ぜます。ほうれん草は塩を少量加えた熱湯で茹で、水にとって冷まし、揃えてきつく絞っておきます。あさつきは小口切りにします。
3 茶蕎麦を茹でます。大きめの鍋にたっぷりの熱湯を用意し、蕎麦をパラパラにほぐして入れ、箸で混ぜるようにさばいて茹でます。吹き上がってきたら差し水をして沸騰を静め、さらに茹でて二〜三本水にとり、食べてみて茹ですぎないように注意して茹で、手早く笊にとって流水で洗い、再び笊にとって水気をきります。
4 蕎麦つゆは、だし汁をひと煮立ちさせて各調味料を加え、煮立ってきたらアクを引いて火を止めて用意します。

【盛りつけ】

器に茶蕎麦を盛り、山の芋をかけて小鯛を盛り、ほうれん草を一文字にあしらってあさつきを散らし、天におろしわさびをのせ、へりから熱いつゆを注ぎ入れます。

## 鮪の茶蕎麦

●一四六頁参照

■材料〈四人分〉
鮪の赤身……150g　茶蕎麦(乾麺)400g
＊蕎麦つゆ(かけ蕎麦用《だし汁3カップ　味醂大匙2　砂糖大匙1　醬油1/3カップ》)
あさつき……1/2把

■作り方
鮪はひとりあて五〜六枚の薄いそぎ切りにします。茶蕎麦はたっぷりの熱湯で、差し水をしながら茹ですぎないように茹で、蕎麦つゆはだし汁をひと煮立ちさせて調味料を加え、煮立ってきたらアクを引いて火を止めます。あさつきは薄めの小口切りにします。


【盛りつけ】

器に茶蕎麦を盛り、鮪のそぎ造りをこんもりと盛り合わせ、あさつきを散らしてへりから熱いつゆを注ぎ入れます。

## 小柱の茶蕎麦

●一四六頁参照

■材料〈四人分〉

小柱……100g　鍵わらび……8本
茶蕎麦（乾麺）400g　重曹……少々
＊蕎麦つゆ（かけ蕎麦用《だし汁3カップ　味醂大匙2　砂糖大匙1　醤油1/3カップ》）
あさつき……1/3把　わさび……適宜

■作り方

1 小柱は色のよいものを用意し、鍵わらびはボウルに入れて重曹をまぶし、たっぷりの熱湯をかけてそのまま冷まし、水洗いをして熱湯でさっと茹で、水にとって冷まし、4cm長さに揃えます。
あさつきは薄めの小口切りにします。

2 茶蕎麦はたっぷりの熱湯で、差し水をしながら茹ですぎないように茹でます。
蕎麦つゆはだし汁をひと煮立ちさせて調味料を加え、煮立ってきたらアクを引いて火を止めます。


【盛りつけ】

器に茶蕎麦を盛り、小柱をのせて鍵わらびを添え、あさつきを散らして天におろしわさびを添え、へりから熱いつゆを注ぎ入れます。

## 車海老の茶蕎麦

●一四七頁参照

■材料〈四人分〉

車海老……12尾　塩……少々
菜の花……4本　茶蕎麦（乾麺）400g
＊蕎麦つゆ（かけ蕎麦用《だし汁3カップ　味醂大匙2　砂糖大匙1　醤油1/3カップ》）
あさつき……1/3把　黄身そぼろ…適宜

■作り方

1 車海老は背わたを抜き、塩茹でをして冷まし、頭と尾を落として殻をむきます。菜の花は花先だけを摘み取り、塩を少量加えた熱湯で茹でて水にとって冷まし、きつく絞ります。あさつきは小口切りにします。

2 茶蕎麦はたっぷりの熱湯で、差し水をしながら茹ですぎないように茹でます。
蕎麦つゆはだし汁をひと煮立ちさせて調味料を加え、煮立ってきたらアクを引いて火を止めます。


【盛りつけ】

器に茶蕎麦を盛り、車海老をのせて菜の花をあしらい、あさつきと黄身そぼろを散らし、へりから熱いつゆを注ぎます。

## 生雲丹の茶蕎麦

●一四六頁参照

■材料〈四人分〉

生雲丹……1/2箱　茶蕎麦（乾麺）400g
＊蕎麦つゆ（かけ蕎麦用《だし汁3カップ　味醂大匙2　砂糖大匙1　醤油1/3カップ》）
花丸胡瓜……4本　あさつき……1/3把

■作り方

1 生雲丹は色のよいものを用意し、花丸胡瓜は軽くもんでとげを除いておき、あさつきは薄い小口切りにします。

2 茶蕎麦はたっぷりの熱湯で、差し水をしながら茹ですぎないように茹でます。
蕎麦つゆはだし汁をひと煮たちさせて調味料を加え、煮立ってきたらアクを引いて火を止めます。


【盛りつけ】

器に茶蕎麦を盛り、生雲丹をのせて花丸胡瓜をあしらい、あさつきを散らしてへりから熱いつゆを注ぎ入れます。

## いちごゼリー

●一四八頁参照

■材料〈四人分〉

いちご……4粒　生クリーム…少々
ゼリー地（寒天液《寒天2/3本　水3.5カップ　砂糖130g》　粉ゼラチン大匙1/2　ゼラチン用の水大匙1.5　レモン汁1/2個分）
大葉……8枚

■作り方

1 寒天はちぎって水で戻し、ゼラチンは分量の水でふやかしておきます。

2 寒天の水気をきつく絞って分量の水とともに鍋に入れ、煮立ってきたらアクを引きながら煮溶かし、砂糖を加えて3分間ほど煮ます。布巾を通して漉し、ゼラチンを加えて溶かしたのち、レモン汁を加え、鍋底を水につけて混ぜながら粗熱をとります。

3 器をあらかじめ水でぬらし、ゼリー地を七分目まで流し入れ、軽く泡立てた生クリームを静かに落とし入れて、へたを取ったいちごを取り分けたゼリー地にくぐらせたのち、中央にのせて冷やし固めます。

【盛りつけ】

平鉢の中央に大葉を敷いてゼリーの器をのせ、スプーンを添えてお出しします。

## ライチゼリー

●一四八頁参照

■材料〈四人分〉

ライチ……4個
ゼリー地（寒天液《寒天2/3本　水3.5カップ　砂糖130g》　粉ゼラチン大匙1/2　ゼラチン用の水大匙1.5　レモン汁1/2個分）
＊（ぶどうの葉4枚）

■作り方

1 寒天はちぎって水で戻し、ゼラチンは分量の水でふやかしておきます。

2 寒天をきつく絞って分量の水とともに鍋に入れ、煮立ってきたらアクを引きながら煮溶かし、砂糖を加えて3分間ほど煮ます。布巾を通して漉し、ゼラチンを加えて溶かしたのち、レモン汁を加え、鍋底を水につけて混ぜながら粗熱をとります。

3 器を水でぬらしておき、ライチの皮をむいて種を取り除き、ゼリー地をくぐらせて器に入れ、ゼリー地を流し入れて冷やして固めます。

【盛りつけ】

平鉢にぶどうの葉を敷いてゼリーの器をのせ、スプーンを添えてお出しします。

## パパイヤゼリー

●一四八頁参照

■材料〈四人分〉

パパイヤ……½個　ミントの生葉適宜
ゼリー地⦅寒天液⦅寒天⅔本　水3.5カップ　砂糖130g⦆　粉ゼラチン大匙½　ゼラチン用の水大匙1.5　レモン汁½個分⦆
＊⦅菊の葉4枚⦆

■作り方

1 寒天はちぎって水で戻し、ゼラチンは分量の水でふやかしておきます。

2 寒天をきつく絞って分量の水とともに鍋に入れ、煮立ってきたらアクを引きながら煮溶かし、砂糖を加えて3分間ほど煮ます。布巾を通して漉し、ゼラチンを加えて溶かしたのち、レモン汁を加え、鍋底を水につけて混ぜながら粗熱をとります。

3 器を水でぬらしておき、パパイヤの果肉を切り分けてゼリー地をくぐらせて器に入れ、ゼリー地を流し入れて冷やし固めます。

【盛りつけ】

平鉢に菊の葉を敷いてゼリーの器をのせ、天にミントの生葉をあしらい、スプーンを添えてお出しします。

## 枇杷《びわ》ゼリー

●一四八頁参照

■材料〈四人分〉
枇杷……2個　氷……適宜
ゼリー地⦅寒天液⦅寒天⅔本　水3.5カップ　砂糖130g⦆　粉ゼラチン大匙½　ゼラチン用の水大匙1.5　レモン汁½個分⦆
＊⦅楓の葉20枚⦆

■作り方

1 寒天はちぎって水で戻し、ゼラチンは分量の水でふやかしておきます。

2 寒天をきつく絞って分量の水とともに鍋に入れ、煮立ってきたらアクを引きながら煮溶かし、砂糖を加えて3分間ほど煮ます。布巾を通して漉し、ゼラチンを加えて溶かしたのち、レモン汁を加え、鍋底を水につけて混ぜながら粗熱をとります。

3 器を水でぬらしておき、枇杷は皮をむいて縦半分に切り、種を除いてゼリー地をくぐらせて器に入れ、ゼリー地を流し入れて冷やし固めます。

【盛りつけ】

平鉢に細かく砕いた氷を敷きつめ、楓の葉をあしらってゼリーの器をのせ、スプーンを添えてお出しします。

## キウイフルーツゼリー

●一四八頁参照

■材料〈四人分〉
キウイフルーツ……1個
生クリーム…適宜　卵黄……適宜
ゼリー地⦅寒天液⦅寒天⅔本　水3.5カップ　砂糖130g⦆　粉ゼラチン大匙½　ゼラチン用の水大匙1.5　レモン汁½個分⦆
＊⦅紫陽花《あじさい》の葉4枚⦆

■作り方

1 寒天はちぎって水で戻し、ゼラチンは分量の水でふやかしておきます。

2 寒天をきつく絞って分量の水とともに鍋に入れ、煮立ってきたらアクを引きながら煮溶かし、砂糖を加えて3分間ほど煮ます。布巾を通して漉し、ゼラチンを加えて溶かしたのち、レモン汁を加え、鍋底に水をつけて混ぜながら粗熱をとります。

3 器を水でぬらしてゼリー地を七分目まで流し入れ、軽く泡立てた生クリームを少量別器に残したのち、静かにゼリー地に落とし入れます。キウイの皮をむき、1㎝厚さの輪切りにしてゼリー地をくぐらせ、ゼリーの器の中央にのせます。残した生クリームに卵黄をよく混ぜ合わせ、ぽってりとさせてキウイの天にあしらいます。

【盛りつけ】

皿に紫陽花の葉を敷いてゼリーの器をのせ、スプーンを添えてお出しします。

## さくらんぼゼリー

●一四八頁参照

■材料〈四人分〉
さくらんぼ…8粒　生クリーム…少々
ゼリー地⦅寒天液⦅寒天⅔本　水3.5カップ　砂糖130g⦆　粉ゼラチン大匙½　ゼラチン用の水大匙1.5　レモン汁½個分⦆
＊⦅朴《ほお》の葉4枚⦆

■作り方

1 寒天はちぎって水で戻し、ゼラチンは分量の水でふやかしておきます。

2 寒天をきつく絞って分量の水とともに鍋に入れ、煮立ってきたらアクを引きながら煮溶かし、砂糖を加えて3分間ほど煮ます。布巾を通して漉し、ゼラ

### 和風のゼリー地

寒天液(寒天⅔本　水3.5カップ　砂糖130g)
粉ゼラチン大匙½　ゼラチン用の水大匙½
レモン汁½個分

水で戻した寒天を絞り、分量の水でアクを引きながら煮溶かす。砂糖を加え、3分煮て布巾で漉し、分量の水でふやかしたゼラチンを入れて溶かす。レモン汁を加えて粗熱をとり、器で冷やし固めます。

### 蕎麦つゆ（かけつゆ）

だし汁3カップ
味醂大匙2　砂糖大匙1　醬油⅓カップ

だし汁をひと煮立ちさせて調味料を加え、煮立ったらアクを引いて火を止めます。

◉麺つゆは関東では〝本がえし〟が伝統のもの。味醂、醬油にざらめを加えて煮、数日ねかせて熟成させる。これをベースに用途により、一番だしで割るものです。

### 蕎麦を茹でる

◉大きめの鍋にたっぷりの湯を沸騰させ、蕎麦400g(乾麺・4人分目安)をパラパラにほぐして入れ、箸でさばいて茹でます。吹き上がってきたら差し水をして沸騰を静め、さらに茹でて2〜3本を水にとり、食べてみて茹で過ぎないように茹でます。茹で上がったら手早く笊に上げて流水で洗い、再び笊にとって水気をきります。

チンを加えて溶かしたのち、レモン汁を加え、鍋底を水につけて混ぜながら粗熱をとります。

3 器を水でぬらし、ゼリー地を七分目まで流し入れて一旦冷やし、表面が固まったところで軽く泡立てた生クリームをのせ、柄つきのさくらんぼをゼリー地にくぐらせて生クリームの上に、形よくのせて再び冷やし固めます。

【盛りつけ】

長手皿に朴の葉を横一文字に敷き、ゼリーの器をのせてスプーンを添えてお出しします。

## パイナップルゼリー

●一四八頁参照

■材料〈四人分〉

パイナップル……………4切れ

ゼリー地（寒天液《寒天2/3本　水3.5カップ　砂糖130g》　粉ゼラチン大匙1/2　ゼラチン用の水大匙1.5　レモン汁1/2個分）

*《板谷楓4枚》

■作り方

1 寒天はちぎって水で戻し、ゼラチンは分量の水でふやかしておきます。

2 寒天をきつく絞って分量の水とともに鍋に入れ、煮立ってきたらアクを引きながら煮溶かし、砂糖を加えて3分間ほど煮ます。布巾を通して漉し、ゼラチンを加えて溶かしたのち、レモン汁を加え、鍋底を水につけて混ぜながら粗熱をとります。

3 器を水でぬらしておき、パイナップルを切ってゼリー地をくぐらせて器に入れ、ゼリー地を流し入れて冷やし固めます。

【盛りつけ】

皿に板谷楓の葉を敷いてゼリーの器をのせ、スプーンを添えてお出しします。

# 〝材料・調理別に見る献立の品々〟の料理

## 先付け　鮑《あわび》の山椒焼き
## 小吸いもの　鮑の冷やし潮汁椀《うしおじるわん》

●一五二頁参照

■材料〈四人分〉

**鮑の山椒焼き**

鮑（大）……1杯　塩……………適宜

粉山椒……適宜　酢取り生姜…4本

*幽庵地（味醂大匙5　醤油大匙3　酒大匙2）

*《板谷楓4枚　青ぶどうの小枝4本》

**鮑の冷やし潮汁椀**

鮑……………1杯　糸三つ葉……1/2把

*吸い地（水5カップ　酒1カップ　塩小匙1/2）

■作り方

1 鮑の山椒焼きを作ります。鮑は塩でもみ洗いをして水で洗い、殻からはずして身をおろし、1cm厚さのそぎ切りにします。粉山椒を加えた幽庵地に5分ほどつけたのち、焼き網を熱して軽くあぶり焼きにします。酢取り生姜は短めの杵形に整えておきます。

【盛りつけ】

器に板谷楓の葉を敷いて鮑の山椒焼きを二切れ盛り、杵生姜をあしらいます。会席盆にぶどうの小枝を風情よくのせ、中央に鮑の先付けの器を置いて、箸置きと箸、盃を置き合わせて持ち出します。

2 鮑の冷やし潮汁椀を作ります。鮑のおろし身をあられに切り、鍋に吸い地の水とともに入れて火にかけ、煮立ちはじめたら酒と塩を加えて味を調え、鍋底を氷水にあてて冷めたく冷やします。糸三つ葉の軸を2cm長さに切ります。

【盛りつけ】

あらかじめ冷やしたガラスの小吸いもの椀に鮑の潮汁を張り、吸い口に三つ葉を散らして蓋をし、お出しします。

■調理覚え書

●この二品は、旬の鮑を使った夏の献立の一場面です。このように趣を変えればひと献立に鮑を二品までお出しできます。

## 鮑の岩戸揚げ

●一五四頁参照

■材料〈四人分〉

鮑（大）……1杯　塩……………適宜

*下味（酒塩《酒大匙3　塩少々》）

*揚げ衣（片栗粉、卵白、干し若布＝各適宜）

揚げ油……適宜　生姜……ひとかけ

■作り方

1 鮑はたっぷりの塩をまぶしてもみ、ぬめりや汚れを取ると同時に身を締めます。身の薄い方の殻側にヘラを差し込んでえぐり、貝柱を切って身をはずしたのち、口の固い部分を切り取り、ひもとわたを取り除いて水洗いをします。

2 水気を拭いて1㎝弱厚さのそぎ切りにし、分量の酒塩に5分ほどつけて下味をつけ、汁気を拭き取ったのち片栗粉を薄くはたきつけ、溶いた卵白、細かく刻んだ干し若布を順につけ、中温に熱した揚げ油で揚げて油をきります。

【盛りつけ】

器の中央に岩戸揚げを形よく盛りつけ、おろし生姜を添えます。

## 鮑の幽庵焼き

●一五四頁参照

■**材料**〈四人分〉

鮑(小)……4杯　塩……適宜

＊幽庵地(味醂大匙5　醤油大匙3　酒大匙2)

すだち……2個　防風……4本

＊(大葉12～16枚)

■**作り方**

1 鮑は塩でよくもみ、殻をはずして身をおろしたのち、幽庵地に10分ほどつけます。殻は熱湯で煮沸し、きれいに水洗いしておきます。

2 鮑の表面に浅い庖丁目を二本ずつ入れ、殻に戻し入れて中温に熱したオーブンで焦がさないように焼き上げます。

【盛りつけ】

器に、大葉二～四枚をずらし重ねて敷き、鮑を安定よく盛って半分に切ったすだちを添え、防風をあしらいます。

■**調理覚え書**

●防風には、自生の浜防風と栽培種の畑防風があり、本来、葉を食べるものです。

## 鮑の山椒焼き

●一五四頁参照

■**材料**〈四人分〉

鮑(大)……1杯　塩……適宜

粉山椒……適宜　幽庵地……適宜

酢取り生姜…4本

＊(板谷楓4枚)

■**作り方**

鮑は塩でよくもみ、殻をはずして身をおろしたのち、1㎝弱厚さのそぎ切りにし、粉山椒を適量加えた幽庵地に5分ほどつけます。焼き網を熱し、汁気を軽く拭いた鮑を焦がさないようにあぶり焼きにします。酢取り生姜は杵形に整えます。

【盛りつけ】

器に板谷楓を敷き、鮑を形よく盛り込んで杵生姜を添えます。

## 鮑のお造り

●一五四頁参照

■**材料**〈四人分〉

鮑(大)……1杯　塩……適宜

＊けんとつま(茗荷竹3本　花穂じそ8本　菊花4輪　大葉4枚)

酢……少々　わさび……適宜

■**作り方**

鮑は塩でよくもみ、殻をはずして身をおろしたのち、1㎝弱厚さのそぎ造りにします。茗荷竹は斜めにごく薄く切って水に放し、パリッとさせて笊にとり、菊花は酢を少量落とした熱湯で茹でて水にさらし、きつく絞ります。

【盛りつけ】

器に茗荷竹のけんを盛って大葉を立てかけるように敷き、鮑の造り身を四切れ、三切れとずらし重ねて形よく盛り、右奥寄りに菊花を、右脇に花穂じそとおろしわさびを盛り添えます。

## 鮑の南蛮酢

●一五四頁参照

■**材料**〈四人分〉

鮑(大)……1杯　塩……適宜

揚げ油……適宜

＊南蛮酢(三杯酢(酢大匙5　白醤油大匙4　味醂大匙3)赤唐辛子適宜)

貝割れ菜1パック　枝豆……20粒

大根おろし……1/3カップ

■**作り方**

1 鮑は塩でよくもみ、殻をはずして身をおろしたのち、厚めのそぎ切りにして切り口に縦の細かい庖丁目を入れ、中温に熱した揚げ油でさっと揚げ、南蛮酢につけます。

2 貝割れ菜は塩を少量加えた熱湯でさっと茹で、水にとって冷まし、水気をきつく絞って4㎝長さに切り整えておき、枝豆は塩茹でののち、殻と薄皮をむき取ります。大根おろしは鬼おろしでおろしたものを用意します。

【盛りつけ】

器に、貝割れ菜を敷くように盛り、軽く汁気をきった鮑を盛ります。大根おろしの汁気を軽く絞って手前に添え、枝豆を散らします。

## 鮑の西京焼き

●一五五頁参照

■**材料**〈四人分〉

鮑(小)……1杯　塩……適宜

西京味噌……適宜　レモン……1/2個

■**作り方**

1 鮑は塩でよくもみ、殻をはずして身をおろしたのち、きつく絞ったガーゼに包み、西京味噌に漬けて二日ほどおき、殻は別に熱湯で煮沸し、きれいに水洗いをしておきます。

2 味噌床《どこ》から鮑を取り出して表面に浅い庖丁目を二本入れ、殻に戻し入れて中温のオーブンで焼き上げ、再び殻から取り出して裏面に隠し庖丁を入れておきます。

【盛りつけ】

器に家盛りの西京焼きを盛り、櫛形に切ったレモンを添えます。

## 鮑の酒醤油焼き

●一五五頁参照

■**材料**〈四人分〉

鮑……1杯　塩……適宜

＊下味(酒醤油(酒、醤油＝各大匙3))

黒胡麻……少々　酢取り生姜…4本

＊(楓の葉適宜)

■**作り方**

鮑は塩でよくもみ、殻をはずして身をおろしたのち、1㎝弱厚さのそぎ切りにし、酒醤油に5分ほどつけます。焼き網を熱し、汁気をきった鮑をあぶり焼きにし、煎った黒胡麻を散らします。

酢取り生姜は短めの杵形に整えます。

【盛りつけ】

器に楓を敷き、焼きたての鮑を盛って杵生姜を添えます。

## 鮑の水貝

●一五五頁参照

■材料〈四人分〉

鮑(大)……1杯　塩……適宜
室胡瓜……4本　枇杷……4個
さくらんぼ…12粒　氷……適宜
*塩水(水4カップ　塩小匙2)

■作り方

1 鮑は塩でよくもみ、殻をはずして身をおろしたのち、2cm角に切ります。室胡瓜は塩で軽くもんで熱湯を通し、冷水にとって冷ましたのち、天地を切って成り口の皮をぐるりとむきます。枇杷は皮をむいて種を抜き、1cm厚さほどの輪切りにします。

2 海水よりやや薄めの塩水を作り、大ぶりに欠いた氷を用意します。

【盛りつけ】

器に塩水を入れ、鮑を入れて氷を浮かべ、室胡瓜、枇杷を加えてさくらんぼを散らします。

## 鮑のふくら煮

●一五五頁参照

■材料〈四人分〉

鮑……1杯　塩……適宜
*煮汁(酒大匙4　味醂大匙2　醤油大匙1.5)
生姜……適宜

■作り方

鮑は塩でよくもみ、殻をはずして身をおろしたのち、食べよい大きさにブツ切りにします。鍋に煮汁の調味料を合わせてひと煮立ちさせ、鮑を入れ、煮立ちはじめたら箸で五～六度汁をからめるように混ぜ、引き上げます。

【盛りつけ】

器に重ね盛りにし、おろし生姜の絞り汁をふりかけます。

## おてくぼ鮑

●一五五頁参照

■材料〈四人分〉

鮑……1杯　塩……適宜
枝豆(殻を除いた量)……1/3カップ
*あしらい類(茗荷竹3本　花穂じそ10本　茄子の花4輪)
わさび……適宜

■作り方

鮑は塩でよくもみ、殻をはずして身をおろしたのち、薄いそぎ切りにして熱湯にさっと通し、氷水にとって手早く冷まし、水気をよくきります。枝豆は塩茹でをして殻と薄皮を除き、茗荷竹は斜めの薄切りにして水に放し、パリッとさせて笊にとります。

【盛りつけ】

平鉢の中央に茗荷竹のけんをこんもりと盛り、これをおおうように鮑を軽く重ね盛りにし、花穂じその花だけを摘み取って散らし、枝豆も散らしておろしわさびを添え、茄子の花をあしらいます。

## 車海老の新《しん》挽《び》き揚げ

●一五六頁参照

■材料〈四人分〉

車海老……12尾　揚げ油……適宜
*下味(酒塩《酒大匙3　塩小匙1/2》)
*揚げ衣(片栗粉、卵白、新挽き粉＝各適宜)
グリーンアスパラ(穂先)……4本
塩……適宜　菊花……4輪
酢……少々

■作り方

1 車海老は背わたを抜き、剣先を切って尾先の水気をしごき出し、胴の殻をむいて酒塩に5分ほどつけます。汁気を拭いて片栗粉、溶いた卵白をつけ、新挽き粉を胴の部分につけて、中温に熱した揚げ油でカラリと揚げます。

2 グリーンアスパラは固い部分を除き、塩茹でをして3cm長さに、菊花は酢を少量落とした熱湯で茹でて水にさらし、きつく絞ります。

【盛りつけ】

器に新挽き揚げをつの字に、少し重ねて盛り、グリーンアスパラを立てかけて盛り、菊花をあしらいます。

## 茹で車海老の刺身作り

●一五七頁参照

■材料〈四人分〉

車海老……12尾　塩……適宜
*あしらい類(貝割れ菜1パック　花穂じそ4本　岩海苔1/4枚)
わさび……適宜

■作り方

車海老は背わたを抜いて塩を少量加えた熱湯で茹で、頭を落とし、尾をひと節残して殻をむきます。貝割れ菜は豆殻をそうじ、塩を少量加えた熱湯でさっと茹でて水にとり、きつく絞って根元を切り落とします。岩海苔は小さくむしって水で戻し、水気をきります。

【盛りつけ】

刺身用の鉢(向鉢《むこうばち》)を用意し、奥中央に貝割れ菜を盛って車海老を盛りつけ、奥右手に岩海苔を添え、上に花穂じそをあしらいます。

## 車海老の岩戸揚げ

●一五六頁参照

■材料〈四人分〉

車海老……12尾　揚げ油……適宜
*下味(酒塩《酒大匙3　塩小匙1/2》)
*揚げ衣(片栗粉、卵白、干し若布＝各適宜)
そら豆……8粒　塩……少々
エシャロット4本

■作り方

1 車海老は背わたを抜き、剣先を切って尾先の水気をしごき出し、胴の殻をむいて酒塩に5分ほどつけます。汁気を拭いて片栗粉、溶いた卵白をつけ、細かく刻んだ干し若布を胴の部分につけて、中温に熱した揚げ油で揚げます。

2 そら豆は塩茹でをして皮をむき、エシャロットは3cm長さに切ります。

【盛りつけ】

器に岩戸揚げを盛り、そら豆とエシャ

ロットを彩りよくあしらいます。

## 車海老の黒胡麻揚げ

●一五七頁参照

■材料〈四人分〉
車海老……12尾　揚げ油……適宜
＊下味（酒塩《酒大匙3　塩小匙1/2》）
＊揚げ衣（片栗粉、卵白、黒胡麻＝各適宜）
越瓜《しろうり》……1/2本　塩……少々

■作り方
1 車海老は背わたを抜き、剣先を切って尾先の水気をしごき出し、胴の殻をむいて酒塩に5分ほどつけます。汁気を拭いて片栗粉、溶いた卵白をつけ、黒胡麻を散らすようにつけて、中温に熱した揚げ油で揚げ、油をきります。
2 越瓜は縦半分に切って種を取り、皮面を縦二筋むいたのち、切り離さないように薄く庖丁を入れては五枚目おきほどで切り分け、塩を少量加えた熱湯でさっと茹でて水にとり、手早く冷まして水気をきります。

【盛りつけ】
器に黒胡麻揚げを盛り、越瓜をあしらいます。

## 揚げ車海老のおろし添え

●一五七頁参照

■材料〈四人分〉
車海老……12尾　揚げ油……適宜
塩……少々　レモン……適宜
＊染めおろし（大根おろし1/2カップ　醤油適宜）

■作り方
車海老は背わたを抜き、剣先を切って尾先の水気をしごき出し、尾をひと節残して胴の殻をむきます。背に縦の切り目を入れて尾先を立てるように形づけ、中温に熱した揚げ油で素揚げにします。

【盛りつけ】
器に揚げ車海老を形よく盛り、手前にいちょう形に薄く切ったレモンを敷き、染めおろしをのせて添えます。

## 車海老の大葉焼き

●一五六頁参照

■材料〈四人分〉
車海老……12尾　塩……少々
卵……適宜　大葉……12枚
＊焼きだれ（酒醤油《酒大匙3　薄口醤油大匙4》）
すだち……1/2個　ラディッシュ4個

■作り方
1 車海老は背わたを抜いて塩を少量加えた熱湯でさっと茹で、頭と尾をひと節残して胴の殻をむいたのち、胴に溶き卵をつけて縦半分に切った大葉を巻きつけ、つの字形に金串を打って強火の遠火で軽く白焼きにし、酒醤油を二〜三度かけながら焼き上げて、金串を抜きます。
2 すだちは輪切りに、ラディッシュは花形の切り目を入れた飾り切りにします。

【盛りつけ】
器に大葉焼きを立て気味に踊らせて盛り、すだちと花切りのラディッシュを添えます。

## 車海老の酒醤油焼き

●一五七頁参照

■材料〈四人分〉
車海老……12尾　塩……少々
＊焼きだれ（酒、薄口醤油＝各大匙3）
酢取り生姜…4本

■作り方
車海老は背わたを抜いて塩を少量加えた熱湯でさっと茹で、笊にとって冷ましたのち、背に浅い庖丁目を入れて金串を打ちます。強火の遠火で白焼きにし、酒醤油を二〜三度かけながら焼き上げて、金串を抜きます。酢取り生姜は杵形に整えます。

【盛りつけ】
長手の器に酒醤油焼きをつの字に並べて盛り、杵生姜をあしらいます。

## 蟹の昆布鳴門揚げ

●一五九頁参照

■材料〈四人分〉
蟹の真蒸（蟹の身250g　卵2個　大納言1/4カップ　生昆布《市販の塩漬け品》18cm長さ）
海苔……1枚　片栗粉……適宜
揚げ油……適宜　すだち……2個
＊（大葉8枚）

■作り方

### 幽庵地

味醂大匙5　醤油大匙3　酒大匙2
以上の割合分量の調味料を合わせます。
◉魚や鶏肉などの焼きものの代表的つけ汁で江戸中期、近江堅田《かたた》の茶人・堅田祐庵の創案によるもの。祐庵は茶事や作庭に造詣の深い趣味人で、幽庵とも号したところから〝祐（幽）庵〟二つの書き表わし方で通っています。

### 南蛮酢

甘酢（酢大匙5　味醂大匙5　塩少々）
赤唐辛子の小口切り適宜
甘酢の調味料を合わせ、ひと煮立ちさせて冷ましたのち、種を除いて小口切りにした赤唐辛子を加えます。
◉南蛮酢とは、二杯酢や三杯酢など純然たる和風に対して、異国風の合わせ酢の総称。葱や胡椒を加える場合もあります。

### 焼きだれのいろいろ

味醂1/2カップ　醤油1/2カップ
以上を合わせ、三割方煮つめて使います。
◉辛口のこのほか味醂2/3に対して醤油1/3量か、上記に砂糖を少量加えた甘口系。また酒と薄口醤油を同割か、酒を増し加減にした酒醤油系統、あるいは幽庵地や、それに西京味噌を加えたたれなど、材料や、献立上の味の調和から使い分けます。

1 蟹の身は軟骨を除いてほぐし、卵は七分熟に煎って裏漉しをします。大納言は固めに茹でておき、生昆布は水につけて塩気をほどよく抜きます。

2 蟹のほぐし身と卵、大納言を混ぜ合わせて棒状に整え、生昆布で巻いて巻き簀で巻き止め、蒸気の上がった蒸し器で20分ほど蒸し上げます。冷めたら巻き簀をはずし、海苔で巻いたのち2cm厚さに切り分け、薄く片栗粉をまぶして中温に熱した揚げ油で揚げます。

【盛りつけ】

器に大葉を敷き、昆布鳴門揚げを盛って半分に切ったすだちを添えます。

## 蟹の唐揚げ

●一五八頁参照

■材料〈四人分〉

渡り蟹……2杯

＊下味（酒塩《酒大匙3　塩小匙1/3》）

片栗粉……適宜　揚げ油……適宜

酢取り生姜…4本　生姜……ひとかけ

■作り方

渡り蟹はよく洗って脚を取り、甲羅をはずしてガニなどを除いたのち、縦半分に切り、さらに厚みを二枚に切ります。酒塩で洗って汁気を拭き、薄く片栗粉をふって、中温に熱した揚げ油で色よく揚げます。酢取り生姜は杵形に整え、生姜はおろします。

【盛りつけ】

器に蟹の唐揚げを盛り、杵生姜とおろし生姜を添えます。

## 蟹の玉葱詰め焼き

●一五八頁参照

■材料〈四人分〉

玉ねぎ……2個

＊詰めもの（蟹の身200g　卵1個　塩、味醂＝各適宜　パセリ《みじん切り》大匙2）

レモン……1/2個　ラディッシュ4個

■作り方

1 玉ねぎは横半分に切り、中身八分目ほどをくり抜いておきます。蟹の身は軟骨を除いて細かくほぐし、卵と塩、味醂を加えて味を調え、パセリのみじん切りを水にさらし、きつく絞って加え混ぜたのち、玉ねぎに詰めます。

2 200℃に熱したオーブンでこんがりと焼き上げます。レモンは櫛形に、ラディッシュは天に深めの十字の飾り庖丁を入れます。

【盛りつけ】

器に蟹詰め焼きを盛り、レモンとラディッシュをあしらいます。

## 蟹の幽庵焼き

●一五九頁参照

■材料〈四人分〉

渡り蟹……2杯

＊焼きだれ（幽庵地《味醂大匙5　醤油大匙3　酒大匙2》）

オクラ……8本　塩……適宜

＊《大葉4枚》

■作り方

1 渡り蟹は脚を取り、甲羅をはずしてガニなどを除き、縦半分、さらに厚みを二枚に切ったのち、金串を打って中火の遠火で一旦白焼きにし、続いて幽庵地を二～三度かけながら焼き上げます。

2 オクラは成り口をぐるりとむいて塩で軽くもみ、熱湯で茹でて水にとり、冷まして水気を拭きます。

【盛りつけ】

器に大葉を敷き、幽庵焼きを盛ってオクラをあしらいます。

## 蟹の甲羅《こうら》焼き

●一五八頁参照

■材料〈四人分〉

蟹の詰めもの（蟹の身200g　卵1個　酒、塩＝各少々　糸三つ葉適宜）

酢取り茗荷の子（茗荷の子4個　塩適宜　酢、水＝各1/2カップ）

＊《渡り蟹の甲羅4杯分》

■作り方

1 蟹の身は軟骨を除いてほぐし、糸三つ葉は軸だけを3cm長さに切り揃えます。蟹の身に卵と酒、塩を加えて味を調え、糸三つ葉を加え混ぜます。渡り蟹の甲羅はきれいに洗って整え、蟹の詰めものを盛り分けたのち、約200℃に熱したオーブンで色よく焼きます。

2 茗荷の子は熱湯を通してたっぷりの塩をまぶし、5～10分おいて水洗いをしたのち、酢水に浸して色を出します。

【盛りつけ】

器に甲羅詰め焼きを盛り、水気を軽くきった酢取り茗荷の子を添えます。

## 蟹《かに》脚《あし》の岩戸揚げ

●一六〇頁参照

■材料〈四人分〉

蟹ポーション8本　揚げ油……適宜

＊下味（酒塩《酒大匙3　塩小匙1/3》）

＊揚げ衣（片栗粉、卵白、干し若布＝各適宜）

干し蓮根……8枚　すだち……2個

＊煮汁（だし汁1カップ　味醂、薄口醤油＝各大匙2弱）

■作り方

1 蟹のポーションは軟骨を抜き、酒塩に5分ほどつけて汁気を拭き、薄く片栗粉をまぶし、溶いた卵白をつけ、刻んだ干し若布を長い関節の中央部分にふりつけたのち、中温に熱した揚げ油で焦がさないように揚げます。

2 干し蓮根は水で戻してたっぷりの水で柔らかく茹で、煮汁の調味料を合わせた中で煮、すだちは半分に切ります。

【盛りつけ】

長手の器に岩戸揚げと干し蓮根の煮ものを盛り合わせ、すだちを添えます。

■調理覚え書

●干し蓮根は、新蓮根の出廻る前のひねもので作る一種の保存野菜です。皮をむいて30分ほど水にさらし、小口から7～8mm厚さに切って、さらに30分水にさらしたのち、笊に広げて、雨と夜露を避けて一週間ほど干して作ったもので、独特の鄙《ひな》びた味わいがあります。

●大型の蟹は部位別に加工して市場《しじょう》に出され、蟹ポーションは生を冷凍した蟹脚の流通名です。

## 蟹脚の磯辺揚げ

●一六〇頁参照

■材料〈四人分〉

蟹ポーション8本　海苔………1枚
＊下味（酒塩《酒大匙3　塩小匙1/3》）
小麦粉……適宜　揚げ油……適宜
＊揚げ衣（卵1/2個分　冷水1/3カップ　酒大匙2　塩少々　小麦粉1/2カップ）
オクラ……8本　塩……適宜
すだち……2個

■作り方

1 蟹のポーションは軟骨を抜き、酒塩に5分ほどつけて汁気を拭き、薄く小麦粉をまぶしたのち、卵ほかを溶き混ぜた衣をつけ、4cm角に切った海苔を巻いて中温に熱した揚げ油で揚げます。

2 オクラは成り口をぐるりとむいて塩で軽くもみ、熱湯で茹でて水にとり、冷まして水気を拭いておき、すだちは半分に切ります。

【盛りつけ】

長手の器に磯辺揚げを盛り、オクラとすだちを添えます。

## 蟹脚の大葉揚げ

●一六〇頁参照

■材料〈四人分〉

蟹ポーション8本　大葉………8枚
＊下味（酒塩《酒大匙3　塩小匙1/3》）
小麦粉……適宜　揚げ油……適宜
＊揚げ衣（卵1/2個分　冷水1/3カップ　酒大匙2　塩少々　小麦粉1/2カップ）
すだち……2個

■作り方

蟹のポーションは軟骨を抜き、酒塩に5分ほどつけて汁気を拭き、薄く小麦粉をまぶしたのち、卵ほかを溶き混ぜた衣をつけて大葉を巻き、中温に熱した揚げ油で揚げます。すだちは半分に切ります。


【盛りつけ】

長手の器に大葉揚げを盛り、すだちを添えます。

■調理覚え書

●すだちのほかレモン、塩でも美味です。

## 蟹脚の黄身衣揚げ

●一六〇頁参照

■材料〈四人分〉

蟹ポーション8本
＊下味（酒塩《酒大匙3　塩小匙1/3》）
小麦粉……適宜　揚げ油……適宜
＊揚げ衣（卵1/2個分　卵黄1個　冷水1/3カップ　酒大匙1/2　塩少々　小麦粉1/2カップ）
グリーンアスパラ………4本
塩……適宜

■作り方

1 蟹のポーションは軟骨を抜き、酒塩に5分ほどつけて汁気を拭き、薄く小麦粉をまぶしたのち、通常の揚げ衣に卵黄を増量した黄身衣を用意してつけ、中温に熱した揚げ油で揚げます。

2 グリーンアスパラは固い部分を除き、塩茹でをして5cm長さに切ります。

【盛りつけ】

長手の器に黄身衣揚げを盛り、グリーンアスパラを立てかけます。

## 蟹脚の香煎《こうせん》揚げ

●一六〇頁参照

■材料〈四人分〉

蟹ポーション8本　香煎《こうせん》………適宜
＊下味（酒塩《酒大匙3　塩小匙1/3》）
＊揚げ衣（片栗粉、卵白＝各適宜）
揚げ油……適宜　すだち……適宜
生姜……ひとかけ

■作り方

蟹のポーションは軟骨を抜き、酒塩に5分ほどつけて汁気を拭き、片栗粉と溶いた卵白、香煎を順につけて、中温に熱した揚げ油で揚げます。すだちは半分に切り、生姜はおろしておきます。


【盛りつけ】

長手の器に香煎揚げを形よく盛り、すだちとおろし生姜を添えます。

## 蟹昆布鳴門の揚げ煮

●一六一頁参照

■材料〈四人分〉

蟹の真蒸（蟹の身250g　卵2個　大納言1/4カップ　生昆布《市販の塩漬け品》18cm長さ）
海苔………1枚　片栗粉………適宜
揚げ油……適宜　わさび………適宜
＊吉野あん（だし汁1カップ　味醂1/4カップ　薄口醤油大匙2　片栗粉大匙1）

■作り方

1 蟹の真蒸は三七七頁『蟹の昆布鳴門揚げ』を参照して同じものを4cm厚さに作り、分量の調味料を合わせてとろみをつけた吉野あんを用意します。

【盛りつけ】

蒸し茶碗など、蓋つきの器に揚げたての昆布鳴門揚げを盛り、吉野あんをたっぷりとかけておろしわさびをのせます。

## 蟹落とし揚げの煮もの

●一六一頁参照

■材料〈四人分〉

蟹の身………200g　糸三つ葉……1/2把
＊揚げ衣（卵1個　冷水1/3カップ　酒大匙1　塩少々　小麦粉1カップ）
揚げ油……適宜　吉野あん……適宜
大葉………4枚　柚子………適宜

■作り方

1 蟹の身は軟骨を除いて粗くほぐし、糸三つ葉は軸だけを3cm長さに切っておき、卵ほかを溶き混ぜた衣に混ぜ合わせ、中温に熱した揚げ油に、スプーンでひと口大よりやや大きめにすくい取っては落とし、色よく揚げます。吉野あんを用意します。

【盛りつけ】

蓋つきの器に大葉を敷き、揚げたての落とし揚げを盛って吉野あんをかけ、天にへぎ柚子をのせます。

■調理覚え書

●落とし揚げは種をスプーンですくって、箸でかき落として揚げるところからの名で、蟹の身の味、形状に最適の手法です。

## 裏白椎茸の揚げ煮

●一六一頁参照

■材料〈四人分〉

椎茸……8枚　小麦粉……適宜
＊真蒸地（蟹の身200g　すり身50g　卵2個　塩、味醂＝各少々）
揚げ油……適宜　吉野あん……適宜
グリーンアスパラ……4本
塩……適宜　柚子……適宜

■作り方

1 椎茸は石づきを取っておき、蟹の身は軟骨を除いて粗くほぐし、卵は七分熟に煎って裏漉しをします。すり身をすり鉢ですり、煎り卵と調味料を加えてさらによくすり、蟹のほぐし身を混ぜ合わせて真蒸地を調えます。

2 椎茸の裏に小麦粉を薄くつけ、蟹の真蒸地を押しつけるようにつけて形を整え、中温に熱した揚げ油で揚げます。グリーンアスパラは固い部分を除いて塩茹でをし、4cm長さに切っておき、さらに吉野あんを用意します。

【盛りつけ】

蓋つきの器に椎茸の双身《ふたみ》（別名・裏白椎茸）二つずつを、裏表にして盛り合わせ、吉野あんをかけてグリーンアスパラを添え、へぎ柚子をのせます。

## 蟹磯辺揚げの煮もの

●一六一頁参照

■材料〈四人分〉

真蒸地（蟹の身200g　わけぎ2本　卵1個　水1/3カップ　酒大匙1　塩少々　小麦粉1カップ）
海苔……1 1/3枚　揚げ油……適宜
吉野あん……適宜　絹さや……8枚
塩……少々

■作り方

1 蟹の身は軟骨を除いて粗くほぐし、わけぎは薄い小口切りにします。卵を溶きほぐし、水ほか調味料を加え混ぜて衣を作り、蟹の身とわけぎを混ぜます。

2 海苔は一枚を六つ切りに切り、蟹の生地をひと口大よりやや大きめにスプーンで丸め取っては、海苔の中央にのせて四隅をつまむように形作り、中温に熱した揚げ油で揚げます。吉野あんを用意し、絹さやは塩を少量加えた熱湯でさっと茹でて水に放し、水気をきっておきます。

【盛りつけ】

蓋つきの器に蟹の磯辺揚げを盛り、吉野あんをかけて絹さやをあしらいます。

## 蟹黄身衣揚げの煮もの

●一六一頁参照

■材料〈四人分〉

蟹ポーション8本　小麦粉……適宜
＊揚げ衣（卵1/2個分　卵黄1個　冷水1/3カップ　酒大匙1/2　塩少々　小麦粉1/2カップ）
揚げ油……適宜　吉野あん……適宜
わさび……適宜

■作り方

蟹のポーションは軟骨を抜いておき、卵に卵黄ほかを溶き混ぜて黄身衣を作ります。蟹に薄く小麦粉をまぶして衣をつけ、中温に熱した揚げ油で、色よく揚げて油をきり、一本を二つに切り、吉野あんを用意します。


【盛りつけ】

蓋つきの器に黄身衣揚げを盛り、吉野あんをたっぷりとかけて、おろしわさびを添えます。

## 天王寺蕪と蟹脚の煮もの

●一六二頁参照

■材料〈四人分〉

天王寺蕪……1個　米……1/3カップ
＊煮汁（だし汁3カップ　味醂1/3カップ　白醤油1/4カップ　酒大匙1）
蟹脚……4本　そら豆……20粒
塩……適宜　柚子……適宜
＊吉野あん（だし汁1カップ　味醂1/4カップ　白醤油大匙2弱　片栗粉大匙1）

■作り方

1 天王寺蕪は皮を厚くむいて2cm厚さ・5cm角に切り、米を加えた水で中まで火が通るまで茹で、水洗いをします。鍋に煮汁のだし汁と調味料を合わせ、ひと煮立ちさせて蕪を入れ、紙蓋をして中火で煮含めます。

2 蟹脚は軟骨を抜き、そら豆は塩を少量加えた熱湯で茹でて皮をむいておき、吉野あんを用意します。柚子は皮を薄くそぎ、長めの繊《せん》切りにします。

【盛りつけ】

器に天王寺蕪を盛り、蟹脚をのせて吉野あんをたっぷりとかけ、前にそら豆を盛って、天に繊柚子を揃えて添えます。

## 天王寺蕪と鰻の煮もの

●一六二頁参照

■材料〈四人分〉

天王寺蕪……1個　米……1/3カップ
椎茸……4枚　茹で筍（小）……4本
＊煮汁（だし汁4カップ　味醂1/2カップ　白醤油1/3カップ　酒大匙2）
鰻の蒲焼き……1串　酒……少々
吉野あん……適宜　木の芽……8枚

■作り方

1 天王寺蕪は皮を厚くむいて2cm厚さ・5cm角に切り、米を加えた水で火が通るまで茹でて水洗いをしておき、椎茸は石づきを取って表面に十字の飾り庖丁を入れ、茹でた筍は穂先の姫皮を少し残したまま縦半分に切ります。煮汁のだし汁と調味料を合わせて三つに分け、三種を別々に煮含めます。

2 鰻の蒲焼きは酒を少量ふりかけ、火にかざして温める程度にあぶり返して4cm長さに切り分けておき、吉野あんを用意します。

【盛りつけ】

器に天王寺蕪を盛って鰻をのせ、前に筍と椎茸を形よく盛り合わせて吉野あんをかけ、上に木の芽をのせます。

## 天王寺蕪と小烏賊《いか》の煮もの

●一六三頁参照

■材料〈四人分〉
天王寺蕪……1個　米……1/3カップ
＊煮汁（だし汁3カップ　味醂1/3カップ　白醤油1/4カップ　酒大匙1）
小烏賊……12杯
＊小烏賊の煮汁（だし汁1カップ　味醂、薄口醤油＝各大匙2）
菜の花……8本　塩……適宜
吉野あん……適宜　木の芽……8枚

■作り方
1 天王寺蕪は皮を厚くむいて2cm厚さ・5cm角に切り、米を加えた水で火が通るまで茹でて水洗いをしておき、煮汁の調味料を合わせてひと煮立ちさせた中で、紙蓋をして煮含めます。
2 小烏賊は洗って軟骨を抜き、煮汁をひと煮立ちさせた中で煮すぎないように煮ます。菜の花は色よく塩茹でをし、花先を揃えて切っておき、吉野あんを用意します。

【盛りつけ】

器に天王寺蕪と小烏賊を盛り合わせ、菜の花を添え、蕪の天に木の芽をあしらいます。

## 天王寺蕪と鮭の煮もの

●一六三頁参照

■材料〈四人分〉
天王寺蕪……1個　米……1/3カップ
＊煮汁（だし汁3カップ　味醂1/3カップ　白醤油1/4カップ　酒大匙1）
鮭……4切れ
＊下味（酒塩《酒大匙3　塩小匙1/2》）
いんげん……16本　塩……適宜
吉野あん……適宜　柚子……適宜

■作り方
1 天王寺蕪は皮を厚くむいて2cm厚さ・5cm角に切り、米を加えた水で火が通るまで茹でて水洗いをしておき、煮汁の調味料を合わせてひと煮立ちさせた中で、紙蓋をして煮含めます。
2 鮭は酒塩とともに鍋に入れて蓋をし、火にかけて酒蒸しにしておき、いんげんは塩を少量加えた熱湯で茹で、笊に取って冷ましたのち、4cm長さに切ります。吉野あんを用意し、柚子は皮を薄くそいで松葉形に切ります。

【盛りつけ】

器に天王寺蕪を盛って鮭をのせ、吉野あんをかけて前にいんげんを盛り添え、天に松葉柚子をのせます。

## 天王寺蕪と車海老の煮もの

●一六二頁参照

■材料〈四人分〉
天王寺蕪……1個　米……1/3カップ
＊煮汁（だし汁3カップ　味醂1/3カップ　薄口醤油1/3カップ弱　酒大匙1）
車海老……8尾　塩……適宜
蕗……2本　吉野あん……適宜
溶き辛子……適宜

■作り方
1 天王寺蕪は縦八〜十個に切って厚く皮をむき、米を加えた水で火が通るまで茹でて水洗いをしておき、煮汁の調味料を合わせてひと煮立ちさせた中で、紙蓋をして煮含めます。
2 車海老は背わたを抜き、塩茹でをして笊に取って冷まし、頭を落とし、尾をひと節残して殻をむいておき、蕗は鍋に入る長さに切って洗い、塩をふって板ずりをしたのち、たっぷりの熱湯で茹でて水にとり、皮をむいて4cm長さに切ります。蕪の煮汁を取り分けて煮立て、火を止めて車海老と蕗を浸します。吉野あん、溶き辛子を用意します。

【盛りつけ】

器に天王寺蕪を盛り、車海老と蕗を形よく盛り合わせて吉野あんをかけ、溶き辛子を落とします。

## 天王寺蕪と牛肉の煮もの

●一六三頁参照

■材料〈四人分〉
天王寺蕪……1個　米……1/3カップ
＊煮汁（だし汁3カップ　味醂1/3カップ　白醤油1/4カップ　酒大匙1）
牛バラ肉……400g　昆布……15cm長さ
＊牛肉の煮汁（だし汁2カップ　味醂、薄口醤油＝各1/4カップ　酒1/2カップ）
胡椒少々

### 水晶あん

だし汁1カップ
酒大匙3　味醂大匙1弱　塩小匙1/2弱
片栗粉大匙1（または本葛大匙1/2）
鍋に分量のだし汁と調味料、片栗粉を合わせてよく溶き混ぜ、弱火にかけて木杓子で混ぜながらとろみがつくまで煮ます。
◉同類の吉野あんに比べて、塩を使うことでより透明なあんに仕上がります。

### 吉野あん

だし汁1カップ
味醂1/4カップ　薄口醤油大匙2
片栗粉大匙1（本来は本葛大匙1/2）
鍋にだし汁と調味料、片栗粉を合わせてよく溶き混ぜ、弱火にかけて木杓子で混ぜながらとろみがつくまで火通しします。
◉吉野あんの名は、葛の名産地吉野に因んだものです。

### 変わり揚げ衣

パセリ揚げの衣（天ぷら衣《卵1個　冷水2/3カップ　酒大匙2　塩少々　小麦粉1カップ》基本　パセリのみじん切り適宜）
◉上記例をはじめ、衣に海苔、干し若布、大葉などの主にみじんを混ぜ、また卵黄、雲丹を溶き混ぜるほか、衣の表面に新挽き粉やけしの実、春雨などをつけて揚げ、味、香り、彩り、形の変化をつけます。

わけぎ……4本　塩…………少々
溶き辛子……適宜

■**作り方**

1 天王寺蕪は皮を厚くむいて2cm厚さ・5cm角に切り、米を加えた水で火が通るまで茹でて水洗いをしておき、煮汁の調味料を合わせてひと煮立ちさせた中で、紙蓋をして煮含めます。

2 牛バラ肉は塊《かたまり》で用意して筒形に整え、タコ糸で巻き止めておき、鍋にたっぷりの水、昆布とともに入れて火にかけ、煮立ってきたらアクを丁寧に引き、柔らかくなるまで茹でたのち、煮汁の調味料を合わせた中で、汁が少なくなるまで煮て糸をはずし、1cm厚さに切り分けます。

3 わけぎは長いまま、塩を少量加えた熱湯で茹で、笊に上げてあおいで冷まし、4cm長さに切り揃えます。吉野あんと溶き辛子を用意します。

【盛りつけ】

器に天王寺蕪を盛って牛肉をのせ、前にわけぎを盛り添えて吉野あんをかけ、溶き辛子を天に落とします。

## 天王寺蕪と海老真《しん》蒸《じょ》の煮もの

●一六二頁参照

■**材料**〈四人分〉

天王寺蕪……1個　米………⅓カップ
*煮汁(だし汁3カップ　味醂⅓カップ　白醤油¼カップ　酒大匙1)
海老真蒸(芝海老むき身200g　卵白適宜　味醂、塩＝各少々)
吉野あん……適宜　柚子………適宜

■**作り方**

1 天王寺蕪は皮を厚くむいて2cm厚さ・5cm角に切り、米を加えた水で火が通るまで茹でて水洗いをしておき、煮汁の調味料を合わせてひと煮立ちさせた中で、紙蓋をして煮含めます。

2 芝海老は背わたを取って殻をむいたものを分量用意し、細かくたたいてすり鉢ですり、卵白ほかを加えてさらによくすったのち、ひとりあて三個の団子に丸めて熱湯に落とし、煮立たせすぎないように注意して茹で、笊にとって冷まして結び串に刺します。

3 吉野あんを用意し、柚子は皮をへいでくさび形に整えます。

【盛りつけ】

器に天王寺蕪を盛り、前に海老真蒸串を盛り合わせて吉野あんをかけ、くさび柚子を天にのせます。

## 天王寺蕪と魚の子の煮もの

●一六三頁参照

■**材料**〈四人分〉

天王寺蕪……1個　米………⅓カップ
*煮汁(だし汁3カップ　味醂⅓カップ　白醤油¼カップ　酒大匙1)
魚の子(鯛)…2腹
*鯛の子の煮汁(だし汁2カップ　薄口醤油、砂糖＝各大匙3　味醂大匙3.5)
貝割れ菜2パック　塩…………少々
溶き辛子……適宜

■**作り方**

1 天王寺蕪は皮を厚くむいて2cm厚さ・5cm角に切り、米を加えた水で火が通るまで茹でて水洗いをしておき、煮汁の調味料を合わせてひと煮立ちさせた中で、紙蓋をして煮含めます。

2 鯛の子は水の中で、竹串を使って血の筋を静かにしごき取り、縦に浅い切り目を入れておき、煮汁の調味料を合わせ、ひと煮立ちさせた中に入れ、中火にして煮立てないように煮含めます。

3 貝割れ菜は塩を少量加えた熱湯で茹で、水にとって冷まし、きつく絞って根元を落とします。吉野あん、溶き辛子を用意します。

【盛りつけ】

器に天王寺蕪を盛って鯛の子をのせ、前に貝割れ菜を盛り添えて吉野あんをかけ、溶き辛子を落とします。

## 冬《とう》瓜《がん》の辛子味噌かけ

●一六四頁参照

■**材料**〈四人分〉

冬瓜………400g　帆立の貝柱…4個
*煮汁(だし汁2カップ　味醂大匙3　白醤油大匙1　塩小匙½)
*帆立の煮汁(水大匙2　酒大匙3　塩小匙½)
*辛子味噌(西京味噌½カップ　味醂大匙2　溶き辛子適宜)
木の芽………4枚

■**作り方**

1 冬瓜はひとつ100g目安の角に切り、厚めに皮をむいてワタを除き、たっぷりの水とともに鍋に入れて火にかけ、透きとおるまで茹でて水にとり、笊に上げます。煮汁のだし汁と調味料を合わせてひと煮立ちさせ、冬瓜を入れて紙蓋をし、弱火で煮含めます。

2 帆立の貝柱は分量の煮汁で軽く火を通したのち、厚みを二～三枚にそぎます。辛子味噌は西京味噌と味醂を合わせて火にかけ、木杓子で混ぜながらとろみがつくまで練り、人肌に冷めたら溶き辛子を混ぜて仕上げます。

【盛りつけ】

冬瓜の汁気をきって器に盛り、帆立の貝柱を手前に盛り合わせて、辛子味噌をたっぷりとかけ、木の芽をのせます。

## 冬瓜の海老そぼろあんかけ

●一六五頁参照

■**材料**〈四人分〉

冬瓜………400g
*煮汁(だし汁2カップ　味醂大匙3　白醤油大匙1　塩小匙½)
海老そぼろあん(芝海老250g　だし汁⅔カップ　砂糖大匙2　味醂大匙3　白醤油大匙3弱　水溶き葛粉《本葛大匙1　水大匙2》)
わさび………適宜

■**作り方**

1 冬瓜は角に切り分けて皮を厚めにむき、ワタを除いてたっぷりの水に入れ、透きとおるまで茹でて水にとって冷まし、笊に上げたのち、煮汁をひと煮立ちさせた中で紙蓋をして弱火で煮含めます。

2 芝海老は背わたを抜いて頭を取り、殻をむいて細かく刻みます。分量の調味料の中で箸五〜六本で混ぜながら火を通したのち、水溶きの本葛を回し入れてとろみをつけます。

【盛りつけ】

冬瓜の汁気をきって器に盛り、海老のそぼろあんをたっぷりとかけ、天におろしわさびをのせます。

## 冬瓜の吉野あんかけ

●一六五頁参照

■材料〈四人分〉

冬瓜……400g

*煮汁（だし汁2カップ　味醂大匙3　薄口醤油大匙3　塩少々）

*吉野あん（だし汁1カップ　味醂1/4カップ　薄口醤油大匙2　片栗粉大匙1）

わさび……適宜

■作り方

1 冬瓜は角に切り分けて皮を厚めにむき、ワタを除いてたっぷりの水に入れ、透きとおるまで茹でて水にとって冷まし、笊に上げたのち、煮汁をひと煮立ちさせた中で紙蓋をして弱火で煮含めます。

2 吉野あんのだし汁ほかを合わせて火にかけ、混ぜながらとろみがつくまで煮て仕上げます。

【盛りつけ】

冬瓜の汁気をきって器に盛り、吉野あんをかけておろしわさびをのせます。

## 冬瓜の鶏そぼろあんかけ

●一六四頁参照

■材料〈四人分〉

冬瓜……400g

*煮汁（だし汁2カップ　味醂大匙3　白醤油大匙1　塩小匙1/2）

鶏そぼろあん（鶏挽き肉200g　冬瓜の煮汁1/2カップ　味醂、薄口醤油＝各大匙2　砂糖大匙2弱　水溶き葛粉《本葛大匙1　水大匙2》）

柚子……適宜

■作り方

1 冬瓜は角に切り分けて皮を厚めにむき、ワタを除いてたっぷりの水に入れ、透きとおるまで茹でて水にとって冷まし、笊に上げたのち、煮汁をひと煮立ちさせた中で紙蓋をして弱火で煮含めます。

2 鶏挽き肉は皮と脂を除き、二度挽きしたものを分量の調味料とともに鍋に入れ、火にかけて箸五〜六本で混ぜながら煮上げ、水溶きの本葛を回し入れて手早く混ぜ、とろみをつけます。

【盛りつけ】

冬瓜の汁気をきって器に盛り、鶏そぼろあんをかけて細切り柚子をのせます。

## 冬瓜の練り味噌かけ

●一六五頁参照

■材料〈四人分〉

冬瓜……400g

*煮汁（だし汁2カップ　味醂大匙3　白醤油大匙1　塩小匙1/2）

*練り味噌（麦味噌、砂糖、味醂＝各1カップ）

溶き辛子……適宜

■作り方

1 冬瓜は角に切り分けて皮を厚めにむき、ワタを除いてたっぷりの水に入れ、透きとおるまで茹でて水にとって冷まし、笊に上げたのち、煮汁をひと煮立ちさせた中で紙蓋をして弱火で煮含めます。

2 鍋に麦味噌と砂糖を練り合わせ、味醂を少しずつ加えながら溶きのばしたのち、弱火にかけて木杓子で鍋底から練り上げ、ねっとりと仕上げます。

【盛りつけ】

冬瓜の汁気をきって器に盛り、練り味噌をかけて溶き辛子を天に落とします。

## 冬瓜の卵味噌かけ

●一六五頁参照

■材料〈四人分〉

冬瓜……400g

*煮汁（だし汁2カップ　味醂大匙3　白醤油大匙1　塩小匙1/2）

車海老……8尾　塩……適宜

*黄身味噌（西京味噌1/2カップ　味醂大匙2　卵黄2個）

溶き辛子……適宜　柚子……適宜

■作り方

1 冬瓜は角に切り分けて皮を厚めにむき、ワタを除いてたっぷりの水に入れ、透きとおるまで茹でて水にとって冷まし、笊に上げたのち、煮汁をひと煮立ちさせた中で紙蓋をして弱火で煮含めます。

2 車海老は背わたを抜き、塩茹でをして殻をむき取ります。鍋に黄身味噌の各調味料と卵黄を合わせ、弱火にかけ、木杓子で混ぜながらねっとりと練り上げます。柚子は皮をそぎ、松葉形に切り整えます。

【盛りつけ】

冬瓜の汁気をきって器に盛り、車海老を前に盛って黄身味噌をかけ、溶き辛子を落として松葉柚子をあしらいます。

## 冬瓜の蟹あんかけ

●一六四頁参照

■材料〈四人分〉

冬瓜……400g

*煮汁（だし汁2カップ　味醂大匙3　白醤油大匙1　塩小匙1/2）

蟹あん（蟹の身150g　だし汁1カップ　酒大匙3　味醂大匙1弱　塩小匙1/2弱　水溶き葛粉《本葛大匙1　水大匙2》）

溶き辛子……適宜

■作り方

1 冬瓜は角に切り分けて皮を厚めにむき、ワタを除いてたっぷりの水に入れ、透きとおるまで茹でて水にとって冷まし、笊に上げたのち煮汁をひと煮立ちさせた中で紙蓋をして弱火で煮含めます。

2 蟹の身は軟骨を除いて細かくほぐし、だし汁ほか調味料を合わせてひと煮立ちさせた中で煮ます。煮立ったら水溶きの本葛を回し入れて手早く混ぜ、とろみをつけます。

【盛りつけ】

冬瓜の汁気をきって器に盛り、蟹のあんをかけて溶き辛子を落とします。

## 冬瓜の水晶あんかけ

●一六四頁参照

■**材料**〈四人分〉

冬瓜……………400g

＊煮汁（だし汁2カップ　味醂大匙3　白醤油大匙1　塩小匙½）

蟹脚…………8本　わさび…………適宜

＊水晶あん（だし汁1カップ　酒大匙3　味醂大匙1弱　塩小匙½弱　片栗粉大匙1）

■**作り方**

1 冬瓜は角に切り分けて皮を厚めにむき、ワタを除いてたっぷりの水に入れ、透きとおるまで茹でて水にとって冷まし、笊に上げたのち、煮汁をひと煮立ちさせた中で紙蓋をして弱火で煮含めます。

2 蟹脚は軟骨を抜き、4～5cm長さに切り揃えます。鍋に水晶あんのだし汁ほかを合わせて溶き混ぜ、弱火にかけてとろみがつくまで混ぜながら煮ます。

【盛りつけ】

冬瓜の汁気をきって器に盛り、蟹脚を前に立てかけるように添え、水晶あんをかけておろしわさびをのせます。

■**調理覚え書**

●冬瓜は水分が九割以上を占め、香りも味わいも淡泊そのもの。この水晶あんかけの煮ものやすり流し汁など、葛を引いてわさび、生姜で食べる調理は最適です。

## 鶏のアスパラ射《い》込み焼き

●一六六頁参照

■**材料**〈四人分〉

鶏もも肉……1枚

グリーンアスパラ……………3本

塩…………適宜　サラダ油……適宜

＊幽庵地（味醂大匙5　醤油大匙3　酒大匙2）

酢取り生姜…4本

■**作り方**

1 鶏もも肉は脂を丁寧に除き、厚い部分をそいで薄い部分を補い、平らに広げます。グリーンアスパラは固い部分を除いて塩を少量加えた熱湯で茹で、笊に上げてあおいで冷ましたのち、鶏もも肉にのせて芯にして巻き、タコ糸で巻き止めます。

2 フライパンにサラダ油を熱し、鶏のロールを転がしながら色よく焼き、幽庵地を加えて汁気が少なくなるまで転がして焼き上げ、糸をはずして3cm弱厚さに切り分けます。酢取り生姜は杵形に整えます。

【盛りつけ】

器にアスパラ射込みの鶏ロールを盛り、杵生姜を添えます。

## 鶏のアスパラ射込み焼き、磯辺おろし添え

●一六六頁参照

■**材料**〈四人分〉

鶏のアスパラ射込み焼き（鶏もも肉1枚　グリーンアスパラ3本　塩、サラダ油＝各適宜　幽庵地適宜）1本

磯辺おろし（大根おろし½カップ　あさつき½把　海苔1枚）

＊加減酢（酢、味醂＝各大匙3　だし汁大匙1　塩少々）

■**作り方**

1 前品『鶏のアスパラ射込み焼き』を参照して同じものを焼き上げ、1cm厚さほどに切り分けます。

2 大根おろしは水気を軽く絞り、薄く小口切りにしたあさつきと、小さくちぎった海苔を混ぜ合わせ、酢ほかを合わせてひと煮立ちさせ、冷ました加減酢をかけます。

【盛りつけ】

器にアスパラ射込み焼き二切れを盛り、磯辺おろしを山形にとって添えます。

## 鶏のあさつき射込み揚げ葛あんかけ、菊花添え

●一六六頁参照

■**材料**〈四人分〉

鶏もも肉……1枚　あさつき……2把

揚げ油………適宜　菊花…………8輪

酢…………少々　溶き辛子……適宜

＊吉野あん（だし汁1カップ　味醂¼カップ　薄口醤油大匙2　片栗粉大匙1）

■**作り方**

1 鶏もも肉は脂を除き、厚い部分をそいで薄い部分を補って平らに広げておき、あさつきの根に近い部分を長めに切り取って五～六本ずつ揃え、鶏肉にのせて芯にして巻き、巻き簀で巻き止めて蒸し器で15分ほど蒸します。

2 冷めたら巻き簀をはずし、中温に熱した揚げ油で揚げて油をきり、3cm厚さほどに切り分けます。吉野あんを用意し、菊花は酢を少量落とした熱湯で茹でて水にさらし、きつく絞ります。

【盛りつけ】

器に鶏のあさつき射込み揚げを盛り、吉野あんをたっぷりとかけて菊花をあしらい、溶き辛子を落とします。

## 鶏のあさつき射込み揚げ葛あんかけ

●一六六頁参照

■**材料**〈四人分〉

鶏のあさつき射込み揚げ（鶏もも肉1枚　あさつき2把　揚げ油適宜）1本

吉野あん……適宜　わさび………適宜

■**作り方**

前品『鶏のあさつき射込み揚げ』を参照して同じものを作り、3～4cm厚さに切り分けます。吉野あんを用意します。

【盛りつけ】

器に揚げたてのあさつき射込みを盛り、吉野あんをたっぷりとおけて、おろしわさびをのせます。

## 鶏のあさつき、卵焼き射込み焼き、おろし添え

●一六六頁参照

■材料〈四人分〉

鶏もも肉……2枚　あさつき……2把
厚焼き卵……½本　サラダ油……適宜
幽庵地……適宜　大根おろし…適宜

■作り方

1 鶏もも肉は脂を除き、厚みを均一に整えて広げ、一枚はあさつきの緑の葉の部分を芯に、もう一枚は厚焼き卵を1cm角の棒状に切り、3本ほどをまとめて芯にして、それぞれを巻いてタコ糸で巻き止めます。

2 フライパンにサラダ油を熱し、二種の鶏ロールを転がしながら色よく焼き、幽庵地を加えて汁気を少なくなるまで、さらに転がして焼き上げ、糸をはずしてそれぞれを3cm厚さほどに切ります。

【盛りつけ】

器に二種の射込み焼きを盛り合わせ、大根おろしの水気を軽く絞って山形にとり、手前にあしらいます。

## 鶏の胡瓜射込み蒸し、葛あんかけ

●一六六頁参照

■材料〈四人分〉

鶏もも肉……1枚　胡瓜……1本
塩……適宜　吉野あん……適宜
溶き辛子……適宜

■作り方

1 鶏もも肉は脂を除き、厚みを均一に整えて広げます。胡瓜は塩をまぶして板ずりをし、熱湯にくぐらせて水にとり、冷まして縦四つ割りに切り、種の部分をそぎ取ったのち、四本を揃えて鶏肉にのせ、芯にして巻いて巻き簀で巻き止めます。

2 蒸気の上がった蒸し器に入れ、15分ほど蒸し上げて巻き簀をはずし、3cm厚さに切り分けます。吉野あんを用意しておきます。

【盛りつけ】

器に胡瓜射込み蒸しを盛り、吉野あんをたっぷりとかけて溶き辛子をのせます。

## 鶏のあさつき射込み揚げ

●一六六頁参照

■材料〈四人分〉

鶏もも肉……1枚　あさつき……1把
＊下味（酒大匙3　塩小匙⅓　醤油少々）
片栗粉……適宜　揚げ油……適宜
酢取り生姜…4本

■作り方

1 鶏もも肉は脂を除いて合わせ調味料に5分ほどつけたのち、汁気を拭いて厚みを均一に整えて広げ、箸四～五本を芯にして巻き、タコ糸で巻き止めて蒸し器で10分ほど蒸し上げます。

2 冷めたら片栗粉を薄くまぶし、中温よりやや高めに熱した揚げ油で揚げ、芯の箸を抜き取ったのち、束ねたあさつきを射込みます。糸をはずして2cm厚さほどに切り分けておき、酢取り生姜は杵形に整えます。

【盛りつけ】

器にあさつき射込み揚げを二切れずつ盛り、杵生姜をあしらいます。

## 牛ロールと蛇の目大根、人参の炊き合わせ

●一六七頁参照

■材料〈四人分〉

牛バラ肉……400g　昆布……15cm長さ
＊煮汁（だし汁2カップ　酒½カップ　味醂、薄口醤油＝各¼カップ　胡椒少少）／以上牛ロール煮
大根……4cm長さ　人参……4cm長さ
＊大根、人参の煮汁（だし汁2カップ　味醂、薄口醤油＝各¼カップ）
小松菜（茎）…少々　塩……少々
溶き辛子……適宜

■作り方

1 牛バラ肉は塊《かたまり》で用意し、筒形に整えてタコ糸で巻き止めたのち、鍋にたっぷりの水、昆布とともに入れて火にかけ、煮立ってきたらアクを引きながら柔らかく茹でます。煮汁のだし汁ほかを合わせた中で、汁が少なくなるまで煮含め、3cm厚さほどに切り分けます。

2 大根と人参は1cm厚さの輪切りにし、太さを揃えて皮をむき、蛇の目形に抜いて、それぞれ下茹でをしたのち、煮汁で煮含めます。小松菜は塩を少量加

### 厚焼き卵（江戸風）

| | | |
|---|---|---|
| 卵6個 | だし汁大匙2 | 砂糖大匙4 |
| 味醂大匙2 | 薄口醤油大匙1 | 塩小匙¼ |

卵を溶きほぐし、だし汁ほかの調味料を合わせてよくかき混ぜます。

卵焼き鍋を熱してサラダ油を引き、中火で熱して鍋底をぬれ布巾にあてて粗熱をとったのち、卵汁の¼量を流し入れます。菜箸で全体を細かくつつき、表面が乾きかけてきたら向う側から手前に三つくらいに折り込み、空いた鍋肌にサラダ油を引いて卵を押しやり、手前の空きにも油を引いて卵汁¼量を再び流し入れます。先の卵の下にも菜箸を差し込んで鍋を傾け、卵汁をゆきわたらせます。

手前の卵の表面が乾いてきたら、奥から手前に巻き込むことを繰り返して徐々に厚焼きにし、俎板にとって形を整えます。

◉だし巻き卵（京風）も同要領です。

### 菊花（食用菊）の扱い

菊花は酢を少量落とした熱湯で茹で、水に放してさらし、水気を絞って使います。

◉菊の中でも癖がなく、色のよい—坂本菊、嵯峨菊、安《あ》房宮《ぼうきゅう》ほか—が食用（料理）菊。酢のもの、刺身のあしらいなどに季節感を添えます。また、黄色種の安房宮を蒸し上げ、板状に乾燥させたものが菊海苔です。さっと茹でて戻し、同様に使います。

えた熱湯で茹で、水にとって揃え、きつく絞って茎の部分を4cm長さに切り揃えます。

【盛りつけ】

器に牛ロール煮と蛇の目大根、人参を盛り合わせ、小松菜を添えて野菜の煮汁を少量かけ、溶き辛子を落とします。

## 牛ロールと白菜、アスパラの炊き合わせ

●一六七頁参照

■**材料**〈四人分〉

牛ロール煮（前品参照）……4切れ
白菜……4枚　椎茸……4枚
*煮汁（八方地（だし汁2カップ　味醂、薄口醤油＝各1/4カップ））
グリーンアスパラ……8本
塩……適宜
*吉野あん（だし汁1カップ　味醂1/4カップ　白醤油大匙2弱　片栗粉大匙1）
柚子……適宜　わさび……適宜

■**作り方**

1 前品と同じ要領で牛ロール煮を作り、ほどよい大きさに切り分けます。白菜は茎の白い部分を5～6cm長さ・3cm幅に切り、椎茸は石づきを取って表面に十字の飾り庖丁を入れておき、鍋に煮汁の調味料を合わせて白菜を煮、透きとおってきたら椎茸を加え、汁が少なくなるまで煮含めます。

2 グリーンアスパラは塩茹でをし、手早く冷まして5cm長さに切ります。吉野あんはだし汁ほかを鍋に合わせて火にかけ、玉杓子で混ぜながらとろみがつくまで煮、柚子は皮をそいで長めの繊《せん》切りにします。

【盛りつけ】

器に牛ロール煮を盛り、手前に白菜と椎茸を盛り合わせてアスパラをあしらい、吉野あんをかけて繊柚子、おろしわさびを上にのせます。

## 牛ロールと海老芋、卵焼きの炊き合わせ

●一六七頁参照

■**材料**〈四人分〉

牛ロール煮4切れ
海老芋……2本　酢……少々
*海老芋の煮汁（水1.5カップ　砂糖大匙2.5　味醂大匙4　塩小匙1/2）
厚焼き卵……適宜　小松菜……1/2把
塩……少々　わさび……適宜

■**作り方**

1 前品と同要領で牛ロール煮を作り、3cmほどの厚さに切り分けます。海老芋は4cm長さに切り、六面に皮をむいてたっぷりの水とともに鍋に入れ、酢を少量加えて火にかけ、煮立ってきたら水をかえながら二度ほど茹でこぼし、水洗いをしたのち、煮汁の水ほか調味料を合わせた中で、紙蓋をして弱火で煮含めます。

2 卵五個で厚焼き卵を焼き、熱いうちに縦半分に切って巻き簀に取り、丸く形を整えて冷まし、簀をはずして5cm長さほどに切り分けておき、小松菜は塩を少量加えた熱湯で茹で、水にとってきつく絞り、みじんに刻みます。

【盛りつけ】

器に牛ロール煮と海老芋、卵焼きを盛り合わせ、海老芋の煮汁を少々かけて、小松菜のこまごまを山形にとってあしらい、おろしわさびをのせます。

## 牛ロールと冬瓜、しめじの炊き合わせ

●一六七頁参照

■**材料**〈四人分〉

牛ロール煮4切れ
冬瓜……320g　本しめじ……適宜
*冬瓜としめじの煮汁（だし汁3カップ　味醂、薄口醤油＝各1/3カップ）
しんとり菜……適宜　塩……少々
吉野あん……適宜　溶き辛子……適宜

■**作り方**

1 前品と同要領で牛ロール煮を作り、ほどよい大きさに切り分けます。冬瓜は5cm・4cmの角に切り、厚めに皮をむいてワタを除き、たっぷりの水とともに鍋に入れて火にかけ、透きとおるまで茹でて水にとり、笊に上げます。しめじは石づきを取り、一本ずつにほぐしてさっと茹でておき、煮汁のだし汁と調味料を合わせて二つに分け、冬瓜としめじを別々に煮含めます。

2 しんとり菜は塩を少量加えた熱湯で茹で、水にとって冷まし、揃えてきつく絞ったのち、4cm長さに切ります。吉野あんと溶き辛子を用意します。

【盛りつけ】

器に牛ロール煮と冬瓜、しめじを盛り合わせ、吉野あんをかけてしんとり菜を手前に盛り添え、溶き辛子を落とします。

■**調理覚え書**

●しんとり菜は、中国野菜〝菜心《ツァイシン》〟の日本名です。菜心は広東《カントン》地方の主要な葉菜で、アブラ菜科・タイナの一種。外葉をはがして芯の部分を使うところから芯取り菜の名で定着。静岡、千葉、長野各県で作られ、近年はほとんど一年中店頭に出まわっています。

## 牛ロールと揚げ茄子、オクラの炊き合わせ

●一六七頁参照

■**材料**〈四人分〉

牛ロール煮4切れ
茄子……2個　揚げ油……適宜
*茄子の煮汁（だし汁2カップ　味醂、薄口醤油＝各1/4カップ）
オクラ……8本　塩……適宜
吉野あん……適宜　柚子……適宜
わさび……適宜

■**作り方**

1 前品と同要領で牛ロール煮を作り、3cmほどの厚さに切り分けます。茄子はへたを落として縦半分に切り、皮面に斜めの庖丁目を入れて、中温よりやや高めに熱した揚げ油に皮下に入れて揚げます。煮汁をひと煮立ちさせて揚げたての茄子を入れ、煮含めます。

2 オクラは塩をまぶしてもみ、熱湯で茹でて水にとり、冷まして成り口を切り揃えておき、吉野あんを用意し、柚子は皮をそいで長めの繊《せん》切りにします。

【盛りつけ】

器に牛ロール煮と茄子の揚げ煮、オクラを盛り合わせ、吉野あんをかけて繊柚子をのせ、おろしわさびをのせます。

## 牛ロールと貝割れ菜、菊花の炊き合わせ

●一六七頁参照

■材料〈四人分〉
牛ロール煮4切れ
貝割れ菜2パック　塩……適宜
人参……10㎝長さ
＊貝割れ菜、人参の煮汁（だし汁2カップ　味醂、薄口醤油＝各1/4カップ）
菊花……4輪　酢……少々
吉野あん……適宜　わさび……適宜

■作り方
1 前品と同要領で牛ロール煮を作り、ほどよい大きさに切り分けます。貝割れ菜は塩を少量加えた熱湯で茹で、水に放して冷まし、きつく絞って根元を切り落とします。人参は10㎝長さで、マッチ棒よりやや太めに切り、茹でます。
2 煮汁をひと煮立ちさせて半量をボールに取り、貝割れ菜を浸しておき、残り半量で人参を煮含めます。菊花は酢を落とした熱湯で茹で、水にさらしてきつく絞り、吉野あんを用意します。

【盛りつけ】

器に牛ロール煮、軽く汁気をきった貝割れ菜を盛り合わせ、菊花をあしらって吉野あんをかけ、天に細引き人参を横に渡してのせ、おろしわさびを添えます。

## 牛ステーキ、赤芽おろし添え

●一六九頁参照

■材料〈四人分〉
牛ロース肉…250g　塩、胡椒…各適宜
サラダ油……適宜
＊酒醤油（酒、醤油＝各大匙2）
＊つけ合わせ類（サラダ菜4枚　大根おろし1/2カップ　赤芽適宜　ラディッシュ4個）
＊溶き辛子（五品共通）

■作り方
1 牛ロース肉はステーキ用の厚切りを用意して塩胡椒をしたのち、フライパンにサラダ油を熱して好みの焼き加減に焼いて、酒醤油を回しかけ、両面を手早く返して味をからめ、仕上げます。
2 大根おろしは軽く水気をきって赤芽をざっくりと混ぜ、ラディッシュは天地を切り、細かい切り目を入れます。

【盛りつけ】

器にサラダ菜を敷いて、食べよく切り分けたステーキを盛り、赤芽おろしを山形にとって添え、ラディッシュをあしらいます。溶き辛子を別器で添えます。

■調理覚え書
●赤芽はヤナギタデの芽出し。つま類にその辛みと香り、彩りを活用します。

## 牛ステーキ、茗《みょう》荷《が》、花穂じそ添え

●一六八頁参照

■材料〈四人分〉
牛ロース肉…250g　塩、胡椒…各適宜
サラダ油……適宜
＊酒醤油（酒、醤油＝各大匙2）
＊つけ合わせ類（茗荷竹3本　大葉8枚　大根おろし1/2カップ　花穂じそ8本）

■作り方
1 牛肉は厚切りに塩胡椒をし、サラダ油を熱したフライパンで好みの焼き加減で焼き、酒醤油を回しかけて両面を手早く返し、味をからめて仕上げます。
2 茗荷竹は斜めの薄切りにして水に放し、パリッとさせて笊にとっておき、牛肉は食べよい大きさに切り分けます。

【盛りつけ】

器にけんに打った茗荷竹を盛り、大葉二枚を立てかけてステーキを盛りつけ、水気を軽く絞った大根おろしと花穂じそを添え、溶き辛子を適宜添えます。

## 牛ステーキ、炒め獅子唐添え

●一六九頁参照

■材料〈四人分〉
牛ロース肉…250g　塩、胡椒…各適宜
サラダ油……適宜
＊酒醤油（酒、醤油＝各大匙2）
＊つけ合わせ類（獅子唐辛子12本　大葉8枚　大根おろし1/2カップ　ラディッシュ4個）

■作り方
1 牛肉は厚切りに塩胡椒をし、サラダ油を熱したフライパンで好みの焼き加減で焼き、酒醤油を回しかけて両面を手早く返し、味をからめて仕上げます。
2 獅子唐は天地を落とし、サラダ油を引いたフライパンで炒めて薄塩をふります。大根おろしとラディッシュおろしを用意し、二種とも軽く水気を絞って大根おろしの山形にラディッシュおろしを重ねます。牛肉は食べよい大きさに切り分けます。

【盛りつけ】

器に大葉二枚を敷いてステーキを盛り、獅子唐と二色おろしを盛り添え、溶き辛子を適宜添えます。

## 牛ステーキ、モロッコいんげん添え

●一六八頁参照

■材料〈四人分〉
牛ロース肉…250g　塩、胡椒…各適宜
サラダ油……適宜　バター……適宜
＊酒醤油（酒、醤油＝各大匙2）
＊つけ合わせ類（モロッコいんげん2本　大葉8枚　大根おろし1/2カップ）

■作り方
1 牛肉は厚切りに塩胡椒をし、サラダ油を熱したフライパンで好みの焼き加減で焼き、酒醤油を回しかけて両面を手

早く返し、味をからめて仕上げます。

2 モロッコいんげんは塩茹でにし、3cm長さに切り揃えて軽くバターで炒め、薄塩をふります。牛肉は食べよい大きさに切り分けます。

【盛りつけ】

器に大葉一枚を敷いてステーキを盛り、いんげんと軽く水気を絞った大根おろしを添え、溶き辛子を適宜添えます。

## 牛ステーキ、若布、オクラ添え

●一六九頁参照

■材料〈四人分〉

牛ロース肉…250g　塩、胡椒…各適宜

サラダ油……適宜

*酒醤油（酒、醤油=各大匙2）

*つけ合わせ類（干し若布5g　オクラ8本　大根おろし1/2カップ）

*《板谷楓8枚》

■作り方

1 牛肉は厚切りに塩胡椒をし、サラダ油を熱したフライパンで好みの焼き加減で焼き、酒醤油を回しかけて両面を手早く返し、味をからめて仕上げます。

2 干し若布は水で戻し、熱湯をかけて冷水にとり、手早く冷まして筋を除き、食べよく切っておきます。オクラは塩でもんで熱湯で茹で、水にとって冷まします。牛肉は食べよい大きさに切り分けます。

【盛りつけ】

器に板谷楓一枚を敷いてステーキを盛り、若布とオクラ、大根おろしを盛り添えます。溶き辛子を適宜添えます。

## 牛ミニッツステーキ、紫玉葱おろし添え

●一七〇頁参照

■材料〈四人分〉

牛ロース肉…250g　塩、胡椒…各適宜

サラダ油……適宜

*酒醤油（酒、醤油=各大匙2）

*つけ合わせ類（大根おろし1/2カップ　紫玉ねぎ1/2個　あさつき1/3把　おろし生姜適宜）

*《朴の葉4枚》

■作り方

1 牛ロース肉はステーキ用の厚切りを用意して塩胡椒をしたのち、フライパンにサラダ油を熱して好みの焼き加減に焼いて、酒醤油を回しかけ、両面を手早く返し、味をからめて仕上げます。

2 紫玉ねぎは薄い櫛形に切って水にさらし、笊にとって水気をきり、水気を軽く絞った大根おろしと和えておき、あさつきは小口切りにします。牛肉は食べよい大きさに切り分けます。

【盛りつけ】

器に朴の葉を横一文字に敷き、紫玉ねぎおろしをたっぷりと盛って上にあさつきを散らし、ステーキを盛っておろし生姜を添えます。

■調理覚え書

●通常ミニッツステーキといえば、牛ロースのへりをカットしたものです。日本料理のステーキは、総じてミニ。他の料理にさしつかえない量で、脂気を避けてフィレ肉を使用する場合もあります。

## 牛ミニッツステーキ、巨峰おろし添え

●一七〇頁参照

■材料〈四人分〉

牛ロース肉…250g　塩、胡椒…各適宜

サラダ油……適宜

*酒醤油（酒、醤油=各大匙2）

*つけ合わせ類（大葉8枚　大根おろし1/2カップ　巨峰8粒　あさつき1/3把　ラディッシュ4個）

■作り方

1 牛肉は厚切りに塩胡椒をし、サラダ油を熱したフライパンで好みの焼き加減で焼き、酒醤油を回しかけて両面を手早く返し、味をからめて仕上げます。

2 巨峰は皮をむいて種を除き、水気を絞った大根おろしと混ぜ合わせ、あさつきは小口切りにしておき、ラディッシュは十字の飾り庖丁を入れます。牛肉は食べよく切り分けます。

【盛りつけ】

器に大葉一枚を敷いて巨峰おろしを盛ってあさつきを散らし、牛肉を盛ってラディッシュをあしらいます。

■調理覚え書

●ラディッシュは二十日もあれば育つというところから日本名は二十日《はつか》大根。鮮やかな色調を生かし、飾り庖丁を入れてあしらいに、また時にはけんにも使います。

## 牛ミニッツステーキ、細切り野菜おろし添え

●一七〇頁参照

■材料〈四人分〉

牛ロース肉…250g　塩、胡椒…各適宜

サラダ油……適宜　酢…………少々

*酒醤油（酒、醤油=各大匙2）

*つけ合わせ類（山の芋4cm長さ　胡瓜1/2本　長ねぎの青い部分4cm長さ　大根おろし1/2カップ）

■作り方

1 牛肉は厚切りに塩胡椒をし、サラダ油を熱したフライパンで好みの焼き加減で焼き、酒醤油を回しかけて両面を手早く返し、味をからめて仕上げます。

2 山の芋は4cm長さの繊切りにし、酢水にさらして笊にとっておき、胡瓜は塩をまぶして板ずりをし、熱湯をくぐらせて水にとり、四つ割りにして種の部分をそぎ取り、4cm長さの繊切りにし、水気を絞った大根おろしと山の芋、胡瓜を混ぜ合わせます。長ねぎの青い部分を4cm長さに切り、縦の繊切りにして布巾に包み、水の中で軽くもみ洗いをしてぬるを取ります。牛肉は食べよく切り分けます。

【盛りつけ】

器に細切り野菜のおろし混ぜ、牛肉を盛り合わせ、さらし青ねぎを添えます。

■調理覚え書

●野菜の基礎の切り方で細く繊維状に切るのが繊《せん》切り。これよりやや太手を拍子《ひょうし》木《ぎ》と総称。この細切りは拍子木の細いもの。

## 牛ミニッツステーキ、花穂添え

●一七〇頁参照

■材料〈四人分〉
牛ロース肉…250g　塩、胡椒…各適宜
サラダ油……適宜
＊酒醤油（酒、醤油＝各大匙2）
＊つけ合わせ類（大葉8枚　花穂じそ8本）

■作り方
牛肉は厚切りに塩胡椒をし、サラダ油を熱したフライパンで好みの焼き加減で焼き、酒醤油を回しかけて両面を手早く返し、味をからめて仕上げたのち、食べよく切り分けます。


【盛りつけ】

器に大葉二枚を敷いてステーキを盛り、花穂じそをあしらいます。

## 風干しステーキ、ラディッシュ添え

●一七一頁参照

■材料〈四人分〉
牛フィレ肉…200g　粉山椒……少々
＊幽庵地（味醂大匙5　醤油大匙3　酒大匙2）
＊つけ合わせ（ラディッシュ4個）

■作り方
1 牛フィレ肉は5㎜厚さに切って庖丁で軽く叩《たた》き、幽庵地に5分ほどつけて汁気を拭いたのち、粉山椒をふって金串に刺し、風通しのよい場所につるして40分ほど風干しをします。
2 焼き網を熱して牛肉をのせ、焼きすぎないように手早く返して焼き、食べよい大きさにそぎ切りにしておきます。ラディッシュは天地を切っておきます。

【盛りつけ】

器にそぎ切りのステーキを重ね盛りにし、ラディッシュをあしらいます。

## 風干しステーキ、レモン添え

●一七一頁参照

■材料〈四人分〉
牛フィレ肉…200g　幽庵地……適宜
粉山椒……少々
＊つけ合わせ類（大葉8枚　レモン½個）

■作り方
牛フィレ肉は前品と同要領で風干しにし、焼きすぎないように網焼きにして、食べよい大きさにそぎ切りにします。レモンは櫛形に切ります。


【盛りつけ】

器に大葉二枚を敷き、ステーキのそぎ切りを重ね盛りにし、レモンを添えます。

## 風干しステーキ、すだち添え

●一七一頁参照

■材料〈四人分〉
牛フィレ肉…200g　幽庵地……適宜
＊つけ合わせ類（サラダ菜8枚　わけぎ4本　すだち2個）
サラダ油……適宜

■作り方
牛フィレ肉は前品と同要領で風干しにし、焼きすぎないように網焼きにします。食べよい大きさにそぎ切りにします。わけぎは4㎝長さに切ってサラダ油で軽く炒め、すだちは半分に切ります。


【盛りつけ】

器にサラダ菜二枚を敷き、ステーキのそぎ切りを重ね盛りにして、わけぎをあしらい、すだちを添えます。

## 牛ステーキ、あさつきのせ

●一七三頁参照

■材料〈四人分〉
牛ロース肉…4枚　塩、胡椒＝各適宜
サラダ油……適宜
＊酒醤油（酒、醤油＝各大匙2）
＊つけ合わせ類（セロリの葉4枚　あさつき⅓把　染めおろし（大根おろし½カップ　醤油適宜））

■作り方
1 牛ロース肉はミニッツステーキ大のものを用意して塩胡椒をし、フライパンにサラダ油を熱して好みの焼き加減に焼いて、酒醤油を回しかけ、両面を手早く返して味をからめて仕上げ、箸で切り離せるように、裏面に隠し庖丁を入れておきます。

### 染めおろし

大根おろし½カップ　醤油適宜

大根をおろして水気を軽く絞り、醤油を落としてざっくりと混ぜます。

◉焼きもの・揚げものなどの薬味に、また簡単な和えものの衣としても美味です。大根おろしの白を醤油で〝染める〟のがこの例なら、すった赤唐辛子を混ぜて〝もみじおろし（別名朱《あけ》おろし）〟となります。

### 白髪葱

◉葱の白い部分を5㎝長さに切り、縦に切り目を入れて芯を除き、庖丁の刃先でぬめりを取って重ね、繊維に平行に細く打って冷水に放し、水の中で軽くもんでくるりと巻きはじめたら水気をきります。

◉青い部分を混ぜる場合、5㎝長さに縦の庖丁を入れて開き、ぬるを除いて5〜6枚重ね、同様に細く打ってさらします。

### 干し若布

◉水で戻して笊に入れ、熱湯をまわしかけて水にとり、手早く冷まして水気を絞ったのち筋を除き、ほどよく切ります。

◉若布は、「めのは」という古名でも呼ばれます。新若布の旬は早春。干し若布は生若布を細くして水を抜き、灰にまぶして乾燥ののち、洗って干し上げたもので、鳴門産の干し若布は特に有名です。

2あさつきは小口切りにし、大根おろしの水気を軽く絞り、醤油を落として染めおろしを用意します。

【盛りつけ】

器にセロリの葉を敷いてステーキを盛り、あさつきをたっぷりとのせて染めおろしを添えます。

## 牛ステーキ、葉ねぎのせ

●一七二頁参照

■**材料**〈四人分〉

牛ロース肉…4枚　塩、胡椒…各適宜

サラダ油……適宜　柚子……適宜

*酒醤油（酒、醤油=各大匙2）

*つけ合わせ類（サラダ菜4枚　長ねぎ4cm長さ　大根おろし1/2カップ）

■**作り方**

1牛ロース肉は前品と同要領で焼き、裏面に隠し庖丁を入れておきます。

2長ねぎは青い部分を4cm長さに切り、縦の繊《せん》切りにして布巾で包み、水の中でもみ洗いをしてぬるを取ります。柚子皮をおろし、軽く水気を絞った大根おろしと混ぜます。

【盛りつけ】

器にサラダ菜を敷いてステーキを盛り、さらし青ねぎをのせて柚子おろしをたっぷりと添えます。

■**調理覚え書**

●ステーキは調味やあしらい、器と盛りつけで和風に仕立てますが、まずお箸を前提に、必ず隠し庖丁を入れてください。

## 牛ステーキ、あさつきおろしのせ

●一七二頁参照

■**材料**〈四人分〉

牛ロース肉…4枚　塩、胡椒…各適宜

サラダ油……適宜

*酒醤油（酒、醤油=各大匙2）

*つけ合わせ類（大根おろし1/2カップ　あさつき1/3把　すだち2個）

■**作り方**

牛ロース肉は前品と同要領で焼き、裏面に隠し庖丁を入れておきます。あさつきを小口切りにし、水気を軽く絞った大根おろしとざっくりと混ぜておき、すだちは半分に切ります。

【盛りつけ】

器にステーキを盛り、あさつきおろしをたっぷりとのせて、すだちを添えます。

## 牛ステーキ、胡瓜のせ

●一七二頁参照

■**材料**〈四人分〉

牛ロース肉…4枚　塩、胡椒…各適宜

サラダ油……適宜

*酒醤油（酒、醤油=各大匙2）

*つけ合わせ類（大葉8枚　胡瓜1/2本　レモン1/2個）

■**作り方**

牛ロース肉は前品と同要領で焼き、裏面に隠し庖丁を入れておきます。胡瓜は塩をまぶして板ずりをし、熱湯をくぐらせて冷水にとり、4cm長さに切って種の部分を取り除き、細切りにします。レモンは櫛形に切ります。

【盛りつけ】

器に大葉二枚を敷き、ステーキを盛って細切り胡瓜をのせ、レモンを添えます。

## 牛ステーキ、繊野菜のせ

●一七二頁参照

■**材料**〈四人分〉

牛ロース肉…4枚　塩、胡椒…各適宜

サラダ油……適宜

*酒醤油（酒、醤油=各大匙2）

*つけ合わせ類（じゃが薯1/2個　黄ピーマン1個　赤ピーマン1/2個　酢取り生姜4本）

■**作り方**

牛ロース肉は前品と同要領で焼き、裏面に隠し庖丁を入れておきます。じゃが薯は皮をむき、黄ピーマンと赤ピーマンは種を取り、ともにマッチ棒ほどの太さに切り揃え、サラダ油少量で炒めて薄塩をふります。酢取り生姜は杵形に整えておきます。

【盛りつけ】

器にステーキを盛り、繊野菜をたっぷりとのせて杵生姜を添えます。

## 焼きもの
## 鯛兜《たいかぶと》の木の芽焼き

●一七四頁参照

■**材料**〈四人分〉

鯛の頭……2尾分　塩…………適宜

木の芽……20枚

*《板谷楓》

■**作り方**

鯛の頭は残り鱗を丁寧に除き、縦半分に梨割りにして水洗いし、水気を拭いて末広に金串を打ちます。全体に薄塩をして胸ビレをアルミ箔、または水でしめらせた和紙で包み、強火の遠火で表側から六分どおり火を通して裏返し、焼き上げて熱いうちに串をまわしながら抜き、アルミ箔を除きます。木の芽は粗く刻みます。

【盛りつけ】

大鉢に板谷楓の葉を敷き、鯛を形よく盛って叩《たた》いた木の芽を散らします。

## お造り
## 鯛のそぎ重ね

●一七五頁参照

■**材料**〈四人分〉

鯛の上身……240g

*けんとつま（茗荷竹適宜　大葉8枚　防風4本　花穂じそ12枚）

わさび……適宜

■**作り方**

鯛は皮を引いた上身を用意し、ひとりあて五切れのそぎ切りにします。茗荷竹は縦割りにして斜めの薄切りにし、水に放して二〜三度水を変え、アク抜きをしてパリッとしたら笊に上げ、手早く水気をきっておき、防風は茎を短めに切り揃えます。

【盛りつけ】

器に茗荷竹のけんを置いて大葉二枚をずらし気味に重ねて立てかけ、鯛のそぎ身を重ね盛りにして防風、花穂じそをあしらい、おろしわさびを添えます。

## お造り　鯛の皮霜引き造り

●一七五頁参照

■材料〈四人分〉
鯛の上身……1筋
＊けんとつま（茗荷竹適宜　大葉4枚　赤芽適宜　花丸胡瓜4本）
わさび……適宜

■作り方
鯛は皮つきの上身を用意して抜き板に皮上にして置き、きつく絞ったぬれ布巾をかぶせて熱湯をかけ、手早く氷水にとって冷まし、水気を拭いて4～5㎜厚さの引き造りをひとりあて七切れ作ります。茗荷竹は縦割りにして斜めの薄切りにし、水に放してアクを抜き、パリッとさせて笊にとります。

【盛りつけ】
器に茗荷竹のけんを置き、大葉を立てかけて皮霜引き造りを盛り、赤芽と花丸胡瓜、おろしわさびを添えます。

## 和えもの　鯛皮の白和え

●一七五頁参照

■材料〈四人分〉
鯛の皮……1尾分　室胡瓜……4本
酢取り生姜…4本　塩……適宜
＊白和え衣（木綿豆腐1丁　あたり胡麻50g　砂糖大匙6　薄口醤油、味醂＝各大匙1　味噌大匙1.5　塩小匙1/2弱）

■作り方
1 鯛の皮は熱湯を通して手早く冷水にとり、残り鱗を除いて水気を拭き、太めの繊切りにします。室胡瓜は塩もみをして熱湯をくぐらせ、冷水にとって青臭さを取り、色出しをして水気を拭き、天地を落として縦半分に切っておき、酢取り生姜は小口切りにします。
2 豆腐はきつく重石をし、重さが半分になるまで水きりをして裏漉しをし、すり鉢でなめらかになるまですってあたり胡麻ほか各調味料を順に加え、よくすり混ぜて白和え衣を仕上げたのち、鯛皮と室胡瓜を和え衣で和えます。

【盛りつけ】
器に鯛皮と室胡瓜の白和えを盛り、小口切りの酢取り生姜を散らします。

## 吸いもの　鯛頭《たいがしら》の潮汁仕立て

●一七五頁参照

■材料〈四人分〉
鯛の頭……2尾分　茹で筍（小）……1本
＊吸い地（水4カップ　酒大匙3　塩小匙1強）
木の芽……4枚

■作り方
1 鯛の頭は縦半分に梨割りにし、さらにやや大きめに切り整えて皮上にして笊に並べ、熱湯をまわしかけて手早く水にとり、残り鱗や血合いを除きます。茹で筍は縦半分に切り、さらに縦の薄切りにしておきます。
2 鍋に鯛の頭と分量の水を入れて火にかけ、煮立つ直前に火を弱めてアクを丁寧に引き、煮立てないように煮て旨みを出し、酒と塩で味を調えて筍を加え、ひと煮立ちさせて火を止めます。

【盛りつけ】
椀に鯛を盛って筍を添え、吸い地を張って吸い口に木の芽をあしらいます。

## 吸いもの　鯛の腹身の清まし汁仕立て

●一七四頁参照

■材料〈四人分〉
鯛の腹身…片身分　春菊の茎……少々
＊吸い地（だし汁3カップ　塩小匙1）
木の芽……4枚

■作り方
1 鯛の腹身は熱湯を通し、手早く冷水にとって残り鱗を除き、きつく絞ったぬれ布巾で水気を拭いたのち、食べよい大きさに切ります。春菊は茎をさっと茹でて水にとり、揃えておきます。
2 鍋にだし汁を煮立てて腹身を入れ、浮いてくるアクを丁寧に引いたのち、塩を加えて味を調えます。

【盛りつけ】
椀に鯛の腹身を盛って吸い地を張り、春菊の茎を添え、吸い口の木の芽を浮かべます。

## ご飯　鯛めし

●一七四頁参照

■材料〈四人分〉
鯛の上身…1/2尾分　木の芽……20枚
＊炊き込みご飯（米4カップ　水4.4カップ　昆布30㎝長さ　酒大匙4　薄口醤油大匙2）

■作り方
鯛は皮つきの上身を5㎜厚さのそぎ切りにします。米は炊く一時間以上前にといで笊に上げておき、釜に分量の水、調味料とともに入れて混ぜ、ぬれ布巾で拭いただし昆布を上にのせて炊きます。湯気が上がりはじめたら昆布を引き上げ、煮立ってきたら鯛のそぎ身を上に並べて火を細め、普通に炊き上げて15分ほど蒸らし、飯台にあけて軽く混ぜます。木の芽は粗く刻みます。

【盛りつけ】
飯茶碗に鯛めしを盛り、叩《たた》き木の芽を散らします。

## 蒸しもの　鯛兜の骨蒸し

●一七六頁参照

■材料〈四人分〉
鯛の頭……4尾分　塩……適宜
春菊……1把　すだち……2個
＊蒸し地（昆布だし汁1カップ　酒2カップ　塩小匙1.5）

■作り方
1 鯛の頭は残り鱗を除いて水洗いし、薄

塩をして10分ほどおきます。春菊は葉先の柔らかい部分を摘み取って塩を少量加えた熱湯で茹で、冷水にとってさらし、水気を絞ります。

2 鍋に蒸し地用のだし汁ほかを合わせてひと煮立ちさせ、大平碗など深手の大鉢に鯛の頭を入れて蒸し地をかけ、充分に蒸気の上がった強火の蒸し器に入れ、20分ほど蒸し上げます。すだちは半分に切ります。

【盛りつけ】

蒸したての骨蒸しに春菊を盛り添え、すだちをあしらいます。

## 焼きもの
### 鯛の黄身焼き

●一七七頁参照

■材料〈四人分〉

鯛の切り身4切れ　塩……………適宜
卵黄…………2個　木の芽…………12枚
酢取り生姜…4本
＊(板谷楓の葉8枚)

■作り方

鯛の切り身は薄塩をあてて金串を末広に打ち、強火の遠火で全体を八分どおり焼き、溶いた卵黄を刷毛で皮面に途中二〜三度ぬりながら、焦がさないように焼き上げ、熱いうちに金串を抜きます。木の芽の茎を除いて葉先を粗く刻み、黄身焼きの表面にふります。酢取り生姜は杵形に整えておきます。

【盛りつけ】

器に板谷楓の葉を敷いて黄身焼きを盛り、杵生姜を立てかけるように添えます。

## 煮もの
### 鯛頭の煮もの椀

●一七七頁参照

■材料〈四人分〉

鯛の頭……2尾分　ごぼう………1本
米(またはとぎ汁)……¼カップ(適宜)
＊煮汁(だし汁1カップ　醤油、砂糖、味醂＝各½カップ)
オクラ………8本　塩…………適宜
生姜……ひとかけ

■作り方

1 鯛の頭は残り鱗を丁寧に除いて縦半分に梨割りにし、さらに食べよく切り分けて皮上にして笊に並べ、熱湯をまんべんなくかけて手早く水にとり、血合いや汚れを取って水気を拭きます。ごぼうはタワシで軽く洗って5〜6cm長さに切り、太い部分は縦半分に切って米を加えた熱湯で茹で、水で洗います。

2 鍋に煮汁のだし汁を煮立ててごぼうを敷き入れ、ひと煮立ちさせて調味料を加え、上に鯛を並べます。煮立ってきたらアクを引き、落とし蓋をして中央でゆっくりと煮含めます。

3 オクラは成り口をぐるりとむき取り、塩もみをして熱湯でさっと茹で、冷水にとって手早く冷まし、生姜は繊に打って水に放し、水気をきっておきます。

【盛りつけ】

煮もの椀に鯛とごぼうを盛り合わせ、オクラを添えて繊切り生姜をたっぷりと天盛りにします。

■調理覚え書

●鯛の頭は、一尾分二人前どりの例です。

## 吸いもの
### 鯛頭と筍の潮汁

●一七六頁参照

■材料〈四人分〉

鯛の頭……1尾分　茹で筍………1本
＊吸い地(水4カップ　酒大匙3　塩小匙1強)
木の芽………12枚

■作り方

1 鯛の頭は残り鱗を除いて梨割りにし、さらに食べよく切り分けて皮上にして笊に並べ、熱湯をまわしかけて手早く水にとり、血合いや汚れを除きます。茹で筍は穂先を縦の薄切りにし、木の芽は茎を除いて粗く刻んでおきます。

2 鍋に鯛の頭と分量の水を入れて火にかけ、煮立つ直前に火を弱めてアクを丁寧に引き、煮立てないように煮て旨みを出し、酒と塩で味を整えて筍を加え、ひと煮立ちさせて火を止めます。

【盛りつけ】

椀に鯛と筍を盛り合わせ、吸い地を張って叩《たた》き木の芽を散らします。

## 壺
### 鯛わたの塩辛

●一七六頁参照

■材料〈四人分〉

鯛わたの塩辛(市販品)…………適宜
酒……………適宜

■作り方

鯛わたの塩辛は塩加減をみて強い場合は、酒を少量加えるか、酒でさっと洗って味を調えます。

【盛りつけ】

小猪口にほどよい量の塩辛を盛ります。

## 煮もの替わり
鯛兜の骨蒸し、菜の花添え
## 小鉢
鯛の角煮
## 和えもの
青柳と胡瓜の白和え
## 吸いもの
若竹椀
## ご飯
白飯
## 香のもの
沢庵、糠漬け胡瓜、奈良漬
かくや漬、甘酢漬け生姜

●一七八頁参照

■材料〈四人分〉

**鯛兜の骨蒸し、菜の花添え**

鯛の頭……4尾分　塩…………適宜
＊蒸し地(昆布だし汁1カップ　酒2カップ　塩小匙1.5)
菜の花……½把　木の芽………20枚

**鯛の角煮**

鯛…………½筋　生姜…………適宜
＊煮汁(酒、醤油＝各¼カップ)

**青柳と胡瓜の白和え**

青柳(刺身用)200g　塩…………適宜
胡瓜…………2本
＊白和え衣(木綿豆腐1丁　あたり胡麻50g　砂糖大匙6　薄口醤油、味醂＝各大匙1　味噌大匙1.5　塩小匙½弱)

**若竹椀**

筍……1本　若布……5g
＊吸い地（だし汁3カップ　塩小匙1
　薄口醤油少々）
木の芽……4枚

**ご飯と香のもの**

白飯……4杯分
香のもの（沢庵、胡瓜の糠漬け、奈良漬、
　かくや漬、甘酢漬け生姜＝各適宜）

**■作り方**

1 鯛兜の骨蒸しを作ります。鯛の頭は残り鱗を除いて水洗いし、薄塩をして10分ほどおいたのち、ボールに入れてたっぷりの熱湯を回しかけ、水にとって血合いほかを除いておきます。菜の花は花先を摘み取って塩茹でをし、冷水にさらして水気を絞ります。

2 鍋に蒸し地用のだし汁ほかを合わせてひと煮立ちさせ、深手の大鉢に鯛の頭を入れて蒸し地をかけ、蒸気の上がった強火の蒸し器で20分ほど蒸します。

【盛りつけ】

蒸したての骨蒸しに菜の花を盛り添え、木の芽をたっぷりと天にあしらいます。

3 鯛の角煮を作ります。鯛は2cm強の角切りにし、生姜はごく細い繊切りにして水に放し、水気をきっておきます。鍋に煮汁の酒醤油を合わせて火にかけ、ひと煮立ちさせて鯛を入れ、煮立ちはじめたらアクを引き、鯛に火が通ったら一旦引き上げて汁を少々煮つめたのち、鯛を戻し入れて汁が少なくなるまで煮上げます。

【盛りつけ】

小鉢に角煮を盛り、繊生姜をのせます。

4 青柳と胡瓜の白和えを作ります。青柳は笊に入れ、薄い塩水の中で振り洗いをして水気をきります。胡瓜は塩をまぶして板ずりをし、洗って縦半分に切り、種を除いて薄い小口切りにし、海水程度の塩水につけてしんなりさせ、きつく絞っておき、白和え衣を用意して、青柳と胡瓜をざっくりと和えます。

【盛りつけ】

器に青柳の白和えを山なりに盛ります。

5 若竹椀を作ります。筍は新筍を茹で、穂先の柔らかい部分を4cm長さに切って、縦の薄切りにします。若布は水で戻して熱湯をかけ、水にとって筋を除き、食べよい大きさに切ります。

6 吸い地のだし汁を煮立てて塩、薄口醤油を加え、味を調えます。

【盛りつけ】

椀に若布と筍を盛って煮えばなの吸い地を張り、吸い口に木の芽を浮かべます。

7 ご飯は炊きたての白飯を用意し、香のものは数種を彩りよく揃え、食べよく切り整えます。

【盛りつけ】

白飯は飯茶碗に、香のものは鉢に取りやすく盛り合わせてお出しします。

## 鯛頭とごぼうの炊き合わせ

●一八〇頁参照

**■材料**〈四人分〉

鯛の頭……2尾分　ごぼう……1本
米（またはとぎ汁）……¼カップ（適宜）
＊煮汁（だし汁1カップ　薄口醤油½カップ弱　砂糖、味醂＝各½カップ）
グリーンアスパラ……8本
塩……適宜　木の芽……適宜

**■作り方**

1 鯛の頭は梨割りにし、さらに食べよく切り分けて皮上にして笊に並べ、熱湯を回しかけて手早く水にとり、残り鱗や血合いを除いて、水気を拭きます。ごぼうはタワシで洗って5〜6cm長さに切り、太い部分は縦半分に切って米を加えた熱湯で茹で、水洗いします。

2 鍋に煮汁のだし汁を煮立てて調味料を加え、ひと煮立ちさせてごぼうを敷き入れ、上に鯛を並べます。煮立ってきたらアクを引き、落とし蓋をして中火で煮含めます。グリーンアスパラは塩茹でをし、穂先を4cm長さに切ります。

【盛りつけ】

器に鯛とごぼうを盛り合わせ、グリーンアスパラを添えて煮汁を少量かけ、木の芽をたっぷりとのせます。

## 鯛鎌の素揚げ

●一八一頁参照

**■材料**〈四人分〉

鯛の鎌……2尾分　片栗粉……適宜
揚げ油……適宜　すだち……2個
もみじおろし適宜

**■作り方**

鯛の鎌は残り鱗や血合いを洗い取り、食べよく切って水気を拭き、薄く片栗粉をまぶしたのち、中温に熱した揚げ油でカラリと揚げ、油をきります。す

### 蛤の下処理

殻つきの蛤は〝活け〟が条件のものです。

◉死貝を見分けるには、貝二つずつを打ち合わせて澄んだ音のするものだけを選び、濁った音のする死貝を除きます。

◉砂抜きは、海水よりやや薄めの塩水（水1カップに対して塩小匙1弱が目安）に、半日からひと晩つけて砂をはかせます。こののち、殻のぬめりを洗い落とします。

### 白和え衣

| | |
|---|---|
| 木綿豆腐1丁 | あたり胡麻50g |
| 砂糖大匙6 | 味醂大匙1 |
| 薄口醤油大匙1 | 塩小匙½弱 |
| 味噌大匙1.5 | |

豆腐は元の重さの半分まで水きりをし、裏漉しをしてすり鉢ですり、あたり胡麻ほかの調味料を順に加え、なめらかになるまですり混ぜます。

### 豆腐の水きり

◉まず、水のきれをよくするために俎板に巻き簀をのせ、ぬれ布巾を広げて豆腐をきっちりと包みます。上に平らな板をのせてレンガと同量程度の重石をし、元の半分の重さになるまで圧しておき、水気をしっかりときります。

◉料理によっては、豆腐を熱湯にくぐらせてから水きりをすると、日もちします。

だちは半分に切り、もみじおろしを用意します。

【盛りつけ】

平皿に和紙を二つ折りにして敷き、鎌の唐揚げを盛ってすだちをあしらい、もみじおろしを添えます。

## 鯛《たい》鎌《かま》の潮煮

●一八一頁参照

■材料〈四人分〉

鯛の鎌……2尾分

＊煮汁（だし汁1.5カップ　酒大匙5　塩小匙2　薄口醤油少々）

あさつき……½把　塩…………適宜

もみじおろし適宜

■作り方

1 鯛の鎌は食べよく切り分けて皮上にして笊に並べ、熱湯を回しかけて手早く水にとり、残り鱗や血合いを除いて、水気を拭きます。あさつきは塩を少量加えた熱湯でさっと茹で、笊にとって冷まし、4cm長さに切り揃えます。

2 鍋に煮汁のだし汁と調味料を合わせてひと煮立ちさせ、鯛の鎌を入れて煮立ちはじめたらアクを引き、紙蓋をして中火で煮ます。

【盛りつけ】

蓋ものの器に鯛の鎌を盛り、あさつきを添えて煮汁を張り、もみじおろしを添えます。

## 鯛鎌の木の芽焼き

●一八〇頁参照

■材料〈四人分〉

鯛の鎌……2尾分　木の芽……12枚

＊下味（だし汁1カップ　味醂、薄口醤油＝各大匙2）

酢取り生姜…4本

＊《裏白4枚》

■作り方

鯛の鎌は残り鱗と血合いを丁寧に除いて一個を二つずつに切り分け、分量の調味料を合わせた中に10分ほどつけたのち、汁気を拭いて金串を打ち、強火の遠火で、途中つけ汁を二〜三度かけながら焼き上げ、串を抜きます。酢取り生姜は杵形に整えておきます。

【盛りつけ】

器に裏白を敷いて鎌のつけ焼きを盛り、木の芽を散らして杵生姜を添えます。

## 鯛《たい》頭《がしら》の唐揚げ

●一八一頁参照

■材料〈四人分〉

鯛の頭……2尾分

＊下味（酒塩《酒大匙6　塩小匙1》）

片栗粉………適宜　揚げ油………適宜

菊花…………8輪　酢…………少々

もみじおろし適宜

■作り方

鯛の頭は残り鱗や血合いを洗い取り、食べよく切って水気を拭き、酒塩に10分ほどつけて汁気を拭きます。片栗粉を薄くまぶし、中温に熱した揚げ油でカラリと揚げて、油をきります。菊花は酢を少量落とした熱湯で茹で、水にさらしてきつく絞っておきます。

【盛りつけ】

器に唐揚げを形よく盛って菊花をあしらい、もみじおろしを添えます。

## 鯛頭の塩焼き

●一八〇頁参照

■材料〈四人分〉

鯛の頭……2尾分　鯛の切り身…160g

塩…………適宜　酢取り生姜…4本

■作り方

鯛の頭は残り鱗や血合いを除いてほどよく切り分け、切り身とともに薄塩をふったのち、金串を打って強火の遠火で焦がさないように焼き上げ、熱いうちに串をまわして抜きます。酢取り生姜は、短かめの杵形に整えておきます。

【盛りつけ】

長手皿に鯛の頭の塩焼きを盛り、杵生姜をあしらいます。

**吸いもの**
**鶏博多の清まし汁椀**
**氷鉢盛り合わせお造り**
**鯛引き造り、縞鰺《しまあじ》そぎ造り、生雲丹、車海老の岩戸揚げ**
**揚げもの**
**鮎魚女《あいなめ》の軽揚げ**
**ご飯替わり**
**鯛めし茶碗蒸し**

●一八二頁参照

■材料〈四人分〉

**鶏博多の清まし汁椀**

鶏もも肉……150g　片栗粉………少々

＊吸い地（だし汁3カップ　酒大匙2　塩小匙1　薄口醤油少々）

あさつき……適宜　胡椒………少々

**鯛引き造りほか盛り合わせお造り**

鯛の上身……100g　縞鰺の上身…100g

生雲丹………12片　車海老………8本

＊揚げ衣（片栗粉、卵白、干し若布＝各適宜）

揚げ油………適宜　酢………少々

＊けんとつま（茗荷竹3本　岩海苔¼枚　菊花4輪　防風4本）

氷…………適宜　わさび………適宜

＊《朴の葉4枚》

**鮎魚女の軽揚げ**

鮎魚女（中）…2尾　貝割れ菜1パック

＊下味（酒塩《酒大匙3　塩小匙½》）

片栗粉………適宜　揚げ油………適宜

塩………少々　生姜……ひとかけ

**鯛めし茶碗蒸し**

鯛の上身……200g

＊下味（酒塩《酒大匙3　塩小匙⅓》）

炊き込みご飯（米3カップ　水3.3カップ　酒、薄口醤油＝各大匙2　塩小匙½　味醂小匙1）

＊卵地（茶碗蒸し《卵3個　だし汁2カップ　砂糖小匙⅔　薄口醤油、塩＝各小匙1　酒大匙2》）

＊吉野あん（だし汁1カップ　味醂¼カップ　薄口醤油大匙2　片栗粉大匙1）

糸三つ葉……½把　塩…………少々

わさび………適宜

■作り方

1 鶏博多の清まし汁椀を作ります。鶏もも肉は皮と脂を除き、ひと口大よりやや大きめに切って片栗粉を薄くまぶし、熱湯で茹でて笊にとります。吸い地のだし汁をひと煮立ちさせ、酒ほかで味を調え、あさつきは小口切りにします。

【盛りつけ】

椀に鶏肉を盛って煮えばなの吸い地を張り、あさつきを散らし、吸い口に胡椒をふり入れます。

2 鯛引き造りほか盛り合わせのお造りを作ります。鯛は上身をひとりあて三切れの引き造りにし、縞鯵は皮つきの上身を用意して皮を引き、5mm厚さのそぎ切りに、生雲丹は新鮮で粒立ったものを、ひとりあて二片ずつ用意します。

3 車海老は背わたを抜き、尾ひと節を残して胴の殻をむき、剣先を切って尾先の水をしごき出し、水気を拭いて片栗粉、溶いた卵白、細かく刻んだ干し若布を順につけたのち、中温に熱した揚げ油でカラリと揚げ、油をきります。

4 茗荷竹は斜めの薄切りにして水にさらし、パリッとさせて水気をきり、岩海苔は水で戻して笊にとっておき、菊花は酢を少量落とした熱湯で茹で、水にさらしてきつく絞ります。

【盛りつけ】

ガラスの大鉢に朴の葉を横一文字に敷き、茗荷竹のけんを盛って鯛の引き造りを盛り、縞鯵のそぎ身は折り曲げ、生雲丹は軽く重ねて盛り添え、車海老の岩戸揚げを盛り合わせます。岩海苔と菊花、防風をあしらい、おろしわさびを添えたのち、大きめに欠いた氷を数個散らします。

5 鮎魚女の軽揚げを作ります。鮎魚女は三枚におろして細かく骨切りをし、約3cm幅に切り分けて酒塩に5分ほどつけたのち、汁気を拭いて片栗粉を切り目の間にも丁寧に薄くつけ、中温よりやや高めに熱した揚げ油で揚げます。

6 貝割れ菜は豆殻などを除いて塩を少量落とした熱湯でさっと茹で、水にとり、きつく絞って根元を切り落としておき、生姜はおろしておきます。

【盛りつけ】

器に貝割れ菜を横にして盛り、軽揚げを形よく盛っておろし生姜を添えます。

7 鯛めし茶碗蒸しを作ります。鯛は上身を1cm厚さのそぎ切りにし、酒塩に5分ほどつけます。米は炊く一時間ほど前にといで笊に上げておき、釜に水と各調味料を加えて普通に炊き上げ、下味をつけた鯛をのせてよく蒸らしたのち、飯台にあけて軽く混ぜ、蒸し茶碗に軽めに盛りつけます。

8 茶碗蒸しの卵地を合わせて布巾で漉したのち、鯛めしに注ぎ入れて蒸し器に入れ、布巾をかけて蓋をして、強火で3分、中火よりやや弱火で12〜13分蒸します。糸三つ葉の葉を除き、軸だけを塩茹でして水にとり、水気を絞って3cm長さに切っておき、吉野あんを用意します。

【盛りつけ】

蒸し上がった鯛めし茶碗蒸しに吉野あんをかけ、糸三つ葉をあしらって天におろしわさびをのせます。

**■調理覚え書**

●〝軽揚げ〟は天ぷら衣におろした慈姑《くわい》を加えて揚がりを軽くする手法。ここは衣を片栗粉で薄くし、軽く仕上げています。

## 蛤めし茶碗蒸し

●一八四頁参照

**■材料**〈四人分〉

蛤……20個
＊下味（酒塩《酒大匙3　塩少々》）
炊き込みご飯（米3カップ　水3.3カップ　酒、薄口醤油＝各大匙3　味醂、塩＝各少々）
＊卵地（茶碗蒸し《卵3個　だし汁2カップ　砂糖小匙⅔　薄口醤油、塩＝各小匙1　酒大匙2》）
＊吉野あん（だし汁1カップ　味醂¼カップ　薄口醤油大匙2　片栗粉大匙1）
糸三つ葉……½把　塩……少々
わさび……適宜

**■作り方**

1 蛤は二つ打ち合わせて澄んだ音のするものを選び、薄い塩水で砂抜きをしたのち、鍋に入れて火にかけ、口が開いたものから身を取り出して酒塩で洗っておきます。米は炊く一時間ほど前にといで笊に上げておき、釜に水と各調味料を加えて普通に炊き上げ、蛤をのせて充分に蒸らしたのち、飯台にあけてこねないように軽く混ぜ、蒸し茶碗に軽めに盛りつけます。

2 茶碗蒸しの卵地を合わせて布巾で漉したのち、蛤めしに静かに注ぎ入れて蒸し器に入れ、布巾をかけて蓋をして、強火で3分、中火よりやや弱火で12〜13分蒸します。

3 糸三つ葉は軸だけを、塩を少量落とした熱湯でさっと茹でて水にとり、水気を絞って3cm長さに切っておき、吉野あんのだし汁と調味料を鍋に合わせて火にかけ、混ぜながらとろみがつくまで煮て仕上げます。

【盛りつけ】

蒸し上がった蛤めし茶碗蒸しに吉野あんをかけ、糸三つ葉をあしらって天におろしわさびをのせます。

## 鮑めし茶碗蒸し

●一八四頁参照

**■材料**〈四人分〉

鮑（小）……1杯　塩……適宜
＊下味（酒塩《酒大匙3　塩小匙⅓》）
雲丹……50g
＊炊き込みご飯、卵地《茶碗蒸し用》、
吉野あん＝前品参照
糸三つ葉……½把　わさび……適宜

**■作り方**

鮑は塩でもんで洗い、殻からはずして身をおろし、薄いそぎ切りにして、雲丹とともに酒塩で洗っておきます。前品と同要領で鮑と雲丹の炊き込みご飯を作り、蒸し茶碗に盛って茶碗蒸しの卵地を注ぎ入れ、蒸し器で蒸します。吉野あんを用意し、糸三つ葉の軸を塩茹でし、3cm長さに切っておきます。

【盛りつけ】

蒸し上がった鮑めし茶碗蒸しに吉野あんをかけ、糸三つ葉をあしらって天におろしわさびをのせます。

**■調理覚え書**

●めし茶碗蒸しの炊き込みご飯は、海のものを入れるのがコツ。味が定まります。

## 車海老めし茶碗蒸し

●一八四頁参照

■材料〈四人分〉
車海老(小)…20尾
＊下味(酒塩《酒大匙3　塩小匙1/3》)
＊炊き込みご飯、卵地(茶碗蒸し用)、吉野あん＝『蛤めし茶碗蒸し』参照
糸三つ葉……1/2把　塩…………少々
わさび………適宜

■作り方
車海老は背わたを抜き、頭を落として尾ひと節を残して殻をむき、酒塩で洗います。『蛤めし茶碗蒸し』と同要領で車海老の炊き込みご飯を作り、蒸し茶碗に盛って茶碗蒸しの卵地を注ぎ入れ、蒸し器で蒸します。吉野あん、糸三つ葉も同様に用意しておきます。

【盛りつけ】

蒸し上がった車海老めし茶碗蒸しに吉野あんをかけ、糸三つ葉をあしらって天におろしわさびをのせます。

## 鯛めし茶碗蒸し

●一八四頁参照

■材料〈四人分〉
鯛の上身……200g
＊下味(酒塩《酒大匙3　塩小匙1/3》)
＊炊き込みご飯、卵地(茶碗蒸し用)、吉野あん＝『蛤めし茶碗蒸し』参照
糸三つ葉……1/2把　塩…………少々
わさび………適宜

■作り方
鯛は上身を1cm厚さのそぎ切りにし、酒塩に5分ほどつけます。『蛤めし茶碗蒸し』と同要領で鯛の炊き込みご飯を作り、蒸し茶碗に盛って茶碗蒸しの卵地を注ぎ入れ、蒸し器で蒸します。吉野あん、糸三つ葉も同様に用意します。

【盛りつけ】

蒸し上がった鯛めし茶碗蒸しに吉野あんをかけ、糸三つ葉をあしらって天におろしわさびをのせます。

## 鶏めし茶碗蒸し

●一八四頁参照

■材料〈四人分〉
鶏もも肉……1枚　しめじ…1パック
＊下味(酒醤油《酒、薄口醤油＝各大匙2》)
＊炊き込みご飯、卵地(茶碗蒸し用)、吉野あん＝『蛤めし茶碗蒸し』参照
糸三つ葉……1/2把　塩…………少々
わさび………適宜

■作り方
鶏もも肉は皮と脂を除き、ひと口大よりやや小さめのそぎ切りにし、しめじは石づきを落として一本ずつにほぐし、二種とも酒醤油で洗っておきます。『蛤めし茶碗蒸し』と同要領で鶏としめじの炊き込みご飯を作り、蒸し茶碗に盛って茶碗蒸しの卵地を注ぎ入れ、蒸し器で蒸します。吉野あん、糸三つ葉も同様に用意しておきます。

【盛りつけ】

蒸し上がった鶏めし茶碗蒸しに吉野あんをかけ、糸三つ葉をあしらって天におろしわさびをのせます。

## 鮎魚女《あいなめ》の都蒸し

●一八五頁参照

■材料〈四人分〉
鮎魚女(中)…1尾　長ねぎ………1/2本
卵…………4個　糸三つ葉……少々
塩…………少々　木の芽………4枚
＊吉野あん(だし汁1カップ　味醂1/4カップ　薄口醤油大匙2　片栗粉大匙1)

■作り方
1 鮎魚女は三枚におろして細かく骨切りをし、3cm幅ほどに切って金串を打ち、強火の遠火にかざして焦がさないように白焼きにし、金串を抜きます。長ねぎは小口切りに、糸三つ葉は軸だけを塩茹でにし、3～4cm長さに切ります。
2 蒸し茶碗に長ねぎと白焼きの鮎魚女を盛り、手前に卵を割り入れて蒸し器に入れ、卵が七分熟程度になるところまで蒸します。吉野あんを用意します。
【盛りつけ】

蒸し上がった鮎魚女の都蒸しに吉野あんをかけ、糸三つ葉をあしらって、天に木の芽をのせます。

## 鶏肉の都蒸し

●一八五頁参照

■材料〈四人分〉
鶏もも肉……1/2枚　茹で筍(小)…1/2本
しめじ…1/3パック　わけぎ………2本
卵…………4個　木の芽………4枚
＊蒸し地(吸い地《だし汁3カップ　塩小匙1　薄口醤油少々》)

■作り方
1 鶏もも肉は皮と脂を除き、ひと口大のそぎ切りにします。筍は縦半分に切ったものを用意して縦の薄切りにし、しめじは石づきを落として小房に分け、さっと茹でておき、わけぎは青い部分を3～4cm長さに切ります。
2 蒸し茶碗にわけぎを敷き、鶏肉と筍、しめじを盛り合わせ、手前に卵を割り入れます。分量のだし汁と調味料を合わせ、ひと煮立ちさせた吸い地を注ぎ入れて蒸し器に入れ、卵が七分熟になるところまで蒸します。
【盛りつけ】

蒸し上がった鶏肉の都蒸しに木の芽をのせてお出しします。

## 鶏肉としめじの田毎蒸し

●一八五頁参照

■材料〈四人分〉
鶏もも肉……150g　しめじ…1/2パック
＊下煮用兼蒸し地(だし汁1.2カップ　味醂、砂糖＝各大匙2.5　薄口醤油大匙2.5弱)
卵…………4個　いんげん……8本
塩…………少々　吉野あん……適宜
木の芽………4枚

■作り方
1 鶏もも肉は脂を除き、ひと口大よりやや大きめに切り分け、しめじは石づきを落として小房に分け、さっと茹でます。だし汁と調味料を合わせてひと煮

立ちさせ、鶏肉としめじを入れて汁が少なくなるまで煮たのち、蒸し茶碗に盛って煮汁を少量かけ、手前に卵を割り入れて蒸し器に入れ、強火で4分ほど蒸します。

2 いんげんは塩を少量加えた熱湯で茹で、笊にとってあおいで冷まし、4cm長さに切っておき、吉野あんを用意します。

【盛りつけ】

蒸し上がった鶏肉としめじの田毎蒸しに吉野あんをかけ、いんげんをあしらい、天に木の芽をのせます。

## 鶏真蒸《しんじょ》のスープ蒸し

●一八五頁参照

■材料〈四人分〉

鶏真蒸（鶏挽き肉200g　卵½個分　味醂、醤油＝各大匙½　糸三つ葉適宜）
干し椎茸……8枚　茹で筍（小）…1本
卵……4個
＊下煮用兼蒸し地（だし汁1.2カップ　味醂、砂糖＝各大匙2.5　薄口醤油大匙2.5弱）
ブロッコリー適宜　塩……少々
玉ねぎ……少々　吉野あん……適宜
木の芽……4枚

■作り方

1 鶏挽き肉は皮と脂を除いて二度挽きにしたものを用意し、すり鉢でよくすり、卵と味醂、醤油を加えて粘りが出るまでよくすったのち、糸三つ葉の軸を2cm長さに切って加え、混ぜ合わせてひとり二個の平たい団子に丸め、金串を打って強火の遠火で白焼きにします。

2 干し椎茸は戻して石づきを取り、茹で筍は縦半分に切り、さらに縦に四～六つ切りにします。だし汁と調味料を合わせてひと煮立ちさせ、鶏の真蒸と干し椎茸、筍を入れて汁が少なくなるまで煮たのち、蒸し茶碗に形よく盛って煮汁を少量かけ、手前に卵を割り入れて蒸し器に入れ、強火で4分ほど蒸します。

3 ブロッコリーは塩茹でをして小房に分け、玉ねぎは薄切りにし、水にさらして水気をきっておき、吉野あんを用意します。

【盛りつけ】

蒸し上がった鶏真蒸のスープ蒸しに吉野あんをかけ、ブロッコリーと玉ねぎをあしらって、天に木の芽をのせます。

## 鶏肉と椎茸の田毎蒸し

●一八五頁参照

■材料〈四人分〉

鶏もも肉……150g　干し椎茸……8枚
茹で筍（小）…1本　卵……4個
＊下煮用兼蒸し地（だし汁1.2カップ　味醂、砂糖＝各大匙2.5　薄口醤油大匙2.5弱）
いんげん……8本　塩……少々
吉野あん……適宜　木の芽……4枚

■作り方

1 鶏もも肉は皮と脂を除き、ひと口大よりやや大きめに切り、干し椎茸は戻して石づきを取り、茹で筍は縦半分に切り、さらに縦に四～六つ切りにします。

2 だし汁と調味料を合わせてひと煮立ちさせ、鶏肉を入れて火が通ったら引き上げ、干し椎茸と筍を入れて汁が少なくなるまで煮たのち、蒸し茶碗に鶏肉とともに盛り込んで煮汁を少量かけ、手前に卵を割り入れます。いんげんをさっと塩茹でにし、4cm長さに切って盛り添え、蒸し器に入れて強火で4分ほど蒸します。吉野あんを用意します。

【盛りつけ】

蒸し上がった鶏肉と椎茸の田毎蒸しに吉野あんを注ぎ入れ、木の芽をのせます。

## 車海老の冷やし茶碗蒸し、吉野あんかけ

●一八六頁参照

■材料〈四人分〉

車海老……4尾　塩……少々
茹で筍（小）…½本　椎茸……4枚
＊下煮用（八方地《だし汁1カップ　味醂、薄口醤油＝各大匙2弱》）
＊卵地（茶碗蒸し《卵3個　だし汁2カップ　砂糖小匙⅔　薄口醤油、塩＝各小匙1　酒大匙2》）
＊吉野あん（だし汁1カップ　味醂¼カップ　薄口醤油大匙2　片栗粉大匙1）
糸三つ葉……1.5把　塩……少々
わさび……適宜

■作り方

1 車海老は背わたを抜いて塩を少量加えた熱湯で茹で、頭を落として尾ひと節

### 吸い地

だし汁3カップ　塩小匙1
薄口醤油少々

だし汁をひと煮立ちさせて塩を加え、仕上げに薄口醤油を少量落として味を調えます。

◉吸いものの味は、だし汁の旨みが決め手です。上手にとった昆布と鰹節の合わせ一番だしを使います。

### 吉野あん

だし汁1カップ
味醂¼カップ　薄口醤油大匙2
片栗粉大匙1（本来は本葛大匙½）

鍋にだし汁と調味料、片栗粉を合わせてよく溶き混ぜ、弱火にかけて木杓子で混ぜながらとろみがつくまで火通しします。

◉吉野あんの名は、葛の名産地吉野に因んだものです。

### 茶碗蒸し

卵3個　だし汁2カップ　砂糖小匙⅔
薄口醤油小匙1　塩小匙1　酒大匙2

卵を溶きほぐして分量のだし汁と調味料を加え混ぜ、きつく水気を絞ったぬれ布巾で漉します。蒸し茶碗に具を盛って卵地を注ぎ入れ、蒸気の上がった蒸し器に入れて、布巾をかけ、蒸し器の蓋をして弱火で12～15分間蒸します。

を残して殻をむき、茹で筍は縦半分に切ったものを用意して縦に薄切りにし、椎茸は石づきを落とし、八方地をひと煮立ちさせて三つに分け、三種の具を別々に下煮をし、汁気をきります。

2 茶碗蒸しの卵地を合わせて布巾で漉しておき、器に筍と椎茸を入れて卵地を注ぎ入れ、蒸し器に入れて布巾をかけ、蓋をして強火で3〜4分、中火よりやや弱火にして12〜13分蒸します。粗熱をとったのち、つめたく冷やします。

3 吉野あんを用意してつめたく冷やしておき、糸三つ葉は軸だけをさっと塩茹でして水にとり、水気をきつく絞って4cm長さに切り揃えておきます。

【盛りつけ】

冷やし茶碗蒸しにつめたい吉野あんを注ぎ入れ、車海老をのせて糸三つ葉を添え、天におろしわさびをのせます。

## 鰻と生椎茸の冷やし茶碗蒸し

●一八七頁参照

■材料〈四人分〉

鰻の蒲焼き…1串　酒……少々
椎茸……4枚　枝豆……20粒
塩……適宜
＊下煮用『八方地』、卵地『茶碗蒸し』、吉野あん＝前品参照
わさび……適宜

■作り方

鰻の蒲焼きは酒をふり、温める程度にあぶり焼きにして串を抜き、縦半分に切って2cm幅に刻みます。椎茸は石づきを取って四つに切り、八方地で下煮をして汁気をきっておき、枝豆は塩茹でをし、殻と薄皮をむき取ります。以上の具を器に盛り分けたのち、前品と同要領で卵地を注ぎ入れ、蒸し器で蒸してつめたく冷やします。

【盛りつけ】

冷やし茶碗蒸しに同じく冷やした吉野あんを注ぎ、おろしわさびをのせます。

## 雲丹と生椎茸の冷やし茶碗蒸し

●一八七頁参照

■材料〈四人分〉

雲丹……20片　椎茸……4枚
銀杏……12粒
＊下煮用『八方地』、卵地『茶碗蒸し』、吉野あん＝『車海老の冷やし茶碗蒸し』参照
わさび……適宜

■作り方

雲丹は色のよい、粒立ったものを用意します。椎茸は石づきを取って四つに切り、八方地で下煮して汁気をきっておき、銀杏は茹でて薄皮をむきます。以上の具を器に盛り分けたのち、『車海老の冷やし茶碗蒸し』と同要領で卵地を注ぎ入れ、蒸し器で蒸してつめたく冷やします。

【盛りつけ】

冷やし茶碗蒸しに同じく冷やした吉野あんを注ぎ、おろしわさびをのせます。

## 車海老と生椎茸の冷やし茶碗蒸し

●一八七頁参照

■材料〈四人分〉

車海老……8尾　塩……適宜
椎茸……4枚　枝豆……20粒
＊下煮用『八方地』、卵地『茶碗蒸し』、吉野あん＝『車海老の冷やし茶碗蒸し』の参照
わさび……適宜

■作り方

車海老は背わたを抜き、塩茹でをして頭と殻を取っておき、椎茸は石づきを取って二つに切り、八方地で下煮をして汁気をきっておき、枝豆は塩茹でをして薄皮までむき取ります。以上の具を器に盛り分けたのち、『車海老の冷やし茶碗蒸し』と同要領で卵地を注ぎ入れ、蒸し器で蒸してよく冷やします。

【盛りつけ】

冷やし茶碗蒸しに同じく冷やした吉野あんを注ぎ、おろしわさびをのせます。

## 蟹脚と銀杏の冷やし茶碗蒸し

●一八七頁参照

■材料〈四人分〉

蟹脚……4本　銀杏……12粒
＊卵地『茶碗蒸し』、吉野あん＝『車海老の冷やし茶碗蒸し』参照
わさび……適宜

■作り方

蟹脚は軟骨を除いて3cm長さに切り、銀杏は鬼殻を割り取り、茹でながら穴杓子の底で転がして薄皮をむき、水にとって冷まします。以上の具を器に盛り分けたのち、『車海老の冷やし茶碗蒸し』と同要領で卵地を注ぎ入れ、蒸し器で蒸してつめたく冷やします。

【盛りつけ】

冷やし茶碗蒸しに同じく冷やした吉野あんを注ぎ、おろしわさびをのせます。

## 鯛と若布の冷やし茶碗蒸し

●一八七頁参照

■材料〈四人分〉

鯛の上身……120g　干し若布……3g
＊卵地『茶碗蒸し』、吉野あん＝『車海老の冷やし茶碗蒸し』参照
わさび……適宜

■作り方

鯛の上身はひと口大よりやや小さめに切り、干し若布はぬるま湯で戻して熱湯をかけ、水にとって冷まし、筋を取って細かく落とし庖丁を入れて、きつく絞ります。以上の具を器に盛り分けたのち、『車海老の冷やし茶碗蒸し』と同要領で卵地を注ぎ入れ、蒸し器で蒸してつめたく冷やします。

【盛りつけ】

冷やし茶碗蒸しに同じく冷やした吉野あんを注ぎ、おろしわさびをのせます。

## 卵豆腐と蒸し鮑の生《なま》造り

●一八八頁参照

■**材料**〈四人分〉

卵豆腐（卵6個　だし汁1¾カップ　酒大匙4　薄口醤油、味醂、塩＝各大匙1）
鮑（小）……1杯　塩……適宜
＊あしらい類（糸三つ葉½把　大葉4枚　茄子の花4輪　わさび適宜）
＊割り醤油（醤油大匙3　だし汁大匙1）

■**作り方**

1 卵豆腐は分量の卵を割りほぐしてだし汁ほか、調味料を加え混ぜて布巾で漉したのち、流し缶に流し入れます。充分蒸気の上がった蒸し器に入れ、箸を渡して布巾をかぶせ、蓋をして強火で3～4分、中火にして12～13分蒸し上げます。蒸し器から出して冷まし、ほどよい大きさの角に切り分けます。

2 鮑は塩でもんで洗い、殻からはずして身をおろし、薄いそぎ切りにしたのち、熱湯よりややぬるめの湯に通して手早く氷水にとり、お手窪《てくぼ》形になったそぎ身を布巾に取って、水気を拭きます。

3 糸三つ葉は葉を除き、軸だけを塩少量落とした熱湯で茹で、水にとって揃え、きつく絞って4cm長さに切ります。

【盛りつけ】

器に大葉を敷いて卵豆腐を盛り、糸三つ葉を手前に横に添えておてくぼ鮑を盛り合わせ、茄子の花をあしらっておろしわさびを添え、別器で醤油をだし汁で割った割り醤油を添えます。

## 鯛入り卵豆腐

●一八九頁参照

■**材料**〈四人分〉

鯛の上身……100g
＊下蒸し用（酒塩《酒大匙3　塩小匙½》）
＊卵地（卵4個　だし汁1カップ　酒大匙2　薄口醤油、味醂、塩＝各小匙½）
＊かけつゆ（だし汁1カップ　薄口醤油大匙3　酒大匙2　味醂大匙1）
糸三つ葉……少々　塩……少々
わさび……適宜

■**作り方**

1 鯛の上身は酒塩とともに鍋に入れて火にかけ、蓋をして酒蒸しにし、ほぐして蒸し缶に入れます。卵地は、分量の卵を割りほぐしてだし汁ほか、調味料を加え混ぜて布巾で漉したのち、蒸し缶に流し入れて蒸し器に入れ、箸を渡して布巾をかぶせ、蓋をし、強火で3～4分、中火よりやや弱火にして12～13分蒸し上げ、冷まして切り分けます。

2 かけつゆは、分量のだし汁と各調味料を合わせてひと煮立ちさせ、冷まして用意し、糸三つ葉は軸だけを塩茹でして水にとり、水気を絞ってみじん切りにしておきます。

【盛りつけ】

器に鯛入りの卵豆腐を盛ってかけつゆを注ぎ入れ、上に三つ葉のみじんとおろしわさびを形よくのせます。

## ピータン入り卵豆腐

●一八九頁参照

■**材料**〈四人分〉

ピータン……2個
＊卵地、かけつゆ＝前品参照
花穂じそ……4本　わさび……適宜
＊（大葉4枚）

■**作り方**

ピータンは殻をむいてほどよい大きさに切り、蒸し缶に入れます。前品と同要領で卵地を注ぎ入れ、蒸し器で蒸し上げて、冷まして切り分けておき、かけつゆも同様に用意します。

【盛りつけ】

器に大葉を敷き、ピータン入り卵豆腐を盛ってかけつゆを注ぎ、上に花穂じそをあしらい、おろしわさびをのせます。

## 蟹入り卵豆腐

●一八九頁参照

■**材料**〈四人分〉

蟹脚……4本
＊卵地、かけつゆ＝『鯛入り卵豆腐』参照
木の芽……4枚　わさび……適宜

■**作り方**

蟹脚は軟骨を除いて粗くほぐし、蒸し缶に入れます。『鯛入り卵豆腐』と同要領で卵地を注ぎ入れ、蒸し器で蒸し上げたのち、冷まして切り分け、かけつゆも同様に用意します。

【盛りつけ】

器に蟹入り卵豆腐を盛ってかけつゆを注ぎ入れ、上におろしわさびと木の芽をのせます。

## 鰻入り卵豆腐

●一八九頁参照

■**材料**〈四人分〉

鰻の蒲焼き…1串　酒……少々
＊卵地、かけつゆ＝『鯛入り卵豆腐』参照
わさび……適宜
＊（大葉4枚）

■**作り方**

鰻の蒲焼きは酒をふり、温める程度にあぶり焼きにして串を抜き、縦半分に切って1cm弱幅に刻み、蒸し缶に入れます。『鯛入り卵豆腐』と同要領で卵地を注ぎ入れ、蒸し器で蒸し上げたのち、冷まして切り分け、かけつゆも同様に用意します。

【盛りつけ】

器に大葉を敷き、鰻入り卵豆腐を盛ってかけつゆを注ぎ入れ、天におろしわさびをのせます。

## 帆立の貝柱入り卵豆腐

●一八八頁参照

■**材料**〈四人分〉

帆立の貝柱（刺身用）……3個
＊卵地、かけつゆ＝『鯛入り卵豆腐』

参照
糸三つ葉……少々　塩…………少々
わさび……適宜

■**作り方**

帆立の貝柱は食べよい大きさに切り、蒸し缶に入れます。『鯛入り卵豆腐』と同要領で卵地を注ぎ入れ、蒸し器で蒸し上げたのち冷まして切り分け、かけつゆも同様に用意し、糸三つ葉は軸だけを塩茹でして水にとり、水気を絞って4cm長さに切ります。

【盛りつけ】

器に帆立の貝柱入り卵豆腐を盛って、かけつゆを注ぎ入れ、上に糸三つ葉とおろしわさびを形よくのせます。

## 雲丹入り卵豆腐

●一八九頁参照

■**材料**〈四人分〉

雲丹……1/4箱
＊卵地、かけつゆ＝『鯛の卵豆腐』参照
わさび……適宜
＊（大葉4枚）

■**作り方**

『鯛入り卵豆腐』と同要領で卵地を用意して蒸し缶に流し入れ、雲丹をひと粒ずつ卵地に散らして静かに入れ、蒸し器で蒸し上げたのち、冷まして切り分け、かけつゆも同様に用意します。

【盛りつけ】

器に大葉を敷き、雲丹入り卵豆腐を盛ってかけつゆを注ぎ入れ、天におろしわさびをのせます。

## 若布入り卵豆腐

●一八九頁参照

■**材料**〈四人分〉

干し若布……5g
＊卵地、かけつゆ＝『鯛入り卵豆腐』参照
わさび……適宜

■**作り方**

干し若布はぬるま湯で戻して熱湯をかけ、水にとって冷まし、筋を取って細かく落とし庖丁を入れ、きつく絞って蒸し缶に散らして入れます。『鯛入り卵豆腐』と同要領で卵地を注ぎ入れ、蒸し器で蒸し上げたのち冷まして切り分け、かけつゆも同様に用意します。

【盛りつけ】

器に若布入り卵豆腐を盛ってかけつゆを注ぎ入れ、おろしわさびをのせます。

## 車海老入り卵豆腐

●一八八頁参照

■**材料**〈四人分〉

車海老……5尾　塩…………少々
＊卵地、かけつゆ＝『鯛入り卵豆腐』参照
わさび……適宜

■**作り方**

車海老は背わたを抜いて塩茹でをし、頭と尾を落として殻をむき、二〜三つに切って蒸し缶に入れます。『鯛入り卵豆腐』と同要領で卵地を注ぎ入れ、蒸し器で蒸し上げたのち、冷まして切り分け、かけつゆも同様に用意します。

【盛りつけ】

器に車海老入り卵豆腐を盛ってかけつゆを注ぎ入れ、おろしわさびをのせます。

## 卵豆腐と枝豆のゼリー寄せ

●一九〇頁参照

■**材料**〈四人分〉

卵豆腐（卵2個　だし汁1/2カップ　酒大匙1 1/3　薄口醤油、味醂、塩＝各小匙1/3）
枝豆……28〜32粒　塩…………適宜
わさび……適宜
＊ゼリー地（寒天1/6本　粉ゼラチン大匙1 1/4　ゼラチン用の水大匙2.5　チキンスープ2カップ　塩少々　酒大匙2　白醤油小匙1/2）
＊かけつゆ（だし汁1/4カップ　味醂大匙1　白醤油大匙2弱　酢大匙1）
＊（大葉4枚）

■**作り方**

1 卵豆腐は分量の卵とだし汁、調味料で前掲『卵豆腐と蒸し鮑の生造り』と同要領で作り、よく冷まして1.5cm角に切り分けます。枝豆は塩茹でをして薄皮までむいておきます。

2 寒天はちぎって水で戻し、ゼラチンは分量の水でふやかします。チキンスープを火にかけて寒天の水気をきつく絞って加え、煮溶かしたのち、裏漉しをして調味料を加え、再び火にかけてひと煮立ちしたら火を止め、ゼラチンを入れて溶かします。

3 底の丸い小さい器に、卵豆腐と枝豆を盛り分けてゼリー地を流し入れ、冷やし固めます。かけつゆは分量のだし汁と調味料を合わせ、ひと煮立ちさせて冷まして用意しておきます。

【盛りつけ】

器に大葉を敷き、ゼリーを抜き入れてかけつゆを少量かけ、天におろしわさびをのせます。

## 鮭の温《おん》燻《くん》とあさつきのゼリー寄せ

●一九〇頁参照

■**材料**〈四人分〉

鮭の温燻……120g　あさつき……1/2把
＊ゼリー地、かけつゆ＝前品参照
わさび……適宜
＊（大葉4枚）

■**作り方**

温燻は皮と血合いを取り除いて1cm角に切り、あさつきは小口切りにして、底の丸い小さい器に盛り分けたのち、前品と同要領でゼリー地を調えて流し入れ、冷やし固めます。

【盛りつけ】

器に大葉を敷き、ゼリーを抜き入れてかけつゆを少量かけ、天におろしわさびをのせます。

■**調理覚え書**

●鮭鱒《さけます》の〝燻製《くんせい》〟には、アイヌ伝承の固く燻《いぶ》す熱燻、煙の温度と香りで仕上げる温燻、煙だけで作る冷燻の三手法があり、明治以降は輸入ものも加わりました。日本料理では温燻の、主に紅鮭を使います。

## 鶏のたれ焼きと胡瓜のゼリー寄せ

●一九〇頁参照

■材料〈四人分〉

鶏もも肉……1/2枚　胡瓜………1/2本
＊焼きだれ(味醂、醤油=各1カップ)
塩……少々　わさび……適宜
＊ゼリー地、かけつゆ=『卵豆腐と枝豆のゼリー寄せ』参照
＊〈大葉4枚〉

■作り方

1 鶏もも肉は皮と脂を除き、熱した焼き網で白焼きにし、三割方煮つめた焼きだれを二〜三度つけながら焼き上げ、1cm角に切ります。胡瓜は縦四つに切って種の部分をそぎ取り、薄い扇面に切って塩水につけ、しんなりさせてきつく絞ったのち、二種を底の丸い小さい器に盛り分けます。

2 『卵豆腐と枝豆のゼリー寄せ』と同要領でゼリー地を調え、具を入れた器に流し入れて、冷やし固めます。

【盛りつけ】

器に大葉を敷き、ゼリーを抜き入れてかけつゆを少量かけ、天におろしわさびをのせます。

## 蟹のほぐしといんげんのゼリー寄せ

●一九〇頁参照

■材料〈四人分〉

蟹の身……100g　いんげん……12本
塩……少々　わさび……適宜
＊ゼリー地、かけつゆ=『卵豆腐と枝豆のゼリー寄せ』参照

■作り方

蟹の身は軟骨を除き、細かくほぐして、いんげんは塩茹でをして1cm長さに切り、底の丸い小さい器に盛り分けたのち、『卵豆腐と枝豆のゼリー寄せ』と同要領でゼリー地を調えて流し入れ、冷やし固めます。

【盛りつけ】

器にゼリーを抜き入れてかけつゆを少量かけ、天におろしわさびをのせます。

## 車海老と黒豆のゼリー寄せ

●一九〇頁参照

■材料〈四人分〉

車海老……6尾　黒豆の甘煮…20粒
オクラ……4本　塩………適宜
＊車海老の下蒸し用(酒塩〈酒大匙3 塩小匙1/2〉)
＊ゼリー地、かけつゆ=『卵豆腐と枝豆のゼリー寄せ』参照
わさび……適宜

■作り方

1 車海老は背わたを抜いて酒塩とともに鍋に入れ、火にかけて蓋をして酒蒸しにし、頭をとって殻をむき、1cm長さに切ります。黒豆は汁気を軽く拭き、オクラは塩でもんで熱湯で茹で、水にとって冷まし、1cm長さの小口切りにし、以上の具を底の丸い小さい器に盛り分けます。

2 『卵豆腐と枝豆のゼリー寄せ』と同要領でゼリー地を調え、具を入れた器に流し入れて、冷やし固めます。

【盛りつけ】

器にゼリーを抜き入れてかけつゆを少量かけ、天におろしわさびをのせます。

## 卵焼きとアスパラのゼリー寄せ

●一九〇頁参照

■材料〈四人分〉

厚焼き卵(卵5個分)……1/2本
グリーンアスパラ……2本
塩……適宜　わさび……適宜
＊ゼリー地、かけつゆ=『卵豆腐と枝豆のゼリー寄せ』参照
＊〈大葉4枚〉

■作り方

厚焼き卵は1cm角に切り、グリーンアスパラは塩茹でをして笊にとり、あおいで手早く冷まして1cm長さに切り、底の丸い小さい器に盛り分けたのち、『卵豆腐と枝豆のゼリー寄せ』と同要領でゼリー地を調えて、冷やし固めます。

【盛りつけ】

器に大葉を敷き、ゼリーを抜き入れてかけつゆを少量かけ、天におろしわさびをのせます。

■調理覚え書

●ゼリー寄せや錦玉などを盛りつけるときは、あらかじめ器を冷やしておきます。

### 卵豆腐

卵6個　だし汁1 3/4カップ　酒大匙4
味醂大匙1　薄口醤油大匙1　塩大匙1

卵を溶きほぐして分量のだし汁と調味料を加え混ぜ、きつく絞ったぬれ布巾で漉します。流し缶に流し入れて表面の泡を丁寧にすくい取り、蒸気の上がった蒸し器に入れて布巾をかけ、蓋をして強火で3〜4分、中火にして12〜13分蒸します。

### 檜《ひ》扇《おうぎ》胡瓜と扇面胡瓜(飾り切り)

◉檜扇は胡瓜は5cm長さに切り、皮側を7mm厚さにそいで両端を落とし、拍子木形に整え、片端を残して縦に1mm幅の庖丁目を入れて6度目に切り離し、片端を要《かなめ》にして指先で切り目を扇形に開きます。
◉扇面は同様に5度目の庖丁で切り離し、中三枚を指先でためて同方向に曲げます。

### 黄身そぼろ

茹で卵黄(固茹でのもの)適宜　塩少々

茹で卵黄を裏漉してアルミのバットに受け、塩を少量加えて長めの竹串でこねないように混ぜて広げます。石綿つきの焼き網で直火を隔て、レンガを置いてバットをのせ、弱火にして竹串で混ぜ返しながら、焦がさないように乾くまで煎ります。冷めたら瓶に詰め、常備します。

## 焼き豚と菊花のゼリー寄せ

●一九〇頁参照

■材料〈四人分〉

焼き豚……150g　菊花……4輪
酢……少々　わさび……適宜
＊ゼリー地、かけつゆ＝『卯豆腐と枝豆のゼリー寄せ』参照

■作り方

焼き豚は1cm角に切り、菊花は酢を少量落とした熱湯で茹で、水にさらしてきつく絞り、花弁をむしっておき、底の丸い小さい器に盛り分けたのち、『卯豆腐と枝豆のゼリー寄せ』と同要領でゼリー地を調えて流し入れ、冷やし固めます。

【盛りつけ】

器にゼリーを抜き入れてかけつゆを少量かけ、天におろしわさびをのせます。

## 雲丹と卵焼きの錦玉《きんぎょく》

●一九一頁参照

■材料〈四人分〉

雲丹……½箱　厚焼き卵……適宜
グリーンアスパラ……2本
塩……適宜
＊寒天地（寒天⅔本　粉ゼラチン大匙¾　ゼラチン用の水大匙3　だし汁1.5カップ　酒大匙2　塩小匙¼）
＊かけつゆ（加減酢（酢¼カップ　薄口醤油、だし汁＝各大匙2弱））
＊《大葉4枚》

■作り方

1 雲丹は色のよいものを用意し、厚焼き卵は1cm角に切り、グリーンアスパラは塩茹でをして1cm長さに切ります。

2 寒天はちぎって水で戻し、ゼラチンは分量の水でふやかします。分量のだし汁にきつく絞った寒天を入れて煮溶かし、酒と塩で味を調えてボウルに漉し取り、ゼラチンを加えて溶かします。

3 寒天地に雲丹、厚焼き卵をくぐらせて小茶碗に盛り分け、アスパラを散らして寒天地を流し入れ、冷やし固めます。かけつゆは分量の酢ほかを合わせ、ひと煮立ちさせて冷まして用意します。

【盛りつけ】

器に大葉を敷いて錦玉を小茶碗から抜いて盛り、かけつゆを少量注ぎます。

## 蟹脚といんげんの錦玉

●一九一頁参照

■材料〈四人分〉

蟹脚……4本　いんげん……3本
椎茸……4枚　塩……適宜
＊寒天地、かけつゆ＝前品参照
＊《大葉4枚》

■作り方

蟹脚は軟骨を除いて粗くほぐし、いんげんは塩茹でにして1cm長さに、椎茸は石づきを取って1cm角に刻みます。

前品と同要領で寒天地を調え、三種の具をくぐらせて小茶碗に盛り分けたのち、寒天地を流し入れて冷やし固めます。かけつゆも同様に用意します。

【盛りつけ】

器に大葉を敷いて錦玉を小茶碗から抜いて盛り、かけつゆを少量注ぎます。

## 車海老と水前寺海苔の錦玉

●一九一頁参照

■材料〈四人分〉

車海老……4尾　塩……適宜
水前寺海苔……3×6cm角
枝豆……約40粒
＊寒天地、かけつゆ＝『雲丹と卵焼きの錦玉』参照
＊《大葉4枚》

■作り方

1 車海老は背わたを抜き、塩茹でをして頭と尾を落とし、殻をむいて二枚に切っておき、水前寺海苔は水で戻して3cm長さ・5mm幅に切り、枝豆は塩茹でをして殻をむき、薄皮をむいておきます。

2『雲丹と卵焼きの錦玉』と同要領で寒天地を調え、車海老と水前寺海苔、枝豆をくぐらせて小茶碗に盛り分け、寒天地を流し入れて冷やし固めます。

【盛りつけ】

器に大葉を敷いて錦玉を小茶碗から抜いて盛り、かけつゆを少量注ぎます。

## スモークサーモンと若布の錦玉

●一九一頁参照

■材料〈四人分〉

スモークサーモン……80g
干し若布……3g　コーン（水煮）⅓缶
室胡瓜……3本　塩……適宜
＊寒天地、かけつゆ＝『雲丹と卵焼きの錦玉』参照
＊《大葉4枚》

■作り方

1 スモークサーモンは皮と血合いを除き、ひと口大のそぎ切りにします。干し若布は戻して熱湯をかけ、冷水にとって筋を除き、落とし庖丁を入れておき、コーンは水気をよくきり、室胡瓜は塩で軽くもんで熱湯を通し、水にとって冷まし、1cm長さの輪切りにします。

2『雲丹と卵焼きの錦玉』と同要領で寒天地を調え、スモークサーモンと若布、コーンの三種をくぐらせて小茶碗に盛り分け、室胡瓜を加えて寒天地を流し入れ、冷やし固めます。

【盛りつけ】

器に大葉を敷いて錦玉を小茶碗から抜いて盛り、かけつゆを少量注ぎます。

## 鶏肉と人参の錦玉

●一九一頁参照

■材料〈四人分〉

鶏もも肉……½枚　人参……3cm長さ
厚焼き卵……¼本　糸三つ葉……少々
塩……少々
＊鶏肉の下蒸し用（酒塩（酒大匙3　塩小匙½））
＊寒天地、かけつゆ＝『雲丹と卵焼きの錦玉』参照
＊《大葉4枚》

■作り方

1 鶏もも肉は皮と脂を除いて酒塩とともに鍋に入れて火にかけ、蓋をして酒蒸しにしたのち、1cm角に切ります。人参は5mm角に切って茹でておき、厚焼き卵は1cm角に、糸三つ葉は軸だけを塩茹でにし、2cm長さに切ります。

2『雲丹と卵焼きの錦玉』と同要領で寒天地を調え、鶏肉と人参、卵焼きの三種をくぐらせて小茶碗に盛り分け、糸三つ葉を加えて寒天地を流し入れ、冷やし固めます。

【盛りつけ】

器に大葉を敷いて錦玉を小茶碗から抜いて盛り、かけつゆを少量注ぎます。

## 鯛としめじの錦玉

●一九一頁参照

■材料〈四人分〉

鯛の上身……120g　しめじ…½パック
人参……3cm長さ　塩…………適宜
＊鯛の下蒸し用（酒塩《酒大匙3　塩小匙½》）
＊寒天地、かけつゆ＝『雲丹と卵焼きの錦玉』参照
＊（大葉4枚）

■作り方

1 鯛の上身は1cm弱厚さのそぎ切りにし、酒塩とともに鍋に入れて火にかけ、蓋をして酒蒸しにしておき、しめじは石づきを落として一本ずつにほぐし、塩茹でにし、人参は5mm角に切って茹でておきます。

2『雲丹と卵焼きの錦玉』と同要領で寒天地を調え、三種の具をくぐらせて小茶碗に盛り分け、寒天地を流し入れて冷やし固めます。

【盛りつけ】

器に大葉を敷いて錦玉を小茶碗から抜いて盛り、かけつゆを少量注ぎます。

## 柿とアスパラの白和え

●一九二頁参照

■材料〈四人分〉

柿…………2個　塩…………適宜
グリーンアスパラ…………2本
＊白和え衣（木綿豆腐1丁　あたり胡麻50g　砂糖大匙6　薄口醤油、味醂＝各大匙1　味噌大匙1.5　塩小匙½弱）

■作り方

1 柿は皮をむき、種を除いてやや厚めのいちょう切りにして塩水に放しておき、グリーンアスパラは根元の固い部分を落として塩茹でをし、笊にとって手早くあおいで冷まし、皮を庖丁でむき取って1cm長さほどの乱切りにします。

2 白和え衣は、木綿豆腐を用意してきつく重石《おもし》をし、重さが半量になるまで水切りをして裏漉しにかけ、すり鉢に入れてよくすり、あたり胡麻ほか各調味料を順に加えて、なめらかにすり混ぜて調えたのち、水気をよくきった柿とアスパラを加え、ざっくりと和えます。

【盛りつけ】

小深い器に柿とアスパラの白和えをこんもりと、彩りよく盛ります。

## 梨と蟹の白和え

●一九三頁参照

■材料〈四人分〉

梨…………2個　蟹の身………100g
グリーンアスパラ…………4本
塩………適宜　黄身そぼろ…適宜
＊白和え衣＝前品参照

■作り方

1 梨は皮をむき、芯を除いてやや厚めのいちょう切りにして塩水に放しておき、蟹の身は軟骨を除いて粗くほぐし、グリーンアスパラは塩茹でをし、小さめの乱切りにし、黄身そぼろを用意しておきます。

2 前品と同要領で白和え衣を調え、水気をよくきった梨、蟹のほぐし身、アスパラの三種をざっくりと和えます。

【盛りつけ】

器に梨と蟹の白和えを彩りよく盛り、天に黄身そぼろをあしらいます。

## パパイヤと菜の花の白和え

●一九三頁参照

■材料〈四人分〉

パパイヤ……2個　レモン…………1個
菜の花………1把　塩…………適宜
＊白和え衣＝『柿とアスパラの白和え』参照

■作り方

パパイヤは縦二つに切って種を取り除き、皮をむいて食べよい大きさに刻み、全体にレモンの絞り汁を回しかけておき、菜の花は塩茹でをして水にとり、水気をきつく絞って穂先だけを摘み取ります。『柿とアスパラの白和え』と同要領で白和え衣を調え、パパイヤと菜の花を加えてざっくりと和えます。

【盛りつけ】

器に彩りよく、こんもりと盛ります。

## りんごとしめじの白和え

●一九三頁参照

■材料〈四人分〉

りんご………2個　塩…………適宜
しめじ………100g　パセリ………少々
＊しめじの下煮用（八方地《だし汁1カップ　味醂、薄口醤油＝各大匙2弱》）
＊白和え衣＝『柿とアスパラの白和え』参照

■作り方

1 りんごは皮をむき、芯を除いてやや厚めのいちょう切りにして塩水に放しておき、しめじは石づきを落として一本ずつにほぐし、八方地でさっと煮てそのまま冷まして味を含ませておき、パセリはみじん切りにしておきます。

2『柿とアスパラの白和え』と同要領で白和え衣を調え、水気をよくきったりんごとしめじをざっくりと和えます。

【盛りつけ】

器にりんごとしめじの白和えを盛り、パセリのみじん切りを散らします。

## オレンジと壬生菜《みぶな》の白和え

●一九二頁参照

■**材料**〈四人分〉
オレンジ……2個　壬生菜《みぶ》……少々
塩………少々
＊白和え衣＝『柿とアスパラの白和え』参照

■**作り方**
オレンジは皮をむき、袋から身を崩さないように取り出しておき、壬生菜は塩を少量加えた熱湯でさっと茹で、水にとって水気を絞り、葉先を5cm長さほど切っておきます。『柿とアスパラの白和え』と同要領で白和え衣を調え、オレンジを加えてざっくりと和えます。

【盛りつけ】
器にオレンジの白和えを盛り、壬生菜を一文字にあしらいます。

## アボカドの白和え

●一九二頁参照

■**材料**〈四人分〉
アボカド……2個　レモン……適宜
＊白和え衣＝『柿とアスパラの白和え』参照

■**作り方**
アボカドは縦二つに切って種を除き、皮をむき取って厚めのいちょう切りにし、レモンの絞り汁をかけておきます。『柿とアスパラの白和え』と同要領で白和え衣を調え、アボカドを加えてざっくりと和えます。

【盛りつけ】
器にアボカドの白和えを形よく、こんもりと盛ります。

## 洋梨と温燻《おんくん》の白和え

●一九三頁参照

■**材料**〈四人分〉
洋梨……2個　塩……適宜
鮭の温燻……100g　オクラ……2本
＊白和え衣＝『柿とアスパラの白和え』参照

■**作り方**
1 洋梨は皮をむき、芯を除いて食べよい大きさに刻み、塩水に放しておきます。鮭の温燻は皮と血合いを除き、薄いそぎ切りに、オクラは成り口をぐるむきにして塩でもみ、熱湯で茹でて水にとり、水気を拭いて小口切りにします。
2『柿とアスパラの白和え』と同要領で白和え衣を調え、水気をよくきった洋梨、温燻を加えてざっくりと和えます。

【盛りつけ】
器に洋梨と温燻の白和えを盛り、オクラを散らします。

## キウイフルーツと車海老の白和え

●一九二頁参照

■**材料**〈四人分〉
キウイフルーツ……2個
車海老……8尾　塩……少々
黄身そぼろ…適宜
＊白和え衣＝『柿とアスパラの白和え』参照

■**作り方**
1 キウイフルーツは天地を切って皮をむき、縦半分に切って3mm厚さの薄切りにします。車海老は背わたを抜き、塩茹でをして頭を落とし、尾ひと節を残して殻をむいておき、黄身そぼろを用意しておきます。
2『柿とアスパラの白和え』と同要領で白和え衣を調え、キウイと車海老を加えてざっくりと和えます。

【盛りつけ】
器にキウイと車海老の白和えを形よく盛り、天に黄身そぼろをあしらいます。

## 小柱のおろし和え

●一九五頁参照

■**材料**〈四人分〉
小柱（刺身用）120g　オクラ……4本
塩……適宜
＊おろし三杯酢（大根おろし2/3カップ　三杯酢（酢、薄口醤油＝各大匙5　味醂大匙3弱））
柚子……少々　生姜……適宜
＊（大葉8枚）

■**作り方**
小柱は色のよいものを用意し、オクラは塩でもんで熱湯で茹で、1cm弱長さの輪切りにします。おろし三杯酢は、三杯酢の各調味料を合わせてひと煮立ちさせ、冷ましたのち、水気を軽く絞った大根おろしを加えて用意し、小柱とオクラをざっくりと和えます。

【盛りつけ】
器に大葉を敷き、おろし和えをこんもりと小高く盛っておろし柚子を散らし、天におろし生姜をのせます。

## さざえのおろし和え

●一九五頁参照

■**材料**〈四人分〉
さざえ……4個　わさび……適宜
＊おろし三杯酢＝前品参照
＊（菊の葉4枚）

■**作り方**
さざえは殻から身を取り出してわたを除き、縦の薄切りにします。前品と同要領でおろし三杯酢を調え、さざえをざっくりと和えます。

【盛りつけ】
器に菊の葉を敷いてさざえのおろし和えを盛り、天におろしわさびをのせます。

## 車海老のおろし和え

●一九四頁参照

■**材料**〈四人分〉
車海老……8尾　糸三つ葉……1/2把
塩……少々　わさび……適宜
＊おろし三杯酢＝『小柱のおろし和え』参照

■**作り方**
車海老は背わたを抜いて尾ひと節を残して頭と殻を除き、尾先を熱湯につけて色出しをし、手早く氷水にとって冷まし、水気を拭きます。糸三つ葉は軸だけを塩茹でにし、4cm長さに切っておき、『小柱のおろし和え』と同要領でおろし三杯酢を調え、車海老をざっくりと和えます。

【盛りつけ】

器に車海老のおろし和えを形よく盛り、糸三つ葉をあしらい、天におろしわさびをのせます。

## 蟹脚のおろし和え

●一九四頁参照

■材料〈四人分〉

蟹脚……4本　枝豆……20粒

塩……適宜　わさび……適宜

*おろし三杯酢＝『小柱のおろし和え』参照

■作り方

蟹脚は軟骨を抜き取って2cm長さに切り、枝豆は塩茹でをして殻、薄皮をむきます。『小柱のおろし和え』と同要領でおろし三杯酢を調え、蟹脚と枝豆をざっくりと和えます。

【盛りつけ】

器に蟹脚のおろし和えを彩りよく盛り、天におろしわさびをのせます。

## イクラのおろし和え

●一九五頁参照

■材料〈四人分〉

イクラ……大匙4　なめこ……1パック

糸三つ葉……½把　塩……少々

*おろし三杯酢＝『小柱のおろし和え』参照

柚子……少々　わさび……適宜

■作り方

イクラは色のよいものを用意し、なめこは手早く熱湯をかけて水気をきっておき、糸三つ葉は軸だけを塩茹でにし、3cm長さに切ります。『小柱のおろし和え』と同要領でおろし三杯酢を調え、イクラとなめこ、糸三つ葉を和えます。

【盛りつけ】

器にイクラのおろし和えを盛り、おろし柚子を散らして、天におろしわさびをのせます。

## 鮑のおろし和え

●一九五頁参照

■材料〈四人分〉

鮑(中)……1枚　塩……適宜

酢取り生姜……12本

*おろし三杯酢＝『小柱のおろし和え』参照

木の芽……4枚　わさび……適宜

■作り方

鮑は塩でもんで洗い、身をおろして5mm厚さの短冊に切り、酢取り生姜は短めの杵形に調えます。『小柱のおろし和え』と同要領でおろし三杯酢を調え、鮑をざっくりと和えます。

【盛りつけ】

器に鮑のおろし和えを盛って杵生姜をあしらい、木の芽をのせ、おろしわさびをのせます。

■調理覚え書

●こうした小鉢ものには、鮑は中・小型、切り出しなどを上手に使いまわします。

## 雲丹のおろし和え

●一九四頁参照

■材料〈四人分〉

生雲丹……12片

*酢取り茗荷の子(茗荷竹の子4個　塩適宜　酢、水＝各⅓カップ)

*おろし三杯酢＝『小柱のおろし和え』参照

木の芽……4枚　わさび……適宜

■作り方

生雲丹は粒立った色のよいものを用意しておき、茗荷の子は熱湯をくぐらせて塩をたっぷりとまぶし、5分ほどおいて水で洗ったのち、分量の酢水につけて色出しをし、縦に細く切って水気を切ります。『小柱のおろし和え』と同要領でおろし三杯酢を調えます。

【盛りつけ】

器におろし三杯酢を小高く盛り、生雲丹を形よくのせて酢取り茗荷の子をあしらい、天に木の芽、おろしわさびを順に重ねてのせます。

## 赤貝のおろし和え

●一九四頁参照

■材料〈四人分〉

赤貝……4個　塩……適宜

*おろし三杯酢＝『小柱のおろし和え』参照

わさび……適宜

*《板谷楓の葉4枚》

■作り方

赤貝は殻をはずして身をおろし、二枚

### 白和え衣

木綿豆腐1丁　あたり胡麻50g

砂糖大匙6　味醂大匙1

薄口醤油大匙1　塩小匙½弱

味噌大匙1.5

豆腐は元の重さの半分まで水きりをし、裏漉しをしてすり鉢ですり、あたり胡麻ほかの調味料を順に加え、なめらかになるまですり混ぜます。

### 三杯酢

酢大匙5　薄口醤油大匙5　味醂大匙3

以上の割合分量の調味料を合わせ、さっとひと煮立ちさせて冷まします。

◉肉、野菜類には特によく合い、広く酢のものには欠かせない加減酢です。なお、今は二杯酢、三杯酢と書くのが一般的ですが、配分する意味から〝配〟が本来です。

### 八方地(八方だし地)

だし汁8：味醂1：醤油1の割合分量

だし汁を煮立て、味醂と醤油を加えます。

◉どんな料理にも一八方に一使えるという意味の、基本的合わせ調味料。ただし、醤油を薄口にした薄八方、味醂を多くしたり、砂糖を加えた甘八方、だし汁の¼量の酒を加えた酒八方など、料理によって、また料理人によっても変わります。

に切ってわたをそぎ取り、塩をふって軽くもんだのち水洗いをし、水気を拭いて浅く、細かく庖丁目を入れて食べよい大きさに切ります。『小柱のおろし和え』と同要領でおろし三杯酢を調え、赤貝をざっくりと和えます。

【盛りつけ】

器に板谷楓の葉を敷いて赤貝のおろし和えを盛り、おろしわさびをのせます。

## 牛たたきのおろし和え

●一九五頁参照

■材料〈四人分〉

牛もも肉……200g　塩、胡椒…各適宜

＊牛肉のつけ汁（酢1/2カップ　酒大匙2.5　醤油1/3カップ　玉ねぎ、レモン＝各1/2個　ニンニク少々）

＊おろし三杯酢＝『小柱のおろし和え』参照

あさつき……適宜　生姜………適宜

＊（プリーツレタス適宜）

■作り方

1 牛もも肉は塊で用意し、塩、胡椒をすり込んでしばらくおき、熱した焼き網で全体に焼き目がつく程度まで焼きます。指で押してみて弾力がでてきたら手早く氷水にとり、冷まして焦げなどを洗い落とし、水気を拭きます。これを酢ほかに玉ねぎとレモン、ニンニクの薄切りを加えたつけ汁に、三時間以上つけたのち、薄切りにします。

2 『小柱のおろし和え』と同要領でおろし三杯酢を調え、あさつきの小口切りを混ぜておきます。

【盛りつけ】

器にプリーツレタスを敷いて牛肉のたたき造りを盛り、あさつきを加えたおろし三杯酢をたっぷりと添えて、天におろし生姜をのせます。

## 帆立貝柱のおろし和え

●一九四頁参照

■材料〈四人分〉

帆立の貝柱（刺身用）…………4個

絹さや……6枚　塩…………少々

ラディッシュ6個　わさび……適宜

＊おろし三杯酢＝『小柱のおろし和え』参照

■作り方

帆立の貝柱は四つほどに切っておき、絹さやは繊《せん》切りにして笊に入れ、水の中で振り洗いをして豆を除き、さっと塩茹でをして水に放し、笊に上げます。ラディッシュはおろして軽く水気を絞っておき、『小柱のおろし和え』と同要領でおろし三杯酢を調え、帆立をざっくりと和えます。

【盛りつけ】

器に帆立のおろし和えを盛り、上に絹さやを散らして天におろしわさびをのせ、おろしラディッシュを添えます。

## クレソンの煮びたし

●一九七頁参照

■材料〈四人分〉

クレソン……2把　塩…………少々

＊ひたし汁（薄八方地（だし汁2カップ　味醂、薄口醤油＝各1/4カップ））

溶き辛子……適宜

■作り方

クレソンは塩を少量落とした熱湯で茹で、水にさらしてきつく絞ります。鍋に薄八方地のだし汁と調味料を合わせてひと煮立ちさせ、クレソンを入れて再び煮立ちはじめたら火を止め、そのまま冷まして味を含ませ、4cm長さに切り揃えます。

【盛りつけ】

器にクレソンの煮びたしを盛り、溶き辛子を落とします。

## セロリの煮びたし粉節《こぶし》まぶし

●一九六頁参照

■材料〈四人分〉

セロリ……2本　塩…………少々

＊ひたし汁（薄八方地）＝前品参照

粉節（鰹節）…………適宜

■作り方

セロリは筋を取って1cm厚さの斜め切りにし、塩を少量加えた熱湯でさっと茹で、笊に上げて水気をきります。前品と同要領で薄八方地を煮立たせ、セロリを入れてひと煮立ちさせ、冷まして味を含ませます。粉節は鰹節を空鍋に入れて弱火にかけ、木杓子などで混ぜながら焦がさないように煎り、サラサラになったらバットに広げて冷ましたのち、汁気をきったセロリに、たっぷりとまぶしつけます。

【盛りつけ】

器にセロリの粉節まぶしをこんもりと盛ります。

## 糸三つ葉の煮びたし

●一九六頁参照

■材料〈四人分〉

糸三つ葉……2把　塩…………少々

＊ひたし汁（薄八方地）＝『クレソンの煮びたし』参照

わさび……適宜

■作り方

糸三つ葉は葉を取り除いて塩を少量落とした熱湯で茹で、水にとって冷まし、きつく絞っておき、『クレソンの煮びたし』と同要領でひたし汁を煮含ませたのち、4cm長さに切り揃えます。

【盛りつけ】

器に糸三つ葉の煮びたしを盛り、天におろしわさびをのせて、ひたし汁を少量注ぎ入れます。

## アスパラの煮びたし粉節まぶし

●一九七頁参照

■材料〈四人分〉

グリーンアスパラ…………8本

塩………少々　粉節…………適宜

＊ひたし汁（薄八方地）＝『クレソンの煮びたし』参照

柚子……適宜　溶き辛子……適宜
＊《菊の葉4枚》

■作り方
グリーンアスパラは根元の固い部分を落とし、塩を少量加えた熱湯で茹でて笊にとり、4cm長さに切ります。『クレソンの煮びたし』と同要領でひたし汁を煮含ませ、汁気をきって、煎った粉節をたっぷりとまぶします。

【盛りつけ】
器に菊の葉を敷いてアスパラの粉節まぶしを盛り、柚子の輪切りを添え、天に溶き辛子を落として、ひたし汁を少量注ぎ入れます。

## わらびの煮びたし 粉節まぶし

●一九七頁参照

■材料〈四人分〉
わらび……20本　重曹……小匙1
＊ひたし汁《薄八方地》＝『クレソンの煮びたし』参照
粉節……適宜　わさび……適宜

■作り方
わらびは大きめのボウルに入れて重曹をふりかけ、たっぷりの熱湯をまわしかけてひと晩おいたのち、熱湯でさっと茹で、水にさらして笊にとっておき、『クレソンの煮びたし』と同要領でひたし汁を煮含ませ、汁気をきって4cm長さに切り、煎った粉節をたっぷりとまぶします。

【盛りつけ】
器にわらびの粉節まぶしを盛って天におろしわさびをのせ、ひたし汁を少量注ぎ入れます。

## 生椎茸の煮びたし 粉節まぶし

●一九六頁参照

■材料〈四人分〉
椎茸（大きめのもの）……8枚
＊ひたし汁《薄八方地》＝『クレソンの煮びたし』参照
粉節……適宜　木の芽……8枚

■作り方
椎茸は石づきを取り、熱湯でさっと茹でて笊に上げておきます。『クレソンの煮びたし』と同要領でひたし汁を煮含ませ、汁気をきって、煎った粉節をたっぷりとまぶします。

【盛りつけ】
器に椎茸の粉節まぶしを盛り、天に木の芽をのせます。

## 枝豆の煮びたし

●一九六頁参照

■材料〈四人分〉
枝豆……1/3把　塩……適宜
＊ひたし汁《薄八方地》＝『クレソンの煮びたし』参照

■作り方
枝豆は水洗いをし、莢《さや》の天地を切って塩をまぶし、軽くもんでうぶ気を除いたのち、熱湯で茹でて笊にとり、粗熱をとります。ついで『クレソンの煮びたし』と同要領でひたし汁を煮含ませます。

【盛りつけ】
器に枝豆の煮びたしを小高く盛り、ひたし汁を少量かけます。

## 茄子の煮びたし 粉節まぶし

●一九七頁参照

■材料〈四人分〉
茄子……8個
＊ひたし汁《薄八方地》＝『クレソンの煮びたし』参照
粉節……適宜　溶き辛子……適宜

■作り方
茄子はあたり棒で軽く全体を叩《たた》き、天地を切って網焼きにし、水にとって皮をむき取ったのち、布巾で包んで俎板《まな》ではさみ、水気を軽く絞っておきます。『クレソンの煮びたし』と同要領でひたし汁を煮含ませ、汁気をきって、煎った粉節をたっぷりとまぶします。

【盛りつけ】
器に茄子の粉節まぶし二つを横に二の字に盛り、天に溶き辛子を落とします。

## オクラの煮びたし 粉節まぶし

●一九七頁参照

■材料〈四人分〉
オクラ……24本　塩……少々
＊ひたし汁《薄八方地》＝『クレソンの煮びたし』参照
粉節……適宜　溶き辛子……適宜

■作り方
オクラは成り口の周囲をぐるむきにし、塩を少量ふり、軽くもんでうぶ毛を除いたのち、熱湯で茹でて水にとります。水気を除き、『クレソンの煮びたし』と同要領でひたし汁を煮含ませ、汁気をきって、煎った粉節をまぶしつけます。

【盛りつけ】
器にオクラの粉節まぶしを小高く盛りつけ、天に溶き辛子を落とします。

## 青《チン》梗《ゲン》菜《ツァイ》の煮びたし 粉節まぶし

●一九六頁参照

■材料〈四人分〉
青梗菜……2株　塩……少々
＊ひたし汁《薄八方地》＝『クレソンの煮びたし』参照
粉節……適宜　溶き辛子……適宜

■作り方
青梗菜は根元に十字の庖丁目を入れ、塩を少量加えた熱湯で茹でて水にとり、冷ましてきつく絞ります。『クレソンの煮びたし』と同要領でひたし汁を煮含ませ、汁気をきって4cm長さに切り揃え、煎った粉節をまぶしつけます。

【盛りつけ】
器に青梗菜の粉節まぶしを形よく盛り、溶き辛子を落として、ひたし汁を少量注ぎ入れます。

## 長葱《ねぎ》の煮びたし

●一九七頁参照

■材料〈四人分〉

長ねぎ……3本

＊ひたし汁《薄八方地》＝『クレソンの煮びたし』参照

■作り方

長ねぎは長いまま直火にかざし、まわしながら全体を丁寧に焼き、4cm長さに切ります。ついで『クレソンの煮びたし』と同要領でひたし汁を煮含ませます。

【盛りつけ】

器に長ねぎの煮びたしを横にして小高く盛りつけ、ひたし汁を少量かけます。

## 子持ちやり烏賊《いか》の煮びたし

●一九八頁参照

■材料〈四人分〉

やり烏賊……4杯　菊花…………4輪

酢…………少々

＊ひたし汁《薄八方地《だし汁4カップ　味醂、薄口醤油＝各1/2カップ》》

＊《菊の葉4枚》

■作り方

1 やり烏賊は子持ちの小振りのものを用意し、軽く水洗いをして汚れを除きます。鍋に薄八方地のだし汁ほかを合わせて煮立て、やり烏賊を入れてひと煮立ちさせ、アクを引いて火を止め、そのまま冷まして味を含ませておきます。

2 菊花は酢を少量落とした熱湯で茹で、水にさらして水気を絞ります。

【盛りつけ】

器に菊の葉を敷き、やり烏賊に食べよく切り目を入れて姿に盛りつけ、菊花を添えてひたし汁を少量かけます。

## 車海老の煮びたし

●一九八頁参照

■材料〈四人分〉

車海老……8尾

＊ひたし汁《薄八方地》＝前品参照

大根おろし…………1/2カップ

柚子……適宜

■作り方

車海老は背に縦の切り目を入れて背わたを抜き取ったのち、前品と同要領でひたし汁を煮含ませます。大根おろしは笊に入れ、軽く水洗いをして水気を絞っておき、柚子は輪切りにします。

【盛りつけ】

器に車海老の煮びたしを姿よく盛り、上に大根おろしをのせて柚子を添え、ひたし汁を少量注ぎ入れます。

## 帆立貝柱の煮びたし

●一九八頁参照

■材料〈四人分〉

帆立の貝柱…8個　オクラ……8本

塩……適宜

＊ひたし汁《薄八方地》＝『子持ちやり烏賊の煮びたし』参照

わさび……適宜

■作り方

帆立の貝柱は鮮度のよいものを用意し、オクラは成り口をぐるむきにして塩もみをし、熱湯でさっと茹でて手早く冷まします。『子持ちやり烏賊の煮びたし』と同要領で貝柱にひたし汁を煮含ませ、オクラも先端を少々切り落としてひたし汁につけておきます。

【盛りつけ】

器に帆立貝柱の煮びたしを盛りつけ、オクラを添えてひたし汁を注ぎ入れ、天におろしわさびをのせます。

## 蟹脚の煮びたし

●一九八頁参照

■材料〈四人分〉

蟹脚……8本

＊ひたし汁《薄八方地》＝『子持ちやり烏賊の煮びたし』参照

大根おろし…………1/2カップ

木の芽……4枚

■作り方

蟹脚は殻つきで茹でたものを用意し、殻を取って軟骨を抜き、5cm長さほどに切ります。ついで『子持ちやり烏賊の煮びたし』と同要領でひたし汁を煮含ませておき、大根おろしは笊に入れて水洗いをし、水気を絞ります。

【盛りつけ】

器に蟹脚の煮びたしを形よく盛り、煮汁を少し多めにかけて上に大根おろしをのせ、木の芽をあしらいます。

## 帆立貝柱の煮おろし

●一九九頁参照

■材料〈四人分〉

帆立の貝柱…8個　小麦粉……適宜

揚げ油……適宜　塩………少々

＊煮おろし地（大根おろし1カップ　だし汁1カップ　味醂、薄口醤油＝各1/3カップ　赤唐辛子《小》1本）

青梗菜《チンゲンツァイ》……少々　柚子……少々

■作り方

1 帆立の貝柱は小麦粉を薄くはたきつけ、中温に熱した揚げ油で揚げます。青梗菜は塩を少量加えた熱湯で茹で、水にとって冷ましてきつく絞ります。

2 煮おろし地用の大根おろしを笊に入れ、水洗いしてきつく絞り、赤唐辛子は種を除いて薄い小口切りにしておきます。鍋にだし汁と調味料を合わせて煮立て、赤唐辛子と大根おろしを加えて火を止め、煮おろし地を調えます。

【盛りつけ】

器に揚げたての帆立貝柱を盛り、青梗菜を添えて煮おろし地をたっぷりとかけ、おろし柚子を散らします。

## 蟹脚の煮おろし

●一九九頁参照

■材料〈四人分〉

蟹脚……6本　小麦粉……適宜

揚げ油……適宜

＊煮おろし地＝前品参照

いんげん……8本　塩……少々

■作り方

蟹脚は軟骨を抜き取り、長さを半分に切り揃えて小麦粉を薄くつけ、中温に熱した揚げ油で揚げ、いんげんは塩茹でをし、4cm長さに切ります。ついで前品と同要領で煮おろし地を調えます。

【盛りつけ】

器に揚げたての蟹脚を盛っていんげんを添え、煮おろし地をかけます。

## 車海老の煮おろし

●一九九頁参照

■**材料**〈四人分〉

車海老……8尾　椎茸……4枚

小麦粉……適宜　揚げ油……適宜

＊煮おろし地＝『帆立貝柱の煮おろし』参照

枝豆……20粒　塩……適宜

＊（菊の葉4枚）

■**作り方**

車海老は背わたを抜いて胴の殻をむき、剣先を切って尾先の水気をしごき出しておき、椎茸は石づきを取り、それぞれ小麦粉を薄くつけたのち、中温に熱した揚げ油で揚げます。枝豆は塩茹でをして殻を取り、薄皮をむいておき、『帆立貝柱の煮おろし』と同要領で煮おろし地を調えておきます。

【盛りつけ】

器に菊の葉を敷き、揚げたての車海老と椎茸を盛り合わせて枝豆を散らし、煮おろし地をかけます。

■**調理覚え書**

●海老は尾先と剣先の水分を出しきって揚げると、油が跳ねるのを防げます。

## 雲丹磯辺の煮おろし

●一九九頁参照

■**材料**〈四人分〉

生雲丹……½箱　海苔……1⅓枚

揚げ油……適宜　菊花……4輪

酢……少々　木の芽……8枚

＊煮おろし地＝『帆立貝柱の煮おろし』参照

■**作り方**

1 生雲丹は粒を崩さないように八等分し、海苔は一枚を六つ切りにしておき、海苔に雲丹をのせて四隅を摘まみ上げるように包み、中温よりやや低めに熱した揚げ油で揚げて、油をきります。

2 菊花は酢を少量落とした熱湯で茹で、水にさらしてきつく絞っておき、ついで『帆立貝柱の煮おろし』と同要領で煮おろし地を調えておきます。

【盛りつけ】

器に揚げたての雲丹磯辺を盛って菊花を添え、煮おろし地をたっぷりとかけて天に木の芽をのせます。

## 鮑の煮おろし

●一九九頁参照

■**材料**〈四人分〉

鮑（中）……1杯　塩……適宜

小麦粉……適宜　揚げ油……適宜

わけぎ……½把　柚子……少々

＊煮おろし地＝『帆立貝柱の煮おろし』参照

■**作り方**

鮑は塩でもんで洗い、殻をはずして身をおろし、1cm弱厚さに切って小麦粉を薄くつけたのち、中温に熱した揚げ油で揚げて、裏面に隠し庖丁を入れておきます。わけぎは塩茹でをして水にとり、きつく絞って1cm長さほどに切ります。ついで『帆立貝柱の煮おろし』と同要領で煮おろし地を調えます。

【盛りつけ】

器に揚げたての鮑を盛り、煮おろし地をたっぷりとかけてわけぎを添え、おろし柚子を散らします。

## 白身魚と煎り卵の落とし揚げ

●二〇一頁参照

■**材料**〈四人分〉

白身魚……200g　卵……3個

京人参……50g　大葉……10枚

＊揚げ衣（豆腐½丁　卵1個　冷水½カップ弱　味醂小匙1　酒大匙3　塩小匙½　小麦粉½カップ）

揚げ油……適宜　もみじおろし適宜

＊（胡瓜の葉4枚）

■**作り方**

1 白身魚は皮を引いた上身を用意して1cm弱の角に切っておき、卵は七分熟に煎りつけ、京人参は5mm角に切ります。大葉は縦半分に切って繊切りにし、水を換えながら30分以上さらしたのち、きつく絞っておきます。

2 揚げ衣は、まず豆腐を重さが半分になるまで水きりをし、裏漉しをしてボウルに入れます。溶き卵、冷水を加えて

### 煮おろし地

大根おろし１カップ

地（だし汁１カップ　味醂⅓カップ

薄口醤油⅓カップ　赤唐辛子《小》１本）

大根おろしを笊に入れ、水洗いします。鍋にだし汁と調味料を合わせて煮立て、種を除いて小口切りにした赤唐辛子、水気をきったおろしを加え、火を止めます。

◉煮おろし地の割合　昔からのものです。

### 粉節まぶしの手法

◉野菜類の煮ものなどで、主材料が総じて淡泊な持ち味の場合に用いる手法で、煮汁をきって粉にした鰹節をまぶし、その風味でひと味変化をつけるものです。

◉粉節は、鰹節を空鍋に入れて弱火にかけ、木杓子で混ぜながら焦がさないように煎り、細かくサラサラになったらバットに広げ、冷ましてから〝まぶし〟ます。

### 煮びたしのひたし汁

薄八方地（だし汁２カップ　味醂¼カップ　薄口醤油¼カップ）

◉煮びたしは野菜や魚介をさっと煮て、ひたし汁の中において味を含ませるものです。煮汁でもあるひたし汁には、基本の八方地の醤油を薄口に変えて、より材料の色と持ち味を生かせる薄八方地をあてます。コツは煮すぎないこと、です。

よく混ぜ、ついで調味料、小麦粉を順に入れて溶き混ぜて調え、四種の具を入れてざっくりと混ぜます。揚げ油を中温に熱しておき、衣と混ぜた具を大きめのスプーンでひと口大ずつすくっては、油に静かに落として揚げます。

【盛りつけ】

器に胡瓜の葉を敷いて揚げたての落とし揚げを盛り、もみじおろしを添えます。

## 浅蜊といんげんの落とし揚げ

●二〇一頁参照

■**材料**〈四人分〉

浅蜊(むき身)150g　いんげん……6本

塩……少々　粉チーズ…大匙2

*揚げ衣(落とし揚げ用)＝前品『白身魚と煎り卵の落とし揚げ』参照

揚げ油……適宜

■**作り方**

浅蜊のむき身はさっと熱湯を通し、笊に上げておき、いんげんは固めに塩茹でをして1cm弱長さに切ります。分量の豆腐ほかを溶き混ぜて揚げ衣を調え、二種の具と粉チーズを加えてざっくりと混ぜたのち、大きめのスプーンでひと口大ずつすくっては、中温に熱した揚げ油に静かに落として揚げます。

【盛りつけ】

器に揚げたてを俵積み様《よう》に盛ります。

■**調理覚え書**

●揚げ衣は取り合わせる具の水分量によって、そのつど小麦粉の量を加減します。

## 鮭と枝豆の落とし揚げ

●二〇〇頁参照

■**材料**〈四人分〉

鮭の上身……200g　枝豆……20粒

茹で筍(小)…1/2本　糸三つ葉…1/3把

塩……適宜　揚げ油……適宜

*揚げ衣＝『白身魚と煎り卵の落とし揚げ』参照

*〈サラダ菜4枚〉

■**作り方**

1 鮭の上身は1cm弱の角に切り、枝豆は塩茹でをして殻を除き、薄皮をむいておき、茹で筍は1cm弱角に、糸三つ葉は軸だけを1cm弱長さに切ります。

2 分量の豆腐ほかを溶き混ぜて揚げ衣を調え、四種の具を加えてざっくりと混ぜたのち大きめのスプーンでひと口大ずつすくっては、中温に熱した揚げ油に静かに落として揚げます。

【盛りつけ】

器にサラダ菜を敷き、揚げたての落とし揚げを形よく盛ります。

## 紋甲烏賊《いか》と京人参の落とし揚げ

●二〇〇頁参照

■**材料**〈四人分〉

紋甲烏賊(刺身用)……200g

椎茸……5枚　京人参……30g

あさつき……1把　揚げ油……適宜

*揚げ衣＝『白身魚と煎り卵の落とし揚げ』参照

すだち……2個

■**作り方**

1 紋甲烏賊はおろし身を1cm角に切り、椎茸は石づきを取って太めの繊切りに、京人参も繊切りにし、あさつきは薄い小口切りにします。

2 分量の豆腐ほかを溶き混ぜて揚げ衣を調え、四種の具を加えてざっくりと混ぜたのち大きめのスプーンでひと口大ずつすくっては、中温に熱した揚げ油に静かに落として揚げます。すだちは半分に切ります。

【盛りつけ】

器に大葉を敷き、揚げたての落とし揚げを形よく盛って、すだちを添えます。

## 生椎茸とチーズの落とし揚げ

●二〇一頁参照

■**材料**〈四人分〉

椎茸……8枚　チーズ……1/3箱

京人参……50g

グリーンアスパラ……8本

*揚げ衣＝『白身魚と煎り卵の落とし揚げ』参照

揚げ油……適宜

■**作り方**

1 椎茸は石づきを取って1cm弱の角に、チーズ、京人参も同様に切り揃え、グリーンアスパラは4cm長さに切ります。

2 分量の豆腐ほかを溶き混ぜて揚げ衣を調え、三種の具を加えてざっくりと混ぜたのち、大きめのスプーンでひと口大ずつすくっては、中温に熱した揚げ油に静かに落として揚げ、アスパラも水気を拭いて素揚げにします。

【盛りつけ】

器に揚げたての落とし揚げを盛り、アスパラをあしらいます。

## 芝海老と枝豆の落とし揚げ

●二〇一頁参照

■**材料**〈四人分〉

芝海老……250g　枝豆……20粒

塩……適宜　茹で筍(小)…1本

糸三つ葉…少々　黒胡麻……大匙1

*揚げ衣＝『白身魚と煎り卵の落とし揚げ』参照

揚げ油……適宜　レモン……少々

■**作り方**

1 芝海老は背わたを取ってむき身にし、枝豆は塩茹でをして殻を除き、薄皮をむいておき、茹で筍は1cm弱の角に、糸三つ葉は1cm長さに刻みます。

2 分量の豆腐ほかを溶き混ぜて揚げ衣を調え、四種の具と黒胡麻を加えてざっくりと混ぜたのち大きめのスプーンでひと口大ずつすくっては、中温に熱した揚げ油に静かに落として揚げます。レモンは半月の薄切りにします。

【盛りつけ】

器に揚げたての落とし揚げを盛り、レモンを添えます。

## 芝海老と筍の落とし揚げ

●二〇〇頁参照

■材料〈四人分〉
芝海老……250g　茹で筍(小)…1本
枝豆………20粒　塩………適宜
糸三つ葉……½把　黒胡麻……大匙1
＊揚げ衣＝『白身魚と煎り卵の落とし揚げ』参照
揚げ油……適宜　あさつき……½把
大根おろし…………½カップ
＊《板谷楓の葉8枚》

■作り方
1 芝海老は背わたを取ってむき身にし、茹で筍は5㎜角に切り、枝豆は塩茹でをして殻を除き、薄皮をむいておき、糸三つ葉は軸だけを1㎝長さに切ります。
2 分量の豆腐ほかを溶き混ぜて揚げ衣を調え、四種の具と黒胡麻を加えてざっくりと混ぜたのち大きめのスプーンでひと口大ずつすくっては、中温に熱した揚げ油に静かに落として揚げます。あさつきは小口切りにし、水気を軽く絞った大根おろしと軽く混ぜます。
【盛りつけ】

器に板谷楓の葉を敷いて揚げたての落とし揚げを盛り、あさつきを混ぜた大根おろしを添えます。

■調理覚え書
●昔、東京湾の芝浦で獲れたところから、芝海老の名で江戸っ子に好まれた日本特産の、学名クルマエビ属シバエビ科・小型海老。殻が薄く身が透けるのも特徴です。

## 鶏肉とそら豆の落とし揚げ

●二〇〇頁参照

■材料〈四人分〉
鶏もも肉……1枚　そら豆……36粒
コーン(水煮)200g　塩………適宜
＊揚げ衣＝『白身魚と煎り卵の落とし揚げ』参照
揚げ油……適宜

■作り方
1 鶏もも肉は皮と脂を除いて小さく切り、そら豆は塩を少量加えた熱湯で固めに茹で、皮をむいておき、コーンは缶詰を利用して水気をきっておきます。
2 分量の豆腐ほかを溶き混ぜて揚げ衣を調え、三種の具を加えてざっくりと混ぜたのち大きめのスプーンでひと口大ずつすくっては、中温に熱した揚げ油に静かに落として揚げます。
【盛りつけ】
器に揚げたての落とし揚げを盛ります。

## 帆立貝柱と若布の落とし揚げ

●二〇〇頁参照

■材料〈四人分〉
帆立の貝柱…6個　干し若布……5g
そら豆……20粒　塩………適宜
＊揚げ衣＝『白身魚と煎り卵の落とし揚げ』参照
揚げ油……適宜　酢取り生姜…4本

■作り方
1 帆立の貝柱は粗くほぐしておき、干し若布はぬるま湯で戻して熱湯をかけ、水にとって冷まし、筋を除いて落とし庖丁を入れ、きつく絞ります。そら豆は塩茹でをし、皮をむき取ります。
2 分量の豆腐ほかを溶き混ぜて揚げ衣を調え、三種の具を加えてざっくりと混ぜたのち大きめのスプーンでひと口大ずつすくっては、中温に熱した揚げ油に静かに落として揚げます。酢取り生姜は杵形に整えます。
【盛りつけ】
器に揚げたての落とし揚げを盛り、杵生姜を立てかけます。

## 蟹とグリンピースの落とし揚げ

●二〇〇頁参照

■材料〈四人分〉
蟹脚………150g
グリンピース…………⅓カップ
塩………適宜　卵………3個
＊揚げ衣＝『白身魚と煎り卵の落とし揚げ』参照
揚げ油……適宜
＊染めおろし(大根おろし、醤油＝各適宜)
＊《楓の葉適宜》

■作り方
1 蟹脚は軟骨を除いて粗くほぐしておき、グリンピースは塩で軽くもんで熱湯で茹で、卵は七分熟に煎りつけます。
2 分量の豆腐ほかを溶き混ぜて揚げ衣を調え、三種の具を加えてざっくりと混ぜたのち大きめのスプーンでひと口大ずつすくっては、中温に熱した揚げ油に静かに落として揚げます。大根おろしは水気を軽く絞り、醤油を少量落として染めおろしを用意します。
【盛りつけ】
器に楓の葉を敷いて揚げたての落とし揚げを盛り、染めおろしを添えます。

■調理覚え書
●落とし揚げの具と衣のバランスは、具の量が衣の二倍くらいがほどのよいところで、目安となります。

## 鮭の落とし揚げ　煮おろし

●二〇二頁参照

■材料〈四人分〉
鮭と枝豆の落とし揚げ(前頁・同一品参照)…………………12個
＊煮おろし地(大根おろし⅔カップ　だし汁1カップ　味醂、薄口醤油＝各⅓カップ)
そら豆……20粒　塩…………少々
あさつき……適宜

■作り方
1 鮭と枝豆の落とし揚げは前品を参照し、同要領で仕上げます。
2 煮おろし地の、分量の大根おろしを笊に入れ、軽く水洗いをして水気をきつく絞っておき、赤唐辛子は種を除いて薄い小口切りにします。だし汁と調味料を合わせてひと煮立ちさせ、赤唐辛子と大根おろしを加えて火を止め、煮おろし地を調えます。

3 そら豆は塩を少量加えた熱湯で茹で、皮をむいておき、あさつきは薄い小口切りにします。

【盛りつけ】

器にそら豆を盛り、揚げたての落とし揚げを盛って煮おろし地をたっぷりとかけ、あさつきを散らします。

## 生椎茸とチーズの落とし揚げ吉野あんかけ

●二〇二頁参照

■材料〈四人分〉

生椎茸とチーズの落とし揚げ（前掲・同一品参照）……12個

*吉野あん（だし汁1カップ　味醂1/4カップ　薄口醤油大匙2　片栗粉大匙1）

あさつき……1/2把

■作り方

生椎茸とチーズの落とし揚げは前品を参照し、同要領で仕上げます。吉野あんは、鍋にだし汁と調味料を合わせてよくかき混ぜ、弱火にかけてとろみが出るまで混ぜながら煮ます。あさつきは小口切りにします。

【盛りつけ】

器に揚げたての落とし揚げを盛り、吉野あんをかけてあさつきをのせます。

## 紋甲烏賊《いか》の落とし揚げ煮もの椀

●二〇二頁参照

■材料〈四人分〉

紋甲烏賊と京人参の落とし揚げ（前掲・同一品参照）……8個

椎茸……2枚　越瓜《しろうり》……1/2本

塩……少々

*煮汁（薄八方地《だし汁2カップ　味醂、薄口醤油＝各1/4カップ》）

木の芽……4枚

■作り方

1 紋甲烏賊と京人参の落とし揚げは前品を参照し、同要領で仕上げます。

2 椎茸は石づきを取り、越瓜は縦半分に切って種を除き、皮を縦に二筋むいたのち、切り離さないように薄い切り込みを五枚入れ、六枚目で切り離します。塩を少量加えた熱湯でさっと茹で、水にとって冷まし、水気をきります。

3 煮汁の薄八方地を鍋に合わせてひと煮立ちさせ、揚げたての落とし揚げと椎茸を煮ます。

【盛りつけ】

器に煮えばなの落とし揚げと椎茸を盛り合わせ、越瓜を添えて煮汁を少々かけ、天に木の芽をのせます。

## 芝海老の落とし揚げ味噌汁

●二〇二頁参照

■材料〈四人分〉

芝海老と筍の落とし揚げ（前掲・同一品参照）……8個

*吸い地（だし汁3カップ　味噌大匙3～4）

あさつき……1/3把

■作り方

芝海老と筍の落とし揚げは前品と同要領で仕上げておき、吸い地のだし汁をひと煮立ちさせて味噌を溶き入れ、味を調えます。あさつきは3cm長さに切ります。

【盛りつけ】

椀に揚げたての落とし揚げを盛り、煮えばなの味噌汁を張って、あさつきを散らします。

## 紋甲烏賊の落とし揚げ三杯酢かけ

●二〇二頁参照

■材料〈四人分〉

紋甲烏賊の落とし揚げ（前掲・同一品参照）……12個

糸三つ葉……少々　塩……少々

*三杯酢（酢、薄口醤油＝各大匙5　味醂大匙3）

すだち……2個　生姜……1/2かけ

■作り方

紋甲烏賊の落とし揚げは前品と同要領で仕上げておき、糸三つ葉は軸だけを塩茹でにして4cm長さに切ります。三杯酢は分量の酢と調味料を合わせ、ひと煮立ちさせて冷ましておきます。すだちは半分に切り、生姜はおろします。

【盛りつけ】

器に揚げたての落とし揚げを盛り、糸三つ葉を散らして三杯酢をかけ、すだちを添え、天におろし生姜をのせます。

## 蛤とコーンの大葉包み揚げ

●二〇二頁参照

■材料〈四人分〉

蛤のむき身……8個　三つ葉……1/3把

コーン（水煮）200g　黒胡麻……大匙1

大葉……12枚　揚げ油……適宜

*揚げ衣（卵1個　冷水1/2カップ弱　小麦粉1カップ　酒大匙1　塩少々）

大根おろし……1/2カップ

生姜……適宜　レモン……適宜

■作り方

1 蛤のむき身は粗く刻み、三つ葉は軸だけを2cm長さに切り、コーンは缶詰を利用して水気をきっておきます。

2 揚げ衣は卵を割りほぐして冷水、小麦粉ほかを加え混ぜて調え、三種の具と黒胡麻を加えてざっくりと混ぜたのち、ひと口大をスプーンですくい、大葉にのせて包み、中温に熱した揚げ油で揚げます。大根おろしの水気を軽く絞って小さい三角にとり、上におろし生姜をのせて人形を作っておき、レモンは薄い櫛形に切ります。

【盛りつけ】

器に揚げたての包み揚げを盛り、レモン、大根おろしと生姜の人形を添えます。

## 蟹と煎り卵の磯辺揚げ

●二〇三頁参照

■材料〈四人分〉
蟹脚……150g　卵……3個
グリーンピース……1/3カップ
塩……少々　海苔……2枚
＊揚げ衣＝前品参照
揚げ油……適宜　菊花……4輪
酢……少々　大根おろし…適宜

■作り方
1 蟹脚は軟骨を除いて粗くほぐしておき、卵は七分熟に煎りつけ、グリンピースは塩で軽くもんで熱湯で茹で、水にとって冷まし、水気を拭いておきます。海苔は一枚を六つ切りにします。前品と同要領で揚げ衣を調え、蟹脚と煎り卵、グリンピースの三種を加えてざっくりと混ぜたのち、適量を海苔にのせて四隅を摘まみ上げ、中温に熱した揚げ油で揚げます。
2 菊花は酢を少量落とした熱湯で茹で、水にさらしてきつく絞り、大根おろしは軽く水気を絞ります。
【盛りつけ】

器に揚げたての磯辺揚げを盛り、大根おろしと菊花をあしらいます。

## 帆立貝柱と若布のピーマン詰め揚げ

●二〇三頁参照

■材料〈四人分〉
帆立の貝柱…6個　そら豆……20粒
塩……適宜　干し若布……5g
ピーマン……4個　揚げ油……適宜
＊揚げ衣＝『蛤とコーンの大葉包み揚げ』参照
すだち……2個　もみじおろし適宜

■作り方
1 帆立の貝柱は粗くほぐしておき、そら豆は固めに塩茹でをして薄皮をむき、干し若布は水で戻して熱湯をかけ、水にとって手早く冷まし、筋を取って繊切りにします。ピーマンは縦半分に切り、種を除いておきます。
2 『蛤とコーンの大葉包み揚げ』と同要領で揚げ衣を調え、貝柱とそら豆、干し若布の三種を加えてざっくりと混ぜたのち、ピーマンに詰めて、中温に熱した揚げ油で揚げます。すだちは半分に切っておきます。
【盛りつけ】

器に揚げたてのピーマン詰め揚げを盛り、すだちともみじおろしを添えます。

## 浅蜊といんげんの椎茸双身《ふたみ》揚げ

●二〇三頁参照

■材料〈四人分〉
浅蜊のむき身150g　いんげん……6本
塩……少々　粉チーズ…大匙2
椎茸……12枚　揚げ油……適宜
＊揚げ衣＝『蛤とコーンの大葉包み揚げ』参照
大根おろし……1/2カップ
＊（板谷楓の葉8枚）

■作り方
1 浅蜊のむき身は熱湯にさっと通し、笊に上げておき、いんげんは固めに塩茹でをして1cm長さに刻み、椎茸は石づきを取っておきます。
2 『蛤とコーンの大葉包み揚げ』と同要領で揚げ衣を調え、浅蜊といんげん、粉チーズを加えてざっくりと混ぜたのち、椎茸の笠裏に適量をつけて、中温に熱した揚げ油で揚げます。大根おろしは軽く水気を絞っておきます。
【盛りつけ】

器に板谷楓の葉を敷き、揚げたての双身揚げを裏表にして形よく盛り、大根おろしを添えます。

## 鶏肉とそら豆のワンタンの皮包み揚げ

●二〇三頁参照

■材料〈四人分〉
鶏もも肉……1/2枚　そら豆……36粒
塩……適宜　コーン（水煮）100g
ワンタンの皮8枚　揚げ油……適宜
＊揚げ衣＝『蛤とコーンの大葉包み揚げ』参照
あさつき……1/3把　大根おろし…適宜
もみじおろし適宜
＊つけつゆ（だし汁3/4カップ　味醂、薄口醤油＝各大匙2）
＊（胡瓜の葉4枚）

■作り方

### 薄焼き卵

卵5個　砂糖大匙1/2　味醂大匙3
塩小匙1/4　片栗粉大匙2/3（水大匙1）

卵を溶きほぐして分量の調味料、水溶きの片栗粉を加えてよく混ぜ、きつく絞ったぬれ布巾で一旦漉します。

角の卵焼き鍋を熱して薄くサラダ油を引き、よく熱して、水気を含んだぬれ布巾にのせて粗熱をとったのち、約1/5量の↗

↘卵汁を流し入れて薄く広げます。

弱火で、鍋底に火が平均にあたるように動かして焼き、卵の表面が乾いたら菜箸でヘリを起こし、下に箸を一本差し込んで裏返し、さっと焼いて伏せた盆笊に広げて冷まし、これを繰り返して焼きます。

◉錦糸卵は薄焼き卵を、小口から巻き、あるいは縦二枚に切って重ねたのち、小口から細く切って作ります。薄焼き卵も錦糸卵も、密封冷凍で約1カ月もちます。

### 味噌椀地

だし汁（合わせ一番だし）3カップ
合わせ味噌大匙5

だし汁をひと煮立ちさせ、味噌を溶き入れて煮えばなを椀に張ります。

◉味噌は、できるだけ遠隔地産のものを合わせます。

1鶏もも肉は皮と脂を除いて小さく切り、そら豆は固めに塩茹でをして薄皮をむいておき、コーンは缶詰を利用して水気をきり、ワンタンの皮も市販品を用意します。

2『蛤とコーンの大葉包み揚げ』と同要領で揚げ衣を調え、鶏肉とそら豆、コーンを加えてざっくりと混ぜたのち、ワンタンの皮に適量をのせて軽く二つに折り、左右の隅をくっつけるように形取って、中温に熱した揚げ油で揚げます。あさつきは小口切りにし、軽く水気を絞った大根おろしと混ぜます。

3つけつゆはだし汁を煮立てて味醂、薄口醤油を加え、ひと煮立ちさせて冷まします。

【盛りつけ】

器に胡瓜の葉を敷いて揚げたての包み揚げを盛り、あさつきを混ぜた大根おろしにもみじおろしをのせた人形を添え、別器ではつけつゆを添えます。なお、つけつゆは前四品にも、適宜添えてください。

# 焼き穴子添え海老素《そう》麺《めん》の強肴

●二〇四頁参照

■材料〈四人分〉

海老素麺（芝海老《殻つき》350g　すり身50g　卵白½個分　浮き粉大匙1.5　味醂大匙½《酢少々》）

穴子の開いたもの……………2本

*焼きだれ（味醂、醤油＝各1カップ）

花丸胡瓜……4本　もみじおろし適宜

*（大葉8枚）

■作り方

1芝海老は背わたを除いて殻を取り、細かく刻んでさらにたたいたのち、すり鉢ですって分量のすり身、卵白、浮き粉、味醂を加えてめらかにすります。魚素麺の押し出し器にこれを詰め、鍋にたっぷりの湯を沸騰させ、酢を少量落とした中に押し出して茹で、水にとって冷まし、笊に上げておきます。

2穴子は皮面に熱湯をかけ、庖丁でぬるをしごき取って金串を打ち、強火の遠火にかざして焼き、味醂と醤油を合わせて三割方煮つめたたれを途中、二〜三度かけながら焼き上げ、金串を抜いて5cm長さに切り分けます。

【盛りつけ】

器に大葉を敷き、海老素麺を盛って焼き穴子を盛り添え、花丸胡瓜をあしらってもみじおろしを添えます。

# 雲丹のせ鮭素麺の小鉢

●二〇五頁参照

■材料〈四人分〉

鮭素麺（鮭200g　すり身50g　卵白½個分　浮き粉大匙1.5　味醂大匙½《酢少々》）

雲丹…………12片　椎茸…………4枚

わさび………適宜

■作り方

鮭は骨と皮、血合いを取り除いて細かく刻み、さらにたたいたのちすり鉢に入れ、前品と同要領で鮭素麺を仕上げます。雲丹は箱のまま蒸気の上がった蒸し器に入れ、10分ほど蒸します。椎茸は石づきを取って茹で、笊に上げます。

【盛りつけ】

小鉢に鮭素麺を盛り、蒸し雲丹の粒を崩さないようにのせて椎茸を添え、上におろしわさびをのせます。

# 鯛素麺の刺身仕立て

●二〇五頁参照

■材料〈四人分〉

鯛素麺（鯛200g　すり身50g　卵白½個分　浮き粉大匙1.5　味醂大匙½《酢少々》）

*つま類（大葉4枚　紫芽じそ適宜　花穂じそ8本　もみじおろし適宜　あさつき½把）

■作り方

鯛は皮と血合いを取り除いて細かく刻み、さらにたたいたのちすり鉢に入れ、『焼き穴子添え海老素麺の強肴』と同要領で鯛素麺を仕上げます。あしらいのあさつきは小口切りにします。

【盛りつけ】

器に大葉を敷いて鯛素麺を盛り、あさつきを散らして紫芽じそを添え、花穂じそ、もみじおろしを添えます。

# 雲丹素麺とずいきの炊き合わせ

●二〇四頁参照

■材料〈四人分〉

雲丹素麺（生雲丹80g　すり身200g　卵白½個分　浮き粉大匙1.5　味醂大匙½《酢少々》）

ずいき………2本

*煮汁（だし汁3カップ　味醂、薄口醤油＝各⅓カップ）

糸三つ葉……⅓把　塩…………少々

■作り方

1雲丹は色のよいものを用意し、裏漉しにかけたのちすり鉢に入れ、『焼き穴子添え海老素麺の強肴』と同要領で雲丹素麺を仕上げます。ずいきは細い部分を用意し、鍋に入る長さに切って茹で、水にとって薄皮をむき、4cm長さに切ります。

2煮汁のだし汁と調味料を合わせてひと煮立ちさせ、鍋を二つに分けて一方でずいきを煮含め、もう一方で雲丹素麺を煮すぎないように煮ます。糸三つ葉は塩茹でをし、水にとって冷まし、きつく絞っておきます。

【盛りつけ】

煮もの椀にずいき、雲丹素麺を盛り合わせ、糸三つ葉を添えて煮汁を注ぎます。

# 海老のせ魚《うお》素《ぞう》麺《めん》の氷鉢

●二〇四頁参照

■材料〈四人分〉

魚素麺（鮃《ひらめ》200g　すり身50g　卵白½個分　浮き粉大匙1.5　味醂大匙½《酢少々》）

車海老………8尾　越瓜……4cm長さ

塩……………適宜　氷……………適宜
あさつき……1/3把　もみじおろし適宜

■作り方

1 鮃は骨と皮、血合いを取り除いて細かく刻み、さらにたたいたのちすり鉢に入れ、『焼き穴子添え海老素麺の強肴』と同要領で鮃の魚素麺を仕上げます。

2 車海老は背わたを抜き、塩茹でをして頭を落とし、尾ひと節を残して殻をむいておき、越瓜は1㎝弱厚さの輪切りにし、筒抜きで丸く種を抜いて蛇の目形に整えて、塩を少量加えた熱湯でさっと茹で、水にとります。あさつきは小口切りにします。

【盛りつけ】

白木の手桶など涼感のある大振りの器に、魚素麺を盛って車海老を添え、冷水に注ぎ入れて大きく欠いた氷を浮かべ、蛇の目越瓜をあしらいます。別器であさつきともみじおろしを添えます。

## 鱧《はも》素麺の柚《ゆ》釜《がま》

●二〇五頁参照

■材料〈四人分〉

鱧素麺（鱧のすり身100g　すり身100g　卵白1/2個分　浮き粉大匙1.5　味醂大匙1/2《酢少々》）
青柚子………4個　あさつき……1/3把
わさび………適宜

■作り方

1 鱧のすり身は市販品を利用してすり鉢ですり、『焼き穴子添え海老素麺の強肴』と同要領で鱧素麺を仕上げます。

2 青柚子は頭から三分《ぶ》のところに水平に庖丁を入れて切り離して蓋用とし、胴の中身をスプーンでくり抜いて柚子釜を作っておきます。あさつきは小口切りにします。

【盛りつけ】

柚子釜に鱧素麺を盛ってあさつきを散らし、器に安定よくのせて天におろしわさびをのせ、柚子の蓋を形よく添えます。

## 蟹《かに》素麺と菊花の吸いもの椀

●二〇五頁参照

■材料〈四人分〉

蟹素麺（蟹の身100g　すり身100g　卵白1/2個分　浮き粉大匙1.5　味醂大匙1/2《酢少々》）
菊花…………4輪　酢…………少々
＊吸い地（だし汁3カップ　塩小匙1　薄口醤油少々）
糸三つ葉……少々

■作り方

1 蟹の身は軟骨を除き、細かくほぐしてすり鉢ですり、『焼き穴子添え海老素麺の強肴』と同要領で蟹素麺を仕上げます。菊花は酢を少量落とした熱湯で茹で、水にさらしてきつく絞り、糸三つ葉は葉先を除き、4㎝長さに切ります。

2 吸い地のだし汁を煮立て、塩と薄口醤油を加えて味を調えます。

【盛りつけ】

椀に蟹素麺を盛って菊花を添え、煮えばなの吸い地を張って、糸三つ葉を浮かべます。

## 穴子すり身の大根巻き蒸し煮

●二〇八頁参照

■材料〈四人分〉

穴子すり身（穴子《中》5本　卵白1/2個分　塩、味醂＝各少々）
大根……10㎝長さ　塩…………適宜
＊煮汁（だし汁2カップ　味醂1/4カップ　白醤油大匙2弱）
千石豆………12枚　酢取り生姜…4本
＊《柿の照り葉4枚》

■作り方

1 穴子は開いたものを用意し、皮を引いて細かくたたき、すり鉢ですって卵白ほかを加え、なめらかにすります。

2 大根は厚めのかつらむきを30㎝長さほどむき、薄い塩水につけてしんなりとさせ、水気を拭いて縦長に広げたのち、穴子のすり身を薄く平らに広げて手前から巻き、細く裂いた竹皮で二カ所ほどしばり、巻き簀で巻いて蒸気の上がった蒸し器では15分ほど蒸し、簀をはずします。

3 煮汁のだし汁ほかを合わせてひと煮立ちさせ、大根巻きを入れて煮含めたのち、紐《ひも》を切り取って3㎝弱ほどの厚さに切り分けます。千石豆は塩を少量落とした熱湯で茹で、笊にとってあおいで冷ましておき、酢取り生姜は杵形に調えます。

【盛りつけ】

器に柿の照り葉を敷き、穴子すり身の大根巻き蒸し煮を盛って千石豆、杵生姜を添えます。

## 鮃《ひらめ》すり身の錦卵巻き蒸し煮

●二〇八頁参照

■材料〈四人分〉

鮃すり身（鮃の上身250g　卵黄4個　塩、味醂＝各少々）
薄焼き卵……2枚　三つ葉………1把
＊吉野あん（だし汁1カップ　味醂1/4カップ　薄口醤油大匙2　片栗粉大匙1）
塩…………少々　生姜……ひとかけ

■作り方

1 鮃の上身は細かく刻んですり鉢ですり、卵黄ほかを加えてなめらかにすります。薄焼き卵を二枚用意して周囲を切り整えたのち、一枚ずつを広げて鮃のすり身を薄く平らにのばし、手前から巻いてラップで包んで巻き止め、さらに巻き簀で巻いて、蒸気の上がった蒸し器で20分ほど蒸して簀をはずし、冷まして3㎝厚さに切り分けます。

2 三つ葉は塩茹でをして水にとり、きつく絞って細かく刻みます。吉野あんを用意し、生姜はおろしておきます。

【盛りつけ】

器に、錦卵巻き蒸しのラップをはずして盛り込み、吉野あんをたっぷりとかけて刻み三つ葉を山形にとって添え、おろし生姜を添えます。

# 海老すり身の信田巻き蒸し煮

●二〇八頁参照

■材料〈四人分〉
海老すり身（芝海老《殻つき》300g　卵白½個分　味醂小匙2　塩少々）
油揚げ……2枚　かんぴょう…適宜
塩……適宜
＊煮汁（だし汁3カップ　味醂、薄口醤油＝各⅓カップ）
三つ葉……⅓把　菊花……8輪
酢……少々

■作り方
1 芝海老は背わたを除いて殻をむき、細かく刻んですり鉢ですり、卵白ほかを加えてなめらかにすったのち、二等分しておきます。油揚げは短い一辺を残して三辺を切り開き、熱湯を通して油抜きをし、水気をきっておき、かんぴょうは塩でもんで水洗いをします。

2 油揚げを縦長に広げて芝海老のすり身を薄く平らにのばし、手前からきっちりと巻いたのち、かんぴょうで二カ所ほどしばって巻き簀で巻き、これを二本作って蒸気の上がった蒸し器で15分ほど蒸し、冷まして簀をはずし、煮汁のだし汁ほかを合わせ、ひと煮立ちさせた中に入れて煮含め、一本を四切れに切り分けます。

3 三つ葉は塩茹でにして水にとり、水気を絞って4cm長さに切り、菊花は酢を少量落とした熱湯で茹で、水にさらしてきつく絞っておきます。

【盛りつけ】

器に信田巻き蒸し煮を二切れずつ盛って煮汁をかけ、三つ葉と菊花を添えます。

■調理覚え書
●干瓢《かんぴょう》の古名は名産地山城国木津に因《ちな》む〝木津《きづ》〟。古書には〝夕顔〟の名も見えます。

# 鱧《はも》すり身の竜皮《りゅうひ》昆布巻き蒸し煮

●二〇八頁参照

■材料〈四人分〉
鱧すり身（鱧の開いたもの250g　卵白½個分　塩、味醂＝各少々）
竜皮昆布（10cm幅・20cm長さ）……2枚
酢……適宜
＊吉野あん（だし汁1カップ　味醂¼カップ　白醤油大匙2　片栗粉大匙1）
＊《菊の葉4枚　もみじの小枝4本》

■作り方
鱧は細かく骨切りにして身をスプーンでかき取り、すり鉢ですって卵白ほかを加え、なめらかにすります。竜皮昆布は酢でしめらせた布巾で拭き、縦長に広げて、鱧のすり身を1cm弱厚さに平らにのばし、手前から巻いてラップで包んで巻き止め、蒸気の上がった蒸し器で20分ほど蒸し、冷ましてほどよい厚さに切り分けます。吉野あんを用意しておきます。


【盛りつけ】

器に菊の葉を敷き、竜皮昆布巻き蒸しのラップをはずして盛り込み、吉野あんを注ぎかけて、もみじをあしらいます。

# 雲丹すり身の湯葉巻き蒸し煮

●二〇八頁参照

■材料〈四人分〉
雲丹すり身（生雲丹100g　すり身200g　卵½個分　塩、味醂＝各少々）
引き上げ湯葉4枚
＊煮汁（だし汁3カップ　味醂⅓カップ　薄口醤油⅓カップ弱）
木耳《きくらげ》……適宜　枝豆……12粒
塩……適宜　わさび……適宜

■作り方
1 雲丹は裏漉しをし、すり身と合わせてすり鉢ですり、卵ほかを加えてなめらかにすったのち、二等分します。引き上げ湯葉は二枚ずつ重ねて縦長に広げ、雲丹のすり身を薄く平らにのばし、手前から巻いて巻き簀で巻き止め、これを二本作って蒸気の上がった蒸し器で20分ほど蒸し、冷まして簀をはずし、煮汁のだし汁ほかを合わせ、ひと煮立ちさせた中で煮含め、切り分けます。

2 木耳は水で戻して石づきを除き、繊切りにして、湯葉巻き蒸しの煮汁を少量取り分けて煮ておき、枝豆は塩茹でをし、殻を除いて薄皮をむきます。

【盛りつけ】

器に湯葉巻き蒸し器を盛り、木耳を盛り添えて枝豆を散らし、煮汁を注ぎ入れておろしわさびを添えます。

■調理覚え書
●大豆の呉汁《ごじる》を煮てできる膜を引き上げたものが、引き上げ湯葉（生湯葉）です。

### 家盛りと宿借り

◉〝家盛り〟とは、海老、蟹、鮑、帆立、さざえなどの身を一旦殻からはずして調理し、もとの殻に盛ったもの。〝宿借り〟は、盛る殻と身が別のものの場合に、それぞれつけられる料理名です。鮑の殻に鮑の刺身を盛る例は家盛り、雲丹を盛れば宿借り、です。伊勢海老などは、姿の美しさを活かしてよく家盛りにされます。

### 水前寺海苔

◉熊本市の水前寺公園付近の池水に自生する淡水産の海苔の一種。現在自生ものは天然記念物に指定され、市販品のほとんどが同池水が注ぎ込む江津湖での養殖ものです。暗緑色の生は稀少で、黒いフェルト状の乾燥品で出廻ります。水で戻すと10倍ほどに増え、酢のもの、和えもの、刺身のつまなどに珍重されています。

### 竜皮昆布の扱い

◉竜皮昆布は、真昆布を酢と砂糖、味醂で煮たもので、通常市販品を利用します。べたつかず、柔らかく仕上げられ、特に艶のある黒褐色が、献立の中では引き締め役ともなるため、使い勝手のよいもの。鮃《ひらめ》など白身魚と重ねる竜皮博多、巻いて竜皮巻き、錦巻きなどの料理があります。

◉甘くないものを選ぶことが、コツです。

## 蒸し雲丹の家盛り

●二〇九頁参照

■材料〈四人分〉
生雲丹……4個　塩……適宜
大葉……8枚　菊花……12輪
酢……少々
*《楓の葉適宜》

■作り方
1 雲丹は殻つきを用意し、くちばしのある方を上にして身を傷つけないように殻を丸く切り取り、塩水の中で静かに振り洗いをし、水気をきったのち、強火の蒸し器で2〜3分蒸します。
2 大葉は縦半分に切り、細い繊切りにして水に放し、水を換えながら30分ほどさらし、菊花は酢を落とした熱湯で茹でて水にとり、手早くさらしてそれぞれ水気をきつく絞ります。

【盛りつけ】
器に家盛りの蒸し雲丹を盛り、大葉を天にのせて菊花を添え、楓の葉をあしらいます。

## 酒蒸し内紫《うちむらさき》

●二〇九頁参照

■材料〈四人分〉
内紫(大浅蜊の類)……20個
塩……適宜
*蒸し地(玉ねぎ1/4個　酒大匙3　薄口醤油少々)
たで……適宜　レモン……1/2個

■作り方
内紫は砂抜きをしたものを用意して殻をよく洗い、玉ねぎのザク切りとともに鍋に入れて火にかけ、口が開いたら酒と薄口醤油を加えて味を調えます。

【盛りつけ】
器に蒸した内紫を盛ってたでの葉をあしらい、レモンを櫛形に切って添えます。

## ほやの山椒焼き家盛り

●二〇九頁参照

■材料〈四人分〉
ほや……二個　酢取り生姜…8本
*つけ汁(酒、醤油＝各大匙2　粉山椒適宜)
*《胡瓜の葉4枚》

■作り方
ほやは外皮を切り開いて身を引き出し、水気をきって身を切り分け、酒醤油に粉山椒を加えたつけ汁に5分ほどつけたのち、よく熱した焼き網で焼きます。酢取り生姜は杵形に整え、ほやの外皮の赤い部分も盛りつけ用に整えます。

【盛りつけ】
器に胡瓜の葉を敷き、ほやの皮をのせて焼いたほやの身を盛り入れ、杵生姜を添えます。

## 烏賊《いか》の五色巻き、生姜酢かけ

●二一〇頁参照

■材料〈四人分〉
烏賊……1杯　車海老……4尾
水前寺海苔…適宜　厚焼き卵……適宜
糸三つ葉……1/2把　塩……適宜
*生姜酢(おろし生姜、酢、醤油＝各適宜)
*《笹の小枝適宜》

■作り方
1 烏賊はえんぺらを取り、わたを脚とともにはずし取って胴の皮をむき、軟骨の部分に庖丁を入れて開きます。きれいに洗って布巾で水気をよく拭き、天地を四角に落として縦に細かく庖丁目を入れ、縦二つに切っておきます。
2 車海老は背わたを抜き、のし串を打って塩を少量加えた熱湯で茹でて笊にとり、冷まして頭を落とし、殻をむいておき、水前寺海苔は水で戻して繊切りにし、厚焼き卵を焼き上げて車海老の太さに揃えて棒状に切ります。糸三つ葉は軸だけを塩茹でにします。
3 巻き簀を広げてラップを重ね、烏賊を縦長にのせて車海老と水前寺海苔、厚焼き卵、糸三つ葉を芯にきっちりと巻き込み、ラップで巻き止めて冷蔵庫で形をなじませ、一本を六つに切ります。

【盛りつけ】
器に笹の葉を敷いて五色巻きを盛り、おろし生姜を添え、別器で酢醤油を添えます。

## 海老真蒸の烏賊《いか》巻き

●二一〇頁参照

■材料〈四人分〉
烏賊……2杯
海老真蒸(大正海老のむき身400g　卵1個　塩小匙1強　味醂少々　水前寺海苔適宜　糸三つ葉1/2把　薄焼き卵1/2枚　小麦粉少々)
*焼きだれ(薄口醤油大匙2　味醂大匙3　酒大匙5)
獅子唐辛子…12本　サラダ油……適宜
塩……少々　酢取り生姜…4本

■作り方
1 烏賊は前品と同要領でおろし、四角に整えて縦に細かく庖丁目を入れます。
2 海老真蒸の大正海老はむき身を細かくたたき、すり鉢ですって卵と塩、味醂を加えてなめらかにすります。水前寺海苔は水で戻して2cm長さのやや太めの繊《せん》切りにし、糸三つ葉は軸だけを2cm長さに、薄焼き卵は1/2枚を縦四つに切り、太めの繊切りにしておき、以上三種を海老のすり身と混ぜ合わせ、二等分します。
3 烏賊の庖丁目を横・下側にしておき、小麦粉を薄くはたいて具入りの海老真蒸を平らにのばし、きっちりと巻いてタコ糸で軽く巻き止め、これを二本作ったのち、蒸気の上がった蒸し器で10分ほど蒸します。冷めたらオーブンに入れ、途中焼きだれを二〜三度かけながら焼き上げ、一本を六つに切ります。
4 獅子唐辛子は天地を少々落とし、サラダ油を熱したフライパンで炒めて薄塩をふっておき、酢取り生姜は杵形に整えておきます。

【盛りつけ】
器に海老真蒸の烏賊巻きを盛り、前盛り獅子唐を添え、杵生姜をあしらいます。

## 鮃《ひらめ》の胡瓜砧《きぬた》巻き

●二一〇頁参照

■**材料**〈四人分〉
鮃《ひらめ》の上身……2筋　塩…………適宜
胡瓜……2本
＊（裏白4枚　もみじの葉8枚）

■**作り方**
**1** 鮃の上身は薄いそぎ切りにし、紙塩をあてて2時間ほどおき、胡瓜は10cm長さに切り、皮つきのまま20cm長さのかつらむきにして薄い塩水につけたのち、しんなりしたら水気を拭き取ります。
**2** 胡瓜のかつらを皮下・皮向こうに縦長に広げ、皮の部分を除いてそぎ身を平らに並べ、手前から巻き込んでラップに包み、冷蔵庫で冷やして形をなじませ、切り分けてラップをはずします。
【盛りつけ】

器に裏白を敷き、鮃の胡瓜砧巻きを盛ってもみじの葉を散らします。

## 鰈《かれい》の唐揚げ、水晶あんかけ

●二一一頁参照

■**材料**〈四人分〉
鰈（小）……4枚
＊立て塩（水1カップ　塩大匙1）
片栗粉……適宜　揚げ油……適宜
わけぎ……1/3把　塩……適宜
長ねぎ……1本
＊水晶あん（だし汁1カップ　酒大匙3　味醂大匙1弱　塩小匙1/2弱　片栗粉大匙1）

■**作り方**
**1** 鰈は鱗を丁寧に引いて頭を落とし、わたを抜いて縁ペラを切り取り、中骨の中央に庖丁目を入れて立て塩で洗い、風通しのよい所で5～6時間風干しにしたのち、薄く片栗粉をつけて、中温に熱した揚げ油でカラリと揚げます。
**2** わけぎは長いまま塩を少量加えた熱湯で茹で、笊にとって冷まし、4cm長さに切り揃えておき、長ねぎは4cm長さに切って縦に庖丁目を入れ、芯の部分を除いて縦の繊切りにし、水にさらしてきつく絞ります。水晶あんを用意します。
【盛りつけ】

器に鰈の唐揚げを盛って水晶あんをかけ、わけぎを添え、白髪ねぎをのせます。

## 車海老と銀杏の唐揚げ

●二一一頁参照

■**材料**〈四人分〉
車海老（小）…24尾　塩…………適宜
銀杏……32粒　揚げ油……適宜
＊揚げ衣（片栗粉、卵白、黄身そぼろ＝各適宜）

■**作り方**
車海老は背わたを抜いて塩を少量加えた熱湯で茹で、笊にとって冷まし、頭を落として尾ひと節を残して殻をむいたのち、片栗粉をふって溶いた卵白、黄身そぼろを順につけ、中温に熱した揚げ油で揚げ、油をきっておきます。

銀杏は鬼殻を割り取り、同じく中温の揚げ油で揚げて薄皮を除き、煎り塩をふります。

【盛りつけ】

器に揚げたての車海老を盛り、銀杏を彩りよく散らします。

## かさごの唐揚げ、吉野あんかけ

●二一一頁参照

■**材料**〈四人分〉
かさご……4尾　片栗粉……適宜
揚げ油……適宜　吉野あん……適宜
あさつき……1/3把　もみじおろし適宜
すだち……2個

■**作り方**
**1** かさごは鱗を引いてえらとわたを取り、背びれに添って裏面に隠し庖丁、表面に斜め十字の庖丁目を入れ、全体に薄く片栗粉をはたきつけ、中温よりやや高めに熱した揚げ油で、骨がブツブツと音のするまで丁寧に揚げます。
**2** 吉野あんを用意し、あさつきは薄い小口切りに、すだちは半分に切ります。
【盛りつけ】

器に揚げたてのかさごを盛り、吉野あんをかけてすだち、あさつきともみじおろしを添えます。

■**調理覚え書**
●かさごは癖のない白身で、薄造りにもされます。ただ、骨太で身が少量のため、このような唐揚げに、むしろ向く魚です。

## 松茸と鮑《あわび》の酒醤油焼き

●二一二頁参照

■**材料**〈四人分〉
松茸……2本　鮑……2杯
塩……適宜　酢取り生姜…4本
＊下味（酒醤油（酒、醤油＝各1/4カップ））
＊（大葉8枚）

■**作り方**
松茸は石づきの先端を削り、ぬれ布巾で汚れを拭き取って縦四つに切ります。鮑は塩でもんで洗い、殻からはずして身をおろし、1cm厚さのそぎ切りにしたのち、酒醤油を二つに分けて別々に5分ほどつけ、よく熱した焼き網で焦がさないように焼き上げます。酢取り生姜は杵形に整えます。

【盛りつけ】

器に大葉を敷き、松茸と鮑を形よく盛り合わせて杵生姜をあしらいます。

## 車海老ののし串焼き

●二一二頁参照

■**材料**〈四人分〉
車海老……12尾　塩…………適宜
菊花……4輪　酢…………少々
＊甘酢（酢、味醂＝各大匙5　塩少々）
巨峰……8粒　本葛……適宜
＊（菊の葉4枚）

■**作り方**
**1** 車海老は背わたを抜き、頭を上げ、胴を真直にして金串を打ち、塩をふって焼きすぎないように焼いたのち、長い鉄砲串に刺し替えます。

2 菊花は酢を落とした熱湯で茹で、水にさらしてきつく絞り、分量の酢ほかを合わせてひと煮立ちさせ、冷ました甘酢にしばらくつけておき、巨峰は皮をむいて種を抜き取り、本葛をすり鉢ですって絹ぶるいにかけたのち、巨峰に薄くまぶして皿に並べ、強火の蒸し器で2分ほど蒸し、粗熱をとって冷蔵庫でよく冷やします。

【盛りつけ】

器に菊の葉を敷いて焼きたての車海老を盛り、汁気を軽く絞った菊花、巨峰の絹衣かけを形よく盛り添えます。

## 車海老鉄扇の幽庵焼き

●二一二頁参照

■材料〈四人分〉

車海老……10尾　塩……少々

真蒸地(すり身200g　卵1/2個分　塩、味醂＝各少々)

＊焼きだれ(幽庵地(味醂大匙5　醤油大匙3　酒大匙2))

すぐり……適宜

＊(楓の葉適宜)

■作り方

1 車海老は背わたを抜いてのし串を打ち、塩を少量加えた熱湯で茹で、笊に上げてあおいで冷まし、頭と尾を切り落として殻をむき、腹開きにしておきます。

2 真蒸地はすり身をすり鉢ですり、卵ほかを加えてなめらかにすったのち、流し缶に車海老を外側を下に、尾と頭側を交互に二列に並べて、すり身を平らにのばして重ね、蒸気の上がった蒸し器で15分ほど蒸し上げ、冷めたら流し缶からはずして、鉄扇形に一本ずつ切り整えます。ついで、オーブンに入れ、途中幽庵地を二〜三度つけて、色よく焼き上げます。

【盛りつけ】

器に海老鉄扇を盛り、すぐりの実を添えて楓の葉をあしらいます。

## 鮑の酒焼き家盛り

●二一三頁参照

■材料〈四人分〉

鮑……4杯　塩……適宜

＊下味(酒塩(酒大匙3　塩小匙1/4))

薄焼き卵……適宜　長ねぎ……1/2本

＊(笹の小枝適宜)

■作り方

1 鮑は塩でもんで洗い、殻からはずして身をおろし、5〜6mm厚さに切って酒塩に5分ほどつけておき、よく熱した焼き網で焼きすぎないように焼きます。

2 薄焼き卵は周囲を切り整え、縦半分に切ってやや太めの繊切りにし、長ねぎは4cm長さに切って縦の庖丁目を入れ、芯の部分を除いて縦の繊切りにし、水にさらしてきつく絞ります。

【盛りつけ】

鮑の殻に焼きたての鮑を盛り入れ、器に笹の小枝を敷いて家盛りをのせ、上に錦糸卵を散らし、さらしねぎをのせます。

## 鮑の味噌焼き家盛り

●二一三頁参照

■材料〈四人分〉

鮑……4杯　塩……適宜

白味噌……適宜　つる菜……1/2把

酢取り生姜…4本

■作り方

1 鮑は塩でもんで洗い、殻からはずして水洗いをして水気を拭き、表面に浅く斜めの庖丁目を入れ、再び殻に戻し入れたのち、西京味噌など白味噌を表面にたっぷりとぬり、180℃に熱したオーブンで味噌に焼き目がつく程度に焼き上げます。

2 つる菜は塩を少量加えた熱湯で茹で、水にとって冷まし、揃えて絞っておき、酢取り生姜は杵形に整えます。

【盛りつけ】

器に煎り塩を敷いて鮑の味噌焼き家盛りを置き、つる菜と杵生姜を添えます。

## さざえの雲丹焼き家盛り

●二一三頁参照

■材料〈四人分〉

さざえ……4杯

＊雲丹衣(練り雲丹大匙2　卵黄1個)

■作り方

1 さざえは殻口を上に向けて鍋に並べ、殻口の下まで水を張って火にかけ、煮立ってきたら身を取り出し、わたを取り除いて縦六つほどにそぎ切りにします。よく熱した焼き網で焦がさないように両面を焼き、練り雲丹と卵黄を溶き混ぜた雲丹衣を仕上げにぬり、あぶって乾かします。

2 さざえの殻はよく洗い、たっぷりの水に入れて火にかけ、茹でて再び水洗いをし、水気を丁寧に拭いておきます。

【盛りつけ】

さざえの殻に雲丹焼きを盛り入れ、器に煎り塩を敷いて家盛りをのせます。

■調理覚え書

●器の傷を防ぐため、必ず塩を敷きます。

## 五目海老真《しん》蒸《じょ》の手取り焼き

●二一四頁参照

■材料〈四人分〉

五目海老真蒸(芝海老(殻つき)200g　鮭の上身150g　卵1/2個分　塩、胡椒＝各少々　水前寺海苔4cm角　薄焼き卵1枚　糸三つ葉1/3把

サラダ油……適宜　酒、塩……各適宜

大根おろし…適宜　沢庵……適宜

＊(大葉8枚)

■作り方

1 芝海老は背わたを除いてむき身にし、細かく刻んでたたいておき、鮭は血合いを取って細かくたたき、芝海老とともにすり鉢ですり、卵と塩、胡椒を加えて味を調え、なめらかにすります。

2 水前寺海苔は水で戻してみじん切りにし、薄焼き卵は縦四つに切って太めの繊切りに、糸三つ葉は軸だけを1cm長

さに切り、以上三種をすり身に混ぜて八等分し、平たい丸形に整えます。

3 フライパンにサラダ油を熱し、五目真蒸を焦がさないように両面を返して焼き、酒塩を回しかけて焼き上げます。

4 大根おろしは軽く水気を絞り、沢庵は色のよいものをみじん切りにします。

【盛りつけ】

器に大葉を敷いて焼きたての五目海老真蒸を盛り、大根おろしにみじん沢庵を軽く混ぜ、山形にとって添えます。

## 鶏真蒸の磯辺焼き

●二一四頁参照

■材料〈四人分〉

鶏真蒸（鶏挽き肉200g　卵1/3個分　砂糖、醤油＝各小匙1/2　玉ねぎ1/3個）

海苔……1枚　サラダ油……適宜

＊幽庵地（味醂大匙5　醤油大匙3　酒大匙2）

すだち……2個

＊（楓の葉適宜）

■作り方

1 鶏挽き肉は皮と脂を除いて二度挽きしたものを用意し、すり鉢ですって卵と砂糖、醤油を加えてさらにすり、玉ねぎのみじん切りを布巾で包んで水にさらし、きつく絞ったのち、すり身に加えて混ぜ合わせます。

2 焼き海苔は四枚の角に切り、真蒸地を平らにのばしてつけ、フライパンにサラダ油を熱して真蒸側から焼き、返して海苔側を焼き、ついで幽庵地を加えて両面を返しながら、汁気がなくなるまで焼き、ひとつを三切れに切り分けます。すだちは半分に切ります。

【盛りつけ】

器に磯辺巻きを盛り、すだちを添えて楓の葉をあしらいます。

## 海老と蟹の真蒸 鍋照り

●二一四頁参照

■材料〈四人分〉

海老と蟹の真蒸（芝海老（殻つき）200g　ずわい蟹の身100g　卵白、塩＝各少々）

片栗粉……適宜　サラダ油……適宜

幽庵地……適宜　すだち……2個

■作り方

1 芝海老は背わたを除いてむき身にし、細かくたたいてすり鉢ですり、蟹の身は軟骨を除いてほぐして混ぜ、卵白と塩を加えてさらになめらかにすります。1個20g目安の団子に丸め、軽くつぶしてごく薄く片栗粉をまぶします。

2 フライパンにサラダ油を熱し、団子の両面を焦がさないように焼き、幽庵地を加え、転がしながら汁気がなくなるまで焼いたのち、鉄砲串に二個ずつ刺します。すだちは半分に切ります。

【盛りつけ】

器に真蒸串を取りやすく、形よく盛り、すだちを添えます。

■調理覚え書

●魚介の切り身や真蒸などを、鍋を使って照り焼きにする手法が〝鍋照り〟です。

## 焼き小鯛の酒蒸し

●二一五頁参照

■材料〈四人分〉

小鯛……4尾　塩……適宜

蛤……4個　酒……1/2カップ

長ねぎ……1本

＊（大葉4枚）

■作り方

1 小鯛は鱗を引いてえらとわたを取り、金串を打って背、胸、腹、尾の各ひれに化粧塩をし、全体に薄塩をふって強火の遠火で焼き上げ、熱いうちに金串を抜いて器に盛りつけます。

2 蛤は砂抜きをし、二つ打ち合わせて澄んだ音のするものを用い、小鯛の器に加えて酒を全体にかけ、蒸気の上がった蒸し器で20分ほど蒸し上げます。長ねぎは4cm長さに切り、縦に切り目を入れて芯の部分を除き、縦に細く繊切りにして水にさらし、きつく絞ります。

【盛りつけ】

蒸し上げた器に大葉を添え、さらしねぎをたっぷりとのせます。

## 小鰈の酒塩焼き 姿盛り

●二一五頁参照

■材料〈四人分〉

真子鰈《まこがれい》……4枚　塩……適宜

＊下味（酒塩（酒大匙3　塩小匙1/2））

あさつき……1/4把　菊花……8輪

酢……少々

＊菊花の甘酢（酢、味醂＝各大匙5　塩少々）

＊（裏白4枚）

■作り方

1 鰈は鱗を引いて五枚におろし、上身は食べよい大きさに切って酒塩に5分ほどつけ、金串を打って焦がさないように焼き上げ、頭つきの中骨も姿よく金串を打ち、薄塩をあてて焼きます。

2 あさつきは小口切りにし、菊花は酢を落とした熱湯で茹で、水にさらしてきつく絞ったのち、酢ほかを合わせて煮立て、冷まして調えた甘酢につけます。

【盛りつけ】

器に裏白を敷いて姿の骨をのせ、鰈の酒塩焼きを盛り込んであさつきを散らし、汁気をきった菊花をあしらいます。

## オマール海老の湯ぶり姿盛り

●二一五頁参照

■材料〈四人分〉

オマール海老4尾　鮑……1杯

塩……適宜　わさび……適宜

＊鮑の下味（酒醤油（酒、醤油＝各大匙2））

＊けんとつま（胡瓜1本　花丸胡瓜4本）

■作り方

1 オマールは洗って蛇腹の筋を切り、殻をはずして身を丁寧に取り出し、食べよくむしったのち、熱湯にくぐらせて湯ぶり、手早く氷水にとって冷まし、布巾にとって水気を拭いておきます。頭と殻は茹でておきます。

2 鮑は塩でもんで洗い、殻からはずして身をおろし、1cm厚さのそぎ切りにして酒醤油に5分ほどつけ、さっと網焼きにします。胡瓜はけんに打ち、水に放してパリッとさせ、水気をきります。

【盛りつけ】

オマールの頭に胴の殻の背側を下にして差し込み、舟形に整えて器に置き、湯ぶり身を盛り込んで鮑を添え、胡瓜のけんを奥に置いて花丸胡瓜をあしらい、おろしわさびを添えます。

## 伊勢海老のむしり、水晶あんかけ

●二一六頁参照

■材料〈四人分〉

伊勢海老の身適宜　揚げ油……適宜
欧風煎り卵（卵1個　卵黄2個　ドレッシング少々）
＊水晶あん（だし汁1カップ　酒大匙3　味醂少々　塩小匙½弱　片栗粉大匙1）
すだち……2個
＊《大葉4枚》

■作り方

1 伊勢海老の身は食べよくむしり、中温よりやや低めに熱した揚げ油にくぐらせ、油通しをして油をきっておき、卵は溶きほぐして卵黄、ドレッシングを混ぜてごく軽く煎りつけたのち、伊勢海老とざっくりと混ぜ合わせます。

2 甘味を控えた水晶あんを用意し、すだちは半分に切ります。

【盛りつけ】

器に大葉を敷き、煎り卵入り伊勢海老をこんもりと盛って水晶あんをかけ、すだちを添えます。

## サーモンと松茸のソテー、キウイソース

●二一六頁参照

■材料〈四人分〉

キングサーモン……4切れ
塩、胡椒……適宜　小麦粉……適宜
サラダ油……少々　バター……適宜
松茸（小）……4本
チキンスープ……1カップ
＊キウイソース（キウイフルーツ3個　ドレッシング《サラダ油175cc　酢大匙2⅓　砂糖小匙½　塩大匙¼　水大匙1強　おろし玉ねぎ10g　溶き辛子2g》）

■作り方

1 サーモンは塩、胡椒をして薄く小麦粉をふり、フライパンにサラダ油とバターを熱して、両面を焼きます。松茸は石づきを削り、きつく絞ったぬれ布巾で汚れを拭いて縦半分に切り、チキンスープを煮立てた中でさっと煮ます。

2 キウイソースは、キウイの皮をむいて裏漉しをし、分量の調味料ほかをよく混ぜ合わせたドレッシングを加えて、さらによくかき混ぜ、味を調えます。

【盛りつけ】

器にキウイソースをほどよく広げて敷き、サーモンのソテーを中央にのせ、上に松茸を盛り合わせます。

## 鴨とオレンジのソテー、ミント添え

●二一六頁参照

■材料〈四人分〉

鴨胸肉……2枚　塩、胡椒……適宜
オレンジ……2個　玉ねぎ……1個
グリーンアスパラ……2把
塩……適宜　サラダ油……少々
バター……大匙2　ミントの生葉4枚

■作り方

1 鴨は皮面全体を金串でつついておき、フライパンを熱して皮下に入れ、弱火で鍋底に押しつけながら焼き、余分な脂を出して捨て、繰り返しながらきつね色になるまで焼き上げ、油をきったのち、厚めのそぎ切りにします。

2 オレンジは果肉を袋から取り出しておき、玉ねぎは縦半分に切り、芯を除いて櫛形に四つ切りにし、グリーンアスパラは、根元の固い部分を落として塩茹でにし、笊に上げてあおいで冷まし、5cm長さほどに切っておきます。

3 フライパンにサラダ油を熱して鴨肉を一枚ずつ手早く入れ、塩、胡椒をして両面をさっと焼いて取り出し、一旦鍋面を拭いてサラダ油を薄く引き、バターを加えて玉ねぎ、アスパラを炒め、塩、胡椒をして仕上げます。

【盛りつけ】

器にソテーした鴨肉と玉ねぎ、アスパラを彩りよく盛り合わせ、オレンジをあしらって、天にミントの葉を添えます。

# 〝小宴献立の盛りつけと器〟の料理

## 器重ね点心七種盛り

**吸いもの**
鶏肉の葛たたき椀
**煮もの**
豆腐と鮎魚女《あいなめ》の炊き合わせ

●二二一頁参照

◇**材料**〈四人分〉

**器重ね点心七種盛り**

オランダ焼き（鶏挽き肉150g　塩、胡椒　サラダ油＝各適宜　卵5個　あさつき1把）

鰻小袖蒸し（すり身250g　卵白½個分　塩少々　味醂小匙2　京人参5cm長さ　枝豆20粒　鰻の蒲焼き《長焼き》1本）

海老の新挽き揚げ（車海老8尾　酒塩《酒大匙3　塩小匙2》　片栗粉、卵白、新挽き粉、塩、揚げ油＝各適宜）

三色高野巻き蒸し（高野豆腐4枚　すり身250g　卵1個　味醂大匙1　塩小匙1　《車海老4尾　枝豆16粒　大納言大匙4　塩適宜》）

鶏肉の筍しのび焼き（茹で筍1本　八方地適宜　鶏もも肉½枚　幽庵地、粉山椒＝各適宜）

鶏肉の竜田揚げ（鶏もも肉⅓枚　酒醤油《酒、醤油＝各大匙2》　小麦粉、揚げ油＝各適宜）

半月物相雲丹そぼろご飯（雲丹そぼろ《卵黄2個　練り雲丹大匙4》　白飯4杯分）

大根の桜漬け適宜　酢取り生姜…4本

*《春蘭4輪　葉蘭4枚》

**鶏肉の葛たたき椀**

鶏もも肉……½枚　本葛………少々

*吸い地（だし汁3カップ　塩小匙1　薄口醤油少々）

三つ葉……適宜　木の芽………4枚

**豆腐と鮎魚女の炊き合わせ**

豆腐………1丁　鮎魚女………1尾

小茄子………4個　揚げ油………適宜

*煮汁（八方地《だし汁4カップ　味醂、薄口醤油＝各½カップ》）

絹さや………8枚　塩………少々

◇**作り方**

1 オランダ焼きは、二度挽きした鶏挽き肉をサラダ油で炒めて塩胡椒で薄味をつけ、冷まして割りほぐした卵、小口切りのあさつきを加えて再び塩胡椒で味を調えたのち、厚焼き卵の要領で焼き上げ、巻き簀にとって角に整え、4cm厚さほどに切り分けます。

2 鰻小袖蒸しは、すり身をすって卵白と塩、味醂を加えてよくすり、京人参と薄皮をむいた茹で枝豆のみじん切りを混ぜておき、鰻の蒲焼きの皮面に1cm幅に縦の切り目を入れ、ラップに皮上にして置き、すり身を棒状にまとめてのせ、ラップで小袖形に巻き整えて蒸し器で20分ほど蒸し、冷めたら切り分けてラップをはずします。

3 海老の新挽き揚げは、車海老の背わたを除いてのし串を打ち、塩茹でをして冷まし、尾をひと節残して殻をむいて酒塩に5分ほどつけたのち、片栗粉、卵白、新挽粉を順につけて中温よりやや低めの揚げ油で揚げ、油をきります。

4 三色高野巻き蒸しは、高野豆腐をぬるま湯で戻して水が澄むまで押し洗いをし、すり身とスピードカッターに入れて混ぜ、卵と味醂、塩を加えてすり混ぜます。車海老は塩茹でをし、殻を取って1cm長さに切り、枝豆も塩茹でをして薄皮をむき、大納言は茹でて洗い、すり身に混ぜて棒状にとり、ラップで筒形に巻き止めて25分ほど蒸したのち、冷めたら切り分け、ラップを除きます。

5 鶏肉の筍しのび焼きは、茹で筍の穂先を縦四つ割りにして八方地で下煮をしておき、鶏もも肉の皮と脂を除いて四つに切り、薄く開いて筍に巻きつけ、金串を打って白焼きにしたのち、幽庵地を三割方煮つめたたれを二〜三度かけながら焼き上げ、粉山椒をふって熱いうちに金串を抜きます。

6 鶏肉の竜田揚げは、鶏もも肉の皮と脂を除いて大きめのひと口大に切り、酒醤油に5分ほどつけて汁気をきり、小麦粉を薄くまぶして中温よりやや高めの揚げ油で揚げ、鉄砲串に刺します。

7 半月物相雲丹そぼろご飯は、卵黄と練り雲丹を溶きのばし、弱火でパラパラ煎りつけた雲丹そぼろを、炊きたての白飯に混ぜて半月形の物相で抜きます。添えの酢取り生姜は杵形に、大根の桜漬けは食べよく切ります。

【盛りつけ】

平籠に葉蘭を敷き、オランダ焼きほか六種を奥から手前、左から右と順に形よく盛り、筍のしのび焼きに杵生姜、物相ご飯に大根の桜漬けを添え、春蘭を全体の右脇にあしらって、籠を盆にのせます。

8 鶏肉の葛たたき椀は、鶏もも肉の皮と脂を除いて大きめのひと口大に切り、身側に細かく切り目を入れたのち、すり鉢ですって絹ぶるいでふるった本葛をごく薄くふり、熱湯で茹でます。吸い地のだし汁を煮立てて塩と薄口醤油で味を調え、切り三つ葉二本の軸をたたき、ひと結びしておきます。

【盛りつけ】

椀に茹でたての葛たたきを盛って結び三つ葉を添え、煮えばなの吸い地を張って吸い口に木の芽を浮かべます。

9 豆腐と鮎魚女の炊き合わせは、豆腐を四つ切りにし、鮎魚女は三枚におろして骨切りをしておき、小茄子はへたを落として縦に細かい切り目をぐるりと入れ、中温よりやや高めに熱した揚げ油で鮎魚女を、高温で小茄子を揚げます。煮汁の八方地をひと煮立ちさせて三つに分け、豆腐、鮎魚女、小茄子を別々に煮て味を含ませ、絹さやは色よく塩茹でをします。

【盛りつけ】

蓋つきの器に三種を盛り合わせ、煮汁を少量注ぎ入れて絹さやをあしらいます。

# 器重ね点心肴 五種盛り

**吸いもの**

茹で卵黄の合わせ味噌仕立て

**お造り替わり**

鰈巻き胡瓜、黄身酢かけ

**ご飯替わり**

焼きむすび

●二二二頁参照

◇材料〈四人分〉

**器重ね点心肴五種盛り**

若草巻き（すり身250g 卵白1/3個分 塩、味醂＝各少々 ほうれん草の青寄せ適宜 干し椎茸3枚 甘八方地《だし汁2カップ 味醂、醤油＝各1/4カップ 砂糖大匙1》）

擬製《ぎせい》豆腐（木綿豆腐2丁 人参40g ごぼう30g 木耳《きくらげ》2g 切り昆布少々 サラダ油適宜 下味《酒、砂糖、薄口醤油＝各小匙1》 卵2個 酒大匙1/2 味醂、薄口醤油＝各小匙1/2 味醂大匙1 麻の実大匙2 黒胡麻大匙1）

魴鮄《ほうぼう》の素揚げ（魴鮄1尾 片栗粉、揚げ油、煎り塩＝各適宜）

卵黄の蓮根巻き（茹で卵黄5個《塩、砂糖＝各少々》 芝海老12尾《酒大匙3 塩小匙1/3》 蓮根1節 酢適宜）

穴子の八幡巻き（ごぼう18cm長さ《米のとぎ汁適宜》 八方地適宜 穴子1本 焼きだれ《味醂、醤油＝各1カップ》）

酢取り生姜…4本

*《板谷楓の葉8枚》

**茹で卵黄の合わせ味噌仕立て**

茹で卵黄……4個　糸三つ葉……少々

*吸い地（だし汁3カップ 合わせ味噌大匙4）

**鰈巻き胡瓜、黄身酢かけ**

鰈の上身……200g　胡瓜……2本

塩……適宜

*黄身酢（酢、味醂＝各1/3カップ 塩少少 卵黄3個）

**焼きむすび**

白飯……4杯分　薄口醤油……適宜

日野菜漬の葉……適宜

*《板谷楓の葉4枚》

◇作り方

1 若草巻きは、すり身をすって卵白と塩、味醂を加え、さらにほうれん草の青寄せを加えてよくすっておき、干し椎茸は戻して石づきを取り、甘八方地で煮含めて1cm幅に切ります。ラップを広げてすり身を1cm厚さ・12cm角ほどに平らにのばし、椎茸を芯にのせて巻き込んだのち、小袖蒲鉾の板などを利用して添え、角に整えて輪ゴムで止め、蒸し器で20分ほど蒸し、冷めたら板をはずして切り分け、ラップを除きます。

2 擬製豆腐は、木綿豆腐を重さの半分まで水切りをしておき、人参とごぼう、戻した木耳、切り昆布はそれぞれみじん切りにし、サラダ油で炒めて下味の調味料を合わせて加え、汁が少なくなるまで炒め煮をして冷まします。豆腐を裏漉しにかけ、すり鉢ですって卵ほか調味料を加えてさらにすり、炒め煮をした野菜、煎った麻の実と黒胡麻を合わせてよく混ぜ合わせたのち、サラダ油を熱した卵焼き鍋に平らに流し入れ、弱火でゆっくりと焼いて、鍋べりが離れてきたら裏返し、焼き上げて俎《まな》板にとって冷まし、切り分けます。

3 魴鮄の素揚げは、魴鮄を三枚におろして小骨を除いたのち、4cm幅に切って片栗粉を薄くはたきつけ、中温に熱した揚げ油で揚げて煎り塩をふります。

4 卵黄の蓮根巻きは、茹で卵黄を裏漉しして塩、砂糖で薄味に調えておき、芝海老をむき身にして酒塩とともに鍋に入れて酒蒸しにし、汁気をきって卵黄に混ぜ、四等分して4cm長さの棒状に整えます。蓮根は切り口の直径と同じ長さに切って皮を厚めにぐるりとむき、ついで縦に薄くかつらむきにして網蓮根を作り、酢水に放したのち、酢を落とした熱湯で茹でて笊にとり、冷まして先の黄身棒を二巻き半ほど巻き、一本を二つに切ります。

5 穴子の八幡巻きは、ごぼうを米のとぎ汁で柔らかく茹でて水で洗い、両端1cmずつ残して縦十字の切り目を入れて八方地で下煮をしておき、穴子は開いたものを用意して皮面のぬるを庖丁でしごき取り、皮外にしてごぼうに巻きつけ、金串5本ほどを末広に打って白焼きにしたのち、三割方煮つめた焼きだれを二～三度かけながら焼き上げ、金串を抜いて2cm厚さに切ります。酢取り生姜は杵形に整えておきます。

【盛りつけ】

手つき籠の奥中央に若草巻き、左手前に擬製豆腐、右手に魴鮄の素揚げを盛って板谷楓を立てかけ、蓮根巻き二切れをずらし気味に斜めに盛り、右手前に八幡巻きを盛り合わせて、蓮根巻きに杵生姜を添え、盆中央にのせます。

6 茹で卵黄の合わせ味噌仕立ては、固茹で卵の黄身を取り出し、糸三つ葉の軸を3cm長さに切っておき、鍋にだし汁を煮立てて味噌二種を溶き入れます。

【盛りつけ】

椀に茹で卵黄を入れて糸三つ葉を添え、煮えばなの味噌汁を静かに張ります。

7 鰈巻き胡瓜、黄身酢かけは、鰈の上身を薄いそぎ切りにし、薄塩をふっておき、胡瓜は縦半分に切って種を取り、薄い小口切りにして塩水につけ、しんなりとさせてきつく絞ります。ラップを広げ、鰈のそぎ身を12cm角ほどに平らに並べ、胡瓜を芯に平均にのせてラップで巻き止め、冷蔵庫でなじませたのち切り分け、ラップをはずします。分量の調味料を鍋に合わせ、弱火で練り混ぜて黄身酢を取り、冷まします。

【盛りつけ】

器に鰈巻き胡瓜を盛り、黄身酢をたっぷりとかけます。

8 焼きむすびは、白飯の小さいむすびをひとりあて二つずつ作り、熱した焼き網で両面をこんがりと焼いて薄口醤油を刷毛でぬり、あぶって仕上げます。日野菜漬の菜はごく細かく刻みます。

【盛りつけ】

長手皿に板谷楓の葉を敷いて焼きむすびを盛り、日野菜漬を山形にとって左脇に添えます。

# 器重ね点心九種盛り

## 吸いもの
### 三色豆腐の清まし仕立て碗

●二二三頁参照

◇材料〈四人分〉

**器重ね点心九種盛り**

烏賊細作りの小南瓜釜（烏賊のおろし身1杯分　防風4本　小南瓜4個）

雲丹と蟹の寄せ蒸し（すり身100g　味醂小匙1　塩小匙⅓　卵黄1個　卵白½個分　蟹の身100g　絹さや10枚　雲丹生地《練り雲丹大匙2　卵黄1個　酒大匙2　水大匙3　小麦粉大匙4》　サラダ油適宜）

車海老の青菜揚げ（車海老4尾　片栗粉適宜　卵白1個分　青菜《市販の乾燥茶漬け菜》、揚げ油＝各適宜）

高野豆腐の市松焼き（高野豆腐1枚　すり身25g　卵2個　酒大匙1.5　味醂大匙1　大根18cm長さ　人参2本　八方地適宜）

鮭の蠟《ろう》焼き（鮭の上身280g　幽庵地適宜　焼きだれ《卵黄2個　西京味噌大匙1⅓　薄口醤油小匙⅔》）

新さつま芋の素揚げ（さつま芋2本　下煮用《水2カップ　酒、砂糖＝各大匙3　塩少々》　揚げ油適宜）

お多福豆、円座胡瓜（お多福豆4粒　円座胡瓜4本　塩少々）

揚げ小茄子（小茄子4本　焼きみょうばん少々　揚げ油適宜）

半月物相青菜ご飯、天神さまのせ（白飯4杯分　青菜《市販品》適宜　天神さま20粒）

すだち……2個　酢取り生姜…4本

＊《板谷楓の葉4枚》

**三色豆腐の清まし仕立て碗**

三色豆腐（豆腐½丁　すり身75g　卵白1個分　蟹の身75g　卵黄2個　塩適宜）

＊吸い地（だし汁3カップ　酒大匙1　塩小匙1）

三つ葉……少々　柚子………適宜

◇**作り方**

1 烏賊細造りの小南瓜釜は、烏賊の皮を丁寧に引き、縦二つに切って細切りにし、小南瓜は頭三分を切り落として蓋に、胴は中身をくり抜いて釜を作り、防風を添えて細造りを盛り入れます。

2 雲丹と蟹の寄せ蒸しは、すり身、味醂と塩、卵黄、卵白をすり鉢に順に加えてよくすり、軟骨を除いた蟹のほぐし身、塩茹でをして繊切りにし、豆を除いた絹さやを加えて混ぜ合わせます。雲丹生地の、練り雲丹と卵黄ほかを溶き混ぜ、ついで卵焼き鍋を熱し、サラダ油を引いて平らに流し入れ、中火で焦がさないように焼いて裏返し、乾かす程度に焼いて伏せた簀に上げて冷ましたのち、流し缶に敷き入れて先のすり身を平らに詰め、蒸気の上がった蒸し器で20分ほど蒸し、冷まして流し缶をはずし、ほどよく切り分けます。

3 車海老の青菜揚げは、車海老の背わたを抜いて尾ひと節を残して殻をむき、剣先を切り、尾先の水気をしごき出したのち、片栗粉を薄くつけて卵白、青菜を順につけ、中温に熱した揚げ油で揚げ、油をきっておきます。

4 高野豆腐の市松巻きは、高野豆腐をぬるま湯で戻して水で押し洗いをし、きつく絞り、みじんに切ってすり鉢ですり、すり身と卵、酒、味醂を加えてさらにすり混ぜ、熱した卵焼き鍋で5mm厚さに、焦がさないように両面を焼きます。大根と人参は各1cm角・18cm長さに二本ずつ切り、下茹でをして取り分けた八方地で下煮をしておき、四本を市松に束ねて先の高野豆腐入り卵焼きできっちりと巻き、和紙で巻き止めて蒸し器で15分蒸し、ひと煮立ちさせた八方地につけ込みます。ひと晩おいて盛りつける直前に和紙をはがし、3cm弱厚さに切り分けます。

5 鮭の蠟焼きは、鮭の上身を四切れに切り分け、幽庵地に5～6時間つけたのち、金串を打って強火の遠火で下焼きをし、卵黄と調味料をすり混ぜた焼きだれを表面に二～三度つけてはあぶり、焼き上げて金串を抜きます。

6 新さつま芋の素揚げは、細めのさつま芋の皮を粗くむき、3cm長さの輪切りにして分量の水で紙蓋をして煮、火が通ったら酒ほかの調味料を加えて、引き続き紙蓋をして煮上げたのち、汁気を拭き、中温に熱した揚げ油でカラリと揚げます。

7 お多福豆、円座胡瓜は、お多福豆は市販の甘煮を用意。円座胡瓜は塩で軽くもんで熱湯を通し、水にとって冷まし、成り口をぐるむきにしておきます。

8 揚げ小茄子は、小茄子のがくを丸く落として水につけ、焼きみょうばんで軽くもんで水洗いののち、水気を拭いて縦の切り目を細かく入れ、高めに熱した揚げ油で色よく揚げて油をきります。

9 半月物相青菜ご飯は、炊きたての白飯に青菜をふり、こねないように混ぜ合わせ、半月形の物相の底に天神さまを散らして青菜ご飯を入れ、抜きます。すだちは半分に切り、酢取り生姜は杵形に整えます。

【盛りつけ】

ガラス平鉢の、奥中央に小南瓜釜を置いて右脇に蓋をかけ、左斜め前に雲丹と蟹の寄せ蒸し、さらに左手前に車海老の青菜揚げを盛り、右手前に斜めに列を流して市松巻き、板谷楓の葉を敷いて蠟焼きを盛り、そのほかを順に盛り合わせて左手前に物相ご飯を置き、すだちと杵生姜を形よく添えて、器を盆を重ねます。

10 三色豆腐の清まし仕立て碗は、豆腐を下茹でしてさらに水切りをし、裏漉しをしてすり身とすり混ぜ、その⅓量に卵白、ついで⅓量に蟹のほぐし身、残る⅓量に卵黄と塩を加え、それぞれを充分にすり混ぜて三種の生地を調え、流し缶に順に三層に重ねて詰め、蒸気の上がった蒸し器に入れて中火で30分ほど蒸し上げ、冷まして切り分けます。三つ葉は3㎝長さに切り揃え、吸い地はだし汁をひと煮立ちさせ、酒と塩を加えて味を調え、つめたく冷やします。

【盛りつけ】

蓋つきのガラス小鉢に三色豆腐を入れ、三つ葉を添えてよく冷えた吸い地を張り、吸い口にへぎ柚子を浮かべます。

# 色紙重ね趣向肴 五種盛り

**中吸いもの**
甘鯛とたらの芽の吸いもの椀

**お造り**
ひと塩甘鯛のそぎ重ね、茹で車海老

**生野菜**
五色野菜と茹で卵のサラダ

●二一四頁参照

◇材料〈四人分〉

**色紙重ね趣向肴五種盛り**

鶏肉のチーズ巻き（鶏もも肉1枚　酒塩（酒大匙3　塩小匙½）　プロセスチーズ¼箱　ほうれん草の茎1把分　塩、揚げ油＝各適宜）

紅白小袖蒲鉾（紅、白小袖＝各½枚）

南瓜の新挽き揚げ（菊座の日本南瓜適宜　下煮用（だし汁2カップ　味醂大匙3　砂糖大匙2　塩少々）　片栗粉、卵白、新挽き粉、揚げ油＝各適宜）

姫さざえの煮もの（姫さざえ4個　だし汁1.5カップ　味醂¼カップ　薄口醤油大匙2.5）

甘鯛の雲丹焼き（甘鯛の上身120g　塩少々　雲丹衣（雲丹大匙2　卵黄1個））

枝豆……適宜　塩……適宜

酢取り生姜…4本

＊（サラダ菜2枚）

**甘鯛とたらの芽の吸いもの椀**

甘鯛……80g　塩……適宜

たらの芽……4本　木の芽……4枚

＊吸い地（だし汁3カップ　塩小匙1　薄口醤油少々）

**ひと塩甘鯛のそぎ重ね、茹で車海老**

ひと塩甘鯛…120g　車海老……4尾

塩……適宜　つくし……12本

重曹……小匙½　わさび……適宜

**五色野菜と茹で卵のサラダ**

トレビーズ（紫キャベツ）……4枚

レタス……適宜　芽キャベツ…4個

トマト……½個　玉ねぎ……¼個

塩……適宜　卵……1個

＊ドレッシング（サラダ油大匙6　酢大匙1強　砂糖小匙¼　塩小匙½弱　溶き辛子1g弱　おろし玉ねぎ5g　水10cc弱）

◇作り方

1 鶏もも肉は皮と脂を除いて厚みを平均に開き、酒塩に5分ほどつけて汁気を拭いたのち広げ、芯に5㎜角の拍子木に切ったチーズ、塩茹でをして水にさらし、きつく絞ったほうれん草の茎をのせ、巻き込んでラップで巻き止め、蒸し器で20分ほど蒸します。冷めたらラップをはずし、中温に熱した揚げ油で揚げ、切り分けます。

2 紅白小袖蒲鉾は、それぞれ1㎝厚さに切り、紅白を交互に並べておきます。

3 南瓜の新挽き揚げは、南瓜を4㎝角に切って皮を粗くむき、種を除いて固めに下茹でをし、残りの種などを洗い流したのち、下煮用のだし汁ほかの中で紙蓋をして中火で煮含めます。冷まして薄く片栗粉をつけ、卵白、新挽き粉を順につけて、中温よりやや低めに熱した揚げ油で色よく揚げます。

4 姫さざえの煮ものは、姫さざえの殻をよく洗い、だし汁と調味料を合わせた中で煮すぎないように煮て火を止め、そのまま冷まして味を含ませます。

5 甘鯛の雲丹焼きは、甘鯛の上身を四切れに切って薄く塩をふり、金串を打って白焼きをしたのち、よく溶き混ぜた雲丹衣を刷毛でぬり、乾かすようにあぶって焼き上げ、串を抜いておきます。添えの枝豆は、枝つきを三〜四莢《さや》ずつの小枝に分け、塩でもんで洗ったのち、塩を少量加えた熱湯で茹で、笊に上げて熱いうちに塩をふっておき、酢取り生姜は杵形に整えておきます。

【盛りつけ】

高台盆に色紙を重ね、円窓の奥中央に小袖蒲鉾を盛り、左手前に鶏肉のチーズ巻き、右に南瓜の新挽き揚げを盛り合わせ、中央にサラダ菜を敷いて姫さざえを、右手脇に甘鯛の雲丹焼きを盛り、左手前に枝豆、さざえの脇に杵生姜を添えます。色紙の円窓内に盛り納めるのが原則です。

6 甘鯛とたらの芽の吸いもの椀は、甘鯛の上身に薄塩をして5分ほどおき、熱湯で軽く茹で、たらの芽は外葉を取り除いて塩を少量加えた熱湯で茹で、水にさらして笊に上げ、吸い地のだし汁を煮立てて塩ほかで味を調えます。

【盛りつけ】

椀に甘鯛とたらの芽を入れ、煮えばなの吸い地を張って木の芽を浮かべます。

7 ひと塩甘鯛のそぎ重ねのお造りは、ひと塩甘鯛の皮を引いてひとり四〜五枚の薄いそぎ切りにし、車海老は背わたを抜いて塩茹でをし、頭と尾を落として殻をむきます。つくしははかまを除き、重曹を入れた熱湯で茹でて水によくさらし、水気をきって短く切ります。

【盛りつけ】

器に甘鯛のそぎ身を軽く重ね盛りにし、茹で車海老、つくしを盛り添え、おろしわさびを添えます。

8 五色野菜と茹で卵のサラダは、レタスを食べよくちぎり、芽キャベツは裏に十字の庖丁目を入れて塩茹でをし、トマトは半分を四切れの櫛形に、玉ねぎは薄く半月に切って水にさらし、パリッとさせて水気をきります。卵は固茹でにして縦四つに切り、ドレッシングは分量の各調味料を合わせ、充分にかき混ぜて別器に入れておきます。

【盛りつけ】

器にトレビーズを敷き、葉のくぼみにレタスほかを彩りよく盛り合わせ、煎り塩または、ドレッシングを添えます。

■**調理覚え書**

●折敷盆を盛り盆に利用するときに、よくとられる手法で、料理を直置きにするのではなく、色紙や地紙などの皆《かい》（掻）敷を重ねて一層趣を出します。ここは銀の円窓の色紙で、こうした和紙類は汁や油滲《じ》みを防ぐために必ず礬砂《どうさ》を引き（一九五頁参照）、盛りつけると清潔感もあります。

# 盆盛り点心七種盛り

**吸いもの**
　鮎魚女《あいなめ》とわらびの吸いもの椀
**生替わり**
　鶏ささ身のかくしわさび
**肴飯《こうはん》**
　車海老の桜蒸し

●二二七頁参照

◇**材料**〈四人分〉

**盆盛り点心七種盛り**

穴子の高砂焼き（穴子の開いたもの1本　焼きだれ《味醂、醬油＝各1カップ》　卵地《卵5個　薄口醬油大匙2　酒大匙1.5　味醂、だし汁＝各大匙4》）

鶏ロール（鶏もも肉1枚　サラダ油、幽庵地＝各適宜）

鱸《すずき》の木の芽焼き（鱸4切れ　塩適宜　木の芽25枚）

車海老の軽揚げ（車海老4尾　揚げ衣《卵1個　冷水½カップ　片栗粉½カップ　小麦粉大匙5　酒大匙5》　揚げ油適宜）

鶉卵の穴子巻き揚げ（鶉卵4個　穴子の開いたもの4本　片栗粉、八方地、揚げ油＝各適宜）

煎り獅子唐（獅子唐辛子8本　揚げ油適宜　塩少々）

すだち……1個

スモークサーモンの海苔巻き（スモークサーモン80g　焼き海苔2枚　すし飯480g）

**鮎魚女とわらびの吸いもの椀**

鮎魚女の上身1筋　塩……少々
わらび……8本　重曹……少々
＊吸い地（だし汁3カップ　塩小匙1　薄口醬油少々）
桜の花びら…適宜

**鶏ささ身のかくしわさび**

鶏ささ身……8本　三つ葉……1把
塩……少々　砂肝……100g
わさび……適宜　焼き海苔……2枚
＊かけ醬油（薄口醬油大さじ3　だし汁大匙1）

**車海老の桜蒸し**

車海老……8尾
＊下味（酒塩《酒大匙3　塩小匙⅔》）
飯蒸し（もち米2カップ　酒⅓カップ　塩小匙½　水適宜）
桜の葉の塩漬け……4枚
水晶あん……適宜　わさび……適宜

◇**作り方**

1 穴子の高砂焼きは、穴子のぬるをそぎ取って白焼きにしたのち、三割方煮つめた焼きだれをつけて焼き上げ、縦に四〜五本に切っておき、卵地の調味料を合わせて煮立て、冷ましてから卵とよく混ぜて、熱した卵焼き鍋で穴子を芯に焼き上げ、巻き簀にとって角に整え、一本を四つに切ります。

2 鶏ロールは、鶏もも肉の皮と脂を除いて皮側を下に広げ、きっちりと巻いてタコ糸で巻き止め、よく熱してサラダ油を引いたフライパンで、中火で転がしながら焼き、幽庵地を加えて引き続き転がしながら焼き上げ、糸をはずしてほどよい厚さに切り分けます。

3 鱸の木の芽焼きは、ひと切れ60g大の切り身を用意して薄塩をふり、金串を打って強火の遠火で焼き上げ、串を抜き、表面に細かくたたいた木の芽を散らします。

4 車海老の軽揚げは、車海老の背わたを抜いて尾ひと節を残して殻をむき、剣先を切って、尾先の水気をしごき出して真直にのしておき、溶き混ぜた衣をつけて、中温よりやや高めに熱した揚げ油で、カラリと揚げて油をきります。

5 鶉卵の穴子巻き揚げは、鶉卵を固茹でにして殻を除き、穴子は皮目に熱湯をかけてぬるをそぎ取って水気を拭き、薄く片栗粉をはたいて卵に巻きつけ、タコ糸を縦横にかけて結び止めたのち、ひと煮立ちさせた八方地で煮上げ、冷ましながら味を含めて汁気を拭き、全体に薄く片栗粉をふって中温の揚げ油で揚げて糸をはずし、天地を落として半分に切ります。

6 煎り獅子唐は、獅子唐に切り目を入れて中温の揚げ油で揚げ、塩をふって天地を切り揃えておき、すだちは縦四つの櫛形に切ります。

7 スモークサーモンの海苔巻きは、サーモンを棒状に四本に切り、海苔は一枚を横半分に切っておき、巻き簀に海苔を敷いてすし飯を平らに広げ、サーモンを芯にして細巻きを四本巻いて、一本を三つに切り分けます。

【盛りつけ】

盛り盆の奥中央に穴子の高砂焼きを置き、左脇に鶏ロールを立てかけ、右脇に鱸の木の芽焼き、続いて中央に車海老の軽揚げ、その右に鶉卵の穴子巻き揚げと、ひと固まりに形よく盛り、全体が不等辺の三角形を描くように左手前に海苔巻き、右手前に煎り獅子唐を配し、中央寄りにすだちを盛り添えます。

8 鮎魚女とわらびの吸いもの椀は、鮎魚女の上身を四つに切って薄塩をし、しばらくおいて金串を打ち、強火の遠火で焦がさないように焼き、わらびは重曹をまぶして熱湯をかけ、冷めるまでおいて熱湯で茹でて水にさらしておき、吸い地のだし汁を煮立てて塩、薄口醬油で味を調えます。

【盛りつけ】

椀に鮎魚女とわらびを盛り、熱い吸い地を張って桜の花びらを浮かべます。

9 鶏ささ身のかくしわさびは、鶏ささ身の薄皮と筋を除いて薄く開き、さっと湯ぶりをして冷水にとり、手早く水気を拭いておき、三つ葉は塩茹でをして水気を絞り、砂肝は皮を取って細切りにします。巻き簀に海苔を敷き、手前と向こう側を1.5cmほどずつあけてささ身を広げ、中央にわさびをぬって三つ葉と砂肝を芯にして巻き、一本を四つに切っておき、かけ醬油を調えます。

【盛りつけ】

器にかくしわさびを、切り口を上に二切れずつ盛り、かけ醬油を注ぎ入れます。

10 車海老の桜蒸しは、車海老の背わたを抜いてむき身にし、1cm長さのブツ切りにして酒塩に10分ほどつけ、餅米は炊く3〜4時間前にといで水につけておき、釜に入れてひたひたの水と分量の酒、塩を加えて再び30分おき、普通に炊き上げて車海老の汁気をきって入れ、充分に蒸らして飯台にあけ、軽く混ぜ合わせてひとつ40gほどの俵形に握ったのち、水につけて塩気をほどよく抜いた桜の葉で包みます。水晶あんを調えておきます。

【盛りつけ】

蓋ものの器に桜蒸しを盛り、水晶あんをかけて天におろしわさびをのせます。

# 折敷盛り肴七種盛り

**吸いもの**　さより蒲鉾と蓴菜《じゅんさい》の吸いもの椀

**煮もの**　茄子と鱒《ます》の煮合わせ

**水菓子**　巨峰と枇杷《びわ》

●二一八頁参照

◇材料〈三人分〉

**折敷盛り肴七種盛り**

大納言黄身寄せ（大納言大匙2　卵黄4個　寒天地⦅寒天1/4本　粉ゼラチン大匙1　ゼラチン用の水大匙3　水2/3カップ　塩小匙1/6　味醂小匙1　酒大匙1⦆）

鶏ロール（鶏もも肉2枚　サラダ油、幽庵地＝各適宜）

石川小芋の雲丹焼き串（石川芋8個　雲丹衣⦅練り雲丹大匙2　卵黄1個⦆）

蓮根の黄身射込み（蓮根5cm長さ　酢少々　茹で卵黄4個　バラ数の子大匙3　塩少々）

車海老の八方煮（車海老4尾　塩少々　八方地⦅だし汁1カップ　味醂、薄口醤油＝各大匙2⦆）

鱒《ます》の砧《きぬた》巻き（鱒の上身150g　大根6cm長さ　八方地適宜）

獅子唐の辛煮（獅子唐辛子16本　酒、薄口醤油＝各大匙2）

酢取り生姜…3本

＊⦅桜の花少々⦆

**さより蒲鉾と蓴菜の吸いもの椀**

さより蒲鉾（市販品）…………1/2枚

蓴菜………12芽　三つ葉………適宜

＊吸い地（だし汁3カップ　塩小匙1　酒大匙2　薄口醤油少々）

木の芽………3枚

**茄子と鱒の煮合わせ**

鱒の上身……150g　茄子…………9個

揚げ油………適宜　そら豆…………9粒

＊煮汁（八方地⦅だし汁3カップ　味醂、薄口醤油＝各1/3カップ⦆）

塩…………適宜　木の芽…………15枚

**水菓子**

巨峰…………12粒　枇杷…………3個

◇作り方

1 大納言黄身寄せは、大納言をたっぷりの水で皮を破らないように茹でておき、寒天をちぎって水に戻し、ゼラチンは分量の水でふやかしておき、鍋に水気を絞った寒天、分量の水ほかを合わせて煮溶かし、半量ほどに煮つめて火を止め、ゼラチンを溶かし混ぜて粗熱をとったのち、卵黄を練り混ぜて、流し缶に詰め、表面に大納言を散らして冷やし固め、切り分けます。

2 鶏ロールは、鶏もも肉の脂を除いて身側に細かく縦の庖丁目を入れ、厚みを平均にそぎ整えて二枚をずらして皮下にして広げ、手前からきつく巻き、筒状に整えてタコ糸で巻き止め、サラダ油を熱したフライパンに入れて転がしながら焼き目をつけ、幽庵地を加えて汁気が少なくなるまで焼き上げ、冷めたら糸をはずして切り分けます。

3 石川小芋の雲丹焼き串は、小芋を洗って蒸し器で蒸し上げ、皮をむいて金串に刺し、焦がさないように焼いて、よく溶き混ぜた雲丹衣を表面に刷毛でぬり、あぶって乾かしたのち、二個ひと組に鉄砲串に刺し替えておきます。

4 蓮根の黄身射込みは、蓮根の皮をむき、酢水で茹でて冷まし、茹で卵黄は裏漉しをしてバラ子と混ぜ、塩を加えて味を調えたのち深めの器に入れ、蓮根の切り口を押しつけるようにして穴に詰め込み、1cm弱厚さに切ります。

5 車海老の八方煮は、車海老の背わたを抜いて塩茹でをし、笊にとって冷ましたのち、八方地をひと煮立ちさせた中でさっと煮、そのまま冷まして味を含ませておき、盛りつける直前に頭を切り、尾ひと節を残して殻をむきます。

6 鱒の砧巻きは、鱒の上身をよくたたいてペースト状にし、大根は厚めのかつらむきを40cm長さにむき、さっと茹でて水にとり冷まして水気を拭き、巻き簀に縦長に広げて鱒のすり身を薄く平らにのばし、手前から鳴門に巻いて二カ所ほど裂いた竹皮でしばり、仕上げに巻き簀で巻き止めて20分ほど蒸したのち、冷めたら簀をはずし、八方地でゆっくりと煮含めて、切り分けます。

7 獅子唐の辛煮は、獅子唐を鍋で空煎《から》りをし、酒と薄口醤油を加えて汁気が少なくなるまで煮たのち、冷まして天地を切り整えます。酢取り生姜は短い杵形に整えておきます。

【盛りつけ】

会席盆に三人分を直盛りにします。盆の奥中央に大納言黄身寄せ三切れを斜めにずらして並べ、左手前に鶏ロール、中央左寄りに小芋の雲丹焼き串、その左手前に蓮根、右に車海老と砧巻き、その右上の空《あき》に獅子唐を盛り合わせ、蓮根の脇に杵生姜を添え、桜一輪と花びらを控えめに散らし、青竹の取り箸を添えます。

8 さより蒲鉾と蓴菜の吸いもの椀は、さより蒲鉾は2cm厚さに切って熱湯に通し、三つ葉は軸をたたいて二〜三本をひと結びしておき、吸い地のだし汁を煮立てて塩ほかで味を調えます。

【盛りつけ】

椀にさより蒲鉾と結び三つ葉を盛って煮えばなの吸い地を張り、蓴菜を入れて木の芽を浮かべます。

9 茄子と鱒の煮合わせは、鱒の上身を4cm角・1cm厚さに切り、茄子は天地を切って縦に5mm間隔の庖丁目をぐるりと入れ、高温に熱した揚げ油で揚げたのち、八方地をひと煮立ちさせて二つに分け、鱒と揚げ茄子を別々に煮ます。そら豆は皮に庖丁目を入れ、海水程度の塩水に20分ほどつけて皮をむき、弱火で網焼きにします。

【盛りつけ】

器に茄子を俵積みに盛って鱒を盛り合わせ、焼きそら豆を添えて煮汁を注ぎ入れ、天に木の芽をたっぷりとのせます。

10 水菓子は、巨峰を小房に切り分け、枇杷の天地を切り、薄い塩水にくぐらせて水気を軽く拭きます。

【盛りつけ】
器に二種を盛り、楊枝を添えます。

# 葵盆佳《か》肴《こう》七種盛り

**小吸いもの**
　卵豆腐の冷やし吸いもの碗
**小鉢**
　海老と胡瓜の寒天寄せ、黄身酢
**ご飯**
　小鯛、椎茸旨煮の笹巻きずし

●二二九頁参照

◇材料〈四人分〉

**葵盆佳肴七種盛り**

鮪の幽庵焼き（鮪200g　幽庵地適宜
　粉山椒または七味唐辛子少々）
車海老の酒蒸し（車海老8尾　酒塩（酒
　大匙3　塩小匙2））
蟹真蒸《しんじょ》の帛紗《ふくさ》包み（すり身100g　卵白1/3
　個分　塩少々　蟹の身50g　薄焼き
　卵2枚　小麦粉少々）
姫さざえの八方煮（姫さざえ4個　八
　方地適宜）
砂肝の塩焼き結び串（砂肝6個　塩適
　宜）
鮃《ひらめ》の竜皮《りゅうひ》昆布巻き（鮃の上身150g　塩
　少々　竜皮昆布適宜　酒少々　甘酢
　漬け生姜適宜）
沢蟹の素揚げ（沢蟹4匹　揚げ油、煎り
　塩＝各適宜）
酢取り生姜…4本
＊（朴《ほお》の葉4枚）

**卵豆腐の冷やし吸いもの碗**

卵豆腐（卵6個　だし汁1 3/4カップ　酒大
匙4　薄口醤油、味醂、塩＝各小匙1）
＊吸い地（だし汁3カップ　塩小匙1
　薄口醤油少々）
柚子……少々

**海老と胡瓜の寒天寄せ、黄身酢かけ**

車海老……4尾　胡瓜……1本
塩……適宜　帆立の貝柱…2個
＊帆立下味（酒塩（酒大匙2　塩少々））
＊寒天地（寒天1/2本　粉ゼラチン大匙
1/2　ゼラチン用の水大匙1.5　水1.5カップ
スープ1カップ　酒、塩＝各少々）
＊黄身酢（酢、味醂＝各1/3カップ　塩少
　少　卵黄3個）

**小鯛、椎茸旨煮の笹巻きずし**

小鯛の笹漬け4枚　大根塩漬け…適宜
白胡麻……適宜　大葉……4枚
干し椎茸……8枚　茹で筍（小）…1本
＊椎茸、筍の煮汁（だし汁2カップ　味
　醂、薄口醤油＝各1/4カップ　砂糖大
　匙2）
わさび……適宜　すし飯……適宜
＊（笹の葉12枚）

◇作り方

1 鮪の幽庵焼きは、トロを四切れに切って庖丁目を深く入れ、幽庵地に5分ほどつけたのち、金串を打って強火の遠火で焼き、途中、つけ汁を二〜三度かけながら焼き上げ、串をはずして好みで粉山椒か七味唐辛子をふります。

2 車海老の酒蒸しは、車海老の背わたを抜いて酒塩とともに鍋に入れ、火にかけて蓋をして蒸し煮にし、冷まして頭を落とし、尾ひと節を残して殻をむきます。

3 蟹真蒸の帛紗包みは、すり身をすって卵白、塩を加えてよくすり、蟹のほぐし身を混ぜ合わせて四等分し、団子に丸めておき、薄焼き卵を10cm角に切り整えて団子をのせ、四隅をつまみ合わせて水溶きの小麦粉で止め、弱火の蒸し器で15分ほど蒸し上げます。

4 姫さざえの八方地は、姫さざえの殻をよく洗い、八方地に入れてひと煮立ちさせ、火を弱めて3分ほど煮ます。そのまま冷まして味を含ませ、楊枝を刺し、身を一度引き出して殻に戻します。

5 砂肝の塩焼き結び串は、砂肝の薄皮をそぎ取って一個を二つに切り分け、金串に刺して塩をふり、焦がさないように焼いて、熱いうちに三切れひと組に結び串に刺し替えておきます。

6 鮃の竜皮昆布巻きは、鮃の上身を10cm長さに切り分け、さらに横に観音開きに庖丁を入れて薄塩をふっておき、甘酢生姜は繊切りにし、竜皮昆布は酒を少量含ませた布巾で拭き、縦長に広げて鮃を重ね、甘酢生姜を芯にして鳴門に巻き、ラップで巻き止めて冷蔵庫に2時間ほどおいてなじませ、2cm厚さに切り分けてラップをはずします。

7 沢蟹の素揚げは、沢蟹を中温に熱した揚げ油でカラリと揚げ、布巾で押さえて形を整えたのち、煎り塩をふります。酢取り生姜は筆形に整えておきます。

【盛りつけ】

白木地の葵盆に朴の葉を一文字に敷き、奥中央に鮪の幽庵焼きを置いて、左脇から右脇、手前正面へと、車海老の酒蒸し以下五種を順に盛り合わせ、正面やや左寄りに筆生姜をあしらいます。

8 卵豆腐の冷やし吸いもの碗は、分量の卵と調味料を溶き混ぜて、布巾で漉して蒸し缶に流し入れ、蒸し器に入れて布巾をかけて蓋をし、強火で5〜6分、中火よりやや弱火で12〜13分蒸し、冷めたら3cm角に切り分け、吸い地のだし汁を煮立て、塩ほかで味を調えます。

【盛りつけ】
器に卵豆腐を入れ、つめたく冷やした吸い地を張って、へぎ柚子を浮かべます。

9 海老と胡瓜の寒天寄せは、車海老の背わたを抜き、塩茹でをし、冷まして殻をむいて二〜三つに切り、胡瓜は縦半分に切って種を除き、薄い小口切りにして塩水につけ、しんなりしたらきつく絞っておき、帆立の貝柱は酒塩とともに鍋で蒸して小さくほぐします。寒天はちぎって水で戻し、ゼラチンは分量の水でふやかしておき、寒天の水気を絞って分量の水とスープで煮溶かし、酒と塩で味を調えて火を止め、ゼラチンを加えて溶かしたのち、鍋底を水につけて粗熱をとり、先の三種の具を混ぜ合わせて流し缶に入れ、冷やし固めて切り分け、黄身酢を用意します。

【盛りつけ】
よく冷やした小鉢に寒天寄せを盛り、黄身酢をたっぷりとかけます。

10 小鯛、椎茸旨煮の笹巻きずしは、市販の小鯛の笹漬けを利用してひと切れを二枚にそいでおき、大根の塩漬けは細かく刻み、きつく絞って煎った白胡麻と混ぜ、大葉は縦三枚に切っておき、干し椎茸は戻して石づきを取り、茹で筍は5mm厚さの輪切りにし、椎茸とともに分量の調味料を合わせた煮汁で

気が少なくなるまで煮含めます。ついで、笹の葉を洗って短冊に切り、すし飯を俵形に握って、小鯛とおろしわさび、刻み大根漬けと大葉、椎茸と筍の旨煮の、三組の具をそれぞれのせて形よくまとめ、笹の葉で巻きます。

【盛りつけ】

一葉皿に三種の笹巻きずしを盛ります。

# 額皿つまみ肴五種盛り

**吸いもの椀** 繊《せん》野菜椀

**お造り** 蒸し鮑と北寄貝、車海老

**口替わり** 茹で白魚

●二三一頁参照

◇材料〈四人分〉

**額皿つまみ肴五種盛り**

鱒《ます》のこけら蒸し（鱒の上身100g すり身150g 卵白1/2個分 塩小匙1/2 味醂小匙2）

鰆《さわら》の幽庵焼き（鰆200g 幽庵地適宜）

笹巻き麩（市販品4個）

三色団子（芝海老〈殻つき〉120g 烏賊のおろし身60g 鯛の上身60g よもぎ、重曹＝各適宜 卵白1個分 塩小匙3/4 味醂小匙3）

白魚の黄身焼き（白魚36尾 卵黄1個 塩少々）

**繊野菜椀**

大根……80g 人参……1/3本 じゃが薯……1個 蟹の身……100g いんげん……2本 塩……少々

＊吸い地（だし汁3カップ 塩小匙1 酒大匙3 薄口醤油少々）

胡椒……少々

**蒸し鮑と北寄貝、車海老**

鮑……1杯 塩……適宜

北寄貝……4個 車海老……4尾

＊つま類（花穂じそ8本 生海苔適宜）

わさび……適宜

**茹で白魚**

白魚……36尾 花丸胡瓜……4本

酒、塩……各少々 わさび……適宜

◇作り方

1 鱒のこけら蒸しは、すり身をすって卵白と塩、味醂を加えてよくすり混ぜておき、鱒の上身は血合いを除いて5mm厚さのそぎ切りにし、流し缶に平らに敷き詰めて上にすり身を平らに詰めたのち、蒸気の上がった蒸し器で中火で20分ほど蒸し、冷めたら切り分けます。

2 鰆の幽庵焼きは、皮つきの上身を四切れに切り分けて金串を打ち、強火の遠火で白焼きにし、ついで幽庵地を二〜三度かけて焼き上げ、串を抜きます。

3 笹巻き麩は市販品を用意します。

4 三色団子は、芝海老の背わたを除いてむき身にし、細かくたたいてすり鉢ですり、卵白と塩、味醂を分量の1/3量加えてさらにすり、四等分して団子に丸めておき、烏賊のおろし身は細かく刻んでたたき、鯛の上身は刻んでたたいたのち、よもぎの葉先を重曹を少量加えた熱湯で茹でて水にさらし、きつく絞って細かく刻んだものを加えてよくすり混ぜ、二種のすり身とも、芝海老と同要領で卵白以下を加えてさらにすり、団子に丸めます。熱湯に三種の団子を落とし入れ、茹で上がって浮いたものから笊にとり、冷まして三色をひと組に鉄砲串に刺します。

5 白魚の黄身焼きは、白魚の頭側に金串を刺して風通しのよい所につるし、1時間ほど風干しにしたのち、九本ずつ並べて金串を打ち、一旦白焼きにして、塩少量を加えた卵黄をたっぷりとぬり、乾かすようにあぶって串を抜きます。

【盛りつけ】

額皿の陶板の奥中央にこけら蒸しを置き、左手前に鰆の幽庵焼き、笹巻き麩を順に盛り、右手に三色団子、白魚の黄身焼きを盛り合わせます。

6 繊野菜椀は、大根と人参、じゃが薯を縦四つに切り、芯の部分を縦に落として扇面形に整え、5mm厚さに切って別々に茹でておき、蟹の身は軟骨を除いて粗くほぐし、吸い地のだし汁を熱して四種の具を加え、ひと煮立ちしたら塩ほかを加えて味を調えて仕上げ、いんげんを塩茹でにして1cm長さに刻んでおきます。

【盛りつけ】

椀に熱あつの野菜汁をたっぷりと盛り、いんげんを散らして胡椒をふります。

7 蒸し鮑と北寄貝のお造りは、鮑は塩でもんで洗い、殻から身をはずしておろしたのち、布巾に包んですりこぎでたたき、薄く塩をふって強火で15分ほど蒸し上げ、1cm弱厚さに切っておき、北寄貝は殻からはずして二枚にそぎ、わたを取り除いて熱湯にさっと通し、水にとって手早く冷まし、水気を拭いて浅く庖丁目を入れます。車海老は背わたを抜いて塩茹でをし、冷まして頭と尾を落とし、殻をむいておきます。

【盛りつけ】

中鉢に蒸し鮑と北寄貝、車海老を盛り合わせて生海苔を添え、花穂じそをあしらっておろしわさびを添えます。

8 茹で白魚は、平皿にアルミホイルを敷いて白魚を並べ、酒塩をふり、蒸し器で7〜8分蒸して冷まし、花丸胡瓜は塩で軽くもんで洗い、水気を拭きます。

【盛りつけ】

長手の一葉皿に白魚を盛って花丸胡瓜をあしらい、おろしわさびを添えます。

# 高台酒肴五種盛り

**和えもの** 赤貝と菜の花の胡麻酢和え

**煮もの替わり** 帆立と生椎茸の錦茶巾《にしきちゃきん》揚げ

●二三三頁参照

◇材料〈四人分〉

**高台酒肴五種盛り**

蟹の角揚げ（豆腐1/2丁 蟹の身50g すり身30g 卵1/2個分 薄口醤油、味醂＝各小匙2〈揚げ油適宜〉）

蟹脚と帆立の鶏真蒸（蟹脚2本 鶏挽き肉200g 帆立の貝柱3個 卵1/2個分 塩、胡椒＝各少々 片栗粉、揚げ油＝各適宜）

海老と白身魚の煮こごり（芝海老200g 酒塩〈酒大匙3 塩小匙1/3〉 白身

魚の上身100g　絹さや10枚　塩少々
寒天地（寒天½本　粉ゼラチン大匙½　ゼラチン用の水大匙1.5　水1.5カップ　スープ1カップ　酒、塩＝各少々）
スモークサーモン（スモークサーモン50g　露生姜少々）
鴨と焼き椎茸、さつま芋の博多（鴨の胸肉1枚　幽庵地適宜　椎茸2枚　さつま芋《薄切り》4枚　塩少々）
そら豆の新挽き揚げ、筆生姜、芽甘草（そら豆12粒　卵白、新挽き粉＝各少々　揚げ油適宜　酢取り生姜4本　芽甘草4本　塩少々）
＊（裏白4枚）

**赤貝と菜の花の胡麻酢和え**

赤貝……………6個　塩……………適宜
菜の花…………½把　白胡麻…………少々
＊胡麻酢（白胡麻大匙5　だし汁¼カップ　醬油大匙3　砂糖大匙1　酢⅓カップ）

**帆立と生椎茸の錦茶巾揚げ**

帆立の貝柱…4個　椎茸…………4枚
＊酒塩（酒大匙3　塩小匙½）
薄焼き卵……4枚　かんぴょう…適宜
塩……………適宜　揚げ油…………適宜
＊吉野あん（だし汁1カップ　味醂¼カップ　薄口醬油大匙2　片栗粉大匙1）
橙……………適宜　大根おろし…適宜

◇**作り方**

1 蟹の角揚げは、豆腐を重さの半分まで水きりをし、裏漉しをしてすり鉢ですり、ほぐした蟹の身、すり身ほかを加えてなめらかにすり、蒸し缶に詰めて蒸し器で25分ほど蒸し上げ、冷めたら切り分け、中温よりやや高めに熱した揚げ油で揚げます。

2 蟹脚と帆立の鶏真蒸は、鶏挽き肉を二度挽きしたものを用意してすり鉢ですり、帆立の貝柱を細かく刻んでたたいたのち加え、さらにすって卵と塩、胡椒を加えてすり、味を調えます。巻き簀にラップを重ねてすり身を1cm厚さに平らにのばし、軟骨を抜いた蟹脚を芯にしてラップで巻き、巻き簀で丸く筒に整えて蒸し器に入れ、20分ほど蒸し上げて冷まし、ラップをはずして片栗粉を薄くまぶし、中温の揚げ油で揚げて3cm厚さに切り分けます。

3 海老と白身魚の煮こごりは、芝海老をむき身にして酒塩とともに蒸し煮にし、白身魚は薄塩をし、熱湯で茹でて小さく切っておき、絹さやは繊切りにし、振り洗いをして豆を除き、熱湯でさっと茹でて冷まします。水で戻して絞った寒天を分量の水とスープで煮溶かし、酒と塩で味を調えて火を止め、分量の水でふやかしたゼラチンを加えて溶かし、鍋底を水につけて粗熱をとり、海老と白身魚、絹さやを混ぜて流し缶に流し入れ、冷やし固めて切り分けます。

4 スモークサーモンは、色のよいものを用意して皮と血合いを除き、薄いそぎ切りにして露生姜をふっておきます。

5 鴨と焼き椎茸、さつま芋の博多は、鴨の胸肉は皮面を金串でつついて熱したフライパンに皮下にして入れ、脂を捨てながら焼いて幽庵地を加え、両面を返して味をからめて焼き上げ、盛りつけの直前に3mm厚さにそぎ切りにします。椎茸は石づきを取って網焼きにし、さつま芋は薄く切って塩水につけ、フライパンで両面を色よく素焼きにします。

6 そら豆の新挽き揚げ、ほかあしらいは、そら豆を薄皮までむいて、溶いた卵白をつけて新挽き粉を片端につけ、中温よりやや低めに熱した揚げ油で揚げ、油をきっておき、酢取り生姜は筆形に整え、芽甘草は根元をぐるむきにして塩茹でをし、水にとって冷まします。

【盛りつけ】

高台盛り器の絵柄面の、中央に裏白を敷いて奥正面に蟹の角揚げを置いて鶏真蒸を立てかけ、左手中央に煮こごりとサーモンを寄せて盛り、右手前寄りに鴨の博多をひと組にして盛り合わせ、手前中央にそら豆、煮こごりに筆生姜、鴨に芽甘草を、それぞれあしらいます。

7 赤貝と菜の花の胡麻酢和えは赤貝をおろして塩でもみ、洗って水気を拭いたのち、5mm幅の細切りにし、菜の花は花先を摘んで塩茹でをして水にさらし、きつく絞っておきます。和え衣は分量の白胡麻を煎って油がでるまですり、だし汁と酢を除く調味料を加えてよくすり、仕上げに酢を混ぜ合わせて胡麻酢を作り、赤貝と菜の花を和えます。

【盛りつけ】

小鉢に胡麻和えを盛り、煎った白胡麻を散らします。

8 帆立と生椎茸の錦茶巾揚げあんかけは、帆立の貝柱はいちょう形に切り、椎茸は石づきを取って同様に切り、ともに酒塩で洗っておき、薄焼き卵は少し厚めに焼いたものを用意して周囲を切り整え、かんぴょうは塩でもんで洗い、水気を拭きます。薄焼き卵を広げて帆立と椎茸を茶巾形に包み、かんぴょうで口を結んで中温の揚げ油で揚げ、油をきっておき、吉野あんを調え、橙を1cm厚さの地紙形に切り、大根おろしは水気を軽く絞っておきます。

【盛りつけ】

浅鉢に錦茶巾揚げを盛って吉野あんをかけ、橙と大根おろしを添えます。

■**調理覚え書**

●よく金属製の「盛り箸」を見受けますが、本来これは〝真魚《まな》箸〟といって儀式用の箸。重く尖った先端は、盛りにくく器を傷つけかねません。著者は正月用の、柳の両細の丸箸を常用しております。

# 手元箱点心九種盛り

## 吸いもの
### 五目野菜椀

●二三四頁参照

◇**材料**〈四人分〉

**手元箱点心九種盛り**

嵯峨野《さがの》蒸し（鱒《ます》の上身250g　卵3個　塩小匙½　味醂少々　車海老4尾《塩少々》）
鰆《さわら》の西京焼き（鰆の上身160g　塩少々　西京味噌150g）
蛤のふくら煮（蛤《大》4個　煮汁《だし汁大匙5　味醂大匙2.5　薄口醬油大匙1.5　酒大匙1》）
鱒の椎茸双身（鱒の上身120g　卵½個分　椎茸4枚　小麦粉少々　サラダ油適

宜　幽庵地《味醂大匙5　薄口醤油大匙3弱　酒大匙2》）

数の子の粕漬け（数の子2本　塩少々　板酒粕適宜）

茹でいんげん（いんげん4本　塩少々）

白魚の二色焼き（白魚72尾　卵黄1個　塩少々　雲丹衣《練り雲丹大匙2　卵黄1個》）

鰈のばら造り　岩茸、煎り酒（鰈1尾　菊花2輪　酢少々　岩茸適宜　煎り酒適宜　《ばらの小枝4本》）

酢取り生姜…4本

色紙物相青海苔ご飯（白飯3杯分　青海苔適宜）

＊《柏の葉4枚》

**五目野菜椀**

大根……………100g　人参……………30g

じゃが薯……1個　椎茸…………6枚

鶏もも肉……½枚　あさつき……適宜

＊吸い地（だし汁4カップ　酒¼カップ　塩小匙1）

胡椒…………少々

◇**作り方**

1 嵯峨野蒸しは、鱒の上身の血合いを除いて細かくたたき、すり鉢ですって卵と塩、味醂を加えてさらにすっておき、車海老は背わたを抜いてのし串を打ち塩茹でをして冷まし、頭と尾を落として殻をむき、縦二枚に切って皮面を下にして流し缶に並べ、鱒のすり身を平らに詰めて蒸し器に入れ、20分ほど蒸し上げて、冷めたら切り分けます。

2 鰆の西京焼きは、鰆の上身を四切れに切って薄塩をし、深めのバットに西京味噌を薄く敷いてきつく絞ったガーゼを広げ、鰆を並べて再びガーゼをかぶせ、残りの味噌を広げてのばしたのち、5～6時間漬けておき、味噌を拭き取って金串を打ち、強火の遠火で焦がさないように焼き上げ、串を抜きます。

3 蛤のふくら煮は、蛤を鍋に入れて火にかけ、口が開いたら身を取り出してわたをしごき取ったのち、煮汁の各調味料を合わせて煮立てた中に入れ、ひと煮立ちしたら火を止め、そのまま冷まして味を含めます。

4 鱒の椎茸双身は、鱒の上身の血合いを除いてたたき、すり鉢ですって卵を加えてさらにすり、四等分しておき、椎茸の石づきを取って笠裏に小麦粉を薄くつけ、鱒のすり身を押しつけて形を整え、フライパンにサラダ油を熱してすり身の側から焼いて両面を焼き、幽庵地を加えてからめるように焼きます。

5 数の子の粕漬けは、塩数の子をたっぷりの水につけ、水を換えながら塩気をほどよく抜き、薄皮を取って塩を少量ふり、4時間ほどおきます。板酒粕は細かくむしって水で戻し、水気をきって練ったのち、数の子をガーゼに包んで漬け込み、二日ほどおいて食べよく切ります。

6 茹でいんげんは、塩を少量加えた熱湯でいんげんを茹で、笊にとってあおいで冷まし、4cm長さに切り揃えます。

7 白魚の二色焼きは、白魚の頭側に金串を刺して風通しのよい所に下げ、1時間ほど風干しにしたのち、九本ずつ並べて金串を打ち、一旦白焼きにして四串分に塩を少量加えた卵黄を刷毛でぬり、残り四串は雲丹衣を同様にぬり、それぞれ乾かすようにあぶって焼き上げ、串を静かにまわし抜きます。

8 鰈のばら造りは、鰈を五枚におろして皮を引き、薄いそぎ切りにして縦長に、端を少し重ねぎみに七～八枚並べ、手前から巻き上げて立て、竹串で先端を花びら形に開いて整えます。菊花を酢を落とした熱湯で茹で、水でさらしてきつく絞り、花びらを摘み取ってばら造りの芯にあしらい、岩茸はたっぷりの水とともに鍋に入れて火にかけ、両手でもんで熱くなったら水を換え、これを二～三度繰り返して茹で、水にとってきつく絞っておき、つけ醤油に煎り酒を用意して小猪口に注ぎ、酢取り生姜は杵形に整えておきます。

9 色紙物相青海苔ご飯は、青海苔をすり鉢ですって細かく調え、炊きたての白飯にふり入れ、こねないように混ぜて色紙形の物相で抜きます。

【盛りつけ】

文箱盛り器の中央奥寄りに柏の葉を一文字に敷き、奥中央に嵯峨野蒸しを置いて、左手前、葉の上に西京焼きと蛤、椎茸双身、数の子、いんげんを順に手前中央に向けて盛り、右手奥寄りに白魚の二色焼き、その手前にばらの小葉をあしらってばら造りを盛ります。右上脇に岩茸、手前右隅に煎り酒の小猪口を置き、左手前に物相ご飯をバランスよく配して、椎茸双身の横に杵生姜をあしらいます。

10 五目野菜椀は、大根と人参、じゃが薯は1cm厚さのいちょう形に切り、別々に下茹でをしておき、椎茸は石づきを取って同様にいちょうに切り、鶏もも肉は皮と脂を除いて1cm角に切ったのち、鍋に吸い地のだし汁を煮立てて鶏肉を入れ、ひと煮立ちしたらアクを引いて野菜を加え、酒と塩で味を調えて仕上げ、あさつきは小口切りにします。

【盛りつけ】

椀に野菜汁をたっぷりと盛り、あさつきを散らして吸い口に胡椒をふります。

# 趣向盛り点心　六種盛り

## 吸いもの

蛤の清まし仕立て椀

●一三六頁参照

◇**材料**〈四人分〉

**趣向盛り点心六種盛り**

さざえの壺《つぼ》吸い（さざえ4個　塩少々　煮汁《だし汁2カップ　味醂¼カップ　薄口醤油¼カップ弱》）

きびなご折り曲げと鮪磯辺、太刀魚そぎ切りの青竹盛り（きびなご20尾　鮪½冊《さく》　焼き海苔½枚　太刀魚の上身120g　茗荷竹4本　大葉4枚　わらび8本《重曹小匙1》　花丸胡瓜4本　あさつき½把　もみじおろし適宜）

鮑の酒醤油焼き（鮑1杯　塩適宜　酒醤油《酒¼カップ　薄口醤油⅓カップ》　粉山椒適宜）

どじょうのぐるぐる（どじょうの開いたもの24尾　焼きだれ《味醂、醤油＝各1カップ》　露生姜少々）

車海老の錦巻き（車海老4尾　塩少々

卵生地《茹で卵黄4個　砂糖大匙3　塩少々　卵黄1/2個分》）
色紙物相花山椒ご飯（白飯3杯分　花山椒の塩漬け適宜）
酢取り生姜…4本　大根の桜漬け適宜

**蛤の清まし仕立て椀**

蛤…………8個　塩…………適宜
*吸い地（水4カップ　酒1/4カップ　塩適宜）
胡瓜………1/2本

◇**作り方**

1 さざえの壷吸いは、さざえの殻を洗い、身を取り出してわたを取り、薄い塩水で洗って縦の薄切りにし、わたは砂の部分を取り除いておき、殻は茹でてよく洗います。煮汁のだし汁ほかを合わせてひと煮立ちさせ、さざえの身とわたを入れて火を止め、そのまま冷まして味を含ませて殻に盛り入れます。

2 きびなごの折り曲げほかの青竹盛りは、きびなごの頭とわたを取って腹開きにし、腹骨と小骨を除いておき、鮪は2cm幅に切って海苔で巻き、ひと口大に切り、太刀魚の上身は薄いそぎ切りにします。茗荷竹は斜め薄切りにして水に放し、パリッとさせて水気をきり、わらびはボウルに入れて重曹をまぶし、熱湯をかけてそのまま冷ましてひと晩おき、熱湯で茹でて水にさらし、あさつきは小口切りにします。以上を、充分に水に浸した青竹の器に、左から茗荷竹のけんを盛って大葉を立てかけ、きびなごを二つに折って盛り、右に鮪の磯辺、手前中央に太刀魚を重ね盛りにし、けんの右脇にわらびと花丸胡瓜、太刀魚の右脇にあさつき、もみじおろしを重ねて山形に整え、あしらいます。

3 鮑の酒醤油焼きは、鮑を塩でもんで洗い、身をはずしておろしたのち、表面に二本の浅い庖丁目を入れ、粉山椒を加えた酒醤油に7～8分ほどつけ、金串を打って焦がさないように焼き、1cm弱に切ります。

4 どじょうのぐるぐるは、どじょうを金串に巻きつけながら刺し、回らないように添え串をして強火の遠火で白焼きにし、三割方煮つめた焼きだれを二～三度かけてはあぶって焼き上げ、熱いうちに鉄砲串に刺し替えて、露生姜を少量ふっておきます。

5 車海老の錦巻きは、車海老の背わたを抜いてのし串を打ち、塩茹でをして冷まして頭と尾を落とし、殻をむいて腹開きにしておき、茹で卵黄を裏漉しにかけて砂糖ほかを加え混ぜて卵生地を調え、棒状にまとめたのち、ラップを広げて車海老を頭と尾側を交互に、皮下にして縦長に並べて卵生地をのせて巻き、ラップで巻き止めて蒸し器で10分ほど蒸し、冷めたら切ってラップを取り除きます。

6 色紙物相花山椒ご飯は、花山椒の塩漬けをさっと水洗いしてきつく絞り、炊きたての白飯に散らしてこねないように混ぜ、色紙形の物相で抜きます。あしらいの酢取り生姜は杵形に調え、大根の桜漬けは軽く汁気を絞ります。

【盛りつけ】

会席盆の奥中央にさざえを置き、中央左寄りにお造りの青竹盛りを一文字にのせ、右斜め奥に鮑、斜め右下にどじょうのぐるぐると車海老の錦巻きを盛り合わせ、正面左寄りに物相ご飯を配して大根の桜漬けを添え、どじょうに杵生姜を立てかけ、別器でつけ醤油を添えます。

7 蛤の清まし仕立て椀は、蛤を薄い塩水につけて砂抜きをし、二つずつ打ち合わせて澄んだ音のするものだけを、鍋に吸い地の水とともに入れて火にかけ、煮立ちはじめてきたらアクを引き、口が開いたら貝を取り出して酒と塩で味を調えます。胡瓜は塩をまぶして板ずりののち熱湯に通し、水にとって冷まし、4cm長さに切って種を除き、短冊に切ります。

【盛りつけ】

椀に蛤の身を盛って胡瓜を添え、煮えばなの吸い地を張ります。

# 趣向盆点心七種盛り

**吸いもの**
**松茸の落とし卵椀**
**煮もの**
**揚げ小烏賊《いか》の吉野煮**
**水菓子**
**巨峰**

●二三七頁参照

◇**材料**〈四人分〉

**趣向盆点心七種盛り**

五色真蒸《しんじょ》蒸し（すり身150g　卵白1/2個分　卵黄3個　塩小匙2　味醂小匙1　人参20g　銀杏20粒　水前寺海苔適宜）
さよりの黄身蒸し（さより1尾　すり身200g　卵白1/2個分　塩、味醂＝各少々　卵黄2個　若布少々）
小鯛の幽庵焼き（小鯛4尾　幽庵地《味醂大匙5　醤油大匙3　酒大匙2》）
揚げ銀杏　杵生姜、大葉（銀杏4粒　揚げ油、塩＝各適宜　酢取り生姜4本　大葉4枚）
蟹爪の五目軽揚げ（蟹爪4本　片栗粉適宜　すり身80g　卵1/3個分　変わり衣《卵1/2個分　冷水1/4カップ　片栗粉1/4カップ　小麦粉大匙2.5　酒大匙1　人参1/2本　ピーマン2個　青海苔適宜》　揚げ油適宜）
焼き栗と市田柿、もみじほか吹き寄せ（栗の甘露煮4個　芝海老のむき身、すり身＝各50g　雲丹1/4箱　卵1/3個分　竜皮昆布少々　さつま芋、蕎麦、海苔　揚げ油＝各適宜　塩少々）
バラ子むすび　日野菜漬（白飯4杯分　バラ数の子適宜　日野菜漬少々）

**松茸の落とし卵椀**

松茸（小）……2本　酒…………大匙3
鶉卵…………4個　糸三つ葉……8本
*吸い地（だし汁3カップ　塩小匙1　薄口醤油少々）
柚子…………少々

**揚げ小烏賊の吉野煮**

小烏賊……4杯　小麦粉………適宜
*揚げ衣（卵1/2個分　冷水1/3カップ　酒大匙2　小麦粉50g）
揚げ油………適宜　八方地………適宜
人参……5cm長さ

**水菓子**

巨峰…………28粒

◇**作り方**

1 五色真蒸蒸しは、すり身をすって卵白

と卵黄、塩、味醂を加えてなめらかにすっておき、人参は5㎜角に切って下茹でをし、銀杏は鬼殻を割り取り、茹でながら穴杓子の底で転がして薄皮をむき、水にとって冷まして二つに切っておき、水前寺海苔は水で戻して2㎝長さの細切りにし、三種の具をすり身に混ぜ合わせて蒸し缶にきっちりと詰め、中火の蒸し器で25分ほど蒸し上げ、冷めたらほどよい大きさに切ります。

2 さよりの黄身蒸しは、さよりを腹開きにして腹骨と小骨を除いておき、すり身をすって卵白と塩、味醂を加えてさらにすり、三等分して1/3量はそのままの生地で、1/3量には卵黄を、残る1/3量には、若布を戻して熱湯をかけ、水にとって冷まし、筋を除いて細かく刻んだものを、それぞれ混ぜ合わせます。ついで、蒸し缶にさよりを皮下に敷き、三種の生地を卵黄、若布、無地の順に平らに重ねて詰め、中火の蒸し器で20分ほど蒸し上げ、冷めたら切ります。

3 小鯛の幽庵焼きは、小鯛の鱗を引いてえらを取り、背から開いて中骨を切り取って、尾先を内側に折り込みます。金串を打って強火の遠火で白焼きにしたのち、幽庵地を二〜三度かけてはあぶり焼きにして仕上げます。

4 揚げ銀杏ほかのあしらいは、銀杏の鬼殻に割れ目を入れて中温の揚げ油で揚げ、殻の一部をむいて煎り塩をふっておき、酢取り生姜は杵形に整えます。

5 蟹爪の五目軽揚げは、蟹爪の爪先部分を残して殻をきれいに取り、水気を拭いて薄く片栗粉をつけておき、すり身をすって卵を加え、さらにすって爪肉につけ、皿に並べて10分ほど蒸したのち、人参とピーマンの極《ごく》みじん、青海苔を加え混ぜた揚げ衣をたっぷりとつけ、中温に熱した揚げ油で揚げます。

6 焼き栗と市田柿、もみじほかの吹き寄せは、市販の栗の甘露煮を利用して水につけ、甘みを少し抜いて水気を拭き、焦がさないように網焼きをしておき、芝海老のむき身を細かくたたき、すり身と合わせてよくすり、裏漉しをした雲丹、卵を加えてなめらかにすって等分し、柿の形に整えて皿に並べ、蒸し器で15分ほど蒸して冷まし、竜皮昆布を萼《がく》の形に切り抜いて楊枝で刺し止めます。さつま芋は1㎝弱厚さに切ってもみじ型で抜き、水にさらしたのち、水気を拭いて中温の揚げ油で揚げ、蕎麦は5〜6㎝長さに折って二本ずつ揃え、片端を海苔で巻き止めて松葉を作り、低温の揚げ油で揚げ、それぞれに軽く塩をふっておきます。

7 バラ子むすびは、炊きたての白飯を小さめの三角に握り、バラ子をたっぷりとまぶしつけ、日野菜漬は色のよいものを2㎝長さに切ります。

【盛りつけ】

青竹の盛り器は水に浸しておきます。水気を拭いて奥中央に五色蒸しを置き、左手前にさよりの黄身蒸し、右手前に大葉を敷いて小鯛の幽庵焼きを盛って揚げ銀杏、杵生姜を添え、その手前に蟹爪の五目軽揚げ、さらに斜め手前に栗と柿、もみじ、松葉の吹き寄せをひとまとめに盛り添え、左手前空《あき》にバラ子むすびを配して日野菜漬を左脇に添えます。

8 松茸の落とし卵椀は、松茸の石づきの固い所を庖丁で削り、きつく絞ったぬれ布巾で汚れを拭いて縦半分に切り、酒につけておき、鶉卵は固茹でにし、水にとって殻をむき取り、糸三つ葉は葉を取り、二本揃えて俎板に置いて軽くこぶしでたたき、ひと結びします。吸い地のだし汁を煮立て、塩と薄口醤油で味を調えて松茸をつけ汁ごと入れ、ひと煮立ちさせて火を止めます。

【盛りつけ】

椀に松茸と鶉卵、結び三つ葉を入れて煮えばなの吸い地を張り、吸い口にへぎ柚子を浮かべます。

9 揚げ小烏賊の吉野煮は、小烏賊の脚とわたを取り、軟骨を抜いて熱湯をくぐらせて笊にとり、水気を拭いて小麦粉を薄くはたきつけ、卵ほかを溶き混ぜた衣をつけて中温に熱した揚げ油で揚げ、ついで八方地を煮立てた中に入れてひと煮立ちさせます。人参を薄く輪切りにし、筒抜きで抜いて茹でます。

【盛りつけ】

蓋ものの器に小烏賊を盛って煮汁をかけ、上に蛇の目人参をあしらいます。

10 水菓子は、巨峰をひと粒ずつ離し、成り口に十字の切り目を小さく入れます。

【盛りつけ】

鉢に、成り口を下にして盛り上げます。

**お茶漬け**



**香のものほか**



# 基礎知識の部

## 材料、料理一般に関する事項

**あ行**



**か行**



**さ行**



**た行**



**な行**



**は行**



**ま行**



**や〜わ行**



## 調理技術に関する事項

**あ行**



**か行**

## 加工品、そのほかを主材料とした料理

## 卵を主材料とした料理



## 野菜類を主材料とした料理

## 珍味類、そのほかを主材料とした料理

## 貝類を主材料とした料理



## 海老・蟹を主材料とした料理

# 索引

この索引は本巻掲載の献立の各料理、および各種テーマに基づく単品料理の全品を、主材料による項目別に再分類し、各料理名を五十音順に列記したものです。

なお、本篇中〝小宴献立の盛りつけと器〟の章のうち、器による盛りつけの基本手順をその過程を追って習うことを主眼とし、例とした計10品の料理(238〜253頁該当)については、例外的に除外しています。

また補助索引として、終章〝作り方と基礎知識〟の部分で、各品々の作り方手順の末尾に特記した「調理覚え書」の各事項と、ごく基礎的要件として関連頁に簡略な「表」にして分載した一基本調味料メモ、料理ひと口メモ一的各事項を〈材料、料理一般に関する事項〉、〈調理技術に関する事項〉の二項目に分類し、並載しました。なお、調理覚え書事例には簡明な見出しを付すことにより、また表の事例には当該見出しに●印を付し、いずれも五十音順に列記しています。

## 料理の部

### 魚類を主材料とした料理

本書は、志の島忠・著『小宴会の料理と献立』を
縮刷版に改め、再出版したものです。

縮刷版

新しい日本料理

# 小宴会の料理と献立

発行日……平成29年3月1日　初版発行
編著者……志《し》の島《じま》　忠《ちゅう》
制作者……永瀬正人
発行者……早嶋　茂
発行所……株式会社 旭屋出版
〒107−0052
東京都港区赤坂1−7−19
キャピタル赤坂ビル8階
TEL　03−3560−9065
FAX　03−3560−9071
郵便振替　00150−1−19572
URL　http://www.asahiya-jp.com
印刷・製本……凸版印刷株式会社

ISBN978-4-7511-1257-1　C2077